U0663412

罗马君王传

启真馆 出品

西方传记经典

罗马君王传

HISTORIA AUGUSTA

[古罗马] 埃利乌斯·斯巴提亚努斯等 著

谢品巍 译

ZHEJIANG UNIVERSITY PRESS
浙江大学出版社

所用版本说明

目前能见到的《罗马君王传》(*Historia Augusta*) 各版本均源自现存于梵蒂冈图书馆的题名为《自被奉为神的哈德良至努莫利安诸位元首及僭主之传记：出自诸位不同作家之手》的所谓帕拉丁抄本 (Codex Palatinus)，该抄本据说可以追溯到公元九世纪的加洛林时代。现在的通行的"罗马君王传"书名是根据 1603 年发表的伊萨克·卡萨波 (Isaac Casaubon) 版命名的。本汉译版所据版本为哈佛大学出版社 1979 年的洛布 (Loeb) 丛书拉英双语对照版，英语译者及注疏者为大卫·马吉博士 (David Magie Ph.D.)。根据该书"前言"交代，该版前六篇传记原文由布林茅尔学院 (Bryn Mawr College) 的苏珊·巴鲁 (Susan H. Ballou) 女士结合自己对各版本的研究整理而出，从《康茂德·安东尼努斯传》开始，该版原文采用了赫尔曼·彼得 (Hermann Peter) 校勘的托伊布纳 (Teubner) 版作为底本。在翻译中，译者还同时对照了拉丁网络图书馆 (thelatinlibrary. com) 的版本，从其稿源信息看，该版本是由蒙特利尔大学 (the University of Montreal) 的布拉泽乌教授 (Prof. Brazeau) 提供的。鉴于本译著只以汉语发表，而上述版本之间的差异又大都限于原文字词的拼写，因此，请允许我，凡对文意无实质影响的地方，就不在此逐一注出了。文中自然段一律按已有的章节编号分段。注释如无特别说明，皆为汉译者所加。

目　录

安东尼努斯王朝

五帝之年诸君主

塞维鲁王朝

三世纪危机诸君主

安东尼努斯王朝

哈德良传

埃利乌斯·斯巴提亚努斯

I. 1哈德良皇帝的祖上起先是皮切努姆 ① 一带的居民，后来来到了西班牙，因为哈德良在自传中确曾提到自己的祖先来自哈德利亚，并在诸位西庇阿当权的时代 ② 定居到了意塔利卡 ③。2哈德良的父亲叫埃利乌斯·哈德良，尾名 ④ 阿菲尔 ⑤，他是图拉真皇帝的远亲；他的母亲叫图密提娅·波林娜，出生在加的斯 ⑥；他有个姐姐也叫波林娜，嫁给了塞维安努斯；他的妻子叫萨宾娜；他的祖上 ⑦ 有位叫马利林努斯的，是他们家族里第一个出任罗马元老的人。3他出生在

① 该地区位于意大利半岛亚得里亚海沿岸。下文哈德利亚应为当时该地的一处城镇。
② 年代大约是在第一次布匿战争后期至第二次布匿战争之后，即公元前三世纪后半叶。
③ 位于今西班牙的贝提卡（Baetica）。由西庇阿·阿非利卡努斯（Scipio Africanus）所建，当地居民在尤利乌斯或奥古斯都时代获得公民权，在哈德良时期变成了罗马的殖民城市。——英译者注
④ 罗马人的尾名（cognomen）一般表示某人的家庭（familia）或属于个人的特殊称谓。
⑤ 意思是"阿非利加人"。
⑥ 位于西班牙西南部。
⑦ 原文直译为曾曾曾祖父。

罗马，生日是一月二十四日①，是在韦斯帕芗第七次及提图斯第五次
出任执政官的那一年②。**4**在九岁③那年，失去父亲的他认自己的远亲
乌尔皮乌斯·图拉真（他那时还是裁判官④身份，后来便手握最高
权力了）及罗马骑士⑤奇利乌斯·阿特奇安努斯作为监护人。**5**他随
后以极大的热情沉醉于希腊学术之中，甚至连他的天性也随之发生
了巨大的改变，以至于一些人都管他叫小希腊人。

II. 1在十四岁时，哈德良回到了故乡意塔利卡，随即便从军服
役去了。他十分热衷于狩猎，结果因此而遭到指责。**2**因为这个缘
由，图拉真把他带离了故乡，并如对待儿子一般待他。不久之后，
他被授予了十人委员会成员⑥的身份，接着他还被推选为第二支援
者军团⑦的军事保民官⑧。**3**再后来，到了图密善时代末期，他被调
往下默西亚⑨。**4**在那里，据说，他确信某个占星师道出了事关未来帝
位的预言，而如此的预言也确知曾被其精通这种众神之艺的舅公⑩埃

———————————

①　原文按古罗马人通行的计日方式直译出来为"二月一日之前的第九天"，
　　本书下文一律换算成现代通行的计日方式。
②　年份是公元76年。
③　原文是在他生命的第十年，按罗马人的计数方式，出生那一年为生命的
　　第一年，因此此处应为实际年龄九岁。译文年龄皆以实际年龄表述。
④　该官职的重要性相当于副执政官，主要负责法律断讼事务，也可以此官
　　衔出任次要行省的总督。也被译成"大法官"。
⑤　古罗马的骑士相当于社会有产或富裕阶层，但不及元老阶层。
⑥　原文直译是"掌管诉讼判决的十人委员会成员"。
⑦　该军团营地位于今匈牙利的布达佩斯。
⑧　在一支罗马军团中，军事保民官（tribunus militum）官职级别低于充当
　　军团指挥官的副将，相当于副将参谋。在本书中，该官职名称时常简写成
　　"保民官"，译者在确定的场合会照全名译出，以和"平民的保民官"官职
　　加以区别。
⑨　默西亚为古罗马的行省名，大致位置位于巴尔干半岛的中部和东北部，
　　相当于今天的塞尔维亚和罗马尼亚。
⑩　原文为patruus magnus，指父系一边的舅公。

利乌斯·哈德良道出过。**5** 图拉真受到涅尔瓦的过继之后，他被派往上日尔曼尼亚，代表所在部队向图拉真致以祝贺。**6** 涅尔瓦驾崩后，他急着要赶赴图拉真那里，为的是能成为第一个将死讯报告给他的人，可是，他受阻于姐夫塞维安努斯（这位姐夫曾经揭发他既举债又铺张，让图拉真对他产生了憎恶）而耽搁许久。后来，虽然他遭人蓄意设计，马车散了架而受阻于途，可是徒步继续行程的他仍比那位塞维安努斯派出的特使到达得更早。**7** 他获得了图拉真的宠爱，虽然如此，可他通过图拉真当时尤为器重的男孩侍奴们，仍没有摆脱伽鲁斯庇护着的〈……〉①**8** 那时候，他确实揪心于皇帝针对自己持何种态度，在这种场合下，他求了维吉利安神谕，得辞如下②：

> 那位饰有橄榄枝的人是谁？他拿来了法器。
>
> 我正目睹花白的头发，还有胡须：
>
> 罗马人的王，他将以法律缔造辉煌之城，
>
> 从小城库雷斯③以及那卑微之地，
>
> 他受遣而至，抵达最高大权，随后直至……

另一些人也根据《西比林预言书》④里的章句而道出，上述神谕将在他身上实现。**9** 另外，关于其能马上执掌国家未来的大权，他从尼希弗里翁的朱庇特神庙处也求得了吉兆，这一点在柏拉图派的

---

① 此处缺字。

② 诗文出自维吉尔的《埃涅阿斯纪》（*Vergili Aeneidos*），VI，808—812，指的是努玛·庞皮利乌斯（Numa Pompilius）。——英译者注

　维吉利安神谕有时将各种结果写成诗行，投入瓮里，让占卜者抽取，所以这里说"得辞"。

③ 位于意大利的萨宾人的古城。

④ 该预言书据说记录了上古西比林女祭司对世界未来的预言。当罗马人举行重要活动时，该预言书的章句有十分重要的参考作用。

阿波罗尼乌斯·叙鲁斯 ① 的著作中有过描述。**10** 最后，在苏尔拉的
帮助下，他渐渐重获图拉真的好感，这种好感甚至多于之前的。通
过图拉真的姐姐 ② 他在普罗蒂娜 ③ 的赞同下娶了外孙女 ④ 为妻，据
马略·马克西姆斯 ⑤ 所说，图拉真对此不太情愿。

    III. 1 在图拉真第四次出任执政官的那年——同僚的是阿提库莱
尤斯 ⑥，哈德良担任了财务官 ⑦，就在其履职期间，他在元老院用粗
俗的乡音 ⑧ 宣读了一份皇帝的讲演辞，从而遭到嘲笑。此后他致力
于拉丁语的学习，直到学识与口才方面都臻于完美。**2** 在财务官卸
任后，他又负责前去照看元老院的议事录 ⑨，在那之后，尤为得宠的
他跟随着图拉真前赴达契亚战争去了。**3** 他说自己因为顺从了图拉
真的习性才沉溺于饮酒的，甚至还因此受到这位皇帝极为丰厚的赏
赐。**4** 在坎迪都斯和夸得拉图斯再次出任执政官的那一年 ⑩，他被推
选为平民的保民官 ⑪。**5** 在出任上述职务期间，他宣布得到了自己要

---

① 该尾名的意思是"叙利亚人"。
② 名叫乌尔庇娅·玛契阿娜（Ulpia Marciana）。
③ 应为图拉真之妻。
④ 哈德良娶的是图拉真姐姐玛契阿娜的外孙女，名叫维庇娅·萨宾娜（Vibia
   Sabina）。——英译者注，有删减。
⑤ 公元三世纪前期的罗马历史家，据说其写过一部帝王传记：自涅尔瓦至
   埃利奥伽巴鲁斯（Heliogabalus），共十二帝。他可能就是在塞维鲁及其继
   承者当政时期担任过许多政府要职的同名元老。本书多次提到该历史学家，
   如为同一人，下文不再特别作注。——英译者注，有补充。
⑥ 根据执政官列表，该年为公元 101 年。
⑦ 原文为 quaestura，意思是财务官官职。该官职主要负责管理国库，战时
   则主要负责军事物资的管理，有时也可在法庭庭审中负责做出宣判。
⑧ 哈德良家族来自西班牙。
⑨ 原文直译为"他照看元老院的议事记录"。可能是说：在元首缺席元老院
   会议期间，由其负责监督，不让元首提交元老院讨论的议案漏掉。
⑩ 根据执政官列表，该年为公元 105 年。
⑪ 原文为 Tribunus plebis，在共和国时期该官职有权否决除独裁官之外的其他
   任何高级长官（包括执政官）的决定，到了帝国时代已成为一种荣誉职位。

执掌终身保民官大权 ① 的征兆，因为他把平民保民官在雨天穿的斗篷给遗失了，而诸位皇帝从未穿过这些斗篷。正因如此，直到今日，诸位皇帝都不在公众面前穿着斗篷了。6 在第二次远征达契亚时，图拉真委命他指挥第一密涅瓦军团 ②，随之便把他一同带去战场，后来他确实以骄人的战绩而出了名。7 因此，在被赐予了那颗图拉真得自其前任涅尔瓦的宝石之后，他看到了继承皇位的希望而备受鼓舞。8 在苏珀苏拉努斯（第二次）和塞尔维安努斯再度出任执政官的那一年，他被推选为了裁判官，期间还又一次从图拉真那里获得了两百万塞斯退斯 ③ 用以举办庆典赛会 ④。9 在那之后，他被派往下潘诺尼亚出任行省总督 ⑤。在那地方，他击溃了萨尔玛提亚人 ⑥，严肃了军纪，还让僭越权限的代理人 ⑦ 得以收敛。10 正因为这些功绩，他被推选为了执政官。在任职期间，他从苏尔拉处得知自己会被图拉真过继，而同时，图拉真的朋友也不再低估甚至无视他了。11 苏尔拉去世后，图拉真对他的宠信依旧不减，这大体是因为他为这位皇帝做过的一些演说。

---

① 终身保民官大权（perpetua tribunicia potestas）一词是对皇帝统治权的暗示。
② 该军团营地位于今德国波恩。
③ 塞斯退斯（Sestertius）在帝国时代至戴克里先改革之前为铜币单位，以青铜或山青铜铸造，为古罗马的基本货币单位。在帝国时代约四枚塞斯退斯合一枚基准银币（帝国时代约重三克）德纳里乌斯（denarius）。
④ 原文为 ludi。这个词早期表示祭奠神明的庆典活动，后来这种庆典活动还包括了竞技比赛和戏剧表演。帝国时代，举办庆典赛会是裁判官的主要职责之一。
⑤ 原文直译是"与裁判官等衔的副将"。在帝国时期，该官职为元首直辖行省的总督。潘诺尼亚为古罗马行省名，该行省大致位于今匈牙利西部。
⑥ 萨尔玛提亚人当时居于黑海北岸。
⑦ 该官职出现在帝国时代，只授给骑士阶层，并直接听从皇帝的旨意，主要负责在元首直辖行省征集税收和管理皇室财产。若是在较小的元首直辖行省，该官职亦可充任总督。

IV. 1 哈德良还博得了普罗蒂娜的好感，正因为这位皇后对他的炽热情感，他在远征帕提亚人 ① 时被委以了副将之职。**2** 在那时，哈德良又获得了索希乌斯·帕普斯和柏拉托·奈波斯的友谊（他们两位都是元老等级）。此外，他的前监护人阿特奇安努斯，还有利维安努斯和图尔波：这些拥有骑士身份之人的友谊他也都得到了。**3** 由于总和他作对的帕尔玛与契尔苏斯（这两位后来都遭到了他的报复）被怀疑有篡夺大权的企图，他确保了皇位的继承。**4** 在普罗蒂娜的协助下，他再次当选了执政官，继承之事也尘埃落定了。**5** 他贿赂图拉真的被释奴，款待这群讨人喜爱的男青年们，还一直取悦于他们，有了这些人他在宫里变得如鱼得水起来。上述传闻很大程度上被证实了。**6** 八月十一日 ②，正在叙利亚 ③ 总督任上的他收到了图拉真过继他的正式信函，因此他下令那一天是他的过继周年日而定为了节日。**7** 当月十三日，他获悉了图拉真驾崩的死讯，于是那一天就成了他的即位周年而被定为节日。**8** 然而，一个流传甚广的说法散布了出来，图拉真曾有过这种想法：在这位皇帝的诸位朋友们的赞同下，让奈拉奇乌斯·普利斯库斯 ④ 而非哈德良做继承人，甚至还曾一度对普利斯库斯说道："一旦我有性命之忧，就会把多处行省都转交给你。"**9** 确实，也有一些人声称，图拉真心里曾这么考虑过：打算仿效马其顿人亚历山大在驾崩后不指定继承人。另外，还有一些人声称，图拉真打算到元老院发表演说，要求他们，一旦自己发

---

① 帕提亚王国指的是公元前 247 年—公元 224 年间在今伊朗和伊拉克一带存在的统一王国，中国史书称之为安息。

② 年份为公元 117 年。

③ 古罗马时代所说的叙利亚（行省名）其地域并非现在意义的叙利亚国家的领土范围，而是包括了现在的土耳其东南部、叙利亚大部、黎巴嫩、伊拉克西部等。

④ 为当时著名法学家，曾是图拉真的御前顾问，随后又是哈德良的法律事务顾问之一。——英译者注，有删减。

生什么不测，元老院要从一份提交上去的名单中评估并择选出最优秀的那一个，然后把罗马人的国家交付给这位新元首。**10** 还有一些人的材料也不能被漏掉，他们揭发出：哈德良过继为继承人时，图拉真就已经驾崩了，而这一切是普罗蒂娜策划的阴谋——她让一个讲话虚弱无力的人假扮了图拉真。①

V. 1 哈德良即位之后，就立即恢复了早先的传统而致力于在寰宇之内缔造和平。②**2** 那是因为被图拉真征服的那些民族纷纷发起了叛乱：摩尔人③不断进行骚扰；萨尔玛提亚人挑起了战争；不列颠人不愿忍受罗马人的统治；埃及遭受多股叛军的蹂躏；利比亚（事实上还有巴勒斯坦）则一直蠢蠢欲动。**3** 于是，如他自己所说，他学加图④那样（加图曾因无法承担防守而宣告了马其顿人独立）放弃了幼发拉底河与底格里斯河对岸的所有一切。**4** 他把图拉真扶立的帕提亚王帕塔玛希利斯送到毗邻的部族去当国王，那是因为他见到这位王已在帕提亚人中失去了威信。**5** 除此之外，在登基之后不久，他就表现出这般的仁慈，以至于在初御帝位的日子里，当阿特奇安努斯通过信件向他告诫道，假如罗马市长贝比乌斯·马切尔反

---

① 关于图拉真传位于哈德良是否出自其本意，请比照尤特罗庇乌斯的《罗马国史大纲》(*Eutropi Breviarium ab Urbe Condita*)，VIII，6："哈德良的即位绝非出于图拉真本人的旨意，而是由图拉真的皇后普罗蒂娜促成的。因为，尽管哈德良是图拉真的一位女性远亲的儿子，可当这位皇帝仍在世的时候，却不想收他为继子。"

② 这句话的意思是：哈德良一改先帝图拉真开疆辟土的做法，而与周边各民族缔结了和平。这里所称的"早先的传统"，指的应是恢复奥古斯都时期的罗马的天然疆界：从莱茵河、多瑙河直至幼发拉底河。根据塔西佗的《编年史》(*Taciti Annales*)，I，11 所记，奥古斯都留下的遗嘱曾规定，帝国的疆域后世之人不得再拓展。——英译者注，订补充。

③ 指居于北非的一个民族，也被译成"毛里塔尼亚人"。

④ 此处说的加图可能是加图·李锡尼安努斯（Cato Licinianus），为著名政治家老加图之子。

对他的统治，那就应该除掉这个人；另外，那个涉嫌篡位而流放外岛的拉贝留斯·马克西姆斯，还有弗鲁吉·克拉苏①，对他们也都应该这么做。虽然如此，可他却没有伤害任何一个人。**6** 后来，他的代理人在他未下命令的情况下还是把克拉苏杀死了，那是由于他试图离开那座岛屿，而给人的感觉就像要策动一场叛乱一样。**7** 为了对其施展统治有所裨益，他给予士兵们双倍的犒赏。**8** 由于曾涉嫌篡位，在将卢西乌斯·奎埃图斯从听令于其的摩尔人部族那里调走之后，他剥夺了他 [卢西乌斯·奎埃图斯]② 的武力。随后，他指令马尔西乌斯·图尔波，在镇压犹太人之后再前赴毛里塔尼亚去平息那里的骚乱。**9** 安排完这些，他离开了安条克城③，去送别由阿特奇亚努斯、普罗蒂娜，以及玛提狄娅④陪护着的图拉真的遗体⑤。**10** 他接待了这些人，随后在让他们乘船返回罗马之后，他自己先返回了安条克城；他任命了卡提利乌斯·塞维鲁接管叙利亚，在那之后才途经伊利里亚⑥ 来到了罗马。

    VI. 1 哈德良以一封措辞极为恭敬的信恳请元老院尊奉图拉真为

---

① 弗鲁吉·克拉苏在涅尔瓦时代，曾因阴谋反对涅尔瓦而被流放他林敦（Tarentum）。随后，他又因阴谋反对图拉真而被提起诉讼，终被宣判有罪。——英译者注

② 本译本标识方括弧的文字为翻译中补充进去的。

③ 指当时的叙利亚行省省会，也被译成"安提俄克"，今土耳其东南部毗邻叙利亚的安塔基亚（Antakya）。

④ 为图拉真姐姐玛契阿娜的女儿，也就是哈德良之妻萨宾娜的母亲。

⑤ 关于图拉真的临终描写，请比照奥勒利乌斯·维克多的《诸王传略》（*Aureli Victoris Epitome de Caesaribus*）XIV，12："他卒年六十二岁，最后还忍受了悲惨的结局：他体内几乎所有的脏器都在作痛，临终的折磨让他受苦到了这般地步，以至于不断地乞求着，要那些最信得过的侍臣们快把自己杀死。为了不让他在一时疯狂下干出自残的举动，陪护者全是那些最为亲近之人。"

⑥ 亦被译作"伊利里库姆"。罗马帝国早期的行省名，大致位于亚得里亚海东岸及其内陆地区，公元 10 年该行省被分割为达尔玛提亚（Dalmatia）和潘诺尼亚，但伊利里亚作为地名仍被后人长期使用。

神，他的这一请求得到了一致赞同，事实上元老院还把许多哈德良未提出的荣誉都主动授给了图拉真。**2** 在给元老院的信里，他祈求得到宽恕，因为对于自己的即位他没有事先从元老院获得过批准，而只是考虑到国不能一日无君的缘故就在士兵们的拥戴下称帝了。**3** 那个时候，元老院把本应授予图拉真的凯旋式颁给了他，可他并没有接受下来，而将图拉真的肖像列在了参加凯旋式的战车上，这么做为的是让这位最优秀的帝王在驾崩之后仍不失掉获得一场凯旋式的荣耀。**4** 他推辞颁授给自己的国父^①之名，因为奥古斯都直到晚年才得到这般荣誉，所以当下及今后他都不会接受。**5** 即便财政十分拮据的状况被逐一细数了出来，可他还是免除了意大利的桂冠金^②，而在行省这项税款也得到了减轻。**6** 后来，他听闻萨尔玛提亚人和罗克萨拉尼人^③掀起了叛乱，便派出军队，奔赴默西亚而去^④。**7** 他让马尔西乌斯·图尔波在平息了毛里塔尼亚的骚乱之后佩带上地方长官的冠冕^⑤，接着又差他前往潘诺尼亚和达契亚，让他临时担负起对那里的管辖^⑥。**8** 罗克萨拉尼人的王抱怨发给自己的津贴遭到了削减，在了解到前者的疾苦之后，他就同这位王达成了和约。

    VII. 1 虽然哈德良曾指令尼格利努斯为继承人，可那位尼格利

① 国父（pater patriae）之名由元老院颁授给为国家做出巨大贡献的个人。
② 指为打造凯旋式用的黄金桂冠而征收的贡税。这些贡税原来都是自愿出的，可不久便演变成了义务。——英译者注，有删减。
③ 罗克萨拉尼人当时居于多瑙河的入海口，在那之前图拉真已让他们组建了一个从属于罗马之下的附庸国。——英译者注，有删减。
④ 因为上述两个民族在那时都定居在多瑙河下游一带，而那里正位于两个（上、下）默西亚行省的辖区。
⑤ 原文为 infulae，原意是古罗马时代由祭司和贞女佩带的饰有缓带的冠冕，是神圣不可侵犯的象征。用在这里喻为马尔西乌斯·图尔波被授予了地方长官的神圣头衔。
⑥ 潘诺尼亚和达契亚都位于多瑙河下游，毗邻默西亚。所以，哈德良在这种特殊时期就需要派一位可靠的人统辖那里。

努斯仍随同卢西乌斯及其他若干人等，趁着皇帝献祭的时候实施预先布置好的阴谋，不过哈德良还是逃过了此劫。**2** 因为这个缘由，这些阴谋策划者及同党都被处死了：帕尔玛死在了塔兰切内、契尔苏斯死在了巴耶、尼格利努斯在法文奇亚，而卢西乌斯则在路途上。哈德良在其自传里这么讲道，处死这些人是遵从了元老院的指令，而他自己却不愿那么做。**3** 此后，他先把埃及地方长官①的头衔颁给了图尔波，让此人的权威因此得以提升，再将达契亚托付给了这位图尔波，接着他急忙来到了罗马，目的是平息对他极为不利的舆论，因为大家相信他曾一下处死过四名拥有执政官官衔之人。为了驱散针对自己的流言，他个人出资，发放给人民双倍的赏赐，而在之前他身处罗马之外的时候，就已向每个人发放过三枚金币②了。**4** 在元老院他还对自己的所作所为求得宽恕，他发誓道，除非出于元老院的决议，否则任何元老都不会受到惩处。**5** 他建起了由帝王私库担负的邮驿系统，此举减轻了地方政府的负担。③**6** 此外，他从不放过任何机会以使自己获得赞誉：那时有罗马及意大利人欠下帝王私库难以计数的钱债，他免除了这些债务人的欠款；在诸行省，他也免除了居民们欠下的那些数额巨大的债务；他还派人在被奉为神的图拉真广场上将欠条焚毁，以这样的方式让所有人都得到了更大的保障，没了后顾之忧。**7** 他将从判定有罪者那里罚没的财产全

---

① 原文为 praefectura，意思是较高级别的"地方长官职位"，在这里应当即指"埃及总督职位"。

② 原文为 aureus，意思为金币。自共和国时代起直至戴克里先改革（公元三世纪末）之前的帝国时代，金币一直是罗马人最大的货币单位。一枚金币大致约合二十五枚基准银币（帝国时代约重三克）德纳里乌斯，约合一百枚铜币塞斯退斯。

③ 在哈德良之前，维持邮政的费用全部由行省的各城负担，而后来则交由帝王私库承担了。该部门由一位骑士等级的官员领导，被称为邮驿长官（praefectus vehiculorum）。——英译者注

都上缴进了国库，还禁止这些财产流入自己的私库里。**8** 图拉真曾向一些男孩和女孩们发放补助金 ①，而他则增加了这笔款项。**9** 他还增加了那些并非由于自己的过错而落得穷困的元老的遗产，以让他们人数不等的儿子都能保留元老的身份 ②；为了维持生计，他事实上还向数量众多的人提供了生活费，这些钱款一到指定的日子就按时支付，不曾被拖延过。**10** 他到处慷慨相赠，不仅对朋友而且还对其他相当多的人，这么做为的是能让他们担当起国家的要职。③ **11** 他还为一些妇女的生计出资救济。**12** 他每六天都会向角斗士们发放犒赏，并在他生日那天在竞技场上拉出了一千头野兽。

    VIII. 1 他准许元老院中最优秀的那些人进到皇帝陛下的随从班子里。**2** 除了为自己生日举行的庆祝之外，他不接受任何在竞技场里为自己举办的庆典赛会。**3** 他时常在公众集会上以及元老院里说道，自己将如此执掌这个国家，他会让人们明白国家是属于人民而非他一人的。**4** 因为他自己担任过执政官三次，所以他让许多人第三次当选了执政官，还让难以计数的人第二次出任了执政官。**5** 他的第三次执政官任期虽然仅有四个月，可在履职期间他仍多次主持诉讼。**6** 如果他身处罗马城内抑或在附近地区，便总会出席元老院的例行集会。**7** 他对元老人选的确定颇为谨慎，还极大地提高了元老院的权威，以至于当他推选从近卫军长官之位调离的阿特奇安努斯以荣誉执政官的身份成为元老的时候，他明白地说道，自己不能再做什么比这更让他［阿特奇安努斯］感到光彩的事了。**8** 他规定，

---

① 原文为 alimenta，意思是古罗马政府一项接济意大利贫苦儿童的救助金。该笔救助金由涅尔瓦皇帝创始，但直到图拉真才付诸实施。——英译者注，有删减。
② 得到元老身份的财产条件是一百万塞斯退斯。——英译者注
③ 在当时，出任罗马高官之人都需自掏腰包举办一场大型的庆典赛会，并在期间向罗马人民发放赏赐。

无论其是否到场，罗马骑士都不得对牵扯到元老的案子做出宣判。
9 那时，确实存在这种习惯：当处理重大案子的时候，他会召集起
罗马的元老及骑士参与审理，并依据全体讨论的结果再做出裁定。
10 他最终还谴责了那些对元老院不够尊敬的头面人物。**11** 他极为尊
敬姐夫塞维安努斯，以至于他［塞维安努斯］来的时候，总要从寝宫
出来迎候。他让塞维安努斯第三次出任执政官，虽然如此，不过鉴于在
自己当政之前他［塞维安努斯］就已经担任了两次，哈德良并没有让他
担任自己的同僚，这么做是出于他［哈德良］不想屈居次席的缘故。①

    IX. 1 虽然如此，可哈德良在实现上述功绩的同时也放弃了图拉
真夺取的诸多行省，并且还不顾所有人的恳求推倒了由图拉真建起
的、位于战神平原②的大剧场。**2** 他做的一切已经让大家觉得不悦了，
再加上他的装模作样，仿佛一切命令的下达都是图拉真在私底下要
他这么做的，这着实让众人对他更感不满。**3** 那时候，他无法容忍
自己的近卫军长官、前监护人阿特奇安努斯的权威，于是决心要置
他［阿特奇安努斯］于死地，可后来他改变了想法，因为已经有四
位拥有执政官官衔之人遭到了处决，③虽然他时常把处死这些人的恶
名推给阿特奇安努斯背负，可他仍因此颇受众人的憎恨。**4** 鉴于没
有阿特奇安努斯的举荐他就无法选出谁能接替近卫军长官的职位，
所以他就遵照他［阿特奇安努斯］的要求，在首次提出人选时就将
上述职位移交给了图尔波。**5** 与此同时，他还让塞普提修斯·克拉鲁

---

① 哈德良首次任执政官是在公元 108 年，第二次和第三次分别在公元 118、
   119 年。塞维安努斯第二次任执政官是在公元 102 年，第三次是在公元 134
   年，只有最后一次是在哈德良当政时期。所以如哈德良让塞维安努斯与自
   己同僚，则后者比自己更有资格。——英译者注，有补充。
② 原文为 campus Martius，指罗马城内位于台伯河东岸的一片平地，也被译
   成"马尔斯郊原"。
③ 关于阿特奇安努斯领有执政官衔请参见本卷 VIII，7；关于哈德良处死过
   四位拥有执政官官衔之人前参见本卷 VII，3。——英译者注，有补充。

斯接替西米利斯，当上了近卫军长官的同僚。**6**在把那些为他登上帝位立下过功劳的人从高官之位调离之后，他前赴坎帕尼亚①而去。在那里他通过慷慨的赏赐让所有城镇都获得了好处，还结识了当地最杰出的人并同他们互交为友。**7**至于在罗马的时候，他经常会与裁判官和执政官们一起办公；他出席朋友们的宴会；如果有人生病，他会一天探望他们两到三次，即使有人仅是骑士甚至被释奴身份：他会用安慰温暖他们的心，用慧语给他们提供建议，还会一直邀请这些人前来参加自己举办的宴会。**8**总之，他做的每一件事都如凡民②一般。**9**他以举办角斗士比赛和其他一些活动的方式特别增加了岳母的荣誉。

X. 1 后来，哈德良起程前往高卢诸行省，并以种类繁多的慷慨赏赐让所有城市和部族都受了益。**2**从那里他又转赴日耳曼尼亚。尽管他渴望缔结和约而非发动一场战争，不过他仍以自己的忍辱负重为例对每个士兵进行操练，就好像战争即将来临一样。他还来到士兵中间，亲自管理起军营的生活。他还会以西庇阿·埃米利阿努斯③、梅特路斯④，以及他的继父图拉真为榜样，在露天里津津有味

---

① 意大利半岛南部的地区名，濒临第勒尼安海。

② 原文为 privatus homo，这个词带有身份特征，表示与皇帝、执政官和其他级别较高的官员相对的那类普通民众。也有译者译成"私人"。

③ 应该指的是那位小阿非利卡努斯，以毁灭迦太基城留名史册。后文提到的梅特路斯则是朱古达战争（Bellum Iugurthum）的司令官。——英译者注

④ 关于梅特路斯的事迹，请参见尤特罗庇乌斯，II，24："在卢西乌斯·切奇利乌斯·梅特路斯（Lucius Caecilius Metellus）和盖乌斯·福里乌斯·普拉西德（Gaius Furius Placidus）出任执政官的那一年，梅特路斯在西西里击败了携 130 头战象及人数众多的部队前赴那里去的阿非利加人的将领。他杀敌 20000，俘获战象 26 头，剩下的奔逃至努米底亚人那里去的大象则在努米底亚人的帮助下抓住了。他把象群集合在一起，以十分盛大的队伍把它们拉进了罗马城，那时总共有 130 头大象排满整段路程。经历上述失利之后，迦太基人请求那位被他们俘虏的将领雷古勒斯出发前去罗马，并与罗马人订立和约及交换俘虏。"

地吃着野营餐，食物都有培根以及奶酪加淡味酒醋 ①。他颁给许多人赏金和荣誉，为的是自己布置下去的要求越来越严苛的任务能被他们接受下来。3 由于他本人在整顿军职和军费之后恢复了自恺撒·屋大维以来因历代元首疏于管束而弛废的军纪，于是他规定任何人都不得随意离开营地，军事保民官的推选也以公正的方式进行而不再听凭士兵们的喜好了。4 他以自己的勇气为榜样激励他人，甚至还全副武装徒步跋涉了两万步 ②。他把用餐间、柱廊、石室、凉亭都从军营里撤除了。5 他总会穿戴极其平凡的装束：他的腰带上没有黄金装饰，扣环上也没嵌以珠宝，他的战剑也极少会配上象牙柄。6 他前往患病士兵们的营房探望他们，他挑选扎营的地点。他把百人队队长的职务仅授给那种既吃苦耐劳又名声卓越的人，而把军事保民官的职务只授给下列人：他们胡须够多 ③ 或年纪够大以使自己能用聪颖及阅历承担起保民官的职责。7 他不允许军事保民官从士兵那里收取任何东西，也禁止一切铺张浪费。最后他还改进了士兵们的武器和装备。8 在士兵服役期限上，他还下令，在精力尚能担当之时以及人性长成之后，在这段时间内任何人都不得违背古代传统而不去服役。他总是让自己和士兵们打成一片，而这些人的人数他都知晓于胸。

　　XI. 1 除此之外，哈德良着力掌握军需储备的实际状况。他认真调查诸行省的收益情况，如果发现哪里有什么缺额，他会补上去。如果上述事迹与诸位皇帝相比算不上什么，那么他还先于所有帝

---

①　原文为 posca，指一种在浓味酒醋（acetum）中兑水稀释后的饮品，在古罗马时代非常常见。

②　单位是罗步。本书长度单位通常皆按罗制。古罗马长度单位中一尺（pes）约合 296 毫米，五尺合一罗步（passus），一千罗步合一罗里（mille passuum），一罗里约合 1.48 公里。

③　这里也暗指岁数够大。

王，而做到既不购买也不保有任何毫无价值的东西。**2** 在按王权之法改革完军队之后，他前赴不列颠①。在那里他整顿了许多弊病，为了将蛮族和罗马人分隔开来，他还史无前例地筑造起一道长达八万步的长墙。**3** 他指派他人接替了塞普提修斯·克拉鲁斯的近卫军长官之职②，苏埃托尼乌斯·塔奎卢斯③的御用秘书之职以及其他许多人的职位也都被他人接替了。因为这些人那会儿在未得到他旨意的情况下就其妻萨宾娜面前表现得过于亲近了，以致超越了宫廷仪轨所规定的程度。正如他本人常说的那样，假如他是一介凡夫，就真会出于她难以取悦且又脾气暴躁而把这位妻子休了。**4** 非但对自己的家人而且还包括朋友们，他都心怀戒备，以致他要通过情报员④去刺探他们的所有秘密，结果这些朋友直到皇帝亲自将某样东西展示在眼前时才注意到皇帝对他们的举动了如指掌。**5** 自那时起，行事受到干涉不再为人所憎恶，那是因为众所周知的，朋友们的诸多秘密他都知晓于心。**6** 某个妻子给丈夫写信，说道，出于他难以抑制的淫欲和无度的洗浴，她不想回到这位丈夫身边去了。后来哈德良通过情报员知道了这件事，就在他［丈夫］请求休假的时候，哈德良斥责了他对洗浴的沉溺和对淫欲的放纵，这位做丈夫的对他说道："难道我妻子给我写的东西也给你写了吗？"**7** 人们一直认为他这么做着实罪恶至极，甚至把这个连同流传的关于他爱恋少年及玷

---

① 当时为行省名，相当于现英格兰中南部。

② 关于塞普提修斯·克拉鲁斯出任近卫军长官之职，请参见本卷 IX, 5。——英译者注

③ 为著名历史学家，著作有《罗马十二帝王传》（*De Vita Caesarum*）和《名人传》（*De Viris Illustribus*）。——英译者注

④ 该官职官员原来负责军用粮草的运输；可能在图拉真时代变成了四掌军情快递的传递员；后来则演变成了分布于帝国之内的密探，专司向皇帝秘报任何他们觉得重要的消息。——英译者注

污他人之妻的行径（据说哈德良曾在这些事上耗费了精力①）相提并论，为此他们还加了这么一条，说他竟然对朋友都不能保守信用。

XII. 1 在安排完不列颠的事务之后，被亚历山大里亚发生暴动的消息所惊扰的哈德良来到了高卢。这场暴动的起因是出于阿庇斯②，因为阿庇斯在多年之后又被发现了，所以关于它应该被供奉在哪里民众间激起了矛盾，所有人都为此争执不休。**2** 就在同时，为了让普罗蒂娜受到敬仰，他耗费了极大的人力在尼姆③建起一座殿堂。**3** 随后，他前赴西班牙诸行省，并在塔拉戈纳过冬，在那里他自己出资修复了奥古斯都神庙④。**4** 他召集全部的西班牙人到塔拉戈纳赴会。那时，正如马略·马克西姆斯用自己的话所叙述的那样，意大利的移民们嗤笑着拒不接受征税令，而其他人也表现激烈，为此他采取了明智而谨慎的方式进行了应对。**5** 就在那个时候，

---

① 意思是他过多地专注在这些事情上。

② 原文为 Apis，指的是古埃及人崇拜的圣牛。关于圣牛传说，请参见希罗多德的《历史》(*Herodoti Historiae*)，III，28（见汉译本，王以铸译，北京：商务印书馆，1997 年 2 月，第 206 页）："在把这些人处死之后，他继而又把祭司们召到他跟前来。当祭司们所说的话也和前者相同的时候，他便说如果一个驯服的神到埃及人这里来的时候，他是愿意见识见识的；因此他不多废话，立刻命令祭司们把阿庇斯（即：圣牛）带来。于是他们就找到了它并把它带来了，原来这个阿庇斯或埃帕波司是一个永远不会再怀孕的一头母牛所生的牛犊。根据埃及人的说法，母牛是由于受到天光的照耀才怀了孕的，此后才生出了阿庇斯。称为阿庇斯的这个牛犊的标志是这样：它是黑色的，在它的前额上有一个四方形的白斑，在它的背上有一个像鹰那样的东西；尾巴上的毛是双股的，在舌头下面又有一个甲虫状的东西。"——英译者注，有删减，引文为汉译者补充。

③ 位于今法国南部。

④ 关于这座神庙的建造请参见塔西佗的《编年史》，I，78："西班牙人请求在塔拉戈纳殖民地为奥古斯都修建一座神庙，在获准之后，此举为所有的行省所效仿。"

他遭受了一次最危险的考验，不过并未因此失去荣耀：当时他正在塔拉戈纳绿树成荫的花园里漫步，一位访客的奴隶携着剑疯狂地袭击了他。这位奴隶被制服之后，哈德良就把他交给了前来施救的侍从们。后来，当他得知对方是个疯子，还处乱不惊地送他去医生那里接受治疗。**6** 在当时以及后来的一些时候，许多地方的蛮族不再以河流而是以陆地为界，在那些边界地带他时常竖起深植地下的大木桩，随后再用当作城墙的木栅栏进行加固，以这样的方式他将蛮族隔绝在外。**7** 他替日耳曼人选封了王，镇压了摩尔人的骚乱，还从元老院那里赢得了公众祈祷式①。**8** 也在那个时候，与帕提亚人的战争尚在准备中，而哈德良经过一番讨论便将此事作罢了。

XIII. 1 在那之后，哈德良穿过亚细亚②，又坐船通过诸岛屿，一路来到了亚该亚③，接着他效仿赫拉克勒斯和腓力④那样举办艾琉息斯密祭⑤，他赐给雅典人许多好处，还为庆典赛会担当了主持。**2** 当他在亚该亚的时候，甚至连这样的事都做得如此谨慎，据他们说，有他出席的祭典就没人携着武器入场，而通常在仪式现场许多人都可以佩着刀的。**3** 随后，他坐船去了西西里，在那里为了看色彩绚丽（据说，景色如虹）的日出，他登上了埃特纳山。**4** 后来他回到

---

① 原文 supplicatio，指的是在战争取胜之后或者在国家面临大灾难的情况下，由元老院批准举办的向众神献祭的公众活动。

② 亚细亚（Asia）这个词当时指小亚细亚半岛西南部的行省名。关于哈德良的行程，上文仅提到他前去西班牙；但从这段来看，他此时应该是从东方前赴希腊地区。此处的上下文不连贯。

③ 当时指涵盖了希腊半岛地区的行省名。

④ 指亚历山大大帝的父亲，马其顿王腓力。——英译者注

⑤ 指在雅典近郊艾琉息斯（Eleusis）地区的举行的一种神秘祭祀仪式。该祭典活动每年都要举办，用以祭拜丰产女神德墨忒尔（Demeter）及其女儿冥后珀耳塞福涅（Persephone）。

了罗马，接着又从那里前去阿非利加①，并授给了阿非利加行省居
民许多好处。5 几乎没有哪位元首像他一样，以如此迅捷的速度巡
行在如此广袤的土地上。6 就在他最终离开阿非利加并返回了罗马
之后，又立即起程奔赴东方，前往雅典巡行。在那里他为许多工程
（在之前他就已经让这些建在雅典人中的建筑动工了）举行了落成典
礼，其中有奥林匹亚朱庇特神庙，以及为他自己建的祭坛。在亚细
亚巡行期间，他也以同样的方式替一些用自己名字命名的神庙举行
了献祭仪式②。7 后来，他同意卡帕多细亚人中的奴隶替兵营服役。
8 他向诸位执政者③或王提出了缔盟的邀请，甚至在向帕提亚人的
王奥斯罗埃斯发出邀请之后，还将图拉真俘虏的他［奥斯罗埃斯］
的女儿给送了回去，连一同缴获的宝座他也承诺会奉还的。9 在某
些王来到他那里的时候，他待他们的方式让那些不愿前来的王都感
到了后悔。他这么做，大部分原因是出于法拉斯马尼斯④：这位王高
傲地蔑视了他的邀请。10 就在他巡行于诸省期间，出于一些代理
人及地方官的所作所为，他让他们受到了惩罚，对这些人的审判是
如此严格，据信起诉人都由他亲自指派。

　　XIV. 1 在这期间，哈德良将怒火如此宣泄于安条克人，以致为
了让安条克城不再被当作一座人口众多的行省的首府，而打算将腓
尼基和叙利亚分离开来。**2** 也就在那段时候，犹太人发动了战争，

---

① 阿非利加（Africa）这个词在古罗马时代表示迦太基以及非洲大陆未被罗
马人所知的其他地域。此处当指迦太基毁灭后今北非突尼斯及其附近一带
的行省名。

② 原文动词为 consecrare：对人来说，即表示为出任圣职者举行祝圣仪式；
对神庙来说，则表示举行宣布其为神圣不可侵犯之地的落成（或改用）
仪式。

③ 原文为希腊词汇 Toparchas，意思是掌握权力之人。

④ 伊比利亚人（Hiberi）之王。该族当时居住于今高加索山脉一带。

那是因为对生殖器进行切割的行为①遭到了禁止②。**3** 当他为目睹日出而连夜攀登卡修斯山③的时候，在山上偏逢雨水，甚至一道闪电落下，还击毙了牺牲和陪祭司④。**4** 在巡行了阿拉伯⑤之后，他来到贝鲁西亚⑥，并翻修了庞培墓，使之变得更为宏伟。**5** 在尼罗河上航行的时候，他失去了自己的安提诺乌斯⑦，为此他如女人般痛哭哀号。**6** 关于此事，各种各样的流言四起，有的说他把自己如祭品般献给了哈德良⑧；另一些，则既提到了那名少年的美貌又言及了哈德

---

① 指的是犹太人行的割礼。

② 关于这次战争，请参见优西比乌斯的《教会史》(*Eusebi Historia Ecclesiastica*)，Ⅳ,6(见汉译本，瞿旭彤译，北京：生活·读书·新知三联书店，2009 年 9 月，第 162—163 页)："当犹太人的叛乱再度变得难以对付时，犹太总督卢弗斯(Rufus)得到皇帝的军事援助，开始毫不留情地攻击狂热的犹太人，他杀害了数以千计的男子、妇女和儿童，并依照战时法律没收了犹太人的土地。当时，身为犹太人领袖的是一位名叫巴尔—科克巴(Bar-Kokhba，意为'星')的人。由于其名字所具有的力量，这位杀人成性的匪徒声称，他是来自天上的光，要光照那些身处不幸、仿佛奴隶一般的人。哈德良在位第十八年，战争在贝特拉(Betthera)趋于白热化。贝特拉是耶路撒冷附近一座重重布防的小镇。由于长期被困的缘故，镇内的叛乱者弹尽粮绝，最终走向失败，其中挑唆人们疯狂情绪的煽动者也得到了应有的惩罚。此后，哈德良发布命令，所有犹太人都不得涉足耶路撒冷及其附近的任何地方。这样一来，犹太人就连看也看不到耶路撒冷了。"

③ 位于当时的叙利亚行省西北部，靠近地中海。

④ 原文为 victimarius，意思是祭司的助手。

⑤ 指阿拉伯行省，地域相当于阿拉伯半岛西北隅及西奈半岛一带。

⑥ 指位于尼罗河三角洲最东端的一座古城，具体位置在今埃及塞得港东南三十公里。

⑦ 指哈德良的同性伴侣，一位希腊美少年。

⑧ 关于这种说法，请比照希腊历史学家狄奥·卡西乌斯(*Dio Cassius* English translator Earnest Cary，LXIX，11，3)的记载："或者出于这位少年对对方的爱，或者出于他自愿赴死——这么做是可以的，他把自己生命毫无保留地交给对方，以让哈德良度过那即在眼前的身死之劫。"——英译者注，有删减，引文为汉译者补充。

良过溢的淫欲。**7** 最终，希腊人在哈德良的旨意下将他奉作了神明，他们宣布，一些神谕将通过他宣示出来，而据称，这些神谕都是哈德良自己编写的。**8** 他尤其热衷于诗歌与文学，对算术、几何和绘画也极其在行。**9** 他还公开地显示其在乐器弹奏和歌曲演唱方面的技艺。他求得快乐的欲望是无穷的，这么说是因为，关于自己的所欲所求之物，他创作了许多诗歌。他还写下过爱情诗。**10** 他同样也对各种武器极其精通，还晓熟军事，并工于剑术。**11** 他同样还是这么一个人：时而严肃认真时而和蔼可亲，时而威望在上时而平易随和，时而拖拖拉拉时而迅疾果断，时而吝啬小气时而慷慨大方，时而制造假象时而单纯率直，时而凶残暴戾时而宽厚仁慈：他无时无刻都在方方面面让自己变得难以捉摸。

XV. 1 哈德良让朋友们富裕了起来，即便他们没提出这样的要求；而倘若他们真有什么提了出来，他也不会拒绝的。**2** 虽然同样是这个人，可他很容易就听信了关于朋友们的任何道听途说，甚至还因此将几乎所有的最亲密的挚友或者那些由他提拔到最尊贵职位上的人都视为了敌人，正如：阿特奇安努斯①、奈波斯②，以及塞普提修斯·克拉鲁斯③的下场一样。**3** 此外，他让曾经协助自己谋取大权的埃乌德蒙变得穷困；**4** 他迫使珀利埃努斯和马尔契洛自裁而亡；**5** 他利用诽谤信抨击埃利奥多鲁斯；**6** 他批准了提奇安努斯以篡位者同党的身份遭到起诉并将他［提奇安努斯］列为公敌④；**7** 他万般刁

---

① 关于他同哈德良的友谊，请参见本卷 IV，2；V，5；VIII，7。关于哈德良最终同他交恶，请参见本卷 IX，3—4：关于两人结仇成敌的说法本书给出的原因前后不一。——英译者注，有补充。

② 应该指的是柏拉托·奈波斯：请参见本卷 IV，2。——英译者注

③ 关于此人，请参见本卷 IX，5。

④ 指把某人列入公敌名单。在古罗马，凡被宣布为公敌者，其人身不再受法律的保护，任何人（甚至奴隶）都有权处死这个人，其全部财产则被悉数充入国库。也有人翻译成"对某人颁布大抄杀令"。

难乌米迪乌斯·夸得拉图斯①、卡提利乌斯·塞维鲁②，及图尔波③；**8** 他还逼死了年近九旬④的塞维安努斯，为的是不让这位姐夫在自己驾崩后仍活在世上；**9** 他到后来甚至还会迫害一些被释奴和士兵。**10** 尽管他在演说和诗歌方面极富热情，对一切技艺也都极其在行，可他却总以自己拥有更多学识自居，从而嘲笑、蔑视，甚至羞辱各种门类的教授们。**11** 他时常同这些教授及哲学家们以发表著作和诗歌的方式一来一去地进行辩论。**12** 有一次，法沃利努斯⑤的一个词被他找到了茬，而前者随后向他认错了，这让他［法沃利努斯］遭受到朋友们的嘲笑，因为他们据理力争道，这种屈服是错误的，他［法沃利努斯］的那个词曾被一些措辞合乎规范的作家使用过。**13** 后来，法沃利努斯说道："亲爱的朋友啊，你们的主张是错的，因为你们一点都不容许我相信，那位拥有三十支军团的人⑥是所有人中最有学识的。"

XVI. 1 哈德良渴望求得崇高的名声竟到了这般地步，以至于他把亲笔写下的自传交付给自己那些文笔精湛的被释奴们，并同时命令他们以各自的名义将之发表，甚至据说，连斐拉根⑦的著作都出自哈德良本人之手。**2** 他写过一部数卷本的《多果树》⑧，在这本极其晦涩难懂的著作里他模仿了安提马库斯⑨的手法。**3** 弗洛

---

① 指公元 118 年与哈德良同僚的执政官之一。——英译者注，有删减。

② 关于这个人，请参见 V，10。

③ 即前文多次提及的马尔西乌斯·图尔波。

④ 原文直译为："生命中的第九十年"，实际年龄若严格对应则是八十九岁。

⑤ 为当时著名的修辞学家，和普鲁塔克（Plutarchus）、奥路斯·杰利乌斯（Aulus Gellius）是好朋友。——英译者注，有删减。

⑥ 在当时，罗马帝国的军队一共有三十支军团，其余则为随军团协同作战的辅助部队。因此这里所说的"拥有三十支军团的人"只能是哈德良。

⑦ 为公元二世纪的希腊历史学家，哈德良的被释奴。

⑧ 书名原文为 Catachannae，意思是一种能被嫁接上多种不同果树枝的树木。

⑨ 为公元前 400 年左右的希腊诗人，作品有一部史诗和一首哀歌，风格总体上以晦涩难懂、充满引喻著称。——英译者注，有删减。

鲁斯^①曾为他写了一首诗：

> 我不想成为恺撒，
> 不想漫步在不列颠人中间，
> 不想潜伏〈在日耳曼人之间〉^②，
> 也不想忍受那斯基泰^③的寒霜。

4 当时他回了一首诗：

> 我不想成为弗洛鲁斯，
> 不想漫步在小客栈中间，
> 不想潜伏在廉价餐馆之间，
> 也不想忍受那圆鼓鼓的虫子。

5 除此之外，他喜欢用古旧的方式说话并参加辩论。**6** 他喜爱加图甚过西塞罗、喜爱埃尼乌斯甚过维吉尔、喜爱奇利乌斯甚过撒路斯特^④，他用同等的赞誉对荷马和柏拉图做出评价。**7** 据目睹，他对

---

① 全名应为普布利乌斯·安尼乌斯·弗洛鲁斯（Publius Annius Florus），为当时著名修辞学家、诗人。与其大致同时代，还有一位也叫弗洛鲁斯的著名修辞学家、历史学家，但此处所指的弗洛鲁斯并非后者。

② 其中"在日耳曼人中间"（per Germanos）这两个词洛布版标记缺字，此处试补参照的是拉丁网络图书馆版本。

③ 亦被译作"西徐亚"。斯基泰人是当时指居于黑海北岸及顿河流域一带的游牧民族。

④ 从上下文看，此处说的加图可能是公元前二世纪早期的著名政治家马可·珀尔修斯·加图（老加图）（Marcus Porcius Cato），西塞罗则是公元前一世纪共和国晚期的著名演说家；埃尼乌斯是公元前二世纪早期的著名诗人，维吉尔则是奥古斯都时期的；奇利乌斯是公元前二世纪时期的著名历史学家，而撒路斯特则是公元前一世纪共和国晚期的。由此才说哈德良喜爱古旧的措辞。

占星学知识是这般晓熟于心，以至于他在一月一日的那一天就能写下之后整个一年在他身上会发生哪些事；在他驾崩的那一年，他也是这么做的，甚至一直写到了逝世的那一刻。8 不管他如何轻易就对一些音乐家、悲剧作家、喜剧作家、语法学家、修辞学家，及演说家提出过批评，还总要拿一些问题去纠缠他们，可他到头来还是让每个教授都获得了荣誉和财富。9 他总是说，一旦看到他人伤心，自己会变得于心不忍；尽管对于许多人之所以从他那里伤心而归，其本人才是原因所在。10 他对埃皮克提图[①]和埃利奥多鲁斯这样的哲学家，以及诸位语法学家、修辞学家、音乐家、几何学家、画家、占星家都保持着极亲密的关系，而如许多人所称的，在这些人中他尤其亲近法沃利努斯[②]。11 对于那些看起来与其教授之位不相符的学者，即便曾被授予过财富和荣誉，他也会将他们从教授之位上打发走。

XVII. 1 对那些在他当上皇帝之前就结下仇的人，在成为皇帝之后，哈德良便把旧怨忘记了，正如那个曾被他当作死敌的人，在称帝后他便对那人说道："你已经解脱了。"2 如果有人被他征召服役，他总会为他们提供马匹、骡子、服装、花费，还有全部的装备。3 在农神节[③]期间，他时常出其不意地给一些朋友送上礼物，而这些人中有谁送他礼物的，他十分乐意就收下了，并且还会再送上回礼。4 为了察探他的宴会筹办人是否在做鬼，在举办多桌宴会的时候，他会下令把其他桌上的餐盘端到自己面前，连离得最远的餐桌都得这么做。5 他以献礼的方式让所有的王都屈从于己。他甚至还经常在公共浴池同那里的所有人一道洗浴。6 正因为如此，有一则发生

---

① 指当时著名的斯多噶派哲学家。——英译者注
② 参见本卷 XV，12。
③ 古罗马人为祭祀农神（Saturnus）而庆祝的节日，节庆狂欢开始于每年的十二月十七日，通常会持续到十二月下旬，节庆期间的一项庆祝方式便是人们互赠小礼品。

在浴池的、和他有关的趣事已为众人所知：有一次他看到某个在服役时结识的老兵正用墙壁搓着后背及身体的其他部位，那时他问那个人，为什么要用大理石墙搓身。当他听到对方回答说，那是由于自己没有一个奴隶的时候，他便赏给他［老兵］几名奴隶，还提供了养奴的开销。**7** 可在稍后的某日，许多老人为了博得元首的慷慨之心，他们都用墙壁搓起了后背，他于是命人把他们召集起来，要他们一个替另一个轮流搓身。**8** 他极度吹嘘自己对平民的关爱。他如此渴望着旅行，以至于他想亲自见识到那些曾通过阅读所掌握的寰宇以内的全部地理知识。**9** 他如此忍受着经历了严寒和风暴，以至于从不用什么遮住脑袋。**10** 他不但授给许多王极其尊贵的荣誉，而且还从数量更多的王那里购买了和平，至于还有一些王他则对他们表示出不屑；**11** 他送给许多王难以胜数的赠礼，可没有谁比伊比利亚人之王得到的还要多，因为在赠予厚礼之后他还给那位王送上了一头大象及五十人的扈从。**12** 他曾经从法拉斯马尼斯①那里得到了难以计数的贡礼，其中有几件带金饰的希腊军用斗篷，他后来把三百名穿带金饰的希腊军用斗篷的罪犯送进了斗兽场，以此耻笑这些献礼。

　　XVIII. 1 审理案件之时，哈德良非但参考自己的朋友或伙伴们的意见，而且还会咨询法学家，特别是尤文奇乌斯·契尔苏斯、萨尔维乌斯·尤利安②、奈拉奇乌斯·普利斯库斯③，及其他的一些人。对于这些人经手的案子元老院都会予以赞同的。**2** 此外，他还颁布了另一些法令：如某城中的任何住宅皆不得以向大城市运送屋料建材为由而遭拆除。**3** 他授予公敌的孩子们十二分之一的财产

---

① 关于这位王，请参见本卷 XIII，9。
② 关于这位著名法学家，根据尤特罗庇乌斯，VIII，17 所载，曾在哈德良时代编撰了"永久谕令"（*Perpetuum Edictum*）。
③ 关于这位法学家，请参见本卷 IV，8。——英译者注

权。①**4** 他不再认可犯上罪②。**5** 他不接受陌生人给予的遗产；哪怕是熟人，只要生有孩子，他也不会接受。**6** 对于无主的财宝，他如此规定道：若有人在属于其自己的土地上发掘了财宝，那该宝物当属这人独占；若有人在他人的土地上发掘了财宝，那该宝物之一半当属地主；若有人在公有土地上发掘了财宝，那该宝物也当按同等比例分属于帝王私库。**7** 他禁止主子残杀奴隶，并命令道，罪有应得之徒应当通过法官进行审判。**8** 他禁止任何男女奴隶在没有适当理由的情况下被贩卖给角斗士负责人或妓院老板。**9** 对于那些挥金似土之人，即便这些财富是受他们支配的，他也会派人在圆形大剧场内对他们先行鞭笞，随后再把人放走。让奴隶和自由人待的囚室③他颁令废止了。**10** 洗浴时，他按男女性别把人分隔了开来。**11** 他还下令，如果主子在屋内遇害身亡，则不必审讯其全部的奴隶，而应当限于那些具备实施凶杀条件的人。

XIX. 1 这位皇帝在伊特鲁里亚拥有裁判官的头衔，在整个拉丁地区的城镇又出任独裁官、市政官，及二人委员会成员，在那不勒斯担任城主④；在自己的故乡⑤哈德良出任四年一届的监察官⑥，与

---

① 根据文意，当指公敌的所有孩子（无论人数多少）共同享有十二分之一的财产。

② 原文为 maiestatis crimina（也写成 laesa maiestas），意思是：让君主威严受到损害的一切罪行。该罪名常被用于制造迫害。

③ 拉丁语 ergastula 意思是位于庄园里的、囚禁工奴用的屋子。

④ 此处的伊特鲁里亚、拉丁地区，及那不勒斯都是位于意大利中部的地名或城名，提及的裁判官、独裁官、市政官、二人委员会成员、城主，虽有与国家官职（即罗马官职）同名者，但这里皆指地方官职。

⑤ 指位于西班牙的意塔利卡。参见本卷开头。——英译者注

⑥ 原文只交代"四年一届的职务"，官职四年改换一届的应当是监察官（censor）。此处原文直译过来是每五年（quinquennalis）。因为罗马人计算时间往往把事件发生的那一年一并计算进去，所以此处所谓每五年实指现代通常意义上的每四年。

此相同，在哈德利亚他也担任这个四年一届的职务，因为在那里他就好比在另一个故乡一样；他还是雅典的九执政之一。**2** 他在几乎每一座大城市里都既兴建起了建筑，又举办了庆典赛会。**3** 他在雅典的体育场里展现了一千头野兽的捕猎会。**4** 他不曾从罗马城唤走任何一位猎手或演员。**5** 在罗马，除了那些无穷无尽的娱乐活动之外，为了让自己的岳母获得荣耀，他赠予人民芳香料；为了让图拉真获得荣耀，他还命令把香油和藏红花精洒在剧院的座位上。**6** 他让剧场按古老习惯上演各式各样的戏剧，还让御用演员为公众献演。**7** 他在圆形大剧场内杀掉许多野兽，有时甚至会猎杀一百头狮子。**8** 他经常向民众展演战舞，还常常观看角斗士表演。**9** 虽然他到处建起了无数的建筑，可自己除了在供奉其继父图拉真的神庙之外绝不在他处刻姓留名。**10** 在罗马，他重修了万神殿、森都里亚大会①会场、尼普顿礼堂、连同好几处神庙、奥古斯都广场，以及阿格里帕浴池；他用最初的缔造者之名为这所有的建筑命名。**11** 他修造了一座桥，并用自己的名字命名；他在台伯河畔建起墓冢；他还建造了供奉美好女神②的神庙。**12** 他通过建筑师德克里安努斯把尼禄巨像垂直吊了起来，并搬离了它的原址（现在的罗马神庙），这尊巨像是如此沉重，以至于搬运时需要调用二十四头大象。**13** 随后，在这尊曾经献给尼禄的巨像被除去了尊容之后，他把它献给了太阳神，他还想让建筑师阿波罗多鲁斯以此造型为月亮神塑一尊巨像。

XX. 1 即便是同那些最卑贱的人进行谈话，哈德良也极其彬彬有

---

① 森都里亚大会创设于王政时代第六王塞尔维乌斯·图利乌斯（Servius Tullius）当政时期，字面意思为百人队大会（comitia centuriata），因为与会者按百人队为单位，每个百人队只投一票。该大会有权以表决的方式决定国家大事，但不能对提交的法案进行讨论，其重要性渐被元老院取代。

② 古罗马人信奉的神祇之一，为农神福努斯（Faunus）的女儿，她能保佑女人多子，土地多产。

礼。有些人仇视这种情谊所带来的轻松气氛，就如他们要保持住元首的权威一样，对这些人他表示出憎恶。**2** 在亚历山大里亚的博物苑^①里，他向诸位教授提了许多问题，随后又自己进行了解答。**3** 马略·马克西姆斯曾说，他本性残忍，而之所以表现颇为得体，那是因为他大概害怕发生在图密善身上的事^②会同样降临自己头上。**4** 他虽然不喜欢在建筑物上留下铭文，却让多座城市（如迦太基及一部分雅典城区）以"哈德良诺波利斯"^③命名。**5** 他还把自己名字加在难以计数的引水渠上。**6** 他史无前例地任命了帝王私库的应诉官^④。**7** 他既有非同于凡人的记忆力，又有使之不尽的才干，这么说是由于他发表演说时还独自回答了全部的问题。**8** 因其机智、风趣的谈吐，有许多关于他的奇闻趣事流传了下来，其中的一则颇为众人所知，那时他曾拒绝了某位白发苍苍的老人的一件事，这位老人于是染过发后再次向他请托，在这种场合下他回答道："关于此事，我已经拒绝过你的父亲了。"**9** 他无需报名侍从^⑤就能复述出许多人的名字，而这些名字他都只听过一遍，甚至还是在那种一大堆人的名字一起报出的场合下，即便这样，当报名侍从们犯错的时候他竟然还会帮他们纠正过来。**10** 他甚至连曾经批准过的退役老兵的名字都能说得出来。对于那些少有人问津的著作，他在快速浏览之后通过记忆便复述了出来。**11** 他同时进行书写、口授、听取，以及（如果大家相信的话）与朋友们交谈。他对关于国家收支的一切都那么在行，以

---

① 该博物苑原是埃及托勒密王朝宫殿的一部分，里面建有花园、柱廊，及公共餐厅，是世界各地的学者和文人云集之处。

② 根据尤特罗庇乌斯，VII，23 记载，图密善最后被自己属下所杀，尸体则被扛尸人运走，埋葬在了一处鲜为人知的地方。

③ "波利斯"一词乃希腊语 πόλις，意思是"城"，常作为词尾出现在城市名称。

④ 指负责处理与帝王私库有关的诉讼案的应诉人。

⑤ 指负责记忆、通报客人名姓的奴隶。

至于任何一个勤勉的家族长在其家庭收支上的知识都难以与之匹敌。
12 他对马和狗是如此喜爱，甚至还为这些动物修建墓冢。**13** 他此前
在某个地方狩猎，获物颇丰，甚至还曾杀死过一头熊，于是他就在
那里建起了一座城，取名"哈德良诺特莱"①。

　　XXI. 1 任何事情只要与法官有牵扯，哈德良都会进行追查，并
一直质询到全部事实都清楚明白为止。**2** 他不希望自己的被释奴在
公众场合抛头露面，也不允许他们对自己产生任何影响。他宣布
道，如果历代元首的被释奴犯下什么过错，无论这些前人是谁，他
们［历代元首］都应对此而受到归咎。在他本人的被释奴中，如有
哪位由于他的缘故而自吹自擂的，则一律受到了惩处。**3** 在一些有
关奴隶的事迹中，下面这则既正经又不失调侃的故事广为人知：有
次他曾目睹到自己的一个奴隶走在两位元老中间从自己眼前漫步而
去，就在那时他派了一个人对那个奴隶掴了记耳光，说道："不要走
在他们中间，否则有朝一日你就会变成他们的奴隶！"**4** 在膳食方
面，他惟独偏爱四重膳②，它的食料有：野鸡、母猪肉、火腿，以及
甜面包干。**5** 在他那个时代，曾出现过饥荒、瘟疫，以及地震。他
尽其所能应对所有的灾患，并对遭受破坏的多座城市进行救济。**6** 台
伯河也在那时漫过了堤岸。**7** 他授予许多城市拉丁公民权③，还免除了
诸多城市的捐税。**8** 在他统治期间，并无大规模的远征，战争也几
乎以默不作声的方式被他终止了。**9** 他出于对军队的无限关怀，同
时也出于对他们的万分慷慨而备受士兵们的爱戴。**10** 他与帕提亚人
一直保持着联盟，这全得益于他将图拉真扶立的那位王从帕提亚放

---

①　原文为 Hadrianotherae，意思是"哈德良的狩猎场"。
②　指一种有四种食料混成的食膳。
③　原文为 Latium，即 Ius Latii，意思是最初授予某些拉丁姆城市居民的一种
　　公民权，这些权利由一些罗马公民才有的私权组成，特别是财产权、在罗
　　马交易的权利，和在罗马人的领域内迁徙的权利。——英译者注，有删减。

逐了出去。^①**11** 他准许亚美尼亚人推选出王，而在图拉真的统治下他
们接受的是派去的总督。**12** 他不再向美索不达米亚人抽取由图拉
真课征的捐税。**13** 他把阿尔巴尼人^②与伊比利亚人当成最友好的盟
友，这么说是出于尽管这些民族曾不屑同他会面，可他仍慷慨地赏
赐了他们的王。^③**14** 为了交好，巴克特里亚人^④诸王还低声下气地向
他派出了使节。

XXII. 1 很多时候，哈德良会［为儿童们］指定监护人。他遵守
公众的法律就如同恪守军纪军规一样。**2** 他命令，除去赴宴归来的
场合，罗马的元老和骑士在公众面前一律应穿托袈袍。**3** 他本人在
意大利时也总是身着托袈袍。**4** 有元老到宴的时候，他会起身招待
他们；而在餐桌上进食的时候，他总是身穿裹袍或者托袈袍。**5** 他
极其细致地对每次宴会的开支做出规定，并按古代传统缩减了这项
费用。**6** 他禁止载着重荷的马车进入罗马，也不允许在城市里骑马。
7 他规定道，在第八个时辰^⑤之前，除了病弱之人以外谁都不允许
进入公共浴池洗浴。**8** 他史无前例地派罗马骑士掌管机要文书，并
负责处理各类奏章。**9** 对于那些身陷于穷困的无辜之人，他看到了
就会主动使他们富裕起来；而至于那些靠卑鄙手段致富的人，他对
他们感到憎恶。**10** 对罗马神的祭祀他关怀备至，对外邦神则表现出
鄙视。他尽心尽责地履行着最高祭司的职责。**11** 他经常在罗马甚至
诸行省审理案件，还会召集执政官、裁判官，连同那些最优秀的元

---

① 关于此事，请参见本卷 V，4。——英译者注
② 该族当时居于高加索山脉一带，在伊比利亚人居住地以东。
③ 关于伊比利亚人之事，请参见本卷 XIII，9，和 XVII，11。
④ 巴克特里亚人最初为公元前三世纪希腊化时代迁居今阿富汗北部一带的
   希腊人殖民者，随后便在当地建立了政权。
⑤ 古罗马人把白天（即从日出至日落）等分成十二个时辰，所以第六个、
   第七个时辰大致对应正午时分，而第八个时辰应表示午后。

老一同参与进来。^①**12** 他排干了富基努斯湖^②。**13** 他任命四位拥有执政官官衔之人^③担任全意大利的法官。**14** 当他来到阿非利加的时候，就在他抵达那里时，五年滴雨未下的天空降下了雨，因此他受到了阿非利加人的爱戴。

XXIII. 1 由于哈德良光着脑袋、顶着大雨、冒着严寒，如此这般巡行了世界的每一个角落，在这之后他就得病而卧床不起了。**2** 病倒后，他便揪心于谁来做继承人。他首先考虑到的是塞维安努斯——正如鄙人曾提到的，这个塞维安努斯后来受他逼迫而没了性命^④。**3** 同样的，他也因为福斯库斯^⑤受到预言和征兆的激励而欲谋求帝位便将其迫害致死^⑥。**4** 在柏拉托·奈波斯^⑦受到怀疑之后，他对其表示出极度的憎恶；而就在之前哈德良却如此地宠爱他，以至于他生病时，前去探望的哈德良在没得到接见的情况下都不惩罚对方。**5** 他同样憎恨泰伦奇乌斯·杰奇阿努斯^⑧，甚至当他见对方受到元老院的爱戴之后，态度变得更为恶劣。**6** 到了最后，所有他考虑到的、

---

① 参见本卷 VIII，9。——英译者注
② 位于意大利中部今富齐诺盆地。
③ 拉丁文 consularis 本意是非现任执政官，但却拥有执政官官衔的人。该词在帝国时期包含有两种意思：出任过执政官的人，或与执政官衔级相当的总督及其他高级官员。
④ 关于此事，请参见本卷 XV，8。——英译者注
⑤ 为上文提到的塞维安努斯之孙，在十八岁时惨遭杀害。关于此事，请参见狄奥·卡西乌斯，LXIX，17，1："九十多岁的塞维安努斯和其十八岁的孙子因对他的上述［即：哈德良任命卢西乌斯·康茂德为恺撒］做法感到不悦而遭到了杀害。"——英译者注，引文为汉译者补充。
⑥ 关于下文短语"他极度的憎恶"，拉丁网络图书馆版本将该语归入本句中。于是意思就成了：哈德良因为福斯库斯受到预言和征兆的激励而欲谋求帝位便对他［福斯库斯］极度的憎恶。
⑦ 关于此人，请参见本卷 IV，2。——英译者注
⑧ 应为图拉真时期达契亚战争中的一位军团统帅，并成了达契亚行省首府撒尔米泽杰图萨（Sarmizegetusa）殖民地的保护者。——英译者注

跟帝位有关的人全都遭到了他的厌恨，就如同这些人将会成为皇帝一样。**7** 他一直在克制着自己与生俱来的全部的残暴秉性，直至在提布迪纳庄园时因流了大量的血而差点儿失去了性命为止。**8** 随后，他便毫无顾忌地将塞维安努斯迫害致死，就好像对方有谋求帝位的企图一样。这么说大概是因为他请御用奴隶吃饭，也可能因为他在靠近自己座榻的皇帝宝座上落座，还或许因为九旬之龄的他仍精神振奋地前去同守卫宫殿的士兵们会面。另外还有许多人或被公开或被秘密地处死了。**9** 甚至当他的妻子萨宾娜去世的时候，还真流传有这么一种说法：是哈德良给她下了毒药。**10** 后来，他决定过继曾经的阴谋策划者尼格利努斯^①的女婿契尤尼乌斯·康茂德做继承人，那是出于他欣赏对方的美貌才这么做的。**11** 于是，在违背所有人的意愿的情况下，他仍过继了契尤尼乌斯·康茂德·维鲁斯，接着便改称对方为埃利乌斯·维鲁斯·恺撒。**12** 出于过继他为继承人的缘故，哈德良举办了庆典赛会，还为民众和士兵们分发了赏金。**13** 他授予对方总督职位，随即要他掌管潘诺尼亚诸行省；他还让对方出任执政官，并颁给他适合该职位花销的相应津贴。他两次推选这位康茂德出任执政官。**14** 当哈德良一见到他体弱多病之后，便总是说道："朕现在已经依靠在一堵摇摇欲坠的墙壁上了，为此朕浪费了为过继康茂德而赏给民众和士兵们的四十亿塞斯退斯^②。"**15** 另外，康茂德因为病魔缠身甚至都没在元老院答谢哈德良对他的过继。**16** 他[契尤尼乌斯·康茂德]在服下过量药剂之后，病情变得更加严重，最终于一月一日那天^③在睡梦中去世了。出于那天有祭祀活动，哈德良下令禁止发丧。

---

① 关于此人及其策划阴谋之事，请参见本卷 VII，1。
② 原文数字为 quater milies sestertium。但拉丁网络图书馆的版本却是 ter milies sestertium，意思变成了三十亿塞斯退斯。
③ 卒年是公元 138 年。

XXIV. 1 在埃利乌斯·维鲁斯·恺撒去世之后，罹患恶疾的哈德良过继了阿里乌斯·安东尼努斯为继承人，这位就是后来被称为庇乌斯的那个。不过他还加上了条件，那就是要对方过继安尼乌斯·维鲁斯和马可·安东尼努斯这两个人[①]。**2** 他们俩随后都成了奥古斯都，还史无前例地共同执掌起国政。**3** 安东尼努斯之所以被称为庇乌斯[②]，据说那是由于他曾搀扶过年老体弱的岳父。**4** 然而，一些人指出，这个尾名被授给了他，也许是出于当哈德良越发残暴之时他曾拯救过多名元老免遭侵害；**5** 另一些人则指出，也许是因为在哈德良驾崩之后他曾授予了这位先帝太多的荣耀。**6** 过继安东尼努斯为继承人之后，当时有好多人为此而感到痛苦，尤其是罗马市长卡提利乌斯·塞维鲁[③]，他一直在为自己谋取大权做着准备。**7** 上述行径遭到败露，于是在确立了继承者之后，他［卡提利乌斯·塞维鲁］便从高官之位变成了一介凡民。**8** 然而，哈德良已经对活下去失去了乐趣，以至到了这般地步，他竟命令一个奴隶用剑对着自己刺下去。**9** 随后，这件事传了出去，并被安东尼努斯所知，于是一些长官连同这位继子一同来到他的面前，乞求他要对疾病导致的必然痛苦保持忍耐。而安东尼努斯则说道，假如其本人以继子的身份允许其他人把他杀死，那么他自己将犯下弑君罪[④]。**10** 感到愤怒的哈德良下令处死背叛他的那个奴隶，虽然如此，可那人被安东尼努斯救下了。**11** 随即，哈德良写下了遗嘱，不过他仍没有抛下国政。**12** 后来，在

---

①　这两个人的名词作者弄混了。他们本名分别是马可·安尼乌斯·维鲁斯（Marcus Annius Verus）和卢西乌斯·契尤尼乌斯·康茂德（Lucius Ceionius Commodus）：前者是安东尼努斯的远亲，而后者则是刚去世的埃利乌斯·维鲁斯·恺撒之子。

②　原文为 Pius，在拉丁文中的含义是"正派者"、"虔诚者"。

③　关于此人，请参见本卷 V，10。

④　拉丁文 parricida 意思是"杀死族长的凶手"，在帝国时期则也可以表示"弑君者"。在这里根据上文，两种含义兼而有之。

立下遗嘱之后，他再度试图自尽，所幸他的匕首被夺下了，然而人却变得更加地残暴起来。**13** 他甚至还向医生讨要毒药，结果为了能不给他，这位医生自尽而亡了。

　　XXV. 1 那时出现了一位妇女，她说自己曾在做梦时受到过警示，要她规劝哈德良不要自尽，因为他会好好康复起来的。她还说，自己之前没能这么做，于是眼睛就瞎掉了，尽管如此，可她仍再次受命对哈德良传达上述的话，并亲吻他的膝盖，如果做成了，她就能复明。**2** 这次，她实现了梦里的指示，在去过神庙并用那里的水洗净眼睛之后，视力果真恢复了。**3** 另有一位来自潘诺尼亚的失明老人来到正发着烧的哈德良跟前，那位老人当时摸着了他。**4** 随后，不但老人的双眼复明了，而且哈德良的高烧也退掉了。然而，马略·马克西姆斯在谈到这些事时，都把它们当成了无稽之谈。**5** 后来，哈德良前往巴耶去了，而将安东尼努斯留在罗马执掌国政。**6** 他待在那个地方，什么都没有做。在唤来了安东尼努斯之后，在对方面前他辞世而去了。驾崩那天的日期是七月十日，地点在巴耶。**7** 鉴于受到所有人的憎恶，他被安葬在了位于普泰奥利①的西塞罗庄园里。**8** 就在他本人驾崩之前的那段时间，他逼死了年近九旬的塞维安努斯，其缘由正如之前所说：一方面为了不让对方在自己驾崩后仍活在世上②，另一方面（哈德良一直都这么想的）也为了不让他得到大权③。他甚至出于轻微的冒犯就下令处死许多人，这些人都被安东尼努斯救了下来。**9** 据说，他临终时还写下了如下的诗行：

　　　小小的灵魂欢快着盘旋而出，

---

① 位于那不勒斯湾北侧的港口城市。
② 关于此事，请参见本卷 XV，8。——英译者注
③ 关于此事，请参见本卷 XXIII，2 及 8。——英译者注

> 这副躯体的主人，这具躯骸的伙伴，
>
> 哦，你现在就要离去，
>
> 往那既恐怖又受苦的空虚之境，
>
> 而不会再如以往那般嬉戏了！①

10 在他所作的诗歌里（其中甚至还有用希腊语写的）只有为数不多的几首能好过上面的诗句。他享年六十二岁五个月又十七天，掌国二十年② 十一个月。

XXVI. 1 哈德良身材高大，相貌英俊。他头发未梳理前是鬈曲的，胡子则蓄得长长的用以遮住脸上的伤痕。他还有强健的体魄。**2** 他骑行达天际、走路过千里，他还一直披挂战备、手握投枪，投入训练。**3** 他在狩猎时经常亲手杀死狮子，然而，就在一次狩猎中他断了锁骨与肋骨。他总是同朋友们一道进行狩猎。**4** 在宴会中，他总会根据场合安排悲剧、喜剧、滑稽戏表演，或让琴师、朗诵家、诗人献艺。**5** 他修建了提布迪纳庄园。那建筑极尽宏伟，以至于他要用众人皆知的行省和地方之名来命名其中的馆舍或场地，譬如，他给它们取名叫:吕西翁③、阿卡德米亚④、普律塔尼昂⑤、坎诺帕斯⑥、贝奇勒⑦和潭蓓谷⑧。为了不漏掉什么，他甚至还造了地府。

---

① 此处采用的是拉丁网络图书馆版本的标点方式。根据洛布本，该诗第四行结尾处是问号，因此第四行意思就变成了："去往哪处既恐怖又受苦的空虚之境？"

② 此处拉丁网络图书馆版本为二十一年。

③ 原指古希腊哲学家亚里士多德的讲学之地。

④ 原指古希腊哲学家柏拉图的讲学之地。

⑤ 原指古希腊城邦中的公共会堂。

⑥ 指位于埃及的一座城市。

⑦ 原指位于雅典城市广场上的游廊。

⑧ 位于古希腊塞萨利亚（Thessalia）的一处溪谷。

6 在驾崩前，他得到过如下这些征兆：在他最后一个生日那天，当他［向神明］赞颂安东尼努斯的时候，一件本来裹住他头的紫边托袈袍①意外地滑落了下来，而让他的脑袋裸露在外；**7** 还有，一枚刻着他肖像的指环也在不经意间从手指上落了下来。**8** 在他生日前的那一天，某个人嚎叫着来到了元老院。哈德良被他弄得心烦意乱，就好像那人正道出自己的死讯一样，而至于他在说些什么则没有人弄得明白。**9** 同样，当他在元老院想要说"在我继子去世之后"时，却说成了"在我去世之后"。**10** 后来，他梦见自己从父亲那里得到了催眠剂。与之相似，他还梦到自己被一头狮子制服了。

XXVII. 1 哈德良驾崩后受到许多人加给他的连篇累牍的抨击。**2** 元老院一直打算要取消他颁布过的法案，而他之所以会被奉为神，则是安东尼努斯提出的要求。**3** 安东尼努斯最后在普泰奥利附近为他修建了一座神庙当作陵墓，还为他举办每四年一届的竞技赛，又为他招募祭司并成立了祭司团。此外，他还干了许多其他的事，用以体现一位被尊奉为神明之人的荣耀。**4** 如之前所说，许多人认为，正因如此安东尼努斯才被称作了庇乌斯。②

① 为一种白色带绛色边的托袈袍，在古罗马帝国时代有权穿这种托袈袍的人有：身为自由人的未成年男孩、罗马现任或卸任高官、部分高阶祭司、帝国元首等。在古代罗马和希腊，服饰的颜色以紫色（当时的紫色其实更接近现代的绛红色）为贵。
② 关于这种说法，请参见本卷 XXIV, 5。——英译者注

埃利乌斯传

埃利乌斯·斯巴提亚努斯

奥古斯都戴克里先陛下，属于您的埃利乌斯·斯巴提亚努斯向您致以问候。[1]

I. 1 奥古斯都戴克里先，诸位元首中至善至美的陛下，我向神圣的您道出的既有那些手握元首大权之人（我就是如此这样一直写到神圣的哈德良的[2]），他们犹如您现在身处的那样。此外还包括有恺撒[3]之名却无元首及奥古斯都之号，以及无论以别的什么方式得到过元首之号或有过成为元首希望的那些人。此乃我的心愿。**2** 这些人中，埃利乌斯·维鲁斯尤其应被述及到，因为在被哈德良过继入元首的家族之后，他成了第一位仅仅获得恺撒之名的人[4]。**3** 然而，因为可说的事迹实在少之又少，为了不让铺叙多过正文，就让我开

---

① 此句式为拉丁文信件常见的开头套话。

② 原文如此。另据本卷最末句，作者也确实提到全书立传本应开始于尤利乌斯·恺撒（Iulius Caesar）之后。但现存版本却始于哈德良。

③ 恺撒（Caesar）的名号在罗马帝国后期其地位仅次于奥古斯都，通常被授给帝位的继承者。

④ 关于此事，请参见《哈德良传》，XXIII，11。

始讲述他吧。

II. 1 契尤尼乌斯·康茂德也被唤作埃利乌斯·维鲁斯。哈德良在巡行了整个世界之后，随着年龄的增长而备受恶疾的折磨，在这种情况下于是便将他过继为子。除了其本人是第一位仅被冠以恺撒之名的人之外，他的一生没有什么值得记载的事。**2** 如以往那样，对他的过继并非通过遗嘱指定，也不是按照图拉真当初受到过继时的那种做法①，而是犹如我们现在，出于陛下您的仁慈而将马克西米安和君士坦提乌斯任命为恺撒一样②——他们就好比元首的亲儿子而被推为了奥古斯都之权的继承人。**3** 现在，应该谈谈有关诸位恺撒（尤其是在那位单单取得这个尊名之人的传记③里）名号的事。一些学艺超群而又极富学识的学者认为，恺撒之名被唤了出来，也许是因为第一个冠以此名的人曾在一场战斗中杀死过一头大象，而大象在摩尔人的语言里叫作"切塞"④；**4** 又或许是出于他在母亲去世之后才剖腹而出⑤；也可能是由于他从娘胎降生时披散着长发⑥；还有

---

① 可能是指在涅尔瓦过继图拉真之后并未授予他恺撒之名。可以参见《哈德良传》，II，5—6。

② 关于这段历史，请参考尤特罗庇乌斯，IX，22："面对这种局面，戴克里先将马克西米安·埃库利乌斯（Maximianus Herculius）由恺撒升为了奥古斯都，再让君士坦提乌斯和马克西米安（Maximianus［Galerius］）一起出任恺撒……为了让他们通过姻亲的方式团结在一起，君士坦提乌斯迎娶了埃库利乌斯的养女塞奥多拉（Theodora），这位塞奥多拉给他生下了六个孩子，他们都是君士坦丁（Constantinus）的兄弟；伽勒利乌斯则迎娶了戴克里先的女儿瓦莱利亚（Valeria）。为此，他们两位都被迫休掉了前妻。"

③ 即本传。

④ 原文为 caesai，而恺撒的拉丁文为 caesar，教会发音似"切撒"，古典发音似"恺撒"。

⑤ 按这种说法："mortua matre et ventre caeso"［母亲去世，剖开肚子］，其中的分词 caeso，与"恺撒"相似。

⑥ 拉丁文的"长发"有个单词叫 caesaries。

可能是这个原因，他有一双灰蓝色的眼睛①，且精力充沛胜过常人。
5 那些事无论是真是假，反正好运是会有的。这个名号后来变得誉
满四海，并将一直伴随这个世界而延续下去。**6** 于是，话就从他［契
尤尼乌斯·康茂德］开始。他最初叫卢西乌斯·奥勒利乌斯·维鲁斯，
而被哈德良过继入埃利乌斯家族（即哈德良家族）之后，他被冠以
了恺撒之名。**7** 他的父亲是契尤尼乌斯·康茂德，有的人称他维鲁斯，
有些人称他卢西乌斯·奥勒利乌斯，而许多人则叫他安尼乌斯。**8** 他
的祖先个个极其尊贵，大部分人都源自伊特鲁里亚或法文奇亚②。**9** 在
他的儿子，即安东尼努斯受命过继的卢西乌斯·奥勒利乌斯·契尤尼
乌斯·康茂德·维鲁斯·安东尼努斯③的传记里，鄙人将要广泛言及
此人的家族。**10** 一本涉及某位即将被详细讲述的元首④的著作里，
应该包括所有关于其家族谱系的内容。

　　III. 1 埃利乌斯·维鲁斯被哈德良过继的时候，正如鄙人之前所
说的，那是在后者病魔缠身而不得不考虑继承人的情况下。**2** 他立
即被任命为了裁判官，接着又被推举成为潘诺尼亚的军事及民事总
督，然后还当选上了执政官。后来出于他已被选为皇帝的接班人，
于是便再次当上了执政官。**3** 出于对他的过继，人民得到了赏赐，
军队获得了三十亿塞斯退斯的犒赏，此外还在圆形大剧场内举办起
比赛，凡能用于庆贺的任何公众娱乐方式都没有被落掉。**4** 他对元
首哈德良产生的影响是如此之大，以至于除了这种看似将他们结合
成一家的过继所带来的宠爱之外，就惟独他一人，想要的任何一切

----

①　按这种说法："occulis caesiis"［灰蓝色的眼睛］，其中的形容词 caesiis，与
　　"恺撒"相似。
②　今意大利东北部的法恩扎（Faenza）。
③　关于安东尼努斯过继埃利乌斯·维鲁斯之子，请参见《哈德良传》，
　　XXIV，1。——英译者注，有删减。
④　即上句提到的埃利乌斯·维鲁斯之子。

都能得到，哪怕这些东西是在他信里提到的。**5** 对那处受命管辖的行省，他也并非无所作为。**6** 这么说是因为，他在那里的时候（或说运气的成分更多一些）战事进展顺利，他即便算不上最优秀的将领，那也不至于声名扫地。**7** 虽然如此，可是他的病患竟是如此之严重，哈德良随即就对过继他感到了后悔。假如他真能活下去，哈德良或许会将他逐出皇族，因为他［哈德良］经常都在考虑由其他人做继承人。**8** 实际上，据那些将哈德良本人的一生从头到尾书写出来的人所称，哈德良此前就知悉了维鲁斯的生辰[①]。在这种情况下，为了让其本人的喜好得到满足，他便过继了一个不能指望用以执掌国家大事的人，而按某些人的说法，据传在他和维鲁斯两人之间曾通过宣誓订立过秘密协议。**9** 而马略·马克西姆斯曾指出哈德良对占星术已经精通到那种程度了，以至于他说道，跟自己有关的一切他都心知肚明，正如他把未来每一天自己将会做的事提前写了下来，一直叙述到临终的那一刻。[②]

　　IV. 1 除此之外，下面的事颇为众人所知。他提到维鲁斯时曾常说道：

　　　　　命运只让其显身于凡世，而不容他长生。

　　2 一次哈德良漫步在小花园里，诵起了上面的诗行，在他颇为赏识的那些著名随从之中，有一位才华横溢者当时正好在场，并主

[①]　原文为 genitura，指人出生的时辰，占星师得知人的生辰就能推算出出生一刻的星盘了，而根据古典占星术，一个人出生时的星盘将影响到他一生的命数。

[②]　关于此事，请参见《哈德良传》，XVI，7。——英译者注

动补充上了下句①：

> 天上诸神，假若如此的恩赐真能保住，
>
> 在你们看来，罗马人的子孙将权倾天下。

3 据称，哈德良当时说道："维鲁斯的一生不适用这样的诗句。"接着，他加上了下面的诗行：

> ［你们］快取来百合，满满一手的花，
>
> 让我把这些紫红的花朵撒出：
>
> 就让我来做这无足轻重之事吧，
>
> 至少这些奉献能让子孙的灵魂获益。②

4 那时，据说他确曾笑着说出了下面的话："我为自己过继的不是儿子，而是神灵。"③**5**虽然如此，可那位在场的多才多艺者仍安慰他道："要是他的星盘推算错了呢？卑职想，他就会活下去了，不是吗？"据称，哈德良当时是这么说的："你说出这样轻巧的话，因为你找的只是你自己财产的继承人而不是国家的。"**6** 自那时起，他显然已考虑另选他人［接替维鲁斯］，并会在自己生命的最后一刻，将他［维鲁斯］从国家权力之位上调走。**7** 然而，天意让他的计划得

---

① 此处上文和下文的两处诗行皆出自《埃涅阿斯纪》，VI，869—871 且为原诗上下文。诗文背景是安基塞斯（Anchises）在为奥古斯都的外甥马尔契洛（Marcellus）之死进行哀悼，而奥古斯都曾有意让他做继承人。——英译者注，有补充。

② 出自《埃涅阿斯纪》，VI，883—886。诗文背景见上注。——英译者注

③ 这么说是因为皇族成员逝世之后一般都会被尊奉为神，而事实上埃利乌斯并没有被奉为神明。——英译者注

以顺利实现。这么说是因为，埃利乌斯从那个行省归来 [1] 之后，他以一己之力，或以机要秘书之力，或通过教授演说者之手，准备了一篇言辞优美的演说，该篇演说辞至今仍在传诵，而他则想借这篇演说在一月一日那天向继父哈德良致以谢意。就在这样的情况下，在服下自以为有效用的药剂之后，他恰巧在一月一日那天辞世而去了。**8** 出于当时有祭祀活动，哈德良下令禁止发表。[2]

V. 1 埃利乌斯·维鲁斯生活得极其快乐，在文学方面受过良好的教育，而一些心怀不满之人却说，他的美貌比德行更讨哈德良喜爱。**2** 他在宫廷的时间并不长，而在宫廷之外，他在生活上既无值得赞美之处，又无可以指责的地方。他很体贴自己的家人。他穿戴精美、仪表堂堂，有王者风范。他面容威严、口才出众、对诗歌创作驾轻就熟，而在国家大事上他也并非百无用处。**3** 有些传记作家提到，他求得欢乐的欲望很大，而这些欲望只是超过了一点程度而已，并未让他声名狼藉。**4** 因为，据说就是他发明了四重膳，或更有可能是五重膳，哈德良后来对这种膳食总那么偏爱。它的食料有：母猪肉、野鸡、孔雀、火腿配甜面包干，还有野猪。**5** 关于这道食膳，马略·马克西姆斯（他称之为四重膳而非五重）给出了另外的说法，其内容正如鄙人在哈德良的传记中所述的那样。[3] **6** 据说，还有另一种娱乐方式也是维鲁斯发明的：**7** 他曾造出过一种床榻，那床有四个高起的垫子，周围用密网包裹住，中间再充塞以蔷薇叶（其中颜色浅淡的都已捡了出来）；他抹上波斯香水与情妇们一起躺在上面，还用百合花做床单盖在身上。**8** 还有些人常提到这些事：他用清洗干净的玫瑰和百合做靠椅和餐桌。这种做法虽无多少荣耀

---

① 关于他到潘诺尼亚行省赴任之事，请参见本卷 III, 2, 及《哈德良传》，XXIII, 13。

② 关于此事，请参见《哈德良传》，XXIII, 16。——英译者注

③ 请参见《哈德良传》，XXI, 4。——英译者注

可言，但也不会给国家带来灾难。**9** 据称，他对阿庇西乌斯·奇利乌斯的《菜谱》①，以及奥维德的《恋歌》爱不释手，② 还声称铭辞诗人马尔提阿利斯③是自己的维吉尔。**10** 此外，还有一些关于他的琐事：他经常按丘比特的模样给自己的信使装上翅膀，还往往拿风的名字称呼他们，其中的一个叫博莱阿斯，另一个叫诺图斯，与此相类似还有叫阿奎隆或契奇乌斯④，以及其他一些名字的——他让他们马不停蹄地（甚至有些不人道）奔走送信。**11** 据称，当妻子抱怨他与外人有染时，他说道："请允许我通过他人来满足自己的欲望吧，因为妻子之名是种尊严而非快感。"**12** 他的儿子叫安东尼努斯·维鲁斯，过继给了马可，⑤ 随后便同后者（显然是同马可）一起平等地执掌起大权。**13** 因为他们俩史无前例地都得到了奥古斯都的称号，此外他们并非按两位"安东尼努斯"的形式将名字列在执政官年表上，而是写成了两位"奥古斯都"。**14** 这事是多么的新鲜与崇高，以至于有些执政官年表就从他们开始排列执政官名录。

  VI. 1 为了过继维鲁斯，哈德良将难以计数的金钱发放给了民

---

① 署名阿庇西乌斯·奇利乌斯的传世著作《菜谱》（*De Re Coquinaria*）据考证应为公元三世纪的著作，而编撰者之名可能与提比略（Tiberius）时代的著名美食家马可·加维乌斯·阿庇西乌斯（Marcus Gavius Apicius）有关。——英译者注

② 根据拉丁网络图书馆版本，此处应为："据说，奥维德《恋歌》中的每个词他都默记在心；而另一些人则提到，他对阿庇西乌斯的《恋歌》总是爱不释手。"

③ 马可·瓦勒利乌斯·马尔提阿利斯（Marcus Valerius Martialis）公元一世纪著名的古罗马铭辞诗人，有诗集《铭辞》（*Epigrammaton Libri*）传世。

④ 前面四种名称都是不同方向的风。

⑤ 这里的马可可能是指安东尼努斯·庇乌斯的侄子马可·安尼乌斯·维鲁斯（参见《哈德良传》，XXIV，1 之注脚），但前文并未提到这种形式的过继。关于埃利乌斯·维鲁斯之子的过继问题，前文说法一致：请参见《哈德良传》，XXIV，1，以及本卷 II，9。

众和军队。**2** 可这位略有远见的人在见到他［维鲁斯］被恶疾缠身到了这般地步，以至于都无法提起一面稍微沉点儿的盾，在这种情况下，据传，哈德良曾说道：**3** "朕花费在军队和民众上的三十亿塞斯退斯白白浪费掉了，因为朕确实已经依靠在一堵摇摇欲坠的墙壁上了：这墙根本无法承受住一个国家，甚至连朕一个人它都几乎承受不住了。"①**4** 上述的话哈德良还对自己的某位官员谈到过。**5** 那位官员把这事张扬出去之后，于是埃利乌斯·恺撒因失去了希望而在焦虑中病情一天天地加重了，在这种情况下，哈德良为了要缓和自己的冰冷言辞所造成的影响，就让他人接替了那位张扬此事的官员的职务。**6** 可是，这于事无补。这是因为，正如鄙人所说的，卢西乌斯·契尤尼乌斯·康茂德·维鲁斯·埃利乌斯·恺撒（他的全名即是这样称呼的）去世了，随后他如帝王一般得以落葬，除去死后得到的礼遇之外，由王权带来的任何好处他都没有享受到。**7** 哈德良以一位慈父而非一位仁君哀悼了他的过世，这么说是因为，就在心怀忧虑的朋友们问起谁能受到过继的时候，据称哈德良曾对他们说道："在维鲁斯还活着的时候我就已经决定好了。"**8** 通过这事，他不是亮出了自己的明智决定，就是在显示洞悉未来的学识。**9** 维鲁斯去世后，有一段时间哈德良不知道自己该做什么，最终他过继了尾名为庇乌斯②的安东尼努斯。他给过继附上了一个条件，那便是安东尼努斯要过继马可和维鲁斯，③同时将他［安东尼努斯］女儿许配给维鲁斯而非马可。**10** 后来没过多久，备受虚弱和各种疾病折磨的哈德良也驾崩了，虽然他时常说，元首应该带着健健康康而非病恹恹的身体驾崩而去。

---

① 关于此话，请比照《哈德良传》，XXIII，14。
② 显然这个尾名是后来才有的。
③ 关于此事请参见《哈德良传》，XXIV，1，以及本卷II，9。——英译者注

VII. 1 哈德良下令，在寰宇之内到处为埃利乌斯·维鲁斯竖起巨大的塑像，甚至还在一些大城市里为他修筑神庙。**2** 哈德良待他的儿子维鲁斯犹如孙子一样，在埃利乌斯去世后仍让他留在自己家族里。最终，正如鄙人曾提到过的，他将这位儿子，随同马可一起过继给了安东尼努斯·庇乌斯，这么做也是为他［埃利乌斯·维鲁斯］考虑的。当时他还经常说道："就让这个国家留住一点与维鲁斯有关的东西吧。"**3** 与之截然相反的是，关与他对上述过继感到后悔的情况，却被众多的作家提到过，那是出于小维鲁斯除了表现仁慈且符合德行之外，就没有其他让皇室家族增光添彩的荣耀之处了。**4** 以上便是能以文字记载下来的与维鲁斯·恺撒有关的事迹。**5** 我不能闭口不提他，这是鉴于这个原因：我的目的在于，要把所有从独裁官恺撒（就是那位被奉为神的尤利乌斯）之后的，或叫恺撒的、或叫奥古斯都的、或叫元首的人，连同那些受到过继而被尊为恺撒的人（不论他们成了帝王之子还是亲人），都以分卷成册的方式叙述出来。虽然对许多人来说，纠缠在这些事情上没有丝毫的必要，可对我来说，这么做顺从了自己的良知。

安东尼努斯·庇乌斯传

尤利乌斯·卡庇托利努斯

I. 1 提图斯·奥勒利乌斯·福维斯·波约尼乌斯·安东尼努斯·庇乌斯的祖上源自山外高卢，确切地说是尼姆城。2 他的祖父叫提图斯·奥勒利乌斯·福维斯，曾因各种优良表现而担任罗马市长的职位，并两度出任执政官。3 他的父亲叫奥勒利乌斯·福维斯，也当过执政官，是位冷酷而又正直的人。4 他的外婆叫波约尼亚·普罗契拉，母亲叫阿利娅·法迪拉。他的外公叫阿里乌斯·安东尼努斯，出任过两届执政官，是个颇受敬仰的人，甚至涅尔瓦染指皇帝宝座的那会儿，还因此为他［涅尔瓦］感到难过。5 他有一个同母异父妹妹，叫尤莉娅·法迪拉。6 他的继父 ① 是任过执政官的尤利乌斯·卢普斯，他的岳父叫安尼乌斯·维鲁斯，妻子叫安尼娅·福斯丁娜。7 他有两个儿子和两个女儿，他的大女婿叫拉米亚·希尔瓦努斯，小的那个叫马可·安东尼努斯 ②。8 安东尼努斯·庇乌斯出生在拉努维乌姆庄园 ③，生日九月十九日，是在弗拉维·图密善第十二次（同僚

---

① 显然是在哈德良过继他之前的。

② 即安东尼努斯受命过继的那位马可·安东尼努斯。请参见《哈德良传》，XXIV，1。

③ 位于意大利腹地拉丁姆地区。

的是科尔涅利乌斯·多拉倍拉）出任执政官的那一年 ①。他生长在位于奥勒利安大道上的洛里姆 ②，在那个地方他后来修建起了宫殿，其遗迹至今尚存。**9** 他的童年先是与祖父一起，随后再与外公一起度过的。对每位自家人，他都崇敬得犹如侍奉神明，结果无论是堂表亲的、继父的，还是那些有姻亲关系的亲人，这些人的遗产让他富裕了起来。

II. 1 他相貌出众、天性卓越、表现仁慈、仪表高贵、秉性沉静、口才出色、文法精湛、万般节俭、守土有方、和蔼可亲、慷慨大方，又对他人之事关心有加。上述这些品格对他来说名副其实，没有一点夸大之处。**2** 总之，在方方面面他都是一位值得称赞的人；而在贤明善良之人看来，将他与努玛·庞皮利乌斯 ③ 相媲美也不足为过。**3** 庞乌斯这个尾名得自元老院，或许是出于其岳父年老体衰后，在出席元老院时他搀扶着他［岳父］〈这确实不足以被当作非常孝顺的例子，因为，谁要是不这么做，与那些这么做了就被当作庞乌斯的人相比，人们更可能认为他是缺德之徒〉④；**4** 或许是出于他保全了那些哈德良恶疾缠身期间下令处死的人的性命；**5** 或者是出于在哈德良驾崩后，他不顾所有人的意见，而将难以计数的，甚至超乎寻常的荣誉授给了他［哈德良］；⑤**6** 或者是出于当哈德良想要自寻短见的时候，他布置了严格的警备，还对他［哈德良］倍加关心，以防伺机下手；⑥**7** 又或者是出于他在天性上极其仁慈，而在他当权的那

---

① 根据执政官列表，该年是公元 86 年。
② 根据尤特罗庇乌斯，VIII，8 所述，该地"距离罗马城达第 12 里程碑"。
③ 指古罗马王政时代的第二任王，据说他在当政期间没有发动过一次对外战争，而以其贤德善名流传后人。
④ 凯勒鲍尔（Kellerbauer）怀疑此句是一句页边批注，这种说法可能是正确的。——英译者注
⑤ 上述缘由，请参见《哈德良传》，XXIV，3—5。
⑥ 关于此事，请参见《哈德良传》，XXIV，9。——英译者注

些年里没有干过什么残暴的事。**8** 同样是他，还按百分之四的利率提供贷款，这是历来实施的最低的贷款利率，如此他用自己的财产帮助了极其众多的人。**9** 他当财务官时慷慨大度，当裁判官时政绩显赫，任执政官时与其同僚的是卡提利乌斯·塞维鲁①。**10** 在他还是普通凡民的时候，整个那段时间里的绝大多数日子他都是在乡间度过的，即便如此他仍名扬四海。**11** 当哈德良注意到这位伟大人物的名声以及他那低调的态度时，便将他从四位受任于意大利的拥有执政官官衔的［法官］②当中挑选了出来，为的是要他统辖保有其财产最多的那部分意大利的土地。

III. 1 就在安东尼努斯·庇乌斯统辖意大利的时候，出现过一个他会得到最高大权的吉兆。这么说是出于当他登上审判席的那会儿，有个声音夹杂在其他人的呼声里被道了出来："奥古斯都啊，愿众神庇佑您！"**2** 他在亚细亚总督任上时，惟独他一人的表现胜过了祖父。**3** 在任总督期间，他也得到过如下的与执掌最高大权相关的吉兆：那时一个特拉莱斯③的女祭司正以当地风俗用总督头衔向他祝福，在这种情况下她并没有说"向总督致敬"，却说成了"向皇帝致敬"。**4** 另外，在齐兹库斯④一顶皇冠从一尊神像上移到了他的塑像上。**5** 还有其他的征兆：当他执政官卸任之后，在苗圃中发现有一头大理石制的公牛，牛角与树枝缠在了一起，悬在空中；晴天落下一道霹雳击中了他的屋子，却未造成损害；在伊特鲁里亚，一些被埋入地下的大罐子在地面被发现了；在伊特鲁里亚各地，蜜蜂成群地出现在他的塑像上；而在梦中他常常被告诫道，要将哈德良的塑像列入他的家神之中。**6** 在前去赴任总督的时候，他失去了大女儿。

---

① 关于此人，请参见《哈德良传》，V，10；XXIV，6。
② 关于此事，请参见《哈德良传》，XXII，13。——英译者注
③ 位于小亚细亚的一座城市，今土耳其的艾登（Aydın）。
④ 位于马尔马拉海沿岸亚洲一侧的城市。

7 而许多关于其妻生活放荡不羁的传闻不胫而走，他听到后则将这些谣言痛苦地吞咽在了心底。**8** 总督卸任之后，他在罗马经常担任哈德良的智囊，对哈德良关心的任何问题提供见解，而他则总是给出更温和的建议。

IV. 1 关于对安东尼努斯·庇乌斯的过继，据传，是以此种方式进行的：在哈德良曾经为自己过继且授予过恺撒之名的埃利乌斯·维鲁斯去世之后，元老院在集会的那天召集了起来，**2** 那时据说，由于阿里乌斯·安东尼努斯扶着他的岳父一步步来到了元老院，他因此而受到哈德良的过继。**3** 这绝对既不能成为过继他的惟一理由，也不应该构成原因，而之所以过继他，极有可能是因为安东尼努斯一贯政绩斐然，且在总督任上时表现得体而又颇具威严。**4** 接着，当哈德良宣布打算过继他的时候，还曾给他留有相当充裕的时间以决定是否愿意接受哈德良的过继。**5** 如此的过继条件被提了出来，那便是：正如安东尼努斯受到哈德良过继那般，前者也要过继他［安东尼努斯·庇乌斯］的远亲① 马可·安东尼努斯和之前受到哈德良过继的埃利乌斯·维鲁斯的儿子卢西乌斯·维鲁斯——此人后来就被称为维鲁斯·安东尼努斯了。②**6** 他受到过继的日子是二月二十五日③，当时他正在元老院为哈德良之前对他的评价致以谢意。**7** 他随后被授予了与执政官等同的统治权以及保民官的督护权④，并担任继父⑤的同僚。**8** 据称，他冒出的头件事便是：当妻子抱怨他在某件琐事

---

① 原文是 fratris uxoris suae filius，意思是他妻子兄弟的儿子。
② 关于此事，请参见《哈德良传》，XXIV，1；《埃利乌斯传》，II，9。
③ 年份是公元 138 年。
④ 通过分别授予这两项属于帝王的基本的内政和军事权力，他成了分享国家大权的共治者。此类身份常被授给确定无疑的皇位的继承者。——英译者注，有删减。
⑤ 即哈德良。

上对自家人不够慷慨的时候，他说道："愚蠢的女人，朕既然大权在握，无论曾经拥有什么都已然失去。"**9** 他用自己的财产向人民①分发赏赐，甚至连他继父曾经许下的那些也包括在内。**10** 他还在哈德良兴建的工程上花费甚多。至于为他的过继而缴纳的桂冠金，如果那些贡金是向意大利人征收的，他全额返还给了他们，如果是向行省居民征收的，他也退还了一半数额。

V. 1 安东尼努斯·庇乌斯在其继父仍在世的时候，对他奉若神明般地言听计从。当哈德良在巴耶驾崩之后，他将他的遗体毕恭毕敬、虔诚无比地运到了罗马，安葬在图密提娅园里。②他还在所有人的反对下将他［哈德良］列入了众神的行列。③**2** 他允许元老院授予妻子福斯丁娜奥古斯塔的尊号，而他自己则得到了庇乌斯的名号。对于依令给已故的父亲④、母亲，甚至祖辈亲人及诸位兄弟竖起的塑像，他也欣然接受了。虽然他回绝了各种荣誉，但却不曾拒绝过为自己的生日而在竞技场里举办的赛会。他给哈德良献上了一面极为华贵的圆盾，还为他建起了祭司团⑤。**3** 当上皇帝的他并没有将任何一个哈德良曾经提拔的人调离原来的职位。他如此保持着稳定，以致让在行省履职的优秀官员连续任职七年甚至九年。**4** 他通过自己的副将进行无数的战争，这么说是由于他通过副将洛里乌斯·乌尔

---

① 此处拉丁网络图书馆版本在"人民"之前还有"士兵们"一词。

② 哈德良驾崩之后，他的遗体先被葬入了西塞罗庄园，随后被运往罗马，再葬入图密提娅园。待其陵墓修建完成后，最终将其遗体火花，骨灰连同他的妻子及继子埃利乌斯·维鲁斯的一道葬入其中。关于上述事，请参见《哈德良传》，XXV，7；XXVII，3。

③ 关于此事，请参见《哈德良传》，XXVII，2。——英译者注

④ 此处从字面上无法断定作者指的是安东尼努斯的生父奥勒利乌斯·福维斯还是继父哈德良，因为此两者在文中都写成了"父亲"（pater）。但从下文来看，我认为这里可能是他的生父奥勒利乌斯·福维斯。

⑤ 关于此事，请参见《哈德良传》，XXVII，3。——英译者注

比库斯击败了不列颠人，并在驱逐了蛮族之后用草皮筑起了另一道长墙①。借助另一些地方长官及副将之力，他迫使摩尔人求和，还击溃了日耳曼人、达契亚人，以及许多其他部族，甚至包括举行起义的犹太人。**5** 在亚该亚还有埃及，他镇压了叛乱。他还几度制服了蠢蠢欲动的阿兰人②。

VI. 1 安东尼努斯·庇乌斯命令自己的代理人只征收适当的税款，而对于那些超过尺度进行征税的人，则必须对自己的行为做出解释。他从不对任何以压榨行省居民的方式而得到的财富感到高兴。**2** 他乐于倾听针对自己代理人提出的抱怨。**3** 对于那些被哈德良宣判有罪的人，他在元老院里为他们求得赦免，并说道，哈德良本来也打算这么做。**4** 他把君主的威仪降低到极其平和的程度，由此他受到了更多的敬仰，虽然他的朝臣们反对这么做，因为当他不再派遣差役做事之后，这些人就既不能够让人们感到丝毫畏惧，也不能够从中收取赎买圣裁的贿赂了③。**5** 作为皇帝，他如此敬重元老院，就如同在他还是凡民的时候，希望从别的元首那里得到尊敬一样。**6** 他被元老院授予了国父之名。起初他推辞不肯接受，接着在致以万般谢意后他才接过了这个尊名。**7** 在他统治的第三年，妻子福斯丁娜辞世离他而去。她随后被元老院尊奉为了神明，④还为她举办赛会、修筑神庙、招募女祭司，此外还竖起了一尊尊金银塑像。他本人还

---

① 关于之前哈德良在不列颠筑造长墙之事，请参见《哈德良传》，XI，2。

② 阿兰人当时居于黑海东北部。

③ 此处原文为 ea quae non occulta erant vendere，直译是"出售那些有保证的结果"。在当时有一些人能对皇帝的决定产生影响，因此在某些时候他们可以收取他人贿赂，从而让皇帝做出对行贿者有利的决定，而行贿者也能通过出钱的方式保证自己能得到一个好的结果。

④ 当时曾发行过一种印有这位福斯丁娜头像的银币，币文为"被奉为神的福斯丁娜"（DIVA·FAVSTINA）。关于此事，请参见李铁生：《古希腊罗马币鉴赏》，北京出版社，2001 年 5 月，第 194 页，图 7—46。

同意，在所有竞技场里都要放置她的雕像。**8** 当元老院要给她竖一尊金像时，他接受了这件事。**9** 在元老院的请求下，他让时任财务官的马可·安东尼努斯出任执政官；**10** 又委任后来被称为安东尼努斯的安尼乌斯·维鲁斯①在未到法定年龄的情况下就出任财务官。**11** 除了事先咨询朋友们，然后再以他们的观点形成方案之外，他既不对任何行省之事采取行动，也不对任何提议做出决定。**12** 而朋友们也确确实实目睹过他穿着普通凡民的衣服，甚至还做着家务。

VII. 1 安东尼努斯·庇乌斯以如此的勤勉统治着臣服于他的人民，以至于他关心所有的事、照料所有的人，就如同他们是自己的一般。**2** 于是，在他的统治下，每座行省都繁荣昌盛了起来。告密者消失得无影无踪。**3** 财物充公之事比此前的任何时候都要少见，而在那段时期仅有一人作为篡夺权位之徒被列为了公敌。**4** 这件事发生在阿提利乌斯·提奇安努斯的身上，是元老院下达了判决，虽然如此，可他禁止元老院追查同谋者，甚至还总会满足那人儿子所提出的要求。至于篡权夺位的罪人普利希安努斯，虽确系因其罪名而身死，不过那是自裁而亡。他也禁止了对其阴谋展开的追查。**5** 他的膳食是那么完美，以至于做到了丰盛而不受人指责、节俭而不吝啬，他桌上的食物是由自己的奴隶、捕鸟人、渔夫，及猎人提供的。**6** 他之前用过的浴池现在免费向人民开放。[在成为皇帝之后]他一点都没改变过当初如凡民一样的生活。**7** 他剥夺了许多人的俸禄，这些人明显是闲散者却占有其薪，因为他说道，没有什么比蚕食一个国家却又不肯以劳动为它付出回报的行径更吝啬、更无情的了。**8** 也因此他削减了作曲家米索米德斯②的俸禄。所有行省的账

---

① 此处提到的马可·安东尼努斯和安尼乌斯·维鲁斯皆为安东尼努斯·庇乌斯的继子。关于他们，请参见《哈德良传》，XXIV，1 及注释。

② 公元二世纪时的著名希腊作曲家，哈德良的被释奴。

目他了如指掌，税收情况他也都晓熟于心。**9** 他把属于私人的家产传给了女儿，却把生出的利润献给了国家。**10** 他出售了多余的皇室器物和皇家地产，并在属于自己的地界上生活，他的驻地甚至要随着季节而到处迁移。**11** 除了前赴自己的地界和前往坎帕尼亚之外，他从未进行过任何巡行，因为他说道，供给元首的随行（即便这位元首是何等节俭）对行省居民来说会是一项沉重的负担。**12** 虽然如此，可在所有民族中间他都发挥着巨大的影响力，这是因为他坐镇罗马，这座位于国土中部的城市，于是就能够非常便捷地接待来自各处的使节。

VIII. 1 安东尼努斯·庇乌斯既赠给人民赏赐，还额外颁给军队犒赏。为了让福斯丁娜获得荣耀，他设立了以其名字命名的女孩补助金①。**2** 下列这些由他所建的工程一直保留至今：为了让其继父获得荣耀而在罗马奉献的哈德良神庙、在毁于一场大火后重建的希腊会台②、改建后的圆形大剧场、哈德良陵墓③、阿格里帕神庙、台伯河木桥；**3** 他还重修了亚历山大灯塔、盖耶塔港④、塔兰切内港、奥斯提亚⑤的浴池、安奇翁⑥的引水渠、拉努维乌姆的神庙。**4** 此外，他还在金钱上资助了许多城市和部落，让它们得以兴建新的建筑或者重修老的，他甚至还如此向罗马城的官员和元老们提供资助以让

---

① 关于这种孩童补助金，请参见《哈德良传》，VII，8 及注脚。

② 原文为 Graecostadium，可能是指位于罗马广场元老院和宣讲坛（Rostra）之间的希腊圣坛（Graecostasis），是一处供外族使节使用的平台。因为外邦人是不允许进入元老院的，如要和元老会面或听取宣讲坛上的发言，则应该在这处平台上等候。——英译者注，有补充。

③ 关于安东尼努斯·庇乌斯修建哈德良陵墓之事，请参见《哈德良传》，XXVII，3。

④ 位于意大利新拉丁姆（Latium adiectum）地区的一处港口。

⑤ 位于罗马近郊台伯河口附近的一处城镇。

⑥ 位于意大利拉丁姆地区的一座城镇。

他们能够履职。**5** 他拒不接受那些有孩子的人的遗赠，还史无前例地规定道，出于畏惧惩罚的缘故而做出的遗产赠予是无效的。**6** 只要官员恪尽职守，他从不会在他们在世的时候就派他人接替他们的职务，除了罗马市长奥菲图斯例外，即便如此，可这么做也是由对方提出的。**7** 这么说是因为，加维乌斯·马克西姆斯，一位极其严厉的人，在他统治期间一直担任近卫军长官达近二十个年头，直至塔特奇乌斯·马克西姆斯接替他为止。**8** 在后者去世之后，他让费边·科尔涅利乌斯·雷必提努斯和弗里乌斯·维克托里努斯两个人共同接任近卫军长官之职。**9** 可是，雷必提努斯受到了谣言诬名的诋毁，说他凭借元首的情妇之助才当上近卫军长官的。**10** 在他的统治下，没有一位元老遭到处决，甚至连弑君罪行遭败露之徒也只是被流放孤岛——要知道让那人活着是有违自然常理的。**11** 他破费自己的金库以购买葡萄酒、橄榄油、小麦，再将这些食品免费发放给人民，以缓解供应不济。

　　IX. 1 在安东尼努斯·庇乌斯时代，发生过如下的不幸之事：鄙人方才说过的饥荒①、竞技场坍塌、让罗得岛和亚细亚诸城毁灭的地震（所有这些城市他都以宏伟壮丽的规模进行了重建），还有那场吞噬了罗马城三百四十座公寓房和宅屋②的大火。**2** 纳尔旁城③、安条克城、迦太基的广场都遭受了火灾。**3** 台伯河发起了洪水、长发星显现、双头男婴降生，还有妇女一次生下了五个男婴。**4** 在阿拉伯曾见到过比普通蛇大的长冠毛的蛇，从尾巴开始吞噬自己，一

---

① 参见上文 VIII，11。
② 公寓房（insula）指的是古罗马时代一种供多人居住的多层楼房，为典型的穷人居所。宅屋（domus）往往指的是独门独院的房子。
③ 为纳尔旁高卢行省（Gallia Narbonensis）首府，今法国南部的纳博讷（Narbonne）。

直咬到身体中间。① 同样在阿拉伯，瘟疫肆虐。在默西亚，有麦穗从树尖上长了出来。**5** 此外，有四头狮子在阿拉伯被捉住的时候竟表现得那么温顺以致都没有反抗。**6** 法拉斯马尼斯王② 来到罗马觐见他，给他的敬意要超过给哈德良的。他指派帕库鲁斯当拉齐人③ 的王。他仅凭信件就让帕提亚人的王打消了对亚美尼亚人发动侵袭的念头；还仅凭他的影响力就让阿伯伽鲁斯王从东部一些地区撤离而去。**7** 他解决过诸王之间的争端。帕提亚人的王提出要归还曾由图拉真夺去的宝座，不过被他拒绝了。④**8** 在听闻莱蒙塔奇斯与［他派出的］保佐人⑤ 之间发生争执后，他将前者送回了博斯普鲁斯王国⑥。**9** 他派援军前往黑海，帮助奥尔比奥波利斯⑦ 对抗陶罗斯基泰人，结果非但战胜了陶罗斯基泰人，还让他们向奥尔比奥波利斯送来了人质。**10** 无人像他一般在外族中间拥有如此大的影响力，⑧ 那是因为他一直热爱和平，以至于到了这般地步，竟反复拿着西庇阿的观

---

① 根据所述，可能是古代流传于埃及、东方的所谓衔尾蛇（οὐροβόρος）符号的传说。

② 关于这位王，请参见《哈德良传》，XIII，9；XVII，12。

③ 拉齐人当时居于黑海东南岸，法希斯河（Phasis）以南。——英译者注

④ 关于这个宝座，哈德良曾经允诺过会奉还给前任王奥斯罗埃斯。请参见《哈德良传》，XIII，8。——英译者注，有删减。

⑤ 此处原文为 curator，意思为"保佐人"。拉丁网络图书馆版本这里该词写成了 Eupator，显然变成了一个人名。

⑥ 该古国位于今黑海北岸的克里米亚半岛一带，前文提及的莱蒙塔奇斯为当时的博斯普鲁斯王，发生上述事件之时他应该身处罗马。

⑦ 原文为 Olbiopolis，指位于黑海西北岸的希腊殖民城邦，也叫奥尔比亚（Olbia）。

⑧ 关于安东尼努斯·庇乌斯在外族中的影响力，请比照奥勒利乌斯·维克多的《诸王传略》，XV，4："当这位皇帝的英名（再加之他那俊俏中透出威严的面庞、高大的身材、健铄的体魄）为人所知之后，印度人、巴克特里亚人、西卡尼亚人（Hyrcani）都派来了使节。"——英译者注，有删减，引文为汉译者补充。

点说事，照此他说自己宁可拯救一个公民也不愿杀害一千名敌人。

X. 1 元老院曾决定九月和十月应分别以安东尼努斯及弗斯丁努斯 ① 命名，不过这被安东尼努斯拒绝了。**2** 当他的女儿福斯丁娜同马可·安东尼努斯结婚的时候，② 他为女儿举办了极其盛大的婚礼，以至于还给士兵们发了赏赐。**3** 他让维鲁斯·安东尼努斯 ③ 在四次出任裁判官之后担任了执政官。**4** 那时，他叫自己从卡尔基斯 ④ 召来的阿波罗尼乌斯 ⑤ 到提比里安纳屋来（当时他正住在那里），以把马可·安东尼努斯托付给他，而对方说道："老师不应该到学生那里去，而是应该让学生到老师那里来。"在这种情况下，他嘲笑对方道："对阿波罗尼乌斯来说，从卡尔基斯来到罗马要比从他住的地方到帕拉丁山 ⑥ 更容易。"对于这位老师，他还注意到了对方在薪酬方面的贪念。**5** 在提到他仁慈温存的那些史料里，据信就有这么一件事：马可的抚养人去世了，就在马可为此悲痛之时，如此的情感流露却被廷侍们劝止了，见此情形他说道："就让他做一回凡人吧！因为无论是哲学还是皇权都毁灭不了感情。"**6** 他送给一些地方长官的除了钱财之外，还有执政官的荣誉。**7** 假如他判处一些地方长官犯有勒索罪，那么他虽然会把这些人的财产作为父产归还给他们的孩子们，

---

① 此处原文为 Faustinus，显然是安东尼努斯·庇乌斯的妻子福斯丁娜（Faustina）之名的阳性转写，因为拉丁语月份（mensis）一词为阳性。
② 请参见本卷 I，7。
③ 即恺撒埃利乌斯·维鲁斯之子，关于其原名及名字变更，请参见本卷 IV，5。
④ 位于希腊优卑亚岛（Euboea）中部西海岸的一座港口城市。
⑤ 应该指的是马可·安东尼努斯的哲学老师。请参见尤特罗庇乌斯，VIII，12："马可·安东尼努斯的哲学由察尔斯顿的阿波罗尼乌斯（Apollonius Chalcedonius）教授，希腊语文学由来自喀罗尼亚的（Chaeronensis）普鲁塔克（Plutarchus）的孙子教授，而极负盛名的演说家弗隆托（Fronto）则指导他拉丁语文学。"
⑥ 罗马帝王的宫殿就矗立在帕拉丁山上，而提比里安纳屋也位于帕拉丁山的北边。

可同时还定下了这样的条件：孩子需把父亲曾经取得的那部分财产交还给行省居民。**8** 他极其乐意做出宽恕。**9** 在他举行的庆典中曾展出过大象、克罗柯塔兽①、老虎、犀牛、鳄鱼，还有河马，甚至寰宇之内的所有野兽。他还一次就让一百头狮子和老虎同时登场。

XI. 1 在安东尼努斯·庇乌斯成为皇帝之后，他对待自己的朋友一如此前身为凡民的时候一样，因为这些人从不与他的被释奴串通着出售圣裁，②而他也以绝对的严格要求自己的被释奴。**2** 他喜爱表演艺术。他通过捕鱼、狩猎，以及随朋友一同散步、交谈的方式尽情地愉悦了自己，而一到葡萄收获的季节他就会与朋友一起过普通凡民的生活。**3** 对每个行省的修辞学家和哲学家，他既赠予他们荣誉又颁给他们俸禄。许多人都说，一些署他名的演说辞是他人之作，而马略·马克西姆斯则说，那些确系出自他本人之手。**4** 无论是私人宴会还是公共宴会，他都与朋友们一同分享。**5** 除非当他得了病，否则从不通过代理人奉献牺牲。**6** 当他要为自己或孩子们［向元老院］谋求职位的时候，他全都按照普通臣民的做法来进行。**7** 他本人还时常出席朋友们的宴会。**8** 在其他一些关于其仁慈可亲的事情中，以下这件事尤其能作为例证：他来到奥慕鲁斯家里拜访，并对那些斑岩材质的石柱感到羡慕，于是问道，对方是从哪里弄来这些石材的，那时奥慕鲁斯告诉他："当你来到别人的家里，就该装聋作哑。"在这种情况下，他大度地容忍了下来。对于这个奥慕鲁斯，他还总是宽宏地承受着对方的奚落。

XII. 1 安东尼努斯·庇乌斯确立了多项法律条文，还向多位在法学方面学识颇丰的人求教，他们有：温迪乌斯·维鲁斯、萨尔维乌斯·瓦伦斯、沃卢西乌斯·梅契阿努斯、乌尔皮乌斯·马尔契洛，及

---

① 原文为 Corocotta，指一种传说中的、由狗和狼混合而生的野兽。
② 关于此事，请参见本卷 VI，4。——英译者注

迪亚波莱努斯。**2** 无论哪里发生暴动，他都不会用血腥和残暴进行镇压，而是通过刚柔并济进行平息。**3** 他颁令禁止在城市范围内埋葬死者。他对角斗士比赛的花销进行控制。他以极大的细致维护着邮驿系统。他做的所有事情都会除了向元老院之外又以谕告的方式进行说明。**4** 他驾崩时已年近七旬①，虽然如此，可大家仍痛惜他就如年轻人一样［辞世得太早了］。据传，他是如此这般辞世而去的：他先在用餐时吃了太多的阿尔卑斯奶酪，随后到了夜晚便开始呕吐，第二天还发起了烧。**5** 在第三天，他觉得自己的病情又加重了，在这种情况下他当着众官员的面将国家和女儿都托付给了马可·安东尼努斯，并且还命人把一直摆置在元首寝宫的命运女神的金身像搬移到马可那里去。**6** 当时，他给一位保民官留下"镇定"的口令，随后便翻过身去了，就仿佛在睡觉一样。如此这般，他在洛里姆气断魂飞了。**7** 在发烧时的呓语中，他提到的也都只是事关国家及那些让他恼怒的王的内容。**8** 他将个人的遗产留给了女儿，而且还在遗嘱中列明，对所有自己家里的人都有相应的遗赠。

XIII. 1 他相貌英俊、身材高大。可随着岁数上去、腰弯背驼之后，原本高大的他就用一块椴木板放在胸口，并绑在自己身上，以此走路时能让他挺直起来。**2** 步入老年后，如有访客前来，为了维持气力他会事先啃点干面包。他的嗓音低沉而洪亮，令人喜悦。**3** 元老院将他尊奉为神，所有人都争相赞美他的恭敬、仁慈、睿智，以及高尚。此前授予那些最杰出的元首的荣誉现在都颁给了他。**4** 他死后名正言顺地得到了祭奠他的祭司、竞技赛、神庙，和以其名字命名的祭司团，而在他之前的几乎所有元首当中惟独他生前不曾沾有公民或敌人的鲜血。将他与努玛相提并论，这么做也是恰如其分的，因为他一直都保有努玛的神佑之运与恭仁之心、文静之善与虔诚之举。

---

① 卒年为公元 161 年。

哲学家马可·安东尼努斯传

尤利乌斯·卡庇托利努斯

I. 1 马可·安东尼努斯，终其一生都是一位哲学家，他在生活德行方面要胜过所有的元首。2 他的父亲是身居裁判官之职辞世的安尼乌斯·维鲁斯，祖父是曾两度出任执政官并担任过罗马市长的安尼乌斯·维鲁斯——他是在元首韦斯帕芗及提图斯任监察官的时候入选为贵族的；3 他的伯父叫安尼乌斯·李波，姑妈叫奥古斯塔伽勒利亚·福斯丁娜①，母亲叫图密提娅·卢西拉②，乃两度出任执政官的卡尔维西乌斯·图卢斯的女儿；4 他的曾祖父也叫安尼乌斯·维鲁斯，曾以裁判官之衔离开了西班牙的苏库比塔城并当上了元老；他的外曾祖父叫卡提利乌斯·塞维鲁③，是两任执政官，还担任过罗马市长；他的祖母叫鲁庇利娅·福斯丁娜，是有执政官之衔的鲁庇利乌斯·波努斯之女。5 马可生于四月二十六日，是在其祖父第二次出

---

① 全名为安尼娅·伽勒利亚·福斯丁娜，即安东尼努斯·庇乌斯之妻，因此才有奥古斯塔的尊称。请参见《安东尼努斯·庇乌斯传》,I,6, 及 V,2。——英译者注，有补充。

② 此处名字拉丁网络图书馆版本写成了图密提娅·卡尔维拉（Domitia Calvilla）。

③ 关于此人请参见《哈德良传》，V，10；XXIV，6；《安东尼努斯·庇乌斯传》，II，9。——英译者注，有补充。

任执政官（同僚者是奥古尔）的那一年①，出生地在罗马西里欧山上的庄园里。**6** 正如马略·马克西姆斯所指出的，据信要从血缘上追溯他家族的起源，源头会出自努玛，又或出自萨连汀人②之王玛伦尼乌斯——即缔造卢庇埃的达苏穆斯的儿子。**7** 他在出生的庄园里和其祖父维鲁斯那幢临近拉特兰努斯家产的屋子中被抚养长大。**8** 他还有一个妹妹，叫安尼娅·科尔尼菲奇娅；他的妻子叫安尼娅·福斯丁娜，是他的一位远亲③。**9** 马可·安东尼努斯在其生命最初的那些年代使用的是外曾祖父卡提利乌斯·塞维鲁的名字。**10** 恰恰在他父亲辞世之后，他被哈德良改名为了安尼乌斯·维里西姆斯；而就在他换上成人托袈袍④以后，又被改名为了安尼乌斯·维鲁斯。父亲过世之后，他的祖父收养了他，并将他抚养长大。

II. 1 马可·安东尼努斯从一开始就是个表现颇为庄重的孩子。他一到不再需要抚养人照料的年纪，就被托付给了饱学之师，从而成就了哲学之识。**2** 这些老师传授给他基础知识：教授写作的尤弗里昂、教授戏剧的杰米努斯、教授音乐和几何的安德罗。他对待所有这些人就如同待学术权威一般崇敬万分。**3** 此外，他还师从这些语法学家：柯奇埃翁的亚历山大教授他希腊语，特罗西乌斯·阿贝尔、波利奥、希伽的尤提基乌斯·普洛库卢斯教授他拉丁语。**4** 他还向这些演说家求学：阿尼尼乌斯·马切尔、卡尼尼乌斯·契勒尔、埃罗德斯·阿提库斯教授他希腊语，弗隆托·科尔涅利乌斯教授他拉丁

---

① 年份是公元 121 年。

② 指居于意大利南部卡拉布里亚（Calabria）地区的部族名，下文"卢庇埃"亦为该地区的一座城市。

③ 她与安东尼努斯·庇乌斯之妻同名，实乃后者之女。关于安东尼努斯·庇乌斯将女儿嫁予马可之事，请参见《安东尼努斯·庇乌斯传》，I，7。——英译者注，有删减。

④ 为一件全白色的托袈袍，为古罗马成年男子在正式场合身穿的装束。

语。**5** 然而在这些人之中，他尤为推崇弗隆托，甚至还请求元老院为对方竖立塑像。他提拔普洛库卢斯升任总督，并提供给对方履职经费。**6** 在他还是孩子的时候就对哲学产生了浓厚的兴趣，这么说是出于，他十一岁的时候就换上了哲学家的装束。后来，当他穿着裹袍、躺在地上学习的时候，在他的母亲的要求下，他才勉强躺到铺着兽皮的床榻上。**7** 他还以与他结为亲戚的康茂德①为师。他甚至还拜了斯多噶派哲学家察尔斯顿的阿波罗尼乌斯②为师。

III. 1 马可·安东尼努斯对斯多噶派哲学是如此倾心，以至于虽已过继为帝王之裔，却仍然为求学之故而赴阿波罗尼乌斯的府上。③**2** 他聆听普鲁塔克的孙子喀罗尼亚的塞克斯图的讲授，此外还包括有尤尼乌斯·罗斯提库斯、克劳狄乌斯·马克西姆斯，以及秦纳·卡图卢斯这样的斯多噶主义者。**3** 他还对逍遥派哲学充满热情，并聆听了克劳狄乌斯·塞维鲁的讲授。虽然如此，可他事实上尤其敬仰并且追随了对斯多噶哲学理论极其精通，又在文武之道上出类拔萃的尤尼乌斯·罗斯提库斯。**4** 马可无论在国家大事还是私人之事上都会向他请教意见，还总是先于近卫军长官就献吻给他。**5** 他两次推选他［尤尼乌斯·罗斯提库斯］出任执政官，还在他去世之后向元老院为他请立塑像。他给予自己的老师们如此多的荣耀，以至于在他的神堂里摆放起他们的金身像，还一直以亲临他们的墓地、奉献牺牲和鲜花的方式使他们获得荣誉。**6** 为了学习法律，他甚至还聆听卢西乌斯·沃卢西乌斯·梅契阿努斯④的讲授。**7** 对于学习他

---

① 应该指卢西乌斯·契尤尼乌斯·康茂德（Lucius Ceionius Commodus），曾与马可一起过继给了安东尼努斯·庇乌斯。关于此人请参见《哈德良传》，XXIV，1 及注脚。——英译者注，有补充。

② 关于此人，请参见《安东尼努斯·庇乌斯传》，X，4。——英译者注

③ 关于此事，仍请参见《安东尼努斯·庇乌斯传》，X，4。

④ 关于此人，请参见《安东尼努斯·庇乌斯传》，XII，1。

花费的精力与努力是如此之多，以至于身体都变得虚弱了，而在他的童年也只有这件事可以受到指责。**8** 他还前去雄辩家开设的公共学校学习，在那些同学里他尤其喜爱元老等级的塞尤斯·弗希阿努斯和奥菲迪乌斯·维克托里努斯，以及骑士等级的贝比乌斯·隆古斯和卡莱努斯。**9** 他对待这些人极度慷慨大方，以至于到了这般地步，在他因出身贵贱之故而无法将他们提拔到国家部门的时候，仍增加了这些人的财富。

　　IV. 1 马可·安东尼努斯生长在哈德良的膝盖下。那时哈德良正如鄙人之前说的，①将他改名叫了维里西姆斯，并在他六岁时颁授给了骑士的荣耀，**2** 七岁的时候还将他选入了萨利祭司团②。**3** 在任萨利祭司期间，他获得了一个执掌最高大权的征兆：就在所有的祭司按照风俗向神像下的供桌上投掷花冠的时候，其他人的花冠都落到了别处，而他的却落在了马尔斯的头上，就像拿手放上去一样。**4** 他在履行上述祭司职的时候曾做过领祭者、占卜师、祭司长，还为许多祭司加授或免除了神职，在这期间没有人给过他传授，因为他独自一人就习得了全部的吟颂③。**5** 他十四岁时穿上了成人托袈袍，随即就在哈德良的授意下与卢西乌斯·契尤尼乌斯·康茂德④之女定下了婚约。**6** 不久之后，他当上了拉丁大典时的临时长官⑤。他在任上述官职期间，无论在官员们的面前还是在元首哈德良的宴会中都

---

① 请参见本卷 I，10。——英译者注

② 原文为 saliorum collegium，是专司战神马尔斯祭祀的神职团体，通常由十二位穿着古代勇士装束的贵族青年组成。

③ 原文为 carmina，原意是诗歌、歌曲，这里是指祭司在举行仪式时需要吟颂的颂辞或咒语。

④ 此人应为埃利乌斯·维鲁斯·恺撒。——英译者注，有删减。

⑤ 原文为 praefectus feriarum Latinarum，该官职由一位级别较高的青年担任，负责执政官在拉丁大典期间离开罗马前赴位于城东南的阿尔班圣山期间，暂时履行执政官的职责。

表现得极其聪慧。**7** 后来，他母亲要他把父亲留下的遗产分给妹妹，他就全都给了她，并回答道，自己对祖父的遗产已感到满足了，还说道，如果她愿意，为了不使妹妹比她丈夫穷，母亲也可以把遗产传给她。**8** 他平时温文尔雅，很多场合他在强迫之下才会进行狩猎、主持竞技赛、观看戏剧。**9** 此外，他在老师迪奥尼图斯指导下对绘画投入了热情。他喜爱拳击、摔跤、竞速、捕鸟，他的球类技术和狩猎本领都特别精湛。**10** 可是，对哲学的热情使他远离了所有的上述活动，还让他保持了严肃与庄重。他虽然朴素而不矫饰、谦虚但不懦弱，庄重但不悲伤，不过却并未损害他对别人（尤其在对自己人的场合下，后来对朋友，甚至还对不太熟悉的人）表露出的和蔼可亲。

V. 1 马可·安东尼努斯就是如此显露自己的。在卢西乌斯·恺撒① 辞世之后，哈德良曾寻找国家大权的接班人，马可因为才十八岁而不适合被考虑为人选，于是哈德良选了他的姑父安东尼努斯·庇乌斯② 并将此人按如此的条件过继：即庇乌斯要过继马可，而马可则要过继卢西乌斯·康茂德。③**2** 确在维鲁斯④ 受到过继的那一天里，他在梦境中目睹到自己生出了象牙的上臂，在询问起它们是否能负重的时候，他发现它们比以往更加有力了。**3** 就在他发现自己其实已受到哈德良过继之后，与其说他感到高兴还不如说心生畏惧为好。他随后受命搬入了哈德良的私人宅第，在不情愿中离开了母亲的庄园。**4** 当家人问他，为什么他对王位的过继感到悲伤，他说道，国

---

① 此人即埃利乌斯·维鲁斯·恺撒。

② 关于此事，请参见本卷 I，3 及注脚。

③ 关于此事，请参见《哈德良传》，XXIV，1；《埃利乌斯传》，II，9；《安东尼努斯·庇乌斯传》，IV，5。此处的过继说法显然是错误的，关于同样的错误请参见《埃利乌斯传》，V，12 及脚注。——英译者注

④ 即马可·安尼乌斯·维鲁斯。请参见本卷 I，10。

家大权沾染着罪恶。**5** 那个时候他首先开始被改称为了奥勒利乌斯而非安尼乌斯，因为根据过继法他加入了奥勒利安家族——就是安东尼努斯的家族。**6** 于是，在他十七岁的时候，也就是已成为他继父的安东尼努斯第二次出任执政官的那一年，得到过继后的他在哈德良的请求下因为年龄〔未到〕而被破格任命为了财务官①。**7** 过继入皇室的他对自己的养父母表现出那般的恭敬，就如他在凡民时一样。**8** 他节俭而又勤奋，一如在自己家中时的那样。他所做、所言、所想一概遵照继父的主意。

VI. 1 在哈德良驾崩之后，庇乌斯为了带走他的遗体便起程前赴巴耶，在这种情况下，马可·安东尼努斯则留在罗马为他的继祖父举行葬礼，还如普通财务官通常做的那样举办了一场角斗士比赛。**2** 在哈德良驾崩之后不久，庇乌斯即通过自己的妻子与马可商议，在解除与卢西乌斯·契尤尼乌斯·康茂德〈之女〉的婚约的情况下〈……〉②曾想在年龄不相符之下订婚，他说自己在经过考虑之后答应了。**3** 在做了上述这些之后，庇乌斯指命至那时都在担任财务官的马可出任与自己同僚的执政官，并把恺撒的名号授给了他，还推选已经担任执政官的他出任罗马骑士司令团③成员，并且当他和同

---

① 关于此事，请参见《安东尼努斯·庇乌斯传》，VI，10。
② 此处缺字。根据洛布版有以下三种解释可供参佐：
　　"说道……哈德良曾想促成他的婚姻，而将福斯丁娜给了他，因为哈德良曾想在维鲁斯年龄不相符之下，让她和他订婚。"〔卡萨波（Casaubon）〕
　　"在解除与卢西乌斯·契尤尼乌斯·康茂德的姐妹的婚约情况下，她恳求女儿福斯丁娜与他结婚，而哈德良曾想将他在年龄不相符之下同那个康茂德订婚。"〔蒙森（Mommsen）〕
　　"在解除了卢西乌斯·契尤尼乌斯·康茂德（即维鲁斯）的婚约的情况下，她让女儿在年龄不相符之下同他订婚。"〔Ellis〕
③ 为六名骑士等级的司令官。该官职由皇帝任命，一般由出自元老家族的尚不能进入元老院的青年担任，有时也由出自皇室的青年出任。——英译者注，有删减。

僚们举行庆典赛会之时在他的身旁落座。庞乌斯吩咐他迁入提比里
安纳屋，还把那个地方（虽然他坚持反对这么做）按皇家规格进行
了布置，又在元老院的命令下将他吸收进了不止一个祭司团。**4** 庞
乌斯还在自己第四次担任执政官的时候，委命他第二次出任该官职。
5 虽然马可·安东尼努斯既被公务缠身，又要遵照继父的言行以便为
自己将来统治好国家带来益处，可就在同时他仍时常极富热情地投
入到学术之中。**6** 在那之后，他娶了福斯丁娜为妻，并在有了女儿
之后被授予了保民官之权和罗马城外的总督之权 [①]，还外加在元老院
中提第五份议案的权利。[②]**7** 他对庞乌斯产生了如此的影响，以至于
在没听取他的建议之下他［庞乌斯］绝不会提拔任何人。**8** 虽然如
此，即便在背地里有人讲他 [③] 的坏话，而马可仍对他表现得万般顺
从。**9** 在上述这些人中特别要提到瓦勒利乌斯·奥慕鲁斯 [④]，这个人
曾在苗圃里看见马可的母亲卢西拉正对着一尊阿波罗的塑像祈愿，
在这种情况下他在私下里对庞乌斯说道："她现在正祈求着，愿你早
日归天，这样她的儿子就能执掌大权了。"此番话对庞乌斯没有产生
丝毫的影响，**10** 那是由于马可是一个多么正直的人，而在他继承国
家大权的那一刻又表现得多么谦和。

　　VII. 1 马可·安东尼努斯关心自己的名声到了那般地步，以至于

---

① 关于此种权力，请参见《安东尼努斯·庞乌斯传》，IV，7 及注脚。——
　　英译者注

② 新当选的皇帝照规矩来说在每次元老院会议上都被赋予了提有限数量提
　　议的权力，这些提议优先于他人的。不过在数量上似乎从未超过五份。——
　　英译者注，有删减。

③ 此处人称代词原文使用的就是第三人称单数宾格 eum，至于其确切指代，
　　此处难以断定。如指代庞乌斯，则意思为：有人对马可说庞乌斯的坏话，
　　即便如此马可仍对庞乌斯万般顺从。如此一说虽然此处意思通顺，但却无
　　法与下面的举例吻合，作者所举的例子恰恰是在说明，有人私下对庞乌斯
　　讲马可的坏话。

④ 关于此人，请参见《安东尼努斯·庞乌斯传》，XI，8。——英译者注

还是孩子的时候，他就一直提醒自己的代理人不要太专横霸道，此外每当有谁要拿遗产相赠时，他总是拒不接受而且还会还给同死者关系最亲近的人。**2** 最终，有二十三年之久，他都住在继父的家中，而［庇乌斯］对他的爱意则与日俱增。**3** 在整个那些年里，他只有两回一共两个晚上不待在他［庇乌斯］的身边。因为这个缘由，安东尼努斯·庇乌斯在看到生命行将告终之际，在唤来了朋友和诸位官员之后，庇乌斯把他托付给了所有人，并正式宣布他为国家大权的接替者，还在给保民官交代完"镇定"的口令之后，命人将一直放在自己寝宫的命运女神的金身像搬移到马可的卧室去。①**4** 他［马可］把母亲遗产的一部分交给了穆米乌斯·夸得拉图斯，那是因为他的妹妹已经过世了，而此人是他妹妹的儿子。**5** 在被奉为神的庇乌斯驾崩之后，他迫于元老院而接过了国家的统治，并且还委任他的弟弟②担任共治者。他让对方改名为卢西乌斯·奥勒利乌斯·维鲁斯·康茂德，又授给了他恺撒甚至奥古斯都的尊号。**6** 于是，自那时起他们两个开始平等地统治起了国家，而从他与另一人一起执掌由他继任的大权开始，罗马帝国便史无前例地出现了两位奥古斯都。随即他本人获得了安东尼努斯的名号，**7** 而他就好像是卢西乌斯·康茂德的父亲一样，在给对方加上了安东尼努斯之名后，又给他加称维鲁斯的名字。他还把自己的女儿卢西拉许配给了这位弟弟。**8** 为了让这种共治关系获得荣耀，他们颁令向那些冠有新族名③的男孩和女孩发放谷物补助。**9** 在完成了应该在元老院中达成的事项之后，他们俩还一同前去近卫军营地，并出于让共同执掌的大权获得好处而允诺给每一位普通士兵两万塞斯退斯，还按相同比例向其

---

① 关于此事，请参见《安东尼努斯·庇乌斯传》，XII，5—6。——英译者注
② 显然马可同维鲁斯是没有血缘的、法律意义上的兄弟关系。
③ 古罗马人的族名（nomen）一般放在首名后、尾名前，表示人所属的部族（gens）名，有点类似我们的姓氏。

他人［许下了允诺］。**10** 他们还以一场高规格的葬礼将继父的遗体安葬于哈德良陵墓。随即在接下来的国丧日上，还组织了国葬队列的游行。**11** 他们两个都在宣讲坛前赞美了继父，并为他从亲属中选出一名祭司，又从最亲密的朋友中挑出人选，组成了奥勒利安祭司团①。

VIII. 1 两人在得到最高大权之后都表现得这般克己守法，以至于在他们的统治下没人再留恋庇乌斯的仁慈，而当时的仿剧②演员玛鲁卢斯也能以他们为笑料进行一番讽刺后免于受到惩罚。**2** 他们为继父的过世举办了角斗士比赛。**3** 马可让自己全身心地投入到哲学之中，同时还努力博取公民们的爱戴。**4** 然而让这位皇帝的好运与无忧终止的是即位后的首次台伯河洪水。在他们统治期间，那场洪水是最为凶猛的一次，它使罗马城内的财物及许多建筑被毁，还淹死了数量极多的牲畜，并造成了异常严重的饥荒。**5** 在马可和维鲁斯亲力亲为的关怀下，上述灾情得到了缓解。**6** 那个时候，还爆发了与帕提亚人的战争。那场战争在庇乌斯统治期间就曾被帕提亚人预谋过，而到了马可和维鲁斯当政时期，在让当时统辖叙利亚的阿提迪乌斯·科尔涅利安努斯溃败之后，沃洛吉斯③便燃起了战火。**7** 此外，与不列颠人的战争也是一触即发，卡提人侵入了日耳曼尼亚和雷蒂安④。**8** 于是，卡尔普尼乌斯·阿格利古拉被派去与不列颠人交战，而奥菲迪乌斯·维克托里努斯⑤则受遣同卡提人交战。**9** 然

---

① 关于此事，请参见《安东尼努斯·庇乌斯传》，XIII，4。——英译者注，有删减。

② 指古希腊、古罗马时代的一种表演手法，演员往往稍带扭曲和夸张地模仿别的作品或人物借以达到嘲讽的效果。

③ 时为帕提亚人之王。

④ 罗马帝国时期的行省名，地理位置大致涵盖了今瑞士的大部分地区。

⑤ 关于此人，请参见本卷 III，8。——英译者注

而，在元老院的同意下，他的弟弟维鲁斯被派去同帕提亚人作战，他本人则留在了罗马，因为都城里的政事需要有一位皇帝留守打理。**10** 而马可为了让维鲁斯获得荣誉，竟一路陪着他到了卡普阿，同行的还有元老院里的朋友加之各部门的首长。**11** 可是，当马可返回罗马且获悉了维鲁斯在卡努西翁①患病之后，他先在元老院中为对方许了愿，随后便急忙前去探望他。后来，在他返回了罗马并听到维鲁斯开拔的消息，又即刻还了愿。**12** 维鲁斯在来到叙利亚以后，竟在安条克城和达菲尼②过着快乐自在的生活。他既练习剑斗又进行狩猎，即便是派自己的副将前去同帕提亚人作战，他仍被人唤为皇帝③。**13** 而就在当时，马可无时无刻都在关心着国家政事，就更不必说还要极不情愿甚至有违心意地忍耐其弟弟的快活自在。**14** 到了最后，身在罗马的他还要布置并安排所有的战争必需。

　　IX. 1 在亚美尼亚，战事在斯塔奇乌斯·普利斯库斯的指挥下进展顺利，阿塔克夏塔④被占领，亚美尼亚库斯的名号也被授给了两位元首，对此，马可起先出于谦逊进行了推辞，不过随后还是接受下来了。**2** 接着，在这场战争结束之后，两位皇帝都被授予了帕提库斯的称号。然而，马可依旧对这个颁给自己的名号先进行推辞，随后才接受了下来。**3** 至于国父的尊号，因为那是在他弟弟不在场的情况下被授予的，他则推迟到对方在场的时候才接受下来。**4** 就在战争进行期间，他领着维鲁斯的叔伯奇维卡和曾托付给妹妹照顾的自己待嫁的女儿一同携嫁妆抵达了布伦迪西乌姆⑤，在将他们送往

----

① 今意大利北部的卡诺莎（Canosa），古时以出产羊毛闻名于世。
② 位于叙利亚安条克城郊区的地名，以风光迷人而著称。
③ 原文为 imperator，这个词的本义是军队司令官。
④ 今亚美尼亚的阿尔塔沙特（Artashat）。
⑤ 位于意大利阿普利亚东南部的港口城市。

维鲁斯那边后，①他自己即刻返回了罗马。**5** 他赶回去是出于有人说了这样的话：他们说，马可起程前赴叙利亚为的是想要将结束战争的荣耀算在自己头上。**6** 他还写信给总督们，吩咐任何人都不得在中途跑去会见他的女儿。**7** 与此同时，他如此这般维护了自由身份，以至于史无前例地规定道，无论哪个公民，只要他的婴儿出生时是自由的，就应在第三十天之前到管理农神庙金库的长官②那里登记所起的名字。**8** 他在诸行省建起了公共档案，新生者的信息应被记载在这些档案中，这就如同在罗马要到掌管国库的长官那里进行报道一样，这么做为的是：一旦有谁在行省为其生来自由这一点进行辩护，他就能以上述档案作为证据。**9** 他加强了与人身释放有关的整部法令，还实施了其他与钱商和拍卖相关的法令。

X. 1 马可·安东尼努斯在许多案子上让元老院做出裁决，有些甚至还是在自己的职权范围内。他还下令，关于死者身份地位的调查应在五年之内结束。**2** 众元首之中没有谁比他给予元老院更多的敬意。此外，为了让元老院得到荣耀，他把对争执的化解交由一些当前不在职的拥有裁判官官衔之人和拥有执政官官衔之人处理，以这种方式，随着对法律的执行，这些人的威望得到了增加。**3** 他从朋友中选出了许多人，并在授给市政官或裁判官的官职后让他们进入了元老院。**4** 他授予许多清清白白的贫穷元老们保民官和市政官的官职。**5** 在不对某人进行深入了解的情况下，他不会选任何人进入元老等级。**6** 他还授予元老们如下的待遇：无论何时，一旦他们受到极刑的指控，他就会秘密对案件进行核查，在如此过后才公开做出判决，而且他不允许罗马骑士们参与到这样的案件中来。**7** 如果他身处罗马，只要他能，就总会出席元老院会议，即便

---

① 关于马可的女儿嫁予维鲁斯，请参见本卷 VII，7。
② 即掌管保存在农神庙里的国库的长官。——英译者注

在会上没有什么提案被提出来。而如果他想要提交什么提案，即便在坎帕尼亚也会亲自前来。**8** 除此之外，他还时常出席大会① 直至晚上。他从不离开元老院议事堂返回，**9** 直至执政官之一道出："元老们，鄙人不再有什么要耽搁你们了。"他还授权元老院对由执政官提出的上诉做出裁决。**10** 他对案件的审判给予了特别的关注。他在年表上增加庭审日，以至于规定一年之内有两百三十天用于诉讼审理及审判。**11** 为了对监护人施以更大的关心，他史无前例地设立了监护官，而在之前监护人的委任权是由执政官掌握的。**12** 而关于保佐人方面，在此前依据普莱托里亚法案，除非出于挥霍无度抑或精神错乱之缘由，否则不得为谁提供保佐人。他现在如此规定道：每个成年人都可以在不给出理由的情况下就得到保佐人。

XI. 1 马可·安东尼努斯既以谨慎的态度对待公共开支，又对告密者② 打上了标记，以此阻绝他们的诬告。**2** 他鄙视这类让帝王私库获益的控告。他明智地创设了多项公共补助金。他从元老院里向多座城市选派了代理人，以这种方式扩大了元老院的职权。**3** 出现饥荒时，他从罗马城为其他意大利城市输送粮食，他还关心所有与谷物运输有关的事物。**4** 他尽一切可能限制角斗士比赛，还削减了免费公演的开支，而且下令道：虽然演员们的报酬可能只有五枚金币，可仍应规定任何演出者都不应获得超过十枚金币的报酬。**5** 他还极其关心罗马城的道路及各地主要大道的情况，对谷物供应也尤为看重。**6** 他遵照哈德良委派拥有执政官官衔之人主持法律事务的前例③，而

---

① 原文为 comitia，这里可能是指类似公民大会的森都里亚大会。

② 原文 delator，指的是告发者、告密者，本意专指那些向掌管帝王私库的官员提供生财情报的人，后来逐渐演变成对有钱人进行告发和起诉以便查没其财产的人。

③ 关于此事，请参见《哈德良传》，XXII，13；《安东尼努斯·庇乌斯传》，II，11。——英译者注，有删减。

在意大利派遣了相当职级的法官以为当地主持公道。**7** 在西班牙诸行省因意大利移民者的征税令 ①（尽管该征税令有违图拉真颁布的法令）而变得穷困的时候，他还认真负责地为这些行省提供了帮助。**8** 他还推行了征收二十分之一遗产税的法律、针对被释奴财产托管的法律、针对母亲那边财产的继承法，还有针对儿子们在继承母亲那份遗产时各自所得份额的法律。他还完善了如下的法令，即出身外族的元老应将其财产之四分之一投资于意大利。**9** 除此之外，他还授予负责街区和道路的代理人如下权力：如果有谁从他人那里征收除捐税之外的其他任何财物，这些代理人都能惩罚他们，或者亦可把他们交由市长进行惩罚。**10** 他恢复旧有的法律甚且颁布新法。他总是依靠一些长官 ② 的权责来制定法律，对于这些人，他会把他们留在身边。他还起用了对法学尤其精通的夏沃拉。

XII. 1 马可·安东尼努斯对待人民就如同他们生在自由国度中一样。**2** 他无时无刻都表现得极为恰到好处：无论是在劝人远离邪恶之时，还是转向善良之时；无论是在慷慨施赠之时，还是宽容施恩之时，就这样，他让恶人变为了善者，让善者变成了人杰。此外，面对一些人的嘲讽他也能心平气和地忍受下来。**3** 这么说是因为，一次当他告诫某个叫维特拉西努斯的声名狼藉之人，要这个人不得在民众间制造他的谣言，在这种情况下，正在谋求官职的维特拉西努斯却回答道，许多在竞技场里跟自己作对的人似乎都当上了裁判官。对此，他宽宏大量地容忍了下来。**4** 为了不让报复某人的行径轻易就能达成，即便是对表现极其糟糕的裁判官，他都不会下

---

① 关于针对西班牙行省意大利移民的征税令，请比照《哈德良传》，XXII，4。——英译者注

② 原文是 praefectus，该词单独出现的时候，通常指在意大利握有近卫军统辖权的近卫军长官（该官职在帝国中晚期往往拥有执掌朝政的大权），或在行省握有军事大权的高级别的地方长官。

令将其从官职上除名，而只是将法律方面的职务交付给那人的同僚。**5** 在为私库带来好处的那类案子中，他从不做出对其有利的裁决。**6** 而即便他坚持了下来，那也终究是合情合理的。**7** 那时他的弟弟以胜利者的身份从叙利亚归来，在这种情况下又鉴于马可在维鲁斯置身战场的时候对全体元老甚至对每一个人都表现得极其稳健得体，于是国父的尊名被颁令授给了他们两个。[①] **8** 除此之外，他们俩还被授予了市民桂冠[②]。卢西乌斯还恳请马可同自己一起举行凯旋式，并给马可之子加称恺撒之号。**9** 可是，马可是一位如此懂得自我约束的人，以至于他即使与维鲁斯一同举行了凯旋式，可却在这位弟弟驾崩后，仅给自己留了日耳曼尼库斯的名号，而这个名号是他自己通过战争赢得的。**10** 在凯旋式上，他们还让马可的子女们（不论男女）随同他们一起被引领而过，甚至连他未婚的女儿也一起加入了进来。**11** 他们还身穿凯旋者的盛装，观看了为凯旋式而颁令举行的庆典赛会。**12** 在另一些关于他美德的事迹中，有这么一则与其稳健得体相关的故事值得被道出来：在有一些走钢丝的男孩们从钢丝绳上摔下之后，他下令在走钢丝者表演时应在下面放上垫子。正因如此，于是到了今日，走钢丝表演时都会在下面拉上一张网。**13** 就在与帕提亚人进行战争的同时，与马科马尼人的战争[③]也爆发了。后者曾因负责此事的官员们的计策而一拖再拖，这么做为的是让与马科马尼人的战争推迟到东方的战事告终后再被打响。**14** 即便当时出现了饥荒，他还是劝说人民去进行那场战争，等到他的弟弟在经过了五年的军旅生涯归来之后，他在元老院里说道，与日耳曼人的战

---

① 关于此事，请参见本卷 IX，3。——英译者注
② 原文为 corona civica，该桂冠被授给那些在战斗中拯救过平民生命的人。——英译者注
③ 马科马尼人为日耳曼人的一支，因此这场战争也在下文被叫作"与日耳曼人的战争"（bellum Germanicum）。——英译者注，有补充。

争两位皇帝必须一同参加。

XIII. 1 然而，与马科马尼人的战争所产生的畏惧是如此巨大，以至于安东尼努斯派人找来各地的祭司，操办起外族的祭祀仪式，用各种方式为罗马城举行避邪仪式，甚至还因此耽搁了他的出征。**2** 他按罗马人的方式举行过一连七天的神宴①。**3** 此外，那时发生了一场大的瘟疫，以至于尸体都要用各式马车运走。**4** 也就在那时，两位安东尼努斯还批准了有关丧葬与墓穴的异常严厉的法律，以至于在任何时候他们都提防着有谁在乡村庄园中修造坟墓②。该法律一直被遵守至今。**5** 那次瘟疫竟让好几千人丧生，其中的许多人都是贵族，安东尼努斯为他们当中那些最为显赫者竖立了塑像。**6** 他是那么仁慈，以至于下令用公共开支为平民大众的葬礼支付费用。那时出现了一个恶棍，他串通一些阴谋者企图伺机劫掠罗马城，于是在一株位于战神平原的无花果树上他发表了演讲，说道，假如他从树上落下，变成一只鹳的话，那么天上的火焰就要降临了，世界末日即将到来；就在预定好的那一刻，他果然掉了下来，一只鹳也从他的衣襟里被放了出来，在这种情况下他被送到了马可的面前，而在对方忏悔了之后，马可即宽恕了他的罪过。

XIV. 1 后来，两位皇帝披挂战甲起程出征。他们非但征伐让一切陷入混乱的维克图阿利人和马科马尼人，而且还让其他民族（他们曾被更僻远的民族所逐，要不是受到了阻拦，他们就会将战火烧入罗马境内）也陷入了战争。**2** 早在两位皇帝一路行进到阿奎莱亚③

---

① 原文为 lectisternia，指的是一种非常古老的避邪仪式，在仪式当中众神之像被放置在公共宴会的长凳上并同时在饭桌上献上祭品。——英译者注，有删减。

② 拉丁网络图书馆版本此处写成："以至于在任何时候他们都提防着有谁在想要的地方修造坟墓。"

③ 位于意大利东北角，亚得里亚海北岸的城市。

的时候，那场远征的收获就已并非只有点滴而已，这么说是因为许多王既领着自己的人民一起撤退而去，又处死了骚乱的始作俑者。**3** 夸迪人在失去了自己的王之后说道，他们直到我们的两位皇帝感到满意之后才会确认推选出的继任者。**4** 许多民族都已向皇帝们的使节遣派了信使，为他们的谋反而乞求宽恕，虽然卢西乌斯不怎么情愿，可仍旧继续着征程。**5** 由于失去了近卫军长官弗里乌斯·维克托里努斯[①]，甚至连军队的一翼都损失掉了，卢西乌斯认为他们应该返回了，而马可则考虑到，蛮族们不是奔逃而去就是显露出放弃战争的意图，这些都是伪装的，这么做为的是不让他们被具有如此强大装备的军力压垮，因此他相信应该实施追击。**6** 于是，他们翻过了阿尔卑斯山，行进到更加遥远的地方，并使用一切方法来完善意大利以及伊利里亚的防御。**7** 接着，在卢西乌斯的恳请下，他们同意这么做：先向元老院递交一封信，然后卢西乌斯再返回罗马。**8** 后来，在他们踏上行程之后，卢西乌斯在与其兄长一起坐在马车上的时候，得中风而亡了。

XV. 1 马可通常习惯在竞技场内阅读、听取汇报，甚至对文件做出批示。据说为此他竟常常遭到人们的嘲笑。**2** 在马可和维鲁斯的统治时期，被释奴杰米纳斯和阿格克利图斯曾握有强大的权力。**3** 马可是那么崇高，以至于对维鲁斯的过错（即便这些过错让他感到极度不快）既进行隐瞒又为其辩护。在维鲁斯驾崩之后，他尊奉其为神明，又通过颁授荣誉和给予俸禄的方式给对方的姑姑及姐妹们施以援助并让她们的地位得到了提高，他还用大量的祭祀仪式让维鲁斯获得荣耀。**4** 他授予对方祭司、安东尼努斯祭司团，以及作为被尊奉为神明之人所享有的全部荣耀。**5** 两位元首中没有哪个不受到恶毒流言的嘲讽，以至于都到了那般地步，马可受到了如下恶

---

① 关于此人，请参见《安东尼努斯·庇乌斯传》，VIII，8。

语的中伤：有说，他在用一面涂上毒的小刀切开了母猪的子宫之后，将带毒的那部分交给他弟弟食用，以这样的方式给维鲁斯下了毒药，而把无毒的那份留给了自己；6 或据说，他定然通过医生珀西迪普斯给对方在不恰当的时候实施放血。在维鲁斯驾崩后，卡西乌斯背弃了马可而举行叛乱。

XVI. 1 马可对他自家人是如此慷慨大方，以至于他会把各种官职的荣誉都颁授给他们，而对他的儿子（就是那个声名狼藉、卑鄙下流的家伙）他急不可待地就授予其恺撒的名号，随即又授予其祭司之职，不久之后还授予了皇帝 ① 的尊号甚至执政官的职位，并且还让他分享了凯旋式。**2** 就在仪式上，皇帝让儿子坐在凯旋式的马车上，而身为皇帝的他则在竞技场里跟着车徒步奔跑。**3** 在维鲁斯驾崩之后，马可·安东尼努斯就独自一人掌握了国家。他变得更加善良、更具德性了，**4** 正如大家所见，他已经不再被维鲁斯的任何过失所阻挠，这些过失或是由直率与直言不讳导致的（维鲁斯因此而忍受着愚钝的秉性），或是由从最初的时候起就让马可·安东尼努斯感到特别不快的那些让心智遭到败坏的制度及风俗导致的。**5** 因为，他是一位如此文静内向的人，以至于无论或悲或喜都从不在脸上显露出来。他醉心于斯多噶派哲学，而这种学问他既得自于最优秀的那些老师，又获得自其他的各种途径。**6** 要不是他当初还是孩提之龄的话，哈德良甚至就要准备让他来接替自己了。**7** 上述意图确能从下面这件事上来探察到：哈德良选择了马可做庇乌斯的女婿，这是为了让罗马国家的大权终能落到一位名副其实的统治者的手里。

XVII. 1 在那之后，马可·安东尼努斯以极大的自律与关怀对待诸行省，还在对抗日耳曼人的战事里取得了胜利。**2** 他尤其在那场

---

① 此处原文为 imperator，这个词也可释为军队司令官之意。关于此，请参见本卷 VIII, 12 及注脚。

规模胜过以往任何一次的、与马科马尼人的战争中表现勇敢而战绩有佳。也就在那个时候，一场严重的瘟疫让数以万计的平民和士兵遭到身死。[①]3 于是，在马科马尼人、萨尔玛提亚人、汪达尔人，连同夸迪人遭到重创之后，他将潘诺尼亚诸行省从奴役中解放了出来。随后，正如鄙人所说，在罗马他同已得到恺撒之名的儿子康茂德一起举行了凯旋式。[②]4 可是，为了这场战争，国库消耗殆尽，而他又不打算对行省居民征收超过规定的税额，在这种情况下，他在被奉为神的图拉真广场上将皇室器物与饰品拍卖了出去，这些物品包括：金制器皿、水晶杯、萤石杯、御用碗具、皇后的金色丝织衣物，还有许多他在哈德良的一个较隐秘的柜子里发现的珠宝。5 这样的拍卖延续了整整两个月，如此之多的金钱被换了回来，以至于后来，在与马科马尼人的战争按计划收尾之后，他给了买家们这样的机会：如果有谁想要退还所购之物并返还金钱，他会照价处理的。无论是否退货，没有谁因此而感到不快。6 那时，他允许那些较为出名的人用和他一样的规格举办宴会并使用与其相似的侍从。7 而在公众赛会中，他又是那么慷慨大方，以至于一次就让一百头狮子登场，并再用箭将它们射杀。

XVIII. 1 因此，马可·安东尼努斯的统治受到了所有人的爱戴，另一些人则视他们的年龄大小，有人爱他唤他如待兄弟、有人如待父亲、有人如待儿子。在他统治的第十八年里他辞世而去，那年他六十岁。**2** 对他的爱戴竟到了如此地步，在为他举行葬礼的那一天，竟无人认为应对他进行哀悼，因为所有一切都是那么明了：他原本受众神差遣而来，现在又回众神那里去了。**3** 最终，就在葬礼举行之前，正如许多人说的，元老们和民众们彼此毫无阻隔地坐在一起

---

① 关于此事，请参见本卷 XIII, 3。——英译者注
② 关于此事，请参见本卷 XVI, 1—2。

呼唤他为慈悲的神明，这么做是空前绝后的。**4** 就是这位生前及死后都与众神同列的、既善良又优秀的人，撇下了儿子康茂德。假如不留下这个儿子，那样他才真算幸运。**5** 任何人无论年龄、性别、地位和等级都给予了他神明般的荣耀，不仅如此，而且如果有谁不将他的肖像放在自己家中——看在上天的份上他本能或本该放在自己家中的——那么这个人就会被判为渎神者。**6** 直至今日，在许多人的家里还把马可·安东尼努斯的塑像同家神供奉在一起。**7** 并非没有这样的人，他们发现他借助梦境做出过许多预言，且后来这些事情都应验了。**8** 由此，人们为他建起了一座神庙，还为他提供了侍奉安东尼努斯家族的祭司、祭司团、主神祭司①，以及其他的在古时对被尊奉为神明之人理应享有的所有一切。

　　XIX. 1 有一些人说道，马可·安东尼努斯的继承者、他的儿子康茂德·安东尼努斯并非是他亲生的而是［妻子］私通之后生下的。这种说法看起来是有可能的。**2** 他们还通过平头百姓之口传出了这样的说法：当庇乌斯之女、马可之妻福斯丁娜看到一群角斗士穿行而过时，就对其中的一位燃起了爱意，她长期忍受着痛苦的折磨，在这种情况下她向丈夫道出了自己的情欲。**3** 当马可把这事告诉给迦勒底人②［以求问卜］之后，他们给出了这样的建议，先杀死那位角斗士，再让福斯丁娜用对方的血沐浴，如此这般她才能与丈夫同床共枕。**4** 按此做法实施之后，她对那位角斗士的爱意果然消失了，不过却生下了康茂德，后者是一位天生的角斗士而非元首。**5** 因为，正如将在他的传记里要指出的那样，他在人民大众的眼前献演过近千场角斗士比赛。**6** 这则故事被认为可能的确发生过，这么说

---

① 原文为 flamen，在古罗马只有侍奉包括朱庇特、朱诺、密涅瓦三大神在内的十五个重要神祇的祭司才被冠上这一称谓。

② 指居于美索不达米亚（Mesopotamia）的一个民族，新巴比伦王国的缔造者，以精通占星术而闻名于世。

是出于这个原因：一位如此受人尊敬的元首却有这么个儿子，他的秉性比任何一个角斗士教练、舞台演员、沙场竞技者——甚至最后比任何一位徒有虚表却恶贯满盈的卑鄙之徒——更加恶劣。**7** 然而，许多人认为康茂德绝对是私通之后生下的，因为福斯丁娜在盖耶塔期间从一些水手和角斗士里为自己挑选情人，这是众所周知的事。**8** 这件关于妻子的事被告诉给了安东尼努斯·马可，在这种情况下，正当他要把她休掉（假如他不杀死她的话）之际，据称，他曾说道："如果朕赶走妻子，那就得返还她的嫁妆。"**9** 若不是遵照哈德良的意愿由岳父①收他为继子，由此而取得了国家大权，那个嫁妆除了上述的最高权力之外，还会是什么呢？ **10** 贤明元首的生活方式、圣德、仁静，以及虔诚，确实都在他身上表现得如此显著，以至于对其亲人的憎恶都无法玷污到他的名声。**11** 最终，由于他的秉性始终如一，也不会因他人的流言蜚语而改变，因此即便有一位角斗士儿子和臭名昭著的妻子，也不会给他带来骂名。**12** 即使现在，他还被奉若神明。至善至圣的皇帝戴克里先啊，这正和您（无论在过去还是现在）的看法一样：在您的神祇当中，您并不像对待其他神明那样，而是专门对他进行崇拜；您还总说道，想要在生活和德行方面成为如马可那样的人，假如他重获新生的话，在哲学领域即便是柏拉图都不能与之媲美。这些事情鄙人简单概要地提一下，只能就此打住了。

　　XX. 1 然而，对于马可·安东尼努斯在弟弟驾崩之后的所作所为，下面就将道来：他的遗体先被运往了罗马，再被安葬进了祖上的陵墓②。**2** 随即还颁令尊奉他为神明。接着，在他因弟弟受到尊奉而向元老院致以谢意的时候，他还悄悄地提示道，那些战胜帕提亚

---

① 显然是指安东尼努斯·庇乌斯。
② 即哈德良陵墓。——英译者注，有删减。

人的战略计划全都是出自他自己的。**3** 除此之外，马可还补充道，在看起来多少有些玩世不恭的弟弟驾崩后，他现在终于能独自一人开始好好治理国家了。**4** 元老院精准地理解了马可所说的，即他似乎在因维鲁斯的过世而表达谢意。**5** 后来，他授给维鲁斯所有的姐妹、亲戚、被释奴非常多的权利、荣耀、和钱财。因为他极其渴求好的名声，还会对谁怎么谈论他刨根问底，并对那些看起来理当遭到指责的事情加以改进。**6** 正在他起程奔赴同日耳曼人的战争之时，他不顾丧期尚未结束①便将自己的女儿②嫁给了罗马骑士之子、年迈的克劳狄乌斯·庞培安努斯，此人是安条克城当地人，出生并非十分显赫——尽管在那之后马可让他担任了两届执政官，这么做是因为自己的女儿拥有奥古斯塔之名，同时也是奥古斯塔之女。**7** 然而，无论是福斯丁娜还是新娘本人都反对这场婚姻。

    XXI. 1 那时，摩尔人几乎蹂躏了西班牙的所有行省，马可·安东尼努斯依靠副将战胜了他们。**2** 博克利希人③的士兵在埃及横行作恶，在这种情况下，他们受挫于后来企图僭夺大权④的阿维迪乌斯·卡西乌斯。**3** 马可即将起程出征⑤的那些日子是在普莱奈斯特的

---

① 是指马可的弟弟维鲁斯之死。

② 卢西拉，维鲁斯驾崩后守寡。——英译者注

③ 指当时居于尼罗河三角洲西北部、临近亚历山大里亚的游牧部落。关于这次骚乱，请参见狄奥·卡西乌斯，LXXI，4，1："有支被唤作博克利希人的民族开始在埃及作乱，致使其他的埃及人也在某位名叫伊西多鲁斯（Isidorus）的祭司的领导下举行了起义。起初，因为这些人穿着女装，这让罗马的一个百人队长受到了欺骗，他相信他们是博克利希人的妇女，是来给他送金钱以赎回自己的丈夫的，结果，就在向他们走去的时候，他被击倒了。他们还把那位百人队长的同伴当成了祭品，并在拿他的肠子起过誓后，狼吞虎咽地吃了下去。"——英译者注，有删减，引文为汉译者补充。

④ 关于此事，请参见本卷 XV，6。——英译者注，有删减。

⑤ 是指奔赴同日耳曼人的战争，关于那场战争，请参见本卷 XX，6。——英译者注

一处僻静居所度过的，而就在那时，他名叫维鲁斯·恺撒的七岁儿子在切除长在耳下的肿瘤时身死覆灭。**4** 他对这位儿子的死进行了不过五天的哀悼，而在那期间，他甚至还会抽出时间用在公务上①。**5** 又因为至高至善的朱庇特神的庆典赛会正在举行当中，他不希望庆典活动被国丧打断，所以下令：只为死去的儿子授命竖立塑像，并将他的金肖像由列队在竞技场里展示出来，还把他的名字加进了萨利祭司的颂词里。**6** 那时正逢瘟疫肆虐②，他既极其虔诚地供奉诸神，又如布匿战争③时做过的那样让奴隶们服兵役，他以布匿战争的志愿兵为例而把他们称为志愿者④。**7** 他还把角斗士武装了起来，并称他们为归顺者。他收编强盗，把他们变成了达尔玛提亚⑤和达达尼亚⑥的士兵。他武装起了城防巡逻队。他甚至雇佣日耳曼人加入辅助部队用以对抗日耳曼人。**8** 此外，他以万般的勤勉为同日耳曼人及马科马尼人的战争筹建［新的］军团。**9** 为了不加重行省居民的税赋，正如鄙人所说，他在被奉为神的图拉真广场上拍卖了御用器具，所卖的东西包括衣物、杯盏、金制器皿，甚至还有著名艺术家们的塑像和绘画。⑦**10** 在马科马尼人横渡多瑙河的时候，他击

---

① 此处拉丁网络图书馆版本写成了："他还安慰了医生们，接着继续处理起了公务。"

② 关于此事，请参见本卷 XIII, 3。——英译者注

③ 指公元前 264 年—前 146 年间罗马人和迦太基人为争夺地中海的海上霸权而陆续进行的一系列的争霸战争。

④ 马可称这些服兵役的奴隶为 voluntarii，而第二次布匿战争时，因坎尼（Cannae）一役惨败，为补充兵员罗马人允许奴隶服役，对这些奴隶他们称之为 volones。这两个词同源。——英译者注，有补充。

⑤ 指当时罗马帝国的行省，由原伊利里亚行省分割而来，大致位于今克罗地亚亚得里亚海沿岸一带。

⑥ 指当时罗马帝国的地区名，位于巴尔干半岛东南部上默西亚行省，大致在色雷斯（Thracia）和伊利里亚交界一带。

⑦ 关于此事，请参见本卷 XVII, 4—5。

溃了他们，随后还将他们掠夺的战利品返还给了行省居民。

XXII. 1 那时，从伊利里亚的边界直到高卢境内，所有的民族都合谋举行叛乱，如马科马尼人、瓦里斯塔人、厄尔门杜累人，还有夸迪人、苏维汇人、萨尔玛提亚人、拉克林杰人，和布雷人，他们还与其他的民族联合在一起：维克图阿利人、奥西人、贝西人①、柯博特斯人、罗克萨拉尼人、巴斯塔奈人②、阿兰人、陪乌契尼人、柯斯托波奇人。当时，他也正受到帕提亚人和不列颠人的战争威胁。**2** 于是，以他自己不懈的努力，在士兵们的相互激励下，以及在副将和近卫军长官们的率领下，他战胜了这些极其善战的民族，并在让绝大部分人迁入意大利的条件下，接受了马科马尼人的投降。**3** 不但在军事上，而且在政事上，他在做什么事之前几乎总会同那些权贵们商议。**4** 下面的这句话，他一直特别喜欢挂在嘴边："让我遵从多数善友之建议比让多数善友遵从我一人之意志更为公平。"**5** 由于他所信奉的哲学学说，他严格地对待军事任务甚至日常生活，大概因为这个缘故，他受到了严厉的指责。**6** 而对那些说他坏话的人，他或以口头或以文字进行回应。**7** 许多贵族在这场同日耳曼人的或同马科马尼人的或同数量再多不过的民族的战争中阵亡了，他在乌尔皮乌斯广场③上为他们所有人都竖立了塑像。**8** 他的朋友们常常建议他脱身于那些战争并返回罗马，可他蔑视这种建议，并坚持在所有的战争尚未结束前不返回罗马。**9** 为了战争的需要，他会把一些与执政官等衔的总督统辖下的行省变更为由执政官统辖，或者把执政官统辖下的行省变更为由与执政官等衔的，或与裁判官等衔的

---

① 拉丁网络图书馆版本"奥西人"和"贝西人"两个词拼写成一个"索西贝斯人"（Sosibes）。

② 指公元前三世纪至公元四世纪间居住在喀尔巴阡山脉以东、第聂伯河与多瑙河河口之间的古代民族。

③ 即被奉为神的图拉真广场。

总督统辖。^①**10** 他凭借斥责加威势就弹压了塞夸尼人 ^②。**11** 他还在西班牙平息了曾一度肆虐于卢西塔尼亚 ^③ 的暴乱。**12** 在派人将儿子康茂德唤来边疆之后，他给予了后者成人托袈袍，因为这个缘故他向人民发放了赏赐，他还在康茂德未达法定年龄的情况下就推选他出任执政官。

XXIII. 1 马可·安东尼努斯不喜欢听到有谁被罗马市长宣布为公敌。**2** 他本人很少拿公众财产进行赏赐，这么做给他带来了赞誉而非责备，**3** 虽然如此，可是他既赐予善良之人金钱，又为那些陷入绝境的城镇提供帮助，他还会在需要的时候取消各类税赋贡金。**4** 当他不在的时候，他会颁布严厉的法令，规定那些极为富裕的人应提供罗马人民娱乐活动。**5** 这么做是因为，一旦他将角斗士们带去赴战的时候，人们就会有这样的说法，讲他要剥夺大家的娱乐活动，并强迫大家投身到哲学之中。**6** 为了不让贸易受影响，他确曾规定道，仿剧演员应推迟九天开演。^④**7** 正如鄙人之前所说，有一些传说提到了他的妻子爱上了仿剧演员。^⑤ 然而，这一切他都在自己的

---

① 此句的含义可能为："为了战争的需要，他将一些原本由元老院直辖的行省变更为由元首直辖，或将一些原本由元首直辖的行省变更为由元老院直辖。"但这种解释无法解释句中的"aut praetorias"（或与裁判官等衔的总督），因为当［legatus］praetorius 一词作为与裁判官等衔的总督的含义理解，则该行省应该是由元首直辖的，如此便与前文意思不符了。英译者引赫施费尔德（Hirschfeld）观点认为，在 aut praetorias 之前可能缺少 ex procuratoriis，因此此句应理解为"为了战争的需要，他将一些原本由元老院直辖的行省变更为由元首直辖，或将一些原本由元首直辖的行省变更为由元老院直辖，又或者将一些行省从代理人手中交由元首直辖。"

② 指高卢人的一支，居于今法国东部靠近瑞士边境的汝拉山一带。

③ 指古罗马行省名，地理位置大致在伊比利亚半岛西南部。

④ 此处采用洛布版。拉丁网络图书馆的版本写法为："仿剧演员出演的几天全部（totis diebus）都应晚些时间开演。"

⑤ 上文并未提到过福斯丁娜与仿剧演员之间私通，却只提到了她与角斗士和水手有私情。

信里替她澄清了。**8** 同样是这个马可，他禁止在城市范围里骑马或驾车。他取消了那些男女共浴的浴池。① 他扶正了妇人与年轻贵族间正变得放纵不羁的风纪。他将塞拉匹斯 ② 祭祀仪式从混杂在一起的佩鲁西亚祭祀仪式 ③ 中分离了出来。**9** 那时确曾有这样的传言，说有些人在哲学家的外表下竟做着蹂躏国家和普通凡民的勾当，对此他加以了驳斥。

　　XXIV. 1 安东尼努斯在所有罪行上都习惯做出比法律规定更轻的判处，不过针对那些证据确凿的十恶不赦之徒，他却毫不留情。**2** 对德高望重之人处以极刑的案件他要亲自过问。他是一个绝对公正的人，以至于有个草草听取被告人陈述的裁判官遭到了他的斥责，他还命令对方重新审理该案，并讲道，能被代表人民审理案件的裁判官听取陈述，这关系着被告人的尊严。**3** 他甚至在处理战俘的事务时，都要维护公正。他让难以计数的其他民族定居到罗马人的土地上。**4** 凭借他的祈祷，曾有一道闪电从天而降，击毁了敌人的攻城器械，而正当他们口渴难耐之际，又求得了雨水。**5** 他想要设立马科马尼亚行省、萨尔玛提亚行省，而且要不是阿维迪乌斯·卡西乌斯 ④ 在他的统治期间在东方举行叛乱的话，他真就这么做了。**6** 正如某些人所说，卡西乌斯竟然是在福斯丁娜的期待下自立为帝的，她这么做是因为对丈夫的健康感到了绝望。**7** 另一些人则说，在伪造了安东尼努斯的死讯后，卡西乌斯虽然尊奉马可为神，却又自封为了帝。**8** 安东尼努斯确实未因卡西乌斯的背叛受到太多的烦扰，

---

① 关于这一点，请比照《哈德良传》，XVIII，10。——英译者注
② 原文为 Serapis，指托勒密王朝时期的埃及主神。每年四月二十五日举办祭祀仪式。——英译者注，有补充。
③ 原文为 vulgaritas Pelusiasca，指埃及当地为尼罗河一年一度的泛滥而举行的一种庆典活动，在每年的三月二十日。——英译者注，有删减。
④ 关于此人，请参见本卷 XV，6。

也并未对与他交好的人表现出怒意。**9** 可是，元老院却宣布卡西乌斯为公敌，还将他的财产充入了国库。

XXV. 1 于是，马可·安东尼努斯抛下了同萨尔玛提亚人和马科马尼人的战争，起程与卡西乌斯作战。**2** 那时，罗马充斥着不安的情绪，就好像卡西乌斯会趁安东尼努斯不在时来到那里。不过，卡西乌斯随即便遭杀害，他的头颅被送到了安东尼努斯面前。**3** 虽然如此，可是马可没有因为卡西乌斯被杀而感到喜悦，还令人把他的脑袋给埋葬了。**4** 军队杀死了曾经掌管亚历山大里亚的卡西乌斯的同党 ① 梅契阿努斯，同样的，由他［卡西乌斯］任命的他的近卫军长官也遭到了杀害。**5** 他禁止元老院对阴谋叛乱的同党们施加严厉的惩罚。**6** 同时，为了不让他的统治遭到玷污，他也请求不要有任何一位元老在他当元首的时候遭到处决。②**7** 他还命令召回那些曾被驱逐的人。几乎没有哪位百人队队长受到极刑惩处。**8** 他既宽恕了那些支持卡西乌斯的城市，也宽恕了安条克城的市民们——他们曾肆意诋毁马可并且还说了许多支持卡西乌斯的话。**9** 不过，他剥夺了他们的竞技赛和民众大会，以及其他所有形式的聚会，还批准了针对他们的、最为严厉的法令。**10** 然而，据马略·马克西姆斯所说，在向朋友们发表的一次演说中，马可将这些人指称为叛乱者。**11** 最终，当他前去叙利亚时都拒不拜访安条克城。**12** 他也拒不拜访赛若斯 ③，因为卡西乌斯来自那个地方。虽然如此，可到了后来，他仍拜访了安条克城。在亚历山大里亚停留期间，他也表现出了仁慈。

XXVI. 1 马可·安东尼努斯与诸王之间进行了许多交涉，并同所有的波斯诸王和总督在他们前来拜见他时订立了和约。**2** 每一座

---

① 和拉丁网络图书馆版本此处"同党"一词写成了"儿子"。

② 关于马可在惩处元老时的通常做法，请比较本卷 X，6。——英译者注

③ 指叙利亚的一座城市。

东方的行省都对他万般爱戴，而且在许多行省，他都留下过哲学的印迹。3 与埃及人在一起时，无论在哪座赛场还是神庙，或在其他任何地方，他都表现得就像是一位普通公民和哲学家。尽管亚历山大里亚人曾道出过支持卡西乌斯的心声，不过他仍旧宽恕了他们，还把自己的女儿留在了那里。4 在陶鲁斯山脚下的阿拉拉镇，他失去了自己的福斯丁娜，她因一场突如其来的疾病之力而失去了性命。5 虽然福斯丁娜忍受着不洁点的污名，可是，他仍要求元老院尊奉她为神，并授予一处神庙，还为她致了赞辞。对于上述的污名，安东尼努斯或是不知情或是视而不见。6 为了让死去的妻子获得荣耀，他设立了以她名字命名的新的女孩补助金。7 他对元老院尊奉福斯丁娜为神表示了高兴。8 他曾让她随同自己一起征战，因此他还授予其"营地之母"的称号。9 他甚至还把福斯丁娜去世时的城镇变成了殖民地①，并在那里修建起了一座神庙。可是，后来那座神庙被献给了埃利奥伽巴鲁斯②。10 出于仁慈的秉性，处死卡西乌斯这种人对他来说都会是种折磨，所以他未派人痛下杀手。11 而卡西乌斯的儿子埃利奥多鲁斯则遭到了流放③，其他的孩子们也拿着一份财产遭到了放逐。12 卡西乌斯的孩子们甚至获得了超过一半的父亲的遗产，还额外增加了黄金与白银，而妇女们则得到了饰品。同样，在卡西乌斯的女儿亚历山大里娅与女婿德隆卡尼乌斯被托付给了［马可的］姑父之后，甚至还拥有了自由出行的权力。13 最后，他竟为卡西乌斯的身亡而感到难过，并说道，他曾想以不让元老流血的方式来结束自己的统治。

---

① 罗马殖民地最初表示的是罗马人占领下的外围领土，后来则指享有极高地位的地方城市。
② 原文为 Heliogabalus，原指叙利亚人崇拜的太阳神，该神的祭祀仪式于公元二世纪流传到了罗马帝国各地。
③ 流放一词原文 deporto，指的是失去一切公民权后的流放。

XXVII. 1 在处理完东方的战事后，马可·安东尼努斯来到了雅典。为了证明自己是无罪的，他参加了艾琉息斯密祭①，还只身一人进入了圣地。**2** 在他坐船回到意大利的时候，经历了一场异常严重的风暴。**3** 他取道布伦迪西乌姆返回了意大利，回来的时候他非但自己身着托袈袍还下令士兵也穿上，而在他的统治时期，士兵们不曾穿过军用斗篷。**4** 当他回到罗马之后，即举行了凯旋式，接着便又起程赴拉维尼翁②而去。**5** 随后，他给自己的同僚康茂德加上了保民官的权力，还给人民发放了赏赐并办起了规模盛大的竞技赛，接着又纠正了许多法规上的弊病。**6** 他对角斗士比赛的花费进行了限定。**7** 他总是在把柏拉图的这句话挂在嘴上：如果哲学家成为统治者或者统治者成为哲学家，那么国家就会繁荣昌盛。**8** 他让自己的儿子同布鲁提乌斯·普莱森斯的女儿结婚，为他们按普通凡民的规格举办了婚礼，还为此向人民发放了赏赐。**9** 随后，他转而把精力投入到结束战争之上，可就在他进行战争的时候却驾崩而亡了。也在那时，他儿子的秉性偏离了帝王的标准而走向堕落。**10** 在那之后，同马科马尼人、厄尔门杜累人、萨尔玛提亚人、夸迪人的战争仍持续了三年。假如他能再多活一年，就真会将上述外族之地变成行省。**11** 在他临终之前的两天里，据说，他召集起朋友们，向他们流露了事关他儿子的看法，该看法与腓力对亚历山大所流露的一样，当时他认为这个儿子是个邪恶之徒，并补充道，[死后] 把这样一个儿子撇下让他感到无比地痛苦。**12** 那是由于康茂德已经表露出了自己的丑恶与血腥。

XXVIII. 1 马可·安东尼努斯以如下的方式辞世而去：就在他开始生病的那会儿，他召来了儿子，并告戒他首要的是不要轻视余下

① 关于该祭祀仪式，请参见《哈德良传》，XIII，1 及注脚。
② 指位于拉丁姆地区的一处港口城市。

的战争，否则就会背弃这个国家。**2** 那个时候，他的儿子回答道，他的首要之事为望得到健康之身体，虽然自己能做他［马可］所希望的事，可是他［儿子］仍恳求等待几日而非立即起程出征。**3** 于是，渴求一死的马可拒绝了饮水和进食，这加重了他的病情。**4** 在第六天，朋友们被唤了过来，他嘲笑着尘世，又蔑视起死亡，还对那些朋友说道："你们怎么为我哭泣了，而不去想想瘟疫及［造成的］大量死亡①？"**5** 就在他们想要返回的时候，他呻吟道："如果你们现在离我而去，先行一步的我就得向你们道别了。"**6** 当他被人问起该把儿子托付给谁之时，他答道："托付给你们，假如他值得的话，也托付给不朽的众神。"**7** 士兵们获悉他病情严重之后，出于对他的无比爱戴而万般痛苦地哀悼了起来。**8** 到了第七天，他已变得精疲力竭了。他只让儿子来到身边，可随后又立即让他离开，这么做为的是不让他［儿子］感染上疾病。**9** 就在儿子离去之后，他蒙住了头，就好像想要睡觉一样，而到了夜晚他便失去了气息。②**10** 据传，当马可觉得儿子在他驾崩之后将会如已显露出的那样作恶多端，为了不让他变成（正如马可自己常说的）类似尼禄、卡里古拉，及图密善这样，他曾打算杀死儿子。

XXIX. 1 对马可·安东尼努斯来说，曾因以下之事受到指责：他提拔了妻子的情夫（如：特图卢斯、图提留斯、奥菲图斯，及莫德拉图斯）升任各类官职，即便有一次他甚至抓到特图卢斯与自己妻子在一起共进早餐。**2** 关于此，有一位仿剧演员在安东尼努斯到场的时候曾在舞台上道出过这样的对白，一个蠢货询问一位奴隶，妻子的情夫叫什么，这时那个奴隶说了三遍"图卢斯"，接着这位蠢货又问了相同的问题，那奴隶告诉他："我已经跟你说过三遍了，他叫

---

① 关于此事，请参见本卷 XIII，3。——英译者注
② 卒年是公元 180 年。

图卢斯。"①3 对于此事的传言以及对安东尼努斯耐性的责备在民众和其他的一些人之间流传甚广。4 就在驾崩之前，在他就要返回与马科马尼人的战争时，他在朱庇特神庙②里起誓道，在他知晓的范围内，不会有哪一位元老遭处死，还说道，即便有谁成了叛乱者，只要他知道了，也会留住那人的性命。5 除了多次通过书信为自己澄清的贪婪的骂名之外，他既不畏惧也不躲避什么。6 有些人给他加上了诬名，认为他是一个虚伪的人，而并非像所见到的那样如庇乌斯或维鲁斯那般单纯。7 还有些人控诉他，通过让其朋友远离公众社交活动及宴会的方式来塑造帝王的威仪。8 他颁令尊奉父母为神，还在父母的朋友去世后，为他们竖立起塑像。9 他不会轻易就信任某一方的支持者，而总是花大量时间去探究事实真相。10 在福斯丁娜辞世之后，法比娅③使尽一切办法要同他成婚。然而，为了不给那么多的孩子带回一位继母，他给自己纳了一个妃，她是其妻代理人的女儿。

---

① 拉丁文"三遍"为 ter，仿剧中的人名"图卢斯"为 Tullus，连在一起便是"特图卢斯"（Tertullus）。——英译者注，有补充。
② 原文为 Capitolium，该词原来表示罗马城七丘之一的卡庇托山，但也可表示那座山上的供奉有三主神（朱庇特、朱诺、密涅瓦）的朱庇特神庙。
③ 此人应为本卷 IV, 5 提到的卢西乌斯·契尤尼乌斯·康茂德之女，马可年轻时曾和她订过婚。——英译者注

维鲁斯传

尤利乌斯·卡庇托利努斯

I. 1 据我所知，有非常多的人曾用文字及史实书写过马可与维鲁斯的传记，他们把维鲁斯放在另一位皇帝之前，以这样的方式将作品展现给读者，这么做并非出于他们的当权顺序，而是因为他们的享年长短。**2** 可我考虑到，虽然维鲁斯死在马可之前，而后者开始统治的时间要先于他，于是，我就把维鲁斯放在了后面加以细述。**3** 那么就从这里开始讲述吧。卢西乌斯·契尤尼乌斯·埃利乌斯·康茂德·维鲁斯·安东尼努斯（根据哈德良的意愿被唤为了埃利乌斯，又出于同安东尼努斯的关系①，他被称为了维鲁斯和安东尼努斯）既不属于贤君之类，亦不位列暴君之流。**4** 因为这是众所周知的：他既不以斑斑罪行而闻名，亦不以德行兼备而著称；后来在出任元首的时候，他享有的并非是毫无节制的权力，而是一种与马可相同的、平等的最高大权。而耽于嬉戏、生活放纵的他又与马可相去甚远，

---

① 此处指的是马可·安东尼努斯，卢西乌斯·维鲁斯受到安东尼努斯·庇乌斯过继，成了马可的弟弟，随后马可给他加上了维鲁斯和安东尼努斯的名字。关于这一点请参见《哲学家马可·安东尼努斯传》，VII，7。——英译者注，有补充。

5 而在秉性上，他还是一个率直的人，没有什么能够藏在心里。^①**6** 他的生父是卢西乌斯·埃利乌斯·维鲁斯，曾受到哈德良的过继，并史无前例地得到了恺撒的尊名，他去世的时候就在恺撒的任上。**7** 他的祖辈、曾祖辈，甚至祖上的大部分成员都担任过执政官。**8** 卢西乌斯出生在罗马，生日是十二月十五日，与曾经执掌大权的尼禄同一天，^②年份是其父出任裁判官的那一年^③。**9** 他父系的祖先有很大一部分来自伊特鲁里亚，母系的则来自法文奇亚。^④

II. 1 维卢斯出身的家族世系正是如此的，而在其父被哈德良过继之后，他进入了埃利乌斯家族。在他父亲以恺撒之名辞世之后，他仍留在了哈德良家族里。**2** 为了充分考虑到未来，哈德良想要过继庇乌斯为子，并让马可成为养孙，在这种情况下，卢西乌斯·维卢斯将会被过继给奥勒利乌斯，^⑤**3** 并且是以如下的方式达成的：维鲁斯需迎娶庇乌斯的女儿。而正如鄙人之前在马可的传记中所叙述的那样，由于他在年龄上看起来同她相差太多，于是她后来被嫁给了马可，^⑥**4** 而卢西乌斯·维卢斯则迎娶了马可的女儿卢西拉。^⑦他在

---

① 关于这一点，请参见《哲学家马可·安东尼努斯传》，XVI，4 及 XXIX，6。——英译者注，有删减。

② 关于尼禄的生日，请参见苏埃托尼乌斯的《罗马十二帝王传·尼禄传》(*Suetoni Vita Neronis*)，VI，1："尼禄出生在安提乌姆（Antium），时间是在提比略驾崩之后的九个月，即十二月十五日的当天太阳初升之际，正巧在他坠地之前就沐浴到了阳光。"——英译者注，引文为汉译者补充。

③ 年份是公元 130 年。

④ 关于此事，请参照《埃利乌斯传》，II，8。——英译者注

⑤ 关于此事，请参见《哈德良传》，XXIV，1；《埃利乌斯传》，II，9；《安东尼努斯·庇乌斯传》，IV，5。此处的过继说法显然是错误的，关于同样的错误请参见《埃利乌斯传》，V，12 及脚注。

⑥ 关于此事，请参见《哲学家马可·安东尼努斯传》，VI，2。——英译者注

⑦ 关于此事，请参见《哲学家马可·安东尼努斯传》，VII，7 及 IX，4。——英译者注

提比里安纳屋被抚养长大。**5** 他听从了哈德良的语法老师斯考鲁斯之子、拉丁语法学家斯考里努斯的教导，他还听从了希腊人特勒福斯，以及埃菲斯奇奥、哈伯克拉奇奥、还有修辞学家阿波罗尼乌斯、契勒尔·卡尼尼乌斯 ①、埃罗德斯·阿提库斯 ② 的教导，他向拉丁人科尔涅利乌斯·弗隆托 ③ 求教，还向哲学家阿波罗尼乌斯 ④ 和塞克斯图 ⑤ 学道。**6** 他深深地敬仰上述所有的人，于是他也反过来受到了他们的爱戴，虽然如此，不过他却在文学上缺乏天赋。**7** 在童年的时候，他喜爱作诗，长大之后又爱上了演讲。而且据说，与一位优秀诗人相比他实际上是一位更优秀的演说家；然而要我讲得更确切一些，与一位糟糕演说家相比他是一位更加糟糕的诗人。**8** 也有一些人说道，是朋友们的智慧给了他帮助，甚至另外有人替他写了那些鸿篇大著，因为，据说他的身边总有许多颇具口才与学识的人。**9** 他以尼科米底斯为抚养人。他既放纵自己又极度沉溺于快乐，而且还在一定程度上对一切嬉戏、竞技、玩笑话都极其在行。**10** 六岁过后，过继入奥勒利乌斯家族的他在成长中受到了马可性格的影响。他喜好狩猎、摔跤，以及所有年轻人的体育运动。**11** 他在帝王的家族内当了二十三年的凡民。

III. 1 在维鲁斯穿上成人托袈袍的那一天，安东尼努斯·庇乌斯利用向继父贡献神庙的机会给人民发放了赏赐。**2** 维鲁斯出任财务官的时候，曾为人民举办过一场角斗士比赛，就在那个时候他在庇乌斯和马可中间落座。**3** 财务官卸任后，他随即被推选为执政官，

---

① 关于此人，请参见《哲学家马可·安东尼努斯传》，II，4。——英译者注

② 关于此人，请参见《哲学家马可·安东尼努斯传》，II，4。

③ 关于此人，请参见《哲学家马可·安东尼努斯传》，II，4。

④ 关于此人，请参见《安东尼努斯·庇乌斯传》，X，4；《哲学家马可·安东尼努斯传》，II，7。——英译者注

⑤ 关于此人，请参见《哲学家马可·安东尼努斯传》，III，2。——英译者注

同僚的是塞克奇乌斯·拉特兰努斯。几年之后，他同兄长马可一起再次被推选为执政官。**4** 然而，有很长一段时间，他既是一介凡民，又缺少马可不断获得的那些荣耀。**5** 因为，在成为财务官之前他并未在元老院中占有席位，而在出行时，他并非与继父同乘一车而是与近卫军长官一起。除了被冠以奥古斯都之子以外，他没有在名字上加上其他任何彰显荣耀的称谓。**6** 他对椭圆形竞技场里的比赛①的热情丝毫不亚于角斗士表演。虽然他放纵于嬉戏和奢靡，可是安东尼斯看起来仍把他当成儿子，那是由于继父 [哈德良] 为了收他为孙，曾指令把他过继给了庇乌斯。至于对庇乌斯，他表现出的忠诚多过了爱戴。**7** 然而安东尼斯·庇乌斯却喜欢他直率的天性和无邪的生活，甚至还鼓励他的兄长 [马可] 要像他一样。**8** 庇乌斯驾崩后，马可把所有的荣誉都授给了维鲁斯，还让他分享了皇帝的权力。尽管元老院把国家大权只授予马可一人，可他仍让维鲁斯成了自己权力的共享者。

IV. 1 后来，在把国家统治权以及保民官权力授予他之后，马可接着把执政官的职位也授给了他，并下令称他为维鲁斯，还让他使用自己的族名，②而在之前，他被人唤为康茂德。**2** 作为回报，卢西乌斯无论做什么都确实对马可言听计从，就如同使节对总督，或官员对皇帝那样百依百顺。**3** 这么说是出于，维鲁斯一开始代表他们兄弟两人向士兵发表讲话，而随后考虑到与其兄长的共治，他行事庄重，并严格按照马可的做法行事。③**4** 可是，当出发前赴叙利亚的

---

① 一般有赛跑、赛车，或搏斗比赛。为表述方便起见，下文一律翻译成"竞技比赛"。

② 关于此事，请参见本卷 I，3。

③ 根据拉丁网络图书馆版本，此句开头处有主语 Marcus（马可）一词，因此句意变成了："这么说是因为，马可首先代表他们兄弟两人对士兵发表了讲话，而维鲁斯则出于同其兄长共治的考虑，便对马可的上述方式严格遵从。"

时候，他非但因放荡不羁的生活而声名狼藉，而且还因通奸和与年轻男子做爱而变得臭名昭著。**5** 除此之外，据说他还挥霍到了这般地步，以至于在从叙利亚返回之后，在屋子里设置了餐馆，每次在离开马可的宴会桌后又去那里消磨时光，还让各种各样的无耻之徒伺候他。**6** 据传，在叙利亚染上玩骰子的恶习之后，他甚至曾通宵达旦地耍玩这个游戏。他的恶习竟多到可以比得上盖乌斯①、尼禄、维特利乌斯②之流，以至于会在夜晚用一般行路人戴的兜帽蒙住脑袋，流连于客栈和妓院，他在人们面前隐匿着自己的身份，或与无赖们痛饮，或加入到争吵当中。而且据说他常常回来时脸上被揍得挂了彩。还有一次虽然他藏起了自己的身份，可仍在客栈里被认了出来。**7** 他时常把大把的钱币往餐馆里抛掷，以能砸碎杯子取乐。**8** 他还喜爱赛车，并支持绿队③。**9** 他经常在宴会上让角斗士们献技厮杀，而且在将晚餐持续到深夜之后他会在宴会桌上熟睡入眠，到头来连衣服都还在身上就被人架着送到床上去了。**10** 他不需要多少睡眠，消化功能又极佳。**11** 然而，为了不责备自己的弟弟，对这一切都心知肚明的马可出于对他的羞愧而装作什么都不知道。

V. 1 据称，维鲁斯曾办过一次最彰显奢华的宴会，据说那次宴会史无前例地有十二个人一同落座，即使人们提到宴会人数时常常

---

① 此处当指：盖乌斯·恺撒·卡里古拉（Gaius Caesar Caligula），罗马历史上的著名暴君之一。

② 此人为尼禄自杀后至韦斯帕芗即位前三位短暂在位的皇帝之一，以昏庸和贪吃出名。根据尤特罗庇乌斯，VII，18 记载：“〔维特利乌斯〕的统治极度无道，以异常残暴而闻名，特别是他的贪吃如命，据说他一天时常要吃第四顿或第五顿。历史上确载的、由他兄弟维特利乌斯（Vitellius）款待他的那顿最著名的宴席，据传，许多其他的食物不算，光是摆上餐桌的鱼就有两千条，飞禽则有七千只。”

③ 古罗马时代的赛车手在参加比赛时根据服饰的颜色分成绿、蓝、红、白四队进行角逐。卡里古拉和尼禄也是绿队的支持者。——英译者注，有删减。

会说："七人称宴，九人称乱。" **2** 对赴宴的每一个人，他都把服侍他们的漂亮男孩当礼物相赠，此外他还奉送给每个人负责切肉的侍者、盘子，以及各类活的飞禽走兽（无论饲养的还是野生的，只要当肉食端上过餐桌的就会奉送）；**3** 还有所有盛着各种饮料的萤石酒杯、亚历山大里亚水晶酒杯（只要他们喝过哪怕一口，都会奉送），此外他还送出了各种金的、银的、镶嵌宝石的杯子，饰有金色锻带和罕见奇花的头冠，装着香油的金瓶子（外表就跟香水瓶一样）；**4** 为了让客人能从宴会处返回，他还赠送车子，甚至连母骡带车夫外加银制的马饰。**5** 据说整顿宴会预计花费掉六百万塞斯退斯。**6** 马可在听闻了那场宴会之后，据称他为国家的命运而伤心哀号。**7** 在宴会过后，维鲁斯还接着玩骰子直到天亮。**8** 而上述这些事的确都发生在与帕提亚人的战争结束之后，那次战争马可曾派他赴战，据说这么做或是出于不让他在城里众目睽睽下干出什么丑事，也或是出于让他能通过长途跋涉而学会节俭，抑或是出于让他能通过对战争的畏惧而在返回后改过自新，又或者是出于让他能意识到自己将会成为皇帝。**9** 然而，鄙人提到过的那顿餐宴，以及他在余生的所作所为，将让世人看到他做得有多好啊。

VI. 1 维鲁斯对赛车是如此关心，以至于当他坐镇行省的时候，仍常常为比赛的目的而收发相关信件。**2** 最终，当他置身赛场时，即便与马可坐在一起，仍遭到来自蓝队的诸多指责，那是因为他以最无耻的方式袒护与他们作对的那方：**3** 这么说是由于他为绿队的赛马沃卢奇① 铸造了一尊金塑像，还时常将之带在身边；**4** 并且他还总是把葡萄干与核仁代替大麦放入它的马槽，还又下令在用涂上紫色的外套包裹之后将它牵进了提比里安纳屋，甚至在它死后还为其在梵蒂冈上修建了墓地。**5** 出于为这匹马的利益考虑，人们史无前例

---

① 原文为 Volucer，意思是"飞翔者"。——英译者注

地请求为竞技场上获胜的赛马颁发金币及其他奖励。**6** 此外，那匹马还享有如此崇高的待遇，以至于整个绿队的人还时常要求为它而颁发一摩第①金币。**7** 当他启程奔赴与帕提亚人的战争的时候，马可一路随他同行直至卡普阿。②就从那个地方开始，他在每一处下榻的庄园里都暴饮暴食，于是在卡努西翁染上了疾病而身体渐弱。为此，他的兄长又急忙前去那里探望他。③**8** 原本他在生活上的诸多好逸恶劳与肮脏龌龊之事，现在在战争场合里也表露了出来。**9** 这么说是由于，一位副将遭到了杀害、一支军团遭到了屠戮、叙利亚人又酝酿着叛乱，在如此情形下东方陷入了惨境之中；可是那个时候，那人却正在阿普利亚④狩猎，与歌手和乐手一起在科林斯⑤及雅典附近航行，还驻足于亚细亚、潘菲利亚⑥、奇里乞亚⑦海边的每一座欲望之城。

VII. 1 在维鲁斯来到安条克城之后，他的确让自己沉溺到了奢靡之中。而他的将领们:斯塔奇乌斯·普利斯库斯⑧、阿维迪乌斯·卡西乌斯⑨、玛尔奇乌斯·维鲁斯历时四年才结束了与帕提亚人的战争，并进抵到了巴比伦和米底⑩，还收复了亚美尼亚。**2** 他本人以及待在罗马的马可都被授予了亚美尼亚库斯、帕提库斯、米底库斯的名

---

① 古罗马的干物容量单位，一摩第约合 8.73 公升。
② 关于此事，请参见《哲学家马可·安东尼努斯传》，VIII，10。
③ 关于此事，请参见《哲学家马可·安东尼努斯传》，VIII，11。
④ 指意大利东南角的濒海地区。
⑤ 希腊城市名，位于伯罗奔尼撒半岛的东北，临科林斯湾，是希腊本土和伯罗奔尼撒半岛的连接点。
⑥ 小亚细亚半岛的地区名，位于半岛正南部，濒临地中海。
⑦ 小亚细亚半岛的地区名，位于半岛东南部，濒临地中海。
⑧ 关于此人，请参见《哲学家马可·安东尼努斯传》，IX，1。
⑨ 关于此人，请参见《哲学家马可·安东尼努斯传》，XXI，2。
⑩ 指伊朗高原西北部一带，原米底人（Medes）居住的地区。

号。**3** 有四年之久，维鲁斯在劳底嘉 ① 度过了冬天，在达菲尼度过了夏天，其余的时光则在安条克城度过。**4** 那时，他成了所有叙利亚人嘲笑的对象，而他们在舞台上道出的讥讽他的言辞现在依旧保留着。**5** 在农神节或其他节日时，他总会允许家生奴 ② 进入用餐室吃饭。**6** 虽然如此，可他仍在自己随从们的一再坚持下启程朝幼发拉底河而去了。**7** 为了去接由岳父马可送来的妻子卢西拉，尤其是为了不让马可随同她来到叙利亚而发现自己的丑事，他于是回到了以弗所 ③。因为，马可之前已经对元老院说过，他将把女儿送到叙利亚。**8** 而在战争结束之后，他将一些王国交由诸位国王、将一些行省交由自己的随从统治。**9** 他不情愿地从东方回到了罗马举行凯旋式，说不情愿是因为他在叙利亚就如同待在自己的王国里一样。随后，他在被元老院授予了诸多曾在军队中取得的名号后，便与其兄长一起举行了凯旋式。④**10** 据称，除此之外，他在叙利亚为了迎合一个平头百姓的女性朋友的意愿，他剃去了胡子。因此，叙利亚人对他产生了许多责备之辞。

    VIII. 1 维鲁斯的命里似乎注定了要在自己的返程中将瘟疫带入他穿过的那些行省，并最终给罗马带来了疫灾。⑤**2** 据称，那场瘟疫起于巴比伦尼亚，在那个地方有一个士兵十分偶然地劈开了放置在阿波罗神庙里的金匣子，结果一阵疫气从匣子里跑了出来，飘出了神庙，接着便从那里散布到了帕提亚及宇内世界。**3** 不过，这事无

---

① 位于叙利亚的著名港城，今叙利亚的地中海港口城市拉塔基亚（Latakia）。

② 原文为 verna，意思是在主子家中出生的奴隶。

③ 位于爱琴海东岸的重要城市，为当时亚细亚行省省会，今土耳其的塞尔丘克（selcuk）。

④ 关于此事，请比照《哲学家马可·安东尼努斯传》，XII，9—10。

⑤ 关于这场瘟疫，请参见《哲学家马可·安东尼努斯传》，XIII，3。——英译者注

需责备卢西乌斯·维鲁斯，要怪就怪那个不顾盟约而攻占了塞琉西亚①的卡西乌斯，那座城市曾遵约如朋友般招待过我们的士兵。4 而另一些人，如写下《与帕提亚人的战争》的历史学家夸得拉图斯，却以塞琉西亚人首先背盟并应受到指责为由，为上述事件开脱。5 维鲁斯确曾对马可心存如此的敬畏，以至于原本颁授给自己的名号，在两人一同举行凯旋式的那天还要与兄长一起分享。②6 不过在从与帕提亚人的战争归来之后，他便不再以兄长作为榜样了：因为他既无耻地纵容起自己的被释奴，又不经兄长同意就对许多事作了决定。7 他从叙利亚带来了一批演员，并让他们如某些表示臣服的国王那样在凯旋式上被牵引而过。这些演员的头人叫马克西米努斯，他给了对方帕里斯③的名字。8 此外，他还在克洛狄亚大道上建起了一座臭名昭著的庄园，在那座庄园里，他与自己的被释奴及身份低下的朋友一起一连数日过着极其奢靡的生活，有这些人到场，他不曾保持过一丝一毫的威严。9 他甚至还邀请马可来到庄园，为了向这位弟弟展示自己既正派又崇高的风范并让他仿效，马可去了庄园，并在那里待了五天，期间他毫不停歇地全身心投入到了案件的调查之中，而他的弟弟则不是在宴会上，就是在筹办宴会中。10 维鲁斯还有一位叫阿格里普斯（尾名孟菲乌斯）的演员，他曾将其当作帕提亚人的战利品而从叙利亚带了过来，并命名他为阿波劳斯图斯④。11 他还随自己一同带回了七弦琴女演奏家、骨笛手，还有表演仿剧

---

① 原文为 Seleucia，罗马历史上有多座城市都叫这个名，其中有两座较为出名：其中一座位于底格里斯河畔，大致在今伊拉克巴格达附近；另一座在叙利亚的安条克城附近。此处从上下文看，应指前者。

② 关于此事，请比照本卷 VII，9 及注脚。——英译者注

③ 古希腊神话人物，特洛伊王子。当赫拉、雅典娜、阿芙罗狄忒（罗马称维纳斯）来到他面前，请他判定金苹果的归属时，他认定阿芙罗狄忒获胜。

④ 原文为 Apolaustus，由希腊语 ἀπολαύω 变化而来，名称的意思是让人快乐的人。

的演员、会变戏法的小丑，以及各种各样的奴隶（有了他们叙利亚和亚历山大里亚才有了快乐），他看起来简直就像是结束了一场与演员们的战争而非同帕提亚人。

IX. 1 曾有私底下散布的流言（而非公之于众的事实）披露过，生活上的差异和许多别的事情让马可与维鲁斯之间反目成仇。**2** 然而，下面的这件事被特别提到了：那时马可派自己的某位叫李波的堂兄弟①前去叙利亚做总督，而那个李波则与一位为人谦和的元老相比更显傲慢，还说道，只要有什么拿不定的事情，他就会给自己的堂兄弟写信；坐镇叙利亚的维鲁斯对于他这么做感到忍无可忍，就在这种情况下，那位李波暴病而亡了，而其表现出的症状则类似中毒。正因为如此，虽然对不少人来说，将他的死亡归因于那个人[维鲁斯] 的设计，这样想是合理的，然而马可却不这么认为。这些事仍让两位皇帝间存在不睦的传言散布得更广了。**3** 被释奴杰米纳斯和阿格克利图斯，正如鄙人在马可的传记里所说的②，在维鲁斯的身边握有很大的权力，他还不顾马可的意愿而让阿格克利图斯迎娶了李波的妻子③。**4** 最终，在维鲁斯为他举办婚礼的时候，马可都没有参加。**5** 维鲁斯还有另一些肆无忌惮的被释奴，如：奇德斯、埃喀勒克图斯，以及别的一些人。**6** 上述所有的人，在维鲁斯去世之后，马可以授予他们荣誉为借口，将他们都打发走了——除了后来弑杀他儿子康茂德的埃喀勒克图斯被留了下来。**7** 出于不想让卢西乌斯在没有自己陪同的情况下奔赴战场，又出于他的奢靡而不想让他待在罗马城，马可便与他一起踏上了与日耳曼人的战争的征途，

---

① 原文此处为 patruelis，可以指堂兄弟，也可以指表兄弟。鉴于在马可的家人中曾有一位伯父名叫安尼乌斯·李波（参见《哲学家马可·安东尼努斯传》，I，3），因此，此处为堂兄弟的可能性较大。
② 关于此事，请参见《哲学家马可·安东尼努斯传》，XV，2。——英译者注
③ 应该是在李波去世之后。

他们随后来到了阿奎莱亚，并在卢西乌斯的不情愿下翻过了阿尔卑斯山。①**8** 当维鲁斯在阿奎莱亚的时候，他既纵情于狩猎又沉溺于宴会，而全部事务都由马可打点着。**9** 至于那场战争是如何结束的：蛮族的求和使做了些什么，我们的将领做了些什么，都已在马可的传记里多次提到了。②**10** 然而，就在潘诺尼亚的战事结束之后，在卢西乌斯的恳请下，他们返回了阿奎莱亚。后来，由于卢西乌斯一直想念罗马城里的快乐，于是便快马加鞭地往罗马赶去。**11** 不过，在离阿尔丁努姆③不远处的地方，卢西乌斯却在马车里突然患上了那种人们称之为中风的疾病。他在被人从马车放下并实施了放血之后，就送往了阿尔丁努姆。接着，已无法开口说话的他又度过了三天时间，便在那座城里辞世而去了④。

　　X. 1 曾有这种谣传，说维鲁斯甚至玷污过岳母福斯丁娜。还据说，他死于一种涂抹在牡蛎上的毒药，是岳母福斯丁娜设计了这个阴谋，这么做是由于他背弃她女儿的婚姻，而同这位做母亲的发生了关系。**2** 然而，另一则与马可身为一名优秀之人所不相符的谣传（这则谣言已写进了马可的传记里⑤）却被散布了出来。**3** 许多人还将谋杀他的丑恶行径同其妻子联系了起来，那是出于维鲁斯曾对法比娅⑥过于放纵，以至于妻子卢西拉都不能忍受她的权威了。**4** 卢

---

① 关于此事，请参见《哲学家马可·安东尼努斯传》，XIV，4—7。

② 关于此事，请参见《哲学家马可·安东尼努斯传》，XIV，3—4。——英译者注

③ 位于意大利东北部威尼西亚（Venetia）皮亚韦河（Piave）口，今阿尔提诺（Altino）。——英译者注

④ 卒年为公元 169 年。

⑤ 可能是说马可阴谋毒害了弟弟维鲁斯。关于此事，请参见《哲学家马可·安东尼努斯传》，XV，5。

⑥ 可能指卢西乌斯·契尤尼乌斯·康茂德的女儿，卢西乌斯·维鲁斯的姐姐。关于此人，请参见《哲学家马可·安东尼努斯传》，IV，5；XXIX，10。

西乌斯和姐姐法比娅之间的关系是那样的亲密，以至于还有这样的流言发生在他的身上：说他们谋划着夺取马可的性命，**5** 而当这件事被释奴阿格克利图斯透露给了马可之后，福斯丁娜对卢西乌斯先下了手，以免他先发制人。**6** 他体态匀称，相貌和善，胡子如蛮族一般留蓄着①。他身材高大，额头凸出与眉毛平齐，让人感到敬畏。**7** 据说，他对金黄色的头发百般喜爱，以至于会往脑袋上撒金粉，以此而让自己的头发鲜亮起来，变得更加金黄。**8** 他语言上颇有障碍，对掷骰子极其狂热。除去残暴和登台表演之外，他那奢靡的生活及其他的方方面面都与尼禄无异。**9** 在另一些奢侈之物当中，他有一只水晶高足杯，容量超过了人类饮用的限度，并还用自己喜爱的马匹的名字沃卢奇②给它命名。

XI. 1 维鲁斯活了四十二岁，与其兄共掌大权达十一年。他的遗体被安放在了哈德良陵墓，在那里还埋葬着拥有恺撒之名的他的亲生父亲。**2** 下面的这则传闻虽与马可的日常秉性不相符，但颇为人所知，说他在用一面涂上毒的小刀切开母猪的子宫之后，将带毒的那部分分给了维鲁斯。③**3** 然而，把上述之事想象成出自马可之手乃是一种罪过；反倒是，将这样的事从设想到实施都归于维鲁斯，这么认为是不过分的。**4** 鄙人并未让上述说法留待再议，而是彻彻底底地将之否定甚至摒弃了，那是由于自马可之后，除去仁慈的您、奥古斯都戴克里先之外（这并非是谄媚之辞）似乎还未有过哪位皇帝能如他那般优秀。

---

① 关于他的胡子，请比照本卷 VII，10。

② 关于沃卢奇之名，请参见本卷 VI，3。

③ 关于此事，请参见《哲学家马可·安东尼努斯传》，XV，5。

阿维迪乌斯·卡西乌斯传

显贵①武尔卡奇乌斯·加利卡努斯

I. 1 正如某些人所称的那样，阿维迪乌斯·卡西乌斯母亲的族系据说出自卡西乌斯家族，生父是阿维迪乌斯·塞维鲁，乃家族中首个步入仕途的人，曾经担任过首席百人队队长②，后来进入了举国最显耀的人物之列。**2** 夸得拉图斯③在其历史著作中对他进行了记载，并给予了崇高的评价，称他是一位出类拔萃之人，还称他与国家来说是位不可或缺之人，对马可本人来说又是一位颇具影响力的人。**3** 而就在马可执掌大权的时候，据说他因阳寿已尽而撒手人寰了。**4** 至于这个卡西乌斯，正如鄙人所说，出自曾经阴谋刺杀盖乌斯·尤利乌斯的卡西乌斯家族。④他曾暗自对元首制度心怀忿怒，也无法忍受皇

---

① 原文为 V.C.，是拉丁语 vir clarissimus 的缩写，字面意思是"最有名望的人"。在古典时代后期表示罗马或君士坦丁堡元老等级中的地位较高者；公元四世纪中叶之后，一般作为尊名，加在高级官员的姓名之后。作者尾名有"高卢人"的含义。

② 即一支军团中最重要的百人队队长，也称为"军团第一百人队队长"（primus pilus）。——英译者注，有删减。

③ 关于此人，请参见《维鲁斯传》，VIII，4。

④ 关于刺杀恺撒的主谋，请参见尤特罗庇乌斯，VI，25："这些阴谋策划者的主谋是两位叫布鲁图斯（Brutus）的人——他们是罗马第一任（转下页）

帝之名，还时常说道，背负帝国之名是件如此吃力的事情，因为除非被另一位帝王所逐，否则皇帝就不能被驱逐出国家。**5** 据说，在他还是小孩子的时候竟企图夺取庇乌斯的元首之位，可多亏了他那德高望重的父亲，僭夺大权之事才没有被他人发现，虽然如此，不过他一直都是庇乌斯的将领们怀疑的对象。**6** 然而，据维鲁斯本人的一封信件所说，他的确曾策划过阴谋。我把信的内容引述一下。**7** 据维鲁斯的信件所说："阿维迪乌斯·卡西乌斯是如此渴望得到国家大权，非但我是这么认为的，而且在我的祖父（即你的继父）[①]统治时这事就为人所知了，因此请允许我提醒你，应对他加以防范。**8** 我们所做的每一件事情都不能让他感到满意。他积聚起了数不胜数的财富，还对我们的诏书冷嘲热讽。他把你唤作懂哲学的老女人，把我称为放荡的蠢货。快想想该干些什么吧。**9** 我并不憎恨这个人，可想想吧，为了你自己和孩子的幸福考虑，在你的身边竟存在着这么一位士兵乐闻其声乐观其影的人。"

II. 1 关于阿维迪乌斯·卡西乌斯，马可给维鲁斯的回信是："我已读了你的来信，在信里你透露出的忧虑已超出了帝王乃至我们时代之人所应有的限度。**2** 因为，假如国家大权由神灵授给了他，我们是无法杀死他的，即使我们真想这么做——你知道的，那是你曾曾祖父[②]说的话：'不曾有人杀死过自己的继承者。'即便不是这样，那也是他自己心甘情愿地跳入不归的命运之中，与我们的残暴逼迫

（接上页）执政官并曾驱逐王的那位布鲁图斯的后裔——以及盖乌斯·卡西乌斯（Gaius Cassius）和塞维利乌斯·卡斯卡（Servilius Casca）。于是，恺撒在元老院议事的那天，在众人的簇拥下进入了会场，就在那时他被刺二十三刀而殒命。"

① 此处当指安东尼努斯·庇乌斯，但事实是庇乌斯应是卢西乌斯·维鲁斯的继父。同样的错误前几篇传记里已多次提及了。请参见《埃利乌斯传》，V，12 及脚注。

② 根据上文，此处当指图拉真。——英译者注

无关。**3** 加之，我们不能够把无人起诉之人定罪，此外，正如你自己说的，受到士兵爱戴的人我们也不能定罪。**4** 还有，在那些犯上罪的案子里这才是其本质，即使对那些被证实确有其罪的人来说，这些人看起来都忍受着暴力的压迫。**5** 而你的祖父哈德良说了些什么，你本人实际上是知道的：'皇帝们的境地令人同情，他们除非被僭夺皇位之人所杀，否则没人能相信有谁图谋不轨。'**6** 这里，我宁可举哈德良为例也不愿举图密善，即使据传上述话首先出自后者之口，① 这么做是出于，针对暴君们的言辞，就算是善言也不应成全其应有的评价。**7** 因此，鉴于他 [阿维迪乌斯·卡西乌斯] 是一位既严厉又勇敢，并且对国家来说又不可或缺的优秀将领，尤其在这种情况下，就让他按照自己的方式走下去吧。**8** 至于你说道应该把那人杀死来保障我孩子的安全，假如阿维迪乌斯应得的爱戴多过马可的孩子，又假如阿维迪乌斯活着能为国家带来的利益多过他们，那么，无论如何就让我的孩子死去吧。"上面其一是维鲁斯关于卡西乌斯而写的信，另一则是马可写的。

  III. 1 下面，鄙人将简短地阐述一下这个人的天性和性格，[说简短] 那是因为，事关那些人的生平事迹出于击败他们的获胜者的缘故而无人胆敢公之于众，这方面的材料无法被广泛地了解到。**2** 另外，鄙人还要提及，他是如何染指国家大权，如何被人杀死，又是在哪里遭到了落败。**3** 奥古斯都戴克里先，这是由于我着手做的事是为了让奥古斯都您能了解到每一位身披过紫袍的人，而把所有拥有皇帝之名者，无论其合乎法律与否，一概用文字记载下来。**4** 以下是卡西乌斯的性格：他有时看起来粗俗野蛮、有时彬彬有礼、

---

① 关于上述话出自图密善之口，请参见苏埃托尼乌斯的《罗马十二帝王传·图密善传》(*Suetoni Vita Domitiani*)，XXI，1。上文为苏埃托尼乌斯传记原话。——英译者注

时而敬畏神灵、时而蔑视圣物；虽偏爱饮酒，却能适可而止；虽喜好食物、却能忍受饥饿；虽渴求性爱、却能洁身自好。**5** 称他叫喀提林 ① 的人不在少数，而他本人竟对这么称自己感到高兴，甚至还说，假如他真杀了那个冠以安东尼努斯之名的哲学家，那么他就是塞尔吉乌斯 ②。**6** 那位皇帝在哲学方面是那么出类拔萃，以至于行将前赴与马科马尼人的战争的时候，在所有人都害怕会有什么性命之患降临其身的情况下，众人（并非出于谄媚而是正经地）要求他发表自己的哲学箴言录 ③。**7** 而他对这么做并不感到有什么不妥，反而一连三天日复一日地探讨着自己的箴言录。**8** 此外，阿维迪乌斯·卡西乌斯还严格执行军纪，并想让他人唤自己为马略 ④。

IV. 1 既然鄙人已开始谈及阿维迪乌斯·卡西乌斯的严厉，那么对于他来说，许多迹象表现出的是残暴而非严厉。**2** 因为，一旦有士兵用暴力夺取行省居民的东西，他就会史无前例地在这些士兵犯下罪行的地方就地把他们送上十字架。**3** 他还破天荒地发明了这样的刑罚：他先竖起一根长达一百八十尺的大木桩，随后把那些被判有罪之人从顶端一直绑到了底部，再在底部放上火炉，于是就在其中的一些人被火烧死之后，另一些人或死于烟熏、或死于苦痛、或死于恐惧。**4** 他还命人一次绑着十个人沉入深河或大海。**5** 同样是这个人，还对许多擅离职守者实施了砍手，对另一些人则实施了断足甚至断膝，并又说道，让犯罪之人悲惨地活下去比处死他们更具警

---

① 古罗马西塞罗时代的人物，曾因图谋刺杀执政官、颠覆政权而策划武装叛乱，为此西塞罗在元老院发表了三篇著名的《反喀提林》(*In Catilinam*) 演说辞。历史学家撒路斯特记载了事件的前后经过，留下名著《喀提林阴谋》(*Bellum Catilinae*)。

② 即喀提林。

③ 应该是指《沉思录》。

④ 古罗马共和国时期的著名军事统帅和政治家，曾对军队进行了大幅度的改革，并又以整顿军纪、严格训练的方式让罗马军队的战斗力得到了提升。

示意义。**6** 那个时候，他统率着一支部队，其中的辅助军团在百人队队长们的授意下未通告他本人就趁蛮族疏忽大意之际屠杀了三千名驻扎在多瑙河岸边的萨尔玛提亚人，并携带大量的战利品回到了他的面前。正当百人队队长们因他们趁蛮族不经意间的疏忽以如此之少的兵力就杀死了如此之多的敌人而期待着能得到报酬的时候，他却命人抓住了他们，并送上了十字架，对他们施加用在奴隶身上的刑罚，这样的惩罚在之前没有过先例①。因为他说道，这可能是用到了阴谋诡计，如此 [蛮族] 将不再敬畏于罗马人的最高大权。**7** 随后，一场严重的骚乱在军队中暴发了出来，在这种情况下，他只裹着块狮皮，赤手空拳地走出营帐，然后说道："只要你们敢，就来把我刺死呀，然后在破坏军纪之外再加一道罪行。"**8** 就在那个时候，所有人都安静了下来。而这般受人敬畏是他应得的，因为没有什么能让他感到畏惧。**9** 这件事让罗马人的军纪变得如此严肃起来，也在蛮族中间产生了难以超越的敬畏感，因为面对那些违背神圣原则而取得胜利的人，他们目睹到了罗马将领对这些人做出的有罪裁决，以至于顾不得安东尼努斯是否离开，他们就请求能缔结长达百年的和约。

V. 1 关于阿维迪乌斯·卡西乌斯对士兵们的自由散漫所采取的诸多严厉措施都能在埃米利乌斯·帕特尼安努斯（他从古代开始记叙了直至当时的历史中的诸位僭主）的著作里被找到。**2** 例如，他既在广场上又在兵营当中先用荆条对士兵实施鞭笞，然后再对那些罪有应得之人用斧子执行死刑，对其他许多人他则通常采用砍手。**3** 除去培根、硬面饼、醋酒之外，他禁止士兵在征程中携带别的东西，而一旦发现有谁带了，他便不会轻饶他们犯下的奢靡行径。**4** 被奉为神的马可在一封寄往其地方长官的信中，提及了卡西乌斯：**5** "我

---

① 在古罗马只有奴隶和最坏的罪犯才能被处以十字架刑。

把被奢靡的作风和达菲尼的风气给败坏的叙利亚军团交给了阿维迪乌斯·卡西乌斯——对于那些军团契松尼乌斯·维克提利安努斯写信说道，他曾经发现他们完全用热水洗澡。**6** 我想，自己这么做没有错，因为你也把卡西乌斯当成了一位名副其实的严守纪律之人。**7** 事实上，士兵们除了遵循古老的军纪之外，就不会有其他方式能让他们变得规矩起来。因为你是知道的，一位受人尊敬的诗人曾道出过这句广为流传的诗行：'罗马之国是由古风与古人缔造的。'①**8** 你只要做到军团补给充裕就可以了，如果我没看错阿维迪乌斯的话，这些花费将物尽其用。"**9** 那位地方长官给马可的回信如下："我的陛下，您让卡西乌斯执掌叙利亚军团的想法是正确的。**10** 因为，对于受到希腊之风影响的士兵来说，除了一位异常严厉的人之外就没有什么是有所裨益的。**11** 他确然会去禁止所有士兵洗热水澡，也会把鲜花从他们的头上、脖子上、胸前给全部摘走。**12** 为士兵提供的粮食已一切准备就绪，而在一位优秀将领的率领下，任何东西都不会变得匮乏，因为不会有太多的东西被索取或被耗费。"

VI. 1 阿维迪乌斯·卡西乌斯不辱使命，并未让上述期待落空。这么说是因为，他随即在集会上发布了下面的法令，且又将内容张贴在了墙壁上：一旦有哪位佩剑之人②被发现待在达菲尼附近，那么在他返回之后将被卸下腰带。**2** 他每七天对士兵们的装备进行检查，甚至还包括他们的衣服、鞋子，和护胫。他在营里禁止了一切奢靡，还下令道，假如他们不改正自己的习惯，那就得在营帐里度过冬天；而之前如果他们表现颇不得体，也本该受到这样的惩处。

---

① 出自埃尼乌斯的《年代记》（*Ennii Annales*），XVIII，引用于西塞罗的《论国家》（*Ciceronis De Re Publica*），V。——英译者注

② 原文为 cinctus，意思是"佩着带剑鞘的腰带"，即表示士兵身份；与下文"被卸下腰带"（discinctus）一词相对，表示一种对不服从军令的士兵的惩处。——英译者注，有补充。

3 全体士兵每七天进行一次训练，其间他们既要练习射箭又得全副武装地进行比斗。**4** 这么做是由于他时常讲道，运动员、猎手、角斗士们都在进行训练，而士兵们却过得悠闲自得，这是令人叹息的，因为对于士兵来说，假如已经习惯了艰苦的环境，以后即使面对困境也不将会感到有多么艰难。**5** 就这样，在整肃了军纪之后，他在亚美尼亚、阿拉伯、埃及都取得了极其显赫的战绩，①**6** 并受到了全体东方人的爱戴，尤其是安条克人，正如马略·马克西姆斯在被奉为神的马可传记里指出，他们甚至还乐意接受他的统治。**7** 那是由于，当博克利希人士兵在埃及全境横行作恶的时候，也正如上面提及的那个马略·马克西姆斯在其发表的马可·安东尼努斯传记第二卷中所述，他们被卡西乌斯挫败了。②

VII. 1 按某些人的说法，阿维迪乌斯·卡西乌斯是顺从了福斯丁娜的意愿而在东方称帝的，因为她已对马可的健康感到了绝望，又害怕独自一人无法为孩子们提供保护，并担忧会有人举事，随后在夺取国家大权之后将孩子们从皇帝宝座上驱赶而下。③**2** 此外，另有一些人说，卡西乌斯曾对士兵和行省居民采用过某种手段以让他们背离对马可的爱戴，于是在道出马可已经驾崩的话后，他得到了大家的支持。**3** 据说，为了消解众人对他［马可］的追思之情，他确

---

① 关于上述战绩，请参见《维鲁斯传》，VII，1。
② 关于此事，请参见《哲学家马可·安东尼努斯传》，XXI，2 及注脚。——英译者注
③ 关于此事，请参见《哲学家马可·安东尼努斯传》，XXIV，6；以及狄奥·卡西乌斯，LXXI，22，3："然而卡西乌斯在作乱时犯下了一个可怕的错误，那便是他曾一直受到安东尼努斯·庇乌斯之女福斯丁娜的蛊惑，后者见到自己丈夫已病入膏肓、随时都有可能殒命而去，又鉴于康茂德既过于年轻又极为单纯，因而她担心大权有可能会落入外人之手，并随之而将自己贬为一介凡民。于是，她偷偷引诱卡西乌斯为举事做好准备，以便在安东尼努斯有什么三长两短的情况下，他能得到她本人连同国家大权。"——英译者注，有删减，引文为汉译者补充。

曾把马可奉为了神。^①**4** 就在卡西乌斯将自己图谋君位的意图付诸实施之后，他随即委命了那位为其提供皇袍的人出任近卫军长官，此人后来被军队处死了，尽管安东尼努斯不想这么做；军队还处死了曾握有亚历山大里亚权力、并怀揣着分享大权的希望加入卡西乌斯一边的梅契阿努斯，虽然安东尼努斯也并不想置他于死地，可军队仍瞒着皇帝将他处死了。^②**5** 即使这样，安东尼努斯在获知叛乱的消息后却不感到十分地恼怒，也不迁怒于卡西乌斯的儿子或亲人。**6** 元老院将卡西乌斯宣布为了公敌，还把他的财产没收充公。^③ 对于这笔财产，安东尼努斯并不愿收入自己的私库，因此元老院便颁令将之充入了国库。**7** 在罗马，恐惧充斥着大街小巷，因为某些人在说，阿维迪乌斯·卡西乌斯会趁受到放荡之人以外的每一个人爱戴的安东尼努斯离开之际来到罗马，^④ 随后就会像一位僭主那样劫掠城市，尤其是在元老们宣布他为公敌并将其财产充公的场合下。**8** 人们对安东尼努斯的爱戴是那么深厚，因为除了安条克人以外，所有人都赞同处死阿维迪乌斯；**9** 而安东尼努斯非但没有命人将他处决，反倒对他被杀感到了难过，而且假如他能掌控的话，他甚至会宽恕卡西乌斯，这是众人皆晓的事情。

　　VIII. 1 就在阿维迪乌斯·卡西乌斯的头颅被送到安条克城的时候，马可既不欢心也不雀跃，而是哀伤自己失去了一个表现仁慈的机会，因为他常说，自己想要活捉住他，为的是责备他辜负了曾经待他的好意，然后再免去他的死罪。**2** 最后，有个人说道，安东尼

---

① 关于此事，请参见《哲学家马可·安东尼努斯传》，XXIV，7。

② 关于此事，请参见《哲学家马可·安东尼努斯传》，XXV，4。——英译者注

③ 关于此事，请参见《哲学家马可·安东尼努斯传》，XXIV，9。——英译者注

④ 关于此事，请参见《哲学家马可·安东尼努斯传》，XXV，2。

努斯对自己的敌人、对敌人的孩子和亲人，甚至对每一位被发现存
在图谋不轨行径的人都那么温柔，他应为此受到指责；那个常责备
他的人还问道："假如那家伙战胜了该怎么办呢？"据说，马可是这
么说的："我们膜拜众神的传统和生活的方式是不能被他征服的。"**3**
马可后来还评论道，无论哪位元首只要遭到弑杀的，那都是他们
应得的下场，而任何一位公认的贤君都不会遭到篡位者的迫害或
弑杀：**4** 尼禄理当受死、卡里古拉也应被弑、奥托和维特利乌斯也
不该执掌大权。①**5** 他还对伽尔巴给出了同样的评价，因为他说道，
对一位皇帝来说，贪婪是万恶之首。②**6** 他最后说道，无论奥古斯
都、图拉真，还是哈德良或自己的继父③，都不能被叛乱者所征服，
虽然被杀身亡的人不在少数，可那些人遭到身死不是有违这些君
主的意愿就是在他们不知道的情况下发生的。**7** 此外，[马可·]安
东尼努斯还亲自请求元老院，不要对参与叛乱的同伙施以较严厉
的惩罚；而就在那同时，他还提出要求，要在自己当政时期不让任
何一位元老被判极刑，这让他博得了极大的爱戴。④**8** 最终，在对
极个别的几位百人队队长进行惩处后，他下令召回那些曾遭驱逐

---

① 尼禄、卡里古拉、奥托，和维特利斯最后都被弑而亡。

② 因为伽尔巴曾答应过士兵会给予赏赐，最后却未兑现自己的上述诺言。
关于此事，请参见苏埃托尼乌斯的《罗马十二帝王传·伽尔巴传》(*Suetoni
Vita Galbae*)，XVI, 1："他[伽尔巴]遭受到来自寰宇以内所有阶层的愤怒，
而士兵们对他则尤为忿忿不满。这是因为，他的手下曾许诺过赐给士兵们
不同寻常的赠礼，为此他们在他远离罗马时就对他宣誓效忠；可是他非但
没有信守诺言，反而多次放话道，他习惯于征召士兵而非雇佣他们。因此，
这就让每一个地方的士兵都对他怀恨在心了。"——英译者注，有删减，引
文为汉译者补充。

③ 即安东尼努斯·庇乌斯。

④ 关于此事，请参见《哲学家马可·安东尼努斯传》，XXV, 5—6，及注
脚。——英译者注

的人。①

IX. 1 对于此前曾与阿维迪乌斯·卡西乌斯串通一气的安条克人，连同这些或那些曾经援助过他的其他城市的市民，他都宽恕了他们，尽管起初他对安条克人大发雷霆，还剥夺了他们的竞技赛以及这座城市的其他一些殊荣，②不过后来又都返还给了他们。**2** 安东尼努斯让阿维迪乌斯·卡西乌斯的孩子们获得了父亲的一半遗产，还把金银珠宝恩赐给了他的女儿。**3** 他甚至还给予卡西乌斯的女儿亚历山大里娅和女婿德鲁埃奇安努斯权力：让他们自由前往任何想去的地方。③**4** 他们后来并非过着像人质一般的生活，而是如元老等级中的一分子那样受到万般呵护，因为他禁止针对他们家族的财产提起诉讼，还把对某些侮辱过他们的人以冒犯之名定了罪。他甚至将他们托付给了自己的姑父。④**5** 另外，如果有谁想要了解这整段历史，那么就要去读马略·马克西姆斯的马可传记的第二卷，在那卷书里他讲述了维鲁斯去世之后马可的所作所为。**6** 也是就在那个时候，卡西乌斯举起了叛旗，正如一封［由马可］寄往福斯丁娜的信中所称的那样，现摘录如下：**7** "维鲁斯曾经写信给我，提到过阿维迪乌斯的真面目，说他正图谋着大权。⑤我断定你已经从维鲁斯的侍从那里听说过这事了。**8** 因此，快到阿尔巴农⑥来，随后在众神的庇佑下让我们为一切做好应对。你不必害怕什么。"**9** 由此可见，福斯丁娜似乎对那些臭名昭著的勾当并不知情，尽管力图玷污她名声的马

①　关于此事，请参见《哲学家马可·安东尼努斯传》，XXV，7。——英译者注

②　关于此事，请参见《哲学家马可·安东尼努斯传》，XXV，8—9。

③　关于此事，请比照《哲学家马可·安东尼努斯传》，XXVI，12。

④　关于此事，请比照《哲学家马可·安东尼努斯传》，XXVI，12。

⑤　关于此事，请参见本卷 I，7—9。

⑥　位于意大利拉丁姆的一座小城。

略却说，卡西乌斯是在她的默许下才开始图谋大权的。①**10** 实际上，她在一封寄给丈夫的亲笔信里就曾力主马可要较为严厉地惩罚卡西乌斯。**11** 下面就引那封福斯丁娜写给马可的信为例："按您吩咐的那样，我本人明天就来阿尔巴农。虽然如此，可我仍请求您，如果您爱自己孩子的话，就得用最严厉的手段去惩处那群叛乱分子。**12** 因为，如果将领与士兵不受到压制的话，等到他们将其他人压制的时候，就会习以为常地干出罪恶的事来。"

X. 1 还是那个福斯丁娜，她写给马可的另一封信是这么说的："就在契尔苏斯掀起叛乱的时候，我的母亲福斯丁娜曾力主庇乌斯要把自家人放在最先需要关心的位置，其次才是外人。**2** 因为，不考虑妻儿的皇帝就不是一位仁君。**3** 您看啊，我们的康茂德还那么年轻，女婿庞培安努斯② 年纪颇大且又是个外族人③。**4** 想想吧，您该怎么对付阿维迪乌斯 **5** 您不应该去宽恕那样的人，他们一旦获得胜利，就不会宽恕您，随后也不会宽恕我和我们的孩子。**6** 我本人会即刻按您的路线动身。因为之前我们的法迪拉④ 正在生病中，所以我无法来到弗米亚⑤ 庄园。**7** 可是现在，如果我在弗米亚不能遇到您的话，我将继续前赴卡普阿，那座城市将会给我和我们孩子的健康带来益处。**8** 我请求您派医生索特里达斯到弗米亚庄园来。另外，我一点都不信任皮西特乌斯，因为他不知道该如何对小女孩进行治疗。**9** 卡尔普尼乌斯曾送来一封加封的信⑥，而如果我继续留在这里，

---

① 关于此事，请参见本卷 VII，1 ;《哲学家马可·安东尼努斯传》，XXIV，6。——英译者注，有补充。

② 关于此人，请参见《哲学家马可·安东尼努斯传》，XX，6。——英译者注

③ 马可的女婿庞培安努斯是叙利亚人。

④ 应为阿利娅·法迪拉（Arria Fadilla），乃马可第四个孩子，大概生于公元150 年。——英译者注

⑤ 位于意大利拉丁姆地区的一座城市，地处罗马与那不勒斯之间。

⑥ 从上下文来看，这封信应是马可寄给福斯丁娜的。

就会通过值得信赖的年长的阉人契奇利乌斯（您是知道他的）对那封信加以回复。**10** 关于阿维迪乌斯 · 卡西乌斯的妻子、孩子，以及女婿对您所持的看法，我仍打算借助他以口信的方式将听到的［向您］汇报。"

XI. 1 从这些信件就能看出，福斯丁娜并未与卡西乌斯同流合污，反而力主要对他严惩。因为当安东尼努斯表现出了温和并打算采取宽容的时候，是福斯丁娜极力怂恿他要使用必要的报复手段。**2** 对此，安东尼努斯是怎么回复她的呢，下面的信将细细道来：**3** "我的福斯丁娜，你对自己丈夫和我们的孩子们实在过于费心了。我在弗米亚庄园重读了你的来信：在信里你力劝我要对阿维迪乌斯的同伙施以惩罚。**4** 可我却准备宽恕他的孩子、他的女婿，还有妻子；我还打算写信给元老院，要他们既不得随意发布公敌宣告，也不得使用过于残酷的惩罚。**5** 因为对于皇帝来说，没有什么比仁慈更能让民众感到高兴的了。**6** 正是这种仁慈让恺撒成为神明，让奥古斯都被尊为神，更让你的父亲得到了庇乌斯的尊名。**7** 总之，假如战事真如我判断的那样［得到解决］，阿维迪乌斯就本不该被处死。**8** 因此，不必担心，'众神庇佑着我，我的仁义让诸神感触于心。'[①] 我已提名我们的庞培安努斯出任下一年的执政官。"安东尼努斯便是如此写信给自己的妻子的。

XII. 1 此外，让大家知道马可是怎样在元老院发的言，这么做是有益的。**2** 马可 · 安东尼努斯的一段发言如下："因此，元老们，为了彰显胜利，请任命我的女婿、我提名的庞培安努斯为执政官，因为要不是有些勇敢的人以自己的所作所为而从国家获取到理应得

---

① 请参见贺拉斯：《歌集》（*Horatii Odae*），I，XVII，13。原文应为："众神庇佑着我，我的仁义与诗歌让诸神感触于心。"——英译者注，引文为汉译者补充。

到的官职，因而走在了他的前面，他的年纪早已够得上执政官职位了。**3** 至于说到卡西乌斯的叛乱，元老们，我请求甚至是乞求你们，放下你们的铁石心肠，并成全我的（当然更是你们的）仁义与慈悲，而别让元老院处死任何一个人。**4** 没有人可以对元老施加惩罚，也不能让任何一位高贵者流血，遭流放之人应返回故乡，被宣布为公敌之人应重获财产。**5** 我真希望能从阴间唤回众多的人！因自己受到的伤害而施加的惩罚永远都不会让一个皇帝感到高兴，因为一旦要让惩罚更加公正，它就会变得越发严厉起来。**6** 因此，你们要宽恕阿维迪乌斯·卡西乌斯的子女、女婿，及妻子。我甚至何必说宽恕呢，他们什么都没有做。**7** 就让那些承认自己正接受着马可统治的人无忧无虑地活下去吧；让他们按各自所占的份额保有双亲的遗产吧；让他们享受金银及服饰所带来的快乐吧；让他们富贵、让他们无忧无虑、让他们自由自在而又不受束缚；让他们作为体现我仁义的榜样（当然也是你们的）而展示在所有民族的眼前。**8** 元老们，要对公敌的妻儿们进行宽恕，这毕竟不费太多的仁慈。**9** 我还请求你们，让元老和骑士等级的同谋者们免受死刑、公敌宣告、惊惧、污名、敌视，总而言之让他们免于遭受一切伤害。还愿你们把下面的荣耀之事也归于我的统治之中：**10** 对于图谋不轨之人，即便他已在骚乱中毙命了，可仍要在死后享有名誉。"

XIII. 1 元老院以如下的宣言赞赏了马可的上述仁慈：**2** "仁义的安东尼努斯啊，愿众神庇佑您。仁慈的安东尼努斯啊，愿众神庇佑您。**3** 您想要做的事情符合律法，我们做过的事情又恰当合理。我们请求将合法的最高大权授给康茂德。请巩固您家族的实力。请让我们的孩子过得无忧无虑。暴力摧不垮善者的统治。**4** 我们请求将保民官的权力授给康茂德·安东尼努斯。我们还恳求能目睹到您的尊容。**5** 荣耀归于您的哲学、您的忍耐、您的信念、您的尊贵。您克敌于内，您攘夷于外。愿诸神庇佑您。"此类等等。**6** 因此，阿维迪乌斯·卡西乌斯的后人都活得自由自在，甚至还受命当上了高官。**7** 然而，康茂德·安东尼努斯在自己被奉为神的父亲驾崩之后，却下令将他们所有的人都给活活烧死了，就好像他们曾被抓住过参与举事一样。**8** 鄙人了解到的与卡西乌斯·阿维迪乌斯有关的事迹就是这些了。**9** 他的秉性，正如鄙人之前所说，从来都是反复无常的——虽然如此，可更偏向于严厉与残暴。**10** 假如他真的夺取了大权，或许成不了一位既仁慈又善良的皇帝，而是一位既能干又出众的帝王。

XIV. 1 这么说是因为，在阿维迪乌斯·卡西乌斯称帝之后，曾给自己的女婿写过一封信，内容如下：**2** "国家充斥着财富的拥有者和追逐者，实乃国之不幸。**3** 而那个出类拔萃的马可，他渴望被冠上仁慈之名，因而便允许那些在生活方式上他并不赞同的人能继续活下去。**4** 卢西乌斯·卡西乌斯^①在哪里？朕白白地冠有他的族名了吗？那个马可，即监察官加图^②又在哪里？祖先们的所有品质都到哪里去了？长久以来，上述品质的确淡出了记忆，以至于当下都无人以此为目标。**5** 马可·安东尼努斯饱读哲学，他追寻事理的本源，追求心智、美德、正义，却不为国事着想。**6** 你可以看到，为了让国家回到传统的状态，让剑和法大举并施，这么做是有必要的。**7** 而至于那群臭名昭著的行省统治者，我是不是该把那群总督、那群统治者想象成这样的一伙人呢：他们以为元老院和安东尼努斯把行省交给自己是为了让他们过上奢靡的生活，是为了他们变得富裕？**8** 这你是听说过的，我们那位哲学家任命的近卫军长官在其履职的

---

① 此处显然是指刺杀恺撒的盖乌斯·卡西乌斯·隆吉努斯（Gaius Cassius Longinus）。关于此人，请参见本卷 I，4 及注脚。——英译者注

② 即老加图，古罗马共和国时期著名的政治家和博学家，历任财务官、监察官等职，任职期间以执法严谨出名。关于此人，请参见《哈德良传》，XVI，6 之注脚。

三天前还是个一无所有的乞丐，可转瞬间摇身一变成了富人。我不
禁问道，如何能拯救国家于危难，如何能拯救行省居民的财产。他
们榨取国家的财富，让自己变成了富人和财主。惟愿众神佑护正义
者，愿卡西乌斯的族人重建国家的元首制度。①”从他的这封信里可
以看到，一旦他当上了皇帝，那将会是个多么严厉、多么冷酷的帝
王啊。

① 此处采用洛布版，而根据拉丁网络图书馆版本则当作："惟愿诸神佑护正
义者，而将国家的元首制度返回到卡西乌斯时代那般。"

康茂德·安东尼努斯传

埃利乌斯·拉普里狄乌斯

I. 1 康茂德·安东尼努斯父母亲的情况已在马可·安东尼努斯的传记里详细谈论过了。**2** 而他本人则与自己的孪生兄弟安东尼努斯一起降生于拉努维乌姆（那个地方据说也是其外公 ① 的出生地 ②），生日八月三十一日，年份是在其父亲和叔父 ③ 出任执政官的那一年 ④。**3** 就在福斯丁娜肚中怀着康茂德和他兄弟的时候，她曾在梦里见到自己怀的是两条蛇，其中的一条比另一条更加凶猛。**4** 当康茂德和安东尼努斯降生之后，那个安东尼努斯只活了四个年头，尽管占星家们此前常说，他的命运从星体的移动轨迹来看应与康茂德相同。**5** 就在孪生兄弟去世以后，马可试着通过自己以及那些出类拔萃甚至首屈一指之人的言传身教对康茂德进行施教。**6** 他的希腊语文学师从的是奥奈西克拉特斯，拉丁语文学师从卡培拉·安提斯奇乌斯，而演说术的老师是阿特尤斯·桑克图斯。**7** 可是，各种科目的老师无论有多少，都未让他收获一丝的益处。这或许是其天性使然，

---

① 即安东尼努斯·庇乌斯。

② 关于此事，请参见《安东尼努斯·庇乌斯传》，I，8。——英译者注

③ 根据执政官列表，此人应为卢西乌斯·维鲁斯。

④ 年份为公元 161 年。

亦或许是那些宫中的抚养人对他所造成的影响：正如他自幼年开始就已是一个不知廉耻、龌龊卑鄙、残忍暴虐、淫欲无度、言辞粗鄙，而又滥交于性的人了。**8** 除此之外，在那些不应属于帝王之艺的技艺里，如：塑杯、跳舞、唱歌、吹口哨，穿上小丑的装束——最终演变成披挂角斗士的装备——登台献艺，他却样样精通。**9** 十一岁时，他在一处叫百窖的地方显露出了自己将犯下残暴行径的先兆。这么说是因为，他竟会出于对浴池的水温过低而感到不满，就命人把那浴池管理员扔进火炉里；而领命行刑的奴隶们一遇到这种事，就把一块羊皮放进火炉烧焦，为的是用强烈的臭味让他相信惩处已被执行了。**10** 在他还是孩子的时候，就与弟弟维鲁斯①一同被冠上了恺撒之名。②他在十三岁时就被选进了祭司团。③

II. 1 当康茂德披上托袈袍的时候，他被推选为青年骑士团长官④之一。⑤而在他仍身着孩童宽边托袈袍⑥时，就［向人民］施行了赏赐，甚至其本人还端坐在图拉真礼堂⑦之上［主持事务］。**2** 另外，他穿上托袈袍的日期是七月七日（同样的日子也是罗慕路斯从

---

① 关于此人及其恺撒之名，请参见《哲学家马可·安东尼努斯传》，XXI，3。——英译者注

② 关于康茂德被冠上恺撒之名，请参见《哲学家马可·安东尼努斯传》，XII，8。——英译者注，有删减。

③ 关于此事，请参见《哲学家马可·安东尼努斯传》，XVI，1。——英译者注，有删减。

④ 关于此官职，请参见《哲学家马可·安东尼努斯传》，VI，3 及注脚。——英译者注，有删减。

⑤ 关于此事，请比照《哲学家马可·安东尼努斯传》，XXII，12。——英译者注，有删减。

⑥ 为一种白色带紫边的托袈袍，由自由身份的未成年男孩身着。关于这种托袈袍，还请参见《哈德良传》，XXVI，6 之脚注。

⑦ 该建筑位于被奉为神的图拉真广场上，为管理案件诉讼及皇帝进行接见的场所。

凡间隐去的那一天①），也就在那时，卡西乌斯叛离马可而举行了起义。**3** 在领命之后，他率军随同父亲一起出征叙利亚和埃及，并又随父一同返回了罗马。**4** 随后，未到法定年龄的他被破格推选为了执政官，②并又在波利奥和阿贝尔出任执政官的那一年的十一月二十七日加尊为了与其父亲共治的皇帝，还同父亲一起举行了凯旋式。③**5** 元老们颁令批准了上述的凯旋式。接着，他又跟随父亲启程奔赴同日耳曼人的战争。**6** 对于被派去伺候他生活的人，其中那些颇受他人敬仰之人，他对他们感到难以忍受；而碰上那些极度龌龊之徒，他却把这群人留在了身边，以至于有谁一旦被调离了，他竟会对他们思念成疾。**7** 当这帮人因其父亲的软弱而官复原职之后，他总是把皇宫大殿变成下等人的客栈或饭店，并与他们共餐，为此他从不顾及礼度与花费。**8** 他在自己的屋内练习掷骰子。他将花容月貌的年轻女子都聚集在了一起，就好像她们是妓院买下的娼妓等人去玷污贞洁一样。他模仿过穿行于各处集市的商贩。**9** 他将拉战车的马匹据为己用。他穿上赛车手的衣服驾起马车，④他和角斗士们同吃同住，他表现得就像是一位妓院老板的帮手，你简直就会相信他生来本是罪恶滔天之徒而非命运注定的天子之身。

    III. 1 康茂德遣散了跟随父亲的年龄颇大的侍从们，还摒弃了

---

① 关于罗慕路斯从凡间隐去一事，请参见尤特罗庇乌斯，I，2："在罗慕路斯当政的第 37 年，在一场突如其来的风暴过后就没有人再看到过他了，据信他去了众神那里。"

② 关于此事，请参见《哲学家马可·安东尼努斯传》，XXII，12。——英译者注，有删减。

③ 根据《哲学家马可·安东尼努斯传》，XVI，1 的说法，马可授予康茂德皇帝尊号和执政官职是在举行凯旋式的时候。

④ 关于此事，请比照狄奥·卡西乌斯，LXXII，17，1："在公众场合，除去没有月亮的夜晚，他绝对不会驾车。因为，尽管他渴望在公众场合表演驾车，不过却羞于被人看到，而在私下里他总是穿上绿队的赛服，表演着赛车。"——英译者注，有删减，引文为汉译者补充。

上了年纪的朋友。**2** 在试图对掌管军队的萨尔维乌斯·尤利安 ① 的儿子勾引不成后，他竟对那个尤利安实施了暗算。**3** 他或通过破口辱骂或通过授予极卑微的职位让那些最受人尊敬者尽失尊严。**4** 他被一些仿剧演员们戏称为龌龊下流之徒，而他随即赶在这些人再度登台之前就流放了他们。**5** 他还终止了那场其父亲当政时就已接近尾声的战争，在满足了敌人条件之后，他返回了罗马。**6** 他返回罗马的时候，举行了凯旋式，在仪式上他与自己的同性爱人 ② 萨奥特鲁斯同乘一辆马车，他让对方在身后落座，还时不时回过头旁若无人地同他亲吻起来。甚至到了剧院主宾席 ③ 上他还干出这样的举动。**7** 他酗饮达旦，挥霍帝国的民脂民膏，而到了晚上他则流连于一家家客栈和妓院。**8** 他派去统治诸行省的人，不是同他一样罪恶多端，就是和他一样臭味相投。**9** 元老院对他恨之入骨，结果他对元老们进行的破坏而变得勃然大怒，④ 甚至还因自己受到的蔑视而变得残忍暴虐。

---

① 普布利乌斯·萨尔维乌斯·尤利安，公元 175 年执政官。他显然执掌莱茵河流域的军队。——英译者注

② 原文为 subactor，意思是男同性恋做爱中的被动者。

③ 原文为 orchestra（复数），意思是剧场或竞技场里为元老们专设的座位。

④ 关于此事，请参见赫罗提安的《马可驾崩后的帝国史》(*Herodiani Historia de Imperio post Marcum* English translator C.R.Whittaker)，I，VIII，6—7："昆奇亚努斯（Quintianus）就躲在圆形大剧场的入口处，他想那个地方光线不足，因此自己不会被人发现。他突然拔出匕首，朝康茂德冲了过去，还对后者大叫着，元老院派自己来夺他的命。不过，昆奇亚努斯在刺中康茂德之前自己就已被皇帝的保镖擒获了，因为要喊出上述话同时挥舞起匕首，这让他花费了太多的时间，于是他没有实施刺杀就愚蠢地将意图公之于众了，这么做让他付出了代价……那是这位年轻皇帝对元老院心生愤恨的最初的原因。他将昆奇亚努斯的话语牢记于心，还对袭击他的人所说的念念不忘，以至于现在他开始认为整个元老院都充斥着自己的敌人。"——英译者注，有删减，引文为汉译者补充。

IV. 1 康茂德的所作所为终使夸得拉图斯①和卢西拉②在近卫军长官塔鲁特尼乌斯·帕特努斯的谋划下实施了一项针对他的刺杀阴谋。**2** 对他行刺的任务交由一位亲人克劳狄乌斯·庞培安努斯③执行。**3** 这个人一找到下手的机会，就把剑拔出来冲到康茂德的跟前，张嘴便大声说道："元老院要我把手中的匕首带给你。"就这样，他愚蠢地泄露了上述阴谋，终使包括他在内的许多人共同策划的行动遭受了挫败。④**4** 那事发生之后，庞培安努斯和夸得拉图斯先后被杀，接着诺巴娜甚至诺巴努斯以及帕拉利乌斯也遭到了处决，他的母亲还有卢西拉则被流放在外。**5** 随即，近卫军长官们见到，康茂德之所以招致这般愤怒，全是因为萨奥特鲁斯导致的，而后者的权威早已让罗马人民不堪忍受了，于是他们以举行祭祀之名恭敬地领着他离开了宫殿，随后再趁他返回自己庄园的时候借密探之手将其杀死了。**6** 而这件事对康茂德造成的伤害甚至比刺杀他自己的更加深重。**7** 为了不让更多的同伙受到牵连，在提吉迪乌斯⑤的鼓动下，康茂德剥夺了帕特努斯的近卫军长官之职，转而授予他穿宽紫纹短袖袍⑥的权利，而他就是上述暗杀行动的始作俑者，而且据信还曾参

---

① 可能是马可·安东尼努斯妹妹的孙子。
② 此人应是康茂德的姐姐，卢西乌斯·维鲁斯的妻子，在前者死后改嫁给了克劳狄乌斯·庞培安努斯。关于此事，请参见《哲学家马可·安东尼努斯传》，XX，6；《维鲁斯传》，VII，7。
③ 全名提比略·克劳狄乌斯·庞培安努斯·昆奇亚努斯（Tiberius Claudius Pompeianus Quintianus）。此人应是卢西拉和克劳狄乌斯·庞培安努斯的儿子。赫罗提按说他那时还是一个青年。——英译者注
④ 关于这次阴谋，请比照本卷 III，9 之注脚。
⑤ 全名提吉迪乌斯·佩勒尼斯（Tigidius Perennis），公元182年时任近卫军长官，与帕特努斯同僚。也有说法认为他是在帕特努斯遭处决之后才被任命为近卫军长官的。很显然，刺杀萨奥特鲁斯的阴谋，他也是参与者之一。——英译者注，有补充。
⑥ 即一种在衣服右肩和前部带宽紫红色条纹的短袖袍，为元老等级的标志。

与过对康茂德的刺杀阴谋。**8** 然后，没过几天，康茂德就以行刺罪起诉了他，还说道，他把自己的女儿许配给尤利安的儿子①，这么做为的是下一步再让尤利安取得国家大权。因此，帕特努斯、尤利安，以及帕特努斯最亲密的挚友、曾执掌机要文书的维特鲁维乌斯·塞库都斯都被他所杀。**9** 此外，康茂德还处死了昆提利乌斯家族中的每一个人，因为据说康迪亚努斯之子塞克斯图为了图谋造反，曾以装死逃过了 [死刑判决]。②**10** 维特拉西娅·福斯丁娜、维利乌斯·卢弗斯，和因尼亚奇乌斯·卡庇托也都被处死了。**11** 执政官埃米利乌斯·尤恩库斯和阿提利乌斯·塞维鲁遭到了流放。除此之外，他还对其他许多人施加各式各样的残忍和暴虐。

V. 1 自那以后，康茂德就从不轻易在公众场合露面，甚至在未事先通报佩勒尼斯的情况下，任何事都不允许禀告给他。**2** 佩勒尼斯还掌握了康茂德的喜好，并以投其所好的方式让自己威加海内。**3** 他教唆康茂德纵情于声色犬马，而将国事全交付给他本人打理。对此康茂德兴高采烈地接受了下来。**4** 就这样，有了这种分工，他就可以与三百名情妇（她们或是有夫之妇或是妓女，因漂亮的外貌而博得宠爱）及三百名情夫（无论是平民还是贵族出身，只要相貌俊

---

① 关于此人，请参见本卷 III, 2。——英译者注，有删减。

② 关于此事的前后经过，请参见狄奥·卡西乌斯，LXXII, 5, 3 ："康茂德还处死了两个昆提利乌斯家族的人，康迪亚努斯和马克西姆斯（[Quintilius Valerius] Maximus），因为他们在学识、韬略、手足情谊方面都声名远播，财富以及天资使他们遭到了如此这般的猜忌：假如他们真的不在谋划着什么叛乱，无论怎么说都不可能对现状感到满意。"还请比照狄奥·卡西乌斯，LXXII, 6, 1 ："在先天禀赋和后天努力方面都胜过其他任何人的马克西姆之子塞克斯图·康迪亚努斯在听到死刑裁决还包括自己之后，便饮下了兔血（当时他正待在叙利亚），随后翻身上马又故意从马背上摔落在地。那时血就从他嘴里吐了出来，就好像那血是自己流的一样。显然大家以为他已一命呜呼了，就把他抬起来，运回了本人的房间。"——英译者注，有删减，引文为汉译者补充。

俏，他或用武力抢夺或用金钱收买，将他们收罗到了身边）一起不停地在充满酒色与肉欲的宫殿里放纵狂欢。**5** 在干出上述丑陋行径的同时，他又穿上陪祭司的装束奉献牺牲，还在竞技场上操持木棍（最后用起了利剑）同贴身陪侍在旁的角斗士进行角逐。也就在那个时候，佩勒尼斯一人独揽了全部大权。**6** 他想处死哪些人，哪些人就会死去；遭他掠夺的人更是数不胜数；他颠覆了所有的法律；还将每一件战利品都收入自己的腰包。**7** 而康茂德自己，则在把姐姐卢西拉流放到卡普里岛之后，仍将她处死了。①**8** 接着，在诱使其余的姐妹走向堕落，据说，还把父亲的侄女②变成了他的性交者之后，他竟给自己的一个情妇冠上了母亲的名字。**9** 在发现妻子的奸情后，他先流放了已扫地出门的妻子，随后又处死了她。**10** 他时常命自己的情妇当着本人的面遭他人侵犯。**11** 对年轻人进行侵犯的骂名他一直都摆脱不了；用包括嘴巴在内的身体的每个部位同女人和男人滥交，这般的污名他也无法免除。**12** 也就在那个时候，克劳狄乌斯被杀身亡——似乎是一些强盗下的手，而他的儿子就是曾携匕首刺向康茂德的那个人③。接着，有许多无关的元老和贵妇未经审判就遭到了处决。**13** 行省中有许多人因握有财富而招致佩勒尼斯的起诉，结果或财产遭掠或惨遭身死。**14** 对于那些连诬告陷害都找不到把柄的人，只因他们不愿将康茂德列入遗产继承人的名目而遭到了起诉。

VI. 1 那时，在另一些将领的领导下，萨尔玛提亚的战事进展顺利，而佩勒尼斯却将上述功劳归于自己的儿子。**2** 虽然佩勒尼斯大权在握，可由于同不列颠人的战争中他在撤换下一些元老之后让骑

---

① 因为卢西拉参与刺杀康茂德的阴谋。关于此事，请参见本卷 IV，1
② 为马可·安东尼努斯的伯父安尼乌斯·李波之女。
③ 关于此人，请参见本卷 IV，3。

士等级的人来统率士兵，所以当上述事件由军队的副将们公之于众之后，他顷刻之间就被冠上了公敌之名，接着交由士兵们处决，并被撕成了碎片。**3** 随后，康茂德让自己的一位内侍克莱安德取代了佩勒尼斯的位置。**4** 就在佩勒尼斯及其儿子遭处死之后，康茂德废除了［由他们推行的］多项举措，就好像那些并非出自其本人之手，而现在自己正进行拨乱反正一样。**5** 然而，他对自己罪行进行反省的时间连三十天都未能超过，随后便在克莱安德的唆使下表现得比之前提及的佩勒尼斯的时候更有过之而无不及。**6** 虽然在大权上，佩勒尼斯之后的接替者是克莱安德，可在近卫军长官职位上，他的接替者却是尼杰尔，据说后者仅仅当了六个时辰的近卫军长官。**7** 实际上，近卫军长官时时刻刻、日日夜夜都在更换，随之而来，康茂德的斑斑罪行也更甚于前。**8** 马尔西乌斯·夸图斯做了五天的近卫军长官。后来，接替这个职位的人，他们去留生死与否，全都听凭克莱安德的裁断。**9** 在这个人的赞同下，连被释奴都被选入了元老院甚至贵族的行列。也就在那段时期，有一年里竟史无前例地出现了二十五位执政官。每一座行省都被拍卖了出去。**10** 克莱安德将每一样东西都变卖为钱。他时常将一些人从流放中招回，并授以显要的官职。他还一直破坏法庭的裁决。**11** 康茂德的昏庸使他掌握了如此大权，以至于当康茂德的妹夫布鲁斯心怀不满地向这位皇帝舅子通报到底发生了什么事的时候，克莱安德竟给他扣上了涉嫌图谋帝位的罪名而将他处死了，其他为布鲁斯辩护过的人也同样遭受了身死之灾。**12** 在这些人里，近卫军长官埃布奇亚努斯也遭到了处死，随后克莱安德本人连同由他选出的另外两个人接替了近卫军长官之职。**13** 于是就这样史无前例地出现了三位近卫军长官 ①，在他们当

---

① 那个时候，在通常情况下，近卫军长官为两位。

中竟还有一位被称为佩匕首者①的被释奴②。

VII. 1 然而，克莱安德最终却死得其所。这么说是因为，为了替阿塔卢斯报仇，在他的阴谋策划下，阿里乌斯·安东尼努斯被莫须有的罪名陷害而遭到处决，而后者曾在亚细亚总督任上判处过前者有罪。就在那时，人民被激怒了，康茂德无法顶住众怒，于是克莱安德便被交付给了平民，让他们施以惩处。③**2** 与此同时，阿波劳斯图斯④和其他宫廷里的被释奴也一并遭到了处决。在克莱安德犯下的其他恶行当中，还包括他曾玷污过康茂德的女内侍，并让她们生下了几个孩子。**3** 这些孩子在他死后都随母亲一起被处死了。**4** 尤利安和雷吉卢斯受到提拔而接替了他的职位，不过随后康茂德都对他们施以了惩处。**5** 在处死上述两人之后，他还杀死了同叫西拉努斯之名的塞维利乌斯和杜利乌斯以及他们的家人，随即又处死了安提乌斯·卢普斯及同叫佩特罗尼乌斯之名的马梅提努斯和苏尔拉，他还处决了马梅提努斯和他 [康茂德] 自己姐姐所生的孩子安东尼努斯。**6** 紧接着上述这些人，有六位执政官连同他们的家人同时惨遭身死，他们是：阿里乌斯·福斯库斯、奇利乌斯·菲利克斯、卢克奇尤斯·托夸图斯、拉奇乌斯·尤鲁庇安努斯、瓦勒利乌斯·巴希安努斯，和帕克图梅尤斯·马尼乌斯。**7** 他甚至在亚细亚处死了总督苏尔庇奇乌斯·克拉苏，以及尤利乌斯·普洛库卢斯，连同他们的家人，还有拥有执政官官衔的克劳狄乌斯·卢卡努斯。他还在亚该亚处决了父亲的侄女福斯丁娜·安尼娅⑤

---

① 匕首或短剑是近卫军长官官职的象征，此处即指克莱安德本人。——英译者注

② 应指克莱安德，他的身份就是被释奴。

③ 显然克莱安德最终被处死了。他的脑袋还被插在了长矛上，在罗马城内让人举着到处游行。关于此事，请参见狄奥·卡西乌斯，LXXII, 13, 6。

④ 关于此人，请参见《维鲁斯传》，VIII, 10。——英译者注

⑤ 关于此人，可能是本卷 V, 8 提及的那位。——英译者注，有删减。

及其他难以计数的人。**8** 除此之外，出于罗马人的国力难以支撑他的
耗费，他曾决定另外再处死十四个人。

　　VIII. 1 就在康茂德任命母亲的一位奸夫出任执政官的时候，元
老院无不嘲弄地称呼他为庇乌斯①；在他处死佩勒尼斯的时候，又称
呼他为菲利克斯②，就好像夺去了许多市民生命的他犹如［独裁者］
苏拉再世一样。**2** 就是这个康茂德，那个庇乌斯、那个菲利克斯，
据说为了除掉更多的人，他竟然策划了针对自己的阴谋。**3** 事实上，
除了后来那个杀死了自己人并又自裁而终的亚历山大③以及康茂德
自己的姐姐卢西拉④策划的之外，别无其他阴谋。**4** 康茂德也被一
些阿谀奉承之人称为布列塔尼库斯，尽管不列颠人巴望着选出一位
皇帝来和他对抗。**5** 他还被叫作罗马的赫拉克勒斯，大概因为他曾
在拉努维乌姆的圆形大剧场里斩杀过野兽，而在自己的地盘上斩杀
野兽，这正是他的习惯。**6** 除此之外，他还心血来潮地想要把罗马
城改称为康茂德亚纳殖民地，据说，他是在玛尔契娅的引诱下才产
生这种疯狂的想法的。**7** 他甚至都想在竞技场内驾驶马车。**8** 他身

---

① 关于提拔妻子的情夫出任官职首先想到的例子应该是马可·安东尼努斯提
　拔特图卢斯的。关于此事，请参见《哲学家马可·安东尼努斯传》，XXIX, 1。
② 原文为 Felix，在拉丁文中的含义是"幸运的"、"天助的"。应该是在暗指
　共和国晚期的大独裁者苏拉，其全名为卢西乌斯·科尔涅利乌斯·苏拉·菲
　利克斯（Lucius Cornelius Sulla Felix）。——英译者注，有补充。
③ 此人应是尤利乌斯·亚历山大。根据狄奥·卡西乌斯，LXXII, 14, 2—3
　的记载："当他获悉刺杀自己的人已经来到之后，他连夜杀死了他们，又消
　灭了出生地埃米萨（Emesa）城里的所有敌人。接着他便翻身上马，启程
　往蛮族那里而去。要不是他随身带着心爱的男伴的话，凭借自己出色的骑
　术，他本可以全身而逃的。可是他不忍心抛下已筋疲力尽的男伴，于是在
　自己被追上之后，他杀掉了男孩，又自裁而终。"——英译者注，有删减，
　引文为汉译者补充。
④ 关于此事，请参见本卷 IV, 1—4。——英译者注

着达尔玛提亚束腰袍①抛头露面，甚至还以如此的装束为赛车比赛发号施令。**9** 就在他向元老院提议将罗马更名作康茂德亚纳的时候，元老院非但愉快地接受了这个建议（根据所掌握的情况，元老院这么做是出于嘲讽），而且还把［元老院］自己改称为康茂德亚努斯院，与此同时他们还称呼康茂德为赫拉克勒斯及神明。

IX. 1 为了能以旅费之名进行搜刮，康茂德装出自己要去阿非利加的样子，等钱凑足之后，他却转而将之用于宴会和骰子上。**2** 他用带毒的无花果毒死了近卫军长官莫提莱努斯。他允许［自己的］塑像穿戴如赫拉克勒斯一样，而对他的献祭又犹如对神明一般。**3** 除此之外，他还准备处死更多的人。后来，上述计划被一个小男奴给败露了，他从康茂德的卧室里丢出了一块写有将被处决之人姓名的书写板。**4** 他对伊西丝女神②进行膜拜，以至于为此既剃掉了头发，还把阿努比斯③神像带在身边。**5** 出于其嗜血成性，他竟命令女武神的祭司们砍下一条胳臂来。④**6** 他还常常逼迫伊西丝女神的祭司们用松球捶打自己的胸部直至命殒。在他把阿努比斯神像带在身上的时

---

① 一种带袖并长及膝盖的束腰袍，狄奥·卡西乌斯将其描述成是由白色丝绸和金线织成的。——英译者注，有删减。

② 原文为 Isis，是古埃及司掌生育及繁衍的女神。到帝国时代，对伊西丝女神的祭祀崇拜在整个罗马帝国范围内流传甚广。

③ 原文为 Anubis，是古埃及尸体与坟墓的守护神，为人身狗头。他的祭祀仪式通常与伊西丝女神的一并进行，而在文学作品里两者也经常会一并出现。请参见奥维德的《变形记》(*Ovidi Metamorphoses*)，IX，688—693（选自本引书汉译本，人民文学出版社，1984年5月，第123—124页，杨周翰译）："她［伊西丝］的前额上装着新月般的双角，头上戴着金黄色的麦穗环，美得真像天后一般。在她旁边站着人身狗头的神，名叫阿诺比斯［即阿努比斯］，还有玻巴斯提斯（Bubastis），五光十色的阿庇斯（Apis）和缄默之神（他把一个手指按在嘴唇上）。"——英译者注，称引有变动，引文为汉译者补充。

④ 在对女武神的祭祀在苏拉时代由小亚细亚传入罗马，祭祀仪式以合着狂欢的音乐跳舞为特点，期间祭司们要弄伤自己的胳膊或其他部位。——英译者注

候，会不时用神像的面部砸向伊西丝女神的祭司们的脑袋。他身披女
装和狮皮，手持木棒，既袭击了狮子，又棒打了许多人。对于腿脚不
便或无法行走的人，他把他们打扮成巨人的模样，还用布条和绷带将
膝盖以下的部分像蛇一样地全都包裹住，随后再拿箭射杀他们。① 他
用真正的屠杀玷污了密特拉神的祭祀②，尽管在那种场合里，他通常
只要通过口头或举动象征性地制造某件令人产生恐惧的事就行了。

　　X. 1 在康茂德还是孩子的时候，就已是一个既贪得无厌又不知
廉耻的人。成年之后，无论哪个阶层的人，跟他在一起的都被他诋
毁了，接着他又遭受到来自每一个人的骂名。**2** 他把那些嘲笑他的
人扔进了斗兽场。有个人曾读了塔奎卢斯③ 书里的《卡里古拉传》，
结果他下令将这人扔进斗兽场，因为他和卡里古拉的生日是同一
天④。**3** 假如有谁道出想要轻生的念头，即使并非真想寻死，可他仍
会命令这人赴死。即便他想开个玩笑，那也会给他人带来危险。**4** 这
么说是由于，他曾见到有个人黑发之间夹杂着一些白发，就好像有
几条小虫子在爬一样，那时候他竟把一只鹦鹉放到那人的头上，想
让它捉出这些"虫子"，结果鸟喙的啄食让那脑袋长了疮。**5** 他从中

---

① 显然仿效的是古希腊神话中巨人族和神族之间的战斗场面，其中扮成人
身蛇腿的应是对巨人埃科德纳德斯（Echidnades）的模仿。

② 原文为 sacra Mithriaca。密特拉神原为波斯人崇拜的光明神，庞培时代传
入罗马，到公元一世纪末，对他的祭祀崇拜在罗马帝国范围内广为流传。
在接下来的两个世纪里，这个神明以"战无不胜的太阳神密特拉"（Sol
Invictus Mithras）在帝国各地接受膜拜。那时，密特拉神的崇拜可能是基督
教的最大竞争对手。——英译者注

③ 即通常称的苏埃托尼乌斯，关于此人，请参见《哈德良传》，XI，3。——
英译者注

④ 关于卡里古拉的生日，请参见苏埃托尼乌斯：《罗马十二帝王传·卡里古
拉传》（*Suetoni Vita Gai*），VIII，1："盖乌斯·恺撒生于八月三十一日，是
在其父亲和盖乌斯·弗特尤斯·卡庇托（Gaius Fonteius Capito）出任执政官
的那一年。"——英译者注，有删减，引文为汉译者补充。

间剖开了一个胖子的肚皮，结果那人的肠子突然就流了出来。**6** 对那些被他剜去一只眼睛或砍下一条腿的人，他常常称他们为独脚仙或独眼龙。**7** 除此之外，他还在各地处死了许多人：其中一些是因为穿着蛮族的服饰跑来见他，另一些则是出于声名远播或仪表出众。**8** 在他宠爱的人当中，有一些人的名字他是用男女性器官来命名的，而对这些人他毫不吝啬地献上自己的香吻。**9** 他身边还有一个阳具大过动物的男子。他总唤其为驴子，并对他宠爱尤甚，甚至既赐予了这个人财富又委命他担任赫拉克勒斯郊区祭祀仪式①的祭司。

XI. 1 据说，康茂德曾时常将人的排泄物和最珍贵的佳肴混在一起，随后情不自禁地品尝起这种东西来，还自以为别人会因此举受到嘲弄。**2** 他把两个发育不良的驼背涂满芥末后盛在大银盘里端了出来，随即便对他们进行了提拔和赏赐。**3** 他当着众官员的面将身披托袈袍的近卫军长官尤利安②推下了水池。他甚至还命令这位击着铜钹、扮着鬼脸的尤利安当着自己情妇的面脱光了跳舞。**4** 为了不让奢华遭到破坏，他在宴会上几乎都不端上各种烹饪过的蔬菜。**5** 他时常一天沐浴七八次，并总是在浴池里进食。**6** 他往往沾着人血及不净之物踏入神庙。**7** 他甚至还模仿起医生，并用手术刀为病人实施放血致使他们死去。**8** 谄媚者为了彰显他的荣耀，便用其本人的尊号重新命名了各月：如把八月改称为"康茂德月"、九月为"赫拉克勒斯月"、十月为"战无不胜者月"、十一月为"至高无上者月"、十二月为"亚马逊月"。③**9** 其

① 此处赫拉克勒斯的祭祀仪式应是私下举行的，地点当在皇帝位于郊区的庄园里。——英译者注
② 关于此人，请参见本卷 VII，4。——英译者注
③ 根据狄奥·卡西乌斯，LXXII，15，3，新的月份顺序应该为：[从一月开始]亚马逊月、战无不胜者月、菲利克斯月、庇乌斯月、卢西乌斯月、埃利乌斯月、奥勒利乌斯月、康茂德月、奥古斯都月、赫拉克勒斯月、罗马人月（Romanus）、至高无上者月。正文此处所列的次序有误。——英译者注，有删减，月份名和排序为汉译者补充。

中，亚马逊①之名是出于他对情妇玛尔契娅②的宠爱，因为他曾时常
热衷于让后者扮成亚马逊人，因此为了她，康茂德本人甚至都想穿
上亚马逊人的装束现身于罗马的竞技场。**10** 他还参加角斗士比赛，
并为能获得授给角斗士的名号而感到高兴，其程度就好像自己得到
了获胜者的勋章一样。**11** 他总会在庆典赛会上献技，而且每次登场
都会下令在国家档案上留下记录。**12** 据说，他曾参加过七百三十五
场角斗士比赛。**13** 在普德恩斯和波利奥出任执政官的那一年的十月
（也就是后来的赫拉克勒斯月）十二日，他被授予了恺撒的尊名。**14**
在马克西姆斯和奥菲图斯出任执政官的那一年的赫拉克勒斯月十五
日，他得到了日耳曼尼库斯的称号。

XII. 1 在皮索和尤利安出任执政官的那一年的亚马逊月二十
日③，康茂德入选所有的祭司团担当祭司，**2** 在卢西乌斯月（后来就
是这么称呼的）十九日④，他起程前赴日耳曼尼亚，**3** 也就在那一年，
他穿上了成人托袈袍。**4** 在波利奥和阿贝尔双双再度出任执政官的
那一年的罗马人月二十七日⑤，他加尊成了父亲的共治帝。**5** 同一年
的十二月二十三日，他举行了凯旋式。**6** 在奥菲图斯和卢弗斯⑥出
任执政官的那一年的康茂德月三日，他再度起程赴行。**7** 在普莱森
斯⑦第二次出任执政官的那一年的赫拉克勒斯月二十二日⑧，他被军
队和元老院授予帕拉丁宅邸（随后被改称为康茂德亚纳宅邸）的永

---

① 原文为 Amazonius，出自古希腊传说中的女战士部落。
② 关于此人，请参见本卷 VIII，6。——英译者注
③ 原文直译为"战无不胜者月初一日之前的第十三天"。
④ 原文直译为"埃利乌斯月初一日之前的第十四天"。
⑤ 原文直译为"至高无上者月初一日之前的第五天"。
⑥ 维利乌斯·卢弗斯，关于此人，请参见本卷 IV，10。
⑦ 关于此人，请参见《哲学家马可·安东尼努斯传》，XXVII，8。
⑧ 原文直译为"罗马人月初一日之前的第十一天"。

久保有权①。**8** 他还谋划着第三出征，不过被他的元老院和人民劝阻了下来。**9** 在弗希阿努斯②第二次出任执政官的那一年的庇乌斯月五日，人们为他许了愿。③**10** 另外，曾有记载说道，他在其父的统治期间参加过三百六十五次角斗。**11** 在那之后，或是将那些持网斗士④击败，或是直接把他们杀死，以这样的方式他摘得了上千顶角斗士桂冠。**12** 他还亲手斩杀过成千上万的各类野兽，甚至还包括大象。他是当着罗马人民的面干这种事的。

XIII. 1 虽然投入上述各类项目中的康茂德身体健硕，可是在其他场合里他却是个体弱多病的人。另外，在他的腹股沟间长有一颗硕大的肉瘤，以至于罗马人民都能隔着他身上的丝袍看到那颗东西。**2** 有许多诗行对此进行了描写，而马略·马克西姆斯对能在自己的著作里引用这些诗句感到了自豪。**3** 他以非凡的勇武杀死过多头野兽，譬如他曾用长矛刺杀过一头大象、用叉刺破过非洲羚羊的角，他徒手一拳曾结束过成千上万头野兽的性命。**4** 他不知廉耻到了这般地步，以至于三番五次在大庭广众下身穿女装坐在圆形大剧场或其他剧场内喝着东西。**5** 虽然这个人生活如此堕落，可是在他当政期间，他的副将们仍战胜了摩尔人和达契亚人，并迫使潘诺尼亚人缔结了合约。另外，当不列颠、日耳曼尼亚，和达契亚的行省居民拒不接受其统治之时，**6** 他的将领们镇压了上述所有行省。**7** 康茂德本人对签署文件这类事既表现散漫又不放心思，以至于总以同样的词句签复各类奏章，而且在数不胜数的信件里他都只写了"祝好"一词。

① 即登基称帝的正式说法。——英译者注

② 此人可能为《哲学家马可·安东尼努斯传》，III，8 所提及的那个塞尤斯·弗希阿努斯。

③ 可能是因为瘟疫再度暴发而为康茂德许的愿。——英译者注，有删减。

④ 原文为 retiarius，指角斗士的一种，角斗时手持大网兜和三叉戟，将对手罩住后进行刺杀。——英译者注

8 所有的国家事务都交付给了另一群家伙处置，据说他们竟利用罚金让自己的钱包鼓了起来。

XIV. 1 由于康茂德的无所作为，那时那些把持国政的人侵吞了收获的粮食，而这（并非是缺粮）才是罗马发生大饥荒的根源所在。①**2** 对于那些的确把一切都劫掠一空的人，康茂德后来处死了他们，还没收了全部的财产。**3** 对于他自己，一边把冠以康茂德之名的时代同黄金时代相提并论，一边还下令降低物价，结果导致了物品更加稀缺。**4** 同样在他当政期间，有许多人用金钱就能陷他人于刑罚或保全自己免遭惩处。**5** 有人肯出钱，他就会改变惩罚判决、贩售安葬权②、对罪犯从轻处罚，甚至处死为他人替死之人。**6** 他还出售诸行省及政府官职，③ 所获的收益由替他贩卖的人和其本人分成。**7** 他甚至还让肯出钱的人杀死自己的敌人。在他的统治下，被释奴竟能收买到诉讼判决。**8** 他无法长期忍受近卫军长官帕特努斯④和佩勒尼斯⑤。虽然是他自己任命了这些近卫军长官，可没有一个人能任职当满三年，最后许多人要么被他毒死、要么被他剑杀。他还同样频繁地更换着罗马市长。

---

① 关于此事，请参见赫罗提安，I，XII，4："他［克莱安德］聚敛起万金，又购下大部分的粮食补给，另一方面却中断了食物的分发，这么做是出于如此考虑：如果他先制造出粮食供应不济，随后再趁大家急于求粮而无果之际，慷慨地发放粮食，这样一来他就能把人民争取到自己这边，并逐渐取得人民和士兵的忠诚。"

② 关于不得安葬之人，比如：在古罗马被处以十字架刑的人在行刑后是不得安葬的，为防有人偷取尸体悄悄安葬，一般都会在刑场附近加派士兵巡守。关于此事，请参见佩特罗尼乌斯的《萨蒂利孔》（*Petronii Satyricon*），111，IV："次日夜里，有一个士兵看守十字架，以防有人取下尸体安葬，那时他看到在墓室中有闪烁的亮光，还听到有人在痛苦哀悼。"

③ 关于此事，请参见本卷 VI，9。

④ 关于此人，请参见本卷 IV，1。

⑤ 关于此人，请参见本卷 IV，7。

　　XV. 1 康茂德毫无顾忌地杀掉了自己的几名内侍，即便之前他所做的每一件事总要先征得他们的同意。**2** 有位叫埃喀勒克图斯①的内侍看到他如此肆无忌惮地处死同伴，在这种情况下，他先发制人地加入了谋杀康茂德的阴谋之中。**3** 他〔康茂德〕观看比赛时会穿上角斗士的装备并用紫色的布遮住裸露在外的臂膀。**4** 除此之外，正如马略·马克西姆斯在著作里所证实的那样，他还曾有这种习惯：他下令把自己做过的卑鄙可耻、肮脏下流、残暴血腥，或与角斗士相仿的，又或与妓院老板一样的每一件事全都登在了罗马邸报②上。**5** 他甚至当着罗马人民的面进行角斗，还称他们为康茂德亚努斯③之民。**6** 他多次在竞技场内献技角斗，虽然人们曾有一次像对待神明一样地为他欢呼，可他一心以为自己遭到了嘲笑而指令正要在圆形大剧场里搭建顶篷的水兵就地屠杀罗马人民。**7** 还有一次，他命人在城里放火，就如同对待其自己的殖民地④一样。要不是近卫军长官莱图斯将他劝止住了，罗马城可能真会燃起大火。**8** 在其他一些颁给〔角斗士〕获胜者的名号中，⑤他还六百二十次被授予了"天下第一剑盾斗士"⑥的美名。

　　XVI. 1 在康茂德统治期间，无论影响了国家还是他个人，曾出现过如下的这些征兆：长发星显现。**2** 人们在广场上见到众神离去

---

①　他曾是被释奴，得宠于卢西乌斯·维鲁斯。关于此人，请参见《维鲁斯传》，IX，6。——英译者注
②　原文为 acta urbis，指的是一种从尤利乌斯·恺撒时代就开始的出版物，上面一般登载政府发表的官方公告或国家新闻。——英译者注，有删减
③　关于康茂德把罗马城改称康茂德亚纳殖民地一说，请参见本卷 VIII，6。——英译者注
④　关于康茂德把罗马城当殖民地一说，请参见本卷 VIII，6。
⑤　关于此事，请参见本卷 XI，10。
⑥　原文为 secutor，指的是在竞技场上与持网斗士对决的剑盾斗士，装备一般为盾牌、短剑、头盔。

的足印。在同逃亡者开战 ① 之前，天色如火。一月一日那天，在竞技场里突然升腾起一股黑雾，甚至让周围都陷入了黑暗。在太阳升起之前，曾出现过火焰鸟及可怕的凶兆 ②。3 康茂德还说自己在宫殿里无法入眠，于是便从帕拉丁山搬到了位于西里欧山的维克提利安奈屋 ③。4 双生雅努斯神 ④ 的殿门自然而然就开启了，还有人看到阿努比斯神的大理石像动了起来。5 位于米努西亚柱廊的赫拉克勒斯铜像一连好几天都在出汗。在罗马和拉努维乌姆的寝宫顶上都抓到过一只大雕。6 另外，也有不容忽视的征兆因他的所作所为而降临到了自己的身上。这么说是因为，就在用一只手碰了被杀的角斗士的伤口之后，他又用这只手擦拭了自己的脑袋。他一反常规地命令

① 关于此事的前因，请参见赫罗提安，I，X，1—2："有一个叫马特努斯（Maternus）的人，他曾当过兵，以胆大妄为而出名。他说服一些人与自己一起逃离了军队，随即便召集起了一大帮的乌合之众。起初他们袭击并劫掠乡镇庄园，而当马特努斯积累起相当数量的钱财之后，他竟通过慷慨赏赐及公平分赃的诱惑集结到了规模更大的一班匪徒。于是，他的人不再单单是强盗土匪了，而成了敌对的军队。他们现在攻击大都会，关押在牢内的犯人无论犯下何等罪过都被他们给释放了，接着又在给予安全保证的允诺下，说服了那些已获拯救的人与他们自己同流合污。这伙人四处流窜，足迹遍布高卢和西班牙各地，他们攻打过多座大城市：其中的一些城市被他们纵火焚毁了，另一些则被劫掠一空。"

② 此处原文"鸟"和"征兆"共用同一个词。古罗马人往往通过飞鸟进行占卜，因此，这里所说的凶兆特指观察前文提到的火焰鸟而得出的。

③ 即角斗士学校，位于圆形大剧场附近。在第二天以剑盾斗士的身份登场之前，公元192年12月31日康茂德打算在那里度过一夜。请参见狄奥·卡西乌斯，LXXII，22，2："康茂德似乎希望处死两位执政官埃鲁奇乌斯·克拉鲁斯（Erucius Clarus）和索西乌斯·法尔库（Sosius Falco），并想在新年第一天以执政官和剑盾斗士的身份从角斗士的住处来到大家面前。事实上，他在那地方拥有一间居所，如同他就是角斗士的一员一样。"——英译者注，引文为汉译者补充。

④ 原文为 Ianus geminus，指的罗马人的守护神，双面的雅努斯。雅努斯神庙的大门在和平时期是紧闭的，殿门开启意味着战争。

观众穿上斗篷而非托袈袍前来观看角斗，而那种装束一般都在葬礼
上穿的，同时他自己又穿着丧服主持比赛。**7** 他的头盔两次被通过
利比提娜门 ① 带了出来。**8** 他向人民发放了七百二十五枚银币作为
赏赐。而所有除此之外的人 ②，他却对他们极其克扣，那是出于国库
为了应付毫无节制的开销已经捉襟见肘了。**9** 他任凭个人喜好（而
非出于宗教的目的 ③）也为了让各派 ④ 的领袖们致富，便增加了多场
竞技比赛。

　　XVII. 1 近卫军长官昆图斯·埃米利乌斯·莱图斯 ⑤ 和康茂德的
情妇玛尔契娅因他的上述诸多劣迹而感到了愤怒（可以说，这来的
太晚了），于是他们策划起了弑君的阴谋。**2** 起初，他们对他下了毒，
不过鉴于毒杀的做法并未奏效，他们便借助平常和他一起训练的运
动员之手将其勒死了。⑥**3** 康茂德的体型匀称；神态愚笨得就像个醉
鬼。他谈吐粗俗，总是顶着一头染过的头发，并且还用金粉让发色
保持亮泽。他出于对理发师的畏惧而用火来烫掉自己的头发和胡子。
4 元老院和人民要求把他的尸体用钩枪拖拽着扔进台伯河里，不过

---

① 原文为 Porta Libitinensis，指圆形大剧场里的一扇大门，专用于拖走被杀
　　死的角斗士的尸体。利比提娜（Libitina）则是专司葬礼的女神。——英译
　　者注
② 此处的人民（populus）之称乃指拥有罗马公民权的人，因此所谓除此之
　　外的人当指没有罗马公民权的人。关于人民的定义，请参见盖尤斯的《法
　　学阶梯》（*Gaii Institionum Commentarii Quattuor*），I, 3 : "而平民与人民存
　　在着如此的差异: 人民之称乃指包含贵族在内的全体有公民权之人（cives），
　　而平民之称乃为不含贵族之其他有公民权者。"
③ 古罗马人的各项竞技比赛最初都是作为宗教庆典而举行的，关于此事，
　　请参见《哈德良传》，III, 8 之注脚。
④ 古罗马赛车比赛一般分成四队进行角逐。关于此事，请参见《维鲁斯
　　传》，IV, 8 及注脚。——英译者注，有补充。
⑤ 关于此人，请参见本卷 XV, 7。
⑥ 康茂德遭到弑杀的时间是公元 192 年 12 月 31 日。

后来，在佩蒂纳克斯的命令下，他被安葬进了哈德良陵墓。**5** 除去一座由克莱安德建造的并以康茂德之名命名的浴池之外，与他有关的建筑就不再有别的了。**6** 虽然他的名字曾被刻在一些其他的建筑物上，不过元老院却把这些都给抹除掉了。**7** 他甚至都未完成其父亲时代起就开始兴建的工程。他建起了阿非利加舰队，一旦来自亚历山大里亚的粮食出现供应迟缓的情况，这支舰队就会派上用处。**8** 在给阿非利加舰队命名为康茂德亚纳赫拉克勒斯［舰队］之后，他还戏称迦太基城为穿托袈袍的康茂德亚纳亚历山大里亚。**9** 他为尼禄巨像额外增加了一些装饰，而到了后来这些又全被除去了。**10** 此外，他还把尼禄巨像的脑袋切了下来，换上自己的，并按习惯的方式刻上了名号，其中连角斗士和娘娘腔这样的名字都没略去。[①]**11** 虽然如此，可人如其名一样庄严的塞维鲁皇帝[②] 大概出于对元老院的憎恨而将他列入了众神的行列，同时还为他配了一名叫赫拉克勒斯·康茂德亚努斯的祭司——而康茂德生前就已经筹划着安排这样一个人为自己［死后］的祭司了。**12** 他留下了三位姐妹在世。此外，塞维鲁还定下规定，要为他的诞辰日举行庆典。

　　XVIII. 1 康茂德死后，元老院欢声雷动。**2** 为了知晓元老院对康茂德做出的决议，据马略·马克西姆斯所记，以下便是元老院的阵阵欢呼声以及他们所通过的法案：**3** "把荣耀从那个国家公敌身上除去，把荣耀从那个刽子手身上除去，让那个刽子手遭到拖拽。那个国家公敌、刽子手、角斗士应在陵墓里遭到分尸。**4** 他是众神之敌、屠戮元老的毁灭者；他是众神之敌、屠杀元老的刽子手；他是

----

① 铭文内容根据狄奥·卡西乌斯，LXXII，22，3 的记载："他在巨像上刻下的铭文除了一长串我已提到过的名号之外，还有这些文字：'天下第一剑盾斗士，只用左手参加十二次比赛便击败了一千人。'我所记得的数字就是这样的。"——英译者注，有删减，引文为汉译者补充。

② 塞维鲁的拉丁语原文为 Severus，意思是"严肃的"、"严厉的"、"庄重的"。

众神之敌、元老院的敌人。**5**角斗士，进墓室吧！他屠杀过元老，因此该被扔进墓室里；他屠杀过元老，因此该被用钩枪拖拽；他杀死过无辜者，因此该被用钩枪拖拽。他是十足的公敌、十足的刽子手，确确实实而又真真切切。**6**他连自己的血亲都不放过，因此该被用钩枪拖拽。**7**他连您①都要杀死，因此该被用钩枪拖拽。您曾和我们一同面对恐惧、身陷危难。为了我们的安危，至高至善的朱庇特啊，请为我们佑护佩蒂纳克斯吧！**8**为近卫军士兵的忠诚欢呼，为近卫军欢呼，为罗马人的军队欢呼，为元老院的尽职尽责欢呼。**9**刽子手应遭到拖拽。我们恳请奥古斯都您让那位刽子手遭到拖拽。我们恳请让那位刽子手遭到拖拽。**10**恺撒，快听听：把告密者［扔进斗兽场］喂狮子。恺撒，快听听：把斯佩拉图斯②［扔进斗兽场］喂狮子。**11**为人民的胜利欢呼，为士兵们的忠诚欢呼，为近卫军士兵们的忠诚欢呼，为近卫军欢呼。**12**到处都是那位公敌的塑像，到处都是那位刽子手的塑像，到处都是那位角斗士的塑像。把那个角斗士兼刽子手的塑像推倒。让那个公民们的屠夫遭到拖拽，让那个公民们的刽子手遭受拖拽。**13**把那位角斗士的塑像推倒。**14**在您获得拯救的同时，我们也得到了拯救、得到了庇护，这是确确实实而又真真切切的、毕恭毕敬而又发自肺腑的。**15**现在我们终于安全了，就该让告密者感到害怕。为了我们今后的安全，该让告密者感到害怕。为了我们今后的福祉，告密者该被逐出元老院，该遭到棒打。在您得到拯救之后，告密者该被［扔进斗兽场］喂狮子。**16**在您成为皇帝之后，告密者该遭到棒打。

    XIX. 1 "该把那位刽子手和角斗士的记录抹掉，该把那位刽子

---

① 此处显然指佩蒂纳克斯，关于此人，请参见本卷 XVII, 4。——英译者注，有补充。

② 原文为 Speratus，此处显然表示某个告密者的名字。——英译者注

手和角斗士的塑像推倒，该把那位醒酺的角斗士的记录抹掉。角斗士，进墓室吧！**2**恺撒，快听听：把杀人者用钩枪拖拽。屠杀元老的人按祖先们的传统该用钩枪拖拽。他残忍甚过图密善，醒酺甚过尼禄。他是自作自受。我们恳请在记载中还无辜之人以清白，还无辜之人以荣耀。**3**那位刽子手的尸体该被用钩枪拖拽，那位角斗士的尸体该被用钩枪拖拽，那个角斗士的尸体该扔进墓室中。请快快通过法令吧，我们全体一致认为他该被用钩枪拖拽。**4**他杀人不眨眼，因此该被用钩枪拖拽。他老幼皆杀，因此该被用钩枪拖拽。他男女皆杀，因此该被用钩枪拖拽。他连自己的血亲都不放过，因此该被用钩枪拖拽。**5**他劫掠神庙，因此该被用钩枪拖拽。他让遗嘱作废，因此该被用钩枪拖拽。他劫掠活人，因此该被用钩枪拖拽。我们曾为奴隶们效劳。**6**有钱就能从他那里免受死刑，因此该被用钩枪拖拽。有钱就能从他那里免受死刑，而他还不守信用，因此该被用钩枪拖拽。他出售元老席位，因此该被用钩枪拖拽。他剥夺儿子①的继承权，因此该被用钩枪拖拽。**7**将密探赶出元老院，将告密者赶出元老院。将唆使奴隶的人赶出元老院。而您曾和我们一同面对恐惧，您明辨一切，无论好人坏人都逃不过您的眼睛。**8**您明辨一切。快把万物更正回本来的样子吧。我们曾对您牵挂在心。哦，有您统治，我们多幸运啊。请快快把这位刽子手付诸表决，快快通过法令吧。我们恳请您能驾临。**9**无辜者尚未入土，刽子手的尸体该被拖拽。这位刽子手掘起过入土者，刽子手的尸体该被拖拽。"

XX. 1后来，在佩蒂纳克斯的命令下，康茂德的遗产代理人李维·劳伦希斯［将他的遗体］交给了执政官任上的费边·奇洛②，然后后者趁夜色将它落葬了。**2**对此，元老院惊呼道：**3**"是谁授权他

---

① 此处是泛指。
② 年份是公元 193 年。

们埋葬他的？应把他掘起后拖拽。"辛奇乌斯·塞维鲁说道："将他落
葬是不合法的，我以祭司长身份所说的这话即是祭司团的意见。
4 鉴于我已讲述了那些让人感到愉悦的事，现在我转而叙述那些必
要之事：我的观点是，当那个人活在世上时，他给公民们带去了灾
难、为自己的荣耀抹了黑，却又强迫我们要把荣誉颁授给自己，因
此该把他的塑像推倒，该把那些四处林立的塑像推倒。**5** 他的名字
应从一切公共或私人的记录中抹掉，[①] 而那些月份也应恢复它们以
往的名字，应该恢复到那种史无前例的罪恶尚未降临国家的那个
时候。[②]"

[①] 关于此事，请参见本卷 XVII，6。——英译者注
[②] 关于此事，请参见本卷 XI，8。——英译者注

五帝之年诸君主

埃尔维乌斯·佩蒂纳克斯传

尤利乌斯·卡庇托利努斯

I. 1 普布利库斯·埃尔维乌斯·佩蒂纳克斯的父亲是名叫埃尔维乌斯·苏克奇苏斯的被释奴。他承认，自己为孩子取这个名①是为了自己的木材生意能持续不断地经营下去，因为他曾以坚持不懈的毅力操持着这项买卖。2 佩蒂纳克斯出生在亚平宁山区他母亲的庄园里。②就在降生的那一刻，有一匹黑马爬上了房顶，在那上面停留片刻后又掉落下来断了气息。3 他父亲见到上述征兆便前去找了迦勒底人［求神问卜］。对方在做出那孩子今后必成大器的预言同时，还说道，他已经失去了这位后人。4 在他还是孩子的时候，就被送去学习文学基础和算术，还被送到希腊语法学家那里——后来师从苏尔庇奇乌斯·阿波利纳里乌斯。从阿波利纳里斯处学成之后，这位佩蒂纳克斯便教授起了语法。5 不过，鉴于从事该职所获甚少，于是在其父亲的保护人、拥有执政官官衔的洛利安努斯·阿维都斯的帮助下，他在军队中谋到了一官半职。6 随后，在提图斯·奥勒

---

① 佩蒂纳克斯的拉丁语原文为 Pertinax，意思是"不屈的"、"顽固的"。
② 年份为公元 126 年。根据《菲罗卡鲁斯年历》(the Calendar of Philocalus)生日当为 8 月 1 日。

利乌斯①统治时期，他以大队②长的身份起程前往叙利亚，在那里，由于在没有得到得到授权书的情况下就使用了邮驿系统，叙利亚总督曾强迫他从安条克城步行前往自己的军团。

II. 1 由于在与帕提亚人的战争③中表现卓越，佩蒂纳克斯得到了提拔而被调往不列颠，并在那里［待了段时间］。**2** 随后，他在默西亚统率一支骑兵分队④。接着，他又负责在埃米利亚大道上监督补助金⑤的发放。**3** 再后来，他得到了日耳曼尼亚舰队的统率权。他的母亲一直跟随他来到了日耳曼尼亚，并最终在那里辞世而去，据说，她的坟墓至今依然尚在。**4** 后来，他以二十万塞斯退斯的俸禄被调往达契亚，不过在某些人的卑鄙把戏下，他遭到马可的猜忌而被调离了这个职位。在那之后，他通过马可的女婿克劳狄乌斯·庞培安努斯⑥的协助，以培养他充当助手为由而让他指挥几支特遣队。**5** 在任上述职务期间，他被核准选入了元老院。**6** 就在他再次得胜之后，有个针对他的阴谋遭到了败露。在马可当政时，这位皇帝为了弥补先前对他的不公，而将他擢升为与裁判官等衔［的职级］并委命其统率第一军团，他在领命之后便迅疾从敌人手中解救了雷蒂安和诺里库姆⑦。**7** 出于其四射的活力，在皇帝马可的恳请下，他被推选为了执政官。**8** 在马略·马克西姆斯的著作里有一篇［马可的］演

---

① 此处当指安东尼努斯·庇乌斯。——英译者注
② 原文为 cohors，指在古罗马军团中低于军团级别的军队编制。一个军团由十个大队组成，因此一个大队的人数大约在五百人左右。
③ 关于这场战争，请参见《哲学家马可·安东尼努斯传》，VIII，6；及《维鲁斯传》，VI，7。——英译者注
④ 原文为 ala，原意是"翅膀"，在军队中表示方阵中的两翼，一般都由该军团的骑兵组成。
⑤ 关于这种补助金，请参见《哈德良传》，VII，8。——英译者注，有删减。
⑥ 关于此人，请参见《哲学家马可·安东尼努斯传》，XX，6。——英译者注
⑦ 原文为 Noricum，古罗马行省名，大致位于今奥地利。

说辞，流露出对他的赞美，还对他所做的和所经历的每一件事都赞
赏有加。**9** 除去上述马略·马克西姆斯用很长的篇幅引述的演说辞之
外，马可还在士兵集会和元老院［议事］的场合里用一切机会对佩
蒂纳克斯进行赞扬。由于他身为元老而无缘当上近卫军长官 ①，马可
又公开对此感到了难过。**10** 在卡西乌斯起义被镇压以后，他离开叙
利亚起程前去守卫多瑙河防线。在那之后，他得到了上下默西亚的
统辖权，没过多久又握有了达契亚的统辖权。**11** 而在这些行省所取
得的胜利终让他名正言顺地取得了叙利亚的统辖权。

　　III. 1 直到手握叙利亚统辖权的那刻，佩蒂纳克斯一直都是完美
无瑕的。可在马可驾崩之后，他贪恋起了钱财，为此还受到人们的
嘲讽。**2** 在出任过四行省总督之后，成为富人的他终于步入了元老
院议事堂，这么说是因为，在他任执政官期间 ②［一直都］没出席过
元老院会议，而身为元老的他 ③ 在此前又未曾见过议事堂。**3** 此外，
又过了不久，在佩勒尼斯 ④ 的指令下，他隐退回了父亲位于利古里
亚 ⑤ 的庄园里，而他父亲曾在那里经营一家裁缝铺。**4** 他一到利古
里亚，就购置了多处田产，对于父亲的店铺，他在维持其原貌的同
时还在周围盖了数不胜数的房舍。他在那个地方依靠自己的奴隶经
营了三年生意。**5** 佩勒尼斯遭处死后，康茂德向佩蒂纳克斯赔了罪，
并在信件里要他动身前去不列颠。**6** 他到了不列颠之后，那里的士
兵正图谋另立他人为帝，⑥ 而佩蒂纳克斯是再好不过的人选了，在这

---

① 帝国时代的近卫军长官职位必须由骑士阶层担任。

② 关于佩蒂纳克斯出任执政官，请参见本卷 II，7。

③ 关于佩蒂纳克斯成为元老，请参见本卷 II，5。

④ 关于此人，请参见《康茂德·安东尼努斯传》，IV，6 及注脚。

⑤ 原文为 Liguria，指位于意大利西北部的滨海地区。

⑥ 关于不列颠军团企图另立皇帝之事请参见《康茂德·安东尼努斯传》，
VIII，4。

种情况下，他阻止了他们的作乱企图。**7** 就在那时，佩蒂纳克斯陷入到了可怕的嫉妒当中，因为据说他将安提斯奇乌斯·布鲁斯和阿里乌斯·安东尼努斯以图谋篡位的罪名起诉到了康茂德那里。[①] **8** 他确实在不列颠镇压过多起反对康茂德的起义，而他也因此陷入到极度的危险之中，在一次军团的哗变里他差点儿就被杀死了，那真的就是死里逃生。**9** 佩蒂纳克斯随后用最为严厉的手段惩处了那次哗变。**10** 经此事件之后，他说道，自己因严肃军纪而遭到了军团的敌视，因此他恳请能免去现在的职位。

　　IV. 1 在委任了接替者之后，佩蒂纳克斯被派去监督补助金的发放。随后，他被任命为了阿非利加总督。**2** 在总督任上，据说他凭借着天神庙[②]宣示的神谕章句镇压了多起起义。在那之后，他被任命为了罗马市长。**3** 他在严厉之人弗希阿努斯[③]之后登上了市长之位。在职期间，他表现极其温和而谨慎，还百般取悦那位康茂德，因为他〈……〉[④]，佩蒂纳克斯再度当上了执政官。**4** 也就在那时，当另一些人要他参与刺杀康茂德的阴谋的时候，他并没有回避。**5** 后来，在康茂德被弑之后，近卫军长官莱图斯[⑤]和内侍埃喀勒克图斯[⑥]来到了他的跟前，向他做出了［皇位］保证，随后再领着他踏入了［近卫军］营地[⑦]。**6** 在那里，他对士兵们发表了讲话，他允

---

① 关于这两个人，请参见《康茂德·安东尼努斯传》，VI，11．；VII，1。——英译者注

② 此处天神指的是迦太基的守护女神塔尼特（Tanith），在帝国时代被以阿非利加人的天界女神（Caelestis Afrorum Dea）之名受到膜拜。该女神的祭祀仪式延伸至北非和西班牙，后由士兵传布到了帝国各地。——英译者注

③ 关于此人，请参见《哲学家马可·安东尼努斯传》，III，8。——英译者注

④ 此处缺字。

⑤ 关于此人，请参见《康茂德·安东尼努斯传》，XV，7。

⑥ 关于此人，请参见《维鲁斯传》，IX，6；《康茂德·安东尼努斯传》，XV，2。

⑦ 显然是罗马城外的近卫军营地。关于此事，请参看，张晓校：《罗马军队与帝位嬗递》，中国社会科学院出版社，2006 年，第 141 页。

诺会给予一笔赏赐，并说道，国家大权被莱图斯与埃喀勒克图斯移交给了自己。**7** 由于士兵们惧怕［他们的忠诚与清白］会遭到怀疑，康茂德因病而亡的消息被炮制了出来。**8** 最终，佩蒂纳克斯被拥戴为了皇帝，虽然最初只有寥寥几人［支持其称帝］。① 于是，在十二月三十一日，他就以六旬之龄被推选为帝。②**9** 他连夜离开兵营来到了元老院，他命人把议事堂的大门推开，却没有找到看门人，于是就坐到了和谐神庙③中。**10** 那个时候，马可的女婿克劳狄乌斯·庞培安努斯来到他面前，为康茂德之死感到哀恸。在这种场合下，佩蒂纳克斯请求对方接过国家大权。可他见到前者已经成了皇帝，因而推辞不受。**11** 随即，全体官员与执政官一一起来到了元老院议事堂，宣告连夜步入会堂的佩蒂纳克斯成了皇帝。

　　V. 1 佩蒂纳克斯接受了执政官对自己的赞美之辞，而等元老院抨击完康茂德之后，④他接着表达了对元老院尤其是近卫军长官莱图斯的谢意，因为康茂德被杀身亡连同他自己能当上皇帝，这全是后者谋划的。**2** 然而，在佩蒂纳克斯向莱图斯致以谢意之后，执政官法尔库［对他］说道："从这一点上我就了解到你会成为怎样一个皇

---

① 关于近卫军在佩蒂纳克斯发表演说时的表现，请比照狄奥·卡西乌斯，LXXIII，1，3："事实上，要是他不以下面的话结束自己的演说，士兵们可能真会彻底保持沉默，他说：'士兵兄弟们，当下有许多令人沮丧的事情，而有了你们的帮助将会重回正轨。'一听到这些话，他们就开始怀疑，之前由康茂德打破先例而颁授给自己的特权将会被废止，如此一来，这些人就感到了不愉快。虽然如此，不过他们仍将怒火压抑在心，保持了沉默。"——英译者注，引文为汉译者补充。
② 康茂德被弑于公元 192 年 12 月 31 日。佩蒂纳克斯生于公元 126 年，因此称帝之时，年岁应为 66 岁。——英译者注，有补充。
③ 原文为 Templum Concordiae，位于卡庇托山脚广场的西端，元老院有时候也在这座神庙集会。——英译者注
④ 关于此事，请参见《康茂德·安东尼努斯传》，XVIII—XX。——英译者注

帝。因为，我在你身后看到了莱图斯和玛尔契娅①，他们是康茂德犯下诸多罪行的帮手。"**3** 佩蒂纳克斯回答道："执政官啊，你还年轻，不知道顺从的必要性。那些人虽然违背了自己意愿而顺从康茂德，可一旦找到机会，他们就会把一直以来想要做的给表现出来。"**4** 就在他被冠上奥古斯都之尊的当天，在他于朱庇特神庙内进行许愿的那会儿，他的妻子弗拉维娅·提奇亚娜被授予了奥古斯塔的尊号。**5** 在所有人当中，他史无前例地在得到奥古斯都尊名的当天就获得了国父之号；**6** 他还同时获得了［罗马城外的］总督之权和［在元老院中］提第四份议案的权利，这对他来说是一种好兆头。**7** 于是，佩蒂纳克斯出发前往宫殿，由于康茂德遇害的地方在维克提利安奈屋，②宫殿那时仍空无一人。他对首日前来询问口令的保民官给出了"让我们服役"［的口令］，这么做确乎是对前段时期的颓靡虚弱在进行指责。而在此前，他也确实已在担任各处将领之职时就使用过上述口令了。

VI. **1** 然而，士兵们却无法容忍佩蒂纳克斯的苛责，转瞬便萌发出了更换皇帝的念头。**2** 就在同一天里，他还邀请了众官员及元老院里的头面人物赴宴，而这种通常的做法③曾一度被康茂德所忽视。**3** 就在一月一日之后的那一天，康茂德的塑像被推倒了，而士兵们发出了抱怨声，因为这位皇帝再次给出了相同的口令，于是他们对在这位年龄颇大的皇帝手下服役感到了恐惧。**4** 以至于最后，到了一月三日，士兵们在做出宣誓后想要把身份高贵的元老特里亚里乌斯·马特努斯·拉希维乌斯领入营地，并把罗马的国事托付给他执

---

① 康茂德的情妇。关于此人伙同莱图斯一起谋划刺杀康茂德的阴谋，请参见《康茂德·安东尼努斯传》，XVII，1。

② 关于康茂德迁居维克提利安奈屋，请参见《康茂德·安东尼努斯传》，XVI，3。——英译者注

③ 显然当天是一月一日，因此元首邀请显贵要员赴宴。

掌。**5** 然而，这个人却光着身子逃跑了。他来到宫殿佩蒂纳克斯那里，接着便离开了罗马城。**6** 确乎出于恐惧，佩蒂纳克斯被迫重申了康茂德授予士兵和退役老兵的所有［特权］。**7** 他还说，自己的权力是由元老院赋予的——尽管在之前他就已经义不容辞地担当起了上述权职。**8** 他宣誓彻底摒弃了对犯上罪的审查，还把那些曾因被判犯上罪而遭到流放的人召了回来，而对于那些已被处决的人，他也恢复了他们的名誉。**9** 元老院授予了他儿子恺撒的尊名。然而，佩蒂纳克斯却并未接受妻子的奥古斯塔之号①，还对儿子之事吩咐道："等他名副其实后［再授他恺撒之号］。"**10** 虽然康茂德以任命的方式让数不胜数的人混到了裁判官的官衔，可佩蒂纳克斯却让元老院通过法案，并规定道，那些通过任命方式得到裁判官官衔却未担任职务的人，应位列真正的裁判官之下。**11** 不过这么一来，他让许多人对自己引起了极大的愤慨。

VII. 1 佩蒂纳克斯下令进行一次普查。他还命人要对那些被判犯有告密的人②施以严厉惩处，③ 即便如此，可他做得仍比先前诸位皇帝更加仁慈温和。如果有人犯有上述罪行，他还为每一个等级该受的相应惩处订下了规定。**2** 他颁布法律：在另一份遗嘱未订立之前，原有遗嘱不得失效，这么做为的是防止帝王私库有时会按某种方式继承他人遗产。④**3** 他还宣布，一旦有人出于献媚或出于身陷模棱两可的官司［需有求于他］而将遗产赠予他，如果那人为达目的剥夺了合法继承人及近亲的权利，对于上述情况他本人不会接受任何遗产。元老院的决议获得通过之后，他加上了这些话：**4** "元老

---

① 关于此事，请比照本卷 V，4。——英译者注
② 关于这类人，请参照《康茂德·安东尼努斯传》，V，13—14。
③ 此处拉丁网络图书馆版本作："他还命人要对全体告密者施以严厉惩处。"
④ 这里指的是：财产所有人未留有遗嘱及合法继承人的情况下，遗产就归帝王私库所有。——英译者注

们，保有一个贫穷的国家比处心积虑地以战战兢兢而又肮脏龌龊的方式积累起大量财富更为可取。"**5** 康茂德曾经许下的犒赏他都兑现了。**6** 他以极其认真的态度调拨粮食供给。鉴于国库已经拮据到了这般地步，以至于他自己都承认，手上的钱不超过一百万塞斯退斯。在这种情况下，他不得不违背先前诺言而去征收已被康茂德豁免的［税款］。**7** 最终，拥有执政官官衔的洛利安努斯·杰奇安努斯因他违背诺言而对其进行了斥责，为此他开脱说，这是逼不得已而为的。**8** 他拍卖了属于康茂德的东西，以至于还派人出售他的男侍与情妇——当然，那些（正如所见）用武力抓进宫去的人被排除在了外面①。**9** 那些命人售出的男侍，其中的许多人随后又被重新送了回来以服侍这位老人取乐，而到了其他元首当政之时，这些人竟都获得了元老之尊。**10** 对于某些顶着最丑陋、最下流之名的小丑②，他把他们公开标价并出售了出去。**11** 卖出这些人获得了大量的钱财，他把所得钱款都用到了军队犒赏之上。

VIII. 1 有些被释奴在康茂德贩售［各项权利］的时候③变得富裕了，佩蒂纳克斯还从他们那里把这些不义之财搜罗了出来。**2** 在对属于康茂德的东西进行拍卖时，下列的物品很有必要提及一下：丝绸质地并用金线绣织的、做工出色的衣服；束腰上衣；斗篷；披肩；达尔玛提亚束腰袍④；带边饰的军用斗篷；紫色的希腊军用斗篷；**3** 巴尔达奇外袍⑤；用黄金、宝石制成的角斗士的战衣和装备；**4** 扮

---

① 关于这些人，请参见《康茂德·安东尼努斯传》，V，4。——英译者注

② 关于这些人，请参见《康茂德·安东尼努斯传》，X，8。——英译者注，有删减。

③ 关于此事，请参见《康茂德·安东尼努斯传》，XIV，4—7。——英译者注

④ 关于康茂德保有这种服饰，请参见《康茂德·安东尼努斯传》，VIII，8。——英译者注

⑤ 指一种带兜帽的即简便又厚重的外套，其名称似乎来自一支伊利里亚的部族巴尔达人（Bardaei），不过在高卢也有人制作这种衣服。——英译者注

赫拉克勒斯时 ① 使用的弯刀；角斗士的项圈；用陶土、金银、象牙、玻璃 ② 制成的各式器皿；5 还有同样材质制成的阴茎形状的器具、加热松香和沥青（这能用来除去体毛并让皮肤变得光滑）用的萨谟奈盛器；6 其中，还不应遗漏掉工艺新颖的马车——那精雕细刻的车轮、那设计巧妙并能时而转向蔽光处时而转向通风处的座椅；7 用来测量路程和指示时间的马车 ③；以及用以迎合其［康茂德］罪恶欲望的其他一些东西。8 除此之外，佩蒂纳克斯还把那些此前从私人府上送进宫的奴隶都交还了回去。9 他将帝王宴席从毫无节制的程度上降了下去，并采用了固定不变的规格。10 康茂德时代的每一项开销他也都削去了。此外，有生活十分节俭的皇帝作为榜样，所有人都开始出于节制而减少了挥霍。11 而在削减掉不必要的开支之后，他把朝廷的供养费用减到了平时的一半。

　　IX. 1 佩蒂纳克斯为服兵役的人提供了奖励，他清偿了当政初期欠下的债务，还把国库恢复到了正常的状态。2 他拨出固定的经费投入公共工程，他为大道的维护提供钱款，还为数不胜数的人偿付了拖欠的薪酬。终于，在帝王私库与全部开销之间他实现了收支平衡。3 他还尽心尽责地担负起了根据哈德良颁布的法令而拖欠［孩子

---

① 关于康茂德扮成赫拉克勒斯，请参见《康茂德·安东尼努斯传》，IX，2。

② 此处采用拉丁网络图书馆版本，原文为 vitro。洛布版原文为 citro，意思变成了"用柑橘木制成的"。

③ 指一种行程计。请参见维特鲁威的《建筑十书》(*Vitruvii De Architectura*)，X，2（选自本引书汉译本，知识产权出版社，2001 年 3 月，第 278 页，高履泰译）："在圆筒上附设一个齿形物，突出到它的圆周表面之外。在它的上方把小箱牢固地装设在车身上，其中放入位于尽端而嵌装在轴上的旋转圆盘。在这个圆盘的表面上做出与下面圆筒的齿相配合而等分为四百个的齿。此外，在上面的圆盘的侧面附有比（四百个）齿还要突出的另外一个齿。"维特鲁威，X，4："这样，随着车轮前进，下面的圆筒就和它一起转动……其结果是当下面的圆筒转了四百次时，上面的圆盘却只转了一次，附设在它的侧面的单齿只把水平圆盘的一个齿推送到前方。"

们］九年的补助金①。**4** 在他还是一介凡民的时候，就已洗脱不了贪婪的臭名了，因为他曾在萨巴奇亚滩② 通过［并购］某些无法偿还高利贷的土地占有人［抵押的地产］拓展了自己的地产。③ **5** 到最后，人们引用了卢西利安努斯④ 的诗文而把他称作"地上海鸥"⑤。**6** 除此之外，有许多人在著作里声称，他当初在出任总督的诸行省中曾表现吝啬。这么说是因为，据传，那时他出售过兵役豁免权和军中的差职。**7** 最终，即使父母留下的遗产如何之少，甚至自己连一丁点儿的继承权都没得到，可他仍在转瞬间就变成了富人。**8** 被康茂德夺去地产的人，无论谁他都返还给了他们，不过却非白白送还。**9** 元老院举行的例会⑥ 他每次都参加，并且总会提出些什么［进行讨论］。无论欢呼者还是提出异议者，他总对他们显示出彬彬有礼。**10** 他释放了那些因奴隶陷害而受刑的人，并对告密者⑦ 施加了更为严厉的惩处，还把犯有上述罪行的奴隶钉上了十字架。他还恢复了某些已故之人的名誉。

　　X. 1 执政官法尔库⑧ 策划了一起阴谋⑨，他想要得到大权，并在

① 关于这项补助金，请参见《哈德良传》，VII，8。佩蒂纳克斯执掌这个职位，请参见本卷 II，2；IV，1。——英译者注
② 原文为 Vada Sabatia，指位于意大利西北部的一座城镇。
③ 关于佩蒂纳克斯返回利古里亚并购地产之事，请参见本卷 III，3—4。
④ 应指盖乌斯·卢西利安努斯（Gaius Lucilianus），乃公元前二世纪的著名讽刺诗人。——英译者注
⑤ 海鸥（mergus）通常象征着贪婪的掠食者。——英译者注，有删减。
⑥ 原文为 senatus legitimus，在帝国时代表示元老院在每月的初一日和月半日（Idus）召集的例会。
⑦ 关于这类人，请参见《康茂德·安东尼努斯传》，XVIII，10。
⑧ 关于此人，请参见本卷 V，2。
⑨ 关于这场阴谋，请比照狄奥·卡西乌斯，LXXIII，8，2："而近卫军士兵们和莱图斯却策划了一起针对他［佩蒂纳克斯］的阴谋。他们第一步推选了执政官法尔库为帝：因为无论财富还是家族背景他都是显赫的。接着，他们谋划着趁佩蒂纳克斯身处海边考察粮食供给的时候将他带到营地。"——英译者注，有删减，引文为汉译者补充。

元老院提出了申诉。**2** 元老院确实相信了他〈：〉① 在那时，正有一
个奴隶声称［自己］是法比娅② 与〈……〉③ 的儿子，且出身契尤尼
乌斯·康茂德④ 家族，于是便胡闹地宣称自己是帕拉丁山屋邸的主
人〈，〉⑤ 而在身份被识破之后，他遭到了鞭笞并被勒令交还到主子
那里去。**3** 趁着对此人施加制裁之际，据说有一群憎恨佩蒂纳克斯
的人找到了作乱的机会。**4** 虽然如此，可佩蒂纳克斯仍旧宽恕了法
尔库，并请求元老院不要对其施以惩罚。**5** 最终，法尔库无忧无虑
地终老而死，他既保有了自己的财产又在死后让儿子成了继承人。
6 可后来许多人都说，法尔库被推举为皇帝他自己并不知情。**7** 另外
还有一些人也说道，是那些曾经做过假账的奴隶用伪造出来的证据
向他发起了责难。**8** 然而［后来］，近卫军长官莱图斯却与那群对佩
蒂纳克斯的崇高品质感到不满的人一起结成了阴谋同党以图颠覆他。
9 而事实上，莱图斯对自己把佩蒂纳克斯推上皇位感到了后悔，这
么说是因为，后者经常指责他在许多事情上就像是一个口风不紧的
蠢货一样。**10** 除此之外，在法尔库的案子里，佩蒂纳克斯仅凭一名
奴隶提供的证据就曾下令处决了许多士兵，⑥ 而这种做法在同是士兵
之人看来是残酷的。

　　XI. 1 就这样，三百名全副武装的士兵排成进攻阵型离开营地来

---

① 此处拉丁网络图书馆版本标注为缺字。

② 关于此人，请参见《哲学家马可·安东尼努斯传》，XXIX，10；《维鲁斯
传》，X，3。——英译者注

③ 此处缺字。

④ 关于此人，请参见《哈德良传》，XXIII，10。

⑤ 此处拉丁网络图书馆版本标注为缺字。

⑥ 关于此事，请比照狄奥·卡西乌斯，LXXIII，9，1："莱图斯把法尔库
当成了第一步棋子，而他现在借着皇帝之名处死了许多士兵。幸存下来的
人当他们意识到自己正身处绝境，出于对死亡的恐惧，便再次发动了叛
乱。"——英译者注，引文为汉译者补充。

到了宫殿。**2**［虽然举事是在瞬间发生的，］可据说，在佩蒂纳克斯当天进行献祭的时候，在祭品体内未找到心脏。他想免除上述凶兆，［在宰杀了另一头祭品之后，］他未找到内脏之首①。而那个时候，士兵还全都待在营地。**3** 他们曾经离开过营地去为元首尽责，可佩蒂纳克斯由于献祭时得到的凶兆而推迟了当天准备前往雅典娜神庙的巡游并在那里聆听颂诗的计划，于是那些前来尽责的士兵就开始返回了营地。**4** 然而，就在刹那间，之前提到的那群［三百名］士兵就来到了宫殿，他们既阻挡不了又无法通报给皇帝。**5** 事实上，宫廷里的每一个人都对佩蒂纳克斯怀有如此多的愤恨，以至于他们竟鼓励士兵大胆下手。**6** 士兵穿过宫殿的柱廊，一路进抵到一处被称为西西里与朱庇特宴厅的地方。当他们冲进宫殿时，佩蒂纳克斯正在检视御用奴隶，**7** 他获悉有士兵正冲入宫廷之后，便指派近卫军长官莱图斯前去见那些人。可是，后者躲开士兵，穿过柱廊溜了出去，随后又将脑袋蒙住，直奔回了家里。**8** 然而，就在他们马不停蹄地闯入内廷之后，佩蒂纳克斯径直来到这群人面前，以一篇费时颇多而又感触人心的演讲安抚了他们。**9** 虽然如此，可随即有个名叫陶西乌斯的通古里人②用言辞鼓动起了士兵们，在把他们引入愤怒与恐惧后，这个人把长矛刺进了佩蒂纳克斯的胸膛。**10** 就在那一刻，他先向复仇之神进行了祈祷，然后用托袈袍遮住了脑

① 原文为 caput extorum，在占卜中指的是肝脏。

② 原文为 Tungri，指的是日耳曼人的某个部族名，在罗马帝国时代他们被吸纳进了罗马军队。关于此族名，请参见塔西佗的《历史》（*Taciti Historiae*），II，14，1（选自本引书汉译本，商务印书馆，1981 年 6 月，第 91 页，王以铸、崔妙因译）："正在这个时候，惊惶万状的使者带信来给法比乌斯·瓦伦斯说，奥托的海军正在威胁着已经向维提里乌斯宣誓效忠的纳尔波高卢行省。从各移民地前来的使节也要求援助。于是他便派出了通古里人的两个步兵中队、四个骑兵中队和特列维人的一整队骑兵，而以优利乌斯·克拉西库斯为将领。"

袋①。随后，其他人的长矛便纷纷向他刺了过去。11 埃喀勒克图斯被刺了两下和他一起被杀。12 宫廷内余下的侍者——[说余下的，那是] 因为在他被推举为皇帝之后不久，就立即把自己的侍者交给了已获得家产并被解除监护的子女们②——都四散而逃了。13 而许多人又确确实实说道，士兵们甚至闯入了寝宫，然后在床榻附近将逃跑中的佩蒂纳克斯杀害了。

XII. 1 佩蒂纳克斯是一位令人敬畏的老人，他胡子很长、头发带卷、体态臃肿、肚皮鼓起，他的仪态具有帝王风度，他口才平平，为人与其说和蔼还不如说圆滑，他从来都不是大家认为的那么单纯。2 虽然他言辞亲切，可一旦变成行动，就成了一个缺乏大度，甚至近乎吝啬的人，以至于在他还是一介凡民的时候，在宴会上只摆出切成两半的莴苣和食蓟。3 如果没有别的人带些什么吃的来，朋友再多，他都 [在宴席上] 分三次摆出总共九磅③的肉食。4 而假如有人带了格外多的东西来，他竟会把食物留到第二天，届时还总会叫来许多人赴宴。5 在成为皇帝后，假如没有客人在场，他每顿都会吃相同式样的食物。6 一旦要从自己的餐桌上拿点什么食物给朋友，在那种时候他会送上两片面包或一点点牛百叶，偶然的场合里也就送上禽腿肉。在私人用膳的时候他从不食用野鸡，也从不

---

① 显然是模仿了尤利乌斯·恺撒的做法，为的是死去的时候能保持体面。关于恺撒之死，请参见苏埃托尼乌斯的《罗马十二帝王传·被奉为神的尤利乌斯传》(*Suetoni Vita Divi Iuli*)，LXXXII："当他发现，匕首正从四面八方向自己袭来的时候，就用托袈袍蒙住了脑袋，同时用左手把袍子的下摆拉到脚上，因为把身体的下部遮住能在死去的时候让自己更显尊贵。"

② 关于此事，请参见狄奥·卡西乌斯，LXXIII，7，3："他甚至都不愿把儿子养在宫中，而是从获得最高大权的第一天起，就把之前属于自己的全部财产都预留了出来，并在自己的子女中——他还有一个女儿——进行分配。随后他还下令，让自己的子女住到祖父母的屋里。"——英译者注，有删减，引文为汉译者补充。

③ 指罗马磅，本书重量单位如无特别说明皆按罗制。一罗马磅约合 328.9 克。

将这种东西送去给他人。**7** 在没有朋友一起用餐的场合下，他通常会唤来妻子以及曾和自己一同教书的瓦勒里安努斯，来进行文学漫谈。① **8** 对于康茂德生前任命的执掌国事的那班人，他确实没有换走一个，而是在等待着建城纪念日 ②，因为他想把那一天当成其执掌国政的［正式］开端。由于这个缘故 ③，据说还发生了这样的事情，康茂德的侍者们谋划过要在浴池内把他杀死。

XIII. 1 佩蒂纳克斯对君权及属于君权的每一样东西都避之不及，以至于他总是对上述这些表示出不悦。总之，他一直希望自己保持一如既往的本来样子。**2** 他在元老院会场内的表现极其谨慎得体，以至于他曾向支持自己的元老院表达了敬畏之情，而与每一位元老交谈时他又如同自己仍是罗马市长一般 ④。**3** 他甚至还希望能交出大权，回归到凡民之身。**4** 他不愿把自己的孩子们留在宫里抚养。另外，他如此节俭、如此爱财，以至于当上皇帝之后仍借助自己人在萨巴奇亚滩经营生意，就跟做皇帝之前的做法无异。**5** 虽然如此，可他仍未受到广泛的爱戴，这么说是因为所有讲话直率之人都说了他的坏话，把他叫作克莱斯托洛古斯 ⑤：这个词的意思是讲起话来好听但做起事来糟糕的人。**6** 是他的同乡这么称呼他的，因为他们在他称帝后一起来到他那里，却没有从他那儿得到一丁点儿东西；而

---

① 关于佩蒂纳克斯做过语法老师，请参见本卷 I，4。——英译者注

② 根据尤特罗庇乌斯，I，1，罗马建城的那一天应该是四月二十一日，而佩蒂纳克斯被杀于三月二十八日，因此他并未等到那天。——英译者注，有补充。

③ 意思是说，佩蒂纳克斯将等到正式执掌国政之后再把康茂德的人换走。

④ 关于佩蒂纳克斯出任过罗马市长，请参见本卷 IV，2。

⑤ 原文为 chrestologus，乃希腊语 χρηστολόγος 的拉丁化形式，意思是花言巧语之人。关于此事，请参见奥勒利乌斯·维克多的《诸王传略》，18，4："他夸夸其谈但又吝啬小气，因此人们用希腊语称其为克莱斯托洛古斯。"——英译者注，引文为汉译者补充。

出于贪婪的欲望，他满心欢喜地收下了礼物。**7** 他留有一个儿子和一个女儿在世，还撇下了妻子——她是弗拉维·苏尔庇西安努斯之女，而他曾让这位岳父在调离原职后成了罗马市长。**8** 对于妻子的贞洁他一点都不担心，即便她公开地爱上了一位弹西塔拉琴的歌手。此外，据说他本人也曾极不光彩地爱上了科尔尼菲奇娅①。**9** 他严格约束皇家的被释奴到了无以复加的地步，由此他便激起了更大的憎恨。②

XIV. 1 预示佩蒂纳克斯死亡的征兆有如下这些：在被杀前三天，他似乎在池子里目睹到有个人携剑向他刺去。**2** 就在被杀当天，当人们注视他眼中的瞳孔时，没有看到自己映在上面的映像，甚至连瞳孔都没看到。**3** 在他向家神奉献祭品的时候，烧得极旺的炭火熄灭了，尽管它们通常都是点燃的。还有，正如上文提到的，祭品的心脏和内脏之首未被找到。③ 在他死去的前一天，人们见到，有一些星辰竟在太阳附近整日地发出极其夺目的光辉。**4** 据说，他曾做出过尤利安成为接替人的预言。这么说是因为，当迪丢斯·尤利安要把自己的女儿许配给侄子④的时候，他曾把这位侄子引荐给佩蒂纳克斯看，佩蒂纳克斯劝诫这位年轻人要对自己的叔伯表现恭敬，并说道："快仰慕我的同僚和接替者吧！"**5** 他这么说是出于尤利安先前在执政官任上时与其同僚，而且也是在接替他之后才当上了总

---

① 可能是马可的女儿。
② 关于佩蒂纳克斯遭到宫里人的憎恨，请参见本卷 XI，5。——英译者注
③ 关于此事，请参见本卷 XI，2。——英译者注
④ 在当时，女子嫁给父亲兄弟的儿子，即她的堂兄弟，这在古罗马并不违法。盖乌斯的《法学阶梯》关于近亲婚姻方面只禁止尊卑亲属（无论血亲还是法律关系）间的婚姻，以及父母亲有一方相同的同辈之间的婚姻，但男子迎娶兄弟的女儿除外。关于此事，请参见盖乌斯的《法学阶梯》，I，59—63。

督。①**6** 士兵们和宫里人都对他心怀憎恨，②而人民则对他的死感到了痛惜，那是由于他貌似能够恢复古代的一切［传统］。**7** 那些弑杀他的士兵把他的头颅固定在了一根长杆上，穿过罗马城回到了营地里。**8** 他的遗骸连同取回的头颅一起被放入了其妻子祖父的墓地。**9** 他的接替者尤利安在宫殿里发现了他的躯体，随后便以尽可能崇高的礼遇为其举行了葬礼。**10** 无论何时，尤利安既不在人民中间也不在元老院里公开提及佩蒂纳克斯，而一到他自己也被士兵抛弃的时候，佩蒂纳克斯就被元老院及人民列入了众神的行列。

XV. 1 另外，在塞维鲁皇帝统治期间，佩蒂纳克斯取得了元老院的广泛赞誉，随后，人们还为他举行了高规格的国葬③，而他的悼词则由塞维鲁本人诵读。**2** 此外，塞维鲁出于对这位贤明元首的爱戴而从元老院那里获得了佩蒂纳克斯的名号。④**3** 佩蒂纳克斯之子成了自己父亲的祭司。**4** 为被奉为神明的马可举行祭祀的玛尔西亚努斯祭司团⑤因为埃尔维乌斯·佩蒂纳克斯之名而改称为了埃尔维安努斯［祭司团］。**5** 为庆祝他的执政周年曾举办过竞技比赛，不过在后来被塞维鲁取消了，而为庆祝他生日举办的比赛却一直保留了下来。**6** 他生于八月一日，是在维鲁斯与安比布鲁斯出任执政官的那一

---

①　关于佩蒂纳克斯出任执政官，请参见本卷 II，7；本卷 III，4；关于他出任总督，请参见本卷 II，6；本卷 II，10—11。

②　关于此事，请参见本卷 X，10；XI，5。——英译者注

③　原文为 funus imaginarium et censorium，原意是"竖起肖像的、同监察官规格的国葬"，指国葬中会竖起本人肖像并同时用紫色托袈袍裹身，在帝国时代这一规格逐渐变成了帝王的国葬。——英译者注，有删减。

④　在塞维鲁当政时，曾发行过一种铜币，币文为"卢西乌斯·塞普提米乌斯·塞维鲁·佩蒂纳克斯·奥古斯都皇帝"（L·SEPT·SEV·PERT·AVG·IMP）。关于此事，请参见李铁生：《古希腊罗马币鉴赏》，第 201 页，图 7—53。

⑤　关于此祭司团，请参见《哲学家马可·安东尼努斯传》，XV，4，本应叫作安东尼努斯祭司团，后因马可之名而改称为了玛尔西亚努斯祭司团（Marciani sodales）。——英译者注，有补充。

年 ①;遭弑于三月二十八日，是在法尔库 ② 与克拉鲁斯出任执政官的那一年 ③。他在世六十年七个月又二十六天 ④;掌国两个月又二十五天。**7** 他发给人民每人一百枚银币作为赏赐，又曾允诺会给近卫军每人一万两千塞斯退斯，不过却只兑现了六千。而许诺发给军队的东西没有兑现，那是因为死亡将其阻止了。**8** 马略·马克西姆斯在他的传记里加入了一封信，那信显示出他对国家大权感到畏缩，⑤而我出于其篇幅过长就不再放这里引述了。

---

① 年份为公元 126 年。

② 关于此人，请参见本卷 V，2。

③ 年份为公元 193 年。

④ 关于佩蒂纳克斯的年岁，请比照尤特罗庇乌斯，VIII，16："步入老年的他年逾古稀，时任罗马市长，根据元老院的法令，他被推举为了皇帝。"而根据本卷提及的出生和被杀时间，他去世时的实际岁数应为六十六岁。

⑤ 关于佩蒂纳克斯对国家大权感到畏避，请参见本卷 XIII，1。——英译者注

迪丢斯·尤利安传

埃利乌斯·斯巴提亚努斯[1]

I.1 在佩蒂纳克斯之后得到国家大权的人叫迪丢斯·尤利安。他的曾祖父是两任执政官、罗马市长、法学家萨尔维乌斯·尤利安[2]——他在法学上的名望要胜过其他方面的。2 他的母亲是克拉拉·埃米利娅、父亲是佩特罗尼乌斯·迪丢斯·塞维鲁，他的兄弟叫迪丢斯·普罗库鲁斯和努米乌斯·阿尔比努斯，他有一个远房长辈[3]叫萨尔维乌斯·尤利安，他的祖父是来自梅迪奥朗诺的因苏布里亚人[4]、外祖父来自阿德隆梅蒂纳殖民地[5]。3 他在皇帝马可的母亲图密提娅·卢西拉[6]的家中抚养长大。4 在马可母亲的举荐下，他被选入

---

① 根据拉丁网络图书馆版本，此篇作者署名为尤利乌斯·卡庇托利努斯。

② 关于此人，请参见《哈德良传》，XVIII，1。要说迪丢斯·尤利安与萨尔维乌斯·尤利安有亲缘可能不妥，因为前者祖上出自米兰，而将后者与那座城市关联起来的铭文已被证实是伪造的，因此没有理由断定后者是米兰人。再怎么说，萨尔维乌斯生于公元一世纪末，不会是生年不晚于公元137年的迪丢斯的曾祖父。——英译者注

③ 原文为 avunculus，本意为母亲的兄弟或姐妹夫；或父母亲的叔伯、舅舅。从其姓名来看，此处应指父亲的叔伯。

④ 指定居于梅迪奥朗诺（今米兰）附近的凯尔特人。

⑤ 该地位于北非。

⑥ 关于此人，请参见《哲学家马可·安东尼努斯传》，I，3。——英译者注

了二十人委员会^①。在离法定年龄还差一年的时候，他就被任命为了财务官。**5** 在马可的举荐下，他得到了市政官的职位。同样也在马可的举荐下，他成了裁判官。**6** 裁判官卸任之后，他在日耳曼尼亚出任第二十二天生者军团统帅。**7** 在那之后，他统治了比尔基卡^②很长一段时间，期间的所作所为令人敬畏。当一直定居于易北河的日耳曼尼亚之民卡乌基人正要进犯的时候，他凭借在行省居民中紧急征召起的辅助部队就阻止了他们。**8** 出于上述原因，在皇帝的授意下，他名正言顺地当上了执政官。他还战胜过卡提人。**9** 随后，他接过了达尔玛提亚的统治，还为那座行省扫除了边境上的敌人。

II. 1 随后，尤利安统治起了下日耳曼尼亚^③。在那之后，他名正言顺地来到意大利，担负起补助金^④的发放。就在那个时候，他遭到了某个名叫塞维鲁·克拉里西阿里乌斯的士兵的起诉，罪名是伙同萨尔维乌斯阴谋反对康茂德。可是，康茂德出于自己已经在审理犯上罪的案子时处死了太多的元老、身份尊贵者，和位高权重者，为了不让自己变得愈加残暴，他于是释放了迪丢斯，并判处起诉之人有罪。**2** 在宣告无罪之后，他再度被派去治理一座行省。他接下去统辖的是比提尼亚，不过他在那里时的名声并不如在其他行省时那样卓著。**3** 他出任过与佩蒂纳克斯同僚的执政官，还接替后者当上了阿非利加总督。佩蒂纳克斯总把他唤作自己的同僚和接替者。^⑤当尤利安把自己的女儿许配给一位亲人而来到佩蒂纳克斯那里

---

① 根据某处在罗马发现的铭文，他其实是十人委员会的成员。关于该机构，请参见《哈德良传》，II，2 及注脚。——英译者注
② 古罗马行省名，大致位于今比利时、卢森堡、荷兰南部及法国北部一带。
③ 古罗马行省名，大致位于今德国莱茵河以西的低地地区。
④ 关于这种补助金，请参见《哈德良传》，VII，8。
⑤ 关于此事，请参见《埃尔维乌斯·佩蒂纳克斯传》，XIV，5。

告诉他这事的时候，恰恰就在那一天，佩蒂纳克斯说道："快以应得的敬畏〈仰慕他〉①吧，因为他是我的同僚和接替者。"②而紧接着没多久，佩蒂纳克斯便死去了。**4**佩蒂纳克斯遇害之后，苏尔庇西安努斯③打算在［近卫军］营地称帝，尤利安则偕其女婿来到了元老院，因为他得到消息说元老院已被召集了起来，可到头来却发现［元老院的］大门紧闭，**5**同时他还找到了两位保民官普布利希乌斯·弗洛里阿努斯和维克奇乌斯·阿贝尔。于是，这两位保民官开始鼓动他夺取皇位。在这种情况下，他对他们说，已经有别的人称帝了，可他们还是抓住了他，把他带到了近卫军营地。**6**然而，就在来到营地之后，罗马市长、佩蒂纳克斯的岳父苏尔庇西安努斯召集起了士兵正在发表演说，宣布自己得到了国家大权，虽然尤利安在城墙外④许下丰厚［的赏赐］，可没有人让他进去。就在这样的情况下，尤利安首先告诫近卫军士兵们，不要推举那人当皇帝，因为他会替佩蒂纳克斯复仇的。接着，他又在书写板上写道，自己将会恢复对康茂德的记载。⑤**7**就这样，他被允许进到营地里，随后就被推举为皇帝了。⑥那时近卫军士兵们还要求他，不得因苏尔庇西安努斯曾经有

---

① 此处"仰慕"一语见于拉丁网络图书馆版本，洛布版标记缺字。
② 关于此事，请比照《埃尔维乌斯·佩蒂纳克斯传》，XIV，4。——英译者注
③ 关于此人，请参见《埃尔维乌斯·佩蒂纳克斯传》，XIII，7。——英译者注
④ 位于罗马城外的近卫军营地由一堵石墙环护着。
⑤ 关于康茂德死后，其名字被从一切记载中抹掉，请参见《康茂德·安东尼努斯传》，XVII，6。此处提到恢复对康茂德的记载，就等同于为前者翻案。——英译者注，有补充。
⑥ 关于尤利安得到国家大权的过程，一些希腊历史学家认为他是通过拍卖得来的。佐西莫斯的《罗马新史》(*Zosimi Historia Nova*, English translator Ronald T. Ridley), I, VII, 2："国家权力被挂牌出售，妻子的唆使再加之自己的愚不可及让迪丢斯·尤利安拿出了一笔钱用来购买国家大权，与此类似的场景在之前人们简直闻所未闻。"狄奥·卡西乌斯，LXXIII，11，4："随着他们竞价，金额迅速升到了每人两万塞斯退斯。有守卫在来回地（转下页）

过当皇帝的企图而对他造成任何伤害。

III. 1 那时，尤利安在近卫军士兵们的推举下任命了弗拉维·杰尼阿利斯与图利乌斯·克里斯皮努斯出任近卫军长官。随后，在此前曾支持苏尔庇西安努斯的穆莱提乌斯的协助下，皇帝的守卫们聚到了他的身边。**2** 虽然他允诺会给士兵们每人两万五千塞斯退斯，可实际上竟给了三万。[①]**3** 在对士兵们发表完演讲之后，他连夜从营地来到元老院，把自己全身心地托付给了元老们，于是元老院通过决议宣布他为皇帝，并在把他提升为贵族之后又授予了保民官的督护权以及与执政官等衔的裁判权[②]。**4** 他的妻子曼利娅·斯坎蒂拉以及女儿狄迪娅·克拉拉也都被冠上了奥古斯塔的名号。**5** 随后，他来到宫殿并将妻子和女儿叫了过去，她们惶恐不安、极不情愿地到了那里，就好像身处危险中的她们已经预感到身死一样。**6** 他任命自己的女婿科尔涅利乌斯·莱彭提努斯取代苏尔庇西安努斯的职位，出任罗马市长。**7** 就在那会儿，迪丢斯·尤利安出于下述原因而为人民所憎恨：在佩蒂纳克斯当权之下，有人曾相信康茂德时代的弊政会被革除，而佩蒂纳克斯的遇害则被认为是尤利安谋划的。**8** 那些开始憎恨尤利安的人最先将下面的说法散布了出去：为了蔑视佩蒂

（接上页）通知尤利安说：'苏尔庇西安努斯愿意给出这个数目，现在你要不要加价？'随即又通知苏尔庇西安努斯：'尤利安报了这个价，你要加多少呢？'"赫罗提安，II，VI，8："随后，就在抵达城墙之后，尤利安对近卫军喊出了自己的承诺，他允诺会给他们任何想要的东西，并向他们担保说，自己有一大笔钱，他的保险柜堆满了真金白银。就在同时，罗马市长、拥有执政官官衔之人、佩蒂纳克斯的岳父苏尔庇西安努斯则开始为国家大权竞价了。"

① 关于此事，请比照赫罗提安，II，VII，1："就在尤利安执掌大权之后，转瞬间就沉溺进了饮宴之中。他把公众福祉当成了无足轻重之事，而将时间花费在了奢靡挥霍之上。由于无法兑现自己的诺言，他随即就被发现曾用谎言蒙骗了近卫军。"——英译者注，有删减，引文为汉译者补充。

② 关于这种提法，请参见《安东尼努斯·庇乌斯传》，IV，7及注脚。——英译者注

纳克斯的膳食，①在他当政的第一天，就在一场奢华的宴会中奉上了牡蛎、大鸟，和鱼。而大家是知道的，这种说法并不真实。**9** 这么说是因为，据传尤利安是一个如此节俭的人，以至于假如有人恰巧带给他一只野兔或乳猪，他会一连摆上三天。此外，甚至在没有宗教缘由的情况下，他都时常会在进餐的时候享用甘蓝菜和豆子而不沾荤食。**10** 还有，他在佩蒂纳克斯入葬之前都没有举办过宴会，又因为前者的遇害，他进食东西的时候都是极其忧伤的，他还在 [佩蒂纳克斯被杀] 当晚②出于对如此命数感到的焦虑而彻夜未眠。

    IV. 1 可正当东方泛起鱼肚白之后，尤利安让元老和骑士等级的人进入宫殿，并根据他们的年龄，或如待兄弟、或如待儿子、或如待父母一般，极其热情地对每个人致以问候。**2** 然而，人民希望他能放弃士兵授予的大权，便在宣讲坛上甚至在元老院会场前对他破口大骂，甚至还有人扔起了石头。**3** 当他在士兵和元老们的陪同下走下山③，进到元老院会场之时，他们把诅咒加到了他的头上。而当他奉献牺牲的时候，他们又期待他得不到吉兆。**4** 尽管尤利安一直试图用挥手对他们进行安抚，可他们仍然朝他投去了石头。**5** 他踏进元老院会场，发表了冷静而慎重的致辞。他对自己受到推举，以及其本人得到奥古斯都之名、妻子和女儿得到奥古斯塔之名表示了感谢。他还接过了国父之名，但拒绝 [为自己铸造] 银塑像。**6** 他离开元老院，前往朱庇特神庙，那时人民挡住了去路，不过在铁与血 [的威压下] 以及尤利安自己为了取得信赖而用手指示意出的金钱的允诺下，他们被驱散了。**7** 后来，大家都去看赛车了。可是，

---

①   关于佩蒂纳克斯的膳食习惯，请参见《埃尔维乌斯·佩蒂纳克斯传》，XII，2—6。

②   此处原文为"第一个晚上"，从上文来看，显然表示佩蒂纳克斯遇害当晚，也就是尤利安称帝当晚。

③   显然指帕拉丁山。

人民在不加区分地乱坐一气之后，①又用更大的嗓门咒骂起尤利安来，并呼唤据说已经称帝了的佩希尼乌斯·尼杰尔来保卫罗马城。**8** 尤利安平静地忍受了这一切，而在他当权的整个时期，他都是一位极其温和的人。然而，人民一直在用最激烈的言辞攻击那群为了钱财就杀死佩蒂纳克斯的士兵。于是，为了笼络人民，他恢复了许多康茂德曾经采取过的而又被佩蒂纳克斯废除了的措施。**9** 涉及佩蒂纳克斯这个人，他既不败坏他的声名也不为他增光添彩，而在绝大多数人看来，这么做是极为冷漠的。**10** 不过，他是出于对士兵的畏惧才对佩蒂纳克斯的荣耀闭口不谈的，这是都知道的事情。

　　V. 1 让尤利安担心的既不是不列颠的部队，也不是伊利里亚的部队，他特别放心不下的确是叙利亚的军队，于是他派了一名第一百人队的队长②，指令这个人去杀死尼杰尔③。**2** 于是，佩希尼乌斯·尼杰尔在叙利亚，塞普提米乌斯·塞维鲁在伊利里亚领着听令于己的部队，④举兵反抗尤利安。**3** 而当他获悉不曾想到过会暗算自己

---

① 古罗马时代的剧场或竞技场中有为元老和骑士等级设置的专座，普通公民不得坐在上面。——英译者注

② 原文为 primipilarius，意思是古罗马一个军团中的第一大队第一百人队的队长。一支军团的第一大队往往是由该军团中最优秀的战士组成的，而且人数也远多于其他大队。关于此，请参见韦格蒂乌斯的《兵法简述》（*Flavii Vegetii Renati Epitoma Rei Militaris*），II，6（选自本引书汉译本，解放军出版社，2006 年 1 月，第 93 页，袁坚译）："一个军团有十个大队。第一大队在人员数额和素质上要优于其他大队。编入这个大队的男子在出身和教育程度方面都是优秀分子。他荣持鹰帜，这是罗马军团的主要旗帜，同时也是整个军团的军旗。他是帝王们形象的纪念标志，也就是真正的神圣的军旗。这个大队有 1150 名步兵，132 名穿着铠甲的骑兵，素有'千人大队'（cohors miliaria）之称。它是军团的主体，当需要投入战斗时，布阵就从它排起。"关于该军职，也请参见《阿维迪乌斯·卡西乌斯传》，I，1 及注脚。

③ 关于此人，请参见本卷 IV，7。

④ 事实上，塞维鲁时任潘诺尼亚总督，而不是在伊利里亚。关于此事，请参见赫罗提安，II，VII，4 和 II，IX，2。

的塞维鲁也已经揭竿而起的时候，他变得心神不宁起来。他来到了元老院，说服他们把塞维鲁宣布为公敌。**4** 接着，他还给追随塞维鲁的士兵们订下期限，一旦超过那个日期，只要他们仍跟在塞维鲁的身边，那就会被当成公敌。**5** 除此之外，为了说服士兵同塞维鲁断绝关系并承认由元老院推选出的那个人才是皇帝，元老院还以使者的身份派出了几名有执政官头衔的人① 前往士兵那里。**6** 在使者当中有一位年纪颇大的前任行省总督维斯普隆尼乌斯·坎迪都斯②，他曾因 [在达契亚的] 凶狠而卑劣的统治让士兵们反感。**7** 瓦勒利乌斯·卡图林努斯被派了过去以接替塞维鲁——就好像他真能接替那个士兵们已全身心地投入支持的人一样。**8** 除此之外，身负屠杀元老劣名的百人队队长阿奎留斯也被派去刺杀塞维鲁。**9** 而尤利安自己则指令近卫军前赴战神平原修筑防御，可是那些懒散的士兵被罗马城的奢靡给败坏了，当他率军出发的时候，他们对要去行军打仗感到极其不满，以至于竟花钱找人替他们执行指命下来的任务。

VI. 1 塞维鲁携一支敌对的部队正朝罗马城奔杀而来，而那时迪丢斯·尤利安却和近卫军在一起什么都没有做成，人民对他的憎恨和嘲讽日甚一日。**2** 虽然尤利安曾在莱图斯的帮助下逃脱了康茂德的魔爪，可他猜忌莱图斯已站到了塞维鲁那一边，于是便不顾对方恩重如山，而命人将其处死了，他还下令处死了玛尔契娅③。**3** 然而，正在尤利安干出上述事情的同时，塞维鲁夺下了停泊在拉文纳的舰队，于是，原本允诺会替他做事的元老院的使者们都投靠到了塞维鲁那边。**4** 近卫军长官图利乌斯·克里斯皮努斯被派去抵御塞维鲁，结果当他率领舰队出征之后，却以败军之身返回了罗马。**5** 尤

---

① 这些人曾担任过执政官或与执政官等衔的总督。

② 此人曾担任过达契亚行省总督。——英译者注

③ 关于玛尔契娅和莱图斯共同谋划刺杀康茂德的行动，请参见《康茂德·安东尼努斯传》，XVII，1。

利安见状便准备采用下面的做法:他恳请元老院让维斯塔贞女和其他祭司随同全体元老一起跑去见塞维鲁的部队,并让他们将饰有绶带的冠冕伸手呈献在面前,以此恳求对方[罢兵]——这么做对那群野蛮的士兵来说不会起到效果。6 虽然[他向元老院提出了恳请],可拥有执政官官衔之人、占卜师普劳奇乌斯·昆提鲁斯却对尤利安的做法道出了反对意见,而且他还说,如果有人不能用武器去抗击反抗者的话,那他就不应该执掌大权。7 许多元老都赞同这种说法,为此迪丢斯在愤怒中叫[近卫军]士兵开出营地,并要他们强迫元老院顺从于己,否则就大开杀戒。8 可是这个想法并不能为他带来益处,这么说是因为,在元老院因尤利安之故而把塞维鲁宣布为公敌的情况下,又得与这个尤利安为敌,这么做是不合适的。9 因此,当尤利安带着一项更适合的提议[再度]来到元老院,恳请他们通过决议以实施共享大权的时候,便立刻获得了通过。

VII. 1 在尤利安取得大权的那会儿,他曾对自己显现过一个征兆,现在每个人都想起了这件事:**2** 当初执政官选举时,有人谈到他的时候曾道出过这样的观点:"我投票支持迪丢斯称帝。"尤利安[立马]建议说:"还得加上塞维鲁!"因为,那是他祖父①和曾祖父的尾名,尤利安也把它加在了自己的名后。**3** 虽然如此,可是有人说,尤利安没打算对元老院大开杀戒,因为元老院曾对他百般照顾。**4** 在元老院做出上述决议之后,迪丢斯·尤利安立即派出了近卫军长官之一图利乌斯·克里斯皮努斯②[去塞维鲁那里,传达共享大权的决议]。**5** 此外,他本人还任命维图里乌斯·马克利努斯出任第三位

---

① 根据拉丁网络图书馆版本,此处"祖父"(avi)一词写成了 habvi,即动词 habui(我曾拥有),于是这句话意思就变为了:"'还得加上塞维鲁!因为那是我曾拥有过的尾名。'尤利安曾把曾祖父的尾名加在了自己的名后。"

② 关于此人,请参见本卷 III,1。

近卫军长官①，而在之前塞维鲁就已经给后者送来了信，告诉他要当近卫军长官了。**6**可是，人们在说，签订这样的和约是假，借近卫军长官图利乌斯·克里斯皮努斯之手对塞维鲁实施谋杀是真，对此塞维鲁本人也心存疑虑。**7**最终，在士兵们的一致要求下，塞维鲁宁可让自己与尤利安为敌，也不愿和他分享大权。**8**塞维鲁还立即给在罗马的许多人写了信，并秘密送去了赦令，张贴了出去。**9**而要说尤利安，则神经错乱到了这般地步，以至于竟让巫师举行了多场法事，以期能借此或缓解人民心中的愤怒，或制止士兵手中的武器。**10**这么说他是因为，这些巫师供奉的某些牺牲与罗马人［习惯的］存在差异，②而且他们还吟唱邪恶的咒语：据说，那些咒语是对着镜子诵出的，而男孩们在双眼被遮住之后随着头上的咒语声将双眼对准镜子。**11**那时，据称，有一个男孩目睹了塞维鲁的降临，以及尤利安的隐退。

VIII. 1那位克里斯皮努斯撞见了塞维鲁的先头部队，③便在尤利乌斯·莱图斯的怂恿下被塞维鲁处死了。**2**连元老院的决议都遭到了颠覆。尤利安［再次］召集起元老院，询问元老们对该怎么做、有什么建议，［不过却］未从他们那里得到任何实质性的意见。**3**可是接下去，他主动命令洛利安努斯·提奇安努斯把卡普阿的角斗士武装起来，还叫克劳狄乌斯·庞培安努斯④走出位于塔兰切内的庄园，与他分享大权，因为对方曾是［马可］皇帝的女婿，并长期执掌着军队。不过后者答复称自己已年迈眼花，而拒绝了这个建议。**4**来

---

① 指出现三位近卫军长官。关于三位近卫军长官的先例，请参见《康茂德·安东尼努斯传》，VI，13。

② 关于此事，请参见狄奥·卡西乌斯，LXXIII，16，5："由于尤利安相信，如果能提前预见到未来的凶灾，自己便能转变今后的厄运，于是他杀了许多男孩用以巫术法事。"——英译者注，有删减，引文为汉译者补充。

③ 关于图利乌斯·克里斯皮努斯当时受尤利安之遣，前往塞维鲁处，请参见本卷VII，4。——英译者注

④ 关于此人，请参见《哲学家马可·安东尼努斯传》，XX，6。

自翁布里亚^①的士兵们甚至都倒向了塞维鲁那边。**5** 塞维鲁还提前送去了信，在信里他下令将刺杀佩蒂纳克斯的凶手看护起来。**6** 尤利安在转瞬间被所有人抛弃了之后，就随同近卫军长官之一的杰尼阿利斯^②和女婿莱彭提努斯^③待在宫殿里面。**7** 最后，有人提议，应借助元老院的权力将国家大权从尤利安身上剥夺而去。接着，大权真的被夺去了，塞维鲁随即被立为了皇帝。那时有传言说，尤利安已吞下了毒药。**8** 虽然如此，可是元老院仍派出人去，并在他们的督促下，一位普通士兵在宫殿里亲手杀死了尤利安，而当时他正哀求着恺撒（也就是塞维鲁）能施以庇护。**9** 自他执掌大权并将遗产赠与自己女儿之后，就解除了对她的监护。不过，上述遗产连同奥古斯塔之名旋即就从她身上给剥夺了。**10** 塞维鲁将他的尸体交给了[尤利安的]妻子曼利娅·斯坎蒂拉及其女儿，让她们进行安葬。他被葬在了拉比卡纳大道第五里程碑处的曾祖父陵墓里。

　　IX. 1 尤利安遭到了以下这些控诉：他既贪吃又嗜赌，他持角斗士的武器进行操练。而且他是在步入老年之后才干出上述种种事情，即使在年轻时他不曾让自己沾染上这些罪行。尽管他当权的时候谦卑无比，不过仍有人控诉他骄傲自大。**2** 另外，他在宴会上对客人们极其和蔼可亲，在各类签复中又极其彬彬有礼，在授予人身自由方面他也做到了有理有据、不失分毫。**3** 他死的时候五十六岁又四个月，掌国两个月零五天。^④**4** 那些理应受其统治的人，他却把他们当成了自己统治国家的支柱，尤其因为这一点让他颇遭非议。

---

① 指意大利中部的地区名。
② 关于此人，请参见本卷 III，1。
③ 关于此人，请参见本卷 III，6。——英译者注
④ 根据狄奥·卡西乌斯，LXXIII，17，5：“他活了六十年又四个月。”而根据尤特罗庇乌斯，VIII，17：“自他当上皇帝起到被杀身亡，一共七个月的时间。”——英译者注，有补充。

塞维鲁传

埃利乌斯·斯巴提亚努斯

I. 1 在迪丢斯·尤利安被杀之后，出生自阿非利加的塞维鲁掌握了国家大权。2 他出生于雷布提城①。他的父亲叫杰塔，祖上在公民权被授给寰宇之内每一个人之前是罗马骑士；②他的母亲叫弗尔维娅·庇娅；曾担任过执政官的阿贝尔③和塞维鲁④是他隔代的远房长辈⑤；他的外祖父叫马切尔，祖父叫弗尔维乌斯·庇乌斯。⑥3 他生于四月七日⑦，是在埃鲁奇乌斯·克拉鲁斯（第二次）和塞维鲁出任

---

① 位于古罗马阿非利加的古城，遗址位于今利比亚的胡姆斯（Khoms）附近。
② 显然罗马公民权扩大到帝国境内除降服人（Dediticii）和优尼亚拉丁人（Latini Iuniani）之外的每一个自由民，是由塞维鲁之子卡拉卡拉颁布敕令实现的，准确地说是发生在公元212年。——英译者注
③ 从执政官列表上看，这位亲戚最有可能叫普布利乌斯·塞普提米乌斯·阿贝尔（Publius Septimius Aper），出任执政官的年份是公元153年。
④ 帝国时代尾名叫塞维鲁的执政官多如牛毛。有种说法是，此人为盖乌斯·塞普提米乌斯·塞维鲁（Gaius Septimius Severus），出任执政官的年份是公元160年。
⑤ 原文为 patrui magni，意思是伯祖父或叔祖父。
⑥ 根据洛布版引卡萨波本的说法，此处应为："他的祖父叫马切尔，外祖父叫弗尔维乌斯·庇乌斯。"
⑦ 根据《菲罗卡鲁斯年历》当为4月11日。

执政官的那一年①。**4** 孩提时代，在他尚未沉浸于拉丁和希腊文学之前——要说这两项他都是非常在行的——除了扮演法官之外他从不和别的男孩子玩其他游戏。在扮法官的时候，他由执连着斧子的法西斯②[之人]开道在前，在一群男孩们的簇拥下端坐[在席位上]进行审判。**5** 他十七岁的时候发表了公开演说。随后，为了求学他来到了罗马，他恳请被奉为神的马可授予自己穿宽紫纹短袖袍的权利③，并在自己的亲戚、曾两度出任执政官的塞普提米乌斯·塞维鲁④的支持下得到了上述权利。**6** 在刚一抵达罗马的时候，他就撞见一个人正在读哈德良皇帝的传记，而他则把这件事当成了自己未来交上好运的征兆。**7** 他还得到了另一个[关于自己能]执掌大权的吉兆：那时候他受邀前赴皇帝举办的宴会，结果他穿着斗篷就去赴宴了，而在那种场合应该穿上托袈袍才对，于是他便得到了一件皇帝御用的托袈袍。**8** 当晚，他还梦见自己正咬着母狼的乳头，就像利莫斯或者罗慕路斯⑤一样。**9** 当一位侍臣不经意间将皇帝御座摆在外面的时候，他在未意识到这么做是不允许的情况下，一下坐在了上面。**10** 还有一次，当他睡在一间客栈里，有一条蛇缠住了他的脑袋，而当朋友们醒过来并叫出了声之后，那蛇便爬走了，其间并未对他造成伤害。

　　II. 1 塞维鲁的青年时代是在各种各样的荒唐事中度过的——甚至并非未犯下过罪行。**2** 他受到过通奸的指控，不过被总督尤利安

---

① 年份是公元 146 年。那位叫塞维鲁的执政官全名应是：格涅乌斯·克劳狄乌斯·塞维鲁·阿拉比亚努斯（Gnaeus Claudius Severus Arabianus）。

② 法西斯原文为 fasces，指帝国时代的某种权力的象征物，为一束中间插有斧子的棍棒。因此，这里才说"法西斯连着斧子"。

③ 即元老的身份，关于这种服饰，请参见《康茂德·安东尼努斯传》，IV，7。

④ 此人可能是本卷 I，2 提到的隔代的远房长辈塞维鲁。

⑤ 罗慕路斯是罗马城的缔造者，利莫斯是他的孪生弟弟。根据传说，一头母狼曾主动用自己的奶水喂养过他们。

[无罪]释放了：这位尤利安在总督职位上是塞维鲁的前任，又是后者任执政官时的同僚，[①] 而且塞维鲁亦是在他之后执掌了国家大权。**3** 在未担任过军事保民官的情况下，他当上了财务官并尽心尽职地履行了职责。在财务官之后，他通过抽签被调往了贝提卡，[②] 接着，为了处理父亲去世后的家庭事务，他又从那里来到了阿非利加。**4** 可是，就在他身处阿非利加的那会儿，由于贝提卡受到摩尔人的侵袭，[③] 他取而代之地被调往了撒丁尼亚。**5** 他于是当上了撒丁尼亚的财务官，随后又得到了阿非利加总督使臣的职位。**6** 在他任总督使臣之职期间，有一个老乡（也就是雷布提人）身为一介平民，却不顾执法西斯之人在前开道就如同遇见往日伙伴那样拥抱了他，塞维鲁便用棍棒将那人揍了一顿，并让传令官宣布规定道："平民之身，不得随随便便就拥抱罗马人民的使臣！"**7** 出于这件事情，从前一直靠脚走路的使臣们此后都坐上了马车。**8** 那个时候，他待在一座阿非利加的城市里，心怀着焦虑，于是便前去占星师那里卜问未来，当星盘摆在面前之后，那位占星师看到的是宏伟的前程，于是对他说道：**9** "要把你自己出生的时辰拿来，而不是其他人的！"可塞维鲁发誓道，这就是自己的生辰，在这种情况下，他[占星师]才把今后会发生的一切一五一十地讲给了他听。

    III. 1 在皇帝马可的决定下，塞维鲁被提升为了平民的保民官，履职之后，他行事万分严厉而又尽心尽职。**2** 就在那时，他娶了玛

---

①   关于此事，请比照《埃尔维乌斯·佩蒂纳克斯传》，XIV，5；《迪丢斯·尤利安传》，II，3。

②   塞维鲁是在罗马出任财务官之后被派往贝提卡行省（位于今西班牙南部）出任该省的财务官。——英译者注，有删减。

③   关于此事，请参见《哲学家马可·安东尼努斯传》，XXI，1。摩尔人的侵略似乎促使贝提卡行省变为了元首直辖行省，同时撒丁尼亚则相应地转成了元老院行省。——英译者注，有删减。

尔契娅 ① 为妻，但在他自己［写的］称帝之前的历史当中却并未提到她。虽然如此，可到了后来在他当权期间，他仍为她竖起了多尊塑像。**3** 在三十一岁那年，他被马可任命为裁判官，不过他并不是皇帝钦点的而是通过竞选才当上的。**4** 当时，在被派往西班牙之后，他梦见先是有人对自己说，应重修已经坍塌的位于塔拉戈纳的奥古斯都神庙 ②，**5** 然后，诸行省伴随七弦琴或骨笛奏出的旋律放声高唱，他则从极高的山巅之上俯瞰罗马和整个世界。虽然他不在罗马，可仍举办了庆典赛会。③**6** 后来，他受令前去统率马西利亚 ④ 附近的第四斯基泰军团 ⑤。**7** 卸任之后，一方面为了继续学业也为了进行祭祀，另一方面为了欣赏那里的建筑与古迹，他去到了雅典。当他在那里遭受到雅典人的侮辱之后，就与他们为敌了，于是自他当上皇帝起，便以减少他们特权的方式为自己报了仇。**8** 接着，他以总督的身份领受鲁格杜努姆行省 ⑥ 的统治权。**9** 在失去妻子 ⑦ 之后，他那时想要再娶一个，在这种情况下，对占星术极其精通的他要先过问婚约者的生辰。当他听说叙利亚某个女子的生辰预示着她能嫁入王族，于是便打算迎娶这位女子（当然她就是尤莉娅 ⑧）并在朋友们的引介下娶她为妻了。没过多久，这位妻子就让

---

① 根据 *Septimius Severus: The African Emperor* by Anthony Richard Birley, London, Routledge, 1999, P52, 塞维鲁的第一任妻子名字应是帕克奇娅·玛契阿娜（Paccia Marciana）。

② 关于这座神庙，请参见《哈德良传》，XII，3。——英译者注

③ 在帝国时代，举办公共赛会是裁判官最重要的职责之一。——英译者注

④ 今法国马赛。

⑤ 该军团营地并不在今法国南部而是位于今土耳其中南部的加济安泰普（Gaziantep）。

⑥ 该行省位于高卢地区，大致位于今法国中部和西部腹地。

⑦ 指塞维鲁的第一任妻子，关于此人，请参见本卷 III，2 及注脚。

⑧ 全名叫尤莉娅·多姆娜（Iulia Domna），皇帝卡拉卡拉（Caracalla）和杰塔（Geta）的母亲。

他当上了父亲。

IV. 1 由于塞维鲁是如此严厉、高尚、自律，以至于高卢人除了他之外，就不会再对其他人敬爱有佳了。[①] **2** 随后，他以总督之权执掌潘诺尼亚诸行省[②] 的大权。在那之后，他又通过抽签当上了西西里行省的总督。而那时，他在罗马得到了第二个孩子。**3** 在西西里，他似乎向占卜师或迦勒底人询问过［自己能否执掌］国家大权，因此而获了罪。不过，在被送到近卫军长官那里进行审判之后，鉴于康茂德已经激起了众怒，他被［无罪］释放了，［告发他的人则因］告伪状而被送上了十字架。**4** 然后，在康茂德将他从众多佼佼者中挑选而出之后，他首次当上了执政官，同僚的是阿普列尤斯·鲁菲努斯。执政官卸任后，他赋闲了近一年，随后在莱图斯的推荐下，他被派去统率日耳曼尼亚的军队。**5** 尽管之前，他在罗马有一栋极其简陋的房子、在威尼西亚仅有一块土地，可就在出发前去执掌日耳曼尼亚的军队之时，他买下了一座占地广阔的庄园。**6** 在那座庄园里，一次当他躺在地上和孩子们一同享用着粗茶淡饭的时候，他那五岁的大儿子在水果端上来之后就出手阔绰地分给了一起玩的小伙伴们，这位做父亲的曾责备他道："少分点吧！因为你没有君王那样的财富。"那五岁的男孩回答说："可我就会有的。"**7** 来到日耳曼尼亚的塞维鲁表现如此［尽责］，以至于本来就已身份高贵的他，在名声上仍得到了增加。

V. 1 在塞维鲁还是一介凡民的时候，他就已经开始了军旅生涯。紧接着，当康茂德遇害而尤利安在众怒下当上皇帝的消息传到耳边的时候，在众人的劝进下，虽说并不情愿，可他仍被日耳曼尼亚的

---

① 此处说的是他在高卢履职的事情。
② 图拉真把原本一个潘诺尼亚行省分成了两个。

军团推为了皇帝，①称帝的那一天是八月十三日②，地点在卡侬吞③。
2 他还给士兵们［每人］一千塞斯退斯，而这个数目不曾有元首给
到过。**3** 随后，在为离开的诸行省加派了防御之后，他朝罗马奔驰
而去，他途经的每一处地方都纷纷投降了过来。在［当地］将领们
的迫使下，伊利里亚和高卢的军队也都遵从了他的指令，**4** 因为，
所有人都认为他会为佩蒂纳克斯报仇的。**5** 与此同时，在尤利安的
怂恿下，元老院宣布塞普提米乌斯·塞维鲁为公敌，并向他的军队
派去了使节，送出如下指令：根据元老院的命令，士兵应该离开他
的身边。④**6** 那个时候，塞维鲁听闻说，在元老院全体一致的意见下，
有几位使节被派了出来，在这种情况下，他先是感到了害怕，然后
在收买下这些使节之后，他让他们在军中说了支持自己的话，还使
那些人倒向了他那一边。⑤**7** 尤利安获悉了这些事，于是就让元老院
通过决议，要和塞维鲁分享国家大权。⑥**8** 他是真要这么干还只是一
种计谋则无从考证，因为尤利安先前也曾派出过靠下杀手出名的将
领前去刺杀塞维鲁，⑦正如当佩希尼乌斯·尼杰尔在叙利亚士兵的鼓
动下，径自夺过大权与他为敌的时候，他也曾派人刺杀过尼杰尔一

---

① 关于此事，请比照《迪丢斯·尤利安传》，V，2 及注脚。——英译者注
② 关于塞维鲁称帝的具体时间，此处可能与尤特罗庇乌斯的尤利安当政七
　 个月的说法一致，根据这种说法，佩蒂纳克斯死于三月二十八日，因此尤
　 利安死于十月底。可是，若根据《迪丢斯·尤利安传》，IX，3 的尤利安当
　 政两个月零五天的说法，则前者应死于六月一日，显然这里的称帝日期就
　 该是错的了。——英译者注，有补充。
③ 指位于多瑙河上游沿岸的一座古罗马时代的古城，公元一世纪之后为上
　 潘诺尼亚行省首府，毁于公元四世纪的蛮族入侵。遗址位于今奥地利境内
　 靠近斯洛伐克边境。
④ 关于此事，请参见《迪丢斯·尤利安传》，V，3—5。——英译者注
⑤ 关于此事，请参见《迪丢斯·尤利安传》，VI，3。——英译者注
⑥ 关于此事，请参见《迪丢斯·尤利安传》，VI，9。——英译者注
⑦ 关于此事，请参见《迪丢斯·尤利安传》，V，8。——英译者注，有删减。

样。**9** 可是，塞维鲁从那些被尤利安派来刺杀自己的人的掌心里逃脱之后，就给近卫军送去了信，指示他们要么和尤利安撇清关系，要么把他杀掉。这个命令很快就被遵从了下来。①**10** 这么说是因为，前脚是尤利安在宫殿遭到杀害，后脚塞维鲁就受邀请进入了罗马。**11** 就这样，只凭借塞维鲁一人点头，其本人便成了胜利者，还携着武器朝罗马进发而来，如此的事情之前从未在任何人身上发生过。

    VI. 1 尤利安遇害之后，塞维鲁仍旧待在营地与军帐里，就好像他正穿过敌境一样，在那个时候，元老院便向他派出了一百名元老，以使者身份送去了祝贺并恳请［他的宽恕］。**2** 他们在茵泰拉姆纳②与他相遇了。在被搜查过未携武器之后，他们才向士兵环护着的、一身戎装的塞维鲁致以了问候。**3** 接下来的一天，在所有的宫廷内侍都到达之后，**4** 他给了每位使者七百二十枚金币，并让这些人先行回去，而如果有人想要留下和他一同返回罗马，他也满足了他们。**5** 他还立马任命了弗拉维·尤维纳利斯出任近卫军长官，而后者曾被尤利安选为他的第三位近卫军长官③。**6** 就在那同时，罗马的士兵及市民们陷入了巨大的恐慌之中，因为那个塞维鲁就要携着武器来到这里了，他会向那些曾经宣布他为公敌的人开战的。**7** 此外，新的状况又出现了，塞维鲁获悉到佩希尼乌斯·尼杰尔已被叙利亚的军团拥戴为帝。**8** 他借助早先派出的那些人截获了尼杰尔递给人民与元老院的文告和书信，这么做为的是不让这些东西在人民面前公布或在元老院里宣读出来。**9** 而就在同时，他甚至还考虑让克洛狄乌斯·阿尔比努斯取代自己，前者似乎已在康茂德的提名下受命执掌了恺撒之权。**10** 可是，出于对这两人的担心（他对他

---

①   关于此事，请参见《迪丢斯·尤利安传》，VIII，6。

②   今意大利中部翁布里亚的特尔尼（Terni）。

③   关于此事，请比照《迪丢斯·尤利安传》，VII，5。

们的看法是正确的）他让赫拉克利图斯前去统治不列颠诸行省 ①、又派了普劳奇亚努斯去抓捕尼杰尔的孩子们。**11** 当塞维鲁来到罗马之后，他指令近卫军士兵不携装备、只穿贴身衣服来到自己面前。就这样，他在装备齐整的士兵们的严密环护下，将他们召到了高台前面。②

VII. 1 后来，携着装备进入罗马的塞维鲁在全副武装的士兵的陪同下登上了卡庇托山 ③。接着，他又穿着相同的装束来到了宫殿，将近卫军那里夺来的军旗正面朝上地斜举（并非竖着）在自己的面前。**2** 接着，士兵们在神庙里、在柱廊内、在帕拉丁山上的房屋中——在整座城里到处安营扎寨。**3** 塞维鲁的入城让人们感到了愤怒与恐惧，因为士兵们不花钱就夺走了［想要的］东西，还威胁着要把罗马城摧毁。**4** 在接下来的一天，他在全副武装的士兵以及朋友们的簇拥下来到了元老院。在元老院议事堂，他为自己取得

---

① 因为支持克洛狄乌斯·阿尔比努斯的力量主要是不列颠军团。

② 塞维鲁因为近卫军设计谋害佩蒂纳克斯才对他们施以惩处。关于此事，请参见狄奥·卡西乌斯，LXXIV, 1, 1：“塞维鲁在按之前提到的方式成为皇帝之后，便对曾参与刺杀佩蒂纳克斯的近卫军士兵处以了死刑。至于近卫军中其他的士兵，在未到罗马之前他就把他们唤了过来。他把对自己即将降临的命运一无所知的他们围在一片开阔地里，接着便以恶毒的言辞斥责起他们干出大逆犯上的罪恶行径，然后他卸去他们的装备、夺走他们的马匹，还禁止他们进入罗马。”赫罗提安，II, XIII, 4：“就在他［塞维鲁］登上高台的时候，近卫军士兵来到了皇帝面前。随后，他们异口同声地向他欢呼致敬，而就在那一刻，随着一声令下，这些近卫军士兵就都被抓住了。……［塞维鲁］命自己的士兵不得伤害或袭击他们，只是将那些近卫军围困起来，在许多全副武装者的包围下，仅仅挥动手里的长矛和枪头以示威胁，于是一班卸去了装备的人就因畏惧自己会受到伤害而不作反抗。”——英译者注，有删减，引文为汉译者补充。

③ 此处原文为 Capitolium，既表示罗马城的卡庇托山，也可以表示山上的奉献给朱庇特、朱诺、米涅瓦三主神的朱庇特神庙。从上下文看，这里并未交代他是否进入了神庙。

大权进行了辩护，并辩解道，尤利安曾派出靠下杀手出名的将领前
来刺杀自己。[①]5 他还迫使元老院通过决议，规定皇帝在未得到元老
院批准的情况下不应处死任何元老。[②]6 然而，就在他置身元老院的
同时，士兵们以掀起一场哗变为威胁向元老院索要每人一万塞斯退
斯，因为那些曾经送奥古斯都·屋大维入主罗马的人当时都得到了
如此多的数目，而他们应仿效这个先例。7 虽然塞维鲁想要镇压他
们，可却无力做到，后来他只得在追加了一笔慷慨的赏赐之后，才
把平息下来的士兵们打发走。8 随后，他为佩蒂纳克斯举行了高规
格的国葬，[③] 并为他安排了一名祭司，还在设立埃尔维安努斯祭司团
（就是之前的玛尔西亚努斯祭司团）之后 [④] 将他奉为了神明。9 他还
下令为自己冠上佩蒂纳克斯之名，[⑤] 然而考虑到这是个凶兆，他随后
又想把这个名号给摘掉。

　　VIII. 1 接着，塞维鲁废除了朋友们的债务。他给了女儿们一
笔嫁妆，又把她们嫁给了普罗布斯和埃奇乌斯。后来，当他把罗
马市长的职位授予女婿普罗布斯之时，对方却拒绝道，对他来讲，
市长之职不足以同元首女婿的身份相衬。**2** 他随即就任命两位女婿
出任执政官，还让他们全都富裕了起来。**3** 第二天，他来到元老院，
向尤利安的朋友们提出了控诉，并宣布他们为公敌，杀死了这些

---

① 　关于此事，请参见本卷 V，8 及注脚。——英译者注，有删减。

② 　关于此事，请参见狄奥·卡西乌斯，LXXIV，2，1："在以上述方式进
　　入罗马城之后，他为我们许下了诸多美好的诺言，就如往日贤明的君主所
　　许下的一般，大意是：他不会处死任何元老。他起誓会遵守上述允诺，另
　　外他甚至还下令，以法律的形势明确了上述诺言，并批准道：皇帝只要犯
　　下这种罪行，他以及协助他的人，他们本人连同他们的孩子都应被当成
　　公敌。"狄奥·卡西乌斯还评说道，塞维鲁几乎在转瞬间就破坏了这条法
　　令。——英译者注，有删减，引文为汉译者补充。

③ 　关于此事，请参见《埃尔维乌斯·佩蒂纳克斯传》，XV，1 及注脚。

④ 　关于此事，请参见《埃尔维乌斯·佩蒂纳克斯传》，XV，4 及脚注。

⑤ 　关于此事，请参见《埃尔维乌斯·佩蒂纳克斯传》，XV，2 及注脚。

人。**4** 他审理了数不胜数的案件。只要有行省居民对法官提起诉讼，一经核实，他就从严惩处。**5** 他曾发觉罗马的粮食供应陷入了万般窘境，于是在其悉心打理之下，结果到他辞世之时留给罗马人民的富余粮食相当于七年的税赋。**6** 他起程前去平定东方的局势，不过直至那时他却并未在公开场合提及过尼杰尔。**7** 另一方面，为了防止尼杰尔穿过利比亚和埃及夺取阿非利加，进而让罗马人民遭受粮食不济之灾，他还向阿非利加派去了几支军团。**8** 在安排多米奇乌斯·德克斯特接替巴苏斯的罗马市长职位之后，入城三十天都不到他便出发了。**9** 他出罗马城抵达红石栈^①，在那里，他的军队因扎营选址问题而曾发生大的骚乱。**10** 接着，其兄长杰塔立即来到了他的身边，虽然对方别有他求，可是塞维鲁只是命他去统治已交付给他的那处行省。**11** 尼杰尔的孩子们被带到了他的面前，^② 他以这般敬意善待他们，就如同是对待自己的孩子一样。**12** 为了防止佩希尼乌斯占领希腊与色雷斯，他抢先向那两处地方派了一支军团。**13** 不过尼杰尔那时已夺下了拜占庭，还巴望着继续进占佩林图斯^③，并杀死了那支部队里的许多人，因此他连同埃米利阿努斯^④ 在内都被宣布为了公敌。**14** 他随后向塞维鲁提出共治，不过却遭到了鄙视。**15** 事实上，塞维鲁曾许下过允诺，如果尼杰尔愿意的话，可以在保证性命无忧的前提下将他流放出去，但却没有宽恕埃米利阿努斯。**16** 埃米利阿努斯在赫勒斯滂海

---

① 位于弗拉米尼亚大道（Via Flaminia）旁的一处小镇兼宿营地，方位在罗马以北九里。
② 关于塞维鲁派人去抓捕尼杰尔的孩子们，请参见本卷 VI，10。——英译者注，有删减。
③ 位于马尔马拉海北岸，今土耳其的埃斯基埃雷利（Eski Ereğli）。
④ 此人为阿塞利乌斯·埃米利阿努斯（Asellius Aemilianus），时任亚细亚行省总督，并担任了佩希尼乌斯·尼杰尔的司令官。——英译者注

峡^①被塞维鲁的将领们击败之后，先是一路逃到了齐兹库斯，接着又从那里退到了另一座城市，随后在那座城里依照塞维鲁将领们的命令他遭到了处死。**17** 尼杰尔的部队也同样被这几位将领击溃了。

    IX. 1 塞维鲁听闻此事，就向元老院送出了信，就好像战事已经收场一样。随后，他和尼杰尔交战并在齐兹库斯附近杀死了对方，还把他的脑袋插在长矛上四处游行。**2** 在那之后，他让尼杰尔的孩子随母亲一起流放了出去，而此前他曾像对待自己的孩子那样对待他们^②。**3** 他向元老院送去信件通报获胜的消息。而对于那些之前与尼杰尔为党的元老，除去一人之外，其余的他都没有施加任何惩罚。^③**4** 塞维鲁对安条克人尤为忿恨，那是因为他们曾嘲笑他针对东方的施政，而在尼杰尔战败之后他们竟还对其施以援手。^④**5** 最终，他剥夺了他们许许多多的 [特权]。他还剥夺了巴勒斯坦的奈阿波利斯人^⑤的公民权，因为他们曾长期以武力支持尼杰尔。**6** 元老等级的除去不算，他还凶残地惩处了许许多多追随过尼杰尔的人。**7** 而对加入尼杰尔那派的城市，他都施加了惩处和罚款。**8** 他处死了几名以将领或保民官之名参加进尼杰尔军的元老。**9** 随后，他在临近阿拉伯的地方发动了多场战事，并让帕提亚人连同阿狄亚贝尼人重又回到了统治之下，而他们先前则都是站在佩希尼乌斯那边的。**10** 出于上述功绩，他在返回 [罗马] 之后就被授予了凯旋式，同时还得

---

①   今土耳其达达尼尔海峡。

②   关于此事，请参见本卷 VIII，11。——英译者注，有删减。

③   关于此事，请比照狄奥·卡西乌斯，LXXIV，8，4："对于诸多城市还有平民，有一些塞维鲁施加了惩处，另有一些则进行了奖励。对于罗马的元老，他没有处死过一个，但却剥夺了他们大部分人的财产后将这些人紧闭在了岛屿上。"——英译者注，有删减，引文为汉译者补充。

④   根据洛布版此处应作："那是因为他们曾嘲笑他在东方的施政，而且他们竟还对尼杰尔提供粮草必需。"

⑤   巴勒斯坦的奈阿波利斯即今巴勒斯坦的纳布卢斯（Nablus）。

到了阿拉比库斯、阿狄亚贝尼库斯、帕提库斯的名号。**11** 不过，他却拒不接受凯旋式，这么做为的是不让自己看起来像在为内战获胜而举行凯旋。此外为了不让帕提亚人受到伤害，他连帕提库斯之名都没有接受下来。

X. 1 就在塞维鲁结束了与尼杰尔的内战并正要返回罗马之际，另一场与在高卢①举起叛旗的克洛狄乌斯·阿尔比努斯②的内战燃起了烽火。因此后来，〈他的孩子们〉③连同母亲一起全被杀死了。**2** 接着，他立即宣布阿尔比努斯为公敌，同时那些在写给后者或回复给后者的信中带有些许倾向的人，他也把他们判为了公敌。**3** 在他前去同阿尔比努斯作战，并行进到维米纳奇乌姆④附近时，他给自己的长子巴希安努斯冠上了奥勒利乌斯·安东尼努斯之名⑤，还授予其恺撒之尊，这么做为的是让自己的兄长杰塔失去曾经怀有的染指大权的希望。**4** 他之所以授予这个儿子安东尼努斯之名，那是因为他曾梦到过有个叫安东尼努斯的人将接替自己。**5** 某些人认为，[他的小儿子] 杰塔也因上述原因而被唤作了安东尼努斯，⑥如此做法为的是让他也能接替塞维鲁执掌大权。**6** 另有一些人则认为，巴希安努斯之所以被冠上了安东尼努斯之名，是因为塞维鲁自己想要迈入

---

① 根据本卷 VI，10，克洛狄乌斯·阿尔比努斯的据点应该在不列颠。

② 关于此人，请参见本卷 VI，9。——英译者注，有删减。

③ "他的孩子们"（filii eius）两个词在拉丁网络图书馆版本上标记为缺字试补，洛布版此处为"尼杰尔的孩子们"。

④ 古罗马时代位于多瑙河中游沿岸的古城，为当时上默西亚行省首府，其遗址位于今塞尔维亚的科斯托拉茨（Kostolac）西北十二公里处。

⑤ 关于塞维鲁长子之名，请参见尤特罗庇乌斯，VIII，20 所称："马可·奥勒利乌斯·安东尼努斯·巴希安努斯——也称为卡拉卡拉"。

⑥ 在当时印有杰塔头像的铜币上，币文为"普布利乌斯·塞普提米乌斯·杰塔·庇乌斯"（P·SEPT·GETA·PIVS），并没有"安东尼努斯"之名。关于此事，请参见李铁生:《古希腊罗马币鉴赏》，第 208 页，图 7—60。

马可家族。[①]**7** 一开始，塞维鲁的将领们被阿尔比努斯的手下所败。这种情况下，他心怀焦虑地前去询问潘诺尼亚的占卜师，却从他们那儿知悉，他会成为胜者，而和他作对的那位将既不会受其统治，也不会逃亡而走，而是在水边殒命而终。**8** 阿尔比努斯的许多朋友立即弃他而去，其麾下的将领也有很多被擒，塞维鲁对他们施以了惩处。

XI. 1 就在那同时，塞维鲁在高卢采取了诸多不尽相同的措施之后，他首先在提努尔提乌姆[②]附近以一次极为光彩的胜利战胜了阿尔比努斯。**2** 由于摔落下马，他曾一度陷入了巨大的危险当中，以至于有人相信他已被铅球击中而殒命了，新的皇帝也差点儿就被军队选立了出来。[③]**3** 就在那时，由于有一些称颂阿尔比努斯的亲戚阿德隆梅蒂纳人[④]克洛狄乌斯·契尔希努斯的法案得以颁行，就如同元老院已经承认了那个阿尔比努斯一样，于是对他们大为恼怒的塞

---

① 关于此事，请参见狄奥·卡西乌斯，LXXV，7，4："他［塞维鲁］让我们感到尤为失望的是，他不时称自己为马可之子，康茂德之兄，并且还授给后者诸多荣誉——可就在不久前，他都一直在辱骂对方。"上引书，LXXVII，9，4："当皇帝位列马可家族之后，奥斯佩克斯（Auspex）说道：'我恭喜你，恺撒，你找到了一个父亲。'这则传说是在暗讽他由于卑微的出身，因而在那之前都一直处在无父亲的状态。"——英译者注，有删减，引文为汉译者补充。

② 今法国的图尔尼（Tournus）。

③ 关于此事，请比照赫罗提安，III，VII，4："有些材料指责［尤利乌斯·］莱图斯故意待在一旁以观战局进展，还责备他压兵不战以图自己称帝，他只是在塞维鲁遇袭的消息一到才出现在战场上。后来发生的事情让上述指控变得越发明显了。随后，当塞维鲁平定了所有的战乱且又过上安定的日子之后，他赐给了其他许多将领慷慨的赏赐，却惟独处死了莱图斯一人，这显然是想到了他在鲁格杜努姆（Lugdunum，今法国里昂）的阴谋诡计。"——英译者注，有删减，引文为汉译者补充。

④ 阿德隆梅蒂纳位于当时的阿非利加，最初曾是一处腓尼基人的殖民点，即今突尼斯的苏塞（Sousse）。

维鲁颁令将康茂德列入众神，就好像自己这么做能向元老院复仇一样。①4 他先是在士兵当中宣布将康茂德奉为神明，接着再去信把这个消息连带着自己取得胜利的信息一起捎给了元老院。5 随后，他命人肢解了战争中被杀的元老的尸体。6 再后来，当阿尔比努斯半死不活的躯体被带到面前之后，他下令对其实施斩首，并将砍下的脑袋带回罗马。他还用信件将上述命令贯彻下去。7 阿尔比努斯落败于二月十九日②。塞维鲁下令把他的残骸扔在了自家屋③前，长时间地曝尸那里。8 除此之外，他还骑在马上，驾马从阿尔比努斯的尸体上跨过。他力驱畏缩不前的马匹，还松开了缰绳，让它大胆地跨过去。9 另一些人则补充道，他还命人把尸体连同其妻儿的④一起扔进了罗纳河。

XII. 1 在不计其数的阿尔比努斯派成员（其中有许多人是城市领袖及名声在外的女子）遭到杀害之后，塞维鲁将他们每个人的财产都充了国库，而就在同时，在西班牙诸行省和高卢诸行省也有许多贵族被杀而死。2 最终，他发给士兵们如此丰厚的赏赐，以至于不曾有元首给过这么多的数量。3 正是有这样的财产罚没，他给自己儿子留下的财富多过任何一位皇帝，因为他的大部分财富都是从高卢诸行省、西班牙诸行省，以及属于皇室所有的意大利的产业上取得的。4 那时，皇帝私产代理人这个职务被史无前例地设立了起来。5 阿尔比努斯死后，许多仍旧忠实于他的人在战争中被塞维

---

① 根据狄奥·卡西乌斯，LXXV，7，奉康茂德为神的做法确实让元老院感到极为震惊。然而塞维鲁的真实目的却更可能是在于进一步实现让自己迈入安东尼努斯家族的计划。关于此事，请参见本卷 X，6。——英译者注

② 年份是公元 197 年。

③ 此处原文难辨是塞维鲁的屋子还是阿尔比努斯的屋子，不过从下文罗纳河一语来判断，当为阿尔比努斯的屋子。

④ 关于塞维鲁处死阿尔比努斯的妻子和孩子，请参见本卷 X，1。

鲁所败。**6** 与此同时，有消息传来，阿拉伯的军团 ① 也曾投靠了阿尔比努斯那边。**7** 于是，他在以大开杀戒和处死对方族人的方式严厉惩处了阿尔比努斯的叛乱之后，便心怀对人民和元老的怨愤返回了罗马。**8** 他在元老院、在集会上对康茂德进行称颂，他将其奉为神明，并说道不喜欢［康茂德］的是那些臭名昭著之徒，而在说话间他表现出来的怒气是极其明显的。②**9** 后来，他提到了自己的仁慈，可相反却又表现极其残忍，而且还屠杀了下列这些元老。

    XIII. 1 塞维鲁未经合法审问就处死了下述这些身份高贵之人：穆米乌斯·塞昆狄努斯、埃塞利乌斯·克劳狄乌斯、**2** 克劳狄乌斯·卢弗斯、维塔利乌斯·维克托、帕皮乌斯·福斯都斯、埃利乌斯·契尔苏斯、尤利乌斯·卢弗斯、洛里乌斯·普洛菲苏斯、奥伦库勒尤斯·科尔涅利安努斯、安东尼·巴尔布斯、珀斯图米乌斯·塞维鲁、塞尔吉乌斯·卢斯塔利斯、**3** 费边·波林努斯、诺尼尤斯·格拉古、玛斯提奇乌斯·法比阿努斯、卡斯佩里乌斯·阿格里皮努斯、契尤尼乌斯·阿尔比努斯、**4** 克劳狄乌斯·苏尔庇西安努斯、梅米乌斯·鲁菲努斯、卡斯佩里乌斯·埃米利阿努斯、科克奇尤斯·维鲁斯、埃鲁奇乌斯·克拉鲁斯、**5** 埃利乌斯 ③·斯提洛、克洛狄乌斯·鲁菲努斯、埃尼亚图勒尤斯·奥诺拉图斯、**6** 小佩特罗尼乌斯、都叫佩希尼乌斯的六个人

---

① 即第三昔兰尼加（Cyrenaica）军团。——英译者注

② 狄奥·卡西乌斯，LXXV，8 保留了塞维鲁讲话的一些片段："'如果说因为他亲手杀死野兽是可耻的.'他［塞维鲁］说，'然而就在前些天，在奥斯提亚（Ostia），你们等级中的一员，一个曾做过执政官的老者，却公开与一名扮成豹子的不知羞耻之徒一起竞技。而你们会说，可是康茂德是以角斗士的身份进行决斗的呀。难道你们就没有哪位像角斗士那样进行决斗吗？如果没有，那你们中的一些人，怎么会买了他的盾牌，又为何要买下他那些出名的金色头盔呢？'"狄奥还提及，塞维鲁赞扬了马略和苏拉的严厉及残暴，这些名号随后都用到了他的身上。——英译者注，引文为汉译者补充。

③ 拉丁网络图书馆版本此处作"卢西乌斯"（L.）。

（费斯图斯、维拉奇亚努斯、奥勒利安、玛特里安努斯、尤利安、阿尔比努斯）、都叫奇勒利乌斯的三个人（马克利努斯、弗斯丁尼安努斯、尤利安），**7** 艾伦尼乌斯·奈波斯、苏尔庇西安努斯·卡努斯、瓦勒利乌斯·卡图林努斯①、诺维乌斯·卢弗斯、克劳狄乌斯·阿拉比亚努斯、马尔西乌斯②·阿塞利奥。**8** 因此，这些被杀的人都是那么伟大、那么显耀（因为其中许多人曾身居执政官和裁判官，他们个个都是首屈一指之人），而那位杀死他们的人却被阿非利加人奉若神明。**9** 他诬告辛奇乌斯·塞维鲁③，说对方对自己下过毒，就这样将其杀了。

XIV. 1 塞维鲁随后将勒死康茂德的纳奇苏斯④ [扔进斗兽场] 喂狮子。此外，除去那些在战火中殒命的，他还处死了其他许多身份卑微的人。**2** 在那之后，为了要博得人们的欢心，他将邮驿系统的负担从臣民身上转到了帝王私库。⑤**3** 接着，他让元老院为巴希安努斯·安东尼努斯冠上恺撒之名，还把帝王的象征⑥颁给了他。⑦**4** 再后来，有传言说与帕提亚人的战争爆发了，于是他 [塞维鲁] 出征赴战，而就在那时他亲自为父母、祖父，和前妻⑧竖起了塑像。**5** 他曾

---

① 关于此人，请参见《迪丢斯·尤利安传》，V，7。

② 拉丁网络图书馆版本此处作"马可"（Marcus）。

③ 关于此人，请参见《康茂德·安东尼努斯传》，XX，3。

④ 关于勒死康茂德之人，请参见《康茂德·安东尼努斯传》，XVII，2。而根据狄奥·卡西乌斯（LXXIII，16，5。不过汉译者在查对的时候发现这段引文恰恰在说，是塞维鲁处死了纳奇苏斯。）的说法，纳奇苏斯是被迪丢斯·尤利安处死的。——英译者注

⑤ 由帝王私库担负邮驿系统，请参见《哈德良传》，VII，5及注脚。——英译者注

⑥ 应指紫袍。

⑦ 根据本卷，X，3，那时巴希安努斯已被授予了恺撒之名，现在只是在元老院里确认而已。——英译者注，有删减。

⑧ 关于此人，请参见本卷 III，2及注脚。——英译者注

对普劳奇亚努斯①万般友善，而在了解到其秉性之后又对他感到如此憎恨，以至于将他列为了公敌，在把他的塑像推倒之后，他［塞维鲁］还在寰宇以内遍传其加之于人们的极大不公。让他［塞维鲁］尤为感到恼火的是，那人曾把自己的塑像摆在了塞维鲁亲人的群像中间。②6他撤回了因尼杰尔之故而加给巴勒斯坦人的惩处③。7随后，虽然他再次和普劳奇亚努斯恢复了友谊，并与后者一起④进入罗马城，场面犹如举行庆贺一般，还登上了卡庇托山，可是他到头来还是处死了普劳奇亚努斯。⑤8他授给小儿子杰塔成人托袈袍，还让大

---

① 关于此人，请参见本卷 VI，10。全名盖乌斯·弗尔维乌斯·普劳奇亚努斯（Gaius Fulvius Plautianus），近卫军长官。关于他权倾一时并对塞维鲁造成了影响，请参见狄奥·卡西乌斯，LXXV，14—15。他还获得了荣誉执政官的身份，并出任公元 203 年的执政官。——英译者注，有补充。

② 关于此事，狄奥·卡西乌斯有不同的说法。请比照狄奥·卡西乌斯，LXXV，16，2："这件事有必要提及，有一次，当数量颇多的普劳奇亚努斯的塑像被铸造出来之后，塞维鲁对如此多数量的塑像感到了不快，于是便让人把其中的一些给熔化掉，正因为这样，后来近卫军长官已垮台覆灭的谣言传遍了诸多城市。"——英译者注，有删减，引文为汉译者补充。

③ 关于塞维鲁惩处巴勒斯坦人，请参见本卷 IX，5。——英译者注

④ 拉丁网络图书馆版本无"与后者一起"这两个词（cum eo）。

⑤ 关于普劳奇亚努斯的结局，此处显然没有交代清楚。接下去发生的事请参见狄奥·卡西乌斯，LXXVI，4，1—4："于是，他［塞维鲁］召唤普劳奇亚努斯，要他立刻过来，好像有别的什么公事需要处理。普劳奇亚努斯赶紧起程，尽管上天示以一个征兆，拉着他的骡子在宫内的庭院摔了一跤，这预示他正步入覆灭。就在他踏进宫里，守门人只让他一人进入，其他人一律不得陪同，这就跟他在提亚纳（Tyana）时对塞维鲁做的一样。这让他多少产生了警觉，而防备了起来，但他已没有退路，只能走了进去。塞维鲁以非常温和的态度对他说话，并问道：'为什么你会做这事？为什么你要杀我们？'他还给对方机会做出解释，貌似他打算要倾听辩护一样。就在普劳奇亚努斯进行辩驳并对所说的话表示震惊的时候，安东尼努斯［巴希安努斯］冲了上去，卸下他的佩剑，用拳头给了他一击。要不是塞维鲁告诫道'你在我前面就下手了'，安东尼努斯甚至想亲手了结了他。因为有父亲阻止在前，安东尼努斯便指令一个侍者杀掉普劳奇亚努斯。……"

儿子和普劳奇亚努斯的女儿缔结了婚姻。①**9** 那些曾将普劳奇亚努斯宣布为公敌的人，[曾一时间] 都遭到了流放。万事此般变化无常，自然常理大约如斯。**10** 随后，他任命两位儿子出任执政官，还为兄长杰塔②[以崇高的荣誉] 举行了葬礼。**11** 接着，在举办了一场角斗士比赛并向人民发放过赏赐之后，他动身奔赴与帕提亚人的战争去了。**12** 期间，他或以真实罪名或通过诬告处死了许多人。**13** 此外，还有许多人被判有罪：其中一些人是因为曾开过玩笑；一些人是因为 [诉讼时] 闭口不言；一些人是因为曾说了大量的双关语，诸如："看啊，皇帝真是人如其名：从头到尾的佩蒂纳克斯，从头到尾的塞维鲁。③"

XV. 1 那时，街头巷尾确实有传言说，塞普提米乌斯·塞维鲁发动与帕提亚人的战争是为了渴望得到荣耀而非出于情势所迫。**2** 最后，在把军队从布伦迪西乌姆调走之后，他马不停蹄地来到了叙利亚并击退了帕提亚人。**3** 可是，在那之后，他返回了叙利亚，着手准备对帕提亚人发动一场 [侵略] 战争。**4** 期间，他在普劳奇亚努斯的鼓动下追捕了佩希尼乌斯派的幸存者，甚至连他 [塞维鲁] 朋友当中都有不少人遭到了迫害，就好像他们要谋害自己的性命一样。**5** 他甚至还处死了许多人，就好像那些人曾向迦勒底人或占卜师求卜过他自己的命数一样，特别是 [其中] 拥有执掌大权希望的那些人，无论是谁，他都对他们大加猜忌。因为一方面考虑到自己的儿

---

① 此段记录在时间上稍显混乱，显然普劳奇亚努斯之女和卡拉卡拉成婚（公元202年）应当是在普劳奇亚努斯被宣布为公敌并被杀害（公元205年）之前。

② 关于此人，请参见本卷 VIII，10。

③ 关于佩蒂纳克斯之名的含义，请参见《埃尔维乌斯·佩蒂纳克斯传》，I，1 的注脚；关于塞维鲁之名的含义，请参见《康茂德·安东尼努斯传》，XVII，11 及注脚。

子那时尚且年幼，另一方面他或是心有所想又或是道听途说，上述
事实 ① 会被那些为自己图谋大权而寻求占兆的人散布出去。**6** 最终，
在有那么多人被杀的情况下，塞维鲁为自己开脱了罪责；并且在那
些人死后，他还否认曾经发生过的事是自己命人去做的。马略·马
克西姆斯提到，莱图斯 ② 一事尤为如此。**7** 就在他的一位雷布提城
的姐妹跑来见他的时候，她几乎不会说拉丁语，③ 皇帝为此感到十分
尴尬，于是在授给她儿子宽紫纹短袖袍并赐予其本人大笔赏赐之后，
便命令这个女人带着儿子返回故乡，而这个孩子没活多久就辞世而
去了。

　　XVI. 1 在夏天过去之后，塞维鲁侵入了帕提亚，并在临近冬天
时，将［帕提亚］王击退后进占了泰西封，之所以选在那种时候是
因为对那些地区来说冬季更适于进行战争——尽管那时士兵们得靠
吃草根过活，而由此一来又会遭受各种疾病的折磨。**2** 因此，在有
帕提亚人阻挡于途，士兵们又因饮食不当产生腹泻的情况下，他虽
不能深入敌境，可仍做到了坚守阵地、攻占城镇、驱逐敌王、屠戮
甚众，还名正言顺地获得了帕提库斯的名号。**3** 出于上述功绩，士
兵们还拥戴其十二岁的儿子、此前曾被授予恺撒之名 ④ 的巴希安努
斯·安东尼努斯成为共治者。**4** 他们还为小儿子杰塔冠上了恺撒之名，

---

① 指塞维鲁的命数。

② 塞维鲁上一场战役中的副将，与帕提亚人作战时，尼西比斯（Nisibis）
　　的守将。关于这场战争，请参见本卷 XV，1—2。此人是在攻占泰西封
　　（Ctesiphon）之后围困哈特拉（Hatra）时，被处死的。关于处死这个人，
　　请参见狄奥·卡西乌斯，LXXV，10，3：“他处死的另一个人是莱图斯，之
　　所以杀死后者，是因为这个人既高傲自大还受到士兵们的爱戴，以至于士
　　兵们曾声称，除非让莱图斯领导他们，否则他们不会把仗打下去的。”——
　　英译者注，引文为汉译者补充。

③ 因塞维鲁家族祖上是阿非利加人，所以母语是当地的迦太基语。

④ 关于此事，请参见本卷 X，3 和 XIV，3。——英译者注

并又同时称呼他为安东尼努斯：许多人在著作里就是这么讲的。**5** 出于上述这些加尊，他允许每一个士兵对帕提亚城镇进行洗劫，以此方式向他们奉上极其慷慨的赏赐，而这个正是士兵们一向要求的。**6** 他以胜利者的姿态从那里返回了叙利亚。元老们出于与帕提亚人的战争［取得了战果］而授给他凯旋式，不过被他拒绝了，^①因为身患痛风病的他无法在马车上站直。**7** 虽然这样，可他仍允许儿子^②举行凯旋式：元老院曾因与犹太人的战争中塞维鲁在叙利亚取得的诸多胜利而颁授给这位儿子凯旋式。**8** 接着，他来到了安条克城，在授给长子成人托袈袍之后，又指派他出任与自己同僚的执政官，并当即在叙利亚就任执政官之职。**9** 随后，在为士兵们增加了犒赏之后，他便奔赴亚历山大里亚而去。

XVII. 1 在塞维鲁去亚历山大里亚的途中，他授给巴勒斯坦人许多权利。^③他以严厉惩罚禁止［人们］成为犹太人，^④针对基督徒他也颁布了相同的禁令。^⑤**2** 接着，他授予亚历山大里亚人设立元老院的权利，而他们那时尚没有公共决策机构，就好比这些人此前都一直生活在诸王^⑥的统治之下，并心甘情愿地受制于恺撒委派的独一的总督^⑦。**3** 此外，他还为他们修改了多项法律。**4** 因为对塞拉匹斯

---

① 此处拉丁网络图书馆版本作："元老们授给他凯旋式，不过却被这位帕提库斯拒绝了，因为……"
② 应指长子巴希安努斯。
③ 关于此事，请比照本卷 XIV，6。——英译者注
④ 这里指的是：塞维鲁用严厉惩处的方式禁止人们信仰犹太教。
⑤ 关于塞维鲁迫害基督教，请参见优西比乌斯的《教会史》，VI，1（见汉译本，瞿旭彤译，北京：生活·读书·新知三联书店，2009 年 9 月，第 262页）："当塞维鲁策划针对教会的迫害时，各地均有不少虔诚的信仰斗士光荣殉道。"引文译名有所调整。
⑥ 指托勒密王朝。——英译者注
⑦ 此处原文是 iudex，本意为法官，在这里显然表示埃及总督。关于罗马人以法官衔出任埃及总督，还请参见尤特罗庇乌斯，VII，7。

神进行了祭祀、对古代遗迹进行了考察，又因为发现了珍奇异兽，
抑或找到了天下奇观，塞维鲁在后来一直都认为这趟行程对他自己
来说是称心愉快的。他仔细游览的地方有：孟菲斯、门农巨像①、金
字塔、大迷宫。**5** 由于追溯琐事会没完没了，下面只记述他的著名
事迹②：在尤利安战败身亡之后，他解散了近卫军；③ 他违背了士兵
们的意愿，将佩蒂纳克斯列入了众神的行列；④ 他下令废除萨尔维乌
斯·尤利安颁行的法律，不过这没能贯彻下去。**6** 最后，似乎出于其
守财的作风⑤ 而非自己的意愿，⑥ 他曾冠上了佩蒂纳克斯的尾名。**7** 他
被当成是一个颇为残暴的人，除了因为他犯下不胜其数的杀戮，还
因为曾有个敌人来到面前，边哀求他边说道："[现在换作是你，] 你
会怎么处置呢？"⑦ 在那种情况下，他仍不为这般言辞所动而下令将
对方处死。**8** 此外，他向往剪灭作乱分子，在交锋中也几乎没有

---

①　古埃及第十八王朝阿蒙霍特普三世（Amenhotep III）法老的两尊岩石巨
　　像，矗立在与今卢克索（Luxor）相对的尼罗河西岸。

②　传记的这个部分（XVII, 5—XIX, 4）与奥勒利乌斯·维克多的《诸恺
　　撒传》（*Aureli Victoris de Caesaribus*）存在相似性，很多时候有些词句就
　　是照搬《诸恺撒传》，XX 的，而且部分段落看起来也只是维克多叙述的择
　　取。——英译者注

③　关于此事，请参见本卷 VI, 11 及注脚。

④　关于此事，请参见本卷 VII, 8；《埃尔维乌斯·佩蒂纳克斯传》，XIV,
　　10。——英译者注

⑤　关于佩蒂纳克斯吝啬，请参见《埃尔维乌斯·佩蒂纳克斯传》，VIII, 9—
　　10；XII, 2—6。——英译者注

⑥　关于此事，请参见本卷 VII, 9。他冠上这个名号是为了加强自己的地
　　位。——英译者注

⑦　此事的完整内容，请参见奥勒利乌斯·维克多的《诸恺撒传》，XX, 11：
　　"这么说是因为，有一个人正如内战中常见的那般，因所在地域之缘由而投
　　靠了阿尔比努斯那方，这人于是说道：'我要问，换作现在是你，你会怎么处
　　置呢？'正当他用这么句话结束辩护之后，[塞维鲁] 回答道：'[那样的话，]
　　你得什么结果，我就得什么结果。'"——英译者注，引文为汉译者补充。

哪次不以胜利者的姿态离去。①

XVIII. 1 塞维鲁击败了波斯人之王阿伯伽鲁斯。他掌握了阿拉伯人的统治权。他迫使阿狄亚贝尼人②纳贡。**2** 他在不列颠岛上从东岸到西岸修造起一道长墙，以此来加强远至大洋的各处地方的防御，而这是他统治期间至高无上的荣耀。由此，他还得到了布列塔尼库斯的名号。**3** 在击溃诸多极其好战的部族之后，他使自己的出生地的黎波里重新成了最安全的地方。他每天都极为慷慨地赠予人民免费橄榄油，还将这种馈赠永久地执行了下去。**4** 同样是这个塞维鲁，他既容不得冒犯，又特意为了督促每一个人能勤奋努力而做出圣裁。**5** 他对哲学和演说术饱含一腔热情，还对普通学问也极其热爱。**6** 他在各地都与强盗为敌。他如实地将自己称帝之前及之后的生平事迹记载了下来，仅在其中对因残暴犯下的罪过进行了辩解。**7** 对此，元老院裁决他既不该降生也不该死去，因为他看上去在残暴尤甚的同时对国家又是如此不可或缺。**8** 尽管如此，可在家人里面，妻子尤莉娅③虽然既因为犯下了通奸而臭名昭著、又由于实施过阴谋而罪恶多端，可是他却一点都不把这些放在心上。**9** 同样是这个塞维鲁，因身患足疾④耽搁了战争，士兵们为此忧心忡忡，接着便推举了跟随一同［出征］的塞维鲁之子巴希安努斯为奥古斯都，就在那种情况下，他命人抬起自己，送到高台上，**10** 随后唤来了所有主导这件事的军事保民官、百人队队长、军团统帅，以及大队士兵。那时，他命令得到奥古斯都之名的儿子站起身，下令对除儿子

---

① 此处前后两句含义并不连贯，因为过度删减了奥勒利乌斯·维克多的《诸恺撒传》，XX，13—14 原话。从剪灭作乱分子到对外战争取胜，中间的段落全部删减掉了。——英译者注

② 关于此事，请参见本卷 IX，9。——英译者注

③ 关于此人，请参见本卷 III，9。

④ 可能是上文提到的痛风病，请参见本卷 XVI，6。

之外的每个始作俑者都加以惩处，所有人都伏身倒在了高台前，乞求他［的宽恕］，于是他边用一只手碰了碰脑袋边说道："你们终于清楚啦，执掌大权的是脑袋而不是脚。" **11** 命运女神一步又一步地引领他历经诸文职与军职，从卑微之身变成了手握大权之人，而在这之后他则说出了下面的话："我已是一切，可一无所得。"

　　XIX. 1 塞维鲁征服了会对诸不列颠行省构成威胁的部族之后，在其当政的第十八年①，因罹患恶疾而在不列颠的埃伯拉库姆②辞别人世，那时他已步入了老年。**2** 他留有两个儿子：安东尼努斯·巴希安努斯和杰塔，为了彰显马可的荣耀，他也给杰塔冠上了安东尼努斯之名。③**3** 他被安葬进了马可·安东尼努斯的陵墓，而一切帝王之中，他如此推崇后者，以至于既把康茂德列入了众神的行列，又想让后世所有的帝王都将安东尼努斯之名犹如奥古斯都的名号一般加在族名后面。**4** 他的孩子为其举行了极其盛大的葬礼，也在这些孩子的恳求之下，他本人亦被元老院列入了众神的行列。**5** 他建造了一批公共建筑，其中至今尚存的有七曜宫④、塞维里安浴池，在他统治时修建的还有坐落于台伯河对岸、靠近以他自己名字命名的城门边的塞普提米浴池，然而［在完工之后］没多久它的输水渠就损毁了，以致无法为公众使用。**6** 在他驾崩之后，所有人对他的评价都是崇高的，尤其因为在之后很长一段时间里，国家并未从他的儿子那里获得什么好处，而更到了后来，在有许多［蛮族］侵入国家的

---

①　关于塞维鲁当政时间，请比照尤特罗庇乌斯，VIII，19："他当政十五年又两个月，随即以高龄在埃伯拉库姆过世，去世之后他被封为了神。"

②　今英格兰的约克。

③　关于此事，请参见本卷 X，5 的注脚。——英译者注

④　指位于帕拉丁山东南角的一处有三层柱廊的建筑。修造这幢建筑的目的在于为面朝阿皮亚大道（via Appia）的宫殿正面附以装饰。——英译者注

时候，罗马人的国家则成了强盗们的掠夺之物了。**7** 他衣着如此简单，以至于在肩披希腊军用斗篷的同时，束腰上衣上都不留一点紫色①。**8** 他饮食极其节俭，嗜食家乡的豆子，时不时会有喝酒的兴致，还常常不沾肉食。**9** 他个人相貌英俊、身材高大、胡子蓄得长长的、头发灰白而卷曲、表情令人敬畏，他声音洪亮，但直到步入老年仍在说带阿非利加口音的方言。**10** 在驾崩之后，若大家不是出于不再对他感到嫉妒，就是因为对其残暴的畏惧已经消除，他受到了众人的深深爱戴。

XX. 1 我记得曾在哈德良的［被释奴］裴拉根②的被释奴埃利乌斯·毛鲁斯的著作里读到过，塞普提米乌斯·塞维鲁临终时反倒变得快乐无比起来，那是因为他仿效庇乌斯的先例为国家留下了两位安东尼努斯共同接掌大权，正如前者留给国家的正是两位都叫安东尼努斯的继子：维鲁斯和马可。**2** 让他感到更加欣慰的是，对方留给罗马国家的都是继子，而他留下的则是亲生的统治者：即他与前妻生下的安东尼努斯·巴希安努斯，及他与尤莉娅生下的杰塔。③**3** 然而这种希望却使他沉浸在极大的蒙蔽中。这么说是因为，其中一位犯下了弑杀亲族的行径④，另一位则出于其自身的秉性⑤，这让国家对他们产生了憎恶，而那个神圣的［安东尼努斯］名号也不再继续焕发光彩了。**4** 奥古斯都戴克里先陛下，当我进行反思的时候，［我发现］伟人们留下的子嗣大体上没有一个是属于出类拔萃的有用之

---

① 穿带有紫色宽条纹的束腰上衣是元老等级的标志，带两条紫色窄条纹则标志着骑士等级。

② 关于此人，请参见《哈德良传》，XVI，1。——英译者注

③ 关于此事，请比照本卷 III，9 及注脚。显然与此处自相矛盾。

④ 显然这里指的是巴希安努斯（即卡拉卡拉）弑杀弟弟杰塔的事。

⑤ 既然上文提到其一为巴希安努斯弑杀杰塔，那此处的"另一位"就只能指杰塔了。但实际上巴希安努斯的秉性才是名副其实的暴君，因此这里前后句让人感觉都在说巴希安努斯。

才，这是确确实实而又明明白白的事实。**5** 这些人最终若不是无嗣
而终，就是（正像大多数情况出现的那样）驾崩之时有后嗣的还不
如没有的更造福于人类。

XXI. 1 就让鄙人从罗慕路斯说起吧：罗慕路斯他没有留下一个
会对国家带来益处的后嗣，努玛·庞皮利乌斯也没有。卡米勒斯①
留下了什么呢？他是否也有和自己一样伟大的子嗣呢？西庇阿②留
下了什么呢？当时名扬四方的诸位加图留下了什么呢？**2** 现在还用
我来道出荷马、德摩斯梯尼③、维吉尔、克里斯普斯④，以及泰伦提
乌斯、普劳图斯⑤，和其他一些人来作例子吗？要说说恺撒的情况
吗？还是讲讲图利乌斯⑥的呢——单单就他来说，还宁可不要有孩
子呢？⑦**3** 要说说奥古斯都的情况吗——尽管他能够从全体国人中挑
选继子，可收养的儿子却连个善类都没有？连图拉真他都受到了蒙

---

① 指共和国初期的独裁官福里乌斯·卡米勒斯（Furius Camillus）。他曾击
　败过高卢人，并举行过三次凯旋式。关于此人，请参见尤特罗庇乌斯，I，
　20："高卢人围困了一段时间，罗马人在神庙内忍饥挨饿，就在这时，卡米
　勒斯（他遭逐后迁居在罗马附近的城邦）突袭了高卢人，并将他们打得落
　花流水。虽然如此，但后来高卢人仍得到了为解卡庇托山之围而奉上的黄
　金，然后才撤离了开去。可是，卡米勒斯为了夺回了之前被他们拿去的金
　子及被他们夺走的所有军旗，他一路追击着，直到把他们杀死。于是，他
　第三次以凯旋式返回了罗马城，还得到了罗慕路斯第二的称号，这就如同
　他自己也成了国家的缔造者一样。"
② 这里应指毁灭迦太基城的小西庇阿·阿非利卡努斯，他似乎没有留下过孩
　子。——英译者注
③ 古希腊著名演说家、政治家，曾极力反对马其顿入侵希腊。
④ 即历史学家撒路斯特。——英译者注
⑤ 普劳图斯和泰伦提乌斯都是古罗马著名剧作家。
⑥ 即共和国晚期著名的演说家、政治家西塞罗。
⑦ 西塞罗的儿子没有父亲的才华，而且还以酗酒变得臭名昭著。——英译
　者注

蔽而选自己的同乡兼晚辈 ① [作继承人]。**4** 不过，鄙人为了不牵涉到国家的神灵、同叫安东尼努斯的庇乌斯和马可，还是不提继子吧，接下来那就让鄙人谈谈那些亲生子。**5** 假如马可没有留下嗣子康茂德，对他来说还会有什么比这更庆幸的呢？**6** 假如塞维鲁·塞普提米乌斯没有亲生儿子巴希安努斯，对他来说还会有什么比这更庆幸的呢？[这个巴希安努斯，] 他随即便为实施杀弟炮制出谎言，控告其弟弟策划针对自己的阴谋而将其处死了。**7** 他娶了自己的继母——什么继母呀，分明就是母亲啊——而正是在这位母亲的怀里，他杀死了她的孩子杰塔。② **8** 由于正义的庇护所、法理的宝库帕皮尼安努斯不愿为其杀弟的罪责开脱，他就处死了这位近卫军长官——对于一个通过自身的努力与学识让自己功成名遂的人来说，是不会与这样的官职失之交臂的。**9** 总而言之，不去谈别的东西，我相信正是由于此人 [巴希安努斯] 的秉性，才让方方面面都异常严酷，甚至异常残忍的塞维鲁仍在祭祀诸神方面被当成是一位名副其实的虔诚者。**10** 而在他 [塞维鲁] 病重期间，据说他确实派人把撒路斯特写下的米奇普撒用来规劝诸位儿子保持和睦 ③ 的充满神性的演说辞交

---

① 这里显然指的是哈德良，他和图拉真都生于西班牙的意塔利卡。关于此事，请参见《哈德良传》，I，1；及尤特罗庇乌斯，VIII，2："乌尔庇乌斯·克里尼图斯·图拉真（Ulpius Crinitus Traianus）继承了涅尔瓦。他出生于西班牙的意塔利卡。"关于后人对哈德良的恶评，请参见《哈德良传》，XXVII，1—2。

② 关于刺杀的细节，请参见狄奥·卡西乌斯，LXXVII，2，3："而就在他们 [兄弟俩] 进到屋内的时候，安东尼努斯先前安排下的一拨百人队队长一起冲了过来，将杰塔击倒。那一刻，杰塔一见到这些人就跑到母亲那边，搂住她的脖子，依偎在她的胸口怀中，哀号道：'妈妈，妈妈，生下我的妈妈啊，救救我吧！我快被杀死了！'"——英译者注，有删减，引文为汉译者补充。

③ 关于此篇演说辞的内容，请参见撒路斯特的《朱古达战争》（*Sallusti Bellum Iugurthinum*），X。——英译者注

给了大儿子，不过这并未产生作用〈……〉①由于病痛如此伟大的人。**11** 最终，安东尼努斯长时间地遭受人民的憎恶，而那个神圣的名号也长时间地不再受到爱戴，尽管他既向人民发放了衣物——他因此被唤作了卡拉卡卢斯②——又建起了极为豪华的浴池。**12** 尚存于罗马的绘有塞维鲁事迹的塞维鲁柱廊，有非常非常多的人指出，就是这位儿子建造的。

XXII. 1 预示塞维鲁死亡的征兆有以下这些：他本人梦到过，自己曾在饰有宝石的马车上被四只猎鹰牵引着驰向天国，同时有一只我并不清楚是何物的巨大人形体飞在前面；在他被载上天的时候，他曾数到了八十九这个数字，而他死时活过的年岁恰是此数③，因为他初御帝位的时候就已经步入老年了；**2** 那时他置身在一处巨大的气环之中，惟有其一人久久孤立在那边。不过，正在他担心自己会头冲下跌落下去之际，他看见自己被朱庇特唤了过去，而且还被列入

---

① 此处缺字。

② 实际上应是"卡拉卡拉"，这个名字源自一种服饰。关于此事，请参见奥勒利乌斯·维克多的《诸王传略》，21，1—2："奥勒利乌斯·安东尼努斯·巴希安努斯·卡拉卡拉（Aurelius Antoninus Bassianus Caracalla），塞维鲁之子，生于鲁格杜努姆，独掌国政六年。出于他外公的名字他被唤作了巴希安努斯。不过因为他曾从高卢带了许许多多的布料，做了几件长及脚踝的高卢长袍（caracalla），还强迫平民穿上长及脚踝的装束前来问候他，因此他以这种服饰而被冠上了卡拉卡拉之名。"

③ 原文直译为"并不超出这个数字足一年"：即到了八十九岁但未到九十岁。但通常认为塞普提米乌斯·塞维鲁并没有活这么长，我们从本书之前的记述也能推断出来：塞维鲁生于公元 146 年 4 月 7 日（参见本卷 I，3 及注脚）；是在尤利安被杀之后接过大权的，而那一年无疑是公元 193 年，他 47 岁；驾崩那一年是其当政的第 18 年（参见本卷 XIX，1），因此去世时的岁数应不超过 65 岁。之所以这里推定他活到 89 岁，我认为，大概是因为本卷作者所用的史料将他和后来的塞维鲁·亚历山大（[Marcus Aurelius] Severus Alexander）弄混了，后者卒于公元 235 年 3 月 18 日，而这个日期对塞普提米乌斯·塞维鲁来说大体吻合此处的年岁之说。

了诸安东尼努斯之列。**3** 在举办竞技比赛的那一天，有三尊手举棕榈枝的胜利女神的石膏像按惯常方式摆了出来，持有一只刻着他自己名字的圆球的中间那尊被一阵风从露台垂直吹落在地上，而刻着杰塔名字的那尊则在被吹倒之后摔得粉碎，而刻有巴希安努斯之号的那一尊在一阵旋风中虽没了棕榈枝却仍勉强立在那里。**4** 在不列颠视察完卢古瓦伦 ① 附近的长墙之后，他既成了胜利者又成了永世和平的缔造者，并返回了最近的驻地，那时他心里正琢磨着自己会遇到何种吉兆，就在那时有个名列士兵花名册的埃塞俄比亚人（此人在打诨者中算出名的，一直是个爱说笑的人）拿着柏树枝做的头冠 ② 撞见了他。**5** 当时他被此人肤色 ③ 和柏树冠所代表的凶兆激怒了，在愤怒中他下令把这个人从眼前除去，据说那个人出于取笑便道出了：“你这个家伙拥有了万物、征服了万物，征服者啊，现在做神灵 ④ 去吧！”**6** 随后，他回到城里打算进行祭祀。由于乡间占卜师犯下失误，他先是被领入了女武神的神庙，⑤ 随后［在第二处地方］献上的祭品又是黑色的。**7** 他虽然摒弃祭品回到了行宫，可是由于侍者们的疏忽，那些黑色的祭品一直跟着皇帝到达了宫殿门口。

XXIII. 1 塞维鲁在许许多多的城里建起了著名的公共建筑。在他的一生中下面的事迹着实令人称赞：他对罗马城内历经岁月磨灭而坍塌的每一座神庙都进行了重修，而且几乎从不刻下自己的名姓，反倒在各处都留了那些建造者的名字。**2** 去世的时候，他留下的富余粮食相当于七年的税赋，其数量足够每天耗费七万五千摩第了；⑥

---

① 今英格兰的卡莱尔（Carlisle）。——英译者注
② 柏树枝在古罗马时代常被放入死者的灵柩中。
③ 显然这个人是黑人。
④ 帝王死后才被奉为神灵，因此此处暗示死亡。
⑤ 女武神象征战争，而在战火平息之际踏进她的神庙显然预示着凶兆。
⑥ 关于此事，请参见本卷，VIII, 5。——英译者注

而橄榄油则多到这般程度，以至于足够满足罗马城连同整个意大利境内橄榄油匮乏之地五年的需求。**3** 据说，他最后的遗言的是："我当初接手的是一个硝烟四起的国家，而现在留下的是一个连不列颠诸行省都已实现了和平的国度。因我年事已高又患有足疾，遂把大权传给我的安东尼努斯们，如若他们贤达，则国势强盛，如若昏庸，则国势衰颓。"**4** 随后，他命人给保民官送去口令"让我们干活"，因为佩蒂纳克斯在取得大权之后曾给过口令"让我们服役"①。**5** 接着，为了让两位孩子在自己死后都能得到最为神圣的命运女神像，他决定再塑一尊，而这神像通常是随诸位元首一起被摆放在寝宫里的②。**6** 可是，当他意识到自己大限将至时，据传，他又下令让那尊命运女神像每天轮流放置在两位后继皇帝的寝宫里。**7** 巴希安努斯无视这样的嘱咐，直至干出弑杀亲族的行径。

XXIV. 1 塞维鲁的尸身被从不列颠运到了罗马，一路上行省居民纷纷致以万般崇敬。**2** 虽然如此，不过还有一些人说，[运回的]只是一只黄金做的小骨灰瓮，而且这只保存着塞维鲁骨灰的骨灰瓮被放进了安东尼努斯家族的陵墓，③因为塞普提米乌斯已在辞世的那处地方火化了。**3** 当他修建七曜宫④的时候，他考虑的只是那些从阿非利加来的人能目睹他亲自缔造的工程。**4** 据称，要不是罗马市长趁他离开的时候把他的塑像摆在那座建筑中间，否则他还要打算在那一边修一条通往帕拉丁山上的房屋（即皇宫）的通道了。**5** 后来，当[塞维鲁·]亚历山大也想这么做的时候，据说，被占卜师制止了，因为在他就此事进行问卜时，并未得到吉兆。

---

① 关于此事，请参见《埃尔维乌斯·佩蒂纳克斯传》，V，7。——英译者注
② 关于此事，请参见《安东尼努斯·庇乌斯传》，XII，5。——英译者注
③ 关于此事，请参见本卷 XIX，3。——英译者注
④ 关于此建筑，请参见本卷 XIX，5 及注脚。——英译者注

佩希尼乌斯·尼杰尔传

埃利乌斯·斯巴提亚努斯

I. 1 将那些被他人击败的僭主［的生平事迹］完好地记录成文，这不是寻常之事，也非易事，因此并非与这些人相关的每件事都会被完整地收录在档案和年代记里。**2** 这么说首先是因为，为他们带去荣耀的丰功伟业总被历史学家们歪曲，其次则出于［与功业无关的］其他事迹总被隐瞒，再有就是对他们家世与生平的考证也并不特别引起重视，因为对他们的胆大之行、战败之役、惩处之治进行叙述就已足够了。**3** 话说佩希尼乌斯·尼杰尔，按一些人的说法，父母双亲皆非身份高贵之辈，按另一些人的话说，则正好相反。他的父亲叫安尼乌斯·福斯库斯、母亲叫朗普里狄娅，他的祖父是阿奎努姆城①的代理人，而这个家族曾一度将祖籍归到这座城市，不过这么说即使现在仍不被认同。**4** 此人文学造诣平平、秉性桀骜不驯，他腰缠万贯而又生活节俭，他物欲横流而又不知节制。**5** 他长期在军中指挥士兵，在经历诸多军职之后，他在康茂德的委命下接过了叙利亚军队的统率权，而这主要是凭借了那位勒死康茂德的运动员的推荐——正如那时万事皆如此安排的一样。

---

① 今意大利中部的阿奎诺镇（Aquino）。

II. 1 随后，康茂德被杀，尤利安称帝，而这个尤利安又在塞维鲁和元老院的指令下遭到杀害，接着阿尔比努斯亦在高卢称帝。当佩希尼乌斯·尼杰尔在获悉到上述种种消息之后，他受到手下叙利亚军队的拥戴，当上了皇帝。而正如某些人所说的，[他这么做] 是出于对尤利安的憎恶，而不是要同塞维鲁角逐。**2** 在尤利安当政的最初的几天里，出于对他的憎恶，在罗马，人们（连那些同样憎恨塞维鲁的元老们都不例外）是这般拥护佩希尼乌斯·尼杰尔，以至于在 [对尤利安] 投去石头并发出诅咒的同时① 人民为他许下了祝福，并喊道："愿众神庇佑他为元首、为奥古斯都。"**3** 民众普遍对尤利安感到愤怒，因为士兵们在杀死佩蒂纳克斯后违背了人民的意愿而推举他当上了皇帝。因此，最终爆发了大规模的暴乱。**4** 另一方面，尤利安曾派了一名第一百人队的队长去行刺尼杰尔，② 而向一位既拥有军队又懂得保护自己的人派出刺客这么做是愚蠢的，简直就好像这类皇帝能主动葬送在一个第一百人队队长手里一样。**5** 同样疯狂的是，尤利安竟然还在塞维鲁已经称帝的情况下为他送去了接替者。③**6** 随后，他连以屠杀将领而声名狼藉的百人队队长阿奎留斯都派了出来，④ 就如同这般伟大的皇帝能葬送在一个百人队队长手里一样。**7** 末了，据称似乎为了通过法律让自己首先确立元首之位，他对塞维鲁颁布了禁令以禁止他染指大权，而这么做同样是疯狂的。

III. 1 要说人民对佩希尼乌斯·尼杰尔的评价，大可通过以下事情来认清：当尤利安在罗马举办竞技比赛时，马克西姆斯椭圆形竞

---

① 关于此事，请参见《迪丢斯·尤利安传》，IV，2—4。

② 关于此事，请参见《迪丢斯·尤利安传》，V，1；《塞维鲁传》，V，8。——英译者注

③ 关于此事，请参见《迪丢斯·尤利安传》，V，7。

④ 关于此事，请参见《迪丢斯·尤利安传》，V，7—8；《塞维鲁传》，V，8。——英译者注

技场里的位子被人们不加区分地乱坐一气。人民用恶毒的侮辱攻击了他，并在全体一致的赞同下要求佩希尼乌斯·尼杰尔前来保护罗马城，①［而他们这么做］正如鄙人说过的那样，是出于对尤利安的憎恨以及对遭到杀害的佩蒂纳克斯的爱戴。**2** 据称，在那种场合尤利安曾说过，能统治长久的注定不会是他自己和佩希尼乌斯，反倒是更应该遭到元老、士兵、行省居民，以及广大民众憎恨的塞维鲁。这事真被说中了。**3** 就在塞维鲁执掌鲁格杜努姆行省统治权的那会儿，② 佩希尼乌斯与他保持着极为友好的关系。**4** 这么说是因为，他本人曾被派去抓捕当时正蹂躏着高卢诸省且人数又多到无法尽数的逃亡者，③**5** 在执行上述任务期间，他表现得尽心尽责，塞维鲁对其万分满意，以至于这位塞普提米乌斯向康茂德通报了他的事迹，并在信里称其为国家不可或缺之人。**6** 他［佩希尼乌斯］在军务方面是实实在在颇为严厉的。他手下的士兵没有一个从行省居民那里劫夺过木料和橄榄油，也没有一个强迫行省居民担当劳役。**7** 他自己则从不拿士兵的任何东西。在出任保民官时，他也不允许有任何东西被侵占下来。**8** 这么说是因为，即使在他成了皇帝之后，仍下令辅助部队对两位被证实曾扣克过士兵军饷的保民官施以投石刑。**9** 有一封塞维鲁写给统辖高卢诸行省的拉格尼乌斯·契尔苏斯的信一直流传至今，信上说："我们虽然在战争中击败了佩希尼乌斯，却不能照搬他［严厉］的军纪，这是令人悲哀的事。**10** 你手下的士卒游手好闲，手下的保民官正午沐浴，餐馆取代了食堂，宿舍取代了营房，士兵们跳舞、喝酒、唱歌，他们纵饮无度，可还把这称为有限度的宴会。**11** 假如祖辈的纪律还有丝毫留存，这样的事情还会发生

---

① 关于此事，请参见《迪丢斯·尤利安传》，IV，7。——英译者注
② 关于此事，请参见《塞维鲁传》，VIII，8。——英译者注
③ 关于此事，请参见《康茂德·安东尼努斯传》，XVI，2 及注脚。——英译者注

吗？所以，先要把军事保民官纠正过来，然后再将一兵一卒都纠正过来。只要他们片刻对你存有畏惧，你就会无时无刻留在他们的心里。**12** 然而，从尼杰尔身上你还应学到，除非军事保民官与将领都行事清白，否则任何士兵都不会产生畏惧的。"

　　IV. 1 以上这些是奥古斯都塞维鲁写到的有关佩希尼乌斯的内容。而在佩希尼乌斯还是一名［普通］士兵的时候，马可·安东尼努斯在写给科尔涅利乌斯·巴尔布斯的信里也曾提到过他，信中说："你向我称赞佩希尼乌斯，对他我是了解的，因为你的前任说他在行伍中充满活力、在生活中表现庄重，那时就已经在普通士兵中脱颖而出了。**2** 于是，我派人到军旗那边去宣读信件，信里我指令他统率三百亚美尼亚人、一百萨尔玛提亚人，和一千我们自己的士兵。**3** 你要做的就是指出，一个人达到了我的祖父哈德良及曾祖父图拉真除去那些经过万般考验者之外绝不授给他人的位置，所凭借的并不是与我们的秉性不相符的野心，而是勇气。"**4** 康茂德也同样［曾在信里］提到他说："我知道佩希尼乌斯是个勇敢的人，并已两次授予其保民官之职，等埃利乌斯·科杜埃努斯因岁高人老而从国事上引退之时，我还要颁授这人将军的职位。"**5** 上述这些是所有论及他的人所提到的看法。塞维鲁本人也时常说道，要不是佩希尼乌斯一意孤行的话，自己真打算要宽恕他呢。**6** 最终，佩希尼乌斯受到康茂德提拔而超过塞维鲁当上了执政官，而这着实惹恼了塞维鲁，因为尼杰尔是在一些第一百人队队长的推荐下才当上执政官的。**7** 在自传①里塞维鲁说，在自己的孩子都还没到能执掌大权的年纪之前，染上病的他曾有过这样的想法：万一自己有个什么三长两短，就让尼杰尔·佩希尼乌斯与克洛狄乌斯·阿尔比努斯接替他，尽管他们

---

① 关于这本自传，请参见《塞维鲁传》，III，2，其中被称为"他自己［写的］称帝之前的历史"。

俩都已成为塞维鲁最大的敌人。**8** 塞维鲁对佩希尼乌斯的看法如何，由此便昭然若揭了。

V. 1 如果鄙人相信塞维鲁，那么尼杰尔贪求荣耀、为人虚伪、秉性鄙陋，而且篡夺权位时就已是年岁颇大的人了——由此塞维鲁抨击了他的野心，这就好像他自己得到大权的时候有多少年轻一样，这么说是因为，他虽然少报了［真实］岁数，可仍在统治了十八年之后，在生命的第八十九年驾崩。① **2** 话说塞维鲁派遣赫拉克利图斯前去占据比提尼亚，又派了弗尔维乌斯去抓捕尼杰尔的已成年的孩子们。② **3** 尽管尼杰尔称帝的消息他已听到了，而且正要动身前去平定东方的局势，可塞维鲁仍在元老院里未提及关于他的任何事情。**4** 事实上，在他起程之际只做了下面这件事：为了不让佩希尼乌斯占领阿非利加而让罗马人民遭受饥荒，他向那里派去了几支军团。③ **5** 而佩希尼乌斯凭借靠近阿非利加的利比亚和埃及要实现上述计划似乎是有可能的，虽然走陆路与海路都困难重重。**6** 佩希尼乌斯趁塞维鲁奔赴东方之际竟杀死了许多名声在外之人，并占领了希腊、色雷斯诸行省，以及马其顿，同时还呼吁塞维鲁能进行共治。④ **7** 正因为那些被他杀死的人，塞维鲁将他连同埃米利阿努斯一起宣布为了公敌。⑤ 然后在埃米利阿努斯的指挥下佩希尼乌斯进行了战斗，不料却被塞维鲁的将领们所败。**8** 尽管塞维鲁曾允诺，如果他放下武器，会在保证性命无忧之下将他放逐，⑥ 而他则一意孤行，再次投入了战斗，却又再一次地被击败。他逃到了齐兹库斯，并在

---

① 关于塞维鲁驾崩时的岁数问题，请参见《塞维鲁传》，XXII，1 及注脚。

② 关于此事，请比照《塞维鲁传》，VI，10。——英译者注

③ 关于此事，请参见《塞维鲁传》，VIII，7。——英译者注

④ 关于此事，请参见《塞维鲁传》，VIII，14。

⑤ 关于此事，请参见《塞维鲁传》，VIII，13。

⑥ 关于此事，请参见《塞维鲁传》，VIII，15。

沼泽边 ① 负伤而被带到了塞维鲁那里，随即就死去了。

VI. 1 那个佩希尼乌斯·尼杰尔的脑袋插在长矛上被一路带回了罗马，他的妻儿被杀，遗产充公，家庭成员全被族灭了。**2** 然而，这一切他［塞维鲁］都是得知阿尔比努斯作乱之后才做出的，② 因为他在之前还曾流放过尼杰尔的儿子及他们的母亲。**3** 可是，塞维鲁因第二场内战而勃然大怒，当遇到第三场内战时则变得愈加忿然不快。③**4** 就在那个时候，他处死了难以计数的元老，因而有些人称他为布匿人的苏拉，还有些人给他冠上了马略之名。④**5** 他［佩希尼乌斯·尼杰尔］身材高大、仪表堂堂、头发带卷且发势直到头顶都颇为得体。他声音虽低沉但却洪亮，以至于当他在平地上讲话时，只要风向不逆，千里之外都能听见。他神色庄重、面色总是红润的。他脖子上的肤色是那么黝黑，以至于有许多人说，尼杰尔 ⑤ 之名便由此而来。**6** 他身体的其余部分则是白皙的。他体态颇为臃肿。他嗜酒贪杯、膳食节俭，至于性交之类除了以繁衍后代为目的之外他一概不做。⑥**7** 在公众的一致赞同下，他也确实举行过某类来自高卢的祭祀仪式，而一直以来人们都将这类祭祀作为最圣洁之事对待。

---

① 塞维鲁曾得到过关于佩希尼乌斯·尼杰尔会在水边落难的预言。关于此事，请参见《塞维鲁传》，X，7。

② 关于此事，请参见《塞维鲁传》，X，1。——英译者注

③ 这里分别是在说：塞维鲁与佩希尼乌斯·尼杰尔的内战，以及塞维鲁与克洛狄乌斯·阿尔比努斯的内战。

④ 此处是在说马略和苏拉都曾向对方的支持者颁布公敌宣告。关于塞维鲁称赞苏拉和马略的残忍，请参见狄奥·卡西乌斯，LXXV，8，1："他［塞维鲁］在元老院发表演说，赞扬了苏拉、马略，以及奥古斯都的严厉甚至残忍，说那样做是颇为稳妥的方式；他还抨击了庞培与恺撒的温和，讲这么做最终却让他们自己遭到了覆灭。"塞维鲁之所以被称为布匿人是因为他来自阿非利加。——英译者注，引文为汉译者补充。

⑤ 尼杰尔的拉丁语原文为 niger，意思是"黑色的"、"毛色或肤色黝黑的"。

⑥ 关于这种说法，请比照本卷 I，4。——英译者注

8 在康茂德亚尼园里的柱廊内，我们能从马赛克图案上看到这个人置身于康茂德最宠信的朋友之列，正对伊西丝女神进行祭祀，**9** 而康茂德对这种祭祀是那么地虔心推崇，以至于他既剃掉了头发，又将阿努比斯神像带在身上，[①] 仪式期间需要停止工作他都一律遵循着。**10** 那时，作为士兵他出类拔萃、作为保民官他无人能及、作为将领他卓越非凡、作为总督他严厉异常、作为执政官他政绩斐然、作为男人无论在家还是在外都会受到关注，而作为皇帝他却并非天命所归之人。在令人生畏者塞维鲁统治期间，假如他真愿意与塞维鲁［齐心协力］，最终或许就能成为对国家有用之人。

VII.1 然而，佩希尼乌斯·尼杰尔受到奥勒利安险恶用心的蒙蔽（因为后者将自己的女儿许配给了他的儿子）而一意孤行地谋求国家大权。**2** 佩希尼乌斯·尼杰尔具有如此这般的影响力，以至于当目睹到诸行省的行政管理因改革而朝令夕改之后，他先是给马可，随后又给康茂德去了信，信上他首先说，任何行省总督（不论是与副将等衔的还是与执政官等衔的）在履职未满五年之前都不得由他人来接替，因为［否则的话］他们在了解到怎样施政前就抛下了权位。**3** 他接着说，除了那些由士兵担任的职务外，新手不得执掌国家政务，这么做为的是，曾在某些行省出任过助理官[②] 的人，就让他们在那些地方执掌行政。**4** 后来，塞维鲁及其之后的许多人都遵循了这种做法，正如保罗与乌尔庇安努斯担任的职位一样，而他们都做过帕皮尼安努斯的助理官，[③] 后来，当其中一位出任机要秘书之职的

---

① 关于此事，请参见《康茂德·安东尼努斯传》，IX，4。——英译者注
② 原文为 assessor，也叫 consiliarius。乃总督在涉及司法管理事务上的特别助理，审判时坐在总督旁边并在法律事务上给出建议。关于此官职，请参见《学说汇纂》(Digesta)，I，22。——英译者注
③ 提到的三位都是公元二世纪末三世纪初的著名法学家。其中，关于帕皮尼安努斯其人，请参见《塞维鲁传》，XXI，8。

时候，另一位则担任了谏言秘书①，不久两人都当上了近卫军长官。**5** 下列建议也是由他提出的：任何人都不能出任自己行省的助理官，任何人如果不是罗马的罗马人——即指在罗马城出生的人——就不能执掌行省政务。**6** 此外他还补充道，应为助理官发放俸禄，［而这么做是］为了不给他们辅佐的上级增加负担。同时他还说道，法官既不该送人东西，也不该拿人东西。**7** 对士兵，他即是纪律的化身，以致驻扎埃及边境的士兵们在向他讨要酒喝时，他回答道："你们有了尼罗河了还要酒干吗？"因为，那条河的水真是如此的甘甜，以至于在周围的人都不索要酒。**8** 同样是这群士兵，在被萨拉森人②击败之后他们发动了骚乱，还这么嚷道："我们得不到酒喝，就不能战斗。""你们害不害臊！"他［在那种情况下］讲道，"那帮把你们打败的人喝的是水呢。"**9** 同样还是这个人，当巴勒斯坦人出于他们的沉重税赋而恳求能减税的时候，他回答说："你们想要我为你们的土地减税，那我可真要想法子为你们的空气征税了。"

  VIII. 1 最后，由于出现三个皇帝的消息已为人所知，他们是：塞维鲁·塞普提米乌斯、佩希尼乌斯·尼杰尔、克洛狄乌斯·阿尔比努斯，当德尔菲阿波罗神庙的祭司在国家陷入此种万劫之难时被人问卜道，对国家来说其中哪个更适合当皇帝，据说他曾道出了如下的希腊语诗句③：

---

① 此两职与另外三个职位：御用秘书（参见《哈德良传》，XI，3）、法务秘书（a cognitionibus）、咨政秘书（a studiis），乃帝国时代朝廷具有影响力的重要官职。最初这些职务都由御用被释奴担任，可自哈德良内政改革之后，它们便被授给了骑士阶层。请参见《哈德良传》，XXII，8。——英译者注
② 在中世纪之前，欧洲人所称的萨拉森人可能指阿拉伯西北部靠近西奈半岛的牧民。
③ 此段这些所称希腊语的诗句原文都用拉丁语记录。

黑人至善、阿非人①次之、白人最末。

2 上句预言当这样理解：尼杰尔被唤成了黑人、塞维鲁被唤成了阿非人，而阿尔比努斯则被唤作了白人②。**3** 询问者的好奇心有增无减而继续问道，谁将会得到国家。那祭司对此用如下的诗句作答：

> 白人与黑人的生命之血将要流出，
> 离开城市的布匿人将驾临世界的权柄。

4 同样的，在被问及谁将接替那个人时，据说，祭司以同样方式，用希腊语诗句作答道：

> 上界诸神给了他庇乌斯拥有的族名。

5 这则预言若不是巴希安努斯得到了安东尼努斯的族名③——而这正是属于庇乌斯的族名——否则是完全理解不了的。**6** 同样，接着在被问到他能统治多久的时候，据说祭司用希腊语回答道：

> 他两次用十艘船驶入意大利的海面，④
> 虽然如此，可只有一艘船会驶过大海。

由此可以理解成，塞维鲁［的统治］将长达二十年⑤。

---

① 原文为 Afer，即阿非利加人。
② 白人拉丁语为 albus，而阿尔比努斯则是 Albinus，两者相近。
③ 关于此事，请参见《塞维鲁传》，X，3。
④ 此句乃《埃涅阿斯纪》，I，381 的改写。——英译者注
⑤ 关于塞维鲁的当政时间，请比照《塞维鲁传》，XIX，1。

　　IX. 1 众奥古斯都中的至善者戴克里先，以上便是鄙人从诸卷书册里所获知的关于佩西尼乌斯的事迹。因为要把并未列入国家元首行列之人，或并未被元老院授予皇帝之尊的人，再或者由于那些人太快就生死覆灭了以至于连功名都没能成就——无论谁只要把这些人的传记辑录成册，正如鄙人在本卷开头所说的，^①这么做并非易事。**2** 这么说是因为：温德克斯^②销声匿迹，皮索^③不为人所知，而那些或仅仅受到过继的人，或在士兵们的拥戴下称帝的人（正如图密善当政时的安东尼^④那样），再或者转瞬就被消灭的人，他们个个都丢掉了性命，对大权的僭取也随之灰飞烟灭了。**3** 现在轮到我说说那个克洛狄乌斯·阿尔比努斯，而他就如同被当成是佩希尼乌斯·尼杰尔的同伙一样，因为他们既一同反叛了塞维鲁又以相同的方式战败被杀。与此人相关之事并不特别清楚，**4** 那是因为虽然在生活经历上相去甚远，可他的命运却与佩希尼乌斯的如出一辙。**5** 此

---

①　关于此事，请参见本卷 I，1。——英译者注

②　盖乌斯·尤利乌斯·温德克斯（Gaius Iulius Vindex），鲁格杜努姆高卢行省总督，在公元 68 年曾领导了一场反抗尼禄的起义，并被来自日耳曼的部队所败。关于此事，请参见苏埃托尼乌斯的《罗马十二帝王传·尼禄传》，40，1："就在宇内忍受了如此一位元首近乎十四年之际，就将他抛弃了。高卢人在时任的当地行省总督尤利乌斯·温德克斯的将领下首先发难。"——英译者注，引文为汉译者补充。

③　盖乌斯·卡尔普尼乌斯·皮索（Gaius Calpurnius Piso），在公元 65 年一场牵涉多人的针对尼禄的阴谋里，他是名义上的领袖。关于此事，请参见塔西佗的《编年史》，XV，48—59。——英译者注

④　卢西乌斯·安东尼·萨杜尔宁（Lucius Antonius Saturninus），上日耳曼总督，在公元 88 年曾企图率两支军团举行起义，不过随即便被击败，遂遭到了处决。关于此事，请参见苏埃托尼乌斯的《罗马十二帝王传·图密善传》，VI，2："上日耳曼总督卢西乌斯·安东尼曾掀起了一场内战，不过就在他〔图密善〕置身事外的时候，这场内战就在极大好运的眷顾下被镇压了下去，因为就在战斗进行的那一刻，莱茵河水解冻了，从而未让蛮族部队加入到安东尼这一方来。"——英译者注，引文为汉译者补充。

外，为了不让鄙人看起来漏掉什么与佩希尼乌斯有关的传闻，尽管这些东西都能从别的书里了解到，[可我仍要写道，]占卜师们曾对塞普提米乌斯·塞维鲁提过这个人，说他落到塞维鲁手里的时候将既非活人也非死人，但覆灭之地会是在水边。**6** 有些人说，是塞维鲁自己道出了上述预言，因为他一直精于占星之术。而此预言并非与事实不符，这么说是因为发现那人的时候，他正处于沼泽附近，陷于半死不活的状态。[①]

　　X. 1 佩西尼乌斯·尼杰尔是如此严厉的一个人，以至于当他看见某些士兵在出征期间用银酒杯饮酒的时候，就命人从出征的物品中将一切银器都剔除了出去，还补充道，士兵们应使用木杯子。这着实在军中激起了对他的愤怒。**2** 因为，他常说，士兵们的行囊是有可能落入敌手的，而在除银子之外的掠得品都不足以成就敌人之志的情况下，不该让蛮族因我们的银器而增加荣耀。**3** 同样是这个人，他下令在征途中人人都不得饮酒，[②] 所有人当以醋酒自足。**4** 他还禁止面包师随军出征，同时又颁令士兵和其他所有人都以小饼自足。**5** 由于劫掠了一只家禽，这个人便下了命令，因共同享用过其中一人掠来的这只家禽而判处十位士兵斧斩。后来要不是整支部队都向他求情，甚至都到了要变成一场哗变的地步而几乎让他感到了害怕，否则还真会执行上面的命令呢。**6** 就在饶恕了这些人之后，他还下令道，曾一同分享偷盗物的那十个人当返还给行省居民十只家禽的价钱。那时他还补充说，在整个征途中，不得有人在分队战友中间搭建炉灶，士兵们不得享用烹制出来的新鲜食物，而当食用面包及非烧热的东西，他同时又派出探子以监督这项命令。**7** 同样是这个人，他下令，士兵们不得将金币银币揣在腰带带入战场，而

---

① 指佩希尼乌斯受伤被俘，关于此事，请参见本卷 V，8。
② 关于此事，请参见本卷 VII，7—8。

当交给国家官员，等战斗结束之后再取回原来交出的东西，还补充道，[或者] 这些东西也一定会还给他们的孩子、妻子 [之类的] 继承人，这么做是为了在突遇不幸之事的时候不让什么东西变成敌人的战利品。**8** 可是，就是这些举措在康茂德时代表现出的颓靡下全都走到了反面。**9** 到最后，即便在那个时代似乎没有哪位将领比他更加严厉，可在大家把仇视与怨恨积存起来的时候，如此的举措使他活着就受到了灾难而非死去之后。

XI. 1 这位佩西尼乌斯·尼杰尔在征途中从头到尾都当着所有人的面在帐前享用军中食物，而且无论在太阳底下还是在下雨的时候，只要士兵没有东西遮挡，他就从不为自己寻求遮蔽物。**2** 在战争期间，他让自己以及他的奴隶或侍从背负与士兵一样多的物资，并向士兵们指出这么做是出于下述原因：为了不让这些人漫步在队伍后面，也为了不让士兵们身载负荷且军队似乎又不堪此负，他为此让自己的奴隶们背负上了粮草。**3** 他在集会上曾发过誓，只要他在征途上，无论过去还是将来，所作所为都会像一名士兵那样，而他向往的榜样则是马略和如马略一样的将领。**4** 除了汉尼拔和与之相似的一些人之外，他从不讲述其他人的事迹。**5** 在称帝之后，当有人想要对他进行颂扬的时候，他的确对那个人说："该写下对马略或汉尼拔，或者某个出类拔萃的已故将领的赞颂，而且应该提到，此人做了什么，以及我们应以他为榜样。**6** 因为对活人进行赞美这么做会成为笑柄，特别该对这些皇帝 [大加颂扬]：希望因他们而生，他们受人敬畏，他们能成为公众的佼佼者，他们既能动用处决，也能动用公敌宣告。"此外他还说，自己活着时想要博得赞许，死后也希望受到颂扬。

XII. 1 在诸位元首当中，佩西尼乌斯·尼杰尔敬仰的是奥古斯都、韦斯帕芗、提图斯、图拉真、庇乌斯、马可，那些余下的他不是称他们为傀儡就是称他们作妖怪，他在历史人物当中还尤其推崇马略、卡米勒斯①、昆克提乌斯②，以及马尔西乌斯·科里奥兰努斯③。2 而当被问起对诸位西庇阿有什么看法的时候，据称，他曾说过，与其说那些人勇敢还不如说幸运罢了，他们的家庭生活和青年时代即印证了这一点，因为就以上述两点而论，他们在家中皆非受人瞩目之辈。3 所有人都同意下面的说法：假如他执掌了国家大权，那么他就真会把塞维鲁［后来］无力革除或不愿革除的每一样弊政统统纠正过来，所凭借的恰恰不会是残暴，相反而是仁慈——并非懦弱、愚蠢，甚至被人耻笑的那种仁慈，而是属于军人的仁慈。4 他的屋子现在被称为佩西尼亚纳屋，至今仍可在罗马的朱庇特平原上被找到，在其中的一间三隔间里，摆放有他的塑像：那尊像用底比

① 关于此人，请参见《塞维鲁传》，XXI，1 及注脚。

② 即卢西乌斯·昆克提乌斯·辛辛纳图斯（Lucius Quinctius Cincinnatus），共和国初期的独裁官，曾在阿尔基多斯山（mons Algidus）击败过蛮族。关于此人，请参见尤特罗庇乌斯，I，17（文中称其为昆提乌斯［Quintius］）："接下来的一年里，正当罗马人的军队被围困在距离罗马差不多达第 12 里程碑的阿尔基多斯山上的时候，卢西乌斯·昆提乌斯·辛辛纳图斯被推举为了独裁官，那时他正亲手耕作着属于自己的四亩地。找到他时，他正在地里劳作着，接着他擦去汗水，披上了带紫边的托袈袍。随后，在敌人遭戮之后，他将军队解救了出来。"

③ 即盖乌斯·马尔西乌斯·科里奥兰努斯，共和国初期的将领，他曾遭到驱逐并协助沃尔西人（Volsci）对抗罗马。关于此人，请参见尤特罗庇乌斯，I，15（文中称其为昆图斯·马尔西乌斯［Quintus Marcius］）："王遭驱逐之后的第 18 年，曾占领沃尔西人的城邦科里奥利的罗马将领昆图斯·马尔西乌斯被驱逐出了罗马城，心怀愤怒的他前去沃尔西人那里，并得到了帮助以反对罗马人。他曾多次战胜罗马人，并一直推进到离罗马城达第 5 里程碑的地方，罗马人派出使节前来求和，但却遭到了拒绝。后来这位将领的母亲维图利亚（Veturia）和妻子沃伦尼亚（Volumnia）出城来到他的面前，被她们的呼号和乞求所动，他方才撤军离去，要不是这样他就真要攻克自己的祖国了。他是自塔克文之后第二位与自己国家为敌的将领。"

斯的大理石①〈历时一年〉②雕成，是照着他的样子做的，并由底比斯的平民大众③颁授给他。**5**那上边还存有一段希腊短诗，变成拉丁语即如下文：

6伟大的尼杰尔立于此，埃及士兵的敬畏者，

底比斯人的伙伴，黄金时代的希求者。

诸王、诸族、辉煌的罗马皆爱戴他。

他既珍视诸安东尼努斯，又以国家大权为重。

他以尼杰尔为名，我们为他塑造了黑色肖像，

为的是让外形与材质同您结合到一起。

7那时无论文官还是武官都建议塞维鲁抹去这样的诗句，在这种情况下，塞维鲁确实不想这么做，还说了下面的话：**8**"如果他名副其实，那就让所有人都知道朕击败了一个多么厉害的人；如果不是，那就让所有人都认为朕曾战胜过如此厉害的人。况且他的确就是这样厉害的一个人，那就让它保持原样吧。"

---

① 为一种黑色的玄武岩，曾被古人叫作试金石（basanites），从上埃及运至罗马。关于此事，请参见普林尼的《博物志》（*Plini Naturalis Historia*），XXXVI，58："埃及人也在埃塞俄比亚发现了被称为试金石的石头，这种石头在色泽与硬度上与铁类似，故而有了这个名字。"——英译者注，引文为汉译者补充。

② "历时一年"一语见于拉丁网络图书馆版本，未见于洛布版。

③ "由平民大众"（a grege）一语见于洛布版，拉丁网络图书馆版本此处为"由王"（a rege）。

克洛狄乌斯·阿尔比努斯传

尤利乌斯·卡庇托利努斯

I. 1 佩蒂纳克斯在阿尔比努斯的主使下被杀身亡，[①] 约莫同时，尤利安受到元老院的拥戴在罗马称帝，塞普提米乌斯·塞维鲁受到军队的拥戴在叙利亚、佩西尼乌斯·尼杰尔在东方、克洛狄乌斯·阿尔比努斯在高卢，也纷纷当起了皇帝。**2** 赫罗提安[②] 说道，克洛狄乌斯的确是塞维鲁手下的恺撒。然而，随着他们各自都鄙视对方的统治，无论高卢的还是日耳曼尼亚的部队都待不住了，因为他们都要为自己推举出一位元首，整个国家风起云涌。**3** 话说，克洛狄乌斯·阿尔比努斯的家人乃身份高贵之辈[③]，虽然如此，可他仍是阿非利加的阿德隆梅蒂纳人[④]。**4** 因此，他一直把鄙人在佩西尼乌斯的传记里提到的那则用以赞颂塞维鲁的预言用在自己身上，并且他不想

---

① 关于佩蒂纳克斯被杀的原因，请比照《埃尔维乌斯·佩蒂纳克斯传》，VI，1。其中对阿尔比努斯的影响只字未提。

② 关于此人，请参见《康茂德·安东尼努斯传》，III，9 之注脚。赫罗提安为公元三世纪初的希腊历史学家，有一本八卷本的历史著作传世，记录了从康茂德当政至戈尔狄安时代的罗马帝国历史。

③ 根据赫罗提安，II，15，1，阿尔比努斯的家族属元老等级。——英译者注

④ 此处意在说明阿尔比努斯乃行省出身，在当时显然比不上意大利出身的人。关于他的亲戚有阿德隆梅蒂纳人，请参见《塞维鲁传》，XI，3。

被当成"白人最末"，① 而就在上述字词的同一行里，诗文则对塞维鲁进行赞扬的同时又对尼杰尔·佩西尼乌斯做出肯定。②**5** 可是，在我［开始］叙述克洛狄乌斯·阿尔比努斯的一生及他的死亡之前，有必要让大家知道，他是怎样成为一个身份高贵之人的。

II. 1 这么讲是因为，康茂德为了任命阿尔比努斯为继承人，曾经致信给后者，并且还通过这封信授予了他恺撒之名。我抄录内容如下：**2** "皇帝康茂德向克洛狄乌斯·阿尔比努斯致以问候。我在以正式的方式给你送去的另一封信里曾提到过皇位的继承连同你的荣耀，而现在这封既亲切又私密的信，正如你所见，从头到尾都出自我本人之手。以此信件，我赋予你权力：假如事态所迫，你当径直走到军队面前，为自己冠上恺撒之名。**3** 这么说是由于，我听说塞普提米乌斯·塞维鲁和诺尼尤斯·莫尔库斯为了自己能当上奥古斯都而在士兵中间说我坏话。**4** 此外，当你这么做的时候，你将有充分的实力颁发数量多达三枚金币的犒赏，因为我曾就此给我的代理人去过信，而你将会收到这封用亚马逊标志封印的信件，在需要的时候，你就把它交给度支官，以免在你想要接过国库权力之时他们不听你的话。**5** 为了让你得到某样象征帝王权位的标志，你将获得权力：无论就现在还是来我朝廷时都可使用绛色裹袍③，在与我待一起的时候，你将身着不带金饰的紫袍④，因为我祖上⑤死于幼年的维鲁

① 那首预言诗同时还提到"阿非人次之"，此处大概是在说，阿尔比努斯以自己阿非利加的出身，想当然地把这段文字套自己身上了。

② 关于此预言诗，请参见《佩西尼乌斯·尼杰尔传》，VIII，1。——英译者注

③ 绛色裹袍（paludamentum）在共和国时代由将领穿着，到了帝国时代则被限定为皇亲国戚的着装。——英译者注

④ 凯旋式上的托袈袍为紫色带金饰。该装束为皇帝在特别重要场合的穿着。——英译者注

⑤ 原文为 proavus，直译是曾曾祖父。这里指的显然是法律上的亲属关系，而非血缘上的。

斯从过继他的哈德良那里得到的就是这些。"

III. 1 阿尔比努斯在收到这封信之后，〈完全〉[1] 不同意照着康茂德指令来做，因为他见到后者由于自身的秉性而导致国家覆灭、身陷恶名，随时都会有性命之忧，而自己则害怕会随他一道遭受生死之灾。**2** 在他取得大权之时，他确实有过一番讲话——而正如某人对这一事件记述的那样，他取得大权的确是顺从了塞维鲁的意愿。**3** 他讲话的内容抄录如下："战友们，夺取大权是有违我愿的，下面这点可以证明：康茂德把恺撒之名授予我时，我曾对其表示不屑。不过对于你们的和奥古斯都塞维鲁的意愿却当顺从下来，因为我相信国家交由出类拔萃者及勇敢之人统治是件幸事。"**4** 不能否认，连马略·马克西姆斯都说道，塞维鲁一开始曾有过这种想法：万一自己遇到什么不测，就让佩西尼乌斯·尼杰尔和克洛狄乌斯·阿尔比努斯接替自己。[2]**5** 可是，后来，为了渐渐长大的孩子们着想，同时也由于嫉妒阿尔比努斯受到的爱戴，更有可能是出于妻子对他的恳求，他改变了想法，于是通过战争将那两人全都击败了。**6** 塞维鲁确实任命过他当执政官，而如果不是数一数二之人，他无论如何都不会这么做的，因为他在挑选行政官员方面是严格的。

IV. 1 现在让我回到这个人身上，正如我之前所说，阿尔比努斯来自阿德隆梅蒂纳，[3]却在当地人中属身份高贵之辈，且祖上可以追溯到罗马人的家族，比如：珀斯图米乌斯家族、阿尔比努斯家族、契尤尼乌斯家族。**2** 至高无上的君士坦丁啊，这个 ［契尤尼乌斯］家族至今依然尊贵无比，还借助于您让他们的荣耀得到了增加并且

---

① "完全"（omnino）一词见于洛布版，未见于拉丁网络图书馆版本。

② 关于此事，请参见《佩希尼乌斯·尼杰尔传》，IV，7。

③ 关于此事，请参见本卷，I，3。——英译者注

还将继续增加下去，虽然通过伽利埃努斯①与诸戈尔狄安②之助，这个家族就已经无可匹敌了。3 尽管如此，可这个阿尔比努斯生于［条件］一般的家庭，经济并不宽裕。③他父母正派，父亲叫契尤尼乌斯·珀斯图姆斯，母亲叫奥勒利娅·梅萨利娜，他是这对父母生下的第一个儿子。4 从娘胎里出世的时候，他就与普通的男孩不一样，一般婴儿出生时肤色都是红的，而他则是白皙无比，因此他被唤作了阿尔比努斯。5 上述事情由他父亲写给时任阿非利加总督埃利乌斯·巴希安努斯（看起来似是他们的亲戚）的信里得到了证实。6 契尤尼乌斯·珀斯图姆斯给埃利乌斯·巴希安努斯的信是这样的："我的儿子降生于十一月二十四日，诞生时即通体如此白皙，以至于都赛过了裹在身上的亚麻布。7 因此，他被承认是阿尔比努斯家族（即我和你共同的家族）一员，而我便给他取名叫阿尔比努斯。愿你一如既往地珍爱国家、珍爱自己还有我们。"

V. 1 阿尔比努斯的整个童年都是在阿非利加度过的，他的希腊文和拉丁文学识平平。那时起他就已经显示出了勇武与高傲。2 这么说是因为，据称，他在学校时刻都在男孩中朗诵下面的诗句：

我握着武器，心潮澎湃，虽然武器大体没有什么意义。④

_____

① 罗马皇帝李锡尼·瓦勒良（Licinius Valerianus）之子，曾在其父瓦勒良当政时出任恺撒，并在前者被波斯人俘虏之后继位成为奥古斯都，统治时间为公元260—268年。根据记载，他当政时罗马帝国陷入了分裂。关于此人，请参见尤特罗庇乌斯，IX，7—8。

② 指塞维鲁家族最后一位皇帝塞维鲁·亚历山大（公元222—235年当政）被杀之后正统的皇位接替者，至于是祖孙三位戈尔狄安还是父子两位，诸位历史学家说法不一。

③ 而根据赫罗提安（赫罗提安，II，15，1）的说法，阿尔比努斯是在富裕甚至奢靡中被抚养长大的。——英译者注

④ 关于此句，请参见《埃涅阿斯纪》，II，314。——英译者注

还一遍遍重复着："我握着武器，心潮澎湃。"**3** 据说，在他出生时，就出现了许多关于此人能夺取大权的迹象。譬如，那时有一头白色的公牛降生时牛角是深紫色的。〈这样的牛角、这样的颜色，是一件异事。〉①**4** 在他当上保民官之后，据说，这对牛角被他放进了库迈的阿波罗神庙，而当他在那里为自己的命运问卜之时，据说曾占得了下面的诗行：

> 尽管有巨大的骚乱作伴，可此人仍会［缔造起］罗马人的国家，
>
> 他骑在马上，将击败叛乱的布匿人和高卢人。②

5 而他在高卢确实征服过许多部族，这是都知道的事情。他还猜测预言中的"将击败布匿人"说的就是塞维鲁跟自己，因为塞普提米乌斯曾是阿非利加人。**6** 此外还出现了其他与今后夺取大权相关的征兆。比如，恺撒的家族曾保有一种特别的习俗，家中的婴儿要放在龟壳做的浴缸里沐浴。而当这个婴儿降生时，有位渔民给他父亲送上了一只巨大的乌龟，**7** 这位父亲作为一名受过教育的人将此作为一个吉兆，于是就兴高采烈地把乌龟收了下来，然后他命人将乌龟处理一下，把壳给孩子用来洗热水澡，指望由此能让他高贵起来。**8** 虽然在那片地区见到老鹰是不寻常的事情，可当阿尔比努斯在那里降生之后的第七天，就在为这个孩子得到那些族名举行庆祝宴会之际，有七只从鸟巢抓来的雏鹰被放到了［宴会上］，它们似乎在嘲笑男孩的摇篮。结果，那位父亲没有轻视这种吉兆，而是命

---

① 其中"这样的牛角、这样的颜色，是一件异事"之语只见于拉丁网络图书馆版本。

② 关于此句，请参见《埃涅阿斯纪》，VI，857—858。——英译者注

人细心喂养并照料这些小鹰。**9** 另外，还出现过一个征兆：那时他家族里的男孩都会绑上红颜色的绑脚带，而由于他母亲怀孕时准备的绑脚带恰巧拿去清洗尚未晾干，于是他就被绑上了母亲的紫色绑脚带，正是因为这个原因，他的保姆甚至开玩笑地给他冠上了珀尔菲里乌斯 ① 之名。**10** 以上便是预示着取得国家大权的征兆。此外，还出现过一些别的征兆，如有谁想要了解的话，就去读埃利乌斯·科尔都斯 ② 的著作吧，他曾把每一件与这类征兆有关的琐事统统记录了下来。

VI. 1 后来，在阿尔比努斯成年之后，便立即参加了兵役。他凭借自己的亲戚洛里乌斯·塞伦努斯、贝比乌斯·梅契阿努斯、契尤尼乌斯·珀斯图米安努斯让自己的名声传到了诸位安东尼努斯那边。**2** 他曾以保民官的身份执掌达尔玛提亚的骑兵，接着又执掌了第四和第一军团 ③。在阿维迪乌斯掀起叛乱的那会儿，他仍忠贞不渝地手握比提尼亚的军队大权。**3** 随后，康茂德将他调往高卢，在那里他先击退了莱茵河对岸的部族，然后在罗马人以及蛮族中间声名鹊起。**4** 这让康茂德产生了兴趣，于是就把恺撒之名颁给了他，还把分发犒赏与使用绛色裹袍的权力也授给了他。④**5** 而这一切，他全都明智地拒绝掉了，同时还讲道，康茂德在找的是这样的人：他们要么随他一道覆灭，⑤ 要么就出于什么原因而被他杀死。**6** 他就任财务官时被免除了任职献礼。在免除献礼的情况下，他还当了为期仅十天的市

---

① 原文为 Porphyrius，由希腊语 πορφύρεος 变化而来，意思是穿紫色衣服的人。

② 公元三世纪时的罗马历史学家。

③ 当时在达尔玛提亚附近的第四、第一军团可能是：营地位于今塞尔维亚贝尔格莱德的第四弗拉维娅·菲利克斯（Flavia Felix）军团和营地位于今保加利亚斯维什托夫（Svishtov）的第一意塔利卡（Italica）军团。

④ 关于此事，请参见本卷 II, 5 及注脚。——英译者注

⑤ 关于此事，请参见本卷 III, 1。——英译者注

政官，随即就被紧急招入部队里去了。**7**随后，他又在康茂德当政期间，当上了裁判官，而且成了其中最为出名的那一位。因为就在他举办的庆典赛会上，据说，康茂德既在广场上又在剧院里献演了角斗。**8**他被塞维鲁宣布为执政官，而那时塞维鲁已准备将他还有佩西尼乌斯一起当作自己的接替者。

　　VII. 1正如塞维鲁在自传里所说的，阿尔比努斯当上皇帝的时候已年岁颇大且比佩西尼乌斯·尼杰尔都要年长。**2**然而，在佩西尼乌斯被击败之后，塞维鲁一心想把国家大权留给自己的孩子们，他见到元老院对克洛狄乌斯·阿尔比努斯表现出万般的爱戴——那是因为后者属于一个古老的家族，在这种情况下，他通过一些人向对方送去了充满无限爱慕与敬仰的信件，信里他劝说道，由于佩西尼乌斯·尼杰尔已被杀身亡，那阿尔比努斯就能随自己一起毫无顾虑地共同统治国家了。**3**科尔都斯抄录了其中的一封信［作为此类说法的例证］，内容如下："皇帝奥古斯都塞维鲁向最为亲切、最为挂念的兄弟、恺撒克洛狄乌斯·阿尔比努斯致以问候。**4**在佩西尼乌斯被击败之后，朕向罗马发去了信件，对你全心全意的元老院愉快地收下了信。我恳求你，怀着如同你被选为我真心兄弟般的心情，望你以君权［执掌］的兄弟的身份统治国家。**5**巴希安努斯和杰塔向你问候。我们的尤莉娅①向你也同时向你的妹妹②致以问候。我们还会给你的小孩佩西尼乌斯·普林库斯送上与他本人和你的尊贵地位都相适应的礼物。**6**我想要你，我最最亲爱、最最挂念，又与我同心同德［的朋友］，我想要你让军队对国家也对我们保持忠诚。"

---

① 塞维鲁之妻。关于此人，请参见《塞维鲁传》，III，9。
② 原文是姐妹。但根据本卷 IV，3，阿尔比努斯是这对父母生下的第一个儿子，因此这里是妹妹的可能性较大。

VIII. 1 塞维鲁确实派出了最为信赖的近侍把上述信件送了出去，并嘱咐他们道，把这封信公布出来，然后应当说，他们愿在私下里商议诸多问题，包括战争之事、军营秘闻，甚至皇位的保证。而当他们装着要谈论使命并开始密会的时候，五个极为强健的人再用藏在衣下的短剑将其击杀。**2** 他们表现出忠厚老实。因为他们来到阿尔比努斯那边，送去信件，趁他读信之际，他们说道，有一些更加私密的事要商议，从而请求改换地方以免被什么人看到，而为了不让秘密泄露出去，他们又不允许任何人随阿尔比努斯一起去到最僻远的柱廊，在那种情况下阿尔比努斯觉察到了阴谋。**3** 最终，他相信了自己的怀疑而对那些人施以刑罚。起初他们一直矢口否认，可后来迫于酷刑，他们把塞维鲁下的指令招认了出来。**4** 那时，在事情遭到败露、阴谋诡计大白于天下之后，阿尔比努斯意识到自己先前的怀疑都是千真万确的，因而便召集起一支规模庞大的军队，前去征伐塞维鲁和他的将领们。

IX. 1 在首次同塞维鲁麾下诸将的交锋中，阿尔比努斯占据了上峰。可后来塞维鲁在元老院里将阿尔比努斯宣布为公敌，随后起程出征，他在高卢以极大的勇气同对方展开了最为激烈的战斗，却未得到幸运眷顾。**2** 最终，心神不宁的他来到占卜师那边问卜，正如马略·马克西姆斯所说，他得到的答复是，阿尔比努斯将会受其统治，不过既非活人也非死人。[①] 这则预言恰恰成真了。**3** 这么说是因为，决战落幕之后，阿尔比努斯手下被杀掉的难以计数、逃跑的数不胜数、投降的成群结队，他自己也奔逃而走，后来正如许多人说的，他挥剑自裁；而另一些人则说，他是被自己的一个奴隶刺中的，[不管怎样，]交到塞维鲁那里的时候，他处于半死不活

---

① 关于此段预言，请比照《塞维鲁传》，X，7；《佩西尼乌斯·尼杰尔传》，IX，5。

的状态。①4 因此，先前做出的预言应验了。此外，有许多人还说，他是被士兵们［杀死的］，而那些士兵在杀了他之后便向塞维鲁索求奖赏。5 某些人说，阿尔比努斯只有一个儿子，而马克西姆斯则说，他有两个。［塞维鲁］起初宽恕了他们，可后来却连同［他们的］母亲一起处死了，还命人抛尸河里②。6 他把阿尔比努斯的脑袋插在长矛上，巡行四处后带回了罗马。同时，他还给元老院捎去了辱骂信，因为他们对阿尔比努斯的爱戴是如此之多，以至于连他的亲戚（特别是弟弟）都从他们那得到了盛赞。7 阿尔比努斯的尸体曾一连几天被曝露在塞维鲁的帐前，据说直到尸身发出了臭味并被狗群撕烂，随后才扔进了河里。

X. 1 关于阿尔比努斯的秉性，说法不尽相同。塞维鲁论及他的时候，确实说他是丑恶、恶毒、奸邪、无耻、贪婪、奢靡之徒。2 但是，这些都是在战争时期或战争之后写下的，而那时［塞维鲁］已把对方说成是敌人了，因而并不值得取信，3 虽然塞维鲁自己时常就像给最亲密的朋友一样给他送去信件，许多人也都对阿尔比努斯抱有好感，塞维鲁甚至还想把恺撒之号授给他，③而当他考虑继承者时，首先想到的还是这个人。4 除此之外，还流传有一些马可写的信件谈论到了这个人，信里对对方的勇气与秉性作了见证。5 其中有一封写给诸位长官的信提到了他的名字，而发出这样一封信在当时并无不妥：6"马可·奥勒利乌斯·安东尼努斯向自己的诸位长官致以问候。阿尔比努斯出自契尤尼乌斯家族，普劳提努斯的女婿，虽是阿非人，却没有多少阿非人的特点，我已将两大队的骑兵辅助部队交由他管理了④。7 他阅历丰富、生活正派、举止庄重。我想，

①　关于此事，请参见《塞维鲁传》，XI，6。——英译者注
②　指罗纳河。关于此事，请参见《塞维鲁传》，XI，9。——英译者注
③　关于此事，请参见本卷 I，2。——英译者注
④　关于此事，请参见本卷 VI，2。——英译者注

他会适合处理军营之事的，且确信不会遇到障碍。**8** 我已决定给他双倍俸禄，一件虽朴素但符合其身份的军装，以及四倍的犒赏。你们要鼓励他，向国家证明自己拿这些奖励是名副其实的。"**9** 还有另一封信也谈论到了这个人，那是马可在阿维迪乌斯·卡西乌斯［作乱］期间写的，抄录如下：**10** "阿尔比努斯的忠诚值得赞扬，因为正当军队要投奔阿维迪乌斯·卡西乌斯之际，他没让蠢蠢欲动的队伍叛离过去。假如没有这个人，全体士卒可能真要投敌了。**11** 因此，我们有这样一位够得上执政官之位的人，我将让他接替据悉已奄奄一息的卡西乌斯·帕皮里乌斯的位置。**12** 当前，我不希望你把这件事公之于众，以免事情传到帕皮里乌斯或者他的亲戚那里，使我们看起来在为一个活着的执政官安排接替人。"

XI. 1 因此，这些信件表明阿尔比努斯曾经是一个忠贞不渝的人，此外还有这么一件事：他出钱去修复被尼杰尔摧毁的城市，由此轻而易举就笼络到了那些地方的居民。**2** 科尔都斯在自己的书里叙述了这些内容，他说阿尔比努斯贪吃嗜食，以至于吞下的水果多到人们无法估量的程度。**3** 这是因为，科尔都斯说，他饿的时候吃掉了五百颗无花果干（希腊人称之为"卡利斯图提耶"）、一百只坎帕尼亚桃，以及十只奥斯提亚瓜、二十磅拉比卡纳葡萄、一百只柳莺、四百只牡蛎。**4** 科尔都斯还说，他很少沾酒，而塞维鲁则否认了这种说法，因为后者声称即便在战争中他都曾喝醉过。**5** 正如塞维鲁所说，他不是出于喝多了，就是因自己刚烈的性行而总是与自己的人和不来。**6** 对他妻子来说，他是个极其讨厌的家伙，对奴隶来说则是处事不公之人。他以残暴对待士兵，因为即便［针对他们的］指控尚不足以适用这样的惩处，他仍经常将队伍中的百人队队长送上十字架。他确实一直用枝条抽打犯下过错的人，且从来不曾赦免过。**7** 他穿戴极其光彩亮丽，可在宴会上却是一副品味低下无比的样子，因为他只看中［食物的］量。在一群数一数二的调情者中间他仍会让妇女产生爱慕，他对有违天性的爱欲总是避之不及，并对这样的行为加以惩处。他在耕耘土地方面再精通不过了，以至于竟写出了《农事诗》。**8**许多人都说，《米利都故事集》①也是出自此人之手，尽管这些故事写得平淡无奇，可却并非不为人所知。

　　XII. 1 阿尔比努斯受到元老院此般爱戴，以至于都没有哪位元首［能和他一样］，而元老们这么做主要是出于对塞维鲁的忿恨，因为他们曾对后者的残暴感到深恶痛绝。**2** 最终，在他被击败之后，塞维鲁处死了一大批元老，因为他们或事实上属于对方那派的人，或看上去像那样的人。②**3** 这个人，塞维鲁是在鲁格杜努姆将其杀死的，就在那个时候，他立马令人找寻信件，以查出对方曾给哪些人或哪些人曾给他写过信。只要找到谁的信件，他就让元老院把对方宣布为公敌。③**4** 对于这些人，他一个都没有赦免，而是将他们全处死了，甚至还变卖了这些人的财产，并将［所得］充入国库。**5** 有一封塞维鲁寄给元老院的信件流露了他的心声，现抄录如下：**6** "诸位元老，对我来说，没有什么能比你们宁愿承认阿尔比努斯而非塞维鲁更让我感到揪心了。**7** 是我为国家供应了粮食，④是我

---

① 指一些带有情色情节的故事集，这些故事最早取材自公元前二世纪末阿里斯提德（Aristeides）写下的名叫 Μιλησιακά 的故事集，后被科尔涅利乌斯·锡塞纳（Cornelius Sisenna）译成拉丁语。此种类型有多篇故事被收录进了阿普列尤斯的《变形记》（*Apulei Metamorphoses*）。——英译者注

② 关于此事，请参见《塞维鲁传》，XIII。——英译者注

③ 赫罗提安也提到塞维鲁利用了阿尔比努斯的文件作为反对元老的证据。关于此事，请参见赫罗提安，III，8，6："……皇帝走进元老院，坐上了宝座。他一边出示从阿尔比努斯的私人公文箱里找到的密信一边严厉抨击了给对方写过信的朋友们，他还控告另一些人，说他们曾给对方献过厚礼。人人都因犯下罪过而受到了指控：来自东方的被控支持尼杰尔，来自西方的则被控与阿尔比努斯较好。"——英译者注，引文为汉译者补充。

④ 关于此事，请参见《塞维鲁传》，VIII，5。——英译者注

为国家进行了战争，是我为罗马人民提供了如此多的橄榄油，^①以至于自然界都不会有这么多。是我在处死了佩西尼乌斯·尼杰尔之后，将你们从邪恶僭主的手里解放出来。**8**你们确确实实给了我一个很大的回报、一份很大的谢礼。那个阿非人（确切地说是阿德隆梅蒂纳人）中的一员，^②谎称血缘能追溯到契尤尼乌斯家族一脉，^③你们把这个人提到了这般崇高的地位，以至于在我当上元首且我的孩子都健在的场合下，竟还希望他出任元首。**9**我要问，在这个元老院里难道就没有既爱着你们又值得你们爱戴的人了吗？你们把这个人的弟弟提上了显赫之位，又渴求从他那里得到执政官之职、裁判官之职，以及各种长官的职位。**10**你们回报给我的谢礼比不上你们的祖辈反对皮索阴谋^④、比不上他们对图拉真的拥戴、比不上他们对阿维迪乌斯·卡西乌斯的抗争。你们宁要那位装模作样、吹牛不打草稿、谎称自己出身名门望族的家伙而不要我。**11**还有，斯塔提利乌斯·科尔弗伦努斯在元老院决定授予阿尔比努斯及其弟弟诸多荣耀的时候，他被接受了下来，就差有身份高贵之人会做出决定，出于针对我的胜利要为那个家伙举行凯旋式了。**12**你们有那么多人认为，那人当因其学识而受到赞美，这种说法更令人难以忍受，因为他把精力都花在了那些老妇之谈^⑤上，并一生都沉迷于出自其好友阿普列尤斯之手的《布匿人的米利都故

---

① 关于此事，请参见《塞维鲁传》，XVIII，3。——英译者注
② 关于此事，请参见本卷 I，3。
③ 关于阿尔比努斯祖上可以追溯到契尤尼乌斯家族，请参见本卷 IV，1。——英译者注
④ 关于此事，请参见《佩希尼乌斯·尼杰尔传》，IX，2 及注脚。——英译者注
⑤ 泛指奇谈怪论。

事集》①和别的一些文学玩物。"**13** 由此可见，他是如何残暴地对付佩西尼乌斯或克洛狄乌斯的同党的。**14** 上述事迹全都记录在塞维鲁的传记里。如果有谁想要了解更多，拉丁历史学家中就去读马略·马克西姆斯 [的著作]，希腊历史学家里就去读赫罗提安的，因为他们叙述的许多史实都是真实可信的。

XIII. 1 阿尔比努斯身材高大、头发凌乱而卷曲、前额宽大、皮肤白皙异常，以至于有许许多多人都相信他的名字由此而来。②他说话哆声哆气、嗓音近乎阉人，他容易冲动、脾气暴躁、怒火难遏。他嗜好多变，这么说是因为他时而贪杯豪饮，时而又滴酒不沾。**2** 他通晓各种武器，以致不无恰当地被人称作那个时代的喀提林。**3** 克洛狄乌斯·阿尔比努斯之所以名正言顺地受到元老院的爱戴，鄙人不信与此一点关系都没有。**4** 在他遵从康茂德之命统领不列颠诸军团时，获悉了对方被杀的假消息，而那时恺撒之名又被康茂德颁授给了他，③在那种情况下，他径直来到士兵面前，发表了如下演讲：**5** "假如罗马人民的元老院仍如往昔那般掌有自己的大权，假如如此广袤的国家并非听命于一人，国家的命运就不至于落入维特利乌斯④、尼禄、图密善之流的手里。属于鄙人的那些家族，在执政官当权期间有契尤尼乌斯家族、阿尔比努斯家族、珀斯图米乌斯家族，⑤你们的父辈从他们的祖辈那里听闻过这些人，并晓得与他们有关的许多事迹。**6** 将阿非利加并入罗马统治的是元老院，将高卢、

---

① 因为阿普列尤斯是阿非利加人，所以从书名上看此著可能是阿普列尤斯写成的，关于《米利都故事集》请参见本卷 XI，8 及注脚。但根据 *Latin literature: a history* by Gian Biagio Conte，Joseph B. Solodow，The Johns Hopkins University Press，1994，p.564，对于这本著作是否存在仍不能确定。

② 关于此事，请参见本卷 IV，4。——英译者注

③ 关于此事，请参见本卷 II。

④ 关于此人，请参见《维鲁斯传》，IV，6 及注脚。

⑤ 关于此事，请参见本卷 IV，1。

西班牙诸行省征服的是元老院，将法律带给东方诸族的是元老院，对帕提亚人发动战争的是元老院（若不是当时天命为罗马人的军队派来了一位如此贪婪的将领[1]，否则他们真的会征服帕提亚人），这些都是千真万确的。**7** 恺撒征服了不列颠诸省，而当时的他的的确确仍为元老之身而非独裁官。假如康茂德对元老院心存敬畏的话，他将会变得何等伟大啊！ **8** 即便到了尼禄时期，元老院的权威依旧尚在，他们并不畏惧给邪恶无道的元首定罪，而且还发表演讲进行抨击，即便对方当时正握有生死之权甚至最高大权。**9** 因此，战友们，康茂德要授予我恺撒之名，我不愿收下，[2]也愿众神勿使其他人如愿。**10** 让元老院执掌大权、分配行省吧！让元老院任命我们为执政官吧！我为什么说元老院呢？那就是你们还有你们的父亲，因为你们自己将会成为元老。"

　　XIV. 1 这篇演讲在康茂德仍在世时传到了罗马。这激起了康茂德对阿尔比努斯的怒意，于是便立即派出了侍从之一尤尼乌斯·塞维鲁去接替他。**2** 然而这篇演讲却让元老院欣喜不已，以至于不论康茂德在世时还是被杀后，都用溢美之词颂扬起身不在场的阿尔比努斯，甚至都还有不少人劝佩蒂纳克斯和他结盟，而尤利安又是在他的极大影响下刺杀了佩蒂纳克斯。[3] **3** 为了证明这种说法属实，我就把康茂德写给近卫军长官的信件列出来，其中他明确表达了要杀阿尔比努斯的想法：**4** "奥勒利乌斯·康茂德向近卫军长官们致以问候。我相信首先你们听到了这样的假消息，说我已在自己人策划的阴谋中被杀了，然后克洛狄乌斯·阿尔比努斯在属于我的士兵中间发表了演讲，通过此番演讲他全心全意将自己托付给了元老院，在

---

① 大概说的是克拉苏（Crassus），于公元前 53 年被帕提亚人所败。——英译者注

② 关于此事，请参见本卷 III, 1。

③ 关于这种提法，请参见本卷 I, 1。

朕看来，这么做并非没有目的。**5** 这么说是因为，无论谁只要声称整个国家当由元老院进行统治，那么他就一定会对国家的独一元首进行否定，从而恳请元老院为自己谋求大权。因此，当万分小心，因为你们现在已经知道自己、士兵，还有人民应当提防谁了。" **6** 当佩蒂纳克斯发现这封信之后，他将其公之于众以激起大家对阿尔比努斯的憎恨。正因为这个原因，阿尔比努斯成了尤利安刺杀佩蒂纳克斯的指使者。

塞维鲁王朝^①

① 塞维鲁王朝从皇帝塞维鲁当政算起，但因原文编排的关系，皇帝塞维鲁的传记被编入五帝之年诸君主。

安东尼努斯·卡拉卡卢斯传

埃利乌斯·斯巴提亚努斯

I. 1 塞普提米乌斯·塞维鲁留有二子：杰塔和巴希安努斯[①]。军队为其中的一位冠上了安东尼努斯之名，[②]其父则为另一位冠上了这个名号；[③]杰塔被宣布为了公敌，而巴希安努斯则夺取了大权。**2** 鄙人以为没有必要再对卡拉卡拉的祖上进行叙述，因为这一切已在塞维鲁的传记里统统讲过了。**3** 童年时代的他充满魅力、天资聪颖、孝敬父母、友爱父母的朋友们，他受到人民的爱戴、受到元老院的拥护，为了博得拥戴他还提升了自己的品味。**4** 他文韬并不平庸、施恩并不延递、送赏并不吝啬、开赦并不迟缓——至少在父母看来，是这样的。**5** 例如，如果他看见被判有罪的人［送到了斗兽场］同野兽搏斗，他就会哭出来，或者把目光转向别处。这一点使他颇受人民爱戴。**6** 在他还是七岁小孩的时候，在听说自己的一个玩伴出于信奉犹太教之故而遭到毒打之时，他很长一段时间都没正眼瞧过

---

① 即卡拉卡拉，关于这个名字的由来，请参见《塞维鲁传》，XXI，11 及注脚。

② 指的应是小儿子杰塔，他十二岁时被军队冠上了安东尼努斯之名。关于此事，请参见《塞维鲁传》，XVI，4。

③ 塞维鲁在与阿尔比努斯作战期间为长子巴希安努斯（卡拉卡拉）冠上了安东尼努斯之名。关于此事，请参见《塞维鲁传》，X，3。

自己的和对方的父亲，就好像他们是这顿毒打的元凶一样。**7** 在他的要求下，安条克人与拜占庭人的古代权利得以恢复，[而他们的权利之所以被剥夺是] 由于这些人曾为尼杰尔提供过支援，塞维鲁对他们感到了愤怒①。出于对方的残暴，他对普劳奇亚努斯②心怀憎恨。**8** 农神节期间，从父母那里收到的礼物他都转送给了侍从或者老师。

II. 1 而这些都是在他还是孩子时做的。待巴希安努斯长大之后，或通过父亲的告诫，或出于天性的精明，再或者因为一直想让自己和马其顿的亚历山大大帝一样，他变得特别严厉苛刻、脸上也透露着凶狠，许多人怎么也不会相信，他就是他们此前认识的那个男孩。**2** 他总是把亚历山大大帝及其事迹挂在嘴边，还在大庭广众之下大肆赞扬提比略③和苏拉。**3** 他比父亲还要高傲，并看不起弟弟④的低声下气。**4** 在其父驾崩之后，⑤ 他径直来到近卫军营地，当着众士兵抱怨起弟弟正准备对自己施展阴谋，于是他就让人把弟弟杀死在了宫里，⑥ 并随即下令焚烧尸体。**5** 除去这些不算，他还在营地里说，⑦

① 关于塞维鲁对安条克人感到愤怒，请参见《塞维鲁传》，IX，4。
② 关于此人，请参见《塞维鲁传》，XIV，5 及注脚。——英译者注
③ 这里应该是指接替奥古斯都的罗马皇帝，其后世名声不佳。关于此人的评价，请参见尤特罗庇乌斯，VII，11："他万分慵懒、极其残忍、贪得无厌、淫欲无度。"
④ 应指杰塔。
⑤ 在塞维鲁于公元 211 年 2 月 4 日在不列颠驾崩之后，卡拉卡拉和杰塔同反叛者缔结了和约，随后便返回了罗马。他们于五月抵达。自抵达罗马之后直到杰塔于公元 212 年 2 月 26 日被杀为止，这段两人共治的时间在本传记中缺失。——英译者注
⑥ 关于此事，请参见《塞维鲁传》，XXI，7 及注脚。
⑦ 在杰塔遇害之后，卡拉卡拉急忙从宫里出来，来到近卫军营地，并在那里宣布杰塔制定了计划要加害自己。他随后答应给士兵们一笔赏赐。关于此事，请参见狄奥·卡西乌斯，LXXVII，3，1："虽是夜晚，可安东尼努斯仍来到了军中，他起先一路哭喊着，就好像他才是这次阴谋的（转下页）

弟弟曾计划对自己下毒，并曾对母亲表现不敬。他公开向杀害对方的人致以谢意。**6** 最后，他为他们更忠于自己而进行了赏赐。**7** 驻扎在阿尔巴①的部分士兵获悉杰塔遇害后感到愤怒无比，全体战士都在说，他们曾允诺过，应对塞维鲁的两个儿子效忠，并当为他们俩恪尽职守。**8** 于是，他们关闭了营门，很长一段时间都不让皇帝进入，直到他们的心软了下来：这非但出于他对杰塔的侮辱和控诉，而且还因为分发了数量巨大的赏赐——正如通常情况，士兵们［见到犒赏］就会被招安。随后，他从那里返回了罗马。**9** 当时，他在一身元老装束下穿着护甲，由一些全副武装的士兵陪伴步入了元老院议事堂。他将这些士兵分成两队，②让他们站进元老席当中，接着说了一番话。**10** 他语无伦次地控诉了弟弟的阴谋诡计，并为自己进行辩解。**11** ［那时他讲道］虽然他曾对弟弟说过，自己允许他做任何事情，还曾在一次阴谋当中将对方解救了出来，可弟弟却没有回报兄弟之爱，反而对他施以最阴险的诡计，在这种情况下，元老院确实不情愿地接受了他的指控。

（接上页）目标而他的生命正受到威胁一样。他一踏进营地就叫出了声：'战友们，快庆贺吧，现在我能够给你们带去好处了。'就在他们聆听事件的来龙去脉之前，他先用多到他们未能想过的允诺堵住了大家的嘴巴，以至于他们都未能替死去的人说些什么以表达应有的敬意。"赫罗提安，IV，4—7："他（卡拉卡拉）命令宫廷护卫带他离开，并将自己护送到兵营，因为他知道那里能为自己提供安全保障。他还说，如果自己继续待在宫殿，将会被人杀死。护卫们相信了他，他们根本不晓得里面发生了什么情况，于是就全都随他冲了出去，而他则是用全速在奔跑。当市民们看到皇帝在傍晚飞快地穿过城中，他们都感到了困惑……那时，安东尼努斯走了出来，但没有先把情况告诉他们，而是哭诉道，他躲过了作为公敌和私敌的弟弟策划的针对自己的险恶阴谋，并在一番殊死搏斗之后击败了这个敌人……"——英译者注，有删减，引文为汉译者补充。

① 今意大利的阿尔巴诺（Albano）。
② 当时元老们在议事堂内分坐于左右两边，正中间的位置是留给元首的。

III. 1 在说了这番话后，巴希安努斯恢复了那些遭流放者的权利，并让他们返回故土。接着，他从元老院前往近卫军那里，并在营地里待了［一个晚上］。**2** 第二天，他前往朱庇特神庙，与那些准备要被他处死的人进行了亲切的谈话，随后依靠帕皮尼安努斯① 和奇洛② ［的保护］回到了宫殿。**3** 他看到杰塔的母亲和其他一些妇女在弟弟被杀后哭号了起来，便对她们动了杀心，不过出于不想加重杀弟而起的残暴血腥，他没有这么做。**4** 他亲自为莱图斯③ 送上毒药，强迫其自尽，于是第一个建议要杀杰塔的人也成了第一个被处死的人，**5** 而他随后还常常为对方的死哀号不已。他杀掉了许多曾参与刺杀杰塔的同伙，反过来有个对他［杰塔］的塑像进行崇拜的人却也被杀掉了。**6** 再后来，他命人处死了堂兄弟阿菲尔④，即使在前一天他还曾把自己的菜肴分一些送给了这个人。**7** 这个阿菲尔对［前来行刺自己的］刺客感到害怕便［从屋内］跳了出去，折断腿的他爬到了妻子那里，虽然如此，可他仍被刺客逮住，在奚落一番之后便遭到了杀害。**8** 他还杀死了马可的外孙庞培安努斯——他是马可的女儿与皇帝维鲁斯驾崩之后迎娶这位卢西拉的庞培安努斯生下的孩子，［马可］曾两度任命这位庞培安努斯出任执政官⑤，并在当时的每一场重大战争中都让他担任将领——他看起来就像是死在一群流氓的手里。

IV. 1 再后来，士兵们当着他的面用战斧砍死了帕皮尼安努斯。

---

① 关于此人，请参见《塞维鲁传》，XXI，8。

② 关于此人，请参见《塞维鲁传》，XX，1。

③ 大概是近卫军长官帕皮尼安努斯的同僚梅奇乌斯·莱图斯（Maecius Laetus）。根据狄奥·卡西乌斯，LXXVII，5，4，卡拉卡拉本打算杀他，不过鉴于当时他已病重，便收了手。——英译者注

④ 也有可能是表兄弟。因只知道阿菲尔这个名字，不足以考证堂表亲关系。

⑤ 根据执政官列表，庞培安努斯出任执政官的年份分别是公元167年和173年。

完事之后，巴希安努斯对下手的人说："你应该用剑来执行我的命令。"**2** 在他的指令下，帕特鲁伊努斯 ① 也在被奉为神的庇乌斯神庙前遇害身亡。他们两个的尸体被拖过了大街，连一点起码的做人的尊严都没有。他还杀死了帕皮尼安努斯的儿子，而后者三天之前才当上财务官并奉献了一场奢华的竞技赛。**3** 就在那些日子里，有难以计数的支持他弟弟一派的人被杀身亡，甚至替杰塔管事的被释奴也遭到了杀害。**4** 随后，到处都充斥着杀戮。甚至在浴池里都会有杀戮发生，还有不少人是在进餐时遭到杀害的，在这些人中就有萨莫尼库斯·塞伦努斯 ②，他的多部著作都充满了学识并一直流传至今。**5** 两次出任近卫军长官和执政官的奇洛因为曾建议过两兄弟要和睦相处，因而陷入了万般险境当中。**6** 而直到这个奇洛遭罗马的城防巡逻队 ③ 抓住，并光着双脚被剥下了元老的衣服之后，安东尼努斯才制止了暴行。**7** 在那之后，他又在罗马城内制造了多起杀戮，到处都有不少人被士兵逮捕，就好像他在惩治暴乱一样。**8** 他还处死了接任执政官 ④ 埃尔维乌斯·佩蒂纳克斯，而下手的原因仅仅出于他

---

① 瓦勒利乌斯·帕特鲁伊努斯（Valerius Patruinus），显然是与帕皮尼安努斯和莱图斯同僚的近卫军长官。请参见《罗马帝国人物志》（*Prosopographia Imperii Romani*），III，P372。——英译者注

② 卡拉卡拉和杰塔的老师。曾写过多部著作，其中被他人引用最多的是《秘闻集》（*Rerum Reconditarum Libri*，已散佚），惟一一部流传下来的著作是《医书》（*Liber Medicinalis*）。

③ 罗马城防巡逻队是由罗马市长指挥的三支大队，负责维护罗马城的治安。——英译者注

④ 在帝国时代，某位执政官任职未满一年，这是很常见的事情。执政官（其中之一常是皇帝本人）如在一月一日那天任职的被称为当届执政官（consules ordinarii），而那些在几个月之后接替他们的人，以及在后者任期未尽又再次接替他们的人，被称为接任执政官（consules suffecti）。——英译者注

是皇帝①之子。**9** 与弟弟为友的那些人，只要机会降临，他下起杀手从来都不曾犹豫过。**10** 他经常或通过书面或通过口头，傲慢地对元老院、对人民进行谩骂，还声称自己会成为苏拉。

    V. 1 在干了上述这些事之后，巴希安努斯前往高卢。他一来到那个地方，就处死了纳尔旁行省总督。**2** 接着，所有在高卢任事的人都陷入了恐慌，而他则如暴君那般激起了众怒，可还要不时地装出和善的模样，虽然论天性他是粗暴的。**3** 在他做出一系列有违众意与国法的事情之后便患上了一场重病，[期间却] 对照顾自己的人万般残暴。**4** 他随后踏上了东方的行程，而行到达契亚时停留了下来。他杀死了邻近雷蒂安的许多蛮族，他鼓励自己的士兵，还像苏拉的部队那样为他们发放了赏赐。**5** 然而，就在许多人因其杀死过一头狮子和别的一些野兽而管他叫赫拉克勒斯的时候，他却拒绝人们如康茂德曾经做过的那样②以诸神之名称呼自己。**6** 在征服了日耳曼人之后，或是出于玩笑又或是正儿八经地，他自称起日耳曼努斯③来。因为他就是一个既愚蠢又弱智的人，假使他战胜的是卢卡尼亚人④的话，他就得自称为卢卡尼库斯⑤了。**7** 当时，那些在立有元首塑像或肖像的地方撒尿的人，还有那些为了换上新桂冠而将原来的桂冠从其肖像上取走的人，都被他定罪了，还有些人则因把桂冠带在脖子上用来防治三日热或间日热而被定罪。**8** 他随同一位近

---

①   显然是在康茂德之后继位的埃尔维乌斯·佩蒂纳克斯皇帝。

②   康茂德曾把自己称作赫拉克勒斯。关于这点，请参见《康茂德·安东尼努斯传》，VIII，5。

③   为彰显征服日耳曼人的功绩，一般冠上的名号应是日耳曼尼库斯（Germanicus），而这里的日耳曼努斯（Germanus）在拉丁语里则变成了"日耳曼人"、"手足兄弟"的意思。

④   卢卡尼亚位于意大利的南部。

⑤   这则笑话为何好笑尚不清楚，可能是卢卡尼库斯（Lucanicus）一词有某种双关含义，该词可以表示各种腊肠。——英译者注

卫军长官穿过色雷斯诸行省，接着又从那里进入亚细亚，在途中船桁折断让他陷入了沉船的危险当中，结果他和护卫们一起上了小船，再被舰队长官从那只小船上救起，上了一艘三列桨船。**9** 他常常抓到野猪，甚至还直面过一头狮子，在写信给朋友们的时候，他就借此吹嘘自己，并夸赞自己曾有赫拉克勒斯般的勇武。

VI. 1 再后来，巴希安努斯回到了亚美尼亚和帕提亚的战事上，并让一个在秉性上与自己相似的人出任军事统帅。**2** 他接着又来到了亚历山大里亚。他把人民召集到体育场里，对他们加以辱骂，还把身强体健之人选去服役。**3** 不过他却效仿托勒密·攸埃吉特斯八世①，把之前选出的那批人又给处死了。除此之外，他给士兵们颁下一道指令，要他们杀死城里的外乡人，这下子就在亚历山大里亚制造了大屠杀。**4** 随后，他穿过卡度斯人②和巴比伦人的土地，与帕提亚总督的军队打起了游击，那时他甚至还驱使野兽去冲击敌人。**5** 他给元老院送去了信，就像取得了胜利一样，于是他被冠上了帕提库斯之名，而日耳曼尼库斯的名号③则在其父亲在世时就已被他采用了。**6** 接着，他想再次对帕提亚人发动战争，并在埃德萨④扎营过冬，而后为了祭奉男月神又在其生日那天（四月六日⑤，也正好在西贝拉女神庆典⑥期间）前往卡雷⑦而去。就在其中途离开解内急时，已设计

① 埃及托勒密王朝君主，也叫托勒密八世，在公元前170—前163年及公元前145—前116年期间当政。
② 该族当时居于今伊朗西北部、里海西南岸至黑海东岸之间。
③ 关于此处的日耳曼尼库斯之名，请比照本卷 V，6 及注脚。
④ 位于美索不达米亚北部的古代重镇，今土耳其东南的乌尔法（Şanlıurfa）。
⑤ 年份为公元188年。而根据狄奥·卡西乌斯，LXXVIII，6，5：卡拉卡拉的生日是四月四日，活了二十九年又四天。因此死去的那天当为四月八日。
⑥ 罗马人每年的四月四日至十日举行西贝拉女神庆典（Megalenses Ludi），以庆祝女神来到罗马城。
⑦ 位于美索不达米亚北部的古代重镇，今土耳其东南部靠近叙利亚边境的哈兰（Harran）。

好阴谋的近卫军长官马克利努斯杀害了他，而这位马克利努斯在得手后便夺取了大权。参与刺杀的同伙有这些人：奈梅希安努斯及其兄弟阿波利纳里斯①、在第二帕提亚人军团服役的长官兼编外骑兵将领特里克奇亚努斯，这里也不能不提舰队将领马尔西乌斯·阿格里帕，此外在马尔提阿利斯②的唆使下还有许多下属也参与了进来。

VII. 1 巴希安努斯在卡雷和埃德萨之间的中途被杀身亡，那时他为解内急下得马来，置身于已变为居心叵测的刺客的守卫们中间。**2** 最后，就在他的侍从扶他上马之际，一把匕首刺入了他的侧身，一时人人都叫出了声说，马尔提阿利斯已下手了。**3** 既然鄙人已提到了男月神。大家应该晓得，是所有满腹学识之人一起将这种传统流传了下来的，该传统至今（尤其在卡雷人中）依然被遵行着，那便是无论谁只要认为月神③应以阴称和阴性唤之，那此人就会一直屈从于女人，并受制于她们；**4** 反之无论谁只要相信月神是男的，那此人就会掌控妻子，且不受累于女人的任何诡计。**5** 由于这个原因，尽管希腊人还有埃及人遵照将女人归为人类的方式亦一并将阴性的月神称为了神④，但是，在祭祀仪式上他们仍用阳性来称呼月神⑤。

VIII. 1 我知道，有许多人都用文字记述过帕皮尼安努斯被杀⑥之事，而他们并未给出其被害的原因，且又各执一词。然而，我宁

---

① 奈梅希安努斯和阿波利纳里斯都是近卫军中的保民官。——英译者注

② 尤利乌斯·马尔提阿利斯（Iulius Martialis），刺杀卡拉卡拉皇帝的阴谋参与者，而他才是亲手刺死皇帝的实际下手者。此人随后被皇帝的斯基泰人守卫杀死。

③ 此处月神之名用的是露娜（Luna），乃阴性。

④ 因为人类（homo）一词在拉丁语里是阳性的，而此处所用的神（deus）一词也是阳性，这才是两者比较的地方。因此才说，把阴性的月神（luna）称为神（deus）。

⑤ 此处月神一词使用阳性，即 lunus。

⑥ 关于此事，请参见本卷 III，2 及 IV，1。

可道出诸多各不相同的观点，也不愿对如此伟大的一个人遭戮而闭口不谈。**2** 有人说，帕皮尼安努斯是皇帝塞维鲁再亲近不过的朋友，而正如某些人说的，他通过塞维鲁的第二任妻子①和皇帝攀上了关系。他曾和塞维鲁一起拜在夏沃拉②门下求教，随后又接替塞维鲁当上了帝王私库的应诉官③。**3** 塞维鲁甚至将两位孩子都托付给了这个人照顾，正因此，他曾试图劝诫这对安东尼努斯兄弟要和睦相处。**4** 另外，在巴希安努斯控告杰塔对其实施阴谋的时候，他还恳求［巴希安努斯］不要杀害对方，于是，他连同那些杰塔的拥护者一起被士兵们杀死了，这么做非但得到了安东尼努斯④的准许而且还受到了他的鼓励。**5** 许多人都说，巴希安努斯在杀死弟弟之后曾对帕皮尼安努斯嘱咐道，要他亲自在元老院里和在公众面前化解这起谋杀，而他却答道，杀弟之罪犯下容易，辩解起来可就没这么简单了。**6** 还有这么一则故事：帕皮尼安努斯不愿为改善凶手的处境而发表演讲对那位弟弟进行抨击。在他做出拒绝的同时，还答复说，犯下杀弟之罪在先，后又要对已遇害的无辜者提出控诉，就等于犯下双重杀戮。⑤**7** 然而，这样的事情绝对不曾发生过，这是因为，作为近卫军长官是不能够发表演讲的，而如大家所知，他就像杰塔的拥护者那样遭到了杀害。**8** 据传，帕皮尼安努斯在被士兵抓住之后带到了宫殿里，正准备处死之际，他道出了预言说，无论谁只要被选上他这个职位的，假如不为近卫军长官之职遭受的这等残暴而进行复仇的话，都将是再愚蠢不过的人了。**9** 后来果真如此。因为正

---

① 关于此人，请参见《塞维鲁传》，III，9 之注脚。

② 关于此人，请参见《哲学家马可·安东尼努斯传》，XI，10。——英译者注，有删减。

③ 关于此官职，请参见《哈德良传》，XX，6 及注脚。

④ 即巴希安努斯。

⑤ 根据拉丁网络图书馆版本，这句应作："在他做出拒绝的同时，还答复说，为杀弟之罪开脱是一回事，对已遇害的无辜者提出控诉则是另一回事。"

如鄙人在上文所述的,^① 马克利努斯杀死了安东尼努斯。**10** 马克利努斯带着儿子在营地内称帝,并开始把自己的儿子叫作了安东尼努斯,而之前后者一直被称为迪亚多姆努斯:之所以这样做,是因为近卫军们十分希望得到一个叫安东尼努斯的人。

    IX. 1 巴希安努斯终年四十三岁,掌国六年。**2** 在经过国葬之后,他被安葬入墓了。他留有一子,后来和他本人一样被唤作了马可·安东尼努斯·埃利奥伽巴鲁斯,^② 因为诸安东尼努斯之族名拥有如此的名望,以至于都无法从人们的心里抹掉,就如同奥古斯都之名那样驻留在每一个人的心中。**3** [巴希安努斯] 性行邪恶,残暴胜过其严厉的弟弟。他贪食嗜酒。他遭到自己人的憎恨,又遭到各处军队(除近卫军之外)的厌恶。与其弟弟相比,他从头到尾都没有一处相似的地方。**4** 他在罗马留下的建筑有以其名字命名的宏伟的浴池,现在的建筑师都说,他们都不能够一模一样地按原先的做法把浴池里的王座宫给仿造出来。**5** 这么说是因为,据说整个拱顶全靠那些用红铜或青铜打造的顶柱支撑了起来,而其空间竟是如此宽阔,以至于精通工艺的人都承认,那座建筑以上述方法是建不起来的。**6** 他留下了以自己父亲之名命名的柱廊,还在上面绘下塞维鲁做过的事迹,参加过的凯旋式以及战争。**7** 他本人得到卡拉卡卢斯之名是出于一种曾发放给人民的长及脚踝的衣物,而那种衣物之前还不曾 [在罗马] 出现过。^③**8** 从此直至今日,这种样式的长袍仍被称之为安东尼努斯袍,而且尤为受到罗马平民的喜爱。**9** 同样是这个巴希安努斯,他还在自己建起的浴池(即安东尼努斯浴池)旁铺筑了一条新路,在罗马的各条大道中你要找到有哪条能比上面的更

---

① 关于此事,请参见本卷 VI, 6。——英译者注

② 卡拉卡拉并没有被冠上过埃利奥伽巴鲁斯之名,这里是说他们都被冠上了安东尼努斯的族名。

③ 关于此事请参见《塞维鲁传》,XXI, 11 及注脚。

漂亮，那是件不容易的事。**10** 他将伊西丝女神的祭祀仪式引入罗马，到处为这位女神修建神庙，还用比以往更加敬畏的方式举行起祭祀仪式。**11** 在这里，要说他是首个将伊西丝女神的祭祀仪式带入罗马的人，这么说对我来讲似乎是件不可思议的事，因为安东尼努斯·康茂德曾举行过这种祭祀仪式，以至于他身带阿努比斯像，还在仪式期间停下了一切工作。① 也许，那个家伙［巴希安努斯］只是为祭祀仪式添了些什么，而非第一个把这种仪式带入罗马的人。**12** 他的尸身被葬入了安东尼努斯家族陵墓，这么做为的是让他的遗骸能安葬在曾给他族名的那个地方。

X. 1 据说巴希安努斯曾娶了自己的继母尤莉娅，② 了解这件事的来龙去脉会是件意思的事。**2** 那继母生得貌美无比，在她把身体的大部分都裸露出来之后，在不经意间，安东尼努斯便说道："如果可以，我就想……"据说，继母接道："只要你想，就可以了。难道你没注意到自己是皇帝吗？难道你不知道自己颁布法律却不受法律约束吗？"**3** 听闻此言，他难抑的欲火越烧越旺，最终犯下了兽行。他和她举行了婚礼，而假如他真意识到自己是法律的缔造者的话，那他自己就该禁止这种婚姻。**4** 这么说是因为，他娶母（该不会叫其他名字吧）③ 为妻，这就在杀弟之上又平添了乱伦之罪，而他是在杀了她儿子之后不久就和她结为了夫妻。**5** 此处再加叙某件对他进

---

① 关于此事，请参见《康茂德·安东尼努斯传》，IX，4 和 6；《佩希尼乌斯·尼杰尔传》，VI，9。——英译者注

② 卡拉卡拉和尤莉娅·多姆娜之间的乱伦关系是编造出来的，还有尤莉娅是皇帝的继母这种叙述也同样是假的，这些传言同时见于一些特定的历史传说当中。关于此事，请参见《塞维鲁传》，XVIII，8；XX，2 及相应注脚。——英译者注

关于近乎同样的叙述，也请参照尤特罗庇乌斯，VIII，20："他难以抑制淫欲，还把自己的继母尤莉娅娶为妻子。"

③ 此处暗示他娶的是亲生母亲而非继母。

行嘲弄的事情，这也并无不妥。**6** 在他为自己冠上日耳曼尼库斯①、帕提库斯②、阿勒曼尼库斯（因为他曾战胜过阿勒曼尼人③部族）之名的时候，［皇帝］佩蒂纳克斯之子埃尔维乌斯·佩蒂纳克斯④曾讥讽道："如果乐意的话，再加上杰提库斯·马克西姆斯吧。"因为他杀死了弟弟杰塔，而哥特人又被称为杰特，⑤他在东征途中曾以一系列战役征服了他们。

XI. 1 当时，有许多征兆预示了杰塔会被杀，鄙人将会在他的传记里进行叙述。**2** 这么做是因为，即使年长之人后死，鄙人也当顺着这样的次序下来：即谁先出生、谁先开始执掌大权，就先对谁进行叙述。**3** 他父亲在世时，因这位父亲患有足疾而看上去似已无力执掌大权，于是［巴希安努斯］便被军队冠上了奥古斯都之尊。⑥就在那种情况下，当士兵和保民官们的意图遭到了挫败之后，据说塞维鲁甚至曾考虑过要处死这个儿子，若不是对自己颇有影响的长官们的反对［，他可能真会这么做呢］。**4** 有一些人道出相反的观点，他们说，长官们本打算要下手的，是塞普提米乌斯不想这么做，唯恐他的严厉会被误认为残暴，而且鉴于犯下罪过的是士兵，却要一个年轻人因轻率和鲁莽而招致这般不光彩的严厉惩罚，以至于似乎要被自己的父亲处死。**5** 虽然这位巴希安努斯是所有人中最为残忍的：一言蔽之即是杀弟乱伦、与父母兄弟为敌之徒，可出于对士兵

---

① 关于此事，请比照本卷 V，6 及注脚。——英译者注
② 关于此事，请参见本卷 VI，5 及注脚。——英译者注
③ 日耳曼人中的一支。
④ 关于此人，请参见本卷 IV，8。
⑤ 杰塔拉丁语为 Geta，哥特人为 Gothi，杰特为 Getae。而杰提库斯则为 Geticus，该名号显然带有双关，既表示"哥特人的征服者"，又能指"杰塔的征服者"。马克西姆斯（Maximus）一词的含义是"最伟大的"、"最厉害的"。
⑥ 关于此事，请参见《塞维鲁传》，XVIII，9 及注脚。

特别是近卫军士兵的畏惧，他仍被杀死他的马克利努斯列入了众神的行列。^①**6** 现在他有一座神庙、一群萨利祭司^②，以及安东尼努斯祭司团。他剥夺了福斯丁娜的神庙和神明之尊，**7** 当然那就是其丈夫曾在陶鲁斯山脚下替她修建的那座神庙。^③ 后来，他［巴希安努斯］的儿子埃利奥伽巴鲁斯·安东尼努斯或为他自己、或为叙利亚的朱庇特神^④、或为太阳神（这一点尚不确定）又在那个地方建起了一座神庙。

---

① 他在马克利努斯的请求下被奉为神明，这一点也能在狄奥·卡西乌斯，LXXVIII，9，2 中得到印证："确实对他［卡拉卡拉］进行谴责的法令没有颁行出来，鉴于士兵们没能从马克利努斯那里得到和平，而这种和平是他们本希望从一位新皇帝那里得到的，又鉴于他们被剥夺了本能从安东尼努斯［卡拉卡拉］那里得到的赏赐，于是他们开始再次怀念起他［卡拉卡拉］来。的确，他们的愿望随后竟达到了这种程度，以至于他都被列入了尊奉为神明的行列，元老院当然通过了这种法令。"——英译者注，有删减，引文为汉译者补充。

② 关于萨利祭司，请参见《哲学家马可·安东尼努斯传》，IV，2 及注脚。

③ 这位福斯丁娜是皇帝马克·安东尼努斯的妻子。关于此事，请参见《哲学家马可·安东尼努斯传》，XXVI，4—5。

④ 古罗马人有时候会以自己的主神朱庇特之名来称呼异族崇拜的主神。关于这一点，请参见奈波斯的《外族名将传·汉尼拔传》(*Nepotis Vita Hannibalis*)，2，3："'我的父亲哈米尔卡（Hamilcar）'他说，'在我还是未满九岁的孩童的时候，以将领身份起程出征西班牙，当时他向迦太基至高至善的朱庇特神奉献祭品。'"

安东尼努斯·杰塔传

埃利乌斯·斯巴提亚努斯

I. 1 奥古斯都君士坦丁，连同陛下您在内，有许多人会发问，我为什么还要去记述杰塔·安东尼努斯呢，对此疑惑我是心知肚明的。在我对他的生死进行讲述之前，我要说说塞维鲁为什么要给他冠上安东尼努斯之名。**2** 由于在他的传记里并无太多事迹可说，因为他在随兄长操执最高大权之前，就已从人世被除去了。**3** 曾有一次，塞普提米乌斯·塞维鲁前去问卜，询问在他死后谁会成为接替者，[神谕是如何] 昭示自己的。随后他在梦里见到一个安东尼努斯会接替自己。①**4** 因此他随即跑到士兵那里，为长子巴希安努斯冠上了马可·奥勒利乌斯·安东尼努斯之名。**5** 在做了这些事之后，或出于当父亲的顾虑，或正如某些人所说，出于精于解梦的妻子尤莉娅的告诫，[他意识到] 自己这么做对小儿子关上了通往大权的通道，于是就下令为小儿子杰塔也冠上了安东尼努斯之名。**6** 因此，要是恰巧碰上他不在家人身边，在写给家人的信件里总会出现这个名号，他写道：**7** "[你们] 向我的儿子和接替者安东尼努斯们致以问候。"可是，父亲的关爱并没产生丝毫作用，这是因为只有那个首先得到

---

① 关于此事，请参见《塞维鲁传》，X，4—5。

安东尼努斯族名的孩子接替了他。以上便是与安东尼努斯之名相关的事情。

II. 1 而他之所以被称为杰塔，或是出自伯父^①之名，或是出自祖父^②的。马略·马克西姆斯在其塞维鲁传记的开头以相当长的篇幅提到了他的生平和秉性。**2** 他之所以被称作安东尼努斯·杰塔，还因为塞维鲁意欲让后世所有的元首都被冠上安东尼努斯之名，就像他们都被称作奥古斯都一样，而他这么做是出于对马可的爱戴，因为他一直把对方称作自己的兄长，且总是对他的哲学思想与文学技巧进行模仿。**3** 另一些人在说，他让后人继承安东尼努斯的族名，非但出于对马可的推崇——因为那是马可继承下来的名号——而且还出于对那个尾名叫庇乌斯的人（即哈德良的接替者）的推崇；**4** 此外还因为那个马可曾把塞维鲁从讼棍的地位选上了帝王私库的应诉官，^③ 于是，借助安东尼努斯此番任命的契机作为第一步或说好兆头，通往显赫名望的道路就为他开启了；**5** 同时还因为，为了颁授这个族名，在他看来，没有哪个皇帝比这么一位保有历经四任元首^④族名的元首更受天命之佑了。**6** 在了解到杰塔的生辰之后——正如其他许多阿非人那样他也是极其精于此道的^⑤——据称塞维鲁在谈到这位杰塔时曾说：**7** "对我来说这是难以置信的，最亲爱的尤维纳利斯啊，我们的杰塔将会被奉为神明^⑥，因为我从他的生辰上看不到

---

① 关于此人，请参见《塞维鲁传》，VIII, 10。

② 关于此人，请参见《塞维鲁传》，I, 2。

③ 关于塞维鲁当上帝王私库的应诉官，请参见《安东尼努斯·卡拉卡卢斯传》，VIII, 2。

④ 安东尼努斯之名曾先后被庇乌斯、马可·奥勒利乌斯、卢西乌斯·维鲁斯、康茂德使用过。——英译者注

⑤ 关于塞维鲁精通占星术，请参见《塞维鲁传》，III, 9。——英译者注

⑥ 在帝王死后通常会被奉为神明，这里在暗示杰塔成为皇帝之前就会死去。

丝毫的帝王之相。"当时尤维纳利斯 ① 是他的近卫军长官。而他 [塞维鲁] 并没有弄错。**8** 这么说是因为，巴希安努斯在杀死杰塔之后，害怕因自己杀弟的行径而被当成暴君，随后他听说，一旦把弟弟奉为神明，其犯下的罪过就能得以减轻，据说那时巴希安努斯曾说过："倘若他死掉了，就将他奉为神明吧。"**9** 最终，在把他 [杰塔] 列入了众神的行列之后，[巴希安努斯] 便由此博得了名声，从而抵消了杀弟的恶名。

III. 1 杰塔生于梅迪奥朗诺 ②，是在塞维鲁和维特利乌斯出任执政官的那一年 ③，生日五月二十七日——尽管众说纷纭。他是尤莉娅所生的孩子，塞维鲁是因为发现这位尤莉娅的生辰带有王者之妻的特征，所以才娶她为妻的，④ 而当时身为凡民的他已位居国家显耀者之列了。**2** 在杰塔降世之后没多久，有消息传出说，一只母鸡在宫殿内产下了一枚紫色的蛋。**3** 当他的哥哥巴希安努斯得到那枚蛋之后，便如小孩子会做的那样把它摔到地上打碎了，在那种情况下，据称尤莉娅曾开玩笑地说道："天杀的杀亲犯啊，你已经把自己的弟弟给杀了。"**4** 对于这种随口说说的玩笑话，塞维鲁却待之比在场的每一个人都更加审慎，虽然在那之后，到场的人都相信漏出这句话乃出自天意。**5** 此外，还有其他征兆出现：就在杰塔出生的那一天那一刻，在某个平民安东尼努斯的庄园里，降生了一只额头带紫毛的羊羔，随后他还从占卜师那里听到，塞维鲁之后就要有一个安东尼努斯执掌大权。那人以为预言说的就是自己，可他却害怕这种预示着自己将交上此般好运的预言，结果就把羊给戳死了。**6** 正如

---

① 关于此人，请参见《塞维鲁传》，VI，5。

② 今意大利的米兰。可根据《塞维鲁传》，IV，2，杰塔当出生在罗马。——英译者注

③ 在执政官列表上，找不到这个年份。通常说来，杰塔生年是公元 189 年。

④ 关于此事，请参见《塞维鲁传》，III，9。——英译者注

后来清楚所见，这本身就是杰塔会被安东尼努斯杀死的征兆。**7** 另外，还有别的奇特征兆也预示过这宗罪行（正如随后的结局那样）的出现：**8** 在塞维鲁打算替新出生的杰塔庆生之际，有位名叫安东尼努斯的下等祭司宰杀了祭品。**9** 此事当初既未受到质疑，又不曾引起过注意，直到后来［其中的意义］才为大家所明白。

IV. 1 杰塔成年之后，长得俊俏貌美。他虽性行鲁莽，但却并不邪恶。他难以控制爱欲，他贪吃嗜食，尤其对各种添过香料的食物和酒饮喜爱备至。**2** 据称，在他还是男孩时，以下这件事颇受瞩目：在塞维鲁想要处决敌对派系的人的时候，曾对自家人说："我正把你们的敌人给抹掉呢。"当时，巴希安努斯甚是赞同，以至于说道，如果顾及他自己的话，还得把这些人的孩子都给除掉，在这种情况下，据说杰塔曾发问，遭处死的人数会有多少。**3** 在这位父亲作答之后，他又问道："这班家伙们有双亲和亲戚的吧？"当回答说有之时，他一边哀悼一边讲着："因此，由于我们的胜利，城里有那么人非但不觉快乐反而蒙遭不幸。"**4** 要不是近卫军长官普劳奇亚努斯 ① 以及尤维纳利斯 ② 的坚持——因为他们希望能借颁布公敌宣告之机大发横财——否则他的意见还真会被采纳呢。而他哥哥巴希安努斯受到这些人的影响则变得极端残暴起来。**5** 他既像开玩笑又似一本正经地鼓动道，得把那些敌对派系的人连同他们的孩子一起给处决掉，据说当时杰塔曾说过："你既然不宽恕任何人，那么今后连自己的弟弟都不会放过的。"他的这番话在当时并未当一回事，可后来却成了预兆。

V. 1 在文学上杰塔紧紧追随古代作家［的风格］。他牢记父亲的教诲，并总是受到哥哥的嫉妒，他比哥哥更爱自己的母亲。他说话

---

① 关于此人，请参见《塞维鲁传》，XIV，5 及注脚。——英译者注
② 关于此人，请参见本卷 II，7 及注脚。——英译者注

虽带口吃，可嗓音仍算洪亮。**2** 他万般钟爱漂亮的衣服，以至于惹来了父亲的嘲笑。如果他从父母那里得到点什么，就会拿来装扮自己，而从不把任何一件东西送给他人。**3** 在与帕提亚人的战争之后，这位获得巨大荣耀的父亲在任命巴希安努斯为共治者的同时，正如某些人说的，杰塔也得到了恺撒和安东尼努斯之名。**4** 向语法学家们提出下面这些问题，对他来说是常有的事。他会要他们讲出各种动物的叫声该按何种方式表达出来，譬如：**5** 绵羊咩咩叫、猪仔喳喳叫、鸽子咕咕叫、肉猪噜噜叫、熊呜呜叫、狮子吼叫、豹子咆哮、大象啸叫、青蛙呱呱叫、马匹嘶鸣、驴嘟嘟叫、公牛嚎叫，并且还要引古代作家的作品来印证这些叫声的说法。**6** 他最喜欢的书是塞伦努斯·萨莫尼库斯①写给安东尼努斯的那些著作。**7** 他还习惯于在餐宴上（特别是在午餐中）命令有知识的奴隶们根据单个字母伺候用餐，**8** 比如：一次用餐会上鹅、野猪、鸭子②；另一次则会端上小母鸡、松鸡、孔雀、猪仔、鱼、火腿③，以及其他以该字母打头的食物；再一次就会端上野鸡、面粉、无花果④，及诸如此类等等。因此，即便年纪轻轻他还是被当成是一个有修养的人。

　　VI. 1 在杰塔被杀之后，有一部分正直的士兵在获悉杀弟的罪行之后变得怒不可遏，全体士卒都在说，他们曾允诺过，应对塞维鲁的两个儿子效忠，并当为他们俩恪尽职守。他们关闭了营门，很长一段时间都不让皇帝进入。⑤**2** 最后，要不是对杰塔进行了控诉并分

---

① 关于此人，请参见《安东尼努斯·卡拉卡卢斯传》，IV，4 及注脚。——英译者注
② 上述这些词语拉丁语都是字母 A 开头的。
③ 上述这些词语拉丁语都是字母 P 开头的。
④ 上述这些词语拉丁语都是字母 F 开头的。
⑤ 关于此事，请参见《安东尼努斯·卡拉卡卢斯传》，II，7—8。——英译者注

发了数量巨大的赏赐从而让士兵们的心软了下来，否则巴希安努斯还真不能回到罗马呢。[①]**3** 接着，帕皮尼安努斯以及其他许多人（他们要么曾劝过兄弟和睦要么就属于杰塔同党）都被杀死了，[②] 结果无论元老还是骑士等级的人，他们或在浴池里、或在进餐时、或在大庭广众下遭到了刺杀，[③] 帕皮尼安努斯本人被战斧击杀，巴希安努斯为此对没有用剑来执行任务而进行了指责。[④]**4** 最后，罗马的城防巡逻队掀起了一场骚乱，[⑤] 而巴希安努斯在镇压他们的时候并未手下留情，还杀死了他们的保民官——一些人是这么说的，而另一些人则说是遭到了流放。**5** 然而巴希安努斯陷入了如此的恐惧之中，以至于竟要在一身宽紫纹短袖袍下穿着护甲步入元老院议事堂，接着为自己的所作所为及杰塔的遇害进行辩解。[⑥]**6** 据说随后被巴希安努斯杀死的 [皇帝] 佩蒂纳克斯之子埃尔维乌斯·佩蒂纳克斯 [⑦] 在当时的确对正在诵出名号"萨尔玛提库斯·马克西姆斯和帕提库斯·马克西姆斯"的裁判官福斯都斯说道："再加上杰提库斯·马克西姆斯吧。"这就好似是在说哥提库斯一样。[⑧]**7** 此言深深印入了巴希安努斯的心底，这位佩蒂纳克斯遭到处死便是证据，而正如上文所说的，被杀害的并非只有佩蒂纳克斯一人，还有其他一些人，这种罪恶的杀戮到处都在发生。**8** 他还因埃尔维乌斯受到所有人的爱戴且又是

① 关于此事，请比照《安东尼努斯·卡拉卡卢斯传》，II，8。
② 关于此事，请参见《安东尼努斯·卡拉卡卢斯传》，IV。——英译者注
③ 关于此事，请参见《安东尼努斯·卡拉卡卢斯传》，IV，4。
④ 关于此事，请参见《安东尼努斯·卡拉卡卢斯传》，IV，1。
⑤ 关于此事，请参见《安东尼努斯·卡拉卡卢斯传》，IV，6 及注脚。——英译者注
⑥ 关于此事，请参见《安东尼努斯·卡拉卡卢斯传》，II，9—11。——英译者注
⑦ 关于此事，请参见《安东尼努斯·卡拉卡卢斯传》，IV，8。——英译者注
⑧ 关于此事，请参见《安东尼努斯·卡拉卡卢斯传》，X，6 及注脚。

皇帝佩蒂纳克斯之子就怀疑对方有篡权夺位的企图——可篡权这种事对乐于想当一介凡民的人来说并非万无一失而无性命之忧的。

VII. 1 据说，杰塔的葬礼按一个被哥哥杀死的人的标准来衡量太过隆重了。**2** 他随后被葬入了祖先的陵墓，也就是塞维鲁的陵墓，那地方位于阿皮亚大道上：往城门方向走的话是在右手边。① 它仿照七曜宫而建，而这七曜宫在那个人［塞维鲁］在世的时候，替他带去了光彩。**3** 他还因杰塔的母亲（即自己的继母②）替这位弟弟［的死］感到悲痛就想置她于死地，而在他从元老院议事堂归来后发现有一群妇女正在痛哭，也对她们萌生了杀意。③ **4** 此外，这位安东尼努斯是如此的残暴，以至于竟然关心起从他那儿领受死刑的人来，④ 而他的关心比愤怒更加让人感到害怕。**5** 只要一提到杰塔的名字或者一见到他的肖像或塑像，他就会为杰塔的死痛哭起来，这在所有人看来都是件十足的怪事。**6** 不过，安东尼努斯·巴希安努斯的反复无常——确切地说是嗜血成性——竟到了这般地步，以至于一会儿杀死支持杰塔的人，一会儿又对与他为敌的人大开杀戒，⑤ 期间全凭命运的安排。因为此事，杰塔越发地受到了追念。

① 此处立传人将安葬诸安东尼努斯家族成员、塞维鲁，以及后来的卡拉卡拉的哈德良陵墓（参见《塞维鲁传》，XIX，3 和《安东尼努斯·卡拉卡卢斯传》，IX，12），与塞维鲁在帕拉丁山上建造的面朝阿皮亚大道的七曜宫（参见《塞维鲁传》，XIX，5）弄混了。——英译者注

② 关于此处史实问题，请参见《安东尼努斯·卡拉卡卢斯传》，X，1 之注脚。——英译者注

③ 关于此事，请参见《安东尼努斯·卡拉卡卢斯传》，III，3。

④ 可能说的是《安东尼努斯·卡拉卡卢斯传》，III，2 这件事。

⑤ 关于此事，请参见《安东尼努斯·卡拉卡卢斯传》，III，4—5。

奥庇利乌斯·马克利努斯传

尤利乌斯·卡庇托利努斯

I. 1 那些当政时间不长的元首、僭主，或恺撒的生平传记一直没人问津。那是因为在他们称帝前的生平当中没有什么是值得一说的，而要不是夺取了大权，他们真的会永不为人所知呢；要说当政的话，他们的时间又不长，其中能被述及的内容并不多。虽然如此，可鄙人仍从诸多史料里挖掘了一些确实值得记录下来的东西并发表了出来。**2** 由于没有人会在其生命的一天里不做些什么，而着手为这些人立传之人，其职责却在于写下值得为大家所知的事情。**3** 尤尼乌斯·科尔都斯①确确实实热衷于发表这些看似不太为人所熟知的皇帝的传记。**4** 而他没有完成多少。那是因为他找到的材料并不多，有的也是些不值得记的，他还声称，自己打算追查每一件小到不能再小的琐事，就如同叙述图拉真、或者庇乌斯、或者马可的事迹那样，应当被告知他出行的次数、何时改变饮食、何时变化着装、何时提拔了哪些人。**5** 他通过考察并记录下每一件诸如此类的事情，因而在书中载满了流言蜚语，虽然这类琐事一件都不该被写下，或者只有极少数该被记下。若能够把注意力从那些琐事转到确实该让

---

① 关于此人，请参见《克洛狄乌斯·阿尔比努斯传》，V，10 及注脚。

大家了解的特性上，从某种程度来说，便可由此及彼地推演出剩下的事了。

II. 1 话说，安东尼努斯·巴希安努斯被杀之后，此前替他打理私人财产，后又担任近卫军长官的奥庇利乌斯·马克利努斯夺取了国家大权。他出身卑微、内心可耻、神色猥琐，他虽然激起了包括平民和士兵在内的所有人的憎恨，可仍在冠上塞维鲁之名的同时又为自己冠上了安东尼努斯的名号。[①] **2** 他随后立即动身奔赴与帕提亚人的战争而去，他没有让士兵找到机会对自己形成什么看法，也没有让一直困扰着自己的流言有机可乘而散布四处。**3** 可元老院出于对安东尼努斯·巴希安努斯的憎恨倒是乐意承认他这个皇帝，因为元老院中人人众口一词道：**4** "任何人都比一个杀亲犯强，任何人都比一个罪人强，任何人都比一个龌龊的人强，任何人都比一个屠杀元老和人民的刽子手强。" **5** 在马克利努斯据说当了谋杀安东尼努斯的始作俑者之后，为何还想为自己的儿子迪亚多姆努斯冠上安东尼努斯之名，这在所有人看来也许都是令人称奇的事。

III. 1 让我接着引年代记中提到的内容来说说这个人吧：位于迦太基的天神庙[②]的预言者通常在受到女神感召之下会颂出真实之事。安东尼努斯·庇乌斯统治时期，当总督如往常那般问卜国运及其统治［命数］的时候，那预言者道出了未来之事。在她提及诸位元首之时，就用洪亮的声音命对方在自己报出安东尼努斯之名同时就数一下数字，那时她道出了八次安东尼努斯〈奥古斯都〉[③]之名，这让所有人都感到了惊讶。**2** 可是，正当所有的人都相信安东尼努斯·庇

---

① 他当权后的正是名号为：马可·欧佩利努斯·塞维鲁·马克利努斯·奥古斯都，从未带过安东尼努斯之名。——英译者注

② 关于此处"天神"，请参见《埃尔维乌斯·佩蒂纳克斯传》，IV，2 及注脚。——英译者注

③ 其中"奥古斯都"一词见于拉丁网络图书馆版本。

乌斯的统治将持续八个年头之际，那位皇帝掌国的年数却超过了这个数字，于是当时或在那之后相信这位预言者的人都确信此事另有所指。**3** 最后，在把得名①安东尼努斯［的皇帝］从头到尾数一遍之后，才发现这个乃是这些叫安东尼努斯之名者的人数。**4** 这么说是因为，庇乌斯是首个［得名安东尼努斯的皇帝］、马可第二个、维鲁斯第三、康茂德第四、卡拉卡拉第五、杰塔第六、迪亚多姆努斯第七、②埃利奥伽巴鲁斯第八。③**5** 而两位戈尔狄安则不该被列入诸安东尼努斯之列，那是因为他们或是仅有诸位安东尼努斯的首名④，或是被称作了安东尼而非安东尼努斯。**6** 由此才有塞维鲁称呼自己为安东尼努斯，而正如许多人所称的，佩蒂纳克斯、尤利安，以及马克利努斯同样都称自己为安东尼努斯。⑤**7** 至于那些安东尼努斯的真正的接替者们，与属于自己的族名相比他们宁愿使用这个族名——有些人是这么说的。**8** 然而，另一些人却声称，做父亲的马克利努斯之所以给迪亚多姆努斯冠上安东尼努斯的名号，为的是不让士兵怀疑到是他设计刺杀了安东尼努斯。**9** 而还有一些人却说这个族名

① 原文如此，但根据下一句提到的首名，以及下篇传记（请允许我破例在前卷著作里称引后卷的内容）《迪亚多姆努斯·安东尼努斯传》，IV，5—6 提到的安东尼努斯的首名和族名的区分，此处所称"得名"可能仅表示"得到族名（nomen）"。
② 关于此事，请比照本卷 II，5。
③ 此处没有把马克利努斯算进去，关于此事，请比照本卷 II，2 及注脚。
④ 原文为 praenomen，指古罗马人名中排在最前面的那个名号，通常为属于个人的名字，用以区分个人和其他家族成员。而诸戈尔狄安（有说两位，有说三位）所用的首名都是马可（李铁生：《古希腊罗马币鉴赏》，第 214—215 页，图 7—66，图 7—67），因此这里才说他们用了"诸位安东尼努斯的首名"。
⑤ 根据下篇传记《迪亚多姆努斯·安东尼努斯传》，IV，3 的说法：他们得到的安东尼努斯名号仅作为首名。英译者认为，这四位实际上没有一个取得过安东尼努斯之名。

曾是那么受人追捧，以至于士兵和人民在没听到安东尼努斯族名的情况下就不会把谁当成是皇帝。[①]

IV. 1 那时有消息传来说瓦里乌斯·埃利奥伽巴鲁斯[②]已被推举为皇帝，而元老院也已经给亚历山大[③]冠上了恺撒之名，在这种情形下，确实有许多人在元老院里提到了和马克利努斯有关的一些事，以显示他的卑贱、龌龊，和下流。2 事实上这些言辞乃出自尾名皮尼乌斯的奥勒利乌斯·维克多，话是这么说的：3 "马克利努斯在康茂德统治下乃一介生活龌龊不堪的被释奴、卖淫男，且终日在宫殿里忙于那些下贱的活计，用金钱就能买到他的忠诚。塞维鲁甚至把他从令人极为同情的职位上发配到了阿非利加，在那里为了掩盖其臭名昭著的罪责，他全身心地投入于阅读之中，为无名小案进行过辩护，发表过演说，并最终当上了诉讼人。4 此外，在其同主被释奴[④]费斯图斯的协助下，他被赐予了金指环[⑤]。在维鲁斯·安东尼努斯[⑥]当政期间，他被任命为了帝王私库的应诉官。"5 然而，这些材料据称非但令人生疑，而且还有其他人道出了不一样的说法，而鄙人不能对此闭口不谈，比如：有许多人说，他曾经参加过角斗士比赛，并带着赛会荣誉前去阿非利加。6 他首先做了猎手，后来做了法务书记员，然后又当上了帝王私库的应诉官，由此官职开始他踏上了至高无上的地位。7 接着，就在同僚被调走之后，身为近卫军长官的他杀死了自己的皇帝安东尼努斯·卡拉卡卢斯，其手段让人

---

① 关于此事，请参见《安东尼努斯·卡拉卡卢斯传》，VIII，10。

② 关于此人及其名号，请比照《安东尼努斯·卡拉卡卢斯传》，IX，2。

③ 关于此人，请参见《塞维鲁传》，XXIV，5。

④ 原文为 conlibertus，表示在被释放之前曾在同一个家庭里做奴隶的被释奴。

⑤ 金指环由骑士等级者佩戴，为该等级的身份象征。——英译者注

⑥ 此处显然指的不会是卢西乌斯·维鲁斯。因为从上述马克利努斯发迹的经历来看，他所服侍过的帝王是从康茂德到卡拉卡拉这段时间。

看起来不像是他下的手。**8** 因为在收买下皇帝的侍从 ① 并给出了极其远大的憧憬之后，他便散布消息说，皇帝不是出于杀弟之举就是出于乱伦之罪 ② 而引起了士兵的不满，因此他在他们的设计下遭到了弑杀。

V. 1 马克利努斯随即就夺取了国家大权，并任命儿子迪亚多姆努斯出任共治者，而正如鄙人说过的，紧接着他又命令士兵给他 [迪亚多姆努斯] 冠上安东尼努斯之号。**2** 然后，他把安东尼努斯的尸体带回了罗马，埋入祖先的陵墓。③**3** 他对不久前与自己同僚的近卫军长官下令，要他恪守自己的职责，尤其要充满荣耀地落葬安东尼努斯，要以王族的规格安排葬礼的队伍，因为他知道安东尼努斯由于曾向人民发放衣物而颇受平民的爱戴。④**4** 另外 [这么做] 还有别的原因，他害怕士兵会暴乱，担心发生这种事会阻碍自己执掌虽有意谋取却又表现出并不情愿收下的大权——人类就是如此的，他们说自己受到逼迫就会收下哪怕是用邪恶手段得来的东西。**5** 此外，他还害怕自己的同僚会谋求大权，因为这是众人一致期盼的事情。一旦得到哪怕一支队伍的支持，他 [同僚] 便不会进行推辞，而所有人都因马克利努斯的可耻生活或卑贱出身对他感到了憎恶，要知道之前的皇帝可个个都是出身颇为高贵的啊，因此人人都万分急切地盼望着发生这样的事情。**6** 除此之外，虽然马克利努斯与塞维鲁并无血缘关系，可还是用了塞维鲁之名来为自己增光添彩。⑤**7** 由此

---

① 有位扶卡拉卡拉上马的侍从目睹了刺杀的过程。关于此事，请参见《安东尼努斯·卡拉卡卢斯传》，VII，2。

② 关于此事，请参见《安东尼努斯·卡拉卡卢斯传》，X，4。

③ 关于此事，请参见《安东尼努斯·卡拉卡卢斯传》，IX，12。——英译者注

④ 关于此事，请参见《安东尼努斯·卡拉卡卢斯传》，IX，7—8。——英译者注

⑤ 关于此事，请参见本卷 II，1 及注脚。——英译者注

曝出了一则笑料："就跟迪亚多姆努斯是安东尼努斯那般，马克利努斯就是塞维鲁。"① 虽然如此，可他作为一位希望洗刷自己弑君之罪的人，为了防止士兵们掀起兵变还是为军团及近卫军的士卒发放了多于往常的犒赏。**8** 正如通常所见那样，对清白无法发挥作用的人，金钱就在其身上产生了作用。这么说是因为，这个恶贯满盈之徒竟保有了相当一段时间的大权。**9** 他接着给元老院送去一封信，谈及了安东尼努斯的死，并把后者奉为了神明，他同时还为自己开脱，且发誓说，自己对对方遭弑一无所知。就这样，他按照罪人的做法又添上了发假誓（由此行径开始，人就走向了邪恶）的罪行。

VI. 1 马克利努斯给元老院写了信，在这种情况下，他通过怎样的言辞为自己开脱，有必要让大家知道一下，由此便可把一个人的无耻与渎神（从这一步邪恶的皇帝开始了暴政）展现在众人面前。**2** 皇帝马克利努斯与迪亚多姆努斯的言辞摘录如下："元老们，我们本希望，在凯旋之际能目睹到汝等阁下们和我们的安东尼努斯平安无事地在一起。随后，随着国家的繁荣，我们个个都在这位元首的统治下快乐地生活着，因为诸神曾借助安东尼努斯家族之位把他赐给了我们。"②**3** 不过，由于士兵暴动，上述［憧憬］没能实现，③ 我们首先通报与自己有关的事情，即军队都干了些什么，④**4** 其次，我们决定将这位曾宣誓效忠过的人奉为神明，这是最先该做的事情。虽然军队认为除了其近卫军长官之外再也没有人足以充当巴希安努斯

---

① 这里的安东尼努斯显然指的是塞维鲁的儿子卡拉卡拉（或称卡拉卡卢斯），而迪亚多姆努斯也是马克利努斯的儿子。

② 这句实际表达的意思是："诸神把卡拉卡拉降世在安东尼努斯家族，并将他赐给了我们。"

③ 关于马克利努斯把卡拉卡拉被杀归咎给士兵之事，请参见本卷 IV, 8。

④ 马克利安努斯谋划刺杀卡拉卡拉之前的身份是近卫军长官，所以这里就把"我们"和"军队"并称起来。

遇害的复仇者了，而对于这位长官，巴希安努斯若是还活在世上并能进行侦查的话，就定会以弑君行径惩治他的。①" **5** 随后还写道："他们把国家大权交给了我，元老们，我随即便接过了对大权的庇护之职。我已按照帝王习惯下令为士兵们颁授犒赏及其他一切东西，而如若令他们满意的事情也让你们感到了满意，那么我将继续执掌统治。" **6** 同样这个人，他接着写道："士兵们还为我的儿子（你们知道的那个迪亚多姆努斯）送上了国家大权以及族名——正如他们管他叫安东尼努斯，而这么做为的是，先用此族名，再配上王权之尊，就可让他变得荣耀起来。**7** 元老们，我们恳请你们为了不失去你们尤为喜爱的诸位安东尼努斯的族名而赞同一切正确和有益的举措。" **8** 同样这个人，他继续写道："还有，士兵以及我们都决定把安东尼努斯奉为神明，至于你们，元老们，虽然我们能够用皇帝之权下这种命令，可仍恳请你们也［主动］给予批准。我们同时还授给他骑马的塑像、身着步兵戎装的塑像，以及身披平民装的坐像各两尊，同样要授给被奉为神的塞维鲁两尊彰显其凯旋的塑像。**9** 元老们，你们应该满足我们恭敬地替前人提出的所有这些请求。"

VII. 1 于是，元老院在读罢这封信之后，虽有违众意可仍愉快地承认了安东尼努斯已死，并在期待着奥庇利乌斯·马克利努斯将会守护国家自由的同时，首先推选他成了贵族与新人②，而在此前不久他则当上了［帝王］私产代理人③。**2** 同样是这个人，虽仅为一介祭司（今日被唤作低阶祭司的那种）的书记官，可元老院在授予了庇乌斯之名后还是给他冠上了最高祭司④之号。**3** 即便所有人一点

---

① 言下之意是没有人会为巴希安努斯被弑复仇的。

② 原文为 novus homo，表示家族中首位出任元老或被选为执政官的人。关于马克利努斯出身卑微，请参见本卷 II，1。

③ 关于此事，请参见本卷 II，1。

④ 原文为 pontifex maximus，该头衔在帝国时代一般都由元首兼任。

都不相信安东尼努斯的死讯，可在读罢来信之后元老院里却无人发言，沉寂了好一段时间。**4** 不过，当［安东尼努斯］遭弑之事被证实以后，他们便辱骂了起来，对他［安东尼努斯］就像是对一位暴君一样。最后又立即授予了马克利努斯与执政官等衔的统治权以及保民官的督护权。**5** 为了摆脱弑杀安东尼努斯的嫌疑，他在取得了菲利克斯的族名后便称自己的儿子（之前被叫作迪亚多姆努斯）为安东尼努斯。**6** 自称是巴希安努斯之子的瓦里乌斯·埃利奥伽巴鲁斯乃一位龌龊无比之徒、妓女所生的孩子，就是这么个人，后来也得到了这个族名。**7** 事实上，还有某位诗人的诗歌流传于世，这些诗行展现了安东尼努斯的族名如何从庇乌斯开始，又如何一步步地经过一位位安东尼努斯而滑入了最为卑贱的境地。这么说是因为，似乎只有马可一人以其生活作风为这个神圣的族名增添了荣耀，而维鲁斯却为之抹了黑，康茂德更是玷污了这个神圣族名的威严。**8** 对卡拉卡卢斯·安东尼努斯还说什么呢？对这个人［迪亚多姆努斯］还说什么呢？还有最后一位冠安东尼努斯族名的埃利奥伽巴鲁斯，据记载他的生活极度龌龊下流，对于他还说什么呢？

VIII. 1 就这样，在被宣布为皇帝之后，马克利努斯夺取了大权，随后便［继续］起程以一支规模庞大的军队出征帕提亚人，并渴望用一场全胜来洗刷其下贱的出生和臭名昭著的过往经历。**2** 可是，在同帕提亚人交战之后，他却因已叛逃至瓦里乌斯·埃利奥伽鲁那边的军团发生哗变而被杀身死。虽如此可他执掌大权仍超过了一年。**3** 在那场由安东尼努斯发起的战争 ① 里，由于阿尔达班为其子民遭戮进行了残酷的报复，马克利努斯虽处于劣势，可还是首先奋勇投身进了沙场。不过，在那之后，他派出了几名使节前去求和，既然安东尼努斯已被杀，帕提亚人心满意足地接受了和约。**4** 在他

---

① 指与帕提亚人的战争，下文的阿尔达班为当时的帕提亚皇帝阿尔达班五世。

从那里返回安条克城之后，便沉溺进了奢靡之中，这为军队将他杀死并让据信是巴希安努斯之子的埃利奥伽巴鲁斯·巴希安努斯·瓦里乌斯接替他提供了一个合理的借口，而后者接着便被冠上了巴希安努斯和安东尼努斯之名。

IX. 1 当时，有个叫梅萨（或说瓦里娅）的妇女，来自埃米萨城①，是塞维鲁·佩蒂纳克斯·阿菲尔②妻子尤莉娅的姐姐。她在安东尼努斯·巴希安努斯死后便因马克利努斯的傲慢而被赶出了皇家宅邸，期间马克利努斯还让她带走了长久以来搜罗来的所有东西。**2** 她有两个女儿：希米亚米拉和玛美娅，其中大女儿的儿子叫埃利奥伽巴鲁斯，③他得到了巴希安努斯和安东尼努斯的族名，而腓尼基人则管太阳神叫埃利奥伽巴鲁斯。**3** 埃利奥伽巴鲁斯以其容貌俊俏、身材高大，以及神职之身④而受人瞩目，每一个经常前往神庙的人（特别是士兵们）都认识他。**4** 梅萨（或说瓦里娅）曾对这些人说，巴希安努斯⑤是安东尼努斯⑥的儿子，渐渐地所有的士兵都知道了这种说法。**5** 此外，梅萨自己是富到不能再富的人——因而埃利奥伽巴鲁斯也过得奢华无比——在她向士兵们许下［重金］允诺之后，

---

① 位于叙利亚中部奥伦提斯河（Orentes）畔。今叙利亚霍姆斯市（Homs）。——英译者注
② 即塞普提米乌斯·塞维鲁。——英译者注
③ 根据尤特罗庇乌斯，VIII，22—23：希米亚米拉（尤特罗庇乌斯写成了希米亚塞拉［Symiasera］）是埃利奥伽巴鲁斯（尤特罗庇乌斯写成了马可·奥勒利乌斯·安东尼努斯［Marcus Aurelius Antoninus］）的母亲；而玛美娅则是塞维鲁·亚历山大（尤特罗庇乌斯写成了奥勒利乌斯·亚历山大［Aurelius Alexander］）的母亲。
④ 关于埃利奥伽巴鲁斯崇拜，请参见《哲学家马可·安东尼努斯传》，XXVI，9及注脚，而希米亚米拉之子便是埃利奥伽巴鲁斯神的祭司，其名由此而来。关于此事，请参见尤特罗庇乌斯，VIII，22。
⑤ 显然说的是她的儿子，埃利奥伽巴鲁斯。
⑥ 显然指的是卡拉卡拉。

军团便因此背弃了马克利努斯。**6** 晚上，当她和属于她的人一起被迎入城里 ① 之后，其外孙就被冠上了安东尼努斯之名，还被授予了最高大权的标志 ②。

X. 1 当马克利努斯驻扎在安条克城附近的时候，上述消息被通报给了他，在对这位妇女的胆大妄为感到震惊之余，对她不屑一顾的马克利努斯派出了近卫军长官尤利安携诸军团前去围困他们。**2** 那时，安东尼努斯被带到士兵们的面前，在这种情况下所有人都满怀爱慕地拥戴起了他，于是便在杀死了尤利安之后集体投靠了他这边。**3** 随后，安东尼努斯集合起了部分军队，前去同正全速赶来与自己为敌的马克利努斯交战，经过一次战役，后者因其士兵的倒戈以及他们对安东尼努斯的爱戴而被击败了。马克利努斯确实带着极少的人，偕自己的儿子奔逃而窜，终在比提尼亚的一处小镇上随迪亚多姆努斯一起遭到了杀害。他的脑袋被斩下，并被带到了安东尼努斯面前。③**4** 除此之外，还应让大家知道，当时还是小孩的迪亚多姆努斯据说并非奥古斯都之身而 [只] 是恺撒，而许多人都说他和其父亲在权力上是相等的。**5** 这个儿子后来还是被杀死了，大权带给他的仅仅是被士兵杀死这样的结果而已。**6** 因为，在他的一生当中除了像个杂种一样被加上了诸位安东尼努斯的族名之外，就没有别的什么值得一提了。

---

① 这指的是第三军团的营地，该军团驻地在叙利亚。——英译者注，有补充。

② 当为象征皇帝权力的紫袍。

③ 关于马克利努斯覆灭的前后经过，请比照佐西莫斯，I，X，3："两支军队在叙利亚的安条克城交战，马克利努斯被彻彻底底地击败了，他被迫飞奔着逃离了营地，随后在从拜占庭渡往察尔斯顿（Chalcedon）时被抓遭戮，他的尸体遭到了肢解。"显然，正文所说的比提尼亚的一处小镇当指与拜占庭隔海相望的察尔斯顿。另外，关于此事，赫罗提安，V，4，11 的说法是，马克利努斯本打算乘船渡过博斯普鲁斯海峡前往欧洲一侧的拜占庭，不过途中却遇到逆风，因此才从欧洲回到了亚洲。

XI. 1 虽然如此，可马克利努斯在其当政的生涯里仍是一个颇严厉、颇正经的人，他希望这样一来自己先前的所作所为都能被人忘却，尽管他的此般严格本身却成了制造咒骂和苛责的良机。**2** 这么说是因为，他曾希望被人唤作塞维鲁和佩蒂纳克斯，而两种族名让他看上去都带上了严厉的色彩。当元老院为他冠上庇乌斯甚至菲利克斯之名后，他接受了菲利克斯之名，却不愿收下庇乌斯之名。①**3** 由此似乎流传着一首讽刺他的小诗，是某位希腊诗人写的，这首诗并不算糟糕，转成拉丁语便是下面的句子：

> **4** 演员一个，老态龙钟、丑态百出、严厉苛刻、残忍暴虐、邪恶不公，
>
> 他不敬神明，却同时如此渴求天命之助，②
>
> 以至于虽不愿变得虔敬，可又想求得幸运，
>
> 这是天理不容、毫无理由的事啊。
>
> 因为，他本能被人们说成并看成是一个既虔诚又有福的人，
>
> [可] 那个人现在既不敬神又无天助，将来也是如此。

5 我不知道拉丁人中是谁把这些诗行连同那些由希腊人创作的原文一起发表在了广场上。马克利努斯一听到这些诗句，据说就以下面的诗行进行了回应：

> **6** 假使命运让希腊诗人变得如此这般德行，
>
> 就跟拉丁诗人成了臭名昭著的绞刑犯一样，

---

① 关于马克利努斯得到菲利克斯之名，请参见本卷 VII，5。菲利克斯之名有"天命"之义，关于该名号，请参见《康茂德·安东尼努斯传》，VIII，1 之注脚。

② 敬畏神明暗示庇乌斯之名，得幸运或天助暗示菲利克斯之名。此处为双关。

人民以及元老院都还不曾知道有过这回事呢；也没有哪个小商小贩对我写过这种不堪入目的诗歌。

7 通过这些比其他拉丁诗人写的远为蹩脚的诗句，马克利努斯相信自己已做出了［有效］回应，然而他却和那位尝试用拉丁语转写希腊语诗歌的诗人一样，被当成了笑柄。

XII. 1 因此，希望用武力行其统治的马克利努斯是个既高傲又嗜血的人，他甚至还指责古时的戒律，并在他人面前唯独赞美塞维鲁。**2** 说他高傲和嗜血是因为他把一些士兵送上了十字架，还总是用加在奴隶身上的刑罚惩处他们。在应对军队哗变时，他常用十一抽杀①，有些时候也会执行百一抽杀。这是他自己［创造出来］的提法，②因为他说，每每面对那些本该被执行十一抽杀或廿一抽杀的人他却执行了百一抽杀，自己算是仁至义尽了。**3** 虽然揭露他全部的残暴行径是件没完没了的事情，可我仍要把其中一件不大的事（正如他自己认为的那样，是件不大的事，可却甚过了暴君的一切残暴罪行）给讲出来。**4** 有几位长久以来都声名狼藉的士兵玷污了投宿屋主的一位女奴，他从某位情报员那儿获悉了这个消息，随后便命人将这些人带到跟前，询问他们此事是否属实。**5** 在确认属实之后，他命人立刻活生生地剖开两头体型硕大的公牛，并把士兵塞进牛体中，一人一个，为了让他们能互相说话，他把他们的脑袋露在了外面。他就这样对这些人施加了惩处，即使在祖先以及他那个时代的

---

① 原文为 decumare，意思是"从十人中抽出一个"。指古罗马军队中的一种刑罚，执行方式为：部队士兵十人一组进行抽签，凡抽中死签者将一律被处死。下文"百一抽杀"与此类似。

② 当指前面提到的"百一抽杀"，原文为 centesimare，这个词显然是由一百（centum）演变而来的，词形变化应该模仿了从十（decem）到十一抽杀（decumare）的变化。

人当中此般刑罚都没有在通奸犯身上执行过。**6** 虽然如此，可他仍既同帕提亚人又同亚美尼亚人还有阿拉伯人（他们被叫作埃乌德蒙尼斯人）进行了战斗，期间他的勇敢并不亚于好运。**7** 有一个让岗哨陷于无人值守的保民官，他将此人绑在了两轮马车底下，经过整段征途的拖拽，将他折磨得半死不活。**8** 梅赞提乌斯 ① 曾将活人和死人绑在一起，通过让活人感染尸腐的方式迫使他们死去，马克利努斯甚至还重现了他的这种刑罚。**9** 因此，在竞技场里当民众自发为迪亚多姆努斯欢呼之际，有人喊出了下面的话：

> 相貌出众的年轻人，
>
> 一点都不配有一个梅赞提乌斯般的父亲。

10 他还把活人砌进墙里。他总是把犯下通奸罪的人活活烧死，并将他们的尸体融为一体。弃主子而去的逃奴一经发现，他就判他们在竞技场上携剑进行决斗。**11** 对告密者，假如他们不能证实自己的控告，他会施以斩首；假如他们证实了，他在把奖金颁给他们之后，便打发这些声名狼藉者离去。

XIII. 1 马克利努斯精于律令到了这般地步，以至于为了要以法律而非元首签复来行事，他曾决定废止此前诸元首的一切签复，还说道，在图拉真从不对奏章做出批示的情况下——这么做似乎是为了不让自己因恩惠而做出的裁决被［滥］用到其他案件上——把康茂德、卡拉卡卢斯，以及没有经验者的旨意视作法律，这么做是有违天理。**2** 他在分发粮食时极为慷慨大度，而到了分发金钱时则

---

① 传说中的伊特鲁里亚的奇莱（Caere）王，曾与图努斯（Turnus）一起同埃涅阿斯进行战斗。关于此处的刑罚，请参见维吉尔的《埃涅阿斯纪》，VIII，485—488。——英译者注

极其吝啬。**3** 他对宫里人的辱骂是如此地有失公允、如此地不讲情理、如此地严厉暴虐，以至于奴隶们都不把他唤作马克利努斯，而是叫作马奇利努斯[1]，因为他的屋子被家用奴隶的鲜血沾满了，就像是肉铺一样。**4** 他极其嗜好酒饮和食物，常常酣饮至醉，但都是在夜晚的时候。这么说是因为，他私下里在用早饭或午饭时，都是节俭到再也不能节俭的程度，而到了晚饭时则变得挥霍无度起来。**5** 他会把文人找来赴宴，就好像当他谈论诗词歌赋时就会不可避免地节制起饮食来。

XIV. 1 然而，当人们考虑到马克利努斯那老派的小气，并又见识过他残暴的秉性之后，无法忍受这位惹人讨厌的家伙把持着大权，尤其是那些对其极端残忍时又极端醒齷的诸多行径记忆犹新的士兵，于是他们设计阴谋，将他连同儿子迪亚多姆努斯一起给杀害了，这个儿子尾名[2]就叫安东尼努斯，又有人说道，他在梦境里才是安东尼努斯。**2** 正因此才有了这样的诗句：

> 公民们，如果我没弄错，鄙人在梦境里目睹到下面的情景：
> 一个男孩由一位贪腐的父亲和贞洁的母亲诞下，
> 并被冠上了诸安东尼努斯的族名。
> 而［这位做母亲的］经历过一百位通奸者，又追求过一百个人，
> 这位做父亲的本身也是个胆大妄为的奸夫，后来成了她的丈夫。
> 瞧瞧，这位庞乌斯；瞧瞧，这位马可；因为他不是维鲁斯[3]。

---

① 指的是"屠夫"，乃肉铺（macellum）一词的幽默转化。——英译者注

② 原文如此。

③ 显然是维鲁斯（verus）一词的语义双关，该词也可用于形容词"真正的"。——英译者注

3 这些诗句由希腊语被译成了拉丁语，这些用希腊语写成的诗句极其优美，可在我看来它们似乎是被某个凡夫俗子一样的诗人翻译成拉丁语的。**4** 马克利努斯闻听此事，就作了首短长格的诗，虽没有流传下来，却据说作得极其动人。**5** 这些诗句的确在让他身死的那场混乱中遭到了毁灭，那时属于他的一切都被士兵毁坏了。

XV. 1 马克利努斯死去的方式，正如鄙人说过的，①是这个样子的：那时军队倒向了安东尼努斯·埃利奥伽巴鲁斯，在这种情况下，他奔逃而走，又在战争中落败，接着当他手下有的投降、有的被杀、有的逃亡之时，他在比提尼亚的一处城郊之地遭到了杀害。**2** 埃利奥伽巴鲁斯被当成了荣耀之人，因为他似乎已替父亲遭弑进行了复仇。由此他踏上了国家大权，可却又以无尽的罪恶、奢靡、丑陋、嗜食、自傲、残暴而玷污了这得手的大权。他自己也落到了与其生活相符的结局之中。**3** 以上便是为鄙人所知的马克利努斯的事迹，虽然正如每个人[写下]的历史都具有其本身的特点一样，其他的一些说法在诸多细节上不尽相同。**4** 奥古斯都戴克里先陛下啊，鄙人正是出于您渴望对古时的帝王作一番了解，便从许多人的著作里将这些事迹拣选而出，并献给陛下您。

① 关于此事，请参见本卷 X, 3。——英译者注

迪亚多姆努斯·安东尼努斯传

埃利乌斯·拉普里狄乌斯

I. 1 男孩安东尼努斯·迪亚多姆努斯，随其父亲奥庇利乌斯·马克利努斯一起在巴希安努斯因马克利努斯的阴谋而遭弑之后被军队立为了皇帝，他的传记当中除了本人被唤作安东尼努斯以及发生了令人吃惊的关于其短暂统治的征兆（这果真应验了）之外，就没有别的事可追溯了。**2** 因为，在巴希安努斯遭弑的消息传遍诸军团之后，巨大的悲伤渗入每个人的心田，所有人都认为，国家没了安东尼努斯，罗马人的大权就会和巴希安努斯一起走向毁灭。**3** 当这个消息被通报给了［新］皇帝马克利努斯之时，他害怕军队会转而支持诸位安东尼努斯中的一个，而这些人中有许多都出自安东尼努斯·庇乌斯的亲戚，且位居将领之位，于是他赶紧下令准备进行演讲，然后为自己尚且年幼的儿子冠上安东尼努斯之名。**4** 他发表了演说："战友们，快看一把年纪的我还有尚且年幼的迪亚多姆努斯吧——假使众神眷顾，你们将长久地把他视作元首。**5** 此外，我理解你们仍对安东尼努斯的族名存有万般的挂念，因此，鉴于人类脆弱的状态似乎不能令我长生，在你们的认同下，我为这位孩子冠上安东尼努斯之名，你们今后要长久地把他当成一位安东尼努斯。"**6** 士兵们喊道："皇帝马克利努斯啊，愿众神庇佑您。安东尼努斯·迪亚多姆努斯啊，愿众神庇佑您。我们一直以来全都渴望有一个安东尼努斯。**7** 至高至善的朱庇特啊，赐马克利努斯和安东尼努斯长生吧。朱庇特啊，您知道无人能战胜马克利努斯；朱庇特啊，您知道无人能战胜安东尼努斯。**8** 我们有了安东尼努斯，我们有了一切。众神已把安东尼努斯带给我们了，安东尼努斯名副其实的父、名副其实的执大权者。"

II. 1 皇帝马克利努斯说道："因此，战友们，为了报答踏上大权每人拿三枚金币吧；为了报答冠上安东尼努斯的族名，每人拿五枚金币吧；还能依照通常做法得到晋升，不过现在却是双倍的。众神会一如既往地赐予你们这些的，而我们则会每四年就把今天认为值得的赐给你们。"**2** 接着，尚且年幼的皇帝迪亚多姆努斯·安东尼努斯说道："战友们，感谢你们既给了我大权又给了我族名，还感谢你们把我和父亲当成是名副其实之人，你们把我们宣布为罗马皇帝并把国家托付给了我们。**3** 我父亲定会小心处事以不辜负国家大权，而我则会努力奋斗以不辜负诸位安东尼努斯的族名。因为，我晓得自己接受的族名是属于庇乌斯、马可，以及维鲁斯的，①而照这些人的标准行事是十足困难的。**4** 虽然如此，可出于〔被授予〕大权以及族名的缘故，我同时答应父亲答应过的一切——包括双倍晋升在内，连同令人敬畏的父亲马克利努斯当着你们面许下的所有承诺。"**5** 未提及这些事的希腊作家赫罗提安说道，尚且年幼的迪亚多姆努斯只被士兵们冠上了恺撒之号，并随其父一起遭到了杀害。②**6** 发表完演说之后，安条克城随即就铸造了印有安东尼努斯·迪亚多姆努斯头衔的硬币，而带马克利努斯头衔的硬币则一直推延到元老院颁令

---

① 关于此事，请参见《奥庇利乌斯·马克利努斯传》，III，4。

② 关于此事，请参见赫罗提安，V，4，12。迪亚多姆努斯生于公元 208 年；因此，当他假定发表上述演讲的时候，年纪当为九岁。——英译者注

之后才被铸造出来。**7** 他还向元老院送去了信,信里提及了安东尼努斯族名[的授予情况]。因而据说,元老院就心甘情愿地承认了相应的大权。尽管有别的人相信,元老院是出于对安东尼努斯·卡拉卡卢斯的憎恶才这么做的。①**8** 皇帝马克利努斯确曾为了让自己儿子安东尼努斯获得荣耀而准备向人民发放被唤作安东尼努斯袍的红色斗篷,就跟巴希安努斯的高卢长袍一样的叫法。②他同时声称,自己的儿子[尾名]应被唤作佩努莱乌斯或佩努拉里乌斯③,这要比巴希安努斯被称为卡拉卡卢斯更胜一筹。**9** 他还通过赦令以安东尼努斯之名许下了赏赐,赦令本身将能说明这一点。**10** 它是这么叙述的:"公民们,我真希望我们现在就置身现场,这样的话,你们的安东尼努斯就能用自己的名义为你们发放赏赐了。除此之外,他还会设立用安东尼努斯之名命名的男孩补助金和女孩补助金,这些都将为这个如此受人敬仰的族名增光添彩。"其他云云。

III. 1 在做完上述事情之后,迪亚多姆努斯下令营地里的军旗和彩旗改称为安东尼努亚纳,他还为巴希安努斯塑造了金银塑像,并一连七天为得到安东尼努斯的族名而举行了感恩祈祷。**2** 这个男孩貌美无比、身材高大、金发黑眼、鹰钩鼻,他的下巴又长又完美、嘴巴就是为了吻人而设计的,他天性勇敢、颇有教养。**3** 当他首先得到了绛色和紫色的衣服,并取得了营地内象征最高大权的标志的时候,他就好像星座上或天界中突然下凡的尤物一样,因其魅力而受到每一个人的爱戴。这些便是和这个男孩有关的应该被述及的事迹。**4** 现在就让鄙人转到他取得大权的征兆上来吧,而这些征兆不

① 关于这种说法,请参见《奥庇利乌斯·马克利努斯传》,II,3—4。
② 关于此事,请参见《安东尼努斯·卡拉卡卢斯传》,IX,7—8。——英译者注
③ 出自斗篷(paenula)一词,乃一种在旅途和雨天穿的长外套。——英译者注

论就他人而言还是其本人而论，都当属非同寻常之类。

IV. 1 在迪亚多姆努斯出生的那天，当时恰巧任大库代理人的他的父亲[1] 见到了一件紫袍。他认为其色泽光亮，就命人把它收进了屋里，而两个时辰之后迪亚多姆努斯就降生在那间屋子里。**2** 另外，通常来说，孩子们降世时都会天生带着羊膜，助产士们将它取下，卖给那些迷信的应诉官，因为据说那会对辩护带来益处。**3** 而这个男孩 [出生时] 却没有羊膜，有的是一顶小小的桂冠[2]，而那桂冠是那么牢固，以至于都无法被人弄破，因为那些线就像弓弦一样缠绕在一起。**4** 有些人说，这个孩子因此被称为迪亚德玛图斯[3]，但当他长大之后，却以其外公的族名被称作了迪亚多姆努斯，尽管迪亚多姆努斯之名与那个迪亚德玛图斯之称相差无几。**5** 有些人说，在他父亲的庄园里降生了十二只紫色的羔羊，其中只有一头带有斑点。**6** 在他出生当天，据悉有一头老鹰在他熟睡之际小心翼翼地将一只王族所有的斑鸠雏仔带了过来，放在他的摇篮里，随后便飞了回去，期间并未伤害到他。好运鸟[4] 在他父亲的屋子里筑了巢。

V. 1 在迪亚多姆努斯降生的那些天里，占星师们在得到了他的生辰之后发出惊呼，说他既是帝王之子且本人也是帝王，就如他母亲真像在流言蜚语中所称的那样曾受到过奸污[5]。**2** 当他在庄园里散步时，飞鹰把他的毡帽叼走了，而正当孩子的随从们发出惊呼之际，据说它把那帽子放到了庄园屋（他父亲那时就住里面）旁的王族纪

---

① 马克利努斯出任过的官职应该是帝王私库的应诉官，关于此事，请参见《奥庇利乌斯·马克利努斯传》，IV，4。

② 原文如此，根据英译者的译法，此处为"有一条和桂冠一样的细线"。

③ 迪亚德玛图斯（Diadematus）之名源自拉丁语桂冠（diadema）一词。

④ 原文为 pantagathus。希腊语 πανταγαθός 表示"一切幸事"，此处显然表示一种预示着好兆头的鸟的名称。

⑤ 关于此事，请参见《奥庇利乌斯·马克利努斯传》，XIV，3。——英译者注

念碑上的国王塑像顶上，结果正好合它的脑袋。3 许多人都把这理解成了一种预示死亡的凶兆，可后来发生的事却印证了这是预示着光辉［前景的吉兆］。4 除此之外，他生于安东尼努斯的生日当天①，生辰时刻也一样，就连星座的位置都和安东尼努斯·庇乌斯降生时的几乎一模一样。因此，占星师们说过，他将来既是帝王之子且本人也是帝王，可却并不长久。5 他降生的那天就是安东尼努斯的生日，在那一天，据说附近有个妇女曾呼喊道："他该被叫作安东尼努斯。"可马克利努斯却感到了害怕而拒不接受这个帝王之族名，那一方面是因为他家族中无人被冠以这个族名，同时还因为关于那孩子的生辰之奇异的流言已经传播了出去。6 许多人都在文章中提到，曾出现过这样和那样的一些征兆，可是这件事情尤其［该被述及］：那时迪亚多姆努斯躺在摇篮里，正如某些人说的，一头狮子野性发作，挣脱锁链逃了出来，一直来到他的摇篮旁，在那种情况下，它舔了舔孩子就跑开了而并未伤害到他，即便当保姆被发现后，冲到了狮子面前，被它给咬死了——而当时只有她一个恰巧置身于婴儿躺着的园圃里。

VI. 1 这些涉及安东尼努斯·迪亚多姆努斯的事迹似乎值得记下。要不是诸安东尼努斯的族名迫使我将这位男孩的传记单独列出陈述，我就真的已把他的生平合到其父的事迹里了。2 那个时候，诸安东尼努斯的族名竟是那么地受人喜爱，以至于不挂这个族名的人看起来就配不上最高大权。②3 因此，有些人还认为，塞维鲁、佩蒂纳克斯、尤利安也应该使用诸安东尼努斯的首名以增光添彩；③后

---

① 安东尼努斯生于九月十九日，关于此事，请参见《安东尼努斯·庇乌斯传》，I，8。根据狄奥·卡西乌斯，LXXVIII，20，1 迪亚多姆努斯生于九月十四日。——英译者注

② 关于此事，请参见《安东尼努斯·卡拉卡卢斯传》，VIII，10。

③ 关于此事，请参见《奥庇利乌斯·马克利努斯传》，III，6 之注脚。——英译者注

来，还有人为此觉得，戈尔狄安父子俩也应该被冠上安东尼努斯的尾名。①4 可是，把它冠上首名是一回事，用它做族名那就是另一回事了。5 这么说是因为，庇乌斯的真实族名叫安东尼努斯，尾名是庇乌斯；马可的真实族名叫维里西姆斯，② 可是在把这个名字摘掉甚至废弃之后，他得到的并不是安东尼努斯的首名而是族名。6 另外，维鲁斯曾拥有康茂德的族名，③ 而在废弃了这个名字之后他得到了安东尼努斯的族名而非首名。7 马可为康茂德冠上了安东尼努斯之名，并在其出生当天如此记载在了国家档案上。8 大家都已十分清楚，塞维鲁因为在梦境里见到了景象而认为那是在预言接替自己的人会是个安东尼努斯，④ 最终在卡拉卡卢斯·巴希安努斯十二岁时为他冠名安东尼努斯，当时据说塞维鲁还把国家大权也交给了他。9 即便许多人否认杰塔曾被称为了安东尼努斯，可他出于和巴希安努斯相同的原因而被冠上了这个名号，这是明明白白的事，因为他本该接替其父塞维鲁，⑤ 不过却一直都没有变成现实。10 在那之后，为了寻求军队和罗马元老院及人民的支持，鉴于［他们］对巴希安努斯·卡拉卡卢斯的极大追念，迪亚多姆努斯本人被冠上了安东尼努斯之名，这是明明白白的事。⑥

　　VII. 1 有一封迪亚多姆努斯的父亲奥庇利乌斯·马克利努斯写的信一直流传至今，在信里与其说这个曾经一人之下万人之上的人在

---

① 关于此事，请比照《奥庇利乌斯·马克利努斯传》，III，5 及注脚。

② 关于此事，请参见《哲学家马可·安东尼努斯传》，I，10；和《哈德良传》，XXIV，1 及注脚。——英译者注

③ 关于此事，请参见《哈德良传》，XXIV，1 之注脚。——英译者注

④ 关于此事，请参见《塞维鲁传》，X，4；《安东尼努斯·杰塔传》，I，3。——英译者注

⑤ 关于此事，请参见《塞维鲁传》，X，5 及注脚。

⑥ 关于以上几位取得安东尼努斯之名，另请参见并比照《奥庇利乌斯·马克利努斯传》，III，3—4 及注脚。

吹嘘自己踏上了国家大权，还不如说在吹嘘自己成了冠有安东尼努斯族名之人的父亲，而在那个时代没有什么能比这个族名更加光彩的了，甚至连诸神之名都比不上它。**2** 在我插叙这封信之前，很乐意在此引述一段讽刺康茂德的诗行，康茂德曾把自己称为赫拉克勒斯，而我的目的在于让所有人都明白诸安东尼努斯之名曾是那么伟大，以至于众神的名号似乎都不配加在它后面。**3** 讽刺康茂德·安东尼努斯的诗是这么说的：

> 康茂德渴求得到赫拉克勒斯名衔，
> 并不把诸安东尼努斯的当成善物，
> 他既不知人类之法又不善统御帝国，
> 一心希望成为一个更加出众的神明，
> 赛过做一个顶着辉煌族名的元首。
> 这家伙将不会成为神明，而且连人都做不了。

4 这些诗行由一位不知是谁的希腊人写成，再由一位蹩脚的诗人翻译成拉丁语，我认为应当在这里引述这些诗句，这么做为的是，通过对三位元首的爱而使所有人都明白诸安东尼努斯要更胜于众神——这种爱让智、善、敬受到了推崇：对安东尼努斯来说是敬、对维鲁斯来说是善、对马可来说是智。**5** 现在我回到马克利努斯·奥庇利乌斯的信上："奥庇利乌斯·马克利努斯向妻子诺尼亚·奇尔萨[致以问候]。我的妻啊，我们所取得的一切都是无可估量的。你也许以为我说的是国家大权——那东西没什么大不了的，天命亦曾将它授给了配不上它的人。**6** [我指的是，]我成了安东尼努斯的父亲，你成了安东尼努斯的母亲。哦，我们多幸福啊；哦，家门多幸运啊；现在天佑的国家大权终于赢得了辉煌的赞誉。**7** 愿众神以及你所崇拜的美善的朱诺赐予他安东尼努斯的功业，也准予我成为所有人眼中名副其实的安东尼努斯的父亲。"

VIII. 1 这封信表明，对于马克利努斯自己来说儿子被称作安东尼努斯是件多光彩的事啊。**2** 虽然如此，可是迪亚多姆努斯在当政的第十四个月随父亲一起遭到了杀害，这出于其父亲残暴及严厉的统治而非他本人的原因。**3** 尽管我发现这个家伙曾对许许多多的人表现出与年龄不相称的残暴，正如由他寄往父亲的信里所指出的。**4** 这么说是因为，当某些人涉嫌叛乱时，马克利努斯在儿子恰巧不在场的情况下便以最为残忍的方式惩处了他们。后来后者听说，叛乱的始作俑者虽然都被处死了，可他们的同伙（其中就有亚美尼亚的军团统帅、亚细亚以及阿拉伯的总督）却因一直以来的挚友关系而被放走了，据说他用如下的信回复了父亲，并也为母亲送去了一样的信件。出于历史叙述的缘故，我认为该在此把这信的内容给列一下：**5** "儿子奥古斯都向父亲奥古斯都［致以问候］。我的父亲啊，在对我们的爱方面你看起来不太遵照自己的习惯，因为你保全了图谋不轨者的同伙们的性命，梦想他们或出于在你的宽恕下有朝一日将待你更为友善，或出于一直以来的挚友关系而应当被放走。这种事情既不该出现，且将来也不会带来裨益。**6** 这么说首先是因为，已对你心怀不轨的人不可能爱戴你；其次那些忘记古时友谊并与你最为痛恨的敌人为伍的人，他们更为心狠手辣。想想他们至今都还握有军队呢。

7 如若这些事毫无任何荣耀可以把你撼动，

就看看阿斯卡尼乌斯已经长大，你的继承者尤卢斯[①]燃起了希望，

[①]　此处阿斯卡尼乌斯和尤卢斯之名皆指埃涅阿斯的儿子。

意大利的王国连同罗马的土地注定归他所属。①

8 如果你想安全无忧，这些家伙当被处死。因为如果这帮家伙们保全了性命，那出于人类的邪恶，将会有另一些人［兴风作浪］。"**9** 这封信有一段是他自己写的，还有一段则出自他老师、当时的修辞学家阿非人奇利安努斯，从中可看到：假如他活下去的话，长大后将会是一个多么狠心的人啊。

IX. 1 另外还有一封由迪亚多姆努斯写给母亲的信，是这样子的："我们的奥古斯都陛下既不爱你也不爱他自己，因为他保全了自己敌人的性命。因此，请务必牢牢盯住阿拉比亚努斯、图斯库斯、杰利乌斯，一旦机会降临，他们是不会放过的。"**2** 而洛利乌斯·乌尔比库斯在《当代史》中说道，当此信由书记官发表出来之后，据说在士兵中间对这孩子造成了极大伤害。**3** 因为就在杀死其父亲之后，他们确实想要留下他的性命的，可当时却冒出了一个内侍，在士兵集会上宣读了这封信。**4** 于是，在杀死了这两个人并把他们的脑袋插在长矛上四处游行之后，军队出于对［安东尼努斯］族名的喜爱就转而支持起马可·奥勒利乌斯·安东尼努斯②。据说他是巴希安努斯·卡拉卡卢斯之子。**5** 可他是埃利奥伽巴鲁斯神庙的祭司，一切人当中最最龌龊的一位，某种命运将［注定］使他玷污罗马人的大权。**6** 关于其人，出于内容过多之故，我将在适当的地方叙述。

---

① 关于此段诗文，请参见《埃涅阿斯纪》，IV，272—276。——英译者注
② 即埃利奥伽巴鲁斯。关于他拥有马可·奥勒利乌斯·安东尼努斯之名，请参见尤特罗庇乌斯，VIII，22。

安东尼努斯·埃利奥伽巴鲁斯传

埃利乌斯·拉普里狄乌斯

I. 1 假如相同的帝国先前没有出过卡里古拉、尼禄、维特利乌斯之辈的话，我本来根本不会把埃利奥伽巴鲁斯·安东尼努斯（也被称之为瓦里乌斯①）的生平写成文字，这么做为的是不该让人知道曾经存在过这么一位罗马人的元首。2 然而，大地上既会生出毒药也会生出果实及别的必需品，同样的大地既载着蛇类又载着牲口，因此勤奋的读者在读到奥古斯都、图拉真、韦斯帕芗、哈德良、庞乌斯、提图斯、马可并对比了那些怪异的暴君之后，就为自己带来了慰藉。3 同时，读者还将见识到罗马人 [对这些君主] 的评判，因为前面几位都统治了很长时间且得以善终，而后者却遭到了弑杀、拖拽，甚至被冠上了暴君之称，没人乐意提及他们的族名。4 话说，在马克利努斯连同与其执掌同等大权还冠上了安东尼努斯族名的其子迪亚多姆努斯被杀之后，国家大权被授给了瓦里乌斯·埃利奥伽巴鲁斯，那是因为据说他是巴希安努斯之子。5 此外，他还是埃利奥伽巴鲁斯神（不是朱庇特就是太阳神）②的祭司。他为了证明自己

---

① 关于此事，请参见《奥庇利乌斯·马克利努斯传》，IV，1。
② 关于此事，请参见《安东尼努斯·卡拉卡卢斯传》，XI，7 及注脚。

的出身，或者因为了解到这个族名是那么受人类喜爱以至于犯下杀弟罪行的巴希安努斯仍因这个族名而受到了爱戴，所以他得到了安东尼努斯的族名。[①]6 他最初被称为瓦里乌斯，后来出于埃利奥伽巴鲁斯神的祭司职位又被称作埃利奥伽巴鲁斯。他把这个神随自己一起从叙利亚带到了 [罗马]，并在罗马为它建起了一座神庙，位置就在原先是奥尔库斯神庙的地方。7 最后，他取得了大权，接着又被冠上了安东尼努斯之名，从而其人成为踏上罗马最高权力的诸安东尼努斯中的最后一人。

II.1 埃利奥伽巴鲁斯完全听命于其母亲希米亚米拉[②]，以至于在没有她授意的情况下，任何国家之事他一概都不曾做过，尽管这个女人自己在宫中过得就像妓女一样，一切丑恶之事她都做了。还有，她和安东尼努斯·卡拉卡卢斯的私通是如此地广为人知，以至于草民们都相信这个瓦里乌斯或称埃利奥伽巴鲁斯是他们生下的。**2** 有些人说，他的同学为他冠上了瓦里乌斯的族名，那是因为他看上去就像是由不同种类的男人[③]所生的——即由妓女产下的。**3** 正如之前所说的，他的父亲安东尼努斯[④]在马克利努斯的阴谋设计下被杀身亡。[⑤]据称，为了不被以极其残暴的手段与既奢侈又凶狠的儿子一起执掌大权的马克利努斯杀死，他当时曾逃入埃利奥伽巴鲁斯神庙，就如同躲进圣地庇护所一样。**4** 在这里要谈谈他的族名，虽然他玷污了这个诸安东尼努斯的神圣族名，而您，最受神明佑护的君士坦

---

① 关于此事前后经过，请参见《奥庇利乌斯·马克利努斯传》，IX，X。——英译者注

② 关于此人，请参见《奥庇利乌斯·马克利努斯传》，IX，2。

③ varium semen 指"异种"，而瓦里乌斯的名号为"Varius"，意思是"不同种类的"。

④ 即卡拉卡拉。

⑤ 关于此事，请参见《安东尼努斯·卡拉卡卢斯传》，VI，6。

丁是如此地敬畏它，以至于您用黄金铸造了马可和庇乌斯的塑像，把他们放入了诸位君士坦提乌斯与克劳狄乌斯［的族人］中间，就如同您的祖先一样，①您同时还秉承了与您秉性相符且既令您愉悦又让您珍视的古人的美德。

III. 1 而现在就让鄙人回到安东尼努斯·瓦里乌斯身上吧。在他夺得国家大权之后，就向罗马派出了使节。各阶层的人都兴奋了起来，全体人民也都对安东尼努斯族名寄予了极大的希望，这个名号不再如曾经冠在迪亚多姆努斯头上的那个一样仅是头衔而已，而是似乎重又回到了［家族的］血统当中，因为他曾写道说，自己是安东尼努斯·巴希安努斯之子。**2** 除此之外，他还拥有通常会出现在暴君之后的新君身上的声望，这种许多平庸的元首都不具备的声望如果不是出自最高美德的话就不会持久下去。**3** 最终，当埃利奥伽巴鲁斯的信件在元老院宣读之后，随即祝福被授给了安东尼努斯，诅咒则被加给了马克利努斯及其儿子。接着，安东尼努斯被唤作了元首，这既是全体一致的意愿，又是所有人的热切信念——正如这是这些人的愿望一样，而当他们眼见自己憧憬之事能成真，就会迫不及待地相信［这些事情］。**4** 然而，他一进入罗马城，不顾行省正在发生的战事，就把埃利奥伽巴鲁斯神供奉在了帕拉丁山上的宫殿旁，还为它修建了一座神庙，并希望把西贝拉女神②的神像、维斯塔女神③的圣火、雅典娜神像④、萨

---

①　君士坦提乌斯（Constantius）为君士坦丁之父，而克劳狄乌斯［二世］据说是君士坦提乌斯的外祖父，因此此处将这两位的族人说成是君士坦丁的祖先。关于此事，请参见尤特罗庇乌斯，IX, 22。

②　原文为 Mater，当指西贝拉女神（Mater Magna），原为东方弗里吉亚（Phrygia）一带的大地女神，后在公元前三世纪左右传入意大利。关于罗马人的西贝拉女神庆典，请参见《安东尼努斯·卡拉卡卢斯传》，VI, 6 及注脚。

③　为罗马人的灶神，司掌健康和生命，其神庙中供奉有昼夜不息的圣火。

④　原文为 Palladium，指当初伊拉斯（Ilus）建造特洛伊城时由宙斯赐予的那尊木制的雅典娜神像。后来据说埃涅阿斯带着这尊神像一起逃离了特洛伊城。

利祭司的圣盾①，以及令罗马人敬畏的所有事物全都移到那座神庙里——这么做旨在除去埃利奥伽巴鲁斯神之外，在罗马别无他神受到崇拜。5 除此之外，他常说，犹太人及撒马利亚人②的还有基督教的宗教仪式都应被转到那个地方进行，这么做为的是让埃利奥伽巴鲁斯神的祭祀可以包揽下一切形式的宗教仪式。

IV. 1 后来，当他第一次出席元老院集会的时候，他下令要让自己母亲进入元老院。2 在她抵达之后，她被唤到了属于执政官的凳子上，协助起草[法令]，这就是说元老院起草法案时她便作为见证者。一切帝王之中惟有在他的统治下一个女人如显贵阶层③一样踏入了元老院。3 他还在奎利那雷山④修建了一座附属元老院，作为妇女们的元老院。因为在那个地方曾经召集过妇女集会，不过那种集会仅仅只在节庆日里，或在某位女子被授予执政官官衔者配偶的荣誉的场合下才举行——那种荣誉由古时帝王授给自己的家属，特别是那些嫁给身份并不高贵之人为妻的女子，这么做为的是不让她们失去高贵的身份。⑤4 在希米亚米拉的统治下，元老院颁布了一些涉及妇女的可笑法律决议，譬如：谁在外行走该穿哪种衣服、谁[女子]该屈从于谁[男子]之下、谁该前去亲吻谁、出行时谁该坐进女士马车、谁该骑上马匹、谁该骑上牲畜、谁该骑上驴、谁该坐上

---

① 原文为 ancilia，指由十二位萨利祭司看管的十二面铜制盾牌，相传其中的一块曾在努玛王统治时期从天国落下，另外的十一块都是仿制它而来的。关于萨利祭司团请参见《哲学家马可·安东尼努斯传》，IV，2 及注脚。

② 指居住在撒马利亚（今巴勒斯坦北部）的居民，信奉与犹太教相近的亚伯拉罕宗，即认为他们的共同起源是亚伯拉罕；而犹太教则认为犹太人是亚伯拉罕的子孙雅各的后裔。

③ 关于显贵一词，请参见《阿维迪乌斯·卡西乌斯传》之作者显贵武尔卡奇乌斯·加利卡努斯的注脚。

④ 罗马城内台伯河东岸的七丘之一。

⑤ 嫁给比自己低下者为妻的女子会失去自己的高贵身份，除非有皇帝的旨意，才能保留她的身份。——英译者注

二轮马车用骡子拖拉、谁该用牛拖拉、谁该用肩舆出行，用的舆车是否该是皮制的、是否该是骨制的、是否该是象牙制的、是否该是银制的，谁该在鞋上使用金子或宝石。

V. 1 当埃利奥伽巴鲁斯在尼科米底亚[1]过冬时，犯下了各种肮脏不堪之事，他让自己被男人抽插后变得欲火焚身[2]。在那种情况下，士兵们随即因他的所作所为，对为拥立此人为元首而阴谋杀害马克利努斯感到了后悔，他们转而倾向于这个埃利奥伽巴鲁斯的表弟亚历山大[3]，而马克利努斯被杀之后，元老院就为后者冠上了恺撒之号[4]。**2** 这么做是因为，在这种情况下，即使是一头野兽都不会有人承受得了，更何况谁还能够容忍一位用全身洞点来得到身体快感的元首呢？**3** 事实上，在罗马，他除了派出探子去寻找那些阳具硕大者并把他们带进宫以通过这些人的身体条件来愉悦自己之外，就没做其他的事了。**4** 此外，他常在屋内装扮成维纳斯，上演帕里斯[5]的传说，以至于他会突然把衣物脱到脚跟，裸身跪地，在一只手抚着乳头，另一只手抓着私处的同时，又撅起屁股，让和他一起淫乱的人对准了从后面插进去。**5** 还有，他仿效画中维纳斯的表情神态，还除去了全身的毛发，他想着这么做会让他觉得适于勾起最大的快感且值得一为，便将此当成了生活的主要乐趣。

VI. 1 埃利奥伽巴鲁斯出售尊号殊荣、显官要职，他既自己干这

---

[1] 今土耳其的伊兹密特（Izmit）。

[2] 此处采用拉丁网络图书馆版本，该版本用不及物动词 subaret（"发热"）；而洛布版为及物动词 subigeret（"征服"、"攻"），但后面缺少宾语，只能根据上下文补充："他让自己被男人抽插后，［反过来又向他们］发起了进攻。"

[3] 塞维鲁·亚历山大。乃埃利奥伽巴鲁斯之母希米亚米拉的妹妹玛美娅的儿子，关于此人，请参见《塞维鲁传》，XXIV，5；《奥庇利乌斯·马克利努斯传》，IX，2之注脚。

[4] 关于此事，请参见《奥庇利乌斯·马克利努斯传》，IV，1。

[5] 关于帕里斯的神话传说，请参见《维鲁斯传》，VIII，7之注脚。

种事情，又通过每一位奴隶甚至性爱伙伴经手这种勾当。**2** 他批准元老时不顾年岁、财产、出身，只凭给出的钱财，他还出售军中的司令官职、保民官职、副将职，和将领职，甚至连代理人和宫里的职位都出售。**3** 起初赛车手普罗托杰尼斯和科尔迪乌斯①是他赛车场上的同伴，后来则在其生活和行事的方方面面成了共事者。**4** 有许多人的身体让他感到了满意，就被他从舞台、竞技场、角斗场拖入了宫里。**5** 他确实如此喜爱耶罗克勒斯②，以至于亲吻起对方裆部（这事连说一下都该感到羞耻）的同时，还宣称自己在庆祝花神祭③。**6** 他玷污了维斯塔贞女的贞洁。他通过除去密室圣物④的方式亵渎了罗马人民的宗教祭祀。**7** 他想要熄灭长明火⑤。他不仅想毁灭罗马人的宗教，而且还一心巴望着埃利奥伽巴鲁斯神在寰宇以内各地都受到膜拜。即使他随同那些玷污了自己的人一起通过一切败坏风

---

① 狄奥（LXXIX，15，1）称之为戈尔狄乌斯（Gordius）。他被任命为值夜长官（praefectus vigilum），可又在士兵们的要求下被解除了职务。——英译者注

② 此人最初是一位奴隶，来自卡里亚（Caria），科尔迪乌斯的学生和最喜爱的人，参见狄奥，LXXIX，15。公元 221 年近卫军强迫埃利奥卡巴鲁斯连同别的卑鄙的最爱者一起将他打发走人，见狄奥，LXXIX，19，3。在埃利奥卡巴鲁斯被害之后，他最终也被杀死了，见狄奥，LXXIX，21，1。——英译者注，有删减。

③ 在古罗马每年的四月二十七日至五月三日举行对花神的祭祀庆典。期间城内各处需要用各色鲜花装点，人们也要穿上色彩艳丽的服侍。卖淫者则把这些节日当作属于他们自己的节日。

④ 维斯塔神庙的密室是整个神庙中最神圣的地方，其中藏有除了维斯塔贞女和最高祭司之外谁都不能抬眼看一下的圣物。根据塞尔维乌斯（Servius）《对维吉尔〈埃涅阿斯纪〉的评注》（Commentary on the Aeneid of Virgil，VII，118）包括雅典娜神像在内一共有七个圣物。它们被保存在一只大陶瓮里。普鲁塔克在《希腊罗马名人传·卡米勒斯》（Camillus，XX）里记载说，有两只这样的容器保存在圣所里，其中一只是空的。——英译者注

⑤ 显然指的是维斯塔神庙的圣火。

气之举让自己变得污秽不堪，可还是闯入了只让维斯塔贞女和祭司们进入的维斯塔神庙的密室。①8 他企图移走密室圣物，结果到手的却是一只和真的一样的陶瓮，这是维斯塔最高贞女为蒙蔽他而给他的。后来他在里面没有发现任何东西，就将它摔碎在了地上。虽然[破了一只陶瓮]，可这并未让宗教损失什么，因为据说为了不让人拿走真的陶瓮，曾造出过一批一模一样的。9 尽管事已至此，可他仍把一尊认为是雅典娜神像的塑像带走了，并在为它包上黄金后放到了他自己神的神庙里。

VII. 1 埃利奥伽巴鲁斯还接受了西贝拉女神的祭祀，且又是陶洛伯利祭祀②的信奉者，他带走了女神的神像及其他一些深藏密处的圣物。**2** 此外，他还混在一群去过势的[西贝拉女神的]狂热祭拜者中间摇头晃脑，并用环套扣住自己的阳具，所干的全部事情都和那些去过势的祭司们通常干的一样。③他拿走[西贝拉女神的]圣物，又将它放入自己神的圣所。**3** 他还举行萨兰波女神祭祀④，并使用叙利亚祭拜中的哀号与疯狂——他为自己做出了行将覆灭的凶兆。**4** 他确实曾说过，所有的神都是自己神的仆从，并把其中的一些唤作它的内侍、另一些唤作奴隶、还有一些唤作各种不同事务上的侍从。**5** 他打算把据说具有神力的石头从各处神庙带走，还想要把曾

---

① 作为最高祭司，他有权进入维斯塔神庙的密室。——英译者注
② 在公元二世纪至四世纪的帝国时代，陶洛伯利（taurobolium）指的是一种流行于罗马的宰杀公牛的祭祀仪式。到了二世纪中叶之后，这种仪式开始和西贝拉女神崇拜结合了起来。
③ 密祭仪式（orgiastic rites），包括与东方各种不同的祭祀活动（特别是西贝拉女神崇拜）有关的去势行为，似乎也曾在埃利奥伽巴鲁斯神崇拜上被执行过。——英译者注，有删减。
④ 一个闪米特的女神，可能类似于阿芙罗狄忒和天界女神塔尼特，和她有关的祭祀是一种悲恸的仪式，就跟哀悼阿多尼斯（Adonis）一样。——英译者注

由俄瑞斯忒斯①放入的狄安娜女神的神像从位于劳狄西亚②的它的圣所中取走。6 而有些人确实在说，俄瑞斯忒斯不曾将单独一尊狄安娜的神像放在一处地方，而是有多尊神像摆在多处地方。7 ［俄瑞斯忒斯］遵照神明的谕令，在埃布伦一带的三条河里洗净自己之后，就建起了俄瑞斯塔城③，而此城［一直以来］不可避免地经常沾染上人类的鲜血。8 哈德良在开始陷入疯狂之际曾下令，遵照神明的谕令以自己的族名来命名俄瑞斯塔城，因为他被告知要潜入某个疯狂者的屋宅或族名当中。9 于是，据说他由此从疯癫中康复了，而那种疯狂曾使他下令处死了多名元老。10 安东尼努斯则因为保住了他们的性命，并随后将他们（当时所有人都相信，这些人已在元首的命令下被杀死了）带入了元老院，于是名正言顺地得到了庇乌斯之名。④

VIII. 1 埃利奥伽巴鲁斯甚至从整个意大利选取父母健在的身份高贵的俊俏男孩，然后把他们当成祭品杀死，我相信，这么做的目的是，悲痛加给父母双方的话就会变得愈加地深重。**2** 最终，他与各种各样的魔法师为伍，每天都在举行宗教仪式，他对这些人提出

① 古希腊传说中迈锡尼王阿伽门农之子。阿伽门农在特洛伊战争凯旋后被妻子所杀，俄瑞斯忒斯便逃亡他乡并发誓要为父复仇，多年之后他果然回到了故乡，杀死了自己的母亲和她的情夫。虽已替父报了仇，但陷入弑母罪责的俄瑞斯忒斯发了疯，最后他到了雅典，以寻求智慧女神雅典娜的公正裁决。

② 今叙利亚拉塔基亚（Latakiyeh）。

③ 一座被唤作不同名字的古代色雷斯的城市，其中就有俄瑞斯提亚斯（Orestias），哈德良重建该城并命名为哈德良诺波利斯，即现在的亚得里亚纳堡（Adrianople）。该城因成为君士坦丁和李锡尼于 323 年交战的战场以及瓦伦斯（Valens）于 378 年在那被哥特人击败而出名。这两次战役都在这篇作品中被暗示到了，这一点已被用作支持《罗马君王传》写于四世纪末的论据。然而整个这段文字却打破了叙述的连贯性，显然是后来添加上去的。——英译者注

④ 关于此事，请参见《哈德良传》，XXIV，4；及《安东尼努斯·庇乌斯传》，II，4。——英译者注

恳求又向众神致以谢意，因为他发现众神青睐这些人。他观察男孩的内脏，还在自己特有的宗教仪式上对祭品施加酷刑。**3** 在他出任执政官时，向人民抛出［以供］争抢的［赏赐］不是铜钱、金银，也非糖果、小牲口［这些小的东西］，而是再壮硕不过的公牛，以及骆驼、驴子、雄鹿 ①，同时还说，这是皇帝的做法。②**4**他毫不留情地为马克利努斯的名声抹了黑，又以更加毫不留情的方式抹黑了迪亚多姆努斯的名声，一方面因为后者曾被称作安东尼努斯 ③——而他则称其为冒名的安东尼努斯 ④——同时还因为后者已从一个穷奢极侈之徒被说成了最为勇敢、最出类拔萃、最庄重、最严厉之人。**5**他真的强迫不少作家在论及此人［迪亚多姆努斯］的奢靡时，记下一些难以启齿的，最好是那些令人无法忍受的事件——正如其传记中说的那样 ⑤。**6**他在宫殿里建起公共浴池，同时还向人民开放了普劳奇亚努斯浴池，他这么做是为了借此搜罗阳具壮大之人做情人。**7**他从整座城市和各处港口疯狂地寻找着带矢之驴 ⑥——当时就是这么称呼这些看起来充满男子气概的人的。

IX. 1当埃利奥伽巴鲁斯想要对马科马尼人发起战争（安东尼努斯就曾在这样的战争里取得过极光彩的胜利）之际，有些人就进言，

---

① 此处拉丁网络图书馆版本作"雄鹿"（cervos），洛布版作"奴隶"（servos），根据上文采信前者。

② 关于此事，请比照赫罗提安，V，6，9："在神像被带入神庙并安置妥当之后，皇帝举行了上述的节日祭祀。当时他爬上了已建起的又高又大的塔上，向人群抛下［赏赐］以让他们争抢，其中有：金银杯盏、各式各样的服装布料、亚麻布料、各种家畜——除去根据腓尼基人的传统，他碰都不碰的猪。"

③ 关于此事，请参见《迪亚多姆努斯·安东尼努斯传》，I，3；VI，10。——英译者注

④ 拉丁网络图书馆版本此处还有"和冒名的腓力（Pseodophilippus）"一语。

⑤ 《迪亚多姆努斯·安东尼努斯传》里并没有这些事情。——英译者注

⑥ 原文 onobelus，为希腊语 ὄνος（驴）和 βέλος（箭、投枪）合成的词。

安东尼努斯·马可当初借助了迦勒底人 ① 和魔法师才让马科马尼人
永远臣服于罗马人并永守友谊，而那是通过念咒和献祭实现的。当
时他问道，那种献祭是什么，且又在哪里，结果却没有得到回答。2 因
为众所周知，他问及那种献祭无非就是想要禁绝它，并意图挑起战
争，尤其在于他听说，神谕道出，与马科马尼人的战争将会被一位
安东尼努斯终结，而他却被唤作瓦里乌斯、埃利奥伽巴鲁斯、公众
的笑柄，此外还玷污了曾被他以暴力相待的安东尼努斯的族名 ②。3 另
外，下述消息主要通过那些蒙受不幸者散布了出去：一些为满足其
性欲［豢养起来］的阳具硕大且财产颇丰之人成了他的敌人。由此，
他们便开始谋划对他进行刺杀。这些都是宫内的事情。

　　X. 1 然而，士兵们无法忍受这头戴着皇帝之名的禽兽，于是他
们先是三三两两接着三五成群地表达了自己的看法。所有人都倾向
于［拥立］马克利努斯被杀之时已被元老院宣布为恺撒的亚历山
大，他是那个安东尼努斯的表弟，③ 因为他们的外祖母都是一个叫瓦
里娅的妇女，④ 由此埃利奥伽巴鲁斯才常被唤作瓦里乌斯 ⑤。2 在他统
治期间，佐提库斯 ⑥ 权倾朝野，以至于都被全体高官们当成了主子
的配偶。3 除此之外，同样是这个佐提库斯，他属于滥用亲密关系

① 该民族以精通占星术见长，关于此事，请参见《哲学家马可·安东尼努斯
　传》，XIX，3 及注脚。
② 这里指的是埃利奥伽巴鲁斯以武力杀死了拥有安东尼努斯之名的迪亚多
　姆努斯。
③ 关于此事，请参见本卷 V，1 及注脚。
④ 关于此事，请参见《奥庇利乌斯·马克利努斯传》，IX，1。
⑤ 瓦里娅（Varia）和瓦里乌斯（Varius）实际是同一个词，前者阴性，后者
　阳性。
⑥ 奥勒利乌斯·佐提库斯（Aurelius Zoticus）来自士麦那（Smyrna）的运动
　员，根据埃利奥伽巴鲁斯之命被带到了罗马。其父亲是一位厨师，因而他
　被冠上了玛盖洛斯（Μάγειρος）即厨师的昵称。关于此人的更多描述请参
　见狄奥，LXXIX，16。——英译者注

的那类，通过诱骗出售埃利奥伽巴鲁斯的一切言行，[①]并尽其所能聚敛起了超乎寻常的财富。他对一些人施以威胁、对另一些人许下允诺、对每一个人都撒下谎言。当他从那位［皇帝］那里出来时，来到众人面前对他们讲道："关于你我谈到了这件事……关于你我听到了这件事……关于你这样的事就会发生。"4 正如这样的人是存在的，他们一旦与元首建立了极为亲密的关系，就会出售元首的圣意——无论是暴君还是贤君，他们还会利用未察觉此般状况的皇帝的愚昧与天真并依靠臭名昭著的流言蜚语来填饱自己。5 他［埃利奥伽巴鲁斯］与此人举行了婚礼，还圆了房，为此他请了一位伴娘，还喊道："快躺下［干活］吧，玛盖洛斯[②]！"——那时佐提库斯正得着病。6 接着，他询问那群哲学家和最正经的人，问他们自己年轻时是否也曾经历过他经历过的事情，即那些下流到再也不能下流的事情。7 因为，他从不避讳肮脏的言辞，还会打出粗鄙的手势，甚至在集会上、在对民众进行审讯时都不顾礼度得体。

XI. 1 埃利奥伽巴鲁斯让被释奴出任总督、副将、执政官、将领之职，并通过［委任］身份低下的捣蛋之徒玷污了所有的显官要职。2 他曾邀请身份高贵的亲信前来庆祝葡萄收获节，那时他在果篮旁一落座，就开始逐一询问再正经不过的人，问对方是否对维纳斯[③]抱有幻想，当这些老人脸红时，他喊出了声："他脸红了，这事有戏。"并把沉默与脸红当成是赞同。3 此外，他还毫无羞耻又言辞露骨地谈起了自己的所作所为。4 老人们不是因为年岁就是出于身份地位之故而闭口不谈这类事情，他在见到老人们面红耳赤地陷入了沉默后，就转向了年轻人那边，开始询问他们此类种种。5 当他

---

① 言下之意是：佐提库斯凭借自己和埃利奥伽巴鲁斯的亲密关系对其进行诱骗，并据此向需要的人出售皇帝的圣令旨意。

② 关于这个昵称，请参见本卷 X，3 之注脚。

③ 维纳斯一词在拉丁语里也可以表示"性爱"或"性交"之意。

从他们那里听到了合胃口的事情并开始兴奋起来时，就说道，他这样庆祝葡萄收获节就真的成了酒神节了。**6** 许多人都说，他史无前例地发明了这种做法：在葡萄收获节上［让奴隶］说出诸多讥讽主人的言辞，同时还让主人听见，他自己就曾编过一些嘲讽的话，其中许多还用到希腊语。马略·马克西姆斯在他的埃利奥伽巴鲁斯的传记里说到了其中的多则语录。**7** 他的朋友是堕落之徒，有些长得像哲学家一样的老人用网罩住头发，说自己正过着堕落的生活，并还吹嘘道自己有丈夫了。有些人说，他们通过迎合［皇帝的］罪恶以求更受宠爱，为达此目的这些人才装着这么做的。

XII. 1 埃利奥伽巴鲁斯让曾在罗马登台表演过的舞者出任近卫军长官，任命赛车手科尔迪乌斯出任值夜长官，[①] 理发师克劳狄乌斯出任调粮官。**2** 他提拔那些以私处硕大见长的人担任其他一些高官显职。他下令让一位赶骡人、一位送信员、一位厨师，和一位锁匠负责征收值百抽五的遗产税。**3** 他让名叫瓦里娅的外祖母 [②]（关于此人上文已说到过了）随同自己进入营地或踏足元老院，这么做为的是凭借她的影响让自己变得更令人敬仰，因为单凭一人他做不到。鄙人已经说了，在他之前还不曾有妇女为受邀起草法案和表达意见而踏足元老院。[③] **4** 他常在宴会上乐于把卖淫男安排在自己身边就座，并尤以触摸和爱抚他们取乐，在他饮酒的时候还总选其中一人为自己递杯送盏。

XIII. 1 在埃利奥伽巴鲁斯生活中那些极其龌龊的事件里，就有这类事：他下令把曾过继为自己接替者的亚历山大从身边除去，还说道自己对过继他感到了后悔，并又指令元老院，剥夺其恺撒的名号 [④]。

① 关于此事，请参见本卷 VI，3 及注脚。
② 关于此人，请参见本卷 X，1 及注脚。
③ 关于此事，请比照本卷 IV，1—2。
④ 关于亚历山大被元老院授予恺撒名号，请参见本卷 V，1 及注脚。

2 不过，当此事在元老院里公布之后，却引来了一阵沉寂。因为亚历山大是个出类拔萃的青年，正如后来他当政时所表现出来的那样，因为他并不淫荡下流，即使因此让继父①感到了不快，**3** 而正如某些人说的，他还是这位［埃利奥伽巴鲁斯］的表弟。②他还受到士兵们的爱戴，并被元老院和骑士等级所接受。**4** 可是［埃利奥伽巴鲁斯的］怒火导致了一场最为邪恶的阴谋。这么说是因为，他向对方派出了刺客，并按如下方式行事：**5** 他将母亲、外祖母，和自己的表弟撇在宫殿，自己一人以要对某个新人青年进行诅咒为由撤到了古愿园③。他随后就下令，对这位国家不可或缺的数一数二的青年④实施谋杀。**6** 他给士兵们送去了信，借此指令他们将恺撒之名从亚历山大身上去掉。**7** 他如通常对待僭主的那样，派人在营地里用泥抹在对方塑像的铭文上。**8** 他还给对方的守卫送去信件，借此在对赏金和殊荣的渴望下命令他们用一切想用的方法（或是在浴池里，或是通过毒药，或是使用武器）置其于死地。

XIV. 1 然而，邪恶之徒无法加害到正义者。因为没有谁凭借武力就能够完成如此深重的罪孽，而为他人准备的矛头会反过来对准他自己，那些拿来攻击他人的手段也会让［本人］遭到杀害。**2** 可是，当塑像的铭文被用泥土抹上之后不久，所有士兵都感到怒火中烧，为了替亚历山大出头并将怀有弑亲意图的这个邪恶之徒从国家除去，他们中的一部分人开始朝宫殿走去，另一部分人则往瓦里乌斯待着的古愿园走去。**3** 在踏进宫殿之后，他们将亚历山大及其母亲和外祖母一起保护了起来，随后又万分小心翼翼地送进了营地。**4** 埃

---

① 显然指埃利奥伽巴鲁斯。

② 关于此事，请参见本卷 V，1 及注脚。

③ 原文为 horti Spei veteris，指位于罗马七丘之一埃斯奎利山（Esquilinus）上的一处古代圣所。

④ 显然指亚历山大。

利奥伽巴鲁斯的母亲希米亚米拉怀着对儿子的忧虑步行尾随在后。
5 接着，他们走到了古愿园，发现瓦里乌斯正在那里准备赛车比赛，
同时急切等待着有人来通报表弟被杀的消息。**6** 他被士兵们突然发
出的吼声惊吓到了，便藏身进了角落里，用卧室入口处的帘子遮住
自己，**7** 同时把其中一位近卫军长官派往营地去稳住［那里的］士
兵，而另一位则派去安抚已进入了古愿园的士兵。**8** 于是，近卫军
长官之一的安条克亚努斯告诫踏进古愿园的士兵注意自己的誓言，
并说服了他们不杀那位［皇帝］，因为那时到那儿的人并不多，大多
数人仍待在保民官阿里斯托马库斯持有的军旗那边。这便是在古愿
园里的事情。

　　XV. 1 另一方面，在营地里，士兵们对发出恳求的长官说道，如
果埃利奥伽巴鲁斯将那些邪恶之徒、赛车手、演员从身边遣散，尤
其是除去那些令所有人都感到痛苦的人（他们对他产生巨大影响并
又或真或假地出售其圣裁），然后返回正派的生活，他们就饶他不
死。**2** 最终，耶罗克勒斯①、科尔迪乌斯②、米里斯姆斯，和另外两位
一直把他当成愚者中更愚者的奸邪的受宠之人被打发走了。**3** 除此
之外，士兵们还命令近卫军长官不许那位［皇帝］再这样生活下去
了，并且要让亚历山大受到保护以免遭暴力侵犯，同时还不要让这
位恺撒见到那位奥古斯都的任何朋友，以免习得什么丑恶行径。**4** 可
是，埃利奥伽巴鲁斯却一再地乞求能挽回再醒龌不过的耶罗克勒斯，
并天天都在为针对那位恺撒的阴谋准备着什么。**5** 最终，在一月一
日，当他们两人一同被推选为执政官时，③他拒绝与表弟一起现身。
6 到了最后，其外祖母和母亲都对他说，如果士兵们看不到他和表弟

---

① 　关于此人，请参见本卷 VI, 5。
② 　关于此人，请参见本卷 VI, 3 及注脚。
③ 　该年为公元 222 年。

之间和睦相处，他们就要威胁杀了他，在这种情况下，他仍在白天第六个时辰①穿上紫边托袈袍前去元老院，他还唤来了外祖母进入会场并引导她落座。②7 随后，他不愿前去朱庇特神庙进行祈愿和祭祀，所有的一切都是罗马市长完成的，这就好像那里没有执政官一样。

XVI. 1 埃利奥伽巴鲁斯没有丢下杀死表弟的念头，可同时又害怕，一旦他杀了表弟元老院就会倒向自己之外的其他人，于是便下令让元老院立即迁离罗马城。即便对于既没有车辆又没有奴隶的元老，他也命令他们全都即刻动身，结果有人通过脚夫、有人租下恰巧出现的牲畜并借此进行载运。**2** 乌尔庇安努斯③曾为其写过几卷书的拥有执政官官衔的萨宾努斯因当时仍置身城内，埃利奥伽巴鲁斯便唤来一名百人队队长，用颇低的声音下令把他处死。**3** 可是，这位耳朵不太好使的百人队队长相信，自己领受的命令是将萨宾努斯驱逐出罗马城，而他就这么做了。就这样，一位百人队队长的过失救了萨宾努斯一命。**4** 因为法官乌尔庇安努斯是个善良之人，就把他打发走了。他还撵走了曾任恺撒老师的修辞学家希尔维努斯。希尔维努斯后来竟被处死了，乌尔庇安努斯则保住了性命。**5** 然而，士兵们尤其是近卫军，或是因为知道埃利奥伽巴鲁斯在盘算的邪恶主意，或是因为看到了他对他们的憎恶，便策划起了一起阴谋以解放国家。他们首先向那些参与谋杀其族人［亚历山大］的同伙们［下手］，为了让他们死时与活着一样［龌龊］，结果有些人被割去了生殖器而死，有些人则被戳烂了肛门。

XVII. 1 随后，［他们］向埃利奥伽巴鲁斯发起了攻击，他逃到了厕所，并被杀死在了那里。接着，他的尸体在公众面前被拖行而

---

① 相当于中午之前。

② 关于此事，请参见本卷 XII，3 及注脚。

③ 为罗马帝国著名法学家。关于此人，请参见《佩希尼乌斯·尼杰尔传》，VII，4 及注脚。

过，还遭到了其他的侮辱，以至于士兵们都要把它塞进下水道里。
2 不过，下水道碰巧不能容得下它，于是就在绑上重物（为了不让
它浮起来）后将它从埃米利乌斯桥上抛进了台伯河里，使其永远
得不到埋葬。**3** 他的尸体在投入台伯河前还被拉到了竞技场里拖行。
4 在元老院的命令下，他的族名（即安东尼努斯那个）被抹除了，
瓦里乌斯·埃利奥伽巴鲁斯的族名则保留了下来，因为他出于希望
被当成是安东尼努斯之子而迫不及待地冠上了那个［安东尼努斯］
族名。**5** 他死后被唤为台伯河君、拖拽君、肮脏之人，以及其他许
多诸如此类的名号——如果它们该有过什么意思的话，那似乎就
是其统治时干过的事情。**6** 一切元首当中，惟有他既遭到了拖拽、
又被塞入了下水道并抛下台伯河。**7** 他招致了全天下人的普遍忿
恨，皇帝们须特别以此为戒，因为不配受元老院、人民、士兵爱
戴的人也不配入土为安。**8** 他修建的公共建筑除去埃利奥伽巴鲁
斯（有些人称之为太阳神、有些人称之为朱庇特）神庙，对毁于
大火的圆形大剧场进行重建，以及动工于塞维鲁之子安东尼努斯
的位于苏尔庇奇乌斯街区的公共浴池之外，就再也没有其他东西
了。**9** 这座浴池实际上是由安东尼努斯·卡拉卡拉建成的，那里
他既亲自在沐浴其中也向民众开放，不过那浴池当时未建柱廊，
随后就由这位冒牌的安东尼努斯建造了起来，并由亚历山大最终
建成。

　　XVIII. 1 埃利奥伽巴鲁斯是诸位安东尼努斯中的最后一个——
虽然许多人认为后来诸位戈尔狄安也冠有安东尼努斯之尾名，而
他们［实际上］被唤作了安东尼而非安东尼努斯。[①] 他的生活邪恶
无耻、秉性令人憎恶，以至于元老院都抹除了他的族名。**2** 要不是
因为指明身份的缘故而不得不常常把遭到废除的族名给说出来，我

---

① 　关于此事，请参见《奥庇利乌斯·马克利努斯传》，III, 5 及注脚。

还真的不会称他叫安东尼努斯呢。他母亲希米亚米拉（一个声名极其狼藉且与儿子"相得益彰"的妇女）与他一起被杀。**3** 安东尼努斯·埃利奥伽巴鲁斯被杀后，下面的措施率先被施行：妇女不得踏进元老院，无论谁只要经他这么做了，他绝对就会没命并被送去冥界的。**4** 关于此人猥琐生活的内容写成文字的已有许多了，鉴于这些情况不值得记载下来，我想涉及他奢靡的事情就应该被公之于众；其中有一些据说是在他还是一介凡民的时候犯下的，另一些则是在他当上皇帝之后做的，他说自己［这么做］是在模仿凡民中的阿庇西乌斯 ①，以及皇帝中的奥托、维特利乌斯 ②。

XIX. 1 例如，一切凡民当中埃利奥伽巴鲁斯是第一个把金色床罩套上床榻的人，因为当时在把所有御用物品都分发给公众 ③ 的安东尼努斯·马可的影响下，这么做是合法的。**2** 他还在夏季按各种不同的颜色举办宴会，譬如今天举办绿色宴会、另一天举办彩虹色宴会、再有一天则顺次举办蓝色宴会，在夏天他每天都换一种颜色。**3** 他还是首位使用银烤锅、银煮瓮，以及雕花银杯盏的人——这种杯盏重达一百磅，有些还不伦不类地涂上了极其猥琐的图案。**4** 他史无前例地发明了乳香酒、薄荷酒，还用所有即使现在都属奢侈品的东西进行酿制。**5** 他从另一些人那里得知了玫瑰酒，于是就通过加入磨成粉的松果以使其更加芬芳。总之，这些饮料在埃利奥伽巴鲁斯之前从未［在著作里］被读到过。**6** 对他来说，生活除了追求享乐之外就没有其他了。将鱼剁成碎肉，他是第一人；将牡蛎、毛蚶、各种各样带壳的海产品，将龙虾、虾米、虾蛄剁成碎肉，他是第一人。**7** 他向座榻、床榻、柱廊撒下玫瑰花及各种花朵（如百合、

---

① 关于此人，请参见《埃利乌斯传》，V，9 及注脚。

② 关于维特利乌斯的奢靡挥霍，请参见尤特洛庇乌斯，VII，18。

③ 关于此事，请参见《哲学家马可·安东尼努斯传》，XVII，4—6；XXI，9。——英译者注

紫罗兰、鸢尾花、水仙），还在那上面漫步。**8** 若不倒入藏红花的或其他高档的香油，他就不会［在水池里］游泳。**9** 除非有用兔毛或鹧鸪翅膀下方的羽毛做成的榻垫，否则他不会轻易躺在床榻休息。他还时常改换垫枕。

XX. 1 埃利奥伽巴鲁斯常如此蔑视元老院，以至于总称他们为穿托袈袍的奴隶，他称呼人民为拥有一块份地的耕种者，并同时把骑士等级视若空物。**2** 他在晚饭后常把罗马市长和近卫军长官们一起唤来喝酒，以至于假如他们拒绝的话，他会让廷臣去逼他们来。**3** 他想在罗马的每一个城区都指派市长，以至于让城内出现十四位市长。^①假如他活着的话，就真会这么干了，因为他正要提拔所有最不知廉耻而职业又最下贱的人呢。**4** 他拥有用纯银制成的座榻和床榻。**5** 他常常模仿阿庇西乌斯进食骆驼蹄、从活禽头上取下的鸟冠、孔雀和夜莺的舌头，因为据说吃这些的人就会不得瘟疫。**6** 他为廷侍们端上大盘大盘的红鲣鱼内脏，火烈鸟的脑、鹧鸪蛋、画眉鸟的脑，以及鹦鹉、野鸡、孔雀的鸟首。**7** 他命人端出的红鲣鱼鱼须是那么粗大，以至于盛满碗碟拿出时都能冒充水芹、欧芹、四季豆、葫芦巴。这着实该让人感到惊奇呀。

XXI. 1 埃利奥伽巴鲁斯拿鹅肝喂狗。他蓄养经过驯兽师驯化的不具攻击性的狮子和豹子做宠物，在宴过三两道菜之后他就会命令这些动物卧在榻上，以此制造恐慌来寻乐子，因为所有人都不知道

---

① 奥古斯都把罗马城分成了十四处城区，并在每一处都分别设置一位裁判官、市政官、平民保民官。后来，大概在哈德良时期，每一处城区都归一到两位非元老等级（显然是被释奴）的代理人（curator）统辖。参见蒙森：Mommsen, *Staatsrecht*, II3, p1036。埃利奥伽巴鲁斯推行的计划（至少部分是通过亚历山大之手）似乎在于任命了十四位拥有执政官头衔并代表十四处城区的代理人来充当罗马市长的助手和智囊。——英译者注

它们不具攻击性。**2** 他把阿帕美亚①的葡萄送入马厩喂马，他拿鹦鹉和野鸡喂养狮子和其他动物。**3** 他一连十天、每天三十次奉上母猪乳头拌子宫，同时还端出豌豆拌金片、兵豆拌玛瑙、蚕豆拌琥珀、米饭拌珍珠。**4** 除此之外，他还在鱼和松露上撒上珍珠以取代胡椒。**5** 他在餐厅通过可翻转的［吊顶］用紫罗兰和其他花朵淹没了自己的食客，以至于有些人因没能爬到［花堆］外面窒息而死。**6** 他用芳香料，玫瑰及苦艾的精油给水池和浴缸增加香气。他曾邀请平头百姓前来饮宴，他与民众一起喝了那么多，以至于看到他一个人就喝了那么些，人们还以为他过去一直是就着池子喝东西呢。**7** 他送给赴宴宾客阉人、四驾马车、带马鞍的马匹、骡子、骡车、四轮马车、一千枚金币、一百磅白银作为礼物。

XXII. 1 埃利奥伽巴鲁斯确实在宴会上以调羹刻字的形式进行摸彩，譬如有人读到［调羹上刻有］"十头骆驼"、有人读到"十只苍蝇"、有人读到"十磅黄金"、有人读到"十磅铅"、有人读到"十头鸵鸟"、有人读到"十枚鸡蛋"，而这真的就是摸彩［的奖励］，让人们来碰自己的运气。**2** 当他把十头熊、十只睡鼠、十根莴苣、十磅黄金用到摸彩当中时，甚至还把这项摸彩加入了自己的庆典赛会，是他首先创制了这种我们至今仍能见到的摸彩形式。**3** 他真的还曾唤来演员参加摸彩，并把死狗、一磅牛肉，以及一百枚金币、一千枚银币、一百枚铜币，和其他的一些东西用到摸彩当中。**4** 人民对这类事情颇感欣喜，以至于事后还为他的统治进行了庆祝。

XXIII. 1 据说，埃利奥伽巴鲁斯曾用酒灌满环绕竞技场的沟渠，并在上面举行赛船。他把野葡萄制成的香精撒在人们穿的裹袍上。他在梵蒂冈山上驾驶着四头大象拉的马车，并把阻路的坟墓都给毁坏了。他还曾在竞技场上趁普通民众观看比赛之际驾驭由四头骆驼

---

① 位于叙利亚奥伦提斯河畔的一座重镇。——英译者注

拉动的马车。**2** 据说，他曾借助玛尔西卡部族^①的祭司收集蛇类，并趁人民如以往那样在黎明前聚集到一起举行庆典赛会之际，突然把蛇放出去，被咬伤的以及在奔逃中受伤的人有许许多多。**3** 他曾穿上完全金色以及紫色的束腰上衣；他还穿过缀着宝石的波斯束腰袍，并说自己承受了沉甸甸的快乐的负荷。**4** 他在鞋子上缀有宝石，宝石上甚至还有雕刻。这遭到了所有人的嘲笑，就好比尊贵工匠们的刻画能够出现在和其双脚相连的宝石上。**5** 为了让自己变得更漂亮，脸蛋更接近女性，他还想使用带宝石的皇冠，而在家里他确实戴上了这种皇冠。**6** 据说，他曾允诺过［赠予］宾客一只凤凰^②，要不就用一千磅黄金代替它，结果他在宫廷里把钱分给了他们。**7** 他专门挑陆地中间的位置建起注海水的游泳池，并将这些泳池分给每一位在里面游泳的好友，还再一次往池里放满了鱼。**8** 夏天，把雪运来之后，他在屋外的园囿里造起了一座雪山。他到海边时从不吃鱼，而到了离大海极远的地方却总是端出各样海货。他把鳗鱼和梭子鱼的卵拿给内陆乡民食用。

XXIV. 1 埃利奥伽巴鲁斯进食的鱼总是用海蓝色的酱保持其本来的色彩，就好像它们仍在海水中一样。他用玫瑰油和玫瑰花建造临时游泳池，他与所有自家人一起洗热水浴时在浴室里用上了松油^③。同样是这个人，他还用香脂做灯油。**2** 同样这个人，除去自己

---

① 居住在意大利中部新近被排干的富基努斯湖（见《哈德良传》，XXII，12
之注脚）一带的古老民族，他们以耍蛇而闻名。关于此事，请参见《埃涅
阿斯纪》，VII，753—755；普林尼的《博物志》，VII，15；XXV，30；杰
利乌斯的《阿提卡之夜》（*Gelli Noctes Atticae*），XVI，11。——英译者注

② 古希腊传说中的凤凰（phoenix）是一种遇见阳光会从自己的残骸上重生
的鸟。

③ 原文为 nardus，在当时是一种极名贵的香料。关于这种香料，请参见《新
约·约翰福音》，12，3（选自和合本）："马利亚就拿着一斤极贵的真哪哒
香膏［即松油］，抹耶稣的脚，又用自己头发去擦，屋里就满了膏的香气。"

妻子以外，他从不和同一个女人发生两次关系。他在屋内为朋友、随从、奴隶开设妓院。**3** 同样是他，吃一顿晚餐的费用从不少于十万塞斯退斯，那就等于三十磅白银；① 在把一切费用都算进去的情况下，他有时一顿晚餐的花费价值三百万塞斯退斯。他用餐 [的标准] 真的超过了维特利乌斯和阿庇西乌斯。**4** 他用公牛把鱼从自己的自然园② 里运出来。他一边穿过集市，一边为民众的贫苦而哀号。**5** 他常把食客绑在水车上，让对方随着轮子的转动一会儿浸入水下，一会儿回到水上，并称他们为水轮上的伊克西翁③。**6** 他用蛇纹石和斑岩铺在宫殿内的空地上，还称那里为安东尼努斯空地。这些石头一直流存到我们所能记得的时候，可就在不久前仍被取出并毁坏了。**7** 他曾决定建造一根巨大的柱子，人可以从里面登上去，由此在顶端建造一尊埃利奥伽巴鲁斯神像，虽然他想过从底比斯运来石头④，可却没有找到这么大的石块。

XXV. 1 埃利奥伽巴鲁斯常把喝醉的朋友关起来，趁夜晚的时候突然把不具攻击的狮子、豹子、熊放进去，结果他们在黎明或（情况更糟）在夜晚醒来后会发现正和狮子、熊、豹子同处一室，许多

---

① 十万塞斯退斯等于三十磅白银，立传者并非在用埃利奥伽巴鲁斯时代通行的计量体系。根据蒙森（*Ges. Schr.*，VII，P316），他把塞斯退斯同戴克里先时代已贬值的德纳里乌斯弄混了。主张《罗马君王传》成书于公元五世纪的西克（Seeck）认为这里的计量体系当被认定为 445 年由瓦伦提尼安三世（Valentinian）推行的那种。据此换算，1750 德纳里乌斯等于一磅白银，因此这里的塞斯退斯当表示一半德纳里乌斯。——英译者注，有删减。

② 原文为 vivarium，意思是一块圈占起来的地方，在里面生长有供观赏和研究的动物与植物。

③ 古希腊神话中的人物，塞萨利亚的拉皮特斯（Lapiths）王，因迷恋并追求天后赫拉而受到宙斯的惩罚。宙斯把他罚入了地狱，绑在一只永远转动的火轮上。

④ 关于埃及的底比斯出产坚硬的石头，请参见《佩希尼乌斯·尼杰尔传》，XII，4 及注脚。

人因此还丢了性命。**2** 他总把充气囊发给较卑微的朋友，让他们坐在那上面而非坐在座榻上，并趁那些人用餐之际把气放走，结果这些吃着饭的人总是在突然间被发现落到了餐桌下面。**3** 最后他还史无前例地出主意把半圆大坐垫摆在地上，而非放在床榻上，这么做为的是可让男奴用脚把气囊解开以使空气流走。**4** 当舞台上上演奸情戏时，虽在通常情况下是做做样子的，可他却下令这当如实做出来。**5** 他常从所有的妓院老板那里赎买妓女，再将她们释放。**6** 在他私底下谈话中，曾有过这么一个话题，[他问] 罗马城里会有多少人患疝气病，随后下令将每一个人都登记下来，再让人把他们送到自己的浴室和他一起共浴，其中有不少人还是德高望重者。**7** 他经常在宴会前观看角斗士对决和搏斗比赛。**8** 他把座榻放在竞技场的最高处，一边享用午餐一边让犯人为自己上演斗兽。**9** 在用过主菜之后，他随后常给食客端上蜡制的、木制的、象牙制的，有时是陶制的，也有的时候是大理石或其他石头制的食物，以这种方式他让自己正在享用的每一样东西都用可以看但却不能吃[①]的材料展示给那些人，而当这种菜一道道端上来时他们只能喝着东西，并装着把饭菜吃光那样去洗手。

XXVI. 1 埃利奥伽巴鲁斯在罗马人中第一个穿上了全丝织的衣服，而在此前人们穿的是部分丝织的[②]。洗过的亚麻衣物他碰都不碰，并且还说，乞丐才穿洗过的亚麻织品。**2** 他晚饭后时常被见到穿着达尔玛提亚束腰袍出现在公众面前，同时还称自己为古尔杰斯·费边和西庇阿，因为他穿着费边和科尔涅利乌斯在青年时代为

---

① 　原文为"不一样"，当然，指的是跟真正的食物不一样的材料。

② 　一种丝绸、亚麻、棉质的混合物——通常称为丝织物（sericum）。在提比略统治时，人们被禁止穿这种服侍（塔西佗的《编年史》，II, 33, 1），可是卡里古拉却在公众场合一生这样的装束。（苏埃托尼乌斯的《罗马十二帝王传·卡里古拉传》，LII）。——英译者注，有删减。

了移风易俗而在被父母带到公众面前时所穿的服饰。**3** 他从竞技场、从剧院、从运动场、从每一处［类似的］地方、从浴池召来全部妓女引入公共建筑里，随后向她们发表演说，就像是对军队作的那种。他一边称她们战友，一边谈论起体位和性爱的种类。**4** 随后，在这样的集会上他邀来了妓院老板、四处挑选来的卖淫男，以及极其奢靡堕落的男孩和青年。**5** 他穿着女装，露出乳头，来到妓女那里；又穿上供人们满足性欲的男孩的衣服来到卖淫男那边。在发表完演说后，他向这些人宣布了每人得三枚金币的赏赐，就好像他们是士兵一样。他还要求他们恳请众神让他们能为自己介绍其他人。**6** 他还把玩笑开到奴隶头上，在给出赏赐之后命令他们带一千磅蜘蛛丝过来，据说他曾收集到一万磅蜘蛛丝，同时还说由此能够了解到，罗马有多么大啊。**7** 他常送给食客装有青蛙、蝎子、蛇类，以及诸如此类怪物的罐子当作他们的年俸。**8** 他还在那种罐子里封入不计其数的飞虫，并称之为被驯服的蜜蜂。

XXVII. 1 埃利奥伽巴鲁斯午饭和晚饭时总会在餐厅和柱廊里拉出四驾马车，并强迫上了年纪的客人（其中有不少是德高望重者）驾驭。**2** 当上皇帝之后，他常命人给自己展示一万只老鼠、一千只鼬鼠、一千只鼩鼱。**3** 他手下的糖果师和乳品师是多么地优秀，以至于无论什么只要厨子（或是烹饪肉类的厨师，或是做果蔬的）用各种不同的食材做出的东西，他们都能用糖果或乳制品做出来。**4** 他供给食客用玻璃做的食物，有时还把许多绘有供其享用的食物的图案的餐巾端上桌子，餐巾数量与准备端给他的餐数一样，以至于摆在食客们面前的是用针织或纺纱做成的图画。**5** 而有时画着东西的书写板也会展示给他们看，以至于就像所有［的真东西］都真的摆在了他们面前，但他们却又忍饥挨饿。**6** 他把宝石、水果、花朵拌在一起。他曾把放在朋友跟前的食物无论有多少都从窗口扔了出去。**7** 他下过命令，把罗马人民一年的贡赋分给了墙内的妓女、妓院老板、卖淫男,对墙外的那些他亦许下了别的承诺,而多亏塞维鲁和巴希安努斯的高瞻远瞩,罗马那时已存有相当于七年贡赋的粮食。①

XXVIII. 1 埃利奥伽巴鲁斯把四只体型硕大的狗系上马车,驾驭着进入了宫殿,而在他还是一介凡民的时候,他也在自己的庄园里做过这样的事情。**2** 他驾驭四头体型硕大的雄鹿出现在公众面前。他边把狮子系上自己的马车边自称西贝拉女神。他还把老虎系上马车,并唤自己为酒神,他还模仿画中的诸神,穿上画里他们穿的装束抛头露面。**3** 他在罗马蓄养埃及小蛇②,他们 [当地人] 管这种东西叫"善之灵"③。他蓄养河马、鳄鱼、犀牛,以及自然所能给的属于埃及的一切东西。**4** 他数次在晚餐上端出鸵鸟,并同时对犹太人颁布命令,要他们吃这种动物。④**5** 下面这件他曾做过的事情的确看起来令人吃惊:据说,他在邀请地位最为崇高之人赴午宴时,把藏红花撒在了半圆大坐垫上,还说自己会提供和他们地位相符的干草 [让他们吃]。**6** 他把白天的活动转到夜晚、把夜晚的转到白天,还把这当成是奢靡的标志,结果他要等到黎明才开始睡下,很晚才从睡梦里醒来并接受觐见。他每天都款待自己的朋友,且除非发现谁如"鄙俗之徒"那般节俭,否则就不太会在没有馈赠的情况下就让人离去。

---

① 关于此事,请参见《塞维鲁传》,VIII,5。——英译者注

② 关于埃及的圣蛇,请参见希罗多德的《历史》(*Herodoti Historiae*),II,74(王以铸译,商务印书馆,2010 年,第 142 页):"在底比斯的附近,有对人完全无害的圣蛇。它们都是很小的,头顶上还长着两只角。在这些蛇死掉的时候,它们被埋葬在宙斯神的神殿里,因为这些蛇据说都是宙斯神的圣兽。"

③ 原文为 agathodaemonae,为希腊语 ἀγαθός(好的、善的)和 δαίμων(神灵、鬼魂)合成的词。

④ 根据犹太教教义,犹太人是不能吃鸵鸟的。

XXIX. 1 埃利奥伽巴鲁斯拥有饰着宝石的金马车，并鄙视银制、象牙制，和铜制的。**2** 他用挽具套住再漂亮不过的妇女，四个一组系在推车上驾驭她们，或有时两个一组，或三个一组，或更多人一组，而多数时候他都赤身裸体，让赤身裸体的女人们拉着他。**3** 他有这样的习惯，他会叫来八个秃子吃晚饭，或者就是八个独眼龙，再或者八个痛风患者、八个聋子、八个黑人、八个高个子、八个胖子——安排八个胖子为的是，由于他们不能在同一张半圆大坐垫上坐下，而引来所有人的嘲笑。**4** 只要宴会上使用的银器他都赠送给了赴宴之人，赠送杯具之事他做的就更频繁了。**5** 罗马将领当中，把腌鱼酱端给公众食用的他是头一个，而在此前这道菜是军中的食物，在这之后亚历山大又迅速恢复了这道菜 [本来的用法]。**6** 除此之外，他向赴宴者提出建议，要他们发明一种新的调味料以增加肉类的香味，谁的发明让他感到了满意，他就会赠与其一笔相当大的赏赐，以至于会送上一件丝织衣服，而那个时候这样的衣服常被视作稀世珍品和显贵的标志。**7** 可要是有人发明的东西并不让他感到满意，他就会下令让对方一直吃那种东西，直到其发明出更好的出来。**8** 他坐的地方不是在花堆里就是在名贵的香精里。**9** 他乐于被告知端出的菜价值连城，并声称这会是宴会上的开胃品。

XXX. 1 埃利奥伽巴鲁斯把自己塑造成糖果师、香精师、餐馆厨师、店主、妓院老板，他甚至总是在家里扮演上述全部的职业。**2** 他在多张餐桌上一顿晚餐就端上了六百只鸵鸟的鸟首以供人食用脑子。**3** 他有时会摆出如此丰盛的餐宴，以至于端上了二十二道不寻常的菜肴，而且还在每道菜之间让大家沐浴并和女人调情，他自己与朋友们还发誓说他们得到了快乐。**4** 他同样还举办这样的宴会，宴席上每道菜都送到了各位朋友的家里：纵然有人待在卡庇托山、有人待在帕拉丁山、有人待在城墙外①、有人在西里欧山、有人在台伯河对岸，可每一道菜都会按顺序供这些人在家中享用，直至送进所有人的家里。5 如此这般，当他们在每道菜之间需要沐浴和与女人调情的场合下，一场宴会要持续近乎一整天才结束。6 他总是奉上用橄榄油和腌鱼酱制成的希巴利斯②的菜肴，这道菜是希巴利斯人在他们遭到覆灭的那一年③发明的。7 据说，他曾在多处地方建起浴池，沐浴过一次之后又立马拆除了，这么做为的是，他觉得不能从这些浴池上得到什么利用价值了。同样是他，据说，在造屋、建行宫、筑别苑时也是如此。8 可是我相信，这些以及其他不少让人难以置信的事迹都是那群想要通过诋毁埃利奥伽巴鲁斯来博得亚历山大好感的人杜撰出来的。

XXXI. 1 据称，埃利奥伽巴鲁斯曾花十万塞斯退斯赎买过一个极其出名、极其漂亮的妓女，接着又让她如处女一般不受玷污。2 在他还是凡民的时候，有人问他："你不怕变穷吗？"据说，他当时说道："有什么比由我做自己的和自己妻子的继承人更好的事吗？"3 除此之外，出于其父亲的缘故，他曾得了许多人遗赠的财产。同样是这个人，他常说为了防止碰巧生出个俭朴之人，自己不想要儿子了。4 为了让房间充满香味，他命人焚烧印度香而非木炭。在他还是凡民的时候，他出行用到的马车从不少于六十辆，虽然其外祖母瓦里

---

① 塔克文·苏佩布城墙（Agger Tarquinii Superbi）是守护罗马城东面的所谓的塞尔维乌斯·图利乌斯城墙（可能是共和国早期的工程）的一部分，并穿过奎利那雷山和埃斯奎利山的山顶。关于此事，请参见普林尼的《博物志》，III，67："在［城］东面环护有塔克文·苏佩布城墙，那是首屈一指的伟大建筑。因为他把它建得够高，以在城市坐落的平地上那易受进攻的一面筑起一道足够坚固的城墙。"——英译者注，引文为汉译者补充。

② 古希腊时代位于意大利南部大希腊地区的城邦，以其奢华而闻名于世。

③ 公元前510年。——英译者注

娅曾疾呼，他会挥霍掉一切的；5 而在他当上皇帝之后，据说，竟带出过六百辆马车，还声称道，波斯人的王出行用到一千匹骆驼，尼禄则用过五百辆马车①。6 要这么些车的原因是因为他带了人数众多的妓院老板、老鸨、妓女、卖淫男、男宠，甚至阳具硕大之人。7 他总是在浴池里和女人们待在一起，以至于在为自己的胡子抹上脱毛膏的同时，还亲自为她们抹脱毛膏，这样的事情即便说出来都该是可耻的：在同一个地方、同一个时间里，女人们受到了他的服侍。他甚至亲手为自己的男宠刮除私处的毛发，随后再用这把剃刀刮自己的胡子。8 他把金粉和银粉撒在柱廊里，同时对没能撒琥珀粉而感到难过，他常在步行走向马匹或马车时做这种事，正如当今撒的是金沙一样。

XXXII. 1 穿过一次的鞋子埃利奥伽巴鲁斯从不再穿，据说戴过一次的戒指他也不再戴上。他经常把贵重的衣服扯碎。他抓到过鲸鱼，称重之后就把与其重量相当的［普通］鱼送给朋友们。**2** 他进入港口，弄沉满载负荷的船只，还说这是神迹。他用金器大便，把尿撒在萤石和玛瑙［做的尿壶］里。**3** 据称，同样是这个人还说过："如若我有了继承人，我将会把他交给这么一位监护人，让其强迫他去做我做过的和打算要做的事情。"**4** 他给自己上晚饭的时候还保有这种怪异的习惯：在一天里他除了雉鸡外其他什么都不吃，因而每样菜都只上雉鸡肉；同样的，在另一天里他只享用童子鸡，再有一天则享用某种鱼，改天又换另一种，到了另一天又用上了猪肉，改天再换上鸵鸟肉，又或蔬菜，又或水果，又或甜品，又或乳品。**5** 他常迫使自己的朋友和埃塞俄比亚老妇关在一起留夜，一直待到黎明，还说最最漂亮的女人都给了他们了。**6** 同样是他还用男孩做过这种

<hr>

① 根据苏埃托尼乌斯的《罗马十二帝王传·尼禄传》，**XXX**，3，这个数字从未少过一千辆。——英译者注

事——因为在腓力的时代之前，那时这么做[①]是合乎体统的。**7** 此外，他时常发出此般狂笑，以至于剧院里公众只能听到他一个人的声音。**8** 他亲自唱歌、跳舞、吹骨笛、吹大号、奏三弦琴、奏管风琴。**9** 据称，在某一天，他为了不让人发现，戴着赶骡人的帽子拜访了竞技场、剧场、圆形大剧场，以及城内各处的所有妓女，虽然如此，可他并未满足自己欲望，而是一边把金币送给妓女们，一边说道："别让任何人知道，这些是安东尼努斯送的。"

XXXIII. 1 埃利奥伽巴鲁斯想出了某些［别出心裁的］纵欲方式，甚至都胜过了古时恶徒们的诸种淫荡之举，而且他还熟悉提比略、卡里古拉，和尼禄的每一种花招。**2** 叙利亚的祭司们曾做出预言，说他会暴毙。**3** 于是，他准备了用绛色染料染过的丝线，并将它们拧成了绳子，如果逼不得已他就能用这些丝绳自缢以终结自己的生命。**4** 他还准备了金剑，在有某种武力逼近的情况下，他就用它来自尽。**5** 他甚至在玛瑙、蓝宝石、祖母绿中存好了毒药，准备在凶险来临之际用这药自杀。**6** 他建过一栋高到不能再高的塔楼。他要在底下铺开金币、面前堆着一块块宝石的情况下，纵身从上面跳下，他还说道，该让自己的死在价值上昂贵、在表现上奢华，这么做为的是，让大家传诵说，他曾以空前绝后的方式身死陨灭。**7** 不过，这些事情没有一件发生在其身上。因为，正如鄙人曾说的，他被护卫们[②]杀死了，随后被拖过大道，极不光彩地塞进了下水道，接着又被丢入了台伯河里。[③]**8** 在国家当中，他是最后一位使用诸安东尼努斯族名的元首，而所有的人都明白，这个臭名昭著的安东尼努斯在生活上就和其族名一样名不副实。

---

① 显然指的是男男之间的性交。

② 此处拉丁网络图书馆版本作"per scutarios"，即表示带盾牌的守卫；洛布版则作"per scurras"，表示小丑、喜剧演员。根据上下文，显然采信前者。

③ 关于此事，请参见本卷 XVII，1—3。——英译者注

XXXIV. 1 令人敬畏的君士坦丁啊，对任何人来说，一位拥有元首身份的人犯下了我所叙述的这种灾祸，而且还持续了近三年，这看起来也许是令人称奇的。因为那时国家当中没有谁能够把那个家伙从统治罗马的最高权位上拉下马来，而弑杀尼禄、维特利乌斯、卡里古拉，及其他诸如此流的暴君的弑君者却并非不存在。①**2** 然而，出于我在诸位不同作家的作品中发掘出这些事迹，并将它们写成了文字，对此我本人首先请求获得宽恕，虽然我已对许多不名誉的以及那些除去 [道出者自己] 染上最下贱的罪恶之外就无法被道出的行径缄默不语了。**3** 我说出的那些，我也确实已极尽所能地在词语的运用上克制自己了。②**4** 随后，我相信，仁慈的您时常说的那句话当被提及在此："成就帝业乃天命所归之事。"这么说是因为，那些不仁不义的甚至坏到不能再坏的王都曾出现过。**5** 可有道的您的确还常说，应当注意到，那些受命运之力的指引注定登上王位的人，他们是名副其实的国家大权的 [当权者]。**6** 由于他是诸位安东尼努斯中的最后一位，到后来这个族名不再出现在国家中的诸位元首的身上了，而为了在我开始叙述戈尔狄安父子俩时（他们一直希望被讲成是出自安东尼努斯家族的人）不产生什么错误，如下的事情亦当被提及：首先他们用的并非是族名而是首名；**7** 再者正如我在许多

---

① 关于这三位暴君的死亡，请参见尤特罗庇乌斯，VII，16："尼禄逃出了宫殿，后来在一处距离罗马达第四里程碑的近郊庄园里，他自尽而亡了：那地方属于他的一位被释奴，位于盐道和诺门塔纳大道之间。"VII，18："他 [维特利乌斯] 以极其不光彩的方式被处死了：他当众赤裸着被拖过罗马城，一把剑抵在了他的脖子上，头发被人抓住直到脑袋被拎了起来；所有的路人都急着往他的脸上和胸口扔牲畜粪便；最后，在割喉之后，他被扔进了台伯河里，连处普通的墓地都没有给他。"VII，13："他 [卡里古拉] 极度贪婪、淫欲横流、残暴无度，因此而让所有人都感到了愤慨，于是他就在二十八岁的时候被人杀死在了宫殿里，他当政两年九个月又七天。"
② 事实上，如本卷 V，1—4 的描写一样，立传者在某些地方的用词仍颇为露骨。

书里发现的那样，他们被称为安东尼，而非安东尼努斯。①

    XXXV. 1 这些便是与埃利奥伽巴鲁斯相关的事迹。由于鄙人已经写下了在此之前的其他君王的传记，您便希望我从希腊作家和拉丁作家的著作里搜集他的生平事迹并写下来献给您——虽然这么做我并不情愿且有些强人所难。**2** 现在，我开始记述紧随其后的那些帝王。他们中最为优秀的亚历山大当被详尽道来（他为君十三载，而别的人只有半年、一年、两年），此外还有声名显赫的奥勒利安，以及您家族的开创者、所有这些人的荣耀所在克劳狄乌斯②。**3** 为了不让自己在某些怀有恶意之人看来像个阿谀奉承之徒，我一直害怕把关于后者的事实写给仁慈的您看，不过因为我发现在其他人的眼里他也是一个名声在外之人，于是就不会在意不怀好意者的怨恨了。**4** 黄金时代之父戴克里先，以及如大家所说的，黑铁时代之父马克西米安③，还有其他一些直至有道的您为止的君王都应归入他们之列。④**5** 而至于您，令人敬畏的奥古斯都啊，善良的自然把如此的恩惠赋予一些人，他们将会用鸿篇巨著详细记下您［的丰功伟业］。**6** 李锡尼以及马克森提乌斯⑤也该被加到这些帝王里，虽然他们的一

---

① 关于此事，请参见《奥庇利乌斯·马克利努斯传》，III，5 及注脚。

② 皇帝克劳狄乌斯［二世］，公元 268—270 年在位。根据尤特罗庇乌斯，IX，22，君士坦丁之父君士坦提乌斯乃出自克劳狄乌斯女儿一系，是这位皇帝的外孙。关于此事，请参见本卷 II，4 及注脚。

③ 根据戴克里先的"四帝共治制"，由他和马克西米安·埃库利乌斯共同出任奥古斯都。至于此处两人的对比，可能是在说秉性上马克西米安表现得更凶狠一些。关于此事，请参见尤特罗庇乌斯，IX，27："至于埃库利乌斯，他是一个表现残暴且天性粗野的人，甚至在他那令人敬畏的脸上也流露着凶狠的表情。他深陷于自己的上述秉性之中，因而在任何需要表现出残忍的事情上都对戴克里先惟命是从。"

④ 但现在流传的版本却止于戴克里先皇帝之前。

⑤ 马克西米安之子马克森提乌斯和新贵李锡尼都曾是与君士坦丁并立的皇帝，但最终都被后者所败而失去了性命。

切权力都已归您支配了，不过牵涉到他们美德的地方也不该被漏掉一丝一毫。7 因为，要我像大多数作家通常所做的那样去贬损败军之人，我不会那么做，而我理解到的是，如果把他们身上曾拥有的一切美德全都叙述出来，这么做会增加您的荣耀。

亚历山大·塞维鲁传[①]

埃利乌斯·拉普里狄乌斯

I. 1 瓦里乌斯·埃利奥伽巴鲁斯死去后——我宁可叫他这个名字也不愿称其为安东尼努斯，因为这个瘟神连一点诸安东尼努斯那样的品质都没显露过，2 随后他的这个族名遵照元老院的指令在编年记录中给抹除了——奥勒利乌斯·亚历山大[②]作为人类的救星接过了国家大权。他生于阿尔卡城[③]，乃瓦里乌斯之子[④]、瓦里娅的外孙[⑤]、埃利奥伽巴鲁斯的表弟[⑥]，先前在马克利努斯去世之后，元老院就把恺撒之名授给了他。[⑦]3 同样是他还得到了奥古斯都之名，同一天里还获得了国父之称、总督之权、保民官之权[⑧]，以及在元老院

---

① 该篇传记拉丁网络图书馆版本只有开头的三个自然段。

② 关于这个名号，请参见《奥庇利乌斯·马克利努斯传》，IX，2 之注脚。

③ 位于今黎巴嫩北部。

④ 他父亲的名字叫杰西乌斯·玛尔西亚努斯（Gessius Marcianus）。瓦里乌斯·马尔契洛（Varius Marcellus）是埃利奥伽巴鲁斯的父亲。——英译者注

⑤ 关于此事，请参见《奥庇利乌斯·马克利努斯传》，IX，2 之注脚。

⑥ 关于此事，请参见《安东尼努斯·埃利奥伽巴鲁斯传》，V，1 及注脚。

⑦ 关于此事，请参见《奥庇利乌斯·马克利努斯传》，IV，1。

⑧ 关于这些权力，请参见《安东尼努斯·庇乌斯传》，IV，7 及注脚。——英译者注

提第五份提议的权利①。**4** 为了不使这一系列荣誉的取得看起来有些仓促，我将列出迫使元老院这么做以及他接受这么做的原因所在。**5** 因为同时把所有这些全都授出并不符合元老院的威严，而一位贤明的元首也不该一下就夺取那么多尊荣。**6** 现在士兵们早已习惯用不合规矩的手段推举皇帝，接着又轻而易举地再行废立，有时这些人还为自己辩解称，之所以这么做是因为他们不知道元老院已经任命了元首。**7** 例如他们曾拥立过佩希尼乌斯·尼杰尔、克洛狄乌斯·阿尔比努斯、阿维迪乌斯·卡西乌斯，以及再往前的卢西乌斯·温德克斯和卢西乌斯·安东尼②，而在元老院已经宣布尤利安为元首的情况下，他们还把塞维鲁立为了皇帝，由此便种下了内战的苦果，而在内战中为对抗敌人招募起来的士兵必然会被自己的亲人所杀。

II. 1 于是，因为上述缘由，元老院才急不可待地让亚历山大一次就获得了全部的荣誉，就好像他做了好长时间的皇帝一样。**2** 对此还要补充一点，在那个非但有辱诸安东尼努斯的族名，而且还玷污了罗马大权的人覆灭之后，元老院和人民对他的期待是极其强烈的。**3** 最终，各种名号和权力都被争先恐后地颁授给了他。**4** 他在所有 [帝王] 中史无前例地一次就囊括了全部种类的美名和荣耀，许多年前就得到的恺撒之名已让他赢得了支持，而他的生活和秉性使其得到了更广泛的支持。埃利奥伽巴鲁斯企图杀死他，而士兵们的对抗和元老院的反对让此事没能得逞，从这件事上他获得了广泛的支持。**5** 要不是他不辜负元老院授予的荣誉，要不是士兵们渴望他能安然无恙，要不是所有善良之人都要称其为元首，这些荣耀就会变得微不足道。

① 关于这种权力，请参见《哲学家马可·安东尼努斯传》，VI, 6 的注脚。——英译者注

② 这两人应该叫作：盖乌斯·尤利乌斯·温德克斯和卢西乌斯·安东尼·萨杜尔宁。关于他们的情况，请参见《佩希尼乌斯·尼杰尔传》，IX, 2 之注脚。

III. 1 话说，亚历山大（许多人都这么说，他的母亲是玛美娅①）自孩提时代起便沉浸在使人为善的学问（既有内政之术、又有军事之略）中，他不允许有哪一天在放纵自己中度过而不去学习文学和操练军事。**2** 在孩提时代，他的启蒙老师是瓦勒利乌斯·科尔都斯、提图斯·维图里乌斯，以及他父亲的被释奴、此后又为他撰写传记的奥勒利乌斯·腓力。**3** 在家乡，他师从希腊语法学家奈奥、修辞学家塞拉皮奥、哲学家斯提利奥，在罗马他师从斯嘉里努斯之子、那个极富名望的名师、语法学家斯嘉里努斯，还师从修辞学家尤利乌斯·弗朗蒂努斯、贝比乌斯·马克利安努斯，以及尤利乌斯·格拉尼安努斯——其演说技巧至今仍在被采用。**4** 而拉丁语方面他却不太在行，正如他在元老院发表的演说，或不是在士兵面前就是在人民面前发表的演讲中所表现出的那样。他虽不特别喜欢说拉丁语，可极其喜爱有学识的人，同时还对他们心存畏惧，唯恐这些人会写下一点事关他自己的尖刻的东西。**5** 他确实希望那些值得尊敬的人能事无巨细地获悉他在朝廷内外的所作所为，而要是他们恰巧不在的话，他愿意亲自叙述给他们。他曾时常请求他们，如情况属实，那就要写下来。

IV. 1 他禁止别人唤自己叫主子。他命人给自己写信时只保留皇帝之称，其余一如凡民一样。**2** 他把埃利奥伽巴鲁斯曾经用过的宝石从鞋子和衣服上取下。②他穿的正如所画的那样是白色的衣服而不是金色的，此外他还穿普普通通的斗篷和托袈袍。**3** 他和朋友们在一起是那么地平易近人，以至于常常如普通一分子一样坐在他们中间、出席他们的宴会，即便有些人不曾被召来过，可他仍把他们当

① 关于此事，请参见《奥庇利乌斯·马克利努斯传》，IX，2 之注脚。
② 关于埃利奥伽巴鲁斯用宝石装饰鞋子和衣服，请参见《安东尼努斯·埃利奥伽巴鲁斯传》，XXIII，3—4。——英译者注

成日常的朋友，他的确像一位元老那样，接受问候时拉开窗帘、摒去接引者，或只留下门口的侍从，而在那之前，人们要对元首致以问候是不可能的事情，因为他不能见着他们。**4** 他除去体态优雅并拥有我们如今在绘画和塑像上所见的阳刚之美外，还如士兵那样高大、健硕，像那种对自己体内的力量一清二楚又小心维持的战士那样强壮。**5** 除此之外，他让所有人都对自己产生了爱慕，甚至还被有些人唤作了庇乌斯，也确乎被所有人都称为了圣人及对国家有用之人。**6** 就在埃利奥伽巴鲁斯对他施展阴谋之际，① 普莱奈斯特的神庙② 做出了如下神谕：

> 如果你能粉碎悲惨的命运，
> 你将成为马尔契洛。③

V. 1 他得到亚历山大的族名是因为他出生在位于阿尔卡城的奉献给亚历山大大帝的神庙中，而他的父亲与母亲正巧在亚历山大节当天走入那座神庙举行祭祀仪式。**2** 这么说是有事实依据的，因为就在那个亚历山大大帝驾崩的同一个日子，这个属于玛美娅的亚历山大降生了。④**3** 虽然论同卡拉卡卢斯的亲属关系，他比那位冒牌的

---

① 关于此事，请参见《安东尼努斯·埃利奥伽巴鲁斯传》，XIII，4—8。

② 普里米杰尼亚命运女神（Fortuna Primigenia，神庙就在拉丁姆的普莱奈斯特）以其神谕著称。该神谕以抽签形式发布，即把内容题在木片上。——英译者注

③ 维吉尔，VI，882—883。乃对奥古斯都的外甥马尔契洛说的话。——英译者注
　　奥古斯都曾有意让马尔契洛做自己的继承人，不过后者却在十九岁时因病而亡了。

④ 亚历山大大帝卒于公元前 323 年 6 月 10 日或 11 日，而根据《菲罗卡鲁斯年历》亚历山大·塞维鲁的生日当为 10 月 1 日（公元 208 年）。

[安东尼努斯] 更亲近，^① 可却拒绝了元老院授给自己的安东尼努斯的族名。**4** 因为，正如马略·马克西姆斯在塞维鲁传记里所说，那时仍身为一介凡民且无多少地位的塞维鲁在发现一个贵族出身的女子的生辰犹如帝王之妻一样后就把她娶了过来，^② 而这位亚历山大是和她有亲戚关系的，瓦里乌斯·埃利奥伽巴鲁斯也确实是他的表兄^③。**5** 甚至当元老院通过决议，要像亚历山大一样授予其大帝尊衔时，也被他拒绝了。

VI. 1 亚历山大拒绝了元老院授予自己的安东尼努斯和大帝之名，重温为此发表的演讲是有意义的。[不过] 在把演说辞展现出来之前，我要先插叙一下元老院的欢呼声，而上述名号就是在这种欢呼声中被授给他的。**2** 摘自罗马邸报^④：在三月六日，元老院云集议事堂（那地方就在受神谕祝福的圣地和谐神庙），奥古斯都、恺撒奥勒利乌斯·亚历山大受邀来到那里，他因为知道这么做该是出于为自己颁授尊名之故而首先做出了推辞，而后再前来那里。当时，大家欢呼道：**3** "不染罪恶的奥古斯都啊，愿众神庇护您。皇帝亚历山大啊，愿众神庇护您。众神把您献给我们，愿众神庇护您。众神把您从醒醌之徒手里拯救而出，愿众神永远庇佑您。**4** 您同样遭受那位邪恶暴君 [的迫害]，您同样对一位邪恶、下流之徒活在世上而感到悲哀，愿众神绝除他，愿众神拯救您。**5** 臭名昭著的皇帝受到了应有的惩处。有您统治我们多么幸福啊，[有您统治] 国家多么幸福

---

① 这种说法并不正确，因为亚历山大的母亲和埃利奥伽巴鲁斯的是姐妹，且皆为尤莉娅·梅萨（Julia Maesa）的女儿，因而便都是卡拉卡拉的表姐妹。——英译者注

② 指尤莉娅·多姆娜，关于此事，请参见《塞维鲁传》，III，9。——英译者注

③ 原文意思是母亲一边的表兄弟。

④ 关于罗马邸报，请参见《康茂德·安东尼努斯传》，XV，4 及注脚。——英译者注

啊。臭名昭著之徒被用钩枪拖拽作为警示之鉴。①奢靡之君依法受到惩处、玷污荣耀之徒依法受到惩处。愿永生之众神［赐予］亚历山大生命。愿众神的裁判从其身上彰显出来。"

VII. 1 在亚历山大表示过谢意之后，大家欢呼道："安东尼努斯·亚历山大啊，愿众神庇佑您。安东尼努斯·奥勒利乌斯啊，愿众神庇佑您。安东尼努斯·庇乌斯啊，愿众神庇佑您。**2** 我们恳请您接受安东尼努斯的族名。快把您被唤作安东尼努斯的荣耀呈献给贤君们吧。快让诸安东尼努斯的族名得到净化，遭那人玷污过的事物您快去净化吧，快让诸安东尼努斯的族名回归纯洁。让诸安东尼努斯的血脉认回自己。**3** 您快为马可遭到的不公复仇吧，您快为维鲁斯遭到的不公复仇吧，您快为巴希安努斯遭到的不公复仇吧。**4** 比康茂德还要卑劣的就只有埃利奥伽巴鲁斯一人了：他既非皇帝，又非安东尼努斯，既非公民，又非元老，既非贵族，又非罗马人。**5** 安康在于您，生命在于您。为了快乐地活着，愿诸安东尼努斯中的亚历山大万岁；为了快乐地活着，愿他被唤作安东尼努斯。让这位安东尼努斯奉献诸安东尼努斯的神庙吧。愿这位安东尼努斯战胜帕提亚人和波斯人。**6** 让神圣之人获得神圣的族名，让纯洁之人获得神圣的族名。愿众神知晓安东尼努斯的族名，愿众神留存诸安东尼努斯的荣耀。万物在于您，万事藉由您［达成］。万岁，安东尼努斯陛下。"

VIII. 1 欢呼过后，奥古斯都及恺撒奥勒利乌斯·亚历山大［说道］："元老们，感谢你们，现在并非第一次向你们致谢，而是既出于恺撒之名，又出于保全下来的生命；既出于授予的奥古斯都之名，又出于最高祭司之职；既出于保民官的督护权，又出于与执政官等

---

① 关于此事，请参见《安东尼努斯·埃利奥伽巴鲁斯传》，XVII，1—6。——英译者注

衔的统治权，而所有这些你们都史无前例地在一天时间里就授给了
我。"2 当他这么说的时候，大家欢呼道："您已取得了上述这些，[现
在]快收下安东尼努斯的族名吧。3 让元老院配得上这恩惠，让诸
安东尼努斯的族名副其实起来。奥古斯都安东尼努斯啊，愿众神庇
护您，愿众神庇佑您，安东尼努斯。让安东尼努斯的族名重现于钱
币上。让这位安东尼努斯奉献诸安东尼努斯的神庙吧。"4 奥古斯都
奥勒利乌斯·亚历山大说道："别，元老们，我恳请你们别强迫我去
做这种非做不可的艰难之举，以至于我将不得不为如此伟大的族名
去干足够多的事情，即便是我自己的族名，虽出自外族之人，①可似
乎仍显得颇具分量。5 因为这些光辉的族名都是分量十足的。有谁
会把哑巴称作西塞罗？有谁会把不学无术者称作瓦罗？有谁会把奸
邪之徒称作梅特路斯②？有谁会忍受（愿众神免除这种事情）一个
与名不符之人在极为光彩的荣耀光环中享度时光？"

IX. 1 如上面一样的欢呼再次响起。皇帝又说道："诸安东尼努斯
的族名神圣到何等地步了，仁慈的诸位回忆一下吧。若论虔诚，哪
个能比庇乌斯神圣？若论博学，哪个能比马可聪慧？若论无邪，哪
个能比维鲁斯单纯？若论无畏，哪个能比巴希安努斯勇武？③2 至于
康茂德，我不想追忆他，因为他以那样的方式保有安东尼努斯的族名
因而变得愈加可憎。3 还有，迪亚多姆努斯一方面没有经历多少时间，
一方面又年岁不足，是通过其父亲的设计才让此族名到手的。④4 如

---

① 显然指的是亚历山大。

② 昆图斯·契奇利乌斯·梅特路斯（Quintus Caecilius Metellus），因他努力
  召回于公元前 100 年出于同马略及其党人为敌的缘故而遭流放的父亲梅特
  路斯·努米底库斯（Metellus Numidicus）而有了"庇乌斯"的尾名。——
  英译者注

③ 列举的这些君主都冠有安东尼努斯之名。

④ 关于此事，请参见《奥庇利乌斯·马克利努斯传》，V，1；VI，6；《迪亚
  多姆努斯·安东尼努斯传》，I—II。——英译者注

上面一样的欢呼再次响起。皇帝又说道："元老们，不久前你们还记得，当众生（既包括两条腿的，也包括四条腿的）之中最最龌龊的那个人夸耀起安东尼努斯的族名，当他在丑恶和奢靡上胜过了尼禄、维特利乌斯，以及康茂德，所有人都陷入了何等的悲痛啊；[你们还记得，]那时人民和受人敬仰者中只有一种呼声，说这个人名不正言不顺地被唤作了安东尼努斯，在那种情况下这高贵的名号受到了此般瘟疫的侵蚀。5 在他说话间，大家欢呼了起来："愿众神禁绝这些恶行，愿我们在您的统治下不畏惧这些恶行，有您作为领袖我们不遭受这些恶行。您战胜了邪恶、您战胜了罪行、您战胜了无耻。6 您将为安东尼努斯的族名增光添彩。我们确定地认识这一点、我们清楚地预见这一点。我们自您孩提时代起就敬重您了，而且现在也还敬重您。"7 皇帝还是这么说道："元老们，我之所以害怕获得这个令一切人都感到敬畏的族名，并非出于畏惧我的生活会坠入邪恶之中而让我们对这个族名感到羞愧，而是首先冠上一个不属于自己家族的族名让人不悦，其次我相信这个族名会使我身受重负的。"

　　X. 1 虽然他这么说，可如上面一样的欢呼仍响了起来。亚历山大又说道：**2** "这么做是因为，如果我接受安东尼努斯的族名的话，也就意味着可以接受图拉真的，可以接受提图斯的，可以接受韦斯帕芗的了。"**3** 虽然他这么说，可大家仍欢呼道："正如是奥古斯都一样，您还当是安东尼努斯。"皇帝接着说："元老们，我在想是什么让你们迫使朕要受赠这族名。**4** 首位奥古斯都是缔造最高大权的第一人，而我们似乎全都通过某种过继或继承之法来承袭他的族名。**5** 连诸位安东尼努斯他们都被唤作了奥古斯都。同样的，首位安东尼努斯①根据过继之法[把族名]冠到了马可头上，他同样也[把

────────────

① 指安东尼努斯·庇乌斯。

族名］冠在了维鲁斯头上，① 可康茂德却是通过了继承，迪亚多姆努斯这边则是以夺取，巴希安努斯［虽得到了这个族名不过］是冒牌的，奥勒利乌斯② ［虽得到了这个族名不过］是个笑柄。" **6** 虽然他这么说，可大家仍欢呼道："奥古斯都亚历山大啊，愿众神庇护您。愿永生之众神眷顾您的谦虚、您的聪慧、您的无邪、您的纯洁。由此我们明白您将会是一个多么伟大的人，由此我们敬重您。**7** 您将会证明元老院推选元首是正确的。您将会证明元老院的决议是最好的。奥古斯都亚历山大啊，愿众神庇护您。让奥古斯都亚历山大奉献诸安东尼努斯的神庙吧。**8** 我们的恺撒、我们的奥古斯都、我们的皇帝，愿众神庇护您。愿您取胜、愿您健康、愿您的统治经年累月。"

XI. 1 皇帝亚历山大说道："元老们，我清楚自己已获得想要的了，同时怀有且致以最最崇高的谢意，将之取作到手之物。我会通过努力将由朕带入最高大权的那个族名变得伟大，以至于既会被他者作为梦寐以求之物，又会经你们虔诚的裁判而赠给仁义之人。**2** 在那之后，大家欢呼道："伟大的亚历山大啊，愿众神庇护您。如果您拒绝把安东尼努斯作为族名，就接受大帝③ 这个首名吧。伟大的亚历山大啊，愿众神庇护您。" **3** 虽然他们三番五次地这么说着，可奥古斯都亚历山大仍说道："元老们，要我接受诸安东尼努斯的族名更为容易些，因为我要么在某种程度上顺从于亲戚，要么就顺从于帝王族名的共有性。**4** 可我为什么要接受大帝之名呢？因为我做了

---

① 关于此事，请参见《哈德良传》，XXIV，1 及注脚。
② 即埃利奥伽巴鲁斯。
③ 原文是形容词 magnus，指"伟大的"、"强大的"。"亚历山大大帝"或者说"伟大的亚历山大"拉丁语为 Magnus Alexander，此处显然是把亚历山大大帝名号前的 magnus 一词当成首名了。关于元老院决定授予亚历山大·塞维鲁大帝之名，请参见本卷 V，5。

什么伟大的事迹了吗？亚历山大在成就了伟业之后才得到它的，而庞培则经几次辉煌的胜利之后取得了它。**5** 因此，元老们，快安静下来吧。你们作为高贵者该把我当成你们中的一员，而非强加大帝之名于我。"

XII. 1 在这之后，大家欢呼道："奥古斯都奥勒利乌斯·亚历山大啊，愿众神庇护您。"余下的事便照旧制。**2** 那天，在处理完许多其他事务之后，元老院就散会了，而他则犹如凯旋者一般回到了家。**3** 虽然没有接受属于他人的族名，可他看起来似乎比得到这些族名远为出名，而且还由这件事博得了老到稳重的名声，因为虽单单一个人，甚至还是个十足的年轻人，可整个元老院就没能够把他说服。**4** 虽然当元老院提出恳请时，他无法被说动以取得安东尼努斯抑或大帝的名号，可是由于他灵魂的活力是巨大的，而面对士兵们的傲慢所表现出的坚毅又是无可比拟的，士兵们就把塞维鲁的族名授给了他①。**5** 这为他在自己的时代博得了巨大的敬仰，还在后世者中赢得了显著的声望，因为他出于灵魂的勇气取得了这个族名，这么说是由于据称他是惟一一位将哗变的军团给遣散掉（我会在合适的地方提到这一点）的人，此外他还对那些偶尔恰巧犯下任何看似是违法之举的士兵统统施加了极为严厉的惩罚，而鄙人会在恰如其分的地方述及这一点。

XIII. 1 预示亚历山大执掌最高大权的征兆有以下这些：首先他出生的那一天据说就是亚历山大大帝驾崩的日子；其次他母亲将他生在了神庙里；② 再次他得到那个族名的同时，还有位老妇人在他出生的当天把一枚紫色的鸽蛋交给了他母亲，由此占卜者说道，他

---

① 显然"塞维鲁"的意思（关于塞维鲁之名的含义，请参见《康茂德·安东尼努斯传》，XVII，11 及注脚）和坚毅并无多少关系。

② 关于此事，请参见本卷 V，1—2。

当成为皇帝，但却不会持久，而且很快就会踏上大权。**2** 除此之外，一直挂在父亲婚床上的图拉真皇帝的画像板就在他降生于神庙的同时落到了他的床榻上。**3** 除上述这些例子之外还加之，有个叫奥林匹亚斯的女子被派给他做女仆，而亚历山大的母亲也叫这个名字。**4** 一个叫作腓力的农夫恰好是他的养育人，而这又是亚历山大大帝父亲的名字。**5** 据称，在他出生的头天，阿尔卡—恺撒利亚^①整个白天都能看见一颗再硕大不过的星星，太阳在他父亲的屋子附近被一道闪亮的光带所环绕。**6** 当占卜师把他的生日托付［给神明庇佑］时，他们说道，他将会握有国家的至高大权，之所以如此，那是因为一些祭品是从塞维鲁皇帝的庄园运来的，而隶农^②们本准备用那些祭品来让他［塞维鲁皇帝］获得荣耀。**7** 在他屋子里有一株月桂从桃树边上生了出来，并在一年之内就超过了桃树。由此也有占卜者说，波斯人^③将被他击败。

XIV. 1 亚历山大母亲分娩前的一天曾梦见自己怀着的是一株紫色的龙蒿。**2** 同一天晚上，他的父亲在梦里看见自己借助罗马胜利女神（就是在元老院的那个）的翅膀被带到了天上。**3** 当［亚历山大·塞维鲁］亲自去预言者那里问卜未来之事的时候，那时仍非常年幼的他据说得到了下面的诗句，**4** 神谕的第一条便是：

　　　　天与地的大权正等着你。

---

① 即他出生的阿尔卡城（见本卷 I，2）。

② 原文为 colonus，字面本意是"耕种者"。在公元三世纪以前表示租他人土地耕种的人。

③ 此处"桃树"原文为 persici arbor，"波斯人"为 persae，而桃在拉丁语中则被称为 malum persicum（桃树之果／波斯之果）。由此从字面上看桃和波斯之间存在关系。英译本注认为，桃是从波斯或高加索引进意大利的。

这被理解成他亦会被列入众神的行列，[下一条是：]

> 执掌最高统治的大权正等着你。

这一条可以被理解为他将成为执掌罗马人大权的元首。因为除去在罗马人中间以外哪里还存在握有统治权的最高大权呢？这些内容也在一些希腊文的诗歌中被提到过。**5** 另外，当他在父亲或母亲的鼓励下把注意力从哲学和音乐转到其他门类上时，他本人就以下述方式被出自维吉尔的神谕述及到了：

> 还有一些人将铸造出生命之息更为温和的铜像，
> 我相信，他们确会用大理石雕出宛若生者般的脸；
> 一些人诉讼起来将更为雄辩，他们将用线条绘制出
> 天体运行的路径还会道出星辰的起落。
> 你，罗马人，勿忘以大权君临诸族之民。
> 这些将是你的手段：用和平之信念加以灌输，
> 对那些称臣之人施以宽恕，对高傲之人施以战争。①

　　6 还出现过许多别的征兆昭示着他会成为人类的元首。他的双眸充满着如此炽烈的火光，以致好长一段时间都难以直视。他总能读出思想，对诸事有着超常的记忆力，阿库利乌斯②常断言，他用了某种有助于记忆的手段。**7** 在他还是男孩时踏上了最高大权之后，一切所作所为都与其母亲一起执行，以至于作为一位受人敬仰但

---

① 请见《埃涅阿斯纪》，VI，848—854。——英译者注
② 据说除了他曾担任过瓦勒良的司礼官（magister admissionum）之外，关于他的其他事迹便不为人所知了。——英译者注，有删减。

却贪得无厌、爱惜金银的妇女 ①，她看起来是在以同等的权力进行
共治。

XV. 1 当亚历山大随后开始执掌奥古斯都之权的时候，首先在国
家事务和军政公职里，无论谁只要是那个出自人类的奸邪之徒 ② 从
再卑微不过的地位提拔上来的，他都剔除了出去。随后他净化了元
老等级和骑士等级。**2** 接着他又净化了部族 ③，以及那些凭借服役 ④
而得到权利的人，还有他自己的宫廷和全部的侍从，并把卑鄙小人
和臭名昭著者从朝廷官僚中统统清理了出去。除去不可或缺之人外，
他绝不允许其他任何人在宫里任事。**3** 再后来，他许下誓言，不会
留用任何额外的人，也就是闲职之人，目的是为了不增加国家的税
赋负担，他同时还说道，用行省居民的血汗来喂养那些对国家来说
既无必要又没用处的人，那样的皇帝是国之恶徒。**4** 他命令有偷盗
之罪的法官永不得在任何一座城市出现，如若他们出现了，那么就
该由行省总督进行驱逐。**5** 他认认真真地审核了士兵们的粮饷。他
对那些克扣军饷同时回报给士兵些许特权的保民官处以了极刑。**6** 他
规定道，先由御前阁僚中的主要成员和最博学、最富经验，又忠于

---

① 关于亚历山大之母的贪婪，请参见赫罗提安，VI, 8, 1："亚历山大也
对母亲提出指责，而且对看见她的贪婪和对金钱的绝对占有欲而感到极度
不安。"另请比较佐西莫斯，I, XII, 2："而与此同时亚历山大则感到自己
在劫难逃，以至于身心都产生了变化，从而陷入进永无止境的、渴求财富
（还把搜罗到的钱藏到母亲那里）的极度贪欲之中。"

② 显然指的是埃利奥伽巴鲁斯。

③ 也被译成"特里布"。古罗马时代三十五个部族的自由公民都可以参加特
里布大会——也被译成平民大会。表决时每个部族投一票，达到十八票即
可通过。最初，该会议通过的决议只对平民有效，直至公元前 287 年霍腾
西阿法（Lex Hortensia）规定特里布大会平民决议可以不经元老院批准就
对全体公民拥有约束力。

④ 军团士兵在光荣退役之后可以得到完整的公民权。——英译者注

自己的法学家（当时他们中间首屈一指的当属乌尔庇安努斯[1]）负责处理国事、审理案件，然后再把这些都呈递给他。

XVI. 1 针对人民的权利和帝王私库的规章，亚历山大颁布了不计其数的合理法令；若没有二十位既经验丰富又再博学不过的法学家和不少于五十个能言善语的智者［的肯定］，他从不颁布任何旨令，这么做的目的是使阁僚班子中赞同决议的人数不少于元老院通过决议所必需的票数。**2** 每一个人的意见皆被问及，无论谁说了什么一律都被记下，虽然如此，可为了不使自己在未经充分考虑之下就被迫对重大要事发表讲话，在大家发言之前他被给予时间进行提问和深思。**3** 除此之外，这也是他的习惯：如要对法律事宜或工作事务进行讨论，他只会唤来能言善语的博学之人；[2] 可若是就战争之事进行讨论，他就会招来老兵，还有功绩显赫、军职经验丰富、通晓作战与扎营的老者，以及所有学问家——特别是那些熟悉历史的人，并问道，遇到像讨论中的这种情况，罗马的或是其他部族的古代帝王们是怎么做的。

XVII. 1 亚历山大待之再亲密不过的英科尔庇乌斯（Encolpius）曾常提到，无论何时只要他见到盗贼成为法官，就会恨不得用手指把那人的眼珠给掏出来，他对这些被认定是盗贼的人的憎恨到了这般地步。**2** 详细写下他传记的塞普提米乌斯曾提到过，亚历山大对那些虽未被定罪但却背负偷盗之名的法官是那么愤怒，以至于只要他偶尔看到他们，就会满脸带着怒火、在烦恼心情的刺激下吐露出怒气，以至于连什么话都说不出来了。**3** 例如，当某个以偷盗罪行出名却又在埃利奥伽巴鲁斯当政时被释放的塞普提米乌斯·阿拉

---

① 关于此人，《佩希尼乌斯·尼杰尔传》，VII，4 及注脚。

② 显然并不是阁僚的成员，而是被招来就某个特别问题发表意见的专家。——英译者注

比亚努斯随元老们一起前来向元首致敬时，他喊道：**4**"哦，玛尔纳①！哦，朱庇特！哦，不死的众神啊！阿拉比亚努斯非但活着，而且还进入了元老院，也许还正希望从我这里［得到些什么］。他料定我如此愚蠢、如此愚昧吗？"此外，他接受问候时大家用的是他的族名②，即"您好，亚历山大。"

XVIII. 1 假如有谁低下了脑袋，或者就如献媚者一样说了什么颇为恭维的话，那么若是其身份贵贱允许的话，他就会被赶走，而倘若对方身份高贵到无法受到颇为严厉的侮辱，则就会用大笑加以嘲弄。**2** 他在进行接见时，会给所有元老觐见［的机会］，即便如此，可若不是那些诚实可信及名声卓著之人，他也不会让他们前来觐见的，根据据说在艾琉息斯密祭③上的那种做法（除去自知无罪的人之外没有人踏入那种仪式），他颁下命令，如下法令当被传令官宣布出来：只要自知是盗贼的，就一律不得向元首致以问候，以免一旦发现之后会被送去接受极刑。**3** 埃利奥伽巴鲁斯曾开始采用波斯人君王的方式受人膜拜，而他则禁止自己按此方式接受膜拜。**4** 除此之外，这句话也是由他所创：只有盗贼在一边想着掩盖自己生活的罪行，一边抱怨贫困。**5** 他还常引述一句关于盗贼的著名句子，是用希腊语的，以拉丁语表示便是如此："掠得多的人给上面的人一点点东西就会免受伤害。"这句希腊语是这样子的："Ὁ πολλά κλέψας ὀλίγα δούς ἐκφεύξεται"④

XIX. 1 亚历山大依从元老院的授权替自己任命近卫军长官，并由元老院任命罗马市长。他竟然曾让一个逃避出任近卫军长官的人

---

① 巴勒斯坦加沙城（Gaza）的守护神，后来被当作宙斯神。其祭祀仪式常被早期教会作家作为基督教的一种反对者而提及。——英译者注
② 参见本卷 IV，1："他禁止别人唤自己叫主子。"
③ 关于这种祭祀，请参见《哈德良传》，XIII，1 及注脚。
④ 根据英译本翻译："偷得多的人，通过付点小东西，就能被释放。"

担任该官职①，同时还说道，该在国家中为那些无意想要且并不谋求[官职]的人安排职位。**2**在所有到场元老未取得一致意见的情况下，他从不任命任何[新的]元老，以至于元老得听取所有人的意见才被推举出来，最高贵的那些人该进行作证，假如有些人道出的证据或观点并不属实，随后在经判定之后他们会被降入最下层的公民等级，就好像他们是被证实犯下了欺骗之事一样，且绝不加以宽恕。**3**同样的，除了交由宫殿内地位最高贵的人进行表决之外，他[自己]未任命过元老，并且说道，任命元老之人自己应当是伟人[才行]。**4**他同样也从不把被释奴纳入骑士等级，因为他坚称，骑士等级是元老的培育所。

XX. 1亚历山大自律到了这般地步，以至于永远不会让任何人靠边站着；而且他常对所有人都表示出热忱和亲切；他探望生病朋友的时候非但包括了第一等级抑或第二等级，甚至还有等级更低的人；他希望人人都能随心所欲地道出自己的观点，并且在对方进行陈述的时候他都会倾听，在听过之后还会对事情提出改进甚至纠正的要求。**2**可若是有哪件事情没有做好，他也会亲自提出指责，而这其中并不带有傲慢或让人心里不舒服的东西。他总会接见每一个人——除了那些被重重偷盗之名所害的人——还总询问起未到场的人。**3**最终，无论他的母亲玛美娅还是妻子美米娅（拥有执政官官衔的苏尔庇奇乌斯之女、卡图卢斯之孙女）常斥责他表现太过平民化，她们说道："您已把自己的权力变得过于柔弱，把国家最高的大权变得过于让人感到轻视了。"他回答道："可我却已让大权变得更加地稳妥和持久了。"**4**总之，如果不做点有雅量的善事义举，他就从不让那天度过，可却也未使国库遭到破产。

---

① 原文直译为"两位中的另一位近卫军长官"，因为正常情况下罗马帝国都有两位近卫军长官。

XXI. 1 亚历山大下令，做出的判决应少之又少，可对于已下达的判决，他就不再进行改变了。他把税收分给市镇用以［支持］各地自己的工场。**2** 他按百分之四的利率提供国家贷款，[①] 对于大部分的穷人他甚至不带利息就给钱让他们购买土地，并以收成当作回报。**3** 他把自己的近卫军长官提升至元老等级，为的是让他们变成而且被唤作显贵。**4** 这种事在之前要么很少出现、要么绝对不会持久，而到了那以后，如若有哪位皇帝想要任命近卫军长官的接替者，就［只要］让一个被释奴把一件宽紫纹短袖袍交给他，正如马略·马克西姆斯在许多人的传记里说的那样。**5** 而亚历山大希望近卫军长官变成元老是出于这个缘故，为的是不让哪位不属于元老的人对罗马元老做出裁决。**6** 无论在哪儿，他都了解自己士兵［的状况］，甚至在寝宫都能掌握含有部队人数及服役时间的清单，当他独处的时候，总会查对他们的账目、人数、等级、军饷，以便他对万事都掌握到了如指掌的地步。**7** 最后，只要在士兵面前要做点什么事情，他甚至都能说出许多人的名字。**8** 他也会记下那些即将由自己提拔上来的人，并通读全部的记录，同时如实记下受到提拔的日子以及推荐人是谁。**9** 他大大提高了罗马人民的食物储备，结果待埃利奥伽巴鲁斯把粮食挥霍一通之后，他花去了自己的钱财而将［粮食储备］恢复到了原来的程度。

XXII. 1 为了让商人自愿来到罗马，亚历山大给了他们极大的优待。**2** 塞维鲁时代发给人民的橄榄油[②] 到了埃利奥伽巴鲁斯时代由于授给那些再愚蠢不过的人供给粮食的管理权[③] 而取消了，到了他手上又恢复了分发。**3** 那个龌龊的人曾经废除过的提起诉讼的权利，他还给了所有的人。**4** 他在罗马兴建起许许多多的工程建筑。他保

---

① 关于百分之四的利率，请参见《安东尼努斯·庇乌斯传》，II，8。

② 关于此事，请参见《塞维鲁传》，XVIII，3。——英译者注

③ 指理发师克劳狄乌斯，关于此事，请参见《安东尼努斯·埃利奥伽巴鲁斯传》，XII，1。——英译者注

留了犹太人的特权，他允许基督徒的存在。**5** 他如此尊敬高级祭司、十五人祭司团 ①，以及占卜师，以至于允许某些被他了结了的涉及祭祀之事的案子进行重新审理，并从其他方面加以考量。**6** 若他发现行省总督受到赞扬是凭真实作为而非出于党同伐异之故，那就总会让他们与自己一同坐在车里出行，还以礼物相赠，并说道，盗贼当被从国家中逐出并让他们陷于贫困，正直者当被保留下来并使他们变得富裕。**7** 当罗马人民向他提出请求要降低物价的时候，他通过传令官询问他们哪些东西价格高了，他们立即喊道，是牛肉和猪肉。**8** 在那个时候，他并未宣布降价，而是下令，不让任何人宰杀种猪、不让任何人宰杀有奶的母猪、不让任何人宰杀奶牛、不让任何人宰杀牛犊，最终在两年之内或说一年多点工夫，猪肉和牛肉就变得供应充沛起来了，以至于价格从先前的每磅八枚碎银 ② 回落到了每磅两枚至一枚［碎银］。

XXIII. 1 亚历山大如此倾听士兵们提出的针对军事保民官的案子，以至于一旦发现有哪位保民官犯下罪过，就会根据所犯罪行轻重施以惩处，且不做出宽赦之意。**2** 他总通过自己信赖的人询问一切人［的状况］，却又没有一人认识他找来担此任务的这些人，因为他常说所有人都能被抢来的东西给腐化。**3** 他总是给自己的奴隶穿上奴隶的装束，给被释奴穿上自由人的装束。**4** 他把阉人从他们的职位上赶了下去，还命令他们如奴隶一样服侍其妻子。**5** 鉴于埃利奥伽巴鲁斯曾变成阉人们的手下，他便把他们减少到一定的数目，并且除了侍候妇女沐浴之外他不让［其中的］任何人在宫殿内担当职位。**6** 埃利奥伽巴鲁斯曾让许多阉人执掌财务和代理人之职，而

---

① 指保管《西比林预言书》的十五人祭司团。关于十五人祭司团之事，请参见佐西莫斯，II，IV，2。

② 碎银（［Argenteus］minutulus）是公元三世纪时流通的小块银币，相当于早期的德纳里乌斯，但在价值上却比它更不值钱。——英译者注，有删减。

轮到他时竟把他们从原先的职位上撤了下来。**7** 同样是他，还常说阉人属第三类人，他们既不该被大家看到，也不该被男人（甚至也几乎不该被贵族妇女）使用。**8** 他们中有一位出售过圣裁并从某位战士那儿获取了一百枚金币，他便下令把他钉上十字架，而且是立在自己的奴隶前往城郊皇家庄园时最常经过的那条道路边上。

XXIV. 1 亚历山大把许许多多由与副将等衔的总督统辖的行省变成由与都统等衔的总督管辖[①]，与执政官等衔的总督所管辖的行省[②]根据元老院的意愿进行统治。**2** 他禁止在罗马进行［男女］混浴，而这种混浴曾经已被禁止过了，[③] 却［又在后来］得到了埃利奥伽巴鲁斯的许可。**3** 向妓院老板、妓女、男妓征收的税赋，他禁止将之充入国库，而是用于国家重修剧场、竞技场、圆形大剧场、运动场的开销耗费。**4** 他心里想着要禁绝男妓（后来腓力就这么做了）[④]，不过他怕这样的禁令会把国家的邪恶转变成个人的淫欲，因为在欲望驱使之下人类更倾向于触及遭禁止的罪恶之事。**5** 他对做裤子的裁缝、亚麻编制匠、玻璃工匠、皮毛工匠、锁匠、银匠、金匠，以及其他方面的工匠征收极其可观的赋税，并还颁令道，所获收入当被投入在浴池的维护上以供人民使用——其中既有他本人建起的那些，又有先前就已有的。**6** 他还把森林［的收入］用以支持公共浴池。他甚至拿油来为浴池照明，而在此前，那里不会在日出前开门，并且在日落之前就关门了。

---

① 都统（praeses）一词最初可以指各类行省的统治者或总督。到了公元三世纪中叶以后的晚期帝国时代，该词成了行省总督的正式官衔，而且与副将官衔相比该官衔的总督职位可以由骑士等级者出任。

② 与执政官等衔的总督一般管辖的是元老院直辖行省。

③ 关于此事，请参见《哈德良传》，XVIII, 10；《哲学家马可·安东尼努斯传》，XXIII, 8。——英译者注

④ 关于此事，请参见《安东尼努斯·埃利奥伽巴鲁斯传》，XXXII, 6。——英译者注，有删减。

XXV. 1 有些人在著作中提到亚历山大的统治没有血腥之事，事情不是这样的。**2** 因为，出于严厉他被士兵们冠上了塞维鲁之名，而他在有些案子上施加了颇为严酷的惩处。**3** 他重修了先前一些元首的建筑，还建起了许多新的，这其中就有以自己族名命名的浴池——那地方毗邻尼禄浴池——还有现在仍被唤以亚历山大之名的供水渠。**4** 在其浴池边上，就在那片他曾买下来、[随后]又推倒了的私人房屋之上，他种下了一片树林。**5** 在元首当中他史无前例地为一处浴池冠名"海洋"，因为图拉真不曾做过这种事情，而是根据节日给浴池命名的。**6** 在添加上柱廊之后，他让安东尼努斯·卡拉卡卢斯的浴池得以完工，并将之装饰一新。^①**7** 他史无前例地建起了以亚历山大命名的大理石建筑，那种大理石[建筑]由斑岩和蛇纹石做成，并被用于装点宫殿里的空地。**8** 他从各地召集起艺术家，在罗马城里竖起了多尊巨大的塑像。**9** 他铸造了许许多多以身着亚历山大[大帝]装束[作为肖像]的硬币，其中有一些是用金银合金铸造的，但绝大部分是用[纯]金铸造的。**10** 他禁止臭名昭著的妇女向自己的母亲和妻子致以问候。**11** 他按古代保民官和执政官的方式在罗马城发表了多场演说。

XXVI. 1 亚历山大向人民发放了三倍的赏赐、[向军队发放了]三倍的犒赏，还给人民加赠了肉类。**2** 他把借款利率降到了百分之四，^②[即便如此]还照顾到穷人。**3** 如果有元老放贷收息，他起先禁止他们收取利息——除非是作为礼物而收下的东西。可到了后来他还是下令让他们索取百分之六的利息，但却废除了取得赠礼的权利。**4** 他把从各地运来的数一数二之人的塑像都安放到了图拉真广

---

① 关于此事，请参见《安东尼努斯·卡拉卡卢斯传》，IX，4；《安东尼努斯·埃利奥伽巴鲁斯传》，XVII，9。——英译者注

② 关于此事，请参见本卷XXI，2。——英译者注，有删减。

场上。**5** 他非常崇敬保罗和乌尔庇安努斯^①——有些人说他们曾被埃利奥伽巴鲁斯任命为了近卫军长官，而另有一些人 [则说] 是被亚历山大他 [任命的]。**6** 因为，据传乌尔庇安努斯曾是亚历山大的阁僚成员和谏言秘书，虽然如此，可他们俩据说都做过帕皮尼安努斯的助理官。^②**7** 他在战神平原与叫阿格里帕的森都里亚大会会场之间决定兴建亚历山大大礼堂，那大礼堂长一千尺、宽一百尺以至于所有重量都靠柱子支撑，而他没能完成这幢建筑，中途就去世了。**8** 他以像样的祭品，加之塑像、提洛岛的奴隶^③，以及用于密祭的一切东西供奉伊西丝和塞拉匹斯的神庙。**9** 他对母亲玛美娅表现出全心全意的孝顺，以至于在罗马的宫殿里造了一些以玛美娅命名的房间，现在无知无识的大众竟把这些房间叫作"乳房厅"^④，还有在巴耶附近的一处带水池的宫殿，今天的正式名称仍被冠以了玛美娅。**10** 他还在巴耶附近建造了其他一些恢宏建筑以荣耀自己的亲人，并用引入海水的方式修筑了巨大的水池。**11** 他在几乎每一处地方都把图拉真曾经建造的桥梁重修了，甚至还建起了一些新的，却为重建的桥保留了图拉真的名字。

XXVII. 1 为了能从服饰上就能被区分出来，亚历山大有意为

---

① 关于这两位著名的法学家，请参见《佩希尼乌斯·尼杰尔传》，VII，4 和《安东尼努斯·埃利奥伽巴鲁斯传》，XVI，2 及注脚。他们被埃利奥伽巴鲁斯任命为近卫军长官这种说法是不正确的，因为他似乎又把乌尔庇安努斯从该官职上撤了下来（安东尼努斯·埃利奥伽巴鲁斯传，XVI，4）并还流放了保罗（奥勒利乌斯·维克多的《诸恺撒传》，XXIV，6）。亚历山大将这两位法学家任命为近卫军长官是对该官职从军事职位转变为司法职位的重要一步。——英译者注

② 关于此事，请参见《佩希尼乌斯·尼杰尔传》，VII，4 及注脚。

③ 显然指的是去势的奴隶（见：佩特罗尼乌斯的《萨蒂利孔》，XXIII），得名自以奴隶市场闻名的提洛岛。——英译者注

④ 拉丁语"乳房"一词为 Mamma；玛美娅之名拉丁语为 Mamaea。这里显然是无知无识的粗俗者对亚历山大之母名字的误用。

所有职位提供相应的服饰种类，他不但给所有有官衔的人提供相应的服饰，而且还有意为所有的奴隶提供相应的服饰——这么做为了能使他们从人民中间被识别出来，以免有谁进行暴动，同时也为防止奴隶混入自由者里。2 然而，乌尔庇安努斯和保罗却对此感到了不满，他们说，如果人们轻而易举就滑向了不公，这将会产生许许多多的争执。3 在那时，罗马的骑士以长袍的紫纹宽度和元老做出区分，这么做被认为足矣了。4 他允许上了年纪的人在罗马城里穿斗篷御寒，而这种衣服之前总是在旅行或雨天时才穿的。① 虽然如此，可他禁止已婚妇女在罗马城内穿斗篷，却允许 [她们] 在旅行中 [穿这种衣服]。5 他宁可用希腊语发表演说而不是拉丁语，他写出的诗歌并非不赏心悦目，而且还偏爱音乐、精通星占，甚至占星家还根据其法令能公开地在罗马立足，并以指点迷津为目的进行占星。② 6 他也对占卜之事极其精通，是个很好的鸟占者，以至于既胜过了西班牙的巴斯克人又赛过了潘诺尼亚人。7 他学习几何。他绘画出色、歌唱出众，可 [唱歌方面] 除了自己的男奴以外从不让任何其他人在场聆听。8 他以诗歌的形式写下了诸位贤君的生平。9 他弹奏七弦琴、风琴、演奏骨笛，至于大号则在成为皇帝之后不再吹奏了。他是数一数二的摔跤手。10 他武艺高强到了此般地步，以至于发动了多场战争并取得了光荣的胜利。

XXVIII. 1 亚历山大只出任过三次当届执政官 ③，在开始履行职

---

① 关于雨天穿的斗篷，请参见《哈德良传》，III，5。
② 占星家（通常被唤作迦勒底人）曾一直受到罗马官方的歧视，早在公元前139年时就在罗马遭到了禁止。虽然在帝国早期他们时不时地会被勒令离开罗马城（见塔西佗的《编年史》，II，32；XII，52；《历史》，II，62），可他们仍继续进行占星活动，并为许多人甚至皇帝自己指点迷津。——英译者注
③ 年份应为：公元222年、226年、229年。关于当届执政官，请参见《安东尼努斯·卡拉卡卢斯传》，IV，8之注脚。——英译者注

责的第一天，他总会让其他人接替自己的职位。**2** 他以再严厉不过的法官的身份反对盗贼，并把他们称作犯下日常之罪的罪人，还处以最最严酷的［惩罚］，同时把他们唤作国家的真正公敌和反对者①。**3** 当有文官在御前会议上对案子提出不真实的论点时，他切断了对方手指的肌腱以让其永远无法书写，然后再把对方流放了出去。**4** 有个身居要职、且曾一度因肮脏的生活和偷盗而犯下罪行的人，通过耍阴谋诡计进入了军队，而他之所以被接纳进军队，是因为他向几位交好的王献了殷勤，却转瞬就在保护人在场的情况下被发现犯下了偷盗，他被下令带到诸王面前进行审判，并依照确定下来的事实给他定了罪。**5** 后来，当诸王被问及，盗贼在他们手里会遭到哪种惩处时，他们回答道："会被钉上十字架。"有了他们的回答，此人就被送上了十字架。就这样这位耍诡计者在保护人的提议下被定了罪，而亚历山大尤为希望维持的仁慈也被保全了下来。**6** 在被奉为神的涅尔瓦广场（现在被唤作过廊广场）上，他仿效奥古斯都在自己的广场上为数一数二之人集中竖立大理石塑像并记下他们的功绩，而为被奉为神的帝王立起了巨大的塑像，他们或是赤身行走或是骑在马上，还附带有他们的全部名衔以及记载条条伟绩的铜柱。**7** 他想要让自己的血统看上去出自罗马人的家族，因为他对被唤作叙利亚人而感到可耻，特别是因为在某个节日期间，安条克人、埃及人、亚历山大里亚人如他们惯常的那样对他进行嘲笑，称他是叙利亚的大教士和大祭司。

XXIX. 1 在谈及亚历山大的战争、远征，及胜绩之前，让我先介绍一下他的日常生活和一些个人之事。**2** 他的生活方式是这样的：首先，如果这么做允许的话，也就是说如果不和妻子同床共眠的话，在清晨时分，他就会在自己的摆有被奉为神的元首（只选出那些出

---

① 原文是"公敌和私敌"。

类拔萃的元首）和神圣的灵物（其中有阿波罗尼乌斯①）的祠堂［进行祭祀］，而同时代的作家是这么说的，他曾常常对基督、亚卜拉罕、奥路菲，以及诸如此类的其他［神明］还有祖先的肖像进行祭祀。**3** 如果无法这么做时，他或者骑着马到处走，或者去钓鱼，或者去散步，或者去狩猎。**4** 接着，假如时间允许的话，他常在国家事务上投入大量心血，之所以这样说是因为无论战争之事还是内政之事，如之前所说，②都由其正直可靠，且永不为金钱所折服的朋友所掌握，于是国事除去他本人感到满意的一些变革之外，都被处理得稳稳当当。**5** 当然，假如情势迫不得已，他会在黎明之前就把精力投入在国事上，并一直做到很后面的时辰，从不感到疲惫或是因烦躁和恼怒而放弃，而是一直眉目安详、对任何事务都感到喜悦。**6** 他的确聪慧卓著，没有人能够对他要诡计，如果有谁想试图以狡猾的手段［施加于］他，待他发现之后就会加以惩处。

XXX. 1 在完成有关战争或内政的国事之后，亚历山大就把更多的精力放在了希腊语著作上，并阅读柏拉图的《理想国》。**2** 要是读拉丁语著作，他就宁可读西塞罗的《论义务》和《论国家》，除此之外他有时还读演说集和诗集，其中就有他本人熟悉并喜爱的塞伦努斯·萨莫尼库斯③，还有贺拉斯。**3** 他还读了亚历山大的传记，而他则特别爱效仿这位皇帝——虽然他常指责对方酗酒并残忍对待朋友，即便这两项［罪名］诚实可信的作家始终都加以了否认，而他在多数场合也相信这些作家。**4** 在阅读著作之后，他常投身于运动之中：或是玩球，或是跑步，或是进行不激烈的搏斗。随后在为自己抹上

---

① 小亚细亚提亚纳的阿波罗尼乌斯，公元一世纪时毕达哥拉斯学派哲学家和神谕阐释家。——英译者注

② 关于此事，请参见本卷 XVI, 3。——英译者注

③ 古籍研究者塞伦努斯·萨莫尼库斯之子。关于此人，请参见《安东尼努斯·卡拉卡卢斯传》，IV, 4 及其注脚。——英译者注，有删减。

油膏之后他再进行沐浴，沐浴时却近乎从不用热水，因为他总是使
用泳池洗澡，并在里面待上约一个时辰，[期间] 在进食前他会喝约
一塞塔里^①从克劳狄亚水渠运来的冰水。5 从浴池出来，他常饮下
很多牛奶，吃下许多面包，接着再吃些鸡蛋，喝些蜂蜜酒。靠这些
恢复体力后，他有时就继续吃午餐了，有时则把吃饭推迟到晚餐的
时候，虽然如此，可更多时候他还是吃午饭的。6 他经常享用哈德
良的四重膳^②，对于这种食物，马略·马克西姆斯在自己的书里论及
哈德良的传记时就提到了。

    XXXI. 1 午后，他总会批阅奏章，那时御用秘书、谏言秘书、
机要秘书总要站在一旁，有时如果他们因病不能站立，就会坐着，
同时由书记员和那些主持具体部门的人重阅所有的 [文件]，若是有
哪一点需要添加的，亚历山大就会亲手添加进去，但仍需那位被认
为更富经验的人给出意见。2 在处理完奏章后，他会一次接见所有
的朋友，并平等地和每一个人进行谈话，如果近卫军长官乌尔庇安
努斯（出于其显著的公正不阿，而总是位居他的身侧出谋划策）不
在的话，他从不单独接见任何人。3 此外，当他派人招来另一个人
[商议事务] 的时候，他就下令把乌尔庇安努斯唤来。4 他还常把维
吉尔唤作诗人中的柏拉图，并将他的塑像与西塞罗的一起放在了次
要祠堂里，而在那儿 [供奉的] 既有阿基里斯，还有 [其他] 伟人
的 [塑像]。5 而他则把亚历山大大帝供奉在了主祠堂里，和最出类
拔萃的被奉为神的英灵们放在一起。

    XXXII. 1 亚历山大从不伤害任何朋友或随从，也绝不会对部门

---

① 古罗马容量单位。一塞塔里液体为六分之一康吉斯（congius），相当于
   英制的一品脱多一点、公制的半升左右。一塞塔里干物为十六分之一摩第
   （modius）。

② 关于此事，请参见《哈德良传》，XXI，4；《埃利乌斯传》，V，4—5。——
   英译者注

长官或要员这么做。**2** 他还总会把［事务］转交给近卫军长官们，并声称如有人理当被皇帝施以严惩的话，就该受到宣判而不应不被受理。**3** 如果他要为到场的人指派接替者，他总会加上这样的话："国家感谢你。"并且还给予其赏赐，以至于当那人成为一介凡民后还能像自己在职时那样体面风光地生活下去，赏赐确包括有这些：土地、牲畜、马匹、粮食、铁具、建造屋子的费用、装饰用的大理石，以及工程预计所需要的劳力。**4** 除去给士兵之外，他几乎不把金银分给别的什么人，并且还说，作为打理国家的人，为了给自己及自己人带来乐趣而去挥霍本给予行省居民的东西，这么做是种罪过。**5** 他在罗马恢复了交易金和桂冠金①。

XXXIII. 1 亚历山大在罗马任命了十四位城区代理人②，并都是从前任执政官里选出来的，还下令让他们与罗马市长一起听取城内的事务，**2** 而在作记录的时候，所有人或说绝大部分人都要到场。他为所有的酒商、菜商、鞋匠，总之一切门类的［生意人］建起行会，并从他们自己人当中选出应诉人，还指派了对各项领域拥有管辖权的法官。**3** 对演员，他从不赐金子，从不赐银子，也几乎不赐钱币。埃利奥伽巴鲁斯曾经给出的珍贵衣物［的赏赐］，他都给去掉了。他常为那些被唤作仪仗兵的士兵装扮上并非珍贵但却亮丽鲜艳的服饰。他不会在军旗上或御用的金器及丝织物上投入太多花费，同时说道，最高大权在于美德而非外表的艳丽。**4** 他本人恢复使用

---

① 关于桂冠金这项捐税，请参见《哈德良传》，VI，5 及注脚。——英译者注交易金这种捐税可能与后世历史学家佐西莫斯提到的金银贡（chrysargyron）类似（参见佐西莫斯，II，XXXVIII，2），后者每隔四年向一切商人、钱庄主、手工业者，及其他通过劳动获取报酬的人征收一次。

② 关于该职位，请参见《安东尼努斯·埃利奥伽巴鲁斯传》，XX，3 及注脚。——英译者注

了塞维鲁的希腊军用斗篷①和不带紫色条纹的束腰上衣，以及带长袖的紫色小束腰袍。

XXXIV. 1 亚历山大在宴会上拒不使用金器，[他的]酒杯总是大小适度但却精致亮丽。他从不拿超过两百磅重的银盘子用来招待。**2** 他把男侏儒、女侏儒、愚者、嗓音动听的卖淫男、餐桌上的各类戏子、仿剧演员送给了人民，而那些没有用处的人，他则把每一个人都分配到了不同的城市以维持他们的生计，以免城市因这类乞丐而背上负担。**3** 埃利奥伽巴鲁斯曾提拔过的并安置在其丑恶的阁僚班子里的那些阉人，他都送给了朋友们，还称道，假如他们不回复到善良的生活方式，就可未经法官授权便将这些人处死。**4** 他下令把臭名昭著的妇女（其中数不胜数的已遭其逮捕了）充公为奴，还将所有的卖淫者统统流放了出去，其中一些人因船只失事而淹死了，结果那般天灾与他们产生了极具毁灭性的亲密接触。**5** 他的侍从没有一个是穿金色衣服的，甚至在公众餐宴上都没有人穿。**6** 在他与自己手下一起用餐的时候，他常邀请乌尔庇安努斯或者有学识的人，以便进行文学漫谈，而他总是说在这些谈话里自己会得到重生和收获。**7** 当他还是一介凡民的时候，进食之时常在餐桌上放一卷书以便阅读，不过一般都是希腊文的，可拉丁语诗人的作品他也经常阅读。**8** 若非食榻的数量或赴宴的人数增加了，他提供的国宴和私人宴会一样简朴，而他总会因那么多人赴宴感到不高兴，并说道，自己是在剧院和竞技场里进食。

XXXV. 1 亚历山大乐意聆听演说家演讲和诗人朗诵——并非在他们遵照对尼杰尔·佩西尼乌斯的样子对自己进行赞颂的时候，②因

---

① 关于这种军用斗篷，请参见《塞维鲁传》，XIX，7。——英译者注

② 关于对佩希尼乌斯·尼杰尔的称赞，请参见《佩希尼乌斯·尼杰尔传》，XI，5。——英译者注

为他将之当成愚蠢的做法，而是在他们对杰出先人的演说辞或事迹进行歌颂的时候——如果有谁歌颂亚历山大大帝或之前的贤明君主或罗马城的伟人，他则会以更大的乐趣进行聆听。2 为了聆听希腊和拉丁演说家或诗人，他常常前往雅典娜神庙。3 此外，当广场上的演说家大声道出那些曾经当着他本人的面或是罗马市长的面道出过的诉求的时候，他仍会聆听他们。4 他主持过庆典活动，特别是为纪念亚历山大大帝而举办的赫拉克勒斯庆典。5 因为曾了解到某些人（尤其是维科尼乌斯·图里努斯）在许多关于他的事情上撒过谎，所以他在午后抑或晨间早些时候从不单独见这些人。6 [至于维科尼乌斯·图里努斯] 由于他曾把对方视为亲密朋友，可那个人竟装模作样地出售一切 [圣裁]，以至于看似让亚历山大成了既受其彻底掌控又对其言听计从的蠢人一样，由此此人令他的统治变得臭名昭著起来。如此这般，人人都相信他做什么事情都得经过其点头同意。

XXXVI. 1 最终，亚历山大是以如下方式将其逮捕：有一个人，因某件事被他人公开提起了诉讼，却暗地里向他 [图里努斯] 提出请求，好似要寻求保护一样，要他替自己向亚历山大提出诉求。2 这么做了之后，图里努斯许下允诺给予帮助，还说自己已对皇帝讲了些事了（虽然事实上什么都没有说），而且所求之事能否获准将取决于他，并出售了裁决结果。当时，亚历山大再次下令唤来了 [那个起诉人]，而图里努斯一边看似在做别的事情，一边点头示意，却又在屋内未发一言，就在那会儿，提出的诉求获得了批准，图里努斯为报答自己装模作样售出的有利裁决而从得胜的诉讼人那里获得了大量的回报。亚历山大命令对他 [图里努斯] 提起诉讼，当所有的指控都被证人（有些在场的人目睹他得到了什么，又有一些则听到了他许下的允诺）证实之际，他下令把那个人送到过廊广场绑上柱子，随后再命人弄来稻草和湿木材，[点上火并] 产生了烟，

由此处死了他，[行刑时] 还喊道："贩卖圣裁的人遭受烟刑的惩
处。^①" **3** 为了不单单让这一桩案子看起来处置得尤为残酷，他在对
其做出审判之前进行了极为细致的调查，并发现，图里努斯在一些
案件中售卖裁决时常常既从当事双方，而且还从一切曾被授予过司
令职或行省的人获取 [报酬]。

    XXXVII. 1 亚历山大经常参加国家庆典，却在给予赏赐方面极
其慎重，并且还说，演员、猎手、赛车手应被当成我们的奴隶、捕
兽人、赶骡者，或取悦之人一样受到对待。**2** 他的宴会既不奢华、
又不过于节俭，而是以极高的品位作为标志。除去洁白的餐巾之外
[其他种类的] 都不被使用，虽然常带有绯红色宽边，可确实绝没用
到金色的——尽管埃利奥伽巴鲁斯首先使用了 [金色的餐巾]，而正
如某些人声称的，在那之前哈德良就曾使用过了。**3** 他日常的一顿
用餐有以下这些：三十塞塔里供全天喝的酒、头等品质的面包三十
磅、用以馈赠的二等品质的面包五十磅。**4** 因为，他总是亲手把面
包还有部分蔬菜或肉类或豆子分给宴会的侍者，以年长者有的绝对
成熟扮演一位家庭之父的角色。**5** 被端上的还有三十磅各式各样的
肉类以及两磅禽类。**6** 在庆典期间会用到一只鹅，而在一月一日、
众神之母节庆日^②、阿波罗庆典^③、朱庇特祭祀日^④、农神节，及其他
这样的节日期间则会用到一只野鸡，有时候除了两只飞禽之外还会

---

①   贩卖圣裁原文用的是 "vendidit fumum"，烟一词是 "fumum"，此处乃双
    关用法。

②   三月二十五日，庆祝方式与现代狂欢节极为相似。——英译者注

③   七月六日至十三日，该庆典的特色是以戏剧表演为主。——英译者注

④   有两个朱庇特祭祀日：九月十三日和十一月十三日，分别和罗马人庆典
    （Ludi Romani，九月四日至十九日）与平民庆典（Ludi Plebeii，十一月四
    日至十七日）相关联。毫无疑问，这里指的是其中的第一个。该节日用来
    庆祝卡庇托山上的朱庇特神庙的落成周年，在最早的一段时期这一天被视
    为一年的第一天。——英译者注

再加上两只。**7** 他常常狩猎，且每天都享用一只野兔，不过却是和好友们分享的，而且主要是那些他知道他们自己没有［这类东西］的人。**8** 这样的礼物他没有一件送给过富人，反而总是从他们那里获得。**9** 他每天饮用不带胡椒的蜂蜜酒四塞塔里、带胡椒的二塞塔里，为避免将他吃的所有东西统统记下来会显得冗长，而那些东西，他那时代的作家伽吉利乌斯①已逐一写下过了，［我就说］所有的东西都按适当的方式并依一定的理由端给了他。**10** 他极其喜爱水果，以至于时常拿它当餐后菜，由此便有了一则笑话，说亚历山大享用的不是餐后菜，而是餐后［果］②。**11** 他常常吃许许多多的食物，他饮的酒既不太少又不太多，可适度适量。**12** 他总是饮用冰水，而夏天的时候则饮用混有玫瑰油的酒，这是他从埃利奥伽巴鲁斯那儿众多调味品里惟一保留下来的一种。

XXXVIII. 1 由于已提到小兔子——即他每天都享用一只兔子——有讽刺此事的诗歌浮现于世，之所以如此，那是因为许多人说吃兔子的人会在接下去的七天里变得美丽，正如［诗人］马尔提阿利斯③在一则以如下方式写下的用来讽刺某个叫杰利娅女子的铭辞里指出的那样：

> **2**"杰利娅啊，每当你给我带来一只野兔的时候，就吩咐道：
> '马可啊，接下去七天里你会成为漂亮人。'
> 如果你说的是真的，杰利娅啊，如果你吩咐的是真的，

---

① 指昆图斯·伽吉利乌斯·马尔提阿利斯（Quintus Gargilius Martialis），公元三世纪时罗马园艺、植物学、药物学方面的作家。
② 餐后菜原文是 secunda mensa，菜（mensa）一词是阴性的；餐后［果］原文是 secundum，用的是中性词，显然省掉的是水果（ponum）中性词。
③ 关于这位诗人，请参见《埃利乌斯传》，V，9 及注脚。

　　　　杰利娅啊，那么你就从未吃过一只野兔。"[①]

　　3 不过马尔提阿利斯写下这些诗行是用以讽刺那个长相丑陋的
女人的，至于亚历山大时代的一位诗人却为讽刺他写下了如下的
内容：

　　　　4 "你看我们的王是个漂亮人，

　　　　叙利亚人的孩子，漂亮的尤物，

　　　　他去狩猎，野兔被吃了下去，

　　　　由此他得到了持续的魅力[②]。"

　　5 当某位朋友把这些诗行带给他之后，据说他用如下含义的希
腊文诗行作了答：

　　　　6 "不幸的人啊，出于人云亦云的传说，

　　　　你认为你们的王是个漂亮人，

　　　　如果你们想的是对的，我并不生气。

　　　　只是我希望你吃点小兔子，

　　　　以便去掉那些邪恶的想法，

---

①　请比照马尔提阿利斯的《铭辞》，V，XXIX。原诗直译成汉语当为：

　　　　杰利娅啊，当你给我带来一只野兔的时候，你说：
　　　　'马可啊，接下去的七天里你会成为漂亮人。'
　　　　我的光啊，如果你不是开玩笑，如果你说的是真的，
　　　　杰利娅啊，那么你从未吃过一只野兔。

②　此处 leporum 一词既是 lepor（魅力）的复数属格，又可以是 lepus（野兔）
　　的复数属格，乃双关用法。

不再用罪恶的念头仇视漂亮之人。"

XXXIX. 1 当亚历山大和从军的朋友们在一起时，他就遵行图拉真确立起来的在餐后菜之后饮酒五杯的习惯，而他只向朋友们敬一杯酒用来对亚历山大大帝表示敬仰，这酒杯很小，除非若有谁主动提出要大一点的杯子——这么做也是允许的。**2** 他在性爱之事上取用适度，且不和男妓发生关系，以至于他都想要颁布法律（鄙人已在上文说到过 ①）完全摒除这些人。**3** 他在每个城区都建造了公共的石砌屋舍，用来给那些没有私人庇护所的人放置财务。他在每个正巧没有浴池的城区都添置了浴池。**4** 甚至在今天许多浴池还是以亚历山大命名的。**5** 他还造了一些再漂亮不过的屋子，并将它们赠送给自己的朋友，特别是那些正直之人。**6** 他把国家的税赋降到了这般地步，以至于在埃利奥伽巴鲁斯统治下曾缴纳十枚金币的那些人现在缴纳三分之一枚金币即可——税赋现在是［之前的］三十分之一。**7** 那时，赋税减少到三分之一枚金币之后，价值半枚的金币被史无前例地铸造了出来，价值三分之一枚的金币也［被铸造了出来］，亚历山大同时说道，今后还会有价值四分之一枚的金币，因为比这再小的就铸造不了了。**8** 他把铸造完的这些货币保存在铸币厂，打算等赋税降低之后再发行出去。不过由于公众之需使它并未发行，随后他便下令将它们回炉，而只铸造价值三分之一的金币和索里达金币 ②。**9** 他下令将价值二枚、三枚、四枚、十枚，甚至价值更大的大到一磅 ③ 和一百枚的金币（埃利奥伽巴鲁斯曾造出了这些［面额的金币］）熔化掉，并不再使用。**10** 由此，这些货币便按其材质命

① 请参见本卷 XXIV，4。——英译者注

② 索里达之名用以表示自君士坦丁之后的金币，一索里达金币足值黄金4.48 克。——英译者注，有补充。

③ 指的是 50 枚金币。当时一磅金子等于 50 枚金币。——英译者注，有删减。

名了，那是因为他说，如果当他可以赏赐许多分量更小的索里达金币时，[本来] 赠与价值十枚或比单枚金币多一些的他 [现在]不得不赠与三十枚、五十枚、一百枚，而这变成了皇帝表现更慷慨的原因。

XL. 1 亚历山大几乎不穿丝织的衣服。他从不穿全丝织的衣物，也从不赠与部分丝织的。**2** 他不嫉妒任何一位有钱人，并对穷人施以帮助。在他看到那些出任显官要职的人并非因奢靡或欺骗而真的陷入了贫困时，他总会给他们许许多多馈赠，如土地、奴隶、牲口、家畜、农具。**3** 他一直只允许 [帝王的] 衣服放入私库一年，随后又命人将之即刻清理了出去。每一件送出去的衣物他都要亲自检查。**4** 他时常把所有金子和银子都分发出去。**5** 他送出军队的装备，如护胫、裤子、鞋子。**6** 如果妇女们能够或者愿意，而他的的确确又再正经不过地想要出售的话，颜色最鲜艳的紫袍就不给他自己用了，而是给妇女们用，以至于那种通常情况下被称作普罗比安袍的紫袍（之所以 [叫此名字]，那是因为染坊长官奥勒利乌斯·普罗布斯曾发现了这种紫色），在今天仍被称作亚历山德里安袍。**7** 他自己常穿绛色的希腊军用斗篷。虽然如此，可在罗马城及意大利的城市里他总是身着托袈泡。**8** 除去担任执政官时之外，他从不穿紫边托袈袍和带金饰的托袈袍①，且 [任执政官时] 穿的还是别的裁判官或执政官也会从朱庇特神庙取出并穿上的那件 [托袈袍]。**9** 当他举行祭祀的时候，也穿紫边托袈袍，不过不是以皇帝之身而是以最高祭司的职位。**10** 他渴求好的亚麻布，而且是没有一点紫色的那种，因为他说："如果为了不让这些衣物变得粗糙而用亚麻布作为材料，那亚麻布上的紫色还有什么用处呢？"**11** 另外，他还把织入金线当作疯狂

---

① 关于凯旋式上使用的托袈袍，请参见《克洛狄乌斯·阿尔比努斯传》，II，5 之注脚。——英译者注

之举，因为［这么做衣物］除了粗糙之外还变得僵硬了。他总是裹着绑脚。正如先前的习惯做法，他穿白色的裤子而非绛色的。

XLI. 1 曾经有过的宝石亚历山大都给卖了，他还把金子存入国库，并说道，男人用不上宝石，而王室妇女应该对一个发网、一对耳环、一串珍珠项链、一顶奉献牺牲时使用的桂冠，以及饰有金子的裹袍、带织边（且用料不多于六小片金子）的外套就感到心满意足了。**2** 他出任监察官，完全将他那个时代［的风气］同自己的行事习惯［契合在了一起］，头面人物以他为楷模，而贵妇人则以其妻子作为榜样。**3** 宫内侍者的数量少到了这般地步，以至于每间部门里的人数只够必要的量，漂洗工、裁缝、面包师、斟酒者，以及全部的宫廷侍从得到的都是俸粮而非官衔，这么做就像是一场灾难，而俸粮却是每人一份的，几乎不会给双份。**4** 鉴于他从不在用膳中使用超过两百磅的银器，^① 也没有太多的侍者，因而在餐宴时，他总会从朋友那里借来银器、侍者，以及榻垫。今天如果皇帝不在了，近卫军长官摆出宴席的时候，仍会沿用这种做法。**5** 他从不在宴席上进行娱乐表演，但他最大的乐趣却在于让小狗和小猪一起玩耍，或者让山鹑相互打斗，又或者让小鸟飞来飞去。**6** 他在宫里真的只有这一种娱乐给他带来极大的乐趣，并缓解他对国事的操心。**7** 因为他曾建造过养孔雀、野鸡、家鸡、鸭子、山鹑的鸟笼，而这些［鸟儿］使他感到了格外快乐，特别是斑鸠——据说那些斑鸠他曾拥有多达两千头之多。为了不让对它们的喂食拖累粮食供给，他对那些喂养这些［鸟儿］以获取鸟蛋、雏鸟、幼鸟的奴隶开征赋税。

XLII. 1 亚历山大常常和人民一起使用他自己的和前代人［建造］的浴池，特别是在夏天的时候。他还穿着浴衣返回宫殿——仅

---

① 关于此事，请参见本卷 XXXIV，1。——英译者注

仅在这件东西上才保有帝王样，因为他穿着的是件绛色的斗篷。**2** 除去自己的奴隶之外，他没有其他赛跑者，因为他说道，出身自由的人除了在为祭祀而举行的竞技赛上其余场合都不应跑步。他只让自己的奴隶任厨子、面包师、漂洗工，以及浴池管理员，以至于若是缺少人，他就再买 [一个]。**3** 在他统治期间，只有一位宫廷御医领取俸禄，其他所有的御医人数达六人，他们都领取双份或三份俸粮，其中一份是品质最好的，其他都品质各异。**4** 他提拔官员的时候，会效仿古人做法（如西塞罗所说的那样 ①）既提供银子又供给必需品，以至于行省总督每人会获得二十磅银子、六头母骡、两头公骡、两匹马、两件公共场合穿的服装、两件家里穿的服装、一件沐浴时穿的衣服、一百枚金币、一名厨子、一名赶骡人，以及一位卧室女侍从——在他们若是没有妻子，且离开这么些女人就无法活下去的情况下。在离职时，母骡、公骡、马匹、赶骡人，以及厨子都将还回来，至于其他的东西，如果他 [当政期间] 行事得当，就可以保留下来，如果行事不当，就得按四倍返还，此外还要承受贪污公款或者敲诈勒索之罪带来的惩处。

XLIII. 1 亚历山大批准执行了无数的法律。他允许元老们在罗马拥有镀银的驾座和四轮马车，并认为让一座如此伟大的城市的元

---

① 请参见西塞罗的《驳维勒斯二审》（*Ciceronis In Verrem Act. II*），IV.5，9："[你们] 看看我们先祖们的操持之心，他们虽然不会对这种行径进行质疑，可却又不让它们在无足轻重之事上发生出来。他们认为没有哪个以统治权或总督职前赴行省的人会疯狂到购买银子（因为国家会提供给他）、服装（因为根据法律会提供给他）；他们认为 [他该购买] 一个奴隶，而那个我们所有人都在用，不会从人民那里获得供应，于是他们颁行法律，除去在顶替死去奴隶之位的情况下，否则无人可以购买奴隶。是有奴隶死在罗马吗？不是，而是有谁死在 [他主人所在的] 同个地方。因为他们不愿你在行省布置屋子，却愿意由行省来供给那种所需。"——英译者注，引文为汉译者补充。

老们使用这些车驾当属罗马之荣耀。**2** 他选出的执政官，无论是当届的还是接任的[①]，全都征询过元老院的意见，他同时还减少他们的开支，并根据古代的体制安排他们履职的日期表。**3** 他下令被皇帝提名的财务官当用自己的钱为人民举办比赛，不过如此一来，在财务官卸任之后，他们当取得裁判官官衔[②]，并接着对行省进行统治。**4** 另一方面，他又设立了司库官，他们从帝王私库拿出钱以支付花销并不铺张的比赛。他意图在整个一年里定期举办比赛，以期每隔三十天为人民举办一场比赛，然而这一［计划］出于某种未知的原因而没有实行。**5** 他在罗马的时候，每隔七天就登上卡庇托山［，造访朱庇特神庙］。他还常常造访［其他］神庙。**6** 他有意要为基督建造神庙，并将他列在众神中间。据称哈德良也考虑过这么做，因为他曾颁令在所有的城里建造不带神像的神庙，正因为里面没有神明，所以据说他出于上述意图而修建的这些神庙今天仍被唤作哈德良的神庙。**7** 可是，那些负责牺牲的人发现了，假如他［亚历山大］真那么做的话，所有的人都会变成基督徒，而别的神庙也该遭到禁绝了，于是他就被他们阻止了下来。

XLIV. 1 亚历山大以极度温和对待嘲笑，在宴会上做到友善周到，以至于人人都会提出自己想要的东西。**2** 他热衷于积累黄金，并将之小心翼翼地存起来，他执迷于取得金子，却未处死过任何人。**3** 他不愿自己被唤作叙利亚人，而说祖上是罗马人，并且还画出了家族谱系，在那谱系上他的家族被描绘成是梅特路斯[③]的后裔。**4** 他为修辞学家、语法学家、医师、占卜师、占星师、工程师，和建筑师提供俸禄，并决定［为他们］开设课堂，还下令给学生（都是穷

---

① 关于当届执政官和接任执政官，请参见《安东尼努斯·卡拉卡卢斯传》，IV，8 之注脚。——英译者注

② 根据下文，这里显然指的是与裁判官等衔的行省总督。

③ 关于此人，请参见《哈德良传》，X，2 及注脚。

人和出身自由者的儿子）提供口粮。**5** 他还在诸行省给予法庭辩护的人许多权利，由他批准的免费出庭进行辩护的人，绝大多数他也都给予了俸粮。**6** 他加强了涉及庆典活动的法律，而其本人也极为严格地遵守了这些法律。他常常出席戏剧演出。**7** 他想要重修马尔契洛的剧院。**8** 他从税收中拨出费用来重建多座在地震后变得破败的城市里的公共及私人建筑。**9** 除了四、五磅银子之外他确乎从不在神庙里放金子，甚至连碎金粒和小金叶都不放，同时还嘟囔着弗拉库斯·佩西乌斯的诗行：

> "在神圣之物当中，哪件是金子做的？"[①]

XLV. 1 亚历山大进行过军事远征，对此我当在论及这些事的时候再作详述。虽然如此，可我该先说说他对当闭口不言或者当公之于众之事的行事做法。**2** 战事上的秘密总被他保守起来，可行军的日期总被他当众宣布出来，以至于他会提前两个月就颁布法令，并在法令中写道："某天、某个时辰我将启程离开罗马城，如果众神愿意的话，我将在第一驿站驻留。"接着，按顺序列出［停留的］驿站，随后是扎营地，再后来是应该获得补给的地点，如此一直抵达蛮族的边境。**3** 而从那儿开始就不再披露信息了，所有人都留意着不让蛮族知道罗马人的战略部署。**4** 另外，肯定的是，对公众宣布的东西他从不食言，因为他说，他不愿他宫里的人售卖自己的意向，而他们在埃利奥伽巴鲁斯统治时曾这么做过，当时每一样东西都被阉人给贩售出去了。[②] **5** 他们这类人为了让自己变成宫内事物的惟一

---

① 请参见佩西乌斯的《讽刺诗集》（*Persi Saturae*），II，70。诗歌原文"神圣之物"一词是本是单数，在这篇传记里变成了复数。

② 关于此事，请参见本卷 XXIII，4—7。——英译者注

知情者，并借此或是取得影响或是捞取钱财，于是就希望一切宫里之事都秘而不宣。**6** 既然正巧提到了公布意图的行为——每当在他想要让某些人担任行省执政者，或者任命他们当统兵将领，再或者做代理人（即负责财税的官员）①的时候，就都会公布他们的名字，同时他还鼓励人民，无论谁，在对人提出任何犯罪起诉时都要以确凿事实为依据，若是不能被证实，［提出诉讼者］就要遭受极刑。**7** 他常说，基督徒和犹太人在宣布受到任命的祭司时照此做法行事，而轮到［罗马人］任命人们的福祉和性命都寄托在其身上的行省执政者时，却不这么做，这是有失体统的。

XLVI. 1 亚历山大为助理官②发放俸禄，即便他常常说，那些凭借个人而非依靠助理官就能执掌政事的人才该受到提拔。他还补充道，从军者有他们自己上心的事，文人有他们自己上心的事，因而每一个人都必须做他会的事情。**2** 他把发掘到的宝藏赠予发掘之人，如果是多人发掘的，他便在这些人之外再加上一些在各部门任职的自己的手下。**3** 他一直记得并写下那些他曾经授予过东西的人，如果他知道有谁不曾要求得到一丁点儿东西，抑或不曾要求得到太多的东西，由此增加了他的财产保管支出，他就常常把他们唤来并说道：“到底有什么原因让你不提出任何要求以得到点东西？你是不是希望把我变成你的负债人？快提出要求吧，这样一旦你变为一介凡民也不会抱怨我什么了。”**4** 另外，他常赠予不会减损其名誉的东西作为赏赐，如遭受惩处者的财产，但却不包括金银或宝石，因为所有这些他都充入国库了；他常把文职之位而非军职当作赏赐；他常把与代理官相关的官职当作赏赐。**5** 他频繁更换征税官，以至于

---

① 关于此官职及其职能，请参见《哈德良传》，III，9 之注脚。

② 关于该官职及其职能，请参见《佩希尼乌斯·尼杰尔传》，VII，3—6 及注脚。——英译者注

没有谁任职期满一年，即便有谁表现正派，他也憎恨他们，并唤他们为必不可少的恶人。他任命地方统治者，元老院行省及元首直辖行省的总督时，从来不是为了牟取好处而是出于自己的或元老院的决定。

XLVII. 1 在远征期间，亚历山大为士兵们做了周到的安排，以至于他们在驿站就能得到补给，而且除去在蛮族之境外并不需要如以往那样背负十七天的食物——虽然即便在那里，他也会用骡子和骆驼来帮他们 [驮运粮食]，还说道，士兵们保重自己要甚于他保重自己，因为国家安危在于他们。**2** 即使士兵们身份低到再也不能低了，他都会亲自下营房去逐一探访生病的战士，并用马车运送他们，还给予一切必要的帮助。**3** 而一旦他们病得更重时，他就在各处城市和乡野把他们分派到 [有] 颇为正派的家族长以及颇受人敬重的家族之母 [的家里] 居住，并且不论他们康复了还是死去了，他都会把他们曾产生的开销送还回去。

XLVIII. 1 那时，有个出身古老家族却又极度耽于享乐的、名叫奥维尼乌斯·卡米勒斯的元老想要发起叛乱以谋求皇位，亚历山大获悉了这则消息，并很快得到了证实。他便将那人唤到宫殿，对他主动关心强加在唯恐避之不及的贤良之人身上的国事而致以了谢意。**2** 随后，[亚历山大] 径直来到元老院，把那位意识到自己犯下了巨大罪过而正感到害怕的恶棍唤作大权的共治者。他 [把那人] 接到宫殿，招待对方参加宴席，并赠予了御用的饰物——甚至比他自己使用的都好。**3** 后来，当远征蛮族的消息被公布之后，他鼓动对方要么自己一个人踏上征程（假如他希望这么做的话），要么就随他一起启程出发。**4** 鉴于 [亚历山大] 本人徒步行走，他便邀请对方一同走路。当那人被甩在后面有四里远时，他便下令让对方骑马，而在经过两处驿站之后，对方对骑马也感到了劳累，他就让他坐进了马车。**5** 当 [卡米勒斯] 或是出于害怕、或是出于本意而将此拒绝，甚至还放弃了最高大权、准备赴死之际，亚历山大将他交付给了惟独爱戴自己的士兵们，将他打发走了，然后命令他安全无虞地前往自己的庄园。**6** 他在那里生活了很久，但后来却在皇帝的旨意下遭到杀害，由于他身为军人，所以就被士兵们杀死了。我知道，大众认为这则事发生在图拉真身上，可是马略·马克西姆斯在其［图拉真的］传记里没有说过这么件事，而将其一生完整写成文字的费边·马契林努斯、奥勒利乌斯·维鲁斯、斯塔奇乌斯·瓦伦斯也都没有说过这事。**7** 然而，相反的是，塞普提米乌斯、阿科利乌斯、恩库尔庇乌斯，以及其他一些传记作家都是如此这般陈述这件事情的。**8** 而我插叙这件事，目的为的是不让哪位平头百姓宁可听从流言也不去相信经过考证后比人云亦云的传言更加真实的历史。

XLIX. 1 亚历山大从不允许贩售拥有用剑权 ① 的显赫官职，同时说道："买下［官职］的人不可避免地会［把它］卖掉。我不能容忍贩卖权力的商人，还有那些在实施抢掠后我却不能对他们处以惩罚的人。因为要对一位进行买卖的人施加惩处，这么做让我感到蒙羞。"**2** 他亲自签署委任状任命大祭司之职、十五人祭司团，以及占卜师之职，而且这些任命都需要在元老院得到批准。**3** 德克西普斯 ② 说过，他曾迎娶了某个叫马克利努斯之人的女儿，随后他就任命此人为恺撒。**4** 可当马克利努斯意图阴谋杀害亚历山大之时，待行径败露后，非但马克利努斯遭到了杀害，而且［亚历山大的那位］妻子也被休了。**5** 德克西普斯还说，安东尼努斯·埃利奥伽巴鲁斯是

---

① 原文为 ius gladii，意思是"用剑的权利"。显然有用剑权的显赫官职在帝国时代就指的是握有生杀大权的行省总督。

② 普布利乌斯·艾伦尼乌斯·德克西普斯（Publius Herennius Dexippus），公元三世纪时的希腊历史学家，曾写过三部史著，但都没有流传下来。这里称引的应该是他的《编年史》（Chronica），该书共十二卷，涵盖了上千年的历史，直至皇帝克劳狄乌斯·哥提库斯（Claudius Gothicus）时代为止。

亚历山大的叔伯①，而非其母亲妹妹的儿子。6 当基督徒占领某处原本公有的地方，而餐馆老板们提出抗诉说那块地方应该属于自己之时，[亚历山大] 批复道，让神明按某种方式在那里接受膜拜总要好过于将那处地方授给餐馆老板。

L. 1 于是乎，当亚历山大在城内城外都表现出自己是一位如此优秀、如此伟大的皇帝之后，他开始了对帕提亚人的远征，在那次远征中他十分严格地执行军纪、表现得万分令人敬畏，以至于你会说走过去的并不是士兵而是元老。2 军团无论在哪里行进，军事保民官们都行事低调、百人队队长们都令人敬畏、士兵们都受人喜爱，而行省居民则出于上述如此之多、如此之善的举动而待他如神明一般敬仰有佳。3 至于士兵们，出于得到了体面的衣服、漂亮的鞋子、高级的装备，甚至还备有了马匹，合适的马鞍和缰绳，以至于无论谁一见到亚历山大的军队就会了解到罗马人国家 [的强大]，他们亦如兄弟般、父子般地爱戴这位年轻的皇帝。4 总之，他一直都在力图让自己变得和那个族名一样荣耀，确切地说，是要胜过那个马其顿人 [亚历山大大帝]，他还常说罗马人的亚历山大和马其顿人的亚历山大之间应该存在诸多差别。5 最终，他为自己建了银盾部队和金盾部队②，他建起了三万人的重装方阵部队，并下令称他们为方阵兵，他携这支部队在波斯取得了多场胜利——这支部队的士兵由来自六支军团的重装步兵组成，装备和 [其他军团] 没有区别，却在与波斯人的战争之后得到了更多的军饷。

LI. 1 亚历山大将 [其他] 王赠予的财物放入了神庙。他把赠给

① 原文指父亲的兄弟。但显然埃利奥伽巴鲁斯和亚历山大是表兄弟关系，关于此事，请参见本卷 I, 2 及注脚。

② 银盾部队（希腊语：ἀργυράσπιδες）和金盾部队（希腊语：χρυσάσπιδες）是指当年随亚历山大大帝东征的马其顿精锐步兵老兵，因手持带银饰和带金饰的盾牌而得名。

自己的宝石都卖了，同时评说道，宝石之类是归女子拥有的，它们既不能被赠给士兵，亦不能被男子佩戴。**2** 当某个副将 ① 通过他向他的妻子奉上两颗颇具分量且又尺寸非同寻常的大珍珠的时候，他下令卖掉这两枚珍珠。**3** 在无人出价的场合下，害怕王后用了别人买不起的［宝石饰品］，而让她做出坏的榜样，他就将它们献给维纳斯做耳环。**4** 他以乌尔庇安努斯做监护人（他母亲一开始对此提出了反对，随后则是表示了谢意），而［亚历山大］则常常拿出自己的紫袍来保护他以摆脱士兵们的怒火。② 正因为他主要采用此人的建议统治国家，所以他成了最出类拔萃的皇帝。**5** 在临战状态下及远征期间，他白天、夜晚都在敞开的营帐里吃饭，并当着所有人的面在让全体人员都感到高兴的同时吃起了营地的饭食，他还时常来到所有人的营帐附近徘徊，且不允许有谁离开军旗。**6** 如果有谁离开路途进入某人的私人地界，就要当着他的面根据级别高低或是以枝条、或是以刑罚、或是（如果此人的官衔使其超过了领受上述所有的惩罚）以最严厉的斥责进行惩处，并且他还会说："你对别人做的事情，你愿意让它发生在自己的土地上吗？"**7** 从某些或是犹太人或是基督徒那里听来的内容，他总会记住，并常常宣告出来。在训

---

① 也可以指元首直辖行省的总督。

② 乌尔庇安努斯与近卫军长官和军队不和，请参见佐西莫斯，I，XI，2—3："他［亚历山大］让弗拉维亚努斯（Flavianus）和克莱斯图斯（Chrestus）出任近卫军长官，他们两位既通晓军事，又对处理政务也非常在行。而皇帝的母亲曼内阿则让乌尔庇安努斯如一位督察（确切地说像同僚一样）位列他们之上，此人是一位出类拔萃的法学家，非但懂得如何处置当前的问题，而且还精于为将来做好谋划。这么做让那两位武夫感到受了冒犯，于是他们私下策划起了除掉乌尔庇安努斯的阴谋。不过，曼内阿获悉了此事，她就处死那帮阴谋分子，还惟独让乌尔庇安努斯一人出任近卫军长官之职，以此便阻止了他们的计划。不过，到了后来，鉴于某些我无法言说的原因（因为有许多不尽相同的说法），军队不再信任他了，于是他在一场连皇帝都无法阻止的骚乱中被杀身亡了。"

诫某人的时候，他总命令传令官宣读这样的话：**8**"不愿在你自己身上发生的事，不要对他人做。"他极其看重这句话，以至于下令将之写在了宫殿以及公共建筑上。

LII. 1 同样是这个［亚历山大］，在他听到有位老妇人受到一位士兵的虐待之后，就解除了那名士兵的兵役，将他交给老妇人做奴隶，因为他是造车匠，能够供养她。那时士兵们对这种做法感到了不满，在那种情况下，他说服所有人心平气和地服从了下来，并且还使他们心感畏惧。**2** 他的统治虽然严厉而又苛刻，但却被称为无血之治①，之所以这么叫，那是因为正如希腊作家赫罗提安在其时代的著作里提到的，② 他没杀过一个元老。**3** 可他对士兵们却是那么心狠手辣，以至于时常将整支军团给遣散掉，并同时管那些士兵叫公民。③他不曾怕过军队，之所以如此，那是因为无论军事保民官还是将领都不曾从士兵们的犒赏里抽取过什么，也就没有什么事可以提出来用以怪罪他的为人处事。他还说："如果一个士兵有衣服穿、有装备戴、有鞋穿、吃饱了饭，钱袋里还装着东西，那么他就不该让人感到害怕。"之所以这么说，那是由于贫穷会使一个武装起来的士兵走向绝望，并干出一切［可怕的事情］。**4** 最后，他不允许有士兵变成军事保民官或将领的仆从，还下令道，在一名保民官前面应该有四位士兵开道，一名将领面前应该有六位士兵，一名总督④面

---

① 原文为希腊语 ἀναίματον。

② 请参见赫罗提安，VI，1，7；9，8。——英译者注

③ 模仿尤利乌斯·恺撒的著名事件，在一次军队暴乱中，恺撒以公民之称对军队发表演讲以此平息了叛乱。参见苏埃托尼乌斯的《罗马十二帝王传·被奉为神的尤利乌斯传》，LXX："他不称他们为士兵们而是公民们，可只用了这一个词，他就轻而易举地让他们改变了心意而屈服了下来。"——英译者注，有删减，引文为汉译者补充。

④ 也可以指军团副将。但考虑到前面已列举了军团统帅一职，此处官职的地位显然要比将领更高。

前应该有十位士兵，他们应该接纳自己的［随行士兵］入住
居所。

　　LIII. 1 为了能让大家知晓亚历山大的严厉，我认为该插入一段
显示他在处理军队事务上的习性的军中演说。**2** 当他到达安条克城
之后，士兵们沉溺于妇女用的浴池和娱乐之中，后来这则消息被通
报给了他，他便下令把所有这么做的人都逮捕起来并投入了监狱。
3 当这件事被大家知晓时，有伙伴被投入监狱的那支军团掀起了暴
动。**4** 当时，在把被扔进监狱的人统统扔上高台之后，他也登上了
台，并开始如此这般地对聚在周围且又佩带装备的士兵［说道］：
5 "战友们，虽然那些事是由你们战友干的，可如果仍让你们感到不
快，祖上的法纪尚维护着国家。而要是这法纪遭到弛废的话，罗马
之名连同其统治之权都会丧失。**6** 即是在指，不久前在那头龌龊野
兽的统治下曾发生过的那些事，在朕当政期间就不该被做出来。**7** 罗
马的士兵、你们的同盟者①、我的同志兼战友，他们竟让自己按希腊
人的方式做爱、饮酒、洗浴。我该对此继续忍受下去吗？难道我不
该对他们处以极刑吗？"**8** 在那之后，传出了一阵喧嚣。他再次说
道："你们就不能安静下来，停止那种在对敌人的而不是对你们皇帝
的战争中才有的叫嚷声吗？**9** 你们的教官确实教过你们用这种响声
来同萨尔玛提亚人、日耳曼人、波斯人为敌，而不是和那位除了
把取自行省居民的粮食供给你们之外，还供给你们衣物及犒赏的
人为敌。**10** 因此，为了不让我在今天用一段发言甚至用一个词'公
民们'就把你们统统遭散掉，快打住那种在沙场和战争中才需要
的令人胆颤声音吧，否则连是否［叫你们］'公民们'都无法确定

---

① 同盟者（socius）最初指的是以被征服或臣服的方式加入罗马人统治之下
　的一部分居民。同盟者并不享有罗马公民权，也不得擅自缔约或宣战，此
　外在战时还必须提供不等数量的军队，还有些需要上缴部分税收。

了。**11** 因为如果你们不遵守罗马的法律，那么你们连罗马平民都不配当。"

LIV. 1 而当他们发出愈加激烈的喧叫，甚至还用武器进行威胁的时候，亚历山大说道："如果你们是勇者的话，就快放下抵抗敌人用的右手，因为这样的事吓不到我。**2** 因为，如果你们只杀掉 [我] 一个人，在我们的人当中，国家并不缺少为了我而向你们进行复仇的人，元老院不缺 [这样的人]，罗马人民不缺 [这样的人]。"**3** 他们的嚣叫仍未有丝毫减少，在那种情况下，他嚷道："公民们，快撤走，并放下武器。"**4** 全体士兵以一种不可思议的做法放下了武器并脱下了军装，随后所有人都没有撤往营地，而是回到了不同的住宿地。**5** 那时，他的严厉可以达到何种程度，以其自己的方式被大家所见识到了。**6** 最后，护卫们与那些环绕在皇帝身边的人把军旗送回了营地里，人民则把搜集起来的武器拿到了宫殿。**7** 虽然如此，可是三十天之后，在踏上远征波斯的行程之前，在有人要求之下，他还是把那支遭解散的军团恢复到他们原来的状态，这主要取决于他们表现出的勇武给他带来过胜利，尽管这样，可他还是把极刑施加给了他们的军事保民官，因为出于那些人的玩忽职守士兵们曾在达菲尼 ① 附近走向哗变，又或者出于 [那些人的] 纵容军队曾掀起过暴乱。

LV. 1 于是乎，亚历山大带着大队人马，启程向波斯袭去。他战胜了再强大不过的王阿塔薛西斯 ②，战争期间他亲自指挥侧翼、亲自激励士气，他冒着飞矢四处奔走，并亲手做出了许多事迹，他还用言辞鼓励每一位士兵去做能博得赞誉的事情。**2** 最后，这位除了携

---

① 关于这处地方，请参见《哲学家马可·安东尼努斯传》，VIII，12 及注脚。
② 当指波斯萨珊王朝的第一任皇帝，亦称阿尔达希尔（Ardashīr）一世。他在战胜并杀死帕提亚末代君主阿尔达班五世（见《奥庇利乌斯·马克利努斯传》，VIII，3 及注脚）之后征服了波斯全境，缔造了萨珊王朝。

七百头大象、一千八百辆装备长柄刀的战车^①之外还带了许多骑兵一同奔赴战场的伟大的［波斯人之］王遭到失败并奔逃而走了。［在对方溃败之后，亚历山大］随即返回了安条克城，并在颁下命令让军事保民官、将领，及士兵各自保有那些经过市镇时夺来的东西之后，又以波斯人那里掠来的战利品犒赏了自己的部队。**3** 那时，波斯人奴隶史无前例地出现在了罗马人中间，由于波斯人之王认为，自己的子民有谁作为奴隶任他人使役，这是有失尊严的事，于是在取得赎金之后，［亚历山大］就把他们还了回去，而赎金不是交给曾亲手抓住这些奴隶的人，就是充入了国库。

LVI. 1 在那之后，亚历山大来到罗马，举行了一场再盛大不过的凯旋式，接着便首先在元老院里发表了如下讲话：**2** 据九月二十五日元老院会议记录："元老们，我们战胜了波斯人。这无需费多少口才，［可］你们应该知道，他们有些什么强大的武器、强大的装备。**3** 首先是七百头大象，它们装备了同样数目的载有弓箭手与大量箭矢的箭塔。我们俘获了其中三十头［战象］、让两百头毙命［于战场］、领着十八头［参加了凯旋式］。**4**［其次是］一千八百辆装备长柄刀的战车。我们本能够把其中牲畜遭杀害的两百辆车给拖过来，不过出于它轻而易举就能被仿制出来，我们就没那么做。**5** 我们击溃了对方十二万骑兵，我们在战斗中杀死了十万佩铠甲的战士（他们称之为甲胄兵），还用他们的武器装备我们的人员。我们抓了许多波斯人，并将他们贩卖出去。**6** 那头肮脏的禽兽弃而不顾的夹在河流之间的土地（即美索不达米亚），我们又重新得到了。**7** 阿塔薛西斯，实如其名一样，^②乃再强大不过的王，我们在把他击溃

---

① 原文为 currus falcati，指一种两侧装有长柄弯刀的战车。两军厮杀时，这种战车往往直冲进敌方步兵队伍当中以高速横冲直撞，以将敌方步兵击倒。

② 古波斯语"阿塔"（Arta–）指的是"真理"，"薛西斯"（–Xerxes）则表示"统治"。

后又使其奔逃而走，以至于波斯人的土地目睹到他在逃窜，而就在我们自己的军旗曾被［夺去并］送往［他们的凯旋式］的那片土地上，［他们的］王在独自抛下军旗后奔逃而走。**8** 元老们，上述这些［被我们］成就了。无需费多少口才。士兵们回来时都成了富人，在胜利中，无人惦记着［付出的］辛劳。**9** 现在，为了不让我们看起来对众神忘恩负义，轮到你们颁下令来，致以感恩了。"元老院欢呼道："奥古斯都亚历山大啊，愿众神庇佑您。佩西库斯·马克西姆斯啊，愿众神庇佑您。是不折不扣的帕提库斯、真真切切的佩西库斯。①我们目睹着您的战利品，我们目睹着您的胜利。**10** 向年轻的皇帝、国家之父、最高祭司［致以欢呼］。通过您，我们在各处都能预见胜利。他征服统治士兵之人。元老院富足、士兵富足、罗马人民富足。"

LVII. 1 元老院散会后，亚历山大登上了卡庇托山，由此在举行过祭祀并把波斯人的大衣置于神庙之后便按下述方式发表了演说："公民们，我们战胜了波斯人。朕带回了满载而归的士兵。朕许诺给你们赏赐，明天朕就为战胜波斯人而举行庆典赛会。"**2** 上述这些，鄙人是在编年史以及许多作者的著作里找到的。然而，有些人却说，他被自己的一个奴隶给出卖了，没有战胜过王，反倒是为了不落得战败，便奔逃而走了。**3** 对那些读过大量作家作品的人来说，这种说法无疑同许多人的观点背道而驰。因为，他们讲他出于饥饿、寒冷、疾病而失去了军队，作家赫罗提安就是这么说的，虽然有违许多人的观点。**4** 在那之后，带着巨大的荣耀，在元老院、骑士等级、全体人民的陪伴下，他在妇女孩童、特别是士兵们的配偶的簇拥下，来到帕拉丁山脚下，而那时在他身后则有四头大象在拉着凯旋用的

---

① 帕提库斯（Parthicus）和佩西库斯（Persicus）在拉丁语里亦分别表示"帕提亚人"和"波斯人"。

马车。**5** 人们用手将亚历山大架了起来，整整四个时辰他们几乎都不许他［下地］走路，到处都有人在欢呼："亚历山大平安，所以罗马安泰，国家安泰。"**6** 第二天，在竞技场举办过比赛与庆典之后，他旋即就向罗马人民发放了赏赐。**7** 按照安东尼努斯设立以福斯丁娜命名的女童补助金的做法，① 他还分别为女童和男童设立了以玛美娅命名的补助金。

LVIII. 1 在廷吉塔纳毛里塔尼亚②，凭借弗里乌斯·契尔苏斯战事进行得颇为顺畅；在伊利里亚，凭借的是亚历山大的亲戚瓦里乌斯·马克利努斯；在亚美尼亚，凭借的是尤尼乌斯·帕尔玛图斯。捷报从各个地方送到了他那里。当这些捷报分别在元老院和在人民中间宣读出来时，他所期待的消息也从伊苏里亚③ 传了过来，那时他便被冠上了一切名号。**2** 而那些在国事上有作为的人，除了被授予荣誉执政官之衔外，还加赠了祭司职，对于那些贫穷者以及为老龄所累之人，则获得了土地的所有权。**3** 如果［被俘的］孩童或年轻人的岁数适合的话，他就把各民族的俘虏赠给朋友们，虽然如此，可［被俘的］若是那些皇亲国戚或名门望族，他就招募他们去打仗——不过并不是大的战斗。**4** 从敌人那里夺来的土地他赠给了前线的将领和士兵，以便在以他们的继承人服兵役的条件下让他们［继续］保有这些土地，因为他说，如果他们亦是在为保卫自己的田地［而战斗］，那么就会成为更具武魂的战士。**5** 为了让他们能够对得到的土地进行耕作，并且不会因缺少人口抑或占有者上了岁数而使邻近蛮族之地的土地变得荒芜（他一直认为这是极其丢脸的事），

---

① 关于此事，请参见《安东尼努斯·庇乌斯传》，VIII，1 及注脚；《哲学家马可·安东尼努斯传》，XXVI，6。——英译者注

② 罗马帝国时代的行省名，大致地域范围在非洲西北角地中海沿岸一带，今摩洛哥东北部和阿尔及利亚西北部。

③ 指位于小亚细亚半岛南部的一片内陆地区。

他当然在给予土地的同时还加赠了牲畜和奴隶。

LIX. 1 在那之后，亚历山大在人民和元老院中间受到了极大的爱戴，而在他启程前赴与日耳曼人的战争之际，所有人一方面既希望赢得胜利，一方面又不愿让他离去，大家全都护送了一百至一百五十里路程。2 不过，对于国家甚至其本人来讲，高卢在日耳曼人的劫掠下遭到洗劫这样的事是再严重不过的了。3 虽然帕提亚人业已被击败，可这个即便在有些弱小的皇帝的统治下也总能接受臣服的民族却在威胁着国家的脖颈，此事更增加了他的羞愧感。4 于是他加紧行军，并让士兵们士气高昂了起来。然而，在那里他也发现有军团心存叛意，在那种场合下他就下令解散这些军团。5 可是，高卢人那种时常让皇帝陷入险境的粗暴毒辣的脾气忍受不了在埃利奥伽巴鲁斯之后的这个人施加的极为严格又更为规矩的管束。6 最终，正当他带着为数不多的几个人置身于不列颠（而另一些人主张是在高卢）的时候，在一处名叫西西利亚的小镇里，一些 [士兵] 将他杀死了。这并非出于大家一致的决定，而是土匪的行径，因为某些士兵，尤其是那帮靠着埃利奥伽巴鲁斯的奖赏而兴旺起来的人，他们无法容忍一位严厉的元首。7 许多人说，是受马克西米努斯[1] 指派到他那里接受训练的新兵杀死了他，另有许多人持有不同意见。8 虽然如此，可大家都认同的是，[杀死他的] 是一些士兵，因为他们曾对他说了很多侮辱的话，待他就像待一个男孩一样，还辱骂他母亲贪得无厌、爱财如命。

LX. 1 亚历山大掌国十三年零九天[2]，活了二十九岁三个月又七天。2 他做任何事都出自其母亲之意，[3] 而她亦随其一同遇害了。3 预

---

① 指接替亚历山大成为罗马皇帝之人。关于此人，请参见尤特罗庇乌斯，IX，1。

② 另请比照尤特罗庇乌斯，VIII，23："可后来，在他 [亚历山大] 当政 12 年零 8 天之后，仍由于军队哗变而死在了高卢。"

③ 关于此事，请参见尤特罗庇乌斯，VIII，23："这位皇帝一生都对自己的母亲玛美娅言听计从。"

示其死亡的征兆有以下这些：在他为生日举行祈祷时，沾着鲜血的
祭品逃走了，当时他正穿着凡民的衣服站在人民中间，那只祭品就
将血迹沾上了他穿着的白色衣服。**4** 在某座城里（他曾从那座城市
出发前赴战争）的行宫当中有一株巨大而古老的月桂树突然之间就
整个倒下了。**5** 有三株结一种以亚历山大之名命名的无花果的无花
果树突然之间就在他的营帐前倒了下来，而皇帝用的营帐就在这几
棵树的边上。**6** 德鲁伊①女祭司对前赴［战场］的他用高卢语喊出
了这样的词句："愿你往前走，既不要指望得到胜利，又不要信赖自
己的士兵。"**7** 为了进行演讲并再说一些吉祥的话，他登上了高台，
以这番话作开头："在皇帝埃利奥伽巴鲁斯被杀后"。**8** 可就在即将
奔赴战场之际，他对士兵道出的话一开头便是不吉利的，这被视
作了征兆。

　　LXI. 1 然而，亚历山大对上述这一切征兆都表示了极度蔑视。
随后他启程奔赴战争，就在前面提到的地方如此这般遭到了杀害：
2 那时，他正如往常那样以进食集体餐的方式（即在敞开的营帐里
取用士兵吃的食物）吃午饭，②这么说是因为待士兵们破坏了他的
营帐后，在里面没有找到别的东西。**3** 进食之后他进行了休息，到
了白天约莫第七个时辰之际，有一个担任护从之职的日耳曼人趁所
有人都入睡之际走了进来，**4** 单单只有皇帝一人恰巧醒了过来，并
看到了他。皇帝对他说："怎么了，战友？你难道在通报什么敌讯
吗？"**5** 可是，对方为惊恐所惧，又对自己能够溜走感到无望，因
为他已经闯入了元首的营帐，于是就来到了自己的战友那里，鼓动他
们杀死这位严厉的元首。**6** 许多人即刻操持起武器闯了进来，在斩杀
了那些未携武器却又进行抵抗的人之后就刺了皇帝数刀，把他本人刺

---

① 指凯尔特人传统信仰的神职人员。
② 关于此事，请参见本卷 LI, 5。——英译者注

死了。**7** 有些人说，当时什么话都没有说，只除去士兵们喊了："死吧，滚吧。"就这样，这位出类拔萃的年轻人遭到了弑杀。**8** 不过，后来被马克西米努斯带入日耳曼尼亚的各支部队曾经都是属于亚历山大的，那批军队确实再强大不过，他们之中都有亚美尼亚人、奥斯若恩人①、帕提亚人，以及各种种族的人。

LXII. 1 亚历山大对死亡的蔑视既表现在他总能制服士兵的凶猛不羁，还表现在下面这件事上。**2** 占星师特拉希布鲁斯是他最为要好的挚友，此人曾对其讲过，他必死于蛮族的剑下，他首先感到了高兴，因为他相信威胁到自己的死亡会是在战场上而且符合帝王之身。**3** 他接着进行了阐述，并指出那些最优秀的人每一个都是以一场血光之灾而殒命的，那时他说到了自己冠着其族名的亚历山大 [大帝] 本人②，提到了庞培、恺撒、德摩斯梯尼③、图利乌斯④，以及其他未得善终的著名人物。**4** 他下定了如此的决心，以至于认为自己假如殒命于战场就该和众神同列了。**5** 不过，事实却和他预料的不一样，因为他 [虽] 借由蛮族护从之手死在了蛮族的剑下，可不是在战场上，而是在战争之时。

LXIII. 1 士兵们（包括那些曾经被他解散过的）对亚历山大之死感到极度悲伤，甚至还把弑君的凶手给杀了。**2** 然而，罗马人民、每一位元老，以及全体行省居民却不曾陷入万分的悲痛和痛苦之中，因为就在那同时，国家大权在他之后就被授给了马克西米努斯和他的儿子，这位接替者马克西米努斯如一介武夫一般凶狠与粗野，这

---

① 奥斯诺恩（Osroene）为罗马帝国属国（后沦为行省）名，位于幼发拉底河上游，首府为东部名城埃德萨。

② 此处显然不符史实，众所周知亚历山大大帝死于疾病。

③ 古希腊著名的演说家、政治家，最后服毒自杀。

④ 指共和国晚期的著名演说家、政治家西塞罗，他最后惨遭杀害。关于此事，请参见尤特罗庇乌斯，VII，2。

显示了更可怕的噩运似乎无法避免。**3** 元老院将他 [亚历山大] 列
入了众神。他自然而然地在高卢得到了一处衣冠冢，又在罗马得到
了一座再宏伟不过的陵墓。**4** 冠以亚历山大之名的祭司团被授给了
他，此外以其母亲和他自己的名字命名的节日也被加授 [给了他]，
时至今日，在罗马逢其生日那天大家仍以极其虔诚的方式庆祝此节
日。**5** 据另一些人所称，他被杀是出于如下原因：他的母亲打算在
放弃与日耳曼人的战争之后返回东方以对自己加以炫耀，因此军队
被激怒了。**6** 不过，上述这些都是马克西米努斯的好友捏造出来的，
因为他们不想让事情看起来像是这位出类拔萃的皇帝被自己的朋友
以有违天理人法的方式给杀死了。

    LXIV. 1 至此为止，罗马人民的最高大权都由这么一位长期当
政的元首执掌，而在亚历山大之后，统治者们相互争斗了起来，他
们有些当政半年、有些当政一年、许多人当政两年（最多统治了
三年），直到 [出现了] 将最高大权拓展至更为广袤地域的元首为
止——我说的是奥勒利安① 及其继任者。**2** 关于这些元首，假如生
命允许的话，鄙人将把已获知的那些事迹发表出来。**3** 亚历山大身
上负有以下这些骂名：他不愿当叙利亚人，他贪爱金钱，他极具猜
疑，他发明了许多税种，他总想让自己被看成是亚历山大大帝，他
以万分严厉对待士兵，他自顾自地负责处理国家的一切事务。**4** 我
确实知道，许多人都否认给他冠上恺撒之名的是元老院，而 [说成]
是士兵们，事实上他们完全不了解事情，除此之外他们还说，此人
并非埃利奥伽巴鲁斯的表弟。**5** 为了让这些人能遵照鄙人的说法，
他们该读读那个时代的历史学家 [的著作]，尤其是还写下了那位元
首征途的阿库利乌斯② [的著作]。

---

①   关于这位皇帝之名，请参见《安东尼努斯·埃利奥伽巴鲁斯传》，XXXV, 2。
②   关于这位历史学家，请参见本卷 XIV, 6。

LXV. 1 至高无上的君士坦丁啊，您习惯问这样的问题：一个叙
利亚人及异族变成了如此伟大的元首，而那么多的罗马本族人、那
么多的其他行省的居民却被发现是些不忠不义、肮脏龌龊、心狠手
辣、低贱卑微、毫无信用、淫欲横流之辈，怎么会这样呢。2 我能
用贤明之人的观点来作回答，首先作为寰宇四方惟一之母的自然生
得下贤良的元首，其次，因为有最残暴的元首遭弑在前，恐惧令那
个人成了最贤明的元首。3 可是，出于真相当被展现出来的缘故，
我将把已读到的内容公布给仁慈而又虔诚的您看。4 这种说法已为
虔诚的您所知了，因为您在马略·马克西姆斯的著作里读到过：对
一个国家来说，元首作恶会比元首朋友们作恶更加幸福、更加保险，
因为若只有一人作恶，那么他就能在许多善良者的影响下改邪归正，
但如果有很多人作恶的话，无论一个人有多么善良，再怎么样都是
不能胜过恶人的。5 而这样的话确实由奥慕鲁斯① 本人向图拉真道
出过，他说，图密善再邪恶不过，可都还有善良的朋友，所以他
[图拉真] 招来的憎恨更大，因为他把国家托付给了生性邪恶之人，
[而这么说] 是出于忍受一位恶人要好过多位。

LXVI. 1 让我回到这件事情上吧，然而亚历山大自己确实是最
为优秀的，并且又采纳了最优秀的母亲的建议。2 另一方面，他还
有一些既正派又令人敬仰的朋友，他们既不阴险狡诈、又不偷鸡摸
狗，既不结党相争，又不精明圆滑，既不与作恶者为伍，又不和善
良者为敌，既不淫欲横流，又不残忍暴虐，既不欺君罔上，又不嘲
弄主子，也不会把他当成一位傻子一样进行诱骗；他们既正直，又
令人敬仰，既有节有度，又忠贞虔诚，他们爱戴自己的元首，他们
非但自己不曾对他进行取笑，而且还不愿其受到 [他人] 取笑，他

---

① 也许是在《安东尼努斯·庇乌斯传》，XI，8 和《哲学家马可·安东尼努斯
传》，VI，9 中提到的瓦勒利乌斯·奥慕鲁斯的父亲。——英译者注

们既不贩售任何东西，又不在任何事物上招摇撞骗，他们不编造任何［谎言］，他们从不辜负自己元首的期望，而是［全心全意地］爱着他。**3** 加之还有下面这件事情：他既不在阁僚班子里采用阉人，又不在政府部门中录用阉人——单单这些人就让元首覆灭，因为他们希望元首按别族或波斯人之王的方式生活，他们让元首脱离人民和朋友，他们充当中介人，而传达的东西皆非［元首的］答复，他们限制自己元首的视听，这么做最重要的目的便是不让他知道发生了什么事情。既然他们是被买来的人，又是奴隶，最终怎么能和善良之人一样明智呢？**4** 最后，这是他［亚历山大］本人的观点："我不允许用钱买来的奴隶对长官、执政官、元老院的身死做出裁决。"

LXVII. 1 皇帝啊，我知道，这些事对一位曾服从于那类人物的皇帝说出来是危险的，但您在理解到这群瘟疫之流有多少丑恶、他们又是如何引诱元首之后，为了国家的福祉，您让他们处于该处的职位上，以至于您下令禁止他们穿希腊军用斗篷，而只许他们负责必要的家内事务。**2** 此事尤为值得注意：除去近卫军长官乌尔庇安努斯在场之外，宫殿之内他［亚历山大］从不单独接见任何人，[①]他不给任何人机会以贩卖和自己有关的圣裁，或者为了自己而说他人的坏话，特别是在处死了那个曾经常常把对方当成傻瓜和疯子一样而贩售［圣裁］的图里努斯之后。[②]**3** 在上面这些事上，还得加上下面这件事：如果亚历山大发现有朋友和亲人作恶，便会施以惩处，或者若是出于友情深远或亲情深厚而不当受到惩处，他就会把他们从自己面前赶走，并说道："对我来说，比这么些人更珍贵的便是国家。"

LXVIII. 1 让您了解一下在他阁僚班子里都是哪些人吧：著名的

---

① 关于此事，请参见本卷XXXI，2。——英译者注
② 关于此事，请参见本卷XXXVI，2—3。——英译者注

萨宾努斯[1]之子、他那个时代的加图，费边·萨宾努斯；极为精通法律的多米奇乌斯·乌尔庇安努斯；皇帝戈尔狄安之父、著名人士埃利乌斯·戈尔狄安；极为精通法律的尤利乌斯·保罗；再著名不过的演说家克劳狄乌斯·维纳库斯；他的亲戚、所有人中最博学的卡提利乌斯·塞维鲁；所有人中最令人尊重的埃利乌斯·塞伦尼安努斯；历史中定然不会有比他更贤良的昆提利乌斯·马尔契洛。**2** 有上述那么些人连同其他如此伟大的人一起合计着向善，还有什么坏事可以被他们考虑到、被他们干出呢？**3** 后来，在初御皇位的那些日子里，一队恶人竟包围了亚历山大，并将上述这些人驱赶而走，不过出于这位年轻［皇帝］的聪慧，待那队恶人被杀或遭逐之后，那种神圣的友谊又恢复了。**4** 就是上述这些人，把这位叙利亚人变成了贤明的元首。同样的，也就是那些邪恶的朋友，在把自己的罪恶加在［他人身上］之时，竟把再邪恶不过的罗马人传给了后代子孙。

---

[1] 萨宾努斯也许是《安东尼努斯·埃利奥伽巴鲁斯传》，XVI，2 中提到的那位。除去乌尔庇安努斯和保罗，这些阁僚班子里的人没有一位为人所知。埃利乌斯·戈尔提安假如名字正确，就不可能是皇帝戈尔狄安的亲人，因为后者的族名是安东尼努斯。——英译者注

三世纪危机诸君主

两马克西米努斯合传

尤利乌斯·卡庇托利努斯

I. 1 至高无上的君士坦丁啊，为了不让仁慈的您在分卷依次阅读一位元首或元首之子时感到厌恶，我采取合传的方式而在单独一卷［传记］里列入父子两位马克西米努斯。**2** 在这之后，我便开始遵照虔心的您希望显贵塔奇乌斯·西里鲁斯在其由希腊语翻译成拉丁语时也要遵照的这种体例。**3** 我将不在单独一卷书里而是在接下去的许多卷里遵循这样［的体例］，除去一些伟大的君王，因为他们有太多颇为光辉的事迹需要较为详尽地书写下来。**4** 老马克西米努斯兴起于皇帝亚历山大当政期间。不过他开始服兵役却是在塞维鲁统治时期。**5** 此人生于色雷斯一座与蛮族相邻的镇子，父亲和母亲也都是蛮族，据称其中一位来自哥特，另一位则是阿兰人。**6** 据说他父亲名叫米卡，母亲则叫阿巴巴①。**7** 不过，在早年，是马克西米努斯自己向外宣布上面这些名字的，而到了后来，当他踏上皇位时，却下令将之秘而不宣，为的是不让皇帝看起来像由两位蛮族父母所生。

II. 1 孩提时代，老马克西米努斯确曾做过牧羊人，还是一群青

---

① 拉丁网络图书馆版本写做"哈巴巴"（Hababa）。

年人的头领，并伏击劫掠者以保护自己的人不遭侵袭。**2** 他最初的兵役便是做骑兵。^①因为，他以身材高大出众、在所有士兵当中以勇气闻名，他外貌颇具男子气概、生性粗俗野蛮，虽高傲自大，但又常常做到公正不阿。**3** 他在塞维鲁皇帝统治下能出名，首先是由于下面的原因：**4** 塞维鲁为庆祝小儿子杰塔的生日，便在以给出银具（这些银具有：臂环、项圈，以及腰带）作为奖赏下举办了军事竞技赛。**5** 这位青年、半个蛮族在那时几乎还不会说拉丁语，他用接近色雷斯语的话公开向皇帝提出请求，好让自己随那些在服役时职位不低的人一起前去参加角逐。**6** 惊讶于其硕大的身躯，塞维鲁首先让他和随军平民（[虽是随军人员] 可个个都是再勇敢不过的人）一起角逐，以免破坏军纪。**7** 当时，马克西米努斯轻轻松松就战胜了十六位随军平民，并得到了十六份既微薄又非军用品的奖励，接着他领命进入了军队。

　　III. 1 两天以后，当塞维鲁前去阅兵场的时候，他恰巧见到马克西米努斯在人群中用蛮族的方式闹腾，于是他即刻对军事保民官下达命令，要他对此人进行管束，并教给他罗马人的法纪。**2** 那时，当那个蛮族意识到皇帝正在谈论自己，因为他心想自己在那么多人中间显得引人注目而被元首认了出来，于是他走上前，来到正骑在马上的皇帝的脚边。**3** 当时，塞维鲁想要测试他骑得有多好，就让马匹飞驰起来，跑了好多圈，当上了年纪的皇帝感到劳累了而那人在跑了那么久后却仍未停下之时，便对他说道："色雷斯人啊，你还想干什么呢？在跑完之后再来搏斗怎么样？"那时，他说："随您所

---

① 　关于此事，请参见赫罗提安，VI, 8, 1："在罗马军队里有一位名叫马克西米努斯的人，他的家人居住在色雷斯最偏远的地区，并有一半蛮族的血统。他们说，在他还是孩子的时候，他做过牧羊人，可在步入青年之后，出于其身材和力气，他便被征召进了骑兵队。"——英译者注，引文为汉译者补充。

愿，陛下。"**4** 随后，塞维鲁下马，并指令最有力量、最勇敢的士兵同他比试。**5** 当时他用以往一样的方式轻轻松松就战胜了七名再勇武不过的士兵，而所有人中仅他一人在得到了银制奖品后又被塞维鲁赐予了金项圈，接着他便领命当上了宫内御用护从里的固定一员。**6** 于是，他就由此而成名了，他在士兵中间成了名人，他受到军事保民官们的爱戴、受到战友们的崇敬，他能从皇帝那里得到任何想要的东西。而在他尚且颇为年轻的时候，也正是在塞维鲁的帮助下[提升了]军职。此外，他高大壮硕的身躯、俊俏的外表、大大的眼睛、白皙[的皮肤]都使他在所有人中显得与众不同。

    IV. 1 此外，据悉马克西米努斯经常一天喝一卡庇托罐^①的葡萄酒，吃四十磅肉，而根据科尔都斯的说法，则有六十磅之多。**2** 这件事颇为众人所知：除了在他不得不喝东西的时候，否则他从不吃蔬菜，也几乎不吃冷的东西。**3** 他常常拂去自己的汗水，随后再送入酒杯或小罐子里，以便展示出二塞塔里或三塞塔里自己的汗水。**4** 在安东尼努斯·卡拉卡卢斯统治时，此人做过首席百人队队长，还常常担任其他军职。在马克利努斯统治时，由于他万分憎恨这位杀了自己皇帝的儿子^②的人，于是，他退役后便在色雷斯他出身的镇子里置了地产，并一直在与哥特人做生意。他还格外受到杰特人^③的爱戴，就好像是他们的公民一样。**5** 阿兰人无论谁只要来到[多瑙河]畔就不断和他交换礼物，并接受他作为朋友。**6** 不过，在马克利努斯随其子一起遭到杀害之后，他获知埃利奥伽巴鲁斯好似安东尼努斯之子一样成了皇帝，正当壮年的他就来到了他[埃利奥伽巴鲁斯]那边，请求对方如其外祖父塞维鲁那样待他。但是对那位

---

① 罐（amphora）作为液体的计量单位，一罐约合 26.2 升（＝ $6\frac{7}{8}$ 加仑）。该标准单位容器作为模具被放置在卡庇托山上。——英译者注，有删减。

② 指卡拉卡拉。——英译者注

③ 也被译成葛特人，乃色雷斯人的一支。

肮脏的人怎么做都没能奏效。**7** 因为，据说，埃利奥伽巴鲁斯以最下流的方式对他进行取笑道："马克西米努斯啊，有说你曾经让十六、二十、三十位士兵感到筋疲力尽，那你和女的做三十次行吗？"**8** 当时，那人见到臭名昭著的元首打开头就是如此这般，便辞官而去。**9** 虽然如此，可他仍被埃利奥伽巴鲁斯的朋友们给劝止了，以免把他那时代最勇敢的人（一些人称之为赫拉克勒斯、另一些人称之为阿基里斯、还有些人称之为赫克托尔①、还有些人称之为埃亚克斯）从自己的军队里撵走，而使这件事也加到他 [埃利奥伽巴鲁斯] 的恶名上。

V. 1 于是，在这位再肮脏不过的人的统治下，马克西米努斯仅有保民官官衔，但他从未接受对方的帮助，也从未向那人致以问候，整整三年时间他都在跑东跑西。**2** 他一会儿置身田地、一会儿忙于休整、一会儿自困于编造出来的疾患。**3** 埃利奥伽巴鲁斯被杀后，在他一获悉亚历山大被宣布为元首时，就赶到了罗马。**4** 亚历山大怀着万般的喜悦与感激接待了他，以至于在元老院说了下面的这番话："元老们，我已为保民官马克西米努斯加上了宽紫纹短袖袍，②他无法在那头肮脏的禽兽手下服役而奔逃至我处，在我至亲、被奉为神的塞维鲁当政那会儿其人就和你们从流传的说法那里获知的一样。"**5** 随即，他就让对方出任曾由其本人亲自从新兵中招募组成的第四军团的军事保民官，并用下面的话对他进行了提拔：**6** "我最亲爱、最疼爱的马克西米努斯啊，我之所以没把老兵托付给你，是因为我害怕你无法改正他们在其他人的领导下逐渐养成的缺点。**7** 你招募新兵，并按你的习性、你的胆略、你的勤勉使他们认清所服的兵役，结果由你一位马克西米努斯就能为我创造出许许多多国家需要的马克西米努斯。"

---

① 古希腊史诗《伊利亚特》中的人物，为特洛伊王子，该城第一勇士，最后同阿基里斯决斗，死在了对方手里。

② 即把他提升至元老等级。

VI. 1 因此，在接过了那支军团之后，马克西米努斯立即开始对他们进行训练。**2** 每隔五天，他就命令士兵们列队出行、相互进行模拟战，[还下令] 每天都对剑、矛、甲、盔、盾、袍，以及他们所有的装备进行检查。**3** 另外，他还亲自提供鞋子，以至于他在士兵们看来就成了父亲一样。**4** 然而，一些军事保民官对他提出了批评，他们说道："既然你已置身于能取得将领之职的高位了，你为什么还做那么多活呢？"在当时，据称他说道："可我身处越显赫，就越要做更多的活。"**5** 他亲自和士兵们一起训练搏斗，〈虽然年事已高，可仍〉①一次把五个人、六个人、七个人〈，甚至十个人〉② 摔倒在地上。**6** 最终，在所有人的羡慕下，一位体型巨硕、勇气卓著，同样也更为凶狠、更加傲慢的军事保民官对他说道："你身为军事保民官，如果 [只是] 战胜自己的士兵，这不算什么壮举。"他说道："你想让我们来较量一下吗？"**7** 对手点头同意，并朝他冲了过来，就在那时，他用手掌击打对手胸部，把他撞得仰面倒了下去，随后还说："再来一个，不过要是保民官的。"**8** 除此之外，正如科尔都斯所称，他的体型是如此之硕大，以至于身高据说达到了八尺六指宽③；拇指大到了这般程度，以至于他得用妻子的手镯来当戒指。**9** 这些事几乎都在平民大众的口中流传着：他用双手就能拖动马车；他单凭一人就能挪动载重四轮车；如果他向马匹挥拳，就会打落牙齿；如果挥拳向脚，就会打折它的腿；他能打碎石灰岩、折断小一点的树木。最终，一些人把他叫作克罗托那的米罗④、一些人称其为

---

① "年事已高"一语见于洛布版。

② "甚至一次十个人"一语见于拉丁网络图书馆版本。

③ 一罗尺（pes）约合 29.6 厘米，十六指宽（digitus）合一罗尺，因此一指宽约为 18.5 毫米。

④ 古希腊时代的一位大力士，曾屡次夺得奥林匹克运动会的冠军。最终在一次和狮子的搏斗中，被狮子咬死。

赫拉克勒斯、另一些人唤其为安泰乌斯①。

VII. 1 当这些事令马克西米努斯成为引人瞩目者之际，亚历山大作为一位有着优秀品质的法官，面对自己的困境，让［他］统领起了全军，各地所有的军事保民官、将领，以及士兵都［为此］感到高兴。**2** 他［亚历山大］的军队有一大部分在埃利奥伽巴鲁斯统治下变得懒散了，最终他［马克西米努斯］把整支部队都用军纪约束了起来。**3** 正如鄙人所说，此事对虽表现出类拔萃但却因年幼而自一开始就遭到鄙视的皇帝亚历山大来说是再严重不过的。**4** 这么说是因为，当他置身高卢并在离某座城市不远的地方扎下营帐之后，士兵们随即被鼓动了起来以反对他——某些人说是受到了［马克西米努斯］本人的鼓动，另一些人则说是受到了蛮族军事保民官的鼓动——亚历山大虽然逃到了母亲那里，可仍在马克西米努斯称帝之后遭到了杀害。**5** 至于亚历山大被杀的原因，各方说法不尽相同。因为，某些人说玛美娅是罪魁祸首，她为了让儿子在抽身与日耳曼人的战争之后奔赴东方，由此士兵们掀起了暴动。②**6** 某些人则说，他是个极其严厉的人，并且又曾想过按照遣散东方军团的方式把在高卢的军团给遣散掉。③

VIII. 1 然而，在亚历山大被杀之后，马克西米努斯未经元老院决议，连元老都未当过就从行伍之间被军队冠上了奥古斯都之号，这是史无前例的。④他还让儿子出任其本人的共治者，关于此人，鄙

---

① 古希腊神话中的巨人，后被赫拉克勒斯所败。

② 关于此事，请参见《亚历山大·塞维鲁传》，LXIII, 5。

③ 关于此事，请参见《亚历山大·塞维鲁传》，XII, 5 及 LIII。

④ 关于此事，请参见尤特罗庇乌斯，IX, 1："在奥勒利乌斯·亚历山大去世之后，行伍出身的马克西米努斯只凭借士兵们的意愿就夺取了政权，他的权力没有得到元老院的承认，而他自己也没有事先做过元老，这样的事在之前从未有过。"

人虽然知之甚少，可还会在稍后进行讲述。**2** 马克西米努斯总是那么明智，以至于对士兵们进行统治时并未凭借武力，而是依靠奖赏和获益让他们成为最爱戴自己的人。**3** 他从不夺取谁的俸粮。**4** 他从不允许部队里有哪位士兵做工匠或手艺（正如许多人现在做的那样）的活计，而时常只以狩猎的方式训练军团。**5** 可是，在这些美德中间他却带有万般的残暴，以至于有些人管他叫独眼巨人、另一些人管他叫布西里斯①、另有些人叫他斯喀戎②、叫法拉里斯③的也有人在、许多人还称他提丰④或者百臂巨人⑤。**6** 元老院是那么畏惧他，以至于妇女带着自己的孩子无论公开或是私下都在神庙里进行祈祷，祈求他永远看不到罗马城。**7** 因为，他们常听到，有些人被送上了十字架、有些人被关进了刚遭杀害的动物［的体内］、有些人被扔到了野兽中、有些人被棒击毙命，这一切并非出于对权威的渴望，而是由于他似乎想要让军纪成为主宰之物，而且还想要通过那种形式来纠正公民之事。**8** 此事并不符合一位希望受到爱戴的元首。事实上，如果大权不以残暴进行执掌，就不能令他感到信服。**9** 他同时还害怕出于卑微的蛮族出身而遭到贵族等级的鄙视。**10** 除此之外，他没忘记自己曾在罗马被高贵之人的奴隶所蔑视，以至于连他们的管家都不会见他。**11** 于是，就像心怀着愚蠢的想法一样，他虽已成为了皇帝，可却希望那些人仍如往常般对待自己。这仅仅是卑

---

① 传说中的埃及暴君，曾下令将所有的异邦人当作牺牲，敬献给神明。
② 传说中的著名强盗，习惯命令抓住的外乡人替他洗脚，并趁对方给自己洗脚之际，把那人踢入大海淹死。
③ 公元前 560 年左右西西里阿格里杰图姆（Agrigentum）的暴君，曾把被判有罪之人置于铜牛中烹饪，最后其本人也遭此番结局而终。——英译者注
④ 古希腊神话中的妖物，由盖亚和塔尔塔罗斯（Tartarus）所生，长有百颗龙头。
⑤ 独眼巨人和百臂巨人都是古希腊神话中的人物，皆由盖亚和乌拉诺斯所生。

贱者的想法在起作用。

IX. 1 另一方面，为了掩盖其卑微的身份，马克西米努斯处死了所有知道他身世的人，甚至还包括不少曾怜悯其贫穷而时常赠予他许多东西的好友。**2** 实际上，大地之上再没有那只动物比按此般方法把任何东西都置于自己强力之下的他（就好像他无法被杀死一样）更为残暴了。**3** 最终，在他因硕大的体型和巨大的勇武而相信自己已近乎神灵之际，据说某位仿剧演员趁他到场之际在剧院里曾道出过以下希腊语诗句，用拉丁语句子来说便是：

> **4** "无法被一个人杀死的，就被多个人杀死。
>
> 大象硕大，被杀死了，
>
> 狮子凶猛，被杀死了，
>
> 老虎勇武，被杀死了，
>
> 如果你不怕一个人，就提防点多个人吧。"

5 而这些是皇帝本人在场的时候说出来的。然而，当他询问朋友们，那位演员在台上说了什么之时，得到答复却说，对方颂出了写出来用以抨击残暴之人的古诗，而他呢，正如一位色雷斯人和蛮族那样，就相信了。**6** 他不许任何一位贵族在自己边上，而统治时近乎就是以斯巴达克斯或雅典尼昂① 作为榜样的。**7** 除此之外，他还用各种不同的方法杀死了亚历山大的所有朝臣，且不顾他[亚历山大]的指示。**8** 一旦他怀疑起他[亚历山大]的朋友和朝臣，下起手来就会愈加地残暴。

---

① 斯巴达克斯曾是卡普阿的角斗士，领导了公元前73年的角斗士叛乱，关于此事请参见尤特罗庇乌斯，VI，7。雅典尼昂是公元前104年西西里奴隶起义时的首领之一。

X. 1 正当马克西米努斯按野兽的方式生活的时候，因某位叫马尼乌斯的拥有执政官官衔之人谋划了针对他的不轨行径却令他变得愈加地冷酷和疯狂。此人曾经渴望把国家大权取到自己手里而随许多士兵及百人队队长一起策划过行刺他的阴谋。**2** 这桩阴谋是这样的：马克西米努斯想要搭一座桥侵袭日耳曼人，当时决定这么做，那些作乱者随他一起过桥，然后再把桥毁掉，他就在蛮族之地遭到包围并被杀死，马尼乌斯便夺过大权。**3** [侵袭日耳曼人是] 因为 [马克西米努斯] 精于军事，又希望维护自己已有的声誉，并且还想当着所有人的面超越遭其本人弑杀的亚历山大的荣耀，所以一当上皇帝就已开始极其盛气凌人地发动各类战争。**4** 因此，皇帝每天都要让士兵们进行操练，而他自己也携带装备，并总是用手和身体向军队展示诸多 [技艺]。**5** 据称，马克西米努斯为了施展残暴秉性竟曾亲自策划了这起阴谋。**6** 最终，他未经裁决、未经起诉、未经审理、未经辩护就处死了所有的人，并夺取了他们的财富。他在处死了四千人之后都还不能让自己感到有所满足。

XI. 1 另外，在马克西米努斯统治时，奥斯罗埃尼人① 弓箭手出于对亚历山大的爱戴及哀悼，掀起了暴乱要摆脱 [马克西米努斯的统治]，因为他们除了相信前者是被马克西米努斯杀死的之外，就没有其他事能使他们感到信服了。**2** 最终，他们竟让自己的一员提图斯担任他们的将领和皇帝，而马克西米努斯当时已经将此人开除出了军队。**3** 他们为他披上紫袍并布置以帝王的排场，他们犹如手下士兵那样围在他的身边，而这确实都是有违其意的。**4** 可是，正当此人在自己的屋内睡觉的时候，却被自己的一个朋友杀死了，那人名叫马其顿尼乌斯，对 [提图斯] 地位高过自己感到受了伤害，于

---

① 指东方居于两河上游的操叙利亚语的古代民族，当时臣服于罗马人的统治下。

是就把他出卖给了马克西米努斯，并将他的头颅交给了这位皇帝。
5 马克西米努斯先对他［马其顿尼乌斯］致以谢意，不过随后却对
他是位背信弃义者而感到憎恨，并处死了他。**6** 这几件事令他一天天
变得残暴起来，就像伤口在恶化的野兽变得暴躁一样。**7** 在这之后，
他带着部队（有摩尔人、奥斯罗埃尼人、帕提亚人，以及亚历山大在
赴战时率领过的所有的人）一起转战到了日耳曼尼亚。**8** 他把这些
东方辅助军带在身边的原因主要在于，除了这些轻装弓箭手之外就无
他人在和日耳曼人作战中更加有用了。**9** 此外，亚历山大曾有一座巨
大的战争装置，据说马克西米努斯在那上面添置了许多样东西。

XII. 1 于是，马克西米努斯侵入莱茵河对岸的日耳曼尼亚，烧
毁了三十或四十里范围内蛮族土地上的城镇，他抢走牲畜、掠走战
利品，他杀了许许多多的蛮族并让士兵致富，他抓了数不胜数［的
俘虏］，要不是一些日耳曼人从平原逃到沼泽和森林的话，他真的
就把整个日耳曼尼亚归入罗马人的统治之下了。**2** 除此之外，他自
己也亲力亲为做了许多事情，尤其当他进入沼泽之后，若不是有士
兵帮他脱险，随自己的马匹一起陷入［沼泽］的他就会被日耳曼人
给包围住了。**3** 因为他有这种蛮族式的鲁莽，而认为皇帝总是应该
亲力亲为的。**4** 最终，他在沼泽地里进行了战斗，就像打了一场舰
队之间的水战一样，并在那里杀死了许多人。**5** 于是，在征服了日耳
曼尼亚之后，他给罗马元老院和人民送去写有自己口谕的信件，其中
就有如下的话：**6** "元老们，朕不能够道尽自己做的有哪些。朕焚烧
了四十或五十里范围内的日耳曼人的城镇、掠走了牲畜、虏走了俘虏、
杀死了佩带装备之人，并在沼泽里进行战斗。要不是沼泽的深度阻碍
了朕穿过的话，朕就会一直进抵到森林。"**7** 埃利乌斯·科尔都斯 [①] 说

---

① 关于这位历史学家，请参见《克洛狄乌斯·阿尔比努斯传》，V，10 及其
　　注脚。

这段演说全都是他自己讲的。**8** 这是令人信服的，因为在这段演说辞里有什么事情是一位蛮族士兵无法做到的呢？**9** 此人还把类似的语句写给了人民，但却表现得更为敬重，之所以这样是因为他一直相信自己颇受元老院的鄙视而憎恨他们。**10** 除此之外，他还下令在书写板上画出这场战争进行的场面并放在元老院议事堂前面，以让绘画道出他的事迹。**11** 元老院在他死后就命人移走并焚毁了这些书写板。

　　XIII. 1 在马克西米努斯的统治下还发生过其他许许多多的战争，而他总是以首屈一指的胜利者的身份携数量巨大的战利品和俘虏从战争中归来。**2** 他给元老院发表的演讲抄录如下："元老们，在短短的时间内我发动的战争数量已达没有前人可以匹敌的程度了。我带入罗马土地上的战利品多到超乎人们可以期望的地步。我带来的俘虏多到连罗马的大地都几乎［承载］不了的地步。"演说辞的其余部分没必要在此叙述。**3** 在平息了日耳曼尼亚［的战事］之后，他来到了西尔米瓮[①]，准备对萨尔玛提亚人发动战争，并在心中想着要把直达大洋的北方领域都归并到罗马人的统治之下。**4** 正如希腊作家赫罗提安说的，要是他活着的话，就真的会这么做了，[②] 虽然就鄙人所见而言，［赫罗提安］出于对亚历山大存有万般憎恨而善待了他。**5** 可是，因为他召集告密者、唆使起诉者、捏造罪状、残害无辜者，又对每一位接受案件审理的人加以定罪，他把极富之人变得一贫如洗，除了从另一人的毁灭那里寻得金钱之外不再从其他人那里求得，随后平白无故就处死了许多与执政官等衔的人和长官，他把一些人装在没有食物和饮水的马车里拉着到处走，把另一些人关押在监狱里，总之他不忽视任何一件看起来能实现其残暴的事情——当罗马

---

① 该城位于潘诺尼亚。

② 请参见赫罗提安，VII，9，2。——英译者注

人无法忍受其残暴之时，他们就准备发起叛乱以对抗他。**6** 非但罗马人［如此］，而且还在阿非利加的军队（因为他一直以残忍对待士兵），他们立刻掀起了一场大的暴乱，并拥立一位再庄重不过的人、当时的总督老戈尔狄安为皇帝。这般暴动是以如下的方式发生的。

XIV. 1 利比亚有一个帝王私库代理官，出于对马克西米努斯的热爱而劫扰了所有的人。一位乡村平民（随之而来的是一些士兵）在除掉敬仰马克西米努斯荣耀的钱库守卫者之后便杀死了他。**2** 然而，就在对他发动行刺的人见到，必须依靠更有力的解药才能救到自己的时候，他们一边用剑与各种各样的投枪威胁已被亚历山大以元老院之命派往阿非利加的总督戈尔狄安（正如鄙人说过的，他出生颇为高贵、是位令人敬仰之人，美德又在所有人类中都是出众的），一边强迫他披上紫袍、行使大权，而他却呼号了起来并让自己倒伏于地。**3** 戈尔狄安起初确实并不情愿地穿上了紫袍，可后来他见到这么一来让自己的儿子连同家人都陷入了危险境地，在这种情况下他心甘情愿地担负起了大权，并在提斯德鲁斯城①与儿子一起被所有的阿非人冠上了奥古斯都之号。**4** 他于是带着帝王的阵容、护从人员，以及饰有桂冠的法西斯迅速来到迦太基城，并从那里向罗马元老院送去了信件，而元老院待近卫军士兵将领维塔利安努斯被杀之后出于对马克西米努斯的憎恨而欣然收下了信件。**5** 老戈尔狄安和小戈尔狄安亦都被元老院冠上了奥古斯都之号。

XV. 1 于是乎，所有的告密者、所有的起诉者、所有的马克西米努斯的朋友都被杀了，罗马市长萨宾努斯在人民中间遭到殴打并被杀死了。**2** 当发生过这些事之后，虽然对马克西米努斯愈发感到害怕，但元老院仍毫无顾忌地公开将马克西米努斯及其子宣布为了

---

① 今突尼斯杰姆（El Djem）。

公敌。**3** 接着［元老院］给每座行省都送去了信件，以期为共同的福祉和自由而提供帮助。对此所有行省都听从了下来。**4** 最终，马克西米努斯在各地的朋友、官员、将领、保民官，以及士兵都遭到了杀害。**5** 有几座城市仍对那位公敌保持忠诚，它们出卖了派到那里去的信使，并立即通过告密者将他们交给了马克西米努斯。**6** 元老院的信件抄录如下："藉由诸戈尔狄安元首而从此从再凶残不过的野兽那里获得解放的罗马元老院和人民①，向诸总督、诸都统、诸副将、诸将领、诸保民官、诸官员，以及各座城邦、都会、城市、市镇、城寨致以现在开始刚刚重获的昌明之运。**7** 在诸神的庇佑下，前总督戈尔狄安、一位再虔诚不过的人、再庄重不过的元老，我们理当让他做元首，我们为他冠上了奥古斯都之号，非但对他［一人进行了拥立］，而且为了国家的安定还对他的儿子、尊贵的青年戈尔狄安［进行了拥立］。**8** 现在属于你们的事便是一心谋得国家的福祉、抵御罪恶，并赶除那头禽兽以及他的朋友，无论他们在天南还是地北。**9** 马克西米努斯与他的儿子亦被我们宣布为了公敌。"

XVI. 1 另有元老院决议抄录如下：就在大家于六月二十六日来到双子神庙②之后，执政官尤尼乌斯·西拉努斯宣读了总督、国父③、皇帝戈尔狄安自阿非利加寄来的信：**2** "元老们，虽非己愿，可那些接受守护阿非利加之托的青年叫我执掌最高大权。但要是对你们，我就乐意维持起非做不可的事来，决定你们想做的事情，还取决于你们。而我将在不确定的状态下四处徘徊下去，直至元老院给出裁定为止。"**3** 读过信后，元老院即刻喊道："奥古斯都戈尔狄安啊，

---

① 原文为 senatus populusque Romanus（常缩写作 SPQR），乃罗马国家的正式称谓。

② 即卡斯托尔兄弟神庙（Aedes Castorum），该神庙位于罗马广场上，乃共和国时代元老院集会的场所。

③ 关于国父称号，请参见《哈德良传》，VI, 4 及注脚。

愿众神庇护您。愿您秉承天命、愿您长治久安。您已经解放了我们。
有了您国家得以安泰。我们所有人都感谢您。"**4** 于是，那位执政官
提出了问题："元老们，对［两位］马克西米努斯做什么会［令你们］
满意呢？"回答道："公敌、公敌，谁杀了他们就会有赏。"**5** 那位执政官
还说："对马克西米努斯的朋友，做什么会看起来［好一点］呢？"
大家喊道："公敌、公敌，谁杀了他们就会有赏。"**6** 此外，大家还喊
道："元老院的敌人该被钉上十字架，元老院的敌人无论在哪都该遭
到打击，元老院的敌人应该被活活烧死。诸奥古斯都戈尔狄安啊，
愿众神庇护你们。愿你们双双承受天命、愿你们双双秉承大权。**7** 我
们决定授予戈尔狄安的外孙① 裁判官之职，我们允诺给予戈尔狄安
的外孙执政官官职。让戈尔狄安的外孙冠上恺撒之号吧，让第三位
戈尔狄安接过裁判官官职吧。"

    XVII. 1 当马克西米努斯收到元老院的上述决议之后，出于天
生的野性，他升起如此的怒火，以至于你会认为他不再是人而成了
野兽。**2** 他把自己撞向墙壁，又不时使自己撞在地上。他语无伦次
地大叫起来，又握起剑就像他能够在元老院大开杀戒一样。他撕碎
皇袍，又对他人施以殴打，若不是［对方］退到中间的话，正如某
些作家提的，他真的就会把眼珠从年轻的儿子身上给抠出来。**3** 要
说他对儿子生气的原因，如下便是：在他起初称帝的时候，他曾命
他［儿子］前往罗马，而对方出于对父亲的无限热爱并未遵从。［现
在］他却在想，假如对方那时置身罗马的话，元老院就不会做任何
大胆之举了。**4** 于是，朋友们将怒火中烧的［马克西米努斯］送回
了卧室。**5** 可是，就在他无法抑制住自己的愤怒之际，为了忘掉所

---

① 拉丁语 nepos，即可表示孙子也可以表示外孙，从上下文来看此处当指历
史上所称的罗马皇帝戈尔狄安三世，后者实乃老戈尔狄安（戈尔狄安一世）
的女儿梅奇娅·福斯丁娜（Maecia Faustina）所生的儿子。

思所想，据说他在［接报的］那一天就让自己沉浸在了酒里，一直
喝到连做过什么都一无所知。6 第二天，待让朋友（他们不忍看着
他，而只能沉默，并默颂起元老院的所作所为来）进来之后，他对
该怎么做进行了商讨。7 散会后，他前去把大家都召集了起来，在
集会上他对阿非人、对戈尔狄安大加抨击，对元老院进行了大肆攻
击，还鼓动士兵们为共同受到的伤害进行复仇。

XVIII. 1 马克西米努斯的整个集会演说是面对全体士兵的，演
说抄录如下："战友们，朕给你们看一件已知之事：阿非人背弃了忠
诚。从另一方面来说，他们曾几何时信守过呢？孱弱体虚、离死不
远的老戈尔狄安夺取了大权。**2** 而屠杀过罗慕路斯和恺撒的最神圣
的元老们 ①，还将我宣布为了公敌，即便我为了他们而战，为了他们
而胜，［被宣布为公敌的］非但有我，而且还有你们以及所有支持我
的人。他们竟把戈尔狄安父子唤作了奥古斯都。**3** 因此，如果你们
是男子汉、如果你们有胆魄，就让我们去和元老院、和阿非人作战
吧，你们将拥有他们所有人的财富。"**4** 接着，在给予了一笔数目巨
大的赏赐之后，他转而领着军队望罗马开赴而去。

XIX. 1 然而，戈尔狄安起初一开始就在阿非利加遭到某位卡佩
利安努斯 ② 的反抗，因为他已任命他人接替后者统辖摩尔人。**2** 那时，
［戈尔狄安］派出自己年轻的儿子同对方作战，经过一场再惨烈不过
的战斗，他的儿子被杀，而后在获悉到马克西米努斯一边尚有许多

---

① 恺撒显然是在元老院遭到刺杀的。而关于罗慕路斯之死，请比照尤特罗
庇乌斯，I，2："在罗慕路斯当政的第 37 年，在一场突如其来的风暴过后
就没有人再看到过他了，据信他去了众神那里，成了神灵。"也请参考李维
的《建城以来史》（Livi Ab Urbe Condita），I，16，4："我相信，当时是有
一些人私下透露，王是被元老们亲手撕成了碎片，因为这则流言广为传布
却又颇为隐蔽，对那人的赞美与眼前的恐惧让另一种流言广为人知。"

② 时任努米底亚总督。

兵力，而阿非利加境内既无一兵一卒，又有许多人在蠢蠢欲动之时，其本人就上吊自尽了。3 那时，卡佩利安努斯以胜利者的身份在阿非利加替马克西米努斯杀死了所有戈尔狄安手下的人，还罚没了他们的财产，连一个人都没有饶恕，而他做起这些事来看上去完全就像马克西米努斯的风格。4 他摧毁城市、毁坏神庙，他在士兵中间分发贡品，还处死了城里的平民及贵族。5 除此之外，为了在马克西米努斯去世的情况下能安然地接过大权，他本人还博得了士兵对自己的忠心。

XX. 1 当上述消息传到罗马时，两位戈尔狄安既死，出于畏惧马克西米努斯无法避开的天生的残暴秉性，元老院便推举出身卑微但却以美德著称的罗马市长、曾出色担任过诸多显官要职的马克西姆斯，以及安于享乐的巴尔比努斯为皇帝。2 就在他们被人民唤作奥古斯都之际，尚且年幼的戈尔狄安的外孙也被士兵以及同一群人民授予了恺撒之号。3 因此，国家在三位皇帝的支持下对抗起了马克西米努斯。4 虽然如此，可其中的马克西姆斯生活更加严格、智慧更加丰富、勇气更加坚毅。5 最后，无论元老院还是巴尔比努斯，他们都把对抗马克西米努斯的战争托付给了他。6 于是，在马克西姆斯出征赴战之后，巴尔比努斯担忧在罗马会出现内战及内乱，特别是遇到在加利卡努斯和梅切纳特的指使下〈……〉① 被人民所杀这样的情况。而在凭借巴尔比努斯之力已无法镇压暴乱之时，人民竟遭近卫军残忍屠杀。最后，罗马城有一大片地区都被焚毁了。7 在获悉戈尔狄安［一世］已死，且卡佩利安努斯又战胜了他的儿子之后，皇帝马克西米努斯着实受到了鼓舞。8 然而，当他接到元老院

---

① 此处缺字。根据洛布版，这里可供参佐的是："特别是遇到两位近卫军士兵在加利卡努斯和梅切纳特的鼓动下被人民和所杀这种情况。"［彼得（Peter）］

的另一项决议：立马克西姆斯、巴尔比努斯、戈尔狄安［三世］① 为皇帝的时候，便明白了，元老院［对自己］的憎恨是永无止境的，而他自己真的被当作所有人的敌人了。

XXI. 1 最终，马克西米努斯变得愈加地激动起来而踏入了意大利。当他发现马克西姆斯被派了过来同自己作战之后，就怒火中烧地以四方阵型来到了埃莫纳②。**2** 然而，［当地的］行省居民一致赞同如下的做法：将一切能维持生计的东西都带走并撤到［别的一些］城市里，以让马克西米努斯和他的部队遭受饥饿之苦。**3** 最后，当他先在一处平原上安下营帐，随后却发现没有任何补给之物时，他的军队对他感到了愤怒，因为他们在［翻过了］阿尔卑斯山之后本以为能在意大利进行休整，［到头来却］在那里忍饥挨饿。他们起初开始低声［抱怨起来］，接着则毫无顾忌地进行评说。**4** 那时候他想要对此施以惩罚，在这种情况下军队中的怒火就熊熊燃烧了起来。而他们则将怒火压抑了起来，等待时机，一到合适的时候就立即迸发而出。**5** 许多人都说，马克西米努斯［当时］发现埃莫纳已是空城一座，且无有一物，竟愚蠢地为整座城市看似已屈服于自己而感到高兴。**6** 在那之后，他来到了阿奎莱亚。而那座城市为与他对抗已关闭了城门并绕着城墙布置了武装人员，在拥有执政官官衔的梅诺菲卢斯和克里斯皮努斯两人的主持下，［守城的］战斗并非敷衍了事。

XXII. 1 于是，当马克西米努斯［觉得］对阿奎莱亚进行围困乃是徒劳无功之举时，便向城里派出了使节。要不是梅诺菲卢斯与同僚的反对，并说道，贝勒努斯神③ 已通过占卜者做出了应答，马克西米努斯会被征服，［城里的］人差点儿就答应了他们。**2** 出于此，

---

① 根据上文，他当为老戈尔狄安的外孙。

② 今斯洛文尼亚的卢布尔雅那（Ljubljana）。

③ 指在高卢、山内高卢、不列颠、西班牙等凯尔特人聚居的地区供奉的神祇，乃凯尔特族的太阳神。因此才有下文阿波罗一说。

据说，在那之后，马克西米努斯手下的士兵竟议论道，阿波罗已在和他们作战了，那胜利既不属于马克西姆斯，也不属于元老院，而是属于众神。3 有些人就说上述说法是士兵自己捏造出来的，之所以如此，那是因为一群武装起来的人耻于就这样差点儿被一群没有武装的人给打败了。4 接着，在用酒桶搭了一座桥之后，马克西米努斯穿过河①去，开始从更近的地方［再次］包围阿奎莱亚。5 随后便是激烈的战斗和巨大的危险，因为市民们用硫黄、火焰，以及其他诸如此类的防御手段来保卫自己和抵御士兵——这些士兵有的被夺去了武器、有的被烧坏了衣服、有的被毁掉了眼睛，攻城器械也都被彻底破坏了。6 在那期间，马克西米努斯带着已冠上恺撒之号的年轻儿子，在投枪无法射到的足够安全的范围绕墙而行，并一会儿恳求起手下，一会儿又哀求起市民。7 可是，这些都没有丝毫的成效。因为，出于他的残暴，他以及外貌再英俊不过的他的儿子遭到了诸多恶言恶语的集中攻击。

XXIII. 1 马克西米努斯还抱有幻想，认为战争是由于手下的无能而拖延了下来，于是就在最不该这么做的时候，处死了自己的将领。由此还招致士兵对自己产生了更大的愤怒。2 外加之，他已经缺少补给了，因为元老院曾向所有的行省及港口守卫送去信件，以阻止有任何补给之物送抵马克西米努斯统治的地域。3 除此之外，元老院还向每座城市都派出了裁判官和财务官，来对各地进行守护以抵御马克西米努斯［的侵犯］，并保卫每一样东西。4 到头来，变成了这样：［马克西米努斯］本人虽在实施包围，却得忍受被包围之人的苦难。5 据称，在那期间，整个世界都已对马克西米努斯感到

---

① 索尼都斯河（Sonitus）。根据赫罗提安，它离阿奎莱亚十六里远，并由雪水融化而成，当地居民破坏了桥梁，这使得马克西米努斯耽搁了三天。见赫罗提安，VIII，4，1—4。——英译者注

了憎恨。**6** 因此，妻儿都留在阿尔巴尼山 ① 上的那些士兵们害怕了起来。正午时分，当他们从战斗中［归来］进行休息的时候，就杀死了正待在营帐里的马克西米努斯和他的儿子，还把他们的头颅插在长矛上，展示给全体阿奎莱亚人看。**7** 于是，在邻近的城里，马克西米努斯的塑像被立刻推倒，肖像被即刻抹除了，他的近卫军长官连同颇为出名的朋友都被杀死了。他们的头颅也都被送到了罗马。

XXIV. 1 以上便是［两位］马克西米努斯的结局：对父亲的残暴来说，这是应有的结局；对儿子的善性来说，这是不该有的结局。行省居民对他们的死感到无比高兴，蛮族则感到极度悲伤。**2** 士兵们既已杀了国家公敌，在提出请求之下便受到了市民的接纳，但他们首先得要在马克西姆斯、巴尔比努斯，以及戈尔狄安的像前进行膜拜，［之所以膜拜这三个，］因为所有人都说，［另两位年纪大的］戈尔狄安在之前就已经被列入了众神。**3** 此后，数量巨大的补给品被迅速从阿奎莱亚运到了正忍饥挨饿的营地。第二天，士兵们恢复过来之后就举行了集会，他们所有人都宣誓效忠马克西姆斯和巴尔比努斯，还奉［两位］年纪大的戈尔狄安为神明。**4** 当马克西米努斯的头颅被一路穿行于意大利带到罗马之时，几乎无法说出大家的喜悦有多大，人们倾城出动就像在过公众节日一样高兴。**5** 马克西姆斯（许多人认为他是普比恩）那时正借助日耳曼人的辅助部队在拉文纳附近准备发动一场战争，当他发现［对方的］军队已投奔到他及自己的同僚这边，而［两位］马克西米努斯已遭杀害的时候，**6** 他立刻解散了准备用来为自己与敌人作战的日耳曼人的辅助部队，并向罗马送去了捷报，此捷报使罗马城陷入了无比喜悦之中，以至于一时间人人都在祭坛、神庙、神龛，以及［其他的］宗教场所［向众神］致以谢意。**7** 另一方面，巴尔比努斯那边，作为一个天性

---

① 位于罗马东南约 20 公里的一处丘陵。

颇为懦弱之人（甚至一听闻马克西米努斯之名就会颤抖起来），他进行了大祭，还下令所有的城市都要举行同样的祭祀。**8** 随后，马克西姆斯来到了罗马。他步入元老院，在被致以了谢意之后就召集起集会来，随后他再和巴尔比努斯、戈尔狄安一起以胜利者的身份从那里进驻到了皇宫。

XXV. 1 了解在马克西米努斯被杀时，元老院的决议是怎么样的，或者罗马城那天是怎么样的，这是有趣的事。**2** 起初，从阿奎莱亚被派往罗马去的那个人以换畜兼程的方式加速赶路，以至于在拉文纳离开了马克西姆斯之后，第四天就抵达了罗马。**3** 那天正巧是举办庆典赛会的日子，巴尔比努斯和戈尔狄安正坐在赛场，突然间就有使者踏入场内，在他正要道出只言片语之前，人民个个都喊出了声："马克西米努斯已被杀死。"**4** 就这样，使命被提前道了出来，而在场的两位皇帝则以点头赞许的方式表达公众的欢喜。**5** 于是，待赛会散场之后，所有人都立即飞奔到各自的祭坛，接着身份显赫者奔到了元老院，人民则跑去参加集会。

XXVI. 1 以下便是元老院的决议：由奥古斯都巴尔比努斯在元老院宣读完信件之后，元老院欢呼道：**2** "众神压倒了元老院之敌、罗马人民之敌。至高至善的朱庇特啊，我们向您致谢。令人敬畏的阿波罗啊，我们向您致谢。奥古斯都马克西姆斯啊，我们向您致谢。奥古斯都巴尔比努斯啊，我们向您致谢。我们决定给 [两位] 被奉为神的戈尔狄安建造神庙。**3** 曾被抹除的马克西米努斯的族名现在该从心里被除掉。国家公敌的脑袋该被丢进湍急 [的河里]。不得有人埋葬他的遗体。谁用死亡威胁元老院，谁就当受死。谁以锁链威胁元老院，谁就当受死。**4** 最为圣洁的皇帝啊，我们向你们致谢。马克西姆斯、巴尔比努斯、戈尔狄安，愿众神庇佑你们。我们全都期盼你们战胜敌人。我们全都期盼马克西姆斯的驾临。奥古斯都巴尔比努斯啊，愿众神庇佑您。愿你们以出任执政官的方式来点缀这一年吧。让戈尔狄安来填补马克西米努斯的位置吧。"**5** 在受到提问之后，库斯庇狄乌斯·契勒里努斯以如下的言辞作为观点："元老们，［两位］马克西米努斯的族名既已抹除，而因胜利之故，［两位］戈尔狄安又被奉为了神明，接下去我们决定给我们的元首马克西姆斯、巴尔比努斯、戈尔狄安颁授饰有大象的塑像、凯旋用的马车、骑马的塑像，以及纪念碑吧。"**6** 这之后，元老院在散会的同时颁令在城市各处举行祈愿。**7** 元首以胜利者的身份进驻了皇宫，至于他们的生平，鄙人将在后面的一卷书里再作讲述。

小马克西米努斯

XXVII. 1 关于他的出身，已在前面进行了叙述，而他自己是如此的漂亮，以至于到处都受到成群女性的喜爱，还有人甚至都巴望着怀上他的孩子。**2** 如果没在正值花季青春的二十岁时死去的话（或正如另一些人说的，在十七岁时），他似乎能够长到他父亲的高度。他开始做学生时就沉醉于希腊和拉丁文学中。**3** 因为，教他基础识读的老师是希腊人法比卢斯，后者有许多隽语警句至今都还在，大部分留在了这位男孩的塑像上面。**4** 当他［法比卢斯］描写这位男孩的时候，曾取用维吉尔的拉丁语诗句并以希腊语的形式作了诗：

> 当他如晨星般以汪洋的波涛沐浴时，
>
> 抬起神圣的脸，朝向天空，驱散黑暗，[①]
>
> 此年轻人在其父的族名下是如此之著名。

---

① 《埃涅阿斯记》，VIII，589—591，描述的是埃汪德（Evander）之子帕拉斯（Pallas）。第三行不在《埃涅阿斯记》中。——英译者注

5 教他拉丁语语法的是菲勒门、教他法学的是莫德斯提努斯、教他演讲的是老提奇安努斯之子提奇安努斯，他［老提奇安努斯］曾写了多卷再漂亮不过的关于诸行省的书，而此人还因为学什么像什么，被大家唤作那个时代的猿。他［小马克西米努斯］还请到了那个时代的著名希腊语修辞学家尤伽米乌斯。**6** 安东尼努斯的曾孙女尤尼娅·法迪拉曾许配给了他，不过后来是同一个家族里的元老托克索奇乌斯娶了她——前者在担任过裁判官之后就去世了，而他的诗歌则一直留存了下来。**7** 然而她却把皇家的聘礼保留了下来，据调查过这些事的尤尼乌斯·科尔都斯① 所说，上述聘礼有这些东西：**8** 带九颗珍珠的项链、带十一枚绿宝石的发套、带一排四枚蓝宝石的手镯、覆盖金片的衣服，每一样东西都是王室规格的，除此之外还有其他豪华的聘礼。

XXVIII. 1 另外，年轻人马克西米努斯本人极为高傲，以至于即便是他的父亲，身为一个再残暴不过的人，在遇到许多受人敬仰者时也要起身，而他则依旧坐着。**2** 他生活快乐、饮酒极其有度、进食无度——主要都吃野味，他只吃野猪、鸭子、鹤，以及一切猎来的东西。**3** 马克西姆斯、巴尔比努斯、戈尔狄安的朋友们，特别是些元老，出于他万般俊俏而对其进行了诋毁，因为他们不愿让他好似神明下凡般的美貌变得洁净无瑕。**4** 最终，当他在阿奎莱亚城外随父亲一起绕城墙而走并要求那座城池投降的时候，投来的除了恶言恶语之外就没有别的东西了，② 虽然这些言辞和他［真实的］生活相去甚远。**5** 他非常在意衣着，以至于世界上没有哪位妇女比他更加亮丽了。**6** 他父亲的朋友对他低声下气到了无以复加的地步，但却是为了获得他的馈赠和赏赐。**7** 因为，他在接受问候时表现得

---

① 关于此人，请参见《克洛狄乌斯·阿尔比努斯传》，V，10 及其注脚。

② 关于此事，请参见本卷 XXII，7。

极其高傲：他既伸出了手，又让人亲吻自己的膝盖，不少时候甚至还让人吻自己的脚。这种事情老马克西米努斯从未允许过，并说道："众神禁止任何自由者将嘴唇贴到我的脚上。"**8** 既然鄙人提到了老马克西米努斯，就不该放过这么一件有趣的事：正如鄙人说过的，马克西米努斯身高接近八尺半 ①，某些人把他的一只鞋（乃一只御用军官鞋）放在了位于阿奎莱亚与阿尔西亚间的小树林里，因为大家认为此脚大过人脚的最大尺寸。**9** 由此便在平民大众中产生了这种用于体长而愚笨之人的说法，被称作"马克西米努斯之军官鞋"。**10** 我记下这件事，为的是不让哪位科尔都斯著作的读者会认为我在涉及此事时忽略掉什么。就让我回到对他儿子的叙述上来吧。

XXIX. 1 亚历山大·奥勒利乌斯 ② 希望他［小马克西米努斯］迎娶自己的姐妹提奥克利娅，便写信给自己母亲玛美娅，并以此般言辞对这位年轻人进行了描述：**2** "我的母亲，假如我们的将领老马克西米努斯作为真正的出类拔萃之人自己身上不带蛮族特性的话，我早就把你的提奥克利娅嫁给小马克西米努斯了。**3** 可是，我害怕经希腊文化教化过的我的这个姐妹无法忍受一位蛮族岳父，即便年轻人本身看上去是俊俏的、是有学识的、是受过希腊文化教化的。**4** 以上便是我所考虑的，虽然如此，我还是要问一下你的意见，你是愿意让［老］马克西米努斯之子［小］马克西米努斯当女婿，还是要让出身名门、极具实力且又再博学不过的演说家、在战争中（要是我没弄错的话）一旦出现情况就会变得勇敢的梅萨拉做女婿呢？"**5** 以上便是亚历山大［提到的］关于马克西米努斯的内容。而对于后者，鄙人就没有更多的东西可说了。**6** 不过，为了不让有

① 关于此事，请参见本卷 VI，8。——英译者注

② 即塞维鲁·亚历山大。在其他地方并未提及他有一位叫提奥克利娅的姐妹，和尤尼娅·法迪拉（见本卷 XXVII，6）类似，她可能是伪造的人物。——英译者注

什么事被遗漏掉，我还记下了［小］马克西米努斯在称帝之后由他
父亲写的一封信，信里他说道，为了〈让罗马城〉[①]在图画里抑或在
现实中看一看小马克西米努斯穿上紫袍是何种样子，他已宣布自己
的儿子为皇帝。**7** 这封信是这样的："出于父亲对儿子怀有的爱，而
且还出于罗马人民以及那年代悠久的元老院可以宣誓说他们不曾有
过一位比他还要漂亮的皇帝，我就让［小］马克西米努斯被立为皇
帝了。"**8** 此外，同样是这位年轻人，他仿照诸托勒密[②]穿上了金铠
甲，他还穿过银铠甲，用过缀有宝石的金圆盾和金矛。**9** 他做了一
把银宽剑，还做了一把金的，甚至每一样能为其美丽带来帮助的东
西他都做了，他还做了镶嵌宝石的头盔和勒带。**10** 以上这些便是所
知道及听说到的被正式提到过的关于此男孩的事情。有谁若想了解
余下的涉及性爱和爱情方面的事，就去读科尔都斯的著作吧，因为
他就用那些事情诋毁过对方。至于鄙人，到此就将结束这卷书了，
并正如受命于国家之责那样要继续［叙述］其他内容了。

　　XXX. 1 关于［老］马克西米努斯取得大权的征兆确有以下这
些：蛇在他睡觉的时候缠上了他的脑袋。他栽种下的一株葡萄藤一
年之内就结出了硕大的紫色葡萄，并长到大得令人吃惊的程度。**2** 他
的盾牌在太阳底下烧了起来。一支短矛以如此方式被闪电劈开了，
以至于包括铁在内的整支矛都被分开变成了两部分。就在那时，占
卜师说同一个家族将会出现两位同名的皇帝，为君时间不会长久。
3 他父亲的铠甲并非如以往那般生出锈迹，而是整个都沾上了紫色，

---

① 罗马城（urbs）一词见于拉丁网络图书馆版本，未见于洛布版。
② 指托勒密王朝诸位国王，托勒密王朝乃亚历山大大帝驾崩后统治埃及的
　希腊化王朝。关于托勒密诸王保有金铠甲一事还请参见尤特罗庇乌斯，VI，
　22："恺撒随即来到了亚历山大里亚。埃及王托勒密也打算对他施展诡计，
　因为这个缘由战争降临到了王的头上。王战败死在了尼罗河里，他那裹着
　金铠甲的尸体随后便被找到了。"

这一幕被许多人目睹到了。**4** 另外，属于他儿子的［征兆］有下面这些：当他被送到语法学家那儿时，他的母亲给了他几卷荷马的著作，这些书卷是紫色的并用金色字母写成。**5** 在他还是小孩时，曾被亚历山大请去赴宴以荣耀其父，由于他没有赴宴的装束，就拿了亚历山大自己的那件。**6** 孩提时代时，他登上了突然来到民众间的安东尼努斯·卡拉卡卢斯的空马车，坐了进去，并费了好大劲才被车夫赶了下去。**7** 并非没有人对卡拉卡卢斯说过要当心那个小孩。那时，卡拉卡卢斯便说道："那家伙接替我还远着呢。"这么说是因为，当时［小马克西米努斯］尚属无名之辈且还极其幼小。

XXXI. 1 预示［父子俩］死亡的征兆有以下这些：当马克西米努斯带着儿子一起去同马克西姆斯和巴尔比努斯作战之际，一位头发乱蓬蓬、穿着丧服的妇人撞见了他们，并大呼道："马克西米努斯啊、马克西米努斯啊、马克西米努斯啊。"她没再多说什么便死去了。事实上她当时似乎想要说："快来帮帮我吧。"**2** 在第二座驿站停留的时候，他营地四周有超过十二条狗在吠叫，它们喘着气，就像是在哀号，而在黎明被人发现时却已死去了。**3** 五百匹狼同时闯入了马克西米努斯本人前往的那座城市——许多人说那里是埃莫纳，[①]另一些人说那里是阿基美亚，至少确定的是，当马克西米努斯抵达之际，那里的市民留下的是一座空城。**4** 这样的事全部追溯起来会显得冗长，而若有谁渴望了解这些，正如我常说的，我想他该去读科尔都斯的著作，因为后者为了讲述故事而把这些事统统都写了下来。**5** 他们［死后］没有一块墓地。因为他们的尸体被扔进了湍急［的河里］，他们的脑袋在人民的唾弃中被焚烧于战神平原。[②]

---

① 关于马克西米努斯攻占埃莫纳纳城之事，请参见本卷 XXI, 1 及 XXI, 5。——英译者注

② 关于此事，请参见佐西莫斯，I, XV, 2："他们当中的某个人砍下了马克西米努斯的首级，将之作为取胜的确凿标志带回了罗马。"

XXXII. 1 这件事不该忽略不提，埃利乌斯·萨宾努斯写道：[老] 马克西米努斯之子的脸蛋是如此之美，以至于在他死后，即便头颅变黑、变脏、变瘪，并流出了腐败的液体，仍能看出漂亮脸蛋的影子。**2** 到最后，虽然大家看到马克西米努斯的脑袋有多么的开心，可当儿子的脑袋也被放在一起时，近乎同等的悲伤亦生了出来。**3** 德克西普斯还说，对马克西米努斯的憎恨是如此巨大，以至于在 [两位] 戈尔狄安被杀之后，元老院选出了二十人去同马克西米努斯作战，其中就有被他们立为皇帝以对抗后者的巴尔比努斯和马克西姆斯。①**4** 同样是这位 [德克西普斯]，他还说，马克西米努斯被抛弃之后，他的近卫军长官和儿子当着他的面被士兵们杀死了。**5** 也有一些历史学家声称，在马克西米努斯本人遭到抛弃，并又亲眼目睹了儿子被杀之后，为了不使自己显出丝毫的女气，他便亲手了结了自己。

XXXIII. 1 不该忽略掉下面的事情：阿奎莱亚人对抵抗马克西米努斯并支持元老院显出的决心是如此巨大，以至于在缺少射箭用的弓弦的情况下用妇女的头发做了弦线。**2** 据说，这样的事也曾在罗马发生过，因此为了让那些妇女们获得荣耀，元老院献上了一座光头维纳斯的神庙。**3** 绝对不该让下面这事秘而不宣:那时德克西普斯、阿里安②，以及许多其他的希腊 [作家] 都写到过，为对抗马克西米努斯，马克西姆斯和巴尔比努斯被立为了皇帝，然而那位马克西姆斯率领部队被派往拉文纳进行一场战争，③却直到成了胜者之后才望

---

① 关于此事，请参见佐西莫斯，I，XIV，2："他们一致议定，当从元老当中选出知晓军略的二十个人，在这些人里，又推举巴尔比努斯和马克西姆斯两人出任皇帝。他们率先占下了通往罗马的道路，时刻准备着为起义摇旗助威。"

② 即赫罗提安。——英译者注

③ 关于马克西姆斯当时正置身拉文纳，请参见本卷 XXIV，5。

见了阿奎莱亚；拉丁作家则说，在阿奎莱亚附近同马克西米努斯进行作战并取得胜利的并非马克西姆斯而是普比恩。①4 要不是普比恩和马克西姆斯恰是同一人，否则我无法知道这是不对的。因此，我把这种观点提了出来，为的是不让人会认为我不知道有这种着实能引起不小诧异和惊奇的说法。

---

① 关于此事以及马克西姆斯和普比恩是否同一人，请比照本卷 XXIV，5—6。

三戈尔狄安合传

尤利乌斯·卡庇托利努斯

I. 1 令人仰慕的奥古斯都啊，正如许多人做的那样，我本来的计划是将每一位皇帝［的传记写成］单卷呈现给仁慈的您。**2** 因为我本人看到许多人都这么做过，或者经由阅读典籍而得到这样的认识。**3** 可是，让您的虔心受扰于繁浩的卷册，抑或让我的工作被汗牛充栋的卷轴占据，这么做看起来并不妥当。**4** 同时还考虑到我的工作和我的著作要避免让您打开数卷书时却只读到差不多同一则故事，因此，三位戈尔狄安就被一起列入了这一卷书里。**5** 然而，我与冗长的篇幅和丰富的辞藻都无缘，为了不使我看上去涉足了那件我以机智而假装避开的事情，现在就让我步入正题吧。

II. 1 诸戈尔狄安并非如某些孤陋寡闻的作者所说有两位，[①] 而是有三位。希腊历史学家阿里安[②] 是这么讲的，希腊作家德克西普斯亦作了相同的讲述，他们本能从这两位历史学家那里进行了解，而后者对全部之事都进行过简略但却是认真负责的探究。**2** 三者当中老戈尔狄安是第一位，他的生父是梅奇乌斯·玛鲁卢斯，生母叫乌

---

① 把戈尔狄安记载成两位，请参见尤特罗庇乌斯，IX，2。
② 关于此人，请参见《两马克西米努斯合传》，XXXIII，3 及注脚。

尔庇娅·戈尔狄安娜，他父亲那一边的血统一直追溯到了格拉古家族^①，母亲那一边追溯到了图拉真皇帝。他的父亲、祖父、曾祖父担任过执政官；他的岳父、岳老爷，以及妻子的外公^②、曾祖父、外曾祖父都担任过执政官。3 极其富有又极有权势的他任执政官时在罗马拥有了庞培屋，在诸行省则拥有如此数量的土地，以至于超过了任何一位凡民。4 在执政官（同僚的是亚历山大）卸任后，他根据元老院的决议被派去出任阿非利加总督。

　　III. 1 然而，在我述及老戈尔狄安的统治之前，先让我简单说说他的秉性吧。2 在我所谈的这个戈尔狄安还年轻时，他曾写过诗歌，而这些诗歌统统都流传了下来，所涉内容西塞罗全都写过，它们有：马略、阿拉图斯、诸阿尔基奥纳、乌克索里乌斯，以及尼鲁斯。^③他写下上述这些是出于这个目的，因为西塞罗的诗歌看起来太过老式了。3 除此之外，正如和维吉尔写《埃涅阿斯纪》、斯塔奇乌斯^④写《阿基里斯纪》，以及其他许多人写《亚历山大纪》一样，他则写了《安东尼努斯纪》，其中就提到了安东尼努斯·庇乌斯、安东尼努斯·马可，并以再博学不过的诗句将这些人物经历过的战争以及国事、私事详细记录成了三十卷书。4 而他写下这些的时候还是

---

① 格拉古家族乃罗马共和国时期最有政治影响力的家族之一。公元前 2 世纪，该家族的提比略·格拉古和盖约·格拉古以平民派领袖的身份同时出任保民官，并不顾保守派势力的阻挠大刀阔斧地进行了改革，成为当时最重要的历史事件。

② 此处原文为"另一位岳老爷"。

③ 西塞罗写的关于马略的史诗在其自己的《论法律》(Ciceronis De Legibus, I，2 ）和《论神性》(Ciceronis De Divinatione，I，106 ）中被称引。阿拉图斯所指为他自己翻译的阿拉图斯著名诗歌《表象》(Φαινόμενα ）。《诸阿尔基奥纳》里的残篇被保留在诺尼乌斯·马尔契洛（Nonius Marcellus ）的著作。剩下的无从知晓。——英译者注

④ 斯塔奇乌斯乃公元一世纪时的罗马诗人，他的诗作《阿基里斯纪》致死尚未完成。

一个小孩。到了后来，当他长大时，他在雅典娜神庙里进行辩论，并还有他的皇帝在场聆听。**5** 他任财务官时做得万分出色。他做市政官时自己出资给罗马人民举行了十二场角斗士比赛，即每个月都有一次，还不时地进行一场有五百对角斗士参加的比赛，而且从不举行少于有一百五十对角斗士参加的比赛。**6** 他一天就拉出了一百头利比亚兽 ① 和一千头熊。至今还存有属于他的不同寻常的狩猎场景，该场面被画在了格涅乌斯·庞培的鸟喙屋里——那幢房子本属于他、他的父亲、他的祖父，直到腓力 ② 当政的时代您的帝王私库才把它占有了。**7** 在这幅画里，即便现在仍能见到二百头棕榈角鹿（并间杂有不列颠鹿）③、三十匹野马、一百头野羊、十头麋鹿、一百头塞浦路斯公牛、三百只摩尔红鸵鸟、三百头野驴、一百五十头野猪、二百头野山羊、二百头羚羊。**8** 而拿来献给人民的所有这些牲畜全在他办第六次角斗士比赛的那天给杀掉了。

    IV. 1 老戈尔狄安担任过裁判官，[在出任这一官职期间，] 他得到了名声。在处理过法律事务之后，他第一次当上了执政官（同僚者是安东尼努斯·卡拉卡卢斯），[接着又] 第二次当上了执政官（同僚者是亚历山大）。**2** 他有两个儿子，与执政官等衔的那个儿子和他自己一起被冠上了奥古斯都之号，并在战争中死在了阿非利加的迦太基附近，④ 他的女儿梅奇娅·福斯丁娜嫁给了与执政官等衔的尤尼乌斯·巴尔布斯。**3** 在执政官任上，他比他那个时代的执政官都要出众，以至于安东尼努斯都对他感到了嫉妒，并一会儿赞叹他的紫边

---

① 即狮子。——英译者注，有删减。

② 关于这位罗马皇帝，请参见《安东尼努斯·埃利奥伽巴鲁斯传》，XXXII，6。

③ 棕榈角鹿原文 Cervi Palmati，应该是鹿的一种，可能指鹿角形状如棕榈叶一般的那种鹿；不列颠鹿原文 Cervi Britanni，即不列颠的鹿，也是鹿的一种。

④ 关于老戈尔狄安之子战死，请参见《两马克西米努斯合传》，XIX，3。

托袈袍、一会儿赞叹他的宽紫纹短袖袍、一会赞叹［他办的］竞技赛超过了帝王的规格。**4** 他在罗马凡民中史无前例地将绣有棕榈叶的束腰上衣和金边紫托袈袍 ① 据为己有，而在之前即便皇帝都得从卡庇托山或帕拉丁山取到这些衣服。**5** 在皇帝的许可下，他在［赛场上的］诸队的支持者 ② 间分发了一百头西西里马和一百头卡帕多细亚马，由此他表现出对人民足够关怀，而后者总会被他的这种做法所打动。**6** 科尔都斯说道，他曾在坎帕尼亚、伊特鲁里亚、翁布里亚、弗拉米尼亚、皮切努姆地区的所有城市都举办过剧场庆典赛会和成人礼戏剧赛会 ③。**7** 他还以散文的形式给活在他之前的所有的安东尼努斯写过颂词。而他是那么的喜爱诸安东尼努斯，以至于正如许多人说的，他为自己冠上了安东尼努斯的族名，另有许多人声称他冠上的族名是安东尼。**8** 下面的事情毫无疑问是众所周知的，他以安东尼努斯之号为名叫戈尔狄安的［自己的］儿子带去荣耀，并按照罗马人的习惯在国库长官那儿对儿子进行了登记，④ 而将这个族名记入了国家档案。

V. 1 在执政官卸任之后，老戈尔狄安在所有人的支持下被任命为了阿非利加总督，因为他们希望亚历山大的统治在阿非利加也能通过这位总督的美名得以彰显。**2** 由于元老院决定让戈尔狄安出任

---

① 原文为 toga picta，指的是带有金色边的纯紫色托袈袍，帝国时代这种装束被用在官员为人民举办角斗士比赛的场合，或者由执政官和皇帝在特定场合穿着。

② 关于罗马赛车比赛分成四队，请参见《维鲁斯传》，IV，8 及注脚。——英译者注

③ 原文为 iuvenalia，最初由尼禄为纪念自己第一次刮胡子而举办的剧场性质的比赛。这种赛会并非在竞技场里进行，而是在私人的剧场里，并包含有各种舞台表演和戏剧的成分。

④ 罗马公民的名字应在其出身后不久就去农神庙负责管理国家金库的长官那儿进行登记，关于此事请参见《哲学家马可·安东尼努斯传》，IX，7 及注脚。

阿非利加总督，亚历山大本人写信向他们致谢，这封信还留存着。
3 其抄录如下："元老们，你们派了高贵者、高尚者、雄辩者、公正者、自律者、贤者安东尼努斯·戈尔狄安去阿非利加任总督，没有哪件事［比这一件］更令我感到高兴、感到满意了。"其他云云。**4** 由这一点可以显示出，戈尔狄安在那个时代是个多么伟大的人啊。**5** 他受到阿非人此般爱戴，以至于在之前没有哪位总督［比得过他］，结果一些人叫他西庇阿、一些人叫他加图，还有许多人称他穆奇乌斯 ①、鲁提利乌斯 ②，或者莱利乌斯 ③。**6** 他们的欢呼被尤尼乌斯 ④ 记载成文并保留了下来。**7** 如在某天当他开始读帝王事迹并准备从诸西庇阿总督读起时，［大家］喊出了声："为了新的西庇阿、真正的西庇阿、戈尔狄安总督。"他常听到上述这些以及其他的欢呼。

VI. 1 老戈尔狄安在身高上确有罗马人的特点，他头发花白得体、面部特征明显、［脸色］红红的甚于白皙的。他的脸宽度适中，眼睛、嘴巴、前额都令人敬畏，他的体态有些像克拉苏 ⑤。**2** 他的秉性是那么有节制，以至于你都无法说出他有哪件事是凭着欲望做出来的，也无法道出他做哪件事是毫无节制或超过限度的。**3** 他对自家人的爱是绝无仅有的，他超乎寻常地爱儿子和外孙，虔敬地爱女儿和孙女［或外孙女］。**4** 他对待自己的岳父安尼乌斯·塞维鲁是如

---

① 昆图斯·穆奇乌斯·斯凯沃拉（Quintus Mucius Scaevola），根据执政官列表，乃公元前 117 年执政官。他因对达尔玛提亚的征服而举行了凯旋式。关于此人，请参见尤特罗庇乌斯，IV, 23。

② 普布利乌斯·鲁提利乌斯·卢弗斯（Publius Rutilius Rufus），乃公元前 105 年执政官，斯凯沃拉的朋友，在亚细亚时他的副将。——英译者注

③ 盖乌斯·莱利乌斯·萨庇埃斯（Gaius Laelius Sapiens），乃公元前 140 年执政官，小西庇阿·阿非利卡努斯（Scipio Africanus）的著名朋友。——英译者注

④ 即科尔都斯。——英译者注

⑤ 共和国晚期前三巨头之一，以财富巨大出名。后在出任叙利亚总督时，死于同帕提亚人的战争。

此之恭敬，以至于他认为自己已像儿子一样过继到了对方家里，他从不和他［岳父］一起沐浴，而在任裁判官之前也从不当他［岳父］在场时落座。5 在任执政官时，他要么一直待在他［岳父］的屋里，要么（若是住庞培屋的话）就在清晨或晚些时候前往他［岳父］那边。6 他饮酒有度，食量少到不能再少。他穿着光鲜亮丽。他热衷于沐浴，以至于夏天一天会洗四、五次澡，冬天会洗两次澡。7 他觉睡的很多，以至于和朋友们吃饭时，他都会在餐厅毫无羞耻地睡着。做出这种事似乎是天性使然，而非出于醉酒和放纵。

VII. 1 然而，善良的秉性并未给老戈尔狄安带来丝毫的裨益。因为虽然他的生活令人敬仰，还一直追随柏拉图、亚里士多德、图利乌斯［·西塞罗］、维吉尔，以及其他古人度日，却遭到了与之不相符的结局。2 这么说是因为，在马克西米努斯（一位心狠手辣、凶神恶煞之人）时代，他以总督之职统辖阿非利加，而在之前他儿子已被元老院从执政官当中任命为其本人的副将，那时有位度支官① 冲着许多阿非人撒野，其暴烈程度超出了马克西米努斯本人所允许的。他把好多人宣布为公敌，处死了不少人，还为自己取得了超越代理人的一切［权力］。最后，当他受到总督和副将的抑制时就以死对这些高贵者和与执政官等衔之人施加威胁。阿非人无法再忍受此般有违常理的伤害，于是在许多士兵的协助下他们首先处死了这位度支官。3 最后，在将他杀死之后，整个世界都燃起了针对马克西米努斯的怒火，［杀死度支官的人］开始琢磨，马克西米努斯派和土著（或说阿非人）之间兴起的这场冲突该以何种方式平息下来。4 那时，某个名叫毛里奇乌斯的人，作为市镇元老而对阿非人拥有影响力。他在邻近提斯德鲁斯的自家田地把人们召集了起来，并向城市或乡村的平民发表了如下再著名不过的演讲。他是这么说的：

---

① 即行省代理人，关于该官职请参见《哈德良传》，III，9 及注脚。

VIII. 1 "市民们，感谢永生的众神给予机缘，而且是必不可少的机缘，以让我们抵御再疯狂不过之人马克西米努斯。**2** 我们杀死了秉性与生活方式都极相似的他的代理人，除非［由我们自己］推选出皇帝，否则我们无法保全自己不受伤害。**3** 正因如此，假如乐意的话，由于不远处就有一位再高贵不过的人（即总督）和他的儿子（即与执政官等衔的副将），那只瘟神威胁到他们俩的生死，因此把紫色布条从军旗上扯下，我们将尊他们为帝，把徽记奉上，我们将用罗马的律法［对他们］进行支持。"**4** 当时大家呼喊道："此乃公正之举、此乃正义之举。奥古斯都戈尔狄安啊，愿众神庇护您。愿您秉承天命而行帝王之治，愿您与儿子一起行帝王之权。"**5** 在做过上述这些事之后，大家连忙来到提斯德鲁斯城，并发现那位令人崇敬的老人办完了法律诉讼后正躺在床榻上。他被人裹上了紫袍，但他［宁可］倒伏在地上［推辞不受］，[①] 在被人拉起来后仍拒不接受。**6** 而当他无法再做什么的时候，为了让自己免遭无疑出自支持者逼迫的危险——［是否同样为了避免］出自马克西米努斯派的威胁，未能确定——这位老人痛苦地让自己被尊为了皇帝。

IX. 1 而老戈尔狄安那时已八旬高龄了，且正如鄙人说过的那样，曾经统治过许多行省。［在统治行省的时候，］他以自己的所作所为得到了罗马人民的此般信任，以至于［在大家看来］他似乎够得上统治整个帝国。**2** 戈尔狄安起先并不知道杀死度支官的事儿。可当了解到实情之时，离死不远的他一边颇为担忧自己的儿子，一边宁愿带着荣耀去赴死也不要被送入马克西米努斯的锁链和监狱中。**3** 于是，在戈尔狄安被宣布为皇帝之后，拥立他称帝的[②] 年轻人推倒了马克西米努斯的塑像、捣碎了雕像、公开抹除了名号，还为戈

---

① 关于此事，请参见《两马克西米努斯合传》，XIV，3。
② 原文直译为："上述行径的始作俑者。"

尔狄安本人冠上了阿非利卡努斯之名。**4** 一些人补充道，戈尔狄安之所以被冠上阿非利卡努斯的尾名，并不是出于他行其统治始于阿非利加，而是由于他的祖上出自西庇阿家族。^①**5** 然而，我发现，在许多书里，这位戈尔狄安和他的儿子都被冠上了同等的皇帝之号及安东尼努斯之尾名——另一些书则说成了安东尼。**6** 此后，[他]^②带着帝王的阵容和饰有桂冠的法西斯来到了迦太基，而那儿子，作为其父亲的副将，正如希腊历史学家德克西普斯所说，以诸西庇阿为榜样^③ 被授予了同等的权力。**7** 接着，一名使者被派往罗马，带去了[两位]戈尔狄安的信，信中通报了在阿非利加发生的事。此信由首席元老^④ 瓦勒良（他到后来执掌了最高大权）心存欢喜地收了下来。^⑤**8** 信还被送到了他德高望尊的朋友那儿，为的是让有权者支持他的行动，而且还让他们从[普通]朋友变成更亲密的朋友。

    X.1 可是，元老院如此欢喜地接受了这两位受到推举以反对马克西米努斯的皇帝，以至于非但批准了那些既成之事，而且还选出了二十个人——其中就有马克西姆斯（或叫普比恩）及克洛狄乌

---

① 这种当然说法完全不对，根据本卷 II, 2，他声称祖上是出自格拉古家族。——英译者注

② 此句原文乃无人称被动句，未显示主语，此处第三人称单数是根据《两马克西米努斯传》，XIV, 4 之内容所加。

③ 指的是老西庇阿·阿非利卡努斯于公元前 190 年在对抗安条克三世的战役中充当其兄卢西乌斯·西庇阿·亚细亚提库斯（Lucius Scipio Asiaticus ［Asiagenus］）的副将。——英译者注

④ 原文 princeps sentaus，直译为"元老院第一人"，为元老院授给贵族元老的荣誉职位。该职位的获得者在共和国时代有权对主持会议的长官所提出的议题首先进行发言。到共和国后期及帝国时代，该职位的获得者还有权决定元老院的集会和议程，以及以元老院的名义发布信件等。

⑤ 关于此事，请比照佐西莫斯，I, XIV, 1："诸行省既受累于他［马克西米努斯］那骇人听闻的残暴，又在他公然的劫掠下遭受蹂躏，在这种情况下，阿非利加人宣布戈尔狄安及他同名的儿子成了皇帝，并派遣使节来到罗马：使者之一便是与执政官等衔的瓦勒良，此人后来自己当上了皇帝。"

斯·巴尔比努斯，他们两个于戈尔狄安父子俩在阿非利加身亡之后
被双双立为了皇帝。①**2** 当然，元老院选出那二十个人是出于这个目
的：把意大利分给他们并划区进行守卫，以此替［两位］戈尔狄安
抵御马克西米努斯。**3** 在那时，使节们从马克西米努斯那儿来到了
罗马，许诺对过往之举进行改正。**4** 然而，［两位］戈尔狄安的使节
对所有的善事义举都做出了许诺，他一方面答应军队会得到一笔巨
大的犒赏，另一方面答应人民能有土地和赏赐，结果大家信赖了他，
于是他就胜过了［马克西米努斯的使节］。**5** 另外，大家对［两位］
戈尔狄安的信赖要远远胜过［两位］马克西米努斯，以至于执掌近
卫军士兵的某位维塔利安努斯在元老院的指令下被再胆大不过的一
位财务官和几位士兵们杀死了，② 因为他在此前就行事残忍，而现在
大家害怕他变得愈加暴虐，并［让自己］乐于接近马克西米努斯的
秉性。**6** 下面的故事提到了此人的死。马克西米努斯的信被伪造了出
来——那信就像是用他的戒指封上的——士兵们随一位财务官把此信
带给了［维塔利安努斯］，并补充道，还有一些信当中没有的话需在
私下里对他说。**7** 于是，他们退到了远处的柱廊，接着他便问［他们］
需在私下里对自己讲的是什么。而他们则劝说他先对信的封印进行查
验，就在他查看封印的时候他们杀死了他。**8** 随后，士兵们被说服了，
说维塔利安努斯是依据马克西米努斯之令而遭处死的。当这些事解决
之后，［两位］戈尔狄安的信件和头像被在营地当中展示了出来。

    XI. 1 用文字记下把［两位］戈尔狄安拥立为帝以及把马可西米
努斯宣布为公敌的元老院的决议，这么做是有意义的。**2** 元老院并非
在法定日而是在平时日召集会议，执政官之一与已聚集到［自己］屋
里的诸裁判官、市政官、平民保民官一起来到了元老院议事堂。**3** 已

---

① 关于此事，请参见《两马克西米努斯合传》，XX，1 和 XXXII，3 及脚注。
② 关于此事，请参见《两马克西米努斯合传》，XIV，4。

听闻一些风声却并未得到官方书面消息的罗马市长置身会外。不过，
这也好，因为在依照习惯进行欢呼之前，还未向马克西米努斯致以
任何称赞，执政官之一便说道：**4**"元老们，双双出身执政官官衔
（其一乃你们的总督，另一位乃你们的副将）的戈尔狄安父子俩经阿
非人的伟大决议而被冠上了皇帝之尊。**5** 因此，让我们向提斯德鲁
斯城的青年致以谢意、向一贯忠诚的迦太基人民致以谢意，他们替
我们摆脱了那头巨大的怪兽、摆脱了那只野兽。**6** 你们听到什么在
感到害怕呢？你们环顾左右在看什么呢？你们为何停滞不前？这便
是你们一直想要的啊。**7** 马克西米努斯是公敌，众神将会实现下面的
事：他不再存在下去，而我们将愉快地享受老戈尔狄安的天赐之福和
聪颖之慧，还有小［戈尔狄安］的美德与勇气。"**8** 在这之后，他宣
读了［两位］戈尔狄安寄给元老院和他本人的信。**9** 那时，元老院
欢呼道："众神，我们感谢你们。我们被从敌人中解放了出来。如此
我们被彻底解放了。让所有人都把马克西米努斯宣布为公敌吧。让
我们将马克西米努斯和他的儿子交付给地狱诸神吧。**10** 我们把［两
位］戈尔狄安唤作奥古斯都。我们认［两位］戈尔狄安为元首。众
神庇佑元老院选出的［两位］皇帝，让我们把［两位］皇帝视作高
贵的胜者吧。让罗马目睹我们的［两位］皇帝吧。杀死国家公敌者
理当获得奖赏。"

XII. 1 尤尼乌斯·科尔都斯说，元老院的这项决议是秘而不宣
的。就让我简短地解释一下这样的决议是怎么回事，或为何称它秘
而不宣：**2** 今天，元老院秘密决议的样式总体上说和仁慈的您为处置
那些不该向所有人发布的事务（您在讨论这些事的时候就习惯于做
出宣誓说，不让任何人在事件还未尘埃落定时就听闻到或了解到其
中的一丝一毫）而召集起长者召开的内务会议所做出的［决议］别
无差别。**3** 然而，古人出于国家需要而开创了这么一种习惯：万一
敌人以某种淫威加以威胁，或是强迫他们采纳蒙受屈辱的决议，或

是迫使他们对某些在付诸实施前不该被道出的事情做出决定，抑或假如他们不愿以某种方式对朋友们透露出来，元老院就会颁布秘密决议。因而，批准那些决议的时候不会有书记员、不会有国家雇佣的仆从、不会有财产审查官 ① 在场，元老们承担了 [一切职责]，元老们行使各位财产审查官和书记员的职责，以防万一有什么被泄露出去。**4** 因此，为了避免此事传到马克西米努斯那儿，就颁布了元老院的秘密决议。

XIII. 1 然而，按照人心会有的那种想法，人们知道的事倘若不通过自己为他人所知，至少会觉得脸红，他们认为如果自己没有透露这些秘密就会遭到鄙视，马克西米努斯就是用这种方式发现了所有的一切，以致竟得到了一份元老院的密令，而在之前这种事情从未发生过。**2** 这里的确有一封他给罗马市长的信，内容是这个样子的："我已读了元老院关于我们那些元首的秘密决议，而身为罗马市长的你因为当时并不在场，也许还不知道发生了这种事。我已把一份密令送到你手，为的是让你明白，你该如何统治罗马人的国家。"**3** 另外，当马克西米努斯听到阿非利加已掀起反对自己的叛乱之时，要描述他激动的样子，这是无法做到的事。**4** 因为，在收到元老院的法令后，他就撞向墙壁、撕碎衣服、并握起剑来，就好像能将所有人都杀死，他看起来完完全全疯掉了。②**5** 当罗马市长收到措辞更为严厉的信之后，他对人民和士兵发表了讲话，并说道马克西米努斯已遭杀害。**6** 为此大家颇为喜悦，那个已裁定为公敌的人的塑像即刻就被推到，肖像随即就被抹除了。**7** 元老院利用属于自己的权力来鼓动战争。事实上，他们下令把告密者、诬告者、代理人，以

---

① 附着于财产监察官（Magister censuum）部门的文职，其负责的职责为出于征税目的而对元老的财产进行评估。某些并不重要的监督和文书职责似乎也属于他们的职能范畴。——英译者注

② 关于此事，请参见《两马克西米努斯合传》，XVII，2。

及马克西米努斯暴政的全部余孽都给处死。**8** 而元老院颁下的上述法令并不［让人民感到］满足，人民的决定是：待他们被处死之后还要扔进水渠里。**9** 就在那时，罗马市长、拥有执政官官衔之人萨宾努斯遭棒击毙命，① ［尸身］被弃于公共场所。

XIV. 1 当马克西米努斯获悉这些时，就立即召集起了士兵，并按下面的方式发表了演说："神圣的战友，更准确地说是我的同誓者 ②，你们中的许多人确确实实都一同随我征战着：就在我们保卫罗马的高贵免受日耳曼尼亚［玷污］的时候，就在我们从蛮族手中夺回伊利里亚的时候，阿非人却坚守了布匿人的［不忠不义］。**2** 这么说是因为他们给我们立了两位戈尔狄安当皇帝：其中一个因岁数大而遭受如此折磨，以至于都无法起身了；另一个则堕落至此般奢靡之中，以至于未老之前就变得体虚羸弱起来。**3** 为了不让这事到此结束，那个尊贵的元老院还承认了阿非人的所作所为。我们拿着武器在为他们的孩子［作战］，而他们却定了二十个人来对抗我们，还推行了一些法令——所有这些法令都像是在为反对敌人而颁行的那样。**4** 快行动吧！该像男子汉那样，当朝着罗马城进发。因为对抗我们的二十位拥有执政官官衔的人已被选了出来，而有朕的英勇引领、有你们天命佑助下的战斗，他们必将遭到挫败。"**5** 士兵们对此篇演说所表现出无精打采和漠不关心的态度，马克西米努斯本人也意识到了。**6** 最后，他立刻写信给跟随在后面尚有一段距离的儿子，催促他加快速度，以免士兵们趁自己不在就策划起什么反对他［儿子］的事来。**7** 尤尼乌斯·科尔都斯抄下了那封信，内容是这样的："我的侍从廷卡尼乌斯向你传达就我所知的在阿非利加和罗马发生了什么，以及士兵们心里在想什么。**8** 我要求你尽己所能地往前赶路，

---

① 关于此事，请参见《两马克西米努斯合传》，XV，1。
② 原文为 consecraneus，指的是由相同的军事誓言联合起来的人。

以免士兵的骚动如以往那样滋生出更多的事来。我怕的是什么，你将从我给你派去的这个人那里听到。"

XV. 1 正当发生上述事情的同时，某个卡佩利安努斯在阿非利加袭击了两位戈尔狄安。在［老］戈尔狄安尚未称帝时此人就一直反对他。这位退伍兵［卡佩利安努斯］当时正领受马克西米努斯之令统治着摩尔人，而［老］戈尔狄安称帝后又亲自解除了他的职务。当［老］戈尔狄安指命了［卡佩利安努斯的］继任者之后，他召集起了摩尔人和一支临时部队，随后开赴迦太基而去，[①]迦太基全体人民都出于布匿人的不忠不义而投靠到了他那边。**2** 虽然如此，可是戈尔狄安仍希望在战争中冒一下险求得胜利，便派出自己年纪颇大（已有四十六岁）且正如鄙人说过的时任副将职位的[②]自己的儿子前去抵御卡佩利安努斯和马克西米努斯的手下，而关于这位儿子的秉性，鄙人将在适当的地方再进行讲述。**3** 然而，在军事上，一方面由于卡佩利安努斯更为勇猛，另一方面显然又因为小戈尔狄安受困于贵族阶层的欢愉而未经过太多操练，因此，战斗开始后他［小戈尔狄安］便被击败了，还在那同一场战争里遭到了杀害。

XVI. 1 另外，据称，戈尔狄安那一方在战争中阵亡的人是如此之多，以至于小戈尔狄安的尸体找了很久都没能找到。**2** 除此之外，一场在阿非利加罕见的巨大风暴在战前击溃了戈尔狄安的部队，以至于［事后］士兵们对战斗都有些不太适应了，于是这样一来卡佩利安努斯轻轻松松就取得了胜利。**3** 当老戈尔狄安发现这些时，鉴于阿非利加已无任何防御手段，他又因来自马克西米努斯的巨大恐惧而惶恐不安，布匿人的不忠不义也令他担惊受怕，加之卡佩利安努斯又对他紧逼不舍，于是，在痛苦中身心俱疲的他便自缢而亡了。

---

① 关于此事，请参见《两马克西米努斯合传》，XIX，1。
② 关于此事，请参见本卷 VII，2。

4 以上就是两位戈尔狄安的结局。元老院给他们俩双双冠上了奥古斯都之号，随后还将他们列入了众神的行列。

小戈尔狄安

XVII. 1 阿非利加总督老戈尔狄安的这个儿子与父亲一起被阿非人和元老院冠上了奥古斯都之号，除去高贵的血统之外（正如有一些人说的，他出自诸安东尼努斯；而据大多数人所说，他出自诸安东尼），他还文笔出众、秉性卓著。**2** 另一些人还提出有如下之事可作证据来证明其出身高贵：老戈尔狄安被冠上了阿非利卡努斯之名，① 而那是诸西庇阿的尾名；他曾在罗马城拥有庞培屋；② 他总是被人以诸安东尼努斯的尾名相称；他希望自己儿子能在元老院被当成安东尼。这些事每件都被看成是在与相应的家族产生联系。**3** 而我是遵照了尤尼乌斯·科尔都斯的说法，即诸戈尔狄安的高贵血统乃由上述所有家族而兴旺了起来。**4** 于是，同样这个人，还是其父与法比娅·奥瑞斯提拉（安东尼努斯的曾孙女③，由此他似乎也和诸恺撒家族扯上了关系）所生的第一个孩子。**5** 就在他刚出生的那几天他被冠上了安东尼努斯之名，随后不久安东尼之名在元老院被公开唤了出来，再后来老百姓便开始把他唤作戈尔狄安了。

XVIII. 1 小戈尔狄安在专研学问上态度极其认真。他外貌出众、记忆超群、仁爱有加，以至于在学校男孩当中若是有谁遭打，他总会忍不住落下眼泪。**2** 他由父亲最好的朋友塞伦努斯·萨莫尼

---

① 关于此事，请参见本卷 IX，3—4 及注脚。——英译者注
② 关于此事，请参见本卷 II，3。——英译者注
③ 或曾外孙女。

库斯①担任自己的老师，后者是个非常受人欢迎，又十分和蔼可亲的人，以至于在他去世时竟把其父塞伦努斯·萨莫尼库斯的所有藏书（预计有六万两千卷）都留给了小戈尔狄安。**3** 这把他带上了天国②，因为在收下一座如此规模、如此辉煌的图书馆之后他带着人类文学的光辉而声名大振。**4** 在埃利奥伽巴鲁斯的主导下他当上了财务官，之所以这样，是因为此年轻人的顽皮之事（虽然如此，但那既非奢靡也非堕落）被事先传到了那位奢靡的皇帝那儿。**5** 在亚历山大的主持下他得到了城市裁判官的官职，在担任上述职务期间，诉讼方面他是那么的公正，以至于很快就名正言顺地获得了父亲很晚才得到的执政官官衔。**6** 在马克西米努斯或前面那位亚历山大的时代，他〈被元老院〉③以副将身份派到了父亲的总督辖地，④随后上文提到的那些事便在那里发生了。

XIX. 1 ［小］戈尔狄安偏爱饮酒，但却总是那种在某种程度上加了香料的酒：有时加了玫瑰，有时加了乳香，有时加了苦艾，以及其他让喉咙感到清爽的材料。**2** 他进食很少，以至于在极短的时间内午餐（如果他吃午饭的话）或晚餐就结束了。**3** 他对女性充满了极大的欲望，这么说是因为，据称曾有法令颁下，让他保有二十二位女子以作为其情妇，而这些人每人都为他留下了三到四个孩子。**4** 他被称作那个时代的普里亚姆斯⑤，一些人取笑他而渐渐地常唤他作普里亚普斯⑥而非普里亚姆斯，因为前者更接近他的天

---

① 关于此人，请参见《亚历山大·塞维鲁传》，XXX，2 及注脚。——英译者注

② 原文为 ad caelum tulit，意思是"带到了天上"，此处英译者意译为"带上了第七重天"。

③ "被元老院"一语见于拉丁网络图书馆版本。

④ 关于此事，请参见本卷 VII，2。

⑤ 50 个孩子的父亲，请见《伊利亚特》，XXIV，495。——英译者注

⑥ 指生殖之神。——英译者注

性。**5** 他生活在寻欢作乐之中，譬如：在园圃里、浴池里，在最吸引人的树丛里。他父亲未曾责备过他，［反而］常常说他很快将在荣耀的巅峰上死去。**6** 但在自己的生活当中，他从不贬低拥有勇气的好人，而他也总是位列最著名的公民行列，并为国家出谋划策。**7** 最后，元老院也再欢喜不过地为他冠上了奥古斯都之号，甚至把国家的希望都托付在了他的身上。**8** 他穿着极其优雅，还受到奴隶及自家所有人的喜爱。**9** 科尔都斯说，他从未想过娶妻。相反的，德克西普斯认为他的儿子是戈尔狄安三世，即那位随后与巴尔比努斯及普比恩（或叫马克西姆斯）一起取得最高大权的小男孩[①]。

XX. 1 老戈尔狄安有一次向占星师问卜他［小戈尔狄安］的生辰，当时据说那人答复道，他会成为皇帝之子、皇帝之父，而他自己亦会当上皇帝。**2** 当老戈尔狄安笑出声时，人们说道，那占星师展示了星座图又反复查了古书，以致确定自己说的没错。**3** 他甚至还确信不疑地如实预言了老小戈尔狄安去世的日子和方式，以及他们辞世时的地点。**4** 在那之后，老戈尔狄安称帝了而变得无所畏惧起来，据传，那时他便在阿非利加讲出了上面的所有事情，还说出了他本人和儿子的死，以及死的方式。**5** 除此之外，当老者看到儿子戈尔狄安之后，他时常吟诵起如下的诗行：

> 命运只让其显身于凡世，而不容他长生。
> 天上诸神，假若如此的恩赐真能保住，
> 在你们看来，罗马人的子孙将权倾天下。[②]

---

① 关于戈尔狄安三世乃老戈尔狄安之女所生，请参见《两马克西米努斯合传》，XVI，7 之注脚。

② 请参见《埃涅阿斯纪》，VI，869—871。关于此诗及类似的情节，请见《埃利乌斯传》，IV，1—2 及注脚。

6 小戈尔狄安写下的演说辞和诗行一直流传了下来，至今仍被其族人引用着，它们既不优秀也不糟糕，而是普普通通的，就像是由一位虽有天赋但却在奢靡中浪费自己天赋的人所创作的。

XXI. 1 小戈尔狄安极其喜爱蔬菜和水果，其他种类的食物则几乎吃也不吃，以至于只要有什么新鲜水果，他总会吃个精光。**2** 他喜好喝冷的东西，如果不喝大量的冷饮，他就安度不了夏天。他身躯硕大，因此这让他更需要喝冷饮。**3** 关于小戈尔狄安，这些便是鄙人找到的值得记下的事情。事实上，关于家庭幸福及其他琐碎之事，此般事情不该由鄙人道出，因为尤尼乌斯·科尔都斯已用可笑而愚蠢的方式写了下来。**4** 所以，若有谁想要进行了解，就去读科尔都斯的著作吧，他说到了每位元首都有哪些奴隶、哪些朋友，都有几件斗篷、几件裹袍，而［了解］这些知识没有任何裨益，因为由历史学家写进历史的应当不是那些该被人们躲避的就是该被人们追求的事才对。**5** 当然，我不该遗漏掉的是，在写下其身处时代历史的武尔卡奇乌斯·泰伦提安努斯的著作里读到的这件事，因为它看起来令人吃惊。我把这件事写成文吧：老戈尔狄安有着与奥古斯都一样的脸，以至于看起来声音和习性都与后者一模一样，塑像都用的同一尊；其儿子看着却像庞培，虽然庞培身躯肥硕这是真事；而其外孙（现在我们还能见到他的肖像）则有西庇阿·亚细亚提库斯①般的外貌。由于此事不同寻常，我认为不该对它闭口不提。

---

① 罗马历史上有两位较出名的西庇阿·亚细亚提库斯：一位是同汉尼拔作战的西庇阿·阿非利卡努斯的兄弟卢西乌斯·科尔涅利乌斯·西庇阿·亚细亚提库斯（Lucius Cornelius Scipio Asiaticus，参见尤特罗庇乌斯，III，16）；另一位是曾与苏拉作战的与前者完全同名的西庇阿·亚细亚提库斯（参见尤特罗庇乌斯，V，7）。

戈尔狄安三世

XXII. 1 在两位戈尔狄安去世之后，受到惊动的元老院对马克西米努斯愈加感到害怕，便从二十位选出用于保护国家的人当中为同是前执政官的普比恩（或称马克西姆斯）和克洛狄乌斯·巴尔比努斯冠上了奥古斯都之号。**2** 就在那时，人民和士兵们要求为还是孩子的那位戈尔狄安冠上恺撒之号①——正如许多人说的，[当时]他十一岁；也有些人说，他十三岁；而据尤尼乌斯·科尔都斯所说，则是十六岁，因为后者声称他死于二十一岁。**3** 他被催促着来到了元老院，随后被大家披上了皇袍，再被送去参加集会，并被唤作了恺撒。**4** 正如大多数人说的，他由 [老] 戈尔狄安之女所生；而据一到两个人的说法（因为我无法找到更多的人），[生他的不是那位女儿，而是] 那位死在阿非利加的那个儿子②。**5** 显然，戈尔狄安成为恺撒之后，就在母亲家里接受抚养。[两位] 马克西米努斯被杀之后，掌权两年的马克西姆斯和巴尔比努斯因士兵哗变而遭到杀害，那时候已身为恺撒的戈尔狄安年纪轻轻就被士兵、人民、元老院，以及所有部族以巨大的爱慕、热情，和感激冠上了奥古斯都之号。**6** 而他受到爱戴需要归功于祖父、娘舅（或者父亲）③，因为那两个人都为元老院、国家拿起了武器抵抗马克西米努斯，并双双或以战士般的死亡或以战士般的绝望殒命而逝。**7** 在这之后，④ 一群退伍兵来到元老院议事堂，想要了解发生了什么。**8** 他们中有两位到了朱

---

① 关于此事，请参见《两马克西米努斯合传》，XX，2。

② 显然这里说的是老戈尔狄安之子，即小戈尔狄安。

③ 根据上下文，这里指的显然是小戈尔狄安。

④ 本段缺乏条理，从上下文来看，此事似乎发生在上文提到的马克西姆斯和巴尔比努斯被杀身亡、戈尔狄安三世被拥戴为奥古斯都之后。但根据《两马克西米努斯合传》，XX，6中的叙述，此事当发生在戈尔狄安父子俩已去世及马克西姆斯和巴尔比努斯尚且健在的时候。

庇特神庙而元老院正在那里举行会议，他们在祭坛前被前执政官加
利卡努斯和前军团统帅梅切纳斯杀死了。**9** 于是就起了内讧，甚至
连元老们都武装了起来，因为退伍兵们并不知道，当时戈尔狄安一
人已独掌了大权。①

    XXIII. 1 德克西普斯声称，戈尔狄安三世由［老］戈尔狄安之
子所生。② 在退伍兵们也认识到戈尔狄安已独掌大权之后，人民、士
兵，以及退伍兵之间的和平得以稳固了起来，于是，当还是孩子
的戈尔狄安被授予了执政官官职时，那场内讧便就此结束了。**2** 然
而却出现了如下的征兆，预示戈尔狄安的统治不会长久：曾发生了
日食，大家相信黑夜来临了，以至于若不点上灯就什么事都没法
做。③ **3** 虽然如此，可在这之后罗马人民仍用寻欢作乐来麻痹自己，
并以此缓解曾经发生的苦难之事。**4** 在维努斯图斯和萨宾努斯出任
执政官的那一年④，萨宾尼安努斯⑤在阿非利加领导了一场针对戈尔
狄安三世的叛乱，戈尔狄安凭借起先被反叛者包围起来的毛里塔尼

---

① 此处不对，他当时只是恺撒。——英译者注
② 此句和上下文在语意上脱节。
③ 戈尔狄安三世被冠上奥古斯都之名是在公元 238 年的 5 月 9 日，卒于
    244 年 2 月 11 日。根据 NASA 官网的日月食查询系统（http：//eclipse.gsfc.
    nasa.gov），期间罗马帝国腹地可以望见的日全食或日环食有：1. 公元 241
    年 8 月 5 日的日全食：全食带从地中海中部开始，横跨小亚细亚半岛、高
    加索山脉、中亚腹地以及中国西藏和云南、南海，最后到达新几内亚岛东
    部，在罗马日出时分可以望见日偏食，太阳缺失约 77%。2. 公元 242 年 1
    月 29 日的日环食，环食带从中美洲太平洋沿岸开始，跨过大西洋，经伊比
    利亚半岛、意大利北部，结束于中欧阿尔卑斯山东部，在罗马傍晚时分可
    以望见日偏食，太阳缺失约 80%。
④ 根据执政官列表，该年是公元 240 年。两位执政官全民分别是：拉格尼
    乌斯·维努斯图斯（Ragonius Venustus）和盖乌斯·屋塔维乌斯·阿庇乌斯·苏
    埃特里乌斯·萨宾努斯（Gaius Octavius Appius Suetrius Sabinus）。
⑤ 也许是阿非利加行省总督。——英译者注

亚总督将其击溃了，①结果［叛乱者］一起来到迦太基把他［萨宾尼安努斯］交了出来，并既认了罪又请求宽恕罪过。**5** 于是，待阿非利加的麻烦解决之后，在戈尔狄安（第二次）与庞培安努斯出任执政官的那年，② 与波斯人的战争爆发了。**6** 年轻的戈尔狄安在启程赴战之前迎娶了米西特乌斯之女为妻，而［米西特乌斯］是个再博学不过的人，出于其口才好，他［戈尔狄安］觉得对方够格成为自己的亲戚，便立即将对方任命为了近卫军长官。③**7** 此后，他的统治看起来不再带有孩子气、也不再一无是处，因为有出类拔萃的岳父在给他出谋划策，而他因自己些许的虔心仁义，并未让阉人和朝臣在母亲的疏忽或纵容下出售［圣裁］。

XXIV. 1 最后，还存有戈尔狄安的岳父给他的，以及他本人给岳父的信，借此大家就能理解他在岳父的辅佐下以加倍的自新和勤奋使他统治下的时代臻于完美。［前一封］信是这样写的：**2** "岳父、近卫军长官米西特乌斯向儿子④、奥古斯都陛下［问好］。阉人和那些看似与您交好实为您凶险敌人的人出售［圣裁］，这个时代的此类深重的丑恶行径我们已经躲过了，这着实让人高兴，而越是如此，这样的改进也就愈加令您感到满意，以至于如果有过什么错事，我令人敬畏的儿子啊，可以确知的是那并非您的错。**3** 因为，没有谁能忍受把军队的委任权交付给阉人提名之人，能忍受拒付与劳动相应的报酬，能忍受随随便便或经过利诱就处决了不该处决的人或释

---

① 根据拉丁网络图书馆版本，此处当作："戈尔狄安凭借毛里塔尼亚总督在把反叛者借包围起来后将其击溃了，……"
② 根据执政官列表，该年是公元 241 年。与戈尔狄安同僚的执政官全名是克洛狄乌斯·庞培安努斯（Clodius Pompeianus）。
③ 关于此事，请参见佐西莫斯，I，XVII，2；佐西莫斯称戈尔狄安的岳父为提梅希克勒斯（Timesicles）。
④ 显然指的是女婿。

放了不该释放的人，能忍受国库被耗尽，能忍受由那些天天伴您身旁的貌合神离之人煽动阴谋——这些人对您进行迷惑，而再邪恶不过的人先前就定下了关于善良之人该向您禀告些什么，他们挤掉善良者，招来令人憎恶之人，并最终出售您全部的旨意。**4** 于是乎，感谢众神，国家已按您希望的那样得到了革新。**5** 成为贤君的岳父确实令人感到高兴，对一切事务都进行调查、想对一切事情都进行了解，并对早先就像把他送上拍卖场一样进行出售的那些人加以驱逐，做这种人的岳父着实让人感到高兴。"

XXV. 1 同样，戈尔狄安给他的信："奥古斯都、皇帝戈尔狄安向父亲①、近卫军长官米西特乌斯［问好］。若不是全能的众神在庇佑罗马的至高权力，现在连朕都会像送上拍卖场一样被买来的阉人们给卖了。**2** 现在，我终于明白了，当初诸菲利奇奥不应受命指挥近卫军的几支大队，第四军团亦不应被交付给塞拉帕蒙，以及（为了不把所有的例子一一举出）我做过的许多事都是不该做的。然而，感谢众神，有一无所售的你在出谋划策，我从你那儿学到了之前凭我一人无法知道的东西。**3** 因为，我能做什么呢？连母亲都在出卖朕，她在征求了高狄安努斯、莱沃勒都斯、蒙塔努斯的意见之后，才对一些人加以赞美或指责，她还会在他们犹如证人一般的见证下批准自己讲过的话。②**4** 我的父亲啊，我希望你听一听下面的事实：身边若没人说真话了，皇帝便是个悲惨之人，因为既然他不会独自走在大众面前，于是当他听什么的时候，就一定会认为所听到的或为大部分人支持的事情就是正确的。"**5** 通过这些信，就能理解到这个年轻人是如何在岳父的出谋划策下得到了自新与改进。**6**［一些人］

---

① 显然指的是岳父。

② 拉丁网络图书馆版本此句为："我会在他们（犹如证人一般）的见证下批准她说过的话。"

说米西特乌斯的信实际用的是希腊语，但却有上述含义。**7** 他［米西特乌斯］的庄严与虔敬都到了这般地步，以至于除去高贵的身份之外他还凭借所作所为，把戈尔狄安从最低下的境地变为了著名的元首。

XXVI. 1 戈尔狄安统治时曾发生过非常严重的地震，以至于大地裂开，城市连带着人民都毁灭了。因此，整座罗马城、整个世界都在举行盛大的献祭。**2** 科尔都斯说道，在查过《西比林预言书》并把看起来合乎规矩的一切东西都献上之后，寰宇内的邪恶被止住了。**3** 地震平息后，在普莱特克斯塔图斯和阿提库斯出任执政官的那一年，① 双生雅努斯［神庙的门］被打开了——这是宣战的标志，戈尔狄安启程征讨波斯人，他带了规模如此庞大的军队、数量如此多的金钱，以至于轻而易举就或是通过辅助部队或是凭借正规部队击败了波斯人。**4** 他开赴默西亚，随后在其准备开战之际，无论谁只要是在色雷斯的敌人，都被他歼灭、击退、驱逐，和赶走了。**5** 从那儿，他穿过叙利亚来到已被波斯人占领的安条克城。他在那里发动了数场战役并取得了胜利，赶跑了在阿塔薛西斯② 之后出任波斯人之王的沙普尔。**6** 光复了安条克城、卡雷、尼西比斯，所有这些城市此前都曾落入波斯人的统治之下。

XXVII. 1 波斯人之王真的是那么害怕元首戈尔狄安，以至于他虽然既有自己人组成的军队又有我们的人，可仍旧主动把防御设施从城里撤走，然后将城市完好无损地还给了它们的市民，结果侵犯到他们财产的事情，一件都没有干。**2** 然而，这一切是都由戈尔狄

① 根据执政官列表，该年为公元 242 年。执政官全名分别是：盖乌斯·阿希尼乌斯·雷必都斯·普莱特克斯塔图斯（Gaius Asinius Lepidus Praetextatus）和盖乌斯·维特奇乌斯·格拉图斯·阿提库斯·萨宾尼安努斯（Gaius Vettius Gratus Atticus Sabinianus）。

② 关于这位波斯王，请参见《亚历山大·塞维鲁传》，LV，1 及注脚。

安的岳父兼其近卫军长官米西特乌斯完成的。**3**最后出现了这种情况：由于戈尔狄安的战斗，正在意大利的波斯人感到害怕而返回了自己的王国，罗马人的国家把整个东方①都占领了下来。**4**有一篇戈尔狄安在元老院发表的演说辞流传了下来，他借由这篇记录着自己事迹的演说向近卫军长官及岳父米西特乌斯致以了万分的谢意。为了让您能从中了解到原话，我引述了当中一段：**5**"元老们，朕在途中干出了一番事迹，并且在任何地方都干出了足以单独进行一次凯旋式的事迹，在那之后——让我将诸事化繁为简——朕将波斯人、波斯人之王，和波斯人的法律从一直被波斯之铁压迫着的安条克人的脖子上给卸了下来。**6**最终，朕将卡雷及其他城市重新归入了罗马人的统治之下。朕一直进抵到尼西比斯，而若是众神允许的话，朕就能一路抵达泰西封了。**7**愿近卫军长官、朕的父亲米西特乌斯安康如意，因为有了他的引领和安排，朕实现了上述的事迹，而且还将继续达成未竟的事业。**8**因此，属于你们的事便是颁令进行一场公众祈祷式②以答谢米西特乌斯。"**9**当上述演说辞在元老院发表之后，因戈尔狄安战胜了波斯人，针对赢了波斯人，为了给他举行凯旋式，由四头大象拉的马车被下令颁给了他；颁给米西特乌斯的则是由六匹马拉的马车、凯旋式用的战车，以及如此这般的铭文：**10**"罗马元老院和人民作为回报献给出类拔萃之人、诸元首之父、近卫军长官、罗马城③及国家的守护者米西特乌斯。"

XXVIII. 1然而，这样的天命没能持续更久。米西特乌斯身死殒灭之后（他的死如许多人所说是出于接替他当上近卫军长官的腓力的阴谋；而据另一些人所说则是由于疾病），罗马人的国家成了继

---

① 此处"整个东方"的含义应指罗马帝国在现称中东地区的传统疆域，即从地中海东岸至幼发拉底河的西亚领土。

② 关于公众祈祷式，请参见《哈德良传》，XII，7及注脚。

③ 根据拉丁网络图书馆版本，此处"罗马城"一词当作"寰宇之内"。

承人，无论什么只要是他的东西，他都将之充入了罗马城的税收当中。2 此人在管理国家事务上是那么优秀，以至于不曾有哪座规模大到能担负起国家部队和元首所需的边境城市未储藏有足够一年的醋酒、谷物、培根、大麦，和干草；另一些规模较小的城市则［留有］三十天、四十天［上述物资］，有的［留有］两个月，最小的城市也有十五天。3 同样是这个人，在任近卫军长官的时候，他总会检查士兵们的装备。他不允许任何老人当兵服役，也不许任何男孩［服役］领取俸粮。他时常绕着整个营地和壕沟巡查，晚上还常会到大多数守夜的哨兵那里。4 因为他是如此爱着国家、爱着元首，他受到了所有人的爱戴。保民官和将领们对他既爱得深也怕得甚，以至于他们无心犯下错误，也就一点儿错事都干不出来了。5 据说，腓力因诸多缘由对他极度害怕起来，于是乎便准备通过医生来谋害他的性命，他是这么做的：6 当米西特乌斯患上了腹泻，而医生为了止泻命他服用一杯［药剂］时，据说，先前备好的［药剂］被调了包，并换上了一种让人泻得更厉害的［药剂］。他就这样咽了气。

XXIX. 1 当他［米西特乌斯］在阿里安和帕普斯出任执政官的那一年①去世之后，阿拉伯人腓力接替他的职位而被任命为了近卫军长官。后者出身卑微之家，②却乃高傲之人，在初次踏上高位并处于命运的巅峰之际他无法控制住自己了，以至于转瞬之间就开始凭借士兵对已接纳自己当父亲的戈尔狄安设下了如下这般的阴谋。2 米西特乌斯如鄙人说的那样在各地都存了许多［补给品］以使罗马

---

① 根据执政官列表，那一年是公元 243 年，两位执政官全名分别是卢西乌斯·安尼乌斯·阿里安（Lucius Annius Arrianus）和盖乌斯·奇尔沃尼乌斯·帕普斯（Gaius Cervonius Papus）。

② 此事亦请参见奥勒利乌斯·维克多的《诸王传略》，28，4："此腓力出身再卑微不过的阶层，乃由其父、一位极具名望的强盗将领所生。"——英译者注，有删减，引文为汉译者补充。

的部署不致陷入不济，但在腓力的谋划下，先是运粮舰队被调往了他处，接着士兵们又被派到那些无法得到补给的地方。[①]**3** 由此他立刻煽动起了士兵，以使他们对戈尔狄安发泄不满，因为他们并不知道这位年轻人被腓力的诡计给骗了。**4** 而腓力还另外做了这样的事，他在士兵们中间散布谣言说，戈尔狄安尚且年幼，无力掌控最高大权，最好让一个既会治兵又懂治国的人来当皇帝。**5** 除此之外，他还贿赂了那些头面人物，于是他们便公开要求腓力执掌大权。**6** 起初，戈尔狄安的朋友们以再激烈不过的方式提出了反对，可是在士兵们被饥饿打垮之际，腓力被委以了大权，士兵们颁下令来，让腓力和戈尔狄安一起以平等的身份共执帝统，就好像前者是后者的监护人一样。

XXX. 1 于是，在取得帝国大权之后，腓力就对戈尔狄安表现出万分的傲慢，而他［戈尔狄安］作为帝王、帝王之胄，和最有声望的名门之裔，无法忍受此低贱之徒的狂妄无耻，便在自己亲人、近卫军长官梅奇乌斯·戈尔狄安的陪同下，当着将领和士兵们的面登上高台，发起了控诉，以期能从腓力那儿夺走大权。**2** 虽然他指控对方忘恩负义、鲜有感恩之心，不过，上述控诉并未起到任何效果。**3** 接着，在公开探查过将领的意见之后，他要求士兵们［在他和腓力之间］做出选择，但在腓力的阴谋策划下他在全体人员［的抉择中］遭受落败。**4** 最终，当他见到自己已被当成次要之人，便

---

① 关于这个阴谋，另请参见佐西莫斯，I, XVIII, 3—XIX, 1："他［腓力］将一心希望掀起哗变的士兵争取到了自己这边，而当他见到，那时皇帝正身处卡雷和尼西比斯附近，军队正需要大量补给的时候，为了让部队遭受饥饿和补给不济的折磨而激起哗变，他便命令装载粮草的船队驶往偏僻的地方。这个诡计得以实施。士兵们以补给匮乏为藉口，声称戈尔狄安应对军队遭受的损失承担责任，于是便在围困他之后将其杀害了。随后根据约定，他们将紫袍披在了腓力身上。"

提出了请求，至少他们之间权力该是均等的，但他的要求没有实现。**5** 再后来，他请求谋得恺撒之位，结果没有得到。**6** 他甚至请求做腓力的近卫军长官，连此事都被否决了。**7** 他只剩下了最后的恳求，愿腓力能给他做将领，并允许其活命。对此，腓力同意了一部分，他自己虽默不作声，但却通过朋友们以点头和给出建议的方式布置了一切。**8** 然而，他自己意识到，罗马人民和元老院、整个阿非利加、叙利亚，乃至整个罗马世界因戈尔狄安既出身高贵，又属诸帝王子嗣，还将整个国家从严重的战争中解救了出来而都对他表现出爱戴，于是士兵们无论何时都有可能回心转意，并在戈尔狄安提出要求时把大权送还给对方，在［他还意识到］士兵们因饥饿而起的针对戈尔狄安的怒火是巨大的时候，便下令让人将呼号起来的他［戈尔狄安］带出了众人的视野，并在对其劫夺一番之后将他杀害了。**9** 该指令一开始并未付诸实施，到后来才遵此命令执行了下去。就这样，腓力以不义之举篡夺了大权。

XXXI. 1 戈尔狄安当政六年。当上述〈亚洲的〉① 诸事在进行之时，斯基泰人之王尤其因为获知米西特乌斯（国家便是在他的出谋划策下得到了治理）已死，便劫掠了临近的王国。**2** 为了让自己看上去不像以残暴手段夺取了大权，腓力给罗马寄去信件，信中写道，戈尔狄安已因病而逝，他自己受到了全体士兵的推举。显然，元老院在这些不曾知晓的事情上遭到了蒙骗。**3** 于是，在腓力冠上元首之称并取得了奥古斯都之号后，年轻的戈尔狄安被列入了众神的行列。**4** 这青年乐观、俊俏、讨人喜欢、对所有人都有礼貌，他生活快乐、文笔出众，简而言之他除去年龄之外不缺任何掌权所需的东西。**5** 在腓力施展阴谋之前，他受到人民、元老院，以及士兵们如此的爱戴，以至于元首当中未曾有人［像他这样］。**6** 科尔都斯说，

---

① "亚洲的"一词见于拉丁网络图书馆版本，未见于洛布版。

所有的士兵都曾唤他叫儿子，因为他被整个元老院唤作了儿子，而全体人民都曾把戈尔狄安说成是自己的所爱。**7** 实际上，腓力虽杀死了他，但却既未撤去他的肖像，又未推倒他的塑像，或抹除他的名号，而是在一起实施阴谋的自己的士兵面前仍一直以被奉为神者来称呼他，并用一种严肃之心夹带着异邦人的精明对他进行膜拜。

XXXII. 1 诸戈尔狄安的故居现在还在，它曾被这位戈尔狄安以极其漂亮的方式进行过布置。**2** 他们的庄园位于普莱奈斯特大道，该庄园内庭有两百根柱子，其中的五十根是卡里斯特大理石柱、五十根是克劳狄大理石柱、五十根是辛纳得大理石柱、五十根是努米底亚大理石柱，这些柱子都是一样大的。**3** 在那庄园内有三座一百尺长的礼堂和其他搭配那座建筑的东西，还有浴池——当时除罗马城之外，世界其他地方都没有与之媲美的浴池。**4** 元老院给戈尔狄安家族颁下如下法令：除非自愿，否则其后代将一直免于承担守家卫土、充任委派之徭役，以及国家所需之义务。**5** 在罗马，戈尔狄安时代造的建筑物除了一些喷泉和浴池外都没留存下来。**6** 他曾决定在战神平原上的山丘脚下建造一道长达一千尺的柱廊，并打算在相对的那一边也建一道同等长度的柱廊，两道平行的柱廊之间相距五百尺之隔，那片空地的两边都设有种植桂树、香桃、黄杨的园圃，其中间有一条在道路一边设置有短柱和塑像的供行走之用的长一千尺的马赛克通道，并在道路尽头安设一座五百尺长的礼堂。**7** 除此之外，他还和米西特乌斯一起规划在那座礼堂的后面修建以他自己名字命名的夏季浴池，并把冬季浴池放置在柱廊的入口处，这么做为的是不让园圃和柱廊变得毫无用处。**8** 可是，所有这一切［现在］都已被个人占据，成为私人所有的土地、园圃，以及建筑物了。

XXXIII. 1 在这位戈尔狄安的统治下，在罗马曾有三十二头象（其中十二头是他自己送来的，十头是亚历山大［送来的］）、十头麋鹿、十头老虎、六十头经驯化的狮子、三十头经驯化的豹、十条鬣狗（即土狼）、一千对由帝王私库支持的角斗士、六头河马、一头犀牛、十头野狮子、十头长颈鹿、十头野驴、四十匹野马，以及其他各种种类的动物不计其数，所有这些都在世纪庆典赛会上或是被腓力展示出来，或是被［直接］杀死。**2** 而他原本准备把这些已驯化和未驯化的野兽全都用于战胜波斯人而举行的凯旋式上。他对国家许的这一愿望完全没有实现。**3** 因为腓力在世纪庆典赛会上（其中既有角斗士比赛、又有椭圆形竞技场内的比赛）将这些东西统统都展示了出来，那赛会是在他和他儿子出任执政官的那一年，为庆祝罗马建城以来第一千年而举行的。[①]**4** 科尔都斯写道，据历史记载发生在盖乌斯·恺撒身上的事[②]也发生在了戈尔狄安身上。**5** 因为，无论谁只要用剑攻击过他［戈尔狄安］的——据说曾有九人——待后来［两位］腓力被杀之后据说全都用自己的手和自己的剑自尽了，而他们就是用同样的手和剑杀死他［戈尔狄安］的。

XXXIV. 1 以上便是三位戈尔狄安的传记，他们全都被冠上了奥古斯都之号〈，其中的两位在阿非利加被杀，第三位则是在波斯境内〉[③]。**2** 士兵们在位于波斯境内的瑟塞喜厄姆要塞附近为戈尔狄安［三世］立了一处坟冢，[④]为了让所有的人都读懂，上面用希腊文、拉丁文、波斯文、犹太人的文字、埃及人的文字题写了如下这样的

---

① 关于此事，请参见尤特罗庇乌斯，X，3："腓力父子俩在杀死了戈尔狄安之后把持了政权。在把军队很好地带回驻地之后，他们就从叙利亚起程前赴意大利。在统治期间，他们曾为罗马建城 1000 年而举行了盛大的竞技赛和庆典。"根据执政官列表，该年应是公元 248 年。
② 指刺杀尤利乌斯·恺撒之人最后几乎没有善终这件事：他们大部分都在后来的内战中被安东尼和屋大维击败而死，也有自杀的。
③ 此句只见于洛布版原文。
④ 关于此事，请参见尤特罗庇乌斯，IX，2："一位士兵在距离瑟塞喜厄姆——那里现在成了罗马人掌控幼发拉底河的前哨堡垒——远达第 20 里程碑的地方替戈尔狄安垒起了一处坟冢，他的遗骸被运回了罗马，而他本人也被封为了神。"

铭文：**3**"献给波斯人的征服者、哥特人的征服者、萨尔玛提亚人的征服者、罗马人的暴乱平息者、日耳曼人的征服者，但却并非［两位］腓力的征服者，被奉为神的戈尔狄安"。**4**添加这段铭文似乎是因为在属于［两位］腓力的平原上他在一场出其不意的战斗中被阿兰人所败并撤退而去，同时又因为他看上去像是被［两位］腓力杀死的。**5**据说，当李锡尼夺取国家大权之时，曾抹掉了那处铭文，因为他希望让自己的祖上看起来是出自［两位］腓力那边的。**6**至高无上的君士坦丁啊，为了不遗漏哪件看似理应让您知道的事未告知给您，上述全部之事我已细述完毕。

马克西姆斯与巴尔比努斯合传

尤利乌斯·卡庇托利努斯

I. 1 老戈尔狄安与儿子双双在阿非利加丧命之后，怒火中烧的马克西米努斯来到罗马城，意图为 [两位] 戈尔狄安被冠上了奥古斯都之号寻求复仇。为寻找良方以对抗那位再邪恶不过之人的怒火，元老们在七月七日①那天（正值阿波罗庆典期间②）纷纷怀着惊恐之心赶到了和谐神庙。**2** 接着，当两位出类拔萃的与执政官等衔者马克西姆斯和巴尔比努斯（他们其中一位以高尚仁义闻名，另一位则以勇气和严厉著称；许多人在历史书里都未提到其中的马克西姆斯，取而代之的是普比恩之名，而德克西普斯和阿里安都说道，在 [两位] 戈尔狄安 [死后]，为对抗马克西米努斯，马克西姆斯和巴尔比努斯被选了出来）踏入元老院议事堂的时候，表情明显是一副对马克西米努斯到来而感到惧怕的模样，执政官之一正要提别的事情，这位准备首个发表意见的人 [见状] 便以如下方式开始了发言：**3** "你们都在为琐事操心，在这种千钧一发的时刻，我们却在元老院议事堂里几乎都在讨论婆婆妈妈的事情。**4** 因为，此前被你们和我

---

① 根据拉丁网络图书馆版本，此处日期则为"六月七日"。
② 关于此庆典，请参见《亚历山大·塞维鲁传》，XXXVII, 6 及其注脚。

宣布为公敌的马克西米努斯正在逼近，提供保护的两位戈尔狄安遭到身死，此时此地已无任何我们可以仰仗的援助了，在这种情况下讨论重修神庙有什么用呢，讨论装饰礼堂有什么用呢，讨论提图斯浴池有什么用呢，讨论修建圆形大剧场有什么用呢。**5** 因此，元老们，快任命元首吧。你们还等待什么呢？遭受挫败时，你们应拿出勇气来而不是一个个担惊受怕地表现出恐惧。"

II. 1 在那之后，所有人都默不作声起来，年纪颇大，且在功绩、勇气和严厉方面都较为出名的马克西姆斯开始发表意见，并表明应该选立两位元首，而出自乌尔皮乌斯家族的维特奇乌斯·萨宾努斯① 则向执政官提出要求，请允许自己打断对方并发表讲话，于是他以如下方式开始了发言：**2** "元老们，我知道在发生变革的时候意见应该统一起来，主意不是找到的而应该是抓到的，当事到临头之际，我们确实应该避开繁冗的言辞和观点。**3** 每个人都扭头看看自己的脖子吧，都考虑一下妻儿、考虑一下祖宗和父辈的财产吧，天性暴烈、残忍，而又野蛮的马克西米努斯（事实上，正如他所表现出来的那样，有充分合理的理由相信他会变得更加残忍）正威胁着这一切呢。**4** 那人在摆出方形阵并到处设下营帐之后正朝着罗马城进发，而你们正坐着在讨论来讨论去地浪费这一天呢。**5** 没有必要做冗长的演讲，皇帝应该被选立出来，准确说来应该选立［两位］元首：〈一位处理内政，另一位应付战争；〉② 一位待在城里，另一位率军前去抵御那伙暴徒。**6** 我现在就提名元首，如果你们满意的话就进行确认，而若是不满意就请给出更理想的人选吧。**7** 他们是：马克西姆斯和巴尔比努斯，

---

① 根据拉丁网络图书馆版本，此处人名应作"维克奇乌斯·萨宾努斯（Vectius Sabinus）"。

② 此句未见于拉丁网络图书馆版。

他们中的一个在军事方面是那么的出色，以至于凭借勇气上的名望就把非名门望族的出身给抵消掉了，而另一个则以出身高贵闻名天下，以至于因其彬彬有礼的性格和正派的生活（他最早是在研究学问和文学中度过的）而成了国家不可或缺之人。**8**元老们，你们现在知道［我的］意见了，也许这个意见给我带来的危险比给你们带来的会更大，但要是你们不立他们为元首的话，你们就没有足够的安全可言。"**9**在这之后，［元老院］全体一致喊道：**10**"这么做是公平的、合法的。我们所有人都赞同萨宾努斯的意见。奥古斯都马克西姆斯和巴尔比努斯啊，愿众神庇佑你们。众神已立你们为元首了，愿众神庇佑你们吧。你们快从暴徒那儿维护元老院的权威吧，我们把对抗暴徒的战争托付给你们了。**11**公敌马克西米努斯连同其子该身死覆灭，你们快去追剿公敌吧。有了元老院的裁断你们多么幸运啊，有了你们的统治国家多么幸运啊。**12**快果断地执行元老院交予你们的［使命］吧；快主动接受元老院交予你们的［事业］吧。"

III. 1待欢呼完上述及其他一些言辞之后，马克西姆斯和巴尔比努斯被立为了皇帝。**2**随后，他们迈出了元老院就首先登上卡庇托山进行了献祭。**3**接着他们把人民召集到宣讲坛。在他们发表过关于元老院的决定和自己获得推选的演讲之后，罗马人民连同恰巧参与集会的士兵们都呼喊道："我们所有人都要求戈尔狄安做恺撒。"①**4**这位［戈尔狄安］乃［老］戈尔狄安之外孙，②正如许多人说的，他那时正值十三岁。**5**他立刻［从住的地方］被带走，接着

---

① 关于此事，请参见《两马克西米努斯合传》，XX，2及《三戈尔狄安合传》，XXII，2。

② 关于此事，请比照《三戈尔狄安合传》，XXII，4。拉丁网络图书馆版本此处作："［老］戈尔狄安之孙，是［老戈尔狄安］在阿非利加遇害的那位儿子的后代。"

通过元老院的新式决议——因为元老院就在当天颁下法令——被带进了议事堂，并冠上了恺撒之号。

IV. 1 随后，[两位] 元首的首项提议便是将两位戈尔狄安奉为神明。**2** 可另一些人则认为只有一人（即年龄更大的那位）被奉为了神明，不过我记得在尤尼乌斯·科尔都斯写的几卷书里，在许多地方曾经读到的却是他们两位双双被列入了众神的行列。**3** 因为，年长的那个自缢而亡，年轻的那个战死沙场——由于死于战争，他无论怎么说都配得上更高的荣誉。**4** 接着，在做出上述提议之后，罗马市长之职被颁授给了萨宾努斯[1]（乃一位严肃之人，且和马克西姆斯的性格相配），近卫军长官之职 [被颁授] 给了皮纳里乌斯·瓦伦斯。**5** 然而，在我提及他们 [马克西姆斯和巴尔比努斯] 的所作所为之前，最好还是先说说他们的性格和出身吧——并非按照尤尼乌斯·科尔都斯那种事无巨细一概细述的方式，[2] 而是用苏埃托尼乌斯·塔奎卢斯[3] 和瓦勒利乌斯·马契林努斯那样的方式。尽管已将这整个一段历史都写了下来的库里乌斯·福图纳奇亚努斯仅论及了少部分事，但是科尔都斯却写下了足够多的事迹，其中还包括了许许多多琐碎之事和无足轻重之行。

V. 1 马克西姆斯的父亲也叫马克西姆斯，乃一介平民：正如有人说的，他是个铁匠，而另一些人则说，他是造车匠。**2** 他从名叫普里玛的妻子那儿得到了这个 [儿子马克西姆斯]，[小马克西姆斯] 有四位兄弟和四位姐妹，尚且年幼的他们在进入发育时就全都夭折了。**3** 马克西姆斯出生时，据称一头鹰曾将一片相当大的牛肉扔在了他们的屋子——那间屋子有一道朝天的狭窄缝隙——当 [那片牛

---

① 关于此人，请见本卷 II，1。——英译者注

② 关于尤尼乌斯·科尔都斯的这种研究和写作方式，请参见《奥庇利乌斯·马克利努斯传》，I，4。

③ 关于此人，请参见《哈德良传》，XI，3 之注脚。

肉] 就在那儿，而出于对灵异之事的敬畏，没有谁敢去触碰的时候，[那头鹰] 又一次叼走了那片肉并带入了最近的那座普莱斯特斯朱庇特神庙。4 在当时这看上去和神启没有丝毫的关系，可这件并非毫无缘由就发生的事揭示了 [他会执掌] 大权。5 他在叔伯皮纳里乌斯①的家里度过了整个童年时光，而待他当上皇帝之后就立刻把对方提拔为了近卫军长官。6 他并未将太多的注意力放在语法和修辞上，因为他总在努力获得军人的勇气与严厉。7 他最终成了军事保民官并指挥许多士兵，再后来 [他当上了] 裁判官，任职花费是由将他作为儿子收养和抚养的佩西尼娅·马契林娜担负的。8 随后，他担任了比提尼亚总督，接下来是希腊总督，再接着是纳尔旁高卢总督。9 除此之外，他以副将的身份受到派遣并在伊利里亚镇压了萨尔玛提亚人，接着他被调去莱茵河同日耳曼人作战，并取得了令人满意的胜利。10 在那之后，他无愧于 [众人的期望] 成了最明智、最有天赋、最严格的罗马市长。11 因此，虽然乃一介寒门新人，可元老院还是将他当成名副其实的 [贵族] 一样授予了最高大权，所有的人都承认，当时在元老院里是没有人能 [比他] 更适合得到元首之号的。

VI. 1 由于许多人还希望了解不太重要的小事情 [，因此我就说一些吧]。马克西姆斯喜好食物，却饮酒极其有度，他极少纵欲于性爱之事，无论在家还是在外总是一本正经的，以至于得到了"无乐者"②的尾名。2 他一副严肃到不能再严肃甚至有些闷闷不乐的表情，他身材高大、体质极为健康、举止令人讨厌，他虽然公正不阿，可直到事业终止却始终未表现出淡漠人性或缺乏仁慈。3 每当有人提出要求，他总会给予宽恕，而除去必须发火的场合之外他就不曾有

---

① 关于此人，请参见本卷 IV，4。
② 原文 tristis，意思是"痛苦的"、"悲伤的"。

过愤怒的时候。**4** 他从不让自己参与到阴谋诡计之中。他会坚持［做出的］决定，并且相信自己而非仰赖他人。**5** 因此，他既受到元老院的热烈拥护，又让人民感到敬畏，因为人民一直都记着他任罗马市长时秉公执法［的作风］，认为他执掌大权时这种作风还会得到加强。

VII. 1 巴尔比努斯则极为高贵，[①] 他两度担任执政官，[②] 又是数不胜数的行省的总督。**2** 因为，他曾主持过亚细亚、阿非利加、比提尼亚、加拉太、本都、诸色雷斯、诸高卢的内政，还不时地统率军队，不过在战争之事上他并不比内政更优秀。虽然如此，可是他还是凭借善良、万分的正派和谦逊为自己赢得了巨大的爱戴。**3** 他出自再古老不过的家族，如他自己所说，祖上源于巴尔布斯·科尔涅利乌斯·提奥法尼斯，后者通过格涅乌斯·庞培之助取得了公民权，因为他是其家乡最为尊贵的人，同时也是个历史学家。**4** 他［巴尔比努斯］身材同样高大，他体质好得出格、过度耽于享乐。大量的财富着实帮到了他，［之所以有大量的财富，］是因为一方面他的富裕来自先人，另一方面他还通过继承使自己聚敛起了许多财产。**5** 他口才好是出了名的，诗歌方面，在他那个时代的诗人中他具有特殊地位。**6** 他喜好酒、食物，和性爱之事，他衣着得体，而那些令人民感到满意的事情也不是没有做过。他还讨得了元老院的欢喜。**7** 这些便是鄙人找到的他们各自的生平。事实上，并非没有人认为他

---

① 关于此事，请参照赫罗提安，VII, 10, 4 :"秉性更为坦诚、率真的巴尔比努斯是一位贵族，曾两度出任执政官，还统辖过行省，且并未落下让人不满的口实。"VIII, 8, 4 :"巴尔比努斯认为自己更配得上，因为他出身高贵，且担任过两届执政官。"另请比照尤特罗庇乌斯，IX, 2 :"在那之后，同时出现了三位奥古斯都：普比恩、巴尔比努斯、戈尔狄安。前两位的出生都极其卑微，只有戈尔狄安是贵族……"——英译者注，引文为汉译者补充。
② 执政官列表只列了他第二次出任执政官的年份（公元 213 年）。

们俩应按撒路斯特对比加图和恺撒那样进行比较：他们说道，两位中的一个生性严厉、另一个性情仁慈；一个秉性善良、另一个作风坚韧；一个一点儿都不慷慨大方、另一个则搜罗到了一切种类的财富。

VIII. 1 以上是关于马克西姆斯与巴尔比努斯两人秉性和出身的内容。接着，在把所有同帝王有关的荣誉和标志授予他们之后，他们取得了保民官的督护权、与执政官等衔的统治权 ①、最高祭司职，以及国父的名号，并踏上了最高大权。**2** 然而，正当他们在朱庇特神庙举行祭祀的时候，罗马人民却反对起了马克西姆斯的统治。因为平民大众一直都害怕他的严厉，而他们相信这种严厉极受元老院的欢迎，却对他们自己极为不利。**3** 因此便发生了下面的事，正如鄙人说的，② 他们要求年轻的戈尔狄安出任元首，于是后者立刻受到了任命，而他们［马克西姆斯和巴尔比努斯］直到用恺撒之号给这位［老］戈尔狄安的外孙冠名以前，都不被允许带领武装起来的人一起前往宫殿。**4** 待上述事情做完，祭祀仪式、戏剧表演、竞技场内的赛会，以及角斗士比赛举行完毕之后，马克西姆斯在朱庇特神庙内许了愿，随后便受遣率一支规模庞大的军队前赴与马克西米努斯作战去了，而近卫军士兵们则待在了罗马。**5** 出于何种原因有了这样的习惯：皇帝出征赴战之际会举办角斗士及猎杀比赛。应对此简单讨论一番。**6** 许多人说，这在古人当中是为与敌作战而举行的献祭仪式，公民们的鲜血借战斗的形式被贡献了出来，奈梅希斯（即命运女神的某种力量）因此得以满足。**7** 另一些人则写下如下之事，而我相信这更像事实：罗马人在赴战之前应先目睹厮杀、创伤、武器，以及相互搏斗的剥得精光的人，以免打仗时惧怕全副武装的

---

① 关于上述两项权力，请参见《安东尼努斯·庇乌斯传》，IV，7 之注脚。——英译者注

② 请参见本卷 III，3。——英译者注

敌人，或者对伤口和鲜血感到心惊胆战。

IX.1 马克西姆斯踏上征途之时，近卫军士兵们留在了罗马。**2** 在这些士兵和人民之间掀起了一场如此规模的暴动，以至于都演变成了一场内战，罗马城有很大一部分都被烧毁了，神庙遭到了玷污，鲜血浸染了每一条大道，而在那时，颇显和善之人巴尔比努斯则无力使这场暴乱平息下来。**3** 因为，他来到众人面前，挨个儿向每一个人伸出手去，却差点儿就遭石头击中，而按照另一些人所说，他竟被人用棍棒殴打。**4** 后来，要不是给还是孩童的戈尔狄安披上紫袍，并让他坐在身高最高之人的脖子上，再领到人民面前的话，他就真的平息不了暴乱了。人民和士兵们见到［戈尔狄安］着实平静了下来，结果出于对他的爱戴便恢复了和平。**5** 归功于其外祖父以及之前在阿非利加同马克西米努斯对抗中为罗马人民殒命的娘舅，从没有谁在他那个年纪受到如此的爱戴。[1] 罗马人对崇高之事的记忆是那么的牢固。

X.1 于是，待马克西姆斯奔赴战场之后，元老院向每一处地方都派出了与执政官、裁判官、财务官、市政官，以及与保民官等衔之人，以便各城各市备好补给、武器，［修整好］城防装备和城墙，而使马克西米努斯无论在哪座城市都会受到攻袭。**2** 那时还颁下一道法令：为了不让公敌找到什么［补给］，田地上的一切［物产］都应运出并归集到城里。**3** 除此之外，情报员[2] 被派往各处行省并带去书面法令：无论谁只要给马克西米努斯提供帮助，都会被列入公敌名单。**4** 在此期间，在罗马，人民和士兵之间又一次掀起了暴乱。[3]

---

① 关于此事，请参见《三戈尔狄安合传》，XXII, 6 及其注脚。

② 关于这类人，请参见《哈德良传》，XI, 4 之注脚。——英译者注

③ 这场暴动乃两位元老对几位近卫军士兵实施袭击的结果。参见《两马克西米努斯合传》，XX, 6；《三戈尔狄安合传》，XXII, 7—8 及其注脚。——英译者注

5 随后，当巴尔比努斯颁布了一千道法令而无人听从之后，老兵们和近卫军士兵一起聚到了近卫军营地，而人民开始包围他们了。6 若非人民切断了供水管道的话，他们就真的恢复不了和睦了。7 城里面，瓦片已被从房顶抛了下来，屋内所有的瓶瓶罐罐都丢了出来，直到有消息说士兵已解除了武装并来到面前。8 于是，一大部分城区连同许多人的财产都毁掉了。因为，强盗们为劫掠那些他们知道在哪儿就能找到的东西，便将自己混入了士兵中间。

XI. 1 当罗马发生上述事件的时候，马克西姆斯（或说普比恩）正在拉文纳附近带着大量的装备准备发动一场战争。他极度害怕马克西米努斯，并总是三番五次地提到对方，说他自己不是在和一个人类作战，而是在和一头独眼巨人。2 而马克西米努斯竟在阿奎莱亚附近一败涂地，结果遭手下之人所杀。他和他儿子的脑袋被带到了拉文纳，并再由马克西姆斯送至罗马。3 不应在这个地方闭口不谈阿奎莱亚人对罗马人的忠诚，因为据说他们甚至剪下了妇女的头发当弦拉弓。4 而巴尔比努斯那时即便处于更深的恐惧之中，却仍是那么的高兴，以至于马克西米努斯的脑袋一送到，他就举行了大祭。①5 大祭是这样的一种献祭仪式：用草皮做成的一百座祭坛在同一处地方垒了起来，一百头猪、一百头羊被送到祭坛宰杀。6 若是帝王举行的祭祀，则会宰杀一百头狮子、一百只鹰，以及数百头诸如此类的别的动物。7 据说，希腊人在遭受瘟疫之祸时就曾举行过这种祭祀仪式，而众所周知，许多皇帝也都举行过。

XII. 1 就在进行过上述祭祀之后，巴尔比努斯便开始怀着极大的喜悦期盼马克西姆斯带着完好无损的军队和物资从拉文纳返回。2 因为，马克西米努斯已被阿奎莱亚的居民，以及在那里的为数不

---

① 关于此事，请参见《两马克西米努斯合传》，XXIV，7。

多的士兵，还有被元老院派去的克里斯皮努斯和梅诺菲卢斯①所败。
3 可马克西姆斯却为了让远至阿尔卑斯山的万事万物都安全无恙而
又完好无损地保留下来，便亲自前赴阿奎莱亚，而若是曾经帮助过
马克西米努斯的蛮族留了下来，他也会进行压制。**4** 最后，二十位
元老作为使者受遣携桂冠及授予他金骑马像的元老院的法令前去
他那里。科尔都斯的书里有他们的名字，其中四位是与执政官等
衔之人、八位与裁判官等衔、八位与财务官等衔。**5** 出于这个缘故，
巴尔比努斯真有些恼怒了，他说马克西姆斯没比自己操更多的心，
因为他自己在家镇压了大规模的战乱，而对方却悠闲地坐在拉文
纳附近。**6** 可是，执念之力是如此巨大，以至于单凭出发征讨马克
西米努斯之故，胜利就被颁授给了马克西姆斯，而那人还不知道
已经取胜。**7** 接着，在接纳了马克西米努斯的军队之后，马克西姆
斯带着浩浩荡荡的人员与队伍来到了罗马城，士兵们则因失去了
自己选出的那个皇帝，加之有了元老院推选的诸位皇帝，而感到
伤心。**8** 悲伤一直浮现在每一个人的脸上而无法被掩饰起来，即便
马克西姆斯曾时常对士兵们说，应该忘掉过去的事，即便他已经
给过许多犒赏，而且还向他们选出的那些地方派去了援军，可他
们现在已不再一声不响了。**9** 不过，士兵们的心一旦沾到憎恨就无
法平复下来了。当听到元老院的欢呼涉及士兵之后，他们终于更
加激烈地反对起了马克西姆斯和巴尔比努斯，并天天都在考虑该
让谁来当皇帝。

    XIII. 1 令这些士兵受到刺激的元老院法令是这个样子的：当巴
尔比努斯、戈尔狄安、元老院、罗马人民前去迎接马克西姆斯入城
之际，涉及士兵们的欢呼被首次当众［喊了出来］。**2** 随后，大家进
入了元老院，待一番通常所见的欢呼过后，便说道："明智之人选出

---

① 关于这两个人，请参见《两马克西米努斯合传》，XXI，6。

的元首处事多英明啊；无知之人选出的元首多糟糕啊。"[之所以这么说，] 是因为众所周知，马克西米努斯是由士兵拥立为帝的，而巴尔比努斯和马克西姆斯则是由元老院 [拥立的]。3 闻此，士兵们开始变得愈加愤怒起来——尤其将怒火泼向了看似在为战胜士兵而举行凯旋式的元老院。4 现在，巴尔比努斯和马克西姆斯在罗马元老院和人民的欢欣喜悦中以极大的自律统治起了罗马城。[巴尔比努斯和马克西姆斯] 对元老院表示了极大的敬重、他们制订了最为出色的法律、他们以不偏不倚的态度审理案件、他们用再睿智不过的方法处理了战争事务。5 就在马克西姆斯已准备好征伐帕提亚人①、巴尔比努斯准备征讨日耳曼人，而男孩戈尔狄安准备待在罗马城之时，士兵们在寻求弑杀 [两位] 元首的机会，不过由于有日耳曼人 [卫兵] 守护在马克西姆斯及巴尔比努斯身旁，一开始他们几乎不能够找到机会，因此一天天变得紧张起来。

XIV. 1 在当时，巴尔比努斯和马克西姆斯之间还存在着不和，不过这种不和是背地里的那种，可以被大家感受到而非目睹到，因为巴尔比努斯鄙视马克西姆斯，嫌他身份卑贱；马克西姆斯唾弃巴尔比努斯，嫌他性行懦弱。2 正因如此，士兵们便得到了机会，因为他们意识到并不和睦的 [两位] 皇帝能轻而易举就被杀死。最终，趁举行戏剧演出之际，士兵和宫廷侍者许多人都在忙活着，宫殿里只剩下 [两位] 元首和日耳曼人 [卫兵]，他们便向对方发起了袭击。3 随后，当士兵们一开始掀起哗变之时，马克西姆斯得到警告说，除非派人到日耳曼人 [卫兵那儿把他们叫来]，否则就不太能逃得出这场哗变和风暴，而那时他们恰巧和巴尔比努斯一起在宫殿的另一处地方，马克西姆斯便派人到巴尔比努斯那里，以求对方支援

---

① 此处显然应该指波斯人。波斯人的王阿塔薛西斯当时早已推翻了帕提亚帝国。关于此事，请参见《亚历山大·塞维鲁传》，LV，1 之注脚。

自己。**4** 可后者却怀疑他要求得到他们来反对自己，因为他一直都认为他［马克西姆斯］想要独掌大权，就首先加以拒绝，接着变成了争吵。**5** 他们争执不下间，士兵却趁着这次暴乱来到了他们面前，并将他们的皇袍全都扒了下来，还边骂边把他们拉出了宫殿，想要在几番虐待之后拖着他们穿过城中央前往营地。**6** 然而，当士兵们获悉日耳曼人［卫兵］正赶来保护他们时，就将他们两个都杀死，并丢在了道路中间。**7** 在此期间，因为没其有他人在场［可以拥戴］，恺撒戈尔狄安就被士兵举了起来，并宣布为皇帝（即奥古斯都），随即他们一边对元老院和人民进行抨击，一边撤回了营地。**8** 而日耳曼人［卫兵］，鉴于自己的皇帝已被杀害，为了不做毫无意义的战斗，便撤到城外与自己的族人待在了一起。

　　XV. 1 以上便是这［两位］贤君的结局，这种结局并不符合他们的生平和秉性。这么说是因为没有谁比马克西姆斯（或说普比恩）更勇敢，也没有谁比巴尔比努斯更友善了，这能在事实当中得到理解，因为元老院在掌权时是不会推选恶人的。**2** 此外，他们还经受了诸多显官要职与高位重权的考验，因为他们中的一个两度出任执政官并当过〈罗马市〉长①，另一个出任过执政官②和长官，③ 他们踏上最高大权的时候已是高龄，并还受到了元老院和人民的爱戴，虽然人民对马克西姆斯存有些许畏惧。**3** 这些和马克西姆斯有关的内容，鄙人大部分都是从希腊作家赫罗提安那儿搜集来的。**4** 而许

---

① 根据洛布版，此处为"长官"（praefectus），拉丁网络图书馆版本则为"罗马市长"（praefectus urbi）。

② 根据拉丁网络图书馆版本，此处有"两度"一词。

③ 关于巴尔比努斯两度出任执政官，请参见本卷 VII，1；关于马克西姆斯出任罗马市长，请参见本卷 V，10，但未提及巴尔比努斯担任过罗马市长或近卫军长官，也未提到马克西姆斯出任过执政官，只说到他与执政官等衔（参见本卷 I，2）。

多人说，在阿奎莱亚附近战胜马克西米努斯的不是马克西姆斯，实际上是皇帝普比恩，其本人与巴尔比努斯一起遭到了杀害，结果大家都不提马克西姆斯之名了。[①]**5**这些相互争执不下的历史学家并未博闻或是照搬他说都到了这般程度，以至于许多人都希望把马克西姆斯和普比恩说成是同一个人，即便在写下其生平时代的作家赫罗提安说马克西姆斯并不是普比恩，而希腊作家德克西普斯则说，马克西姆斯和巴尔比努斯在两位戈尔狄安［去世］之后为了对抗马克西米努斯而被立为了皇帝，后来马克西米努斯被马克西姆斯（而非普比恩）所败。[②]**6** 此外，这些作家的无知还包括有：许多人不知道年幼的戈尔狄安常被架在脖子上展现于士兵面前，[③]就说他曾是近卫军长官。**7** 在马克西米努斯和儿子一起如某些人所说当政三年（据另一些人所说乃当政两年）之后，[④]马克西姆斯和巴尔比努斯统治了一年。

XVI. 1 巴尔比努斯的屋子现在大家还能在罗马的加里奈[⑤]看到，那房子既宏伟又气派，且直到如今仍一直由其家族保有。**2** 马克西姆斯（许多人都认为他是普比恩）身材极其瘦削，却有着再胜人不过的勇气。**3** 在他们当政期间，卡皮人[⑥]发起了对默西亚人的战斗，与斯基泰人的战争拉开了帷幕，伊斯特里亚[⑦]在那时陷入了

---

① 关于此事，请参见《两马克西米努斯合传》，XXXIII，1。

② 关于两位历史学家的说法，请参见本卷 I，2。

③ 关于此事，请参见本卷 IX，4。——英译者注

④ 关于两位马克西米努斯的当政时间，请参见尤特罗庇乌斯，IX，1："于是在称帝三年多几天时，他连同自己的儿子——那时还是个孩子——一起在阿奎莱亚被普比恩所杀。"

⑤ 古罗马城地区名，位于奥皮乌斯山（Oppius Mons）西侧北端，并延伸到维利亚山（Velia）和普利乌斯坡道（Clivus Pullius）之间地带。

⑥ 居于今罗马尼亚东部和摩尔多瓦一带的古代民族。

⑦ 位于多瑙河入海口附近的一座希腊人的移民城市。

毁灭——而照德克西普斯的说法，毁灭的是伊斯特里卡城。**4** 德克西普斯对巴尔比努斯道尽了赞美之辞，并说道，他勇敢地冲向了士兵，于是遭到杀害。他说，他并不害怕死亡，因为他曾受到过各种学术思想的熏陶。但他不承认，马克西姆斯是像许多希腊人说的那样的人。**5** 除此之外，他还补充道，阿奎莱亚人对马克西米努斯的憎恨是如此巨大，以至于他们取自己妇女的头发来做弓弦，以此射箭。①**6** 细述过［两位］元首历史的德克西普斯和赫罗提安说，马克西姆斯和巴尔比努斯是两位在阿非利加的戈尔狄安去世之后为对抗马克西米努斯而由元老院选出的元首，②还是孩子的戈尔狄安三世也和他们一起被选了出来。**7** 而我在许多拉丁作家的著作中并没有找到马克西姆斯之名，反而发现与巴尔比努斯［共执大权］的皇帝是普比恩，据说这位普比恩甚至还在阿奎莱亚附近同马克西米努斯作战，而依上述历史学家证实的，马克西姆斯据说都还没有同马克西米努斯打过仗，只是待在了拉文纳附近并在那儿听到了取得胜利的消息。在我看来，［他们笔下的］普比恩和被叫作马克西姆斯的那位是同一个人。③

XVII. 1 因此我附上一封致贺信［来说明这个问题］，这封内容涉及到普比恩和巴尔比努斯的信是那个时代的执政官写的，信里他为他们在经历过邪恶强盗［的统治］之后对国家做出复兴而感到了欣喜：**2** "克劳狄乌斯·尤利安向奥古斯都普比恩与巴尔比努斯［致以问候］。起初［当我知道］依至高至善的朱庇特、永生之诸神，和元老院的裁定，以及人类的共同意愿，你们承担了将国家从不仁不义的强盗的罪行中拯救出来并以罗马之法进行统治

---

① 关于此事，请参见本卷 XI，3。
② 关于这种说法，请参见本卷 I，2；XV，5。
③ 关于此事，请参见本卷 XV，4—5 及其注脚。

[的重任]——至圣的陛下、永不败的奥古斯都啊，我尚未通过圣旨获悉此事，而是通过作为同僚的显贵契尔苏斯·埃利安努斯转交给我的元老院的法令——我向罗马城道贺，因为为了它的福祉你们受到了推选；我向元老院道贺，因为为了报答选立你们而颁布的法令，你们恢复了其最初的地位；我向意大利道贺，因为你们正保卫着它，尤其令其免遭敌人的蹂躏；我向诸行省道贺，因为行省已被暴君那难以满足的欲望撕得粉碎，而你们则给它们带回了安定太平的希望；最后给军团及辅助部队道贺，因为在各方各地膜拜你们肖像的他们抛弃了之前的丑陋，现在已在你们的名号中重新得到了与罗马元首相配的肖像。3 为此，不再有什么声音强大至此，有什么演说让人愉悦至此，有什么天赋昌盛至此，以致可以贴切地描绘出国家的福运。4 这种福运是如此宏大，而它［显现］的方式鄙人已在你们出任元首之初就能够窥见了。你们带回了罗马人的法律、带回了遭到废弃的公正、带回了已经荡然无存的仁慈，你们带回了生命、传统、自由，还带回了承继大统、延续正嗣的希望。5 列举这些事都是困难的，6 更无需说用高贵到恰到好处的讲述方式进行细述了。因为在把剑子手派往各省各地之后，那罪恶的强盗要求他们宣布他对［我们整个］等级感到了愤怒，对此我该用何种方式讲述或描绘我们的生命藉由你们而得以恢复呢？7 特别在我平庸的才智连自己个人内心的喜悦都无法表达之时，还要设法道出国家的福运；尤其在我目睹这样的人成为奥古斯都及人类的元首之际，我希望自己的行为与节操能受到前述之人终身不变的高雅之举的认同，就像受到古代监察官们的认同一样。虽然在先君们的见证下，我应该相信上述这些已被认同了，8 但是你们更有分量的裁断会令我感到自豪。愿众神在罗马人的世界里延续（且必将延续）这种福运。因为当我观察你们的时候，除了据说由

迦太基的征服者 ① 向众神祈求的之外——那便是，由于没有发现比
之更好的，因此就愿他们［众神］能让国家维持那时的状态——我
不会再有他求了。9 如此，我便祈求他们［众神］能让直至目前都
还摇摇欲坠的国家维持在由你们创建起来的那种状态之中。"

XVIII. 1 这封信证实了，**2** 普比恩和许多人所说的马克西姆斯
乃同一个人。确实，在希腊［作家的书里］那个时代不太容易找到
普比恩这个人，而在拉丁［作家的书里那个时候］则不太容易找到
马克西姆斯这个人，致于为抵抗马克西米努斯所发动的战争，则时
而被说成是由普比恩进行的，时而被说成是由马克西姆斯进行的。

---

① 　指的是小西庇阿·阿非利卡努斯。下述轶事曾被瓦勒利乌斯·马克西姆
　　斯（Valerius Maximus）道出。请参见瓦勒利乌斯·马克西姆斯的《名言名
　　行录》（*Facta et Dicta Memorabilia*），IV，I，10："……当身为监察官［的
　　小阿非利卡努斯］要举行避邪仪式，书记员在祭祀仪式上照着公共书写板
　　在他面前念诵祷文以求永生的众神保佑罗马人的国家更好更强的时候，西
　　庇阿便说：'它已经够好够强了，因此我就祈求众神庇佑它永远太平无事
　　吧。'……"——英译者注，引文为汉译者补充。

两瓦勒良合传

特莱贝利乌斯·波利奥

I. 1 〈……〉① 对诸王之王、惟一之王沙普尔 [说] ②："假如让我

---

① 皇帝阿拉伯人腓力（公元 244 年—249 年）、德西乌斯（Decius，公元 249
年—251 年）、特里波尼安努斯·伽鲁斯（Trebonianus Gallus，公元 251 年—
253 年）、埃米利阿努斯（Aemilianus，公元 253 年），以及可能还有他们儿
子的传记据推测也被包括在集子里，但现存本子里却没有了。与之一同失
传的还有瓦勒良（P. Licinius Valerianus）传记的相当一部分，他于公元 253
年被立为皇帝，后于公元 259 年或 260 年时遭波斯萨珊王朝（Sassanid）国
王沙普尔一世俘虏。此篇传记仅存结尾部分，主要是深受这些作者喜爱的
一些被伪造出来的"记载材料"。——英译者注，有删减。
中间失传部分的简要历史概述，请参见尤特罗庇乌斯，IX，3—7：

> 腓力父子俩在杀死了戈尔狄安之后把持了政权。在把军队完好地
> 带回驻地之后，他们就从叙利亚起程前赴意大利。在统治期间，他们
> 曾为罗马建城 1000 年而举行了盛大的竞技赛和庆典。他们两人随后被
> 军队所杀：老腓力死在了维罗纳（Verona），而小腓力则在罗马遇害。尽
> 管他们的统治只延续了五年，可在去世之后仍被列入了众神的行列。
>
> 后来，德西乌斯夺取了政权。他生于下潘诺尼亚的布达利亚
> （Budalia）。他镇压了一场在高卢爆发的内战。他还任命自己的儿子为
> 恺撒，并在罗马修建了一座浴池。后来，在与儿子称帝两年之后，他
> 们双双在蛮族之地被杀身亡。这位父亲随后被列入了众神的行列。
>
> 随即，伽鲁斯和他的儿子沃鲁希安努斯（Volusianus）以及（转下页）

知道罗马人有朝一日可以被彻底征服的话，我就会为您引以为傲的胜利而向您道贺。**2** 然而，由于这个民族不是凭借命数就是凭借英勇而变得万分强大，因此留点神吧，生怕您俘虏一位上了年纪的皇帝（这的确是通过耍诡计［才做到的］①）就给您自己和您的后代带来不测。**3** 想想吧，罗马人从敌人当中把多少曾打败自己的民族变成了属于自己的［民族］。**4** 我们确实听说，高卢人曾战胜过他们，曾烧毁过他们的宏伟城市，而现在他们确乎在为罗马人服务。阿非人如何呢？他们没战胜过罗马人吗？他们现在确乎在为罗马人服务。

　　（接上页）奥斯提利安努斯（Hostilianus）被一同推举为了皇帝。在他们当政期间，埃米利阿努斯在默西亚发起了叛乱，当伽鲁斯父子起程前去镇压时，双双在茵泰拉姆纳被杀。他们的统治未满两年。在他们当权的时候，从未做过什么名垂史册的事，只晓得那时曾充斥着瘟疫、疾患还有病痛。

　　出生极其卑微的埃米利阿努斯以更加卑贱的方式实施他的统治，转瞬就在称帝后的第三个月被杀而死。

　　随后，正在雷蒂安和诺里库姆作战的李锡尼·瓦勒良被军队推举为帝，随即又被加封为了奥古斯都，［其子］伽利埃努斯（Gallienus）也在罗马被元老院宣布为恺撒。这对元首的统治无论是出于他们的横祸飞灾抑或是出于他们的颓靡不振，对罗马人的国家来说是有害的甚至是毁灭性的。日耳曼人一路进抵到了拉文纳城下。正在美索不达米亚进行战争的瓦勒良被波斯人的王沙普尔所败，其本人被俘，不光彩地成了奴隶，后来就在波斯人那里度过了余生。

② （接上页）拉丁网络图书馆版本此处作："诸王之王维尔索卢斯（Velsolus）对沙普尔［说］：……"

① 关于瓦勒良被俘的经过，请参见佐西莫斯，I，XXXVI，2："对此，瓦勒良竟懦弱到了这般地步，以至于对挽回糟糕的现状感到了绝望，于是便试着用金钱来赎买和平。可是，沙普尔却让罗马人的使节未竟使命就退了回去，而希望皇帝本人亲自前来同其商议要事。对于这个要求，瓦勒良不假思索就答应了下来，并只带着一小队扈从，鲁莽地来到了沙普尔面前商讨和约，于是当即就被敌人扣留了下来。就这样，成为奴隶的他在波斯人那边以囚徒生涯结束了余生，在此后的年代里，这都是罗马人之名最大的耻辱。"

5 更偏一些的、也可能更没什么价值的例子我就不举了。本都的米特里达梯曾占领了整个亚细亚，[1] 而他 [后来] 确实被打败了，亚细亚也归了罗马人所有。**6** 若您问我的意见，[那便是] 快找机会实现和平并把瓦勒良交还给他们吧。我为您得到的好运而感到高兴，但就希望您知道该如何利用这种 [好运]。"

II. 1 卡度斯人[2] 之王维勒努斯如此写道："我已接待了归来的援军，他们都完好无恙。但是，对诸元首中的元首瓦勒良被俘我并不感到十分高兴，而若是将他送回的话，则更能令我欣喜。因为，当罗马人遭到战败时，那时的他们更为危险。**2** 因此，快变得聪明起来吧，别让已蒙骗许多人的命运再把您点燃了。瓦勒良既有一位当皇帝的儿子又有一个做恺撒的孙子，而整个罗马人的世界都起来反对您又将如何呢？**3** 因此，快把瓦勒良送回去吧，快与罗马人缔结和约吧，而这种和约对我们（由于是一个位于本都的民族）来说也是有利的。"

III. 1 亚美尼亚人之王阿塔瓦斯德斯给沙普尔送去了如下这般的信："我分得了 [您的] 一部分荣耀，但是我害怕您播种下去的战争并没有和胜果一样多。**2** 儿子、孙子、罗马的将领们，以及全高卢、全阿非利加、全西班牙、全意大利，连同伊利里亚、东方，还有本都的所有民族（他们或与罗马人结为同盟，或从属于罗马人之下），都要求送回瓦勒良。**3** 因此，您只俘虏了一个老人，却让寰宇之内一切民族都成了再危险不过的仇敌，也许还会殃及我们，因为我们曾派过援军、我们国土相邻、我们在你们相互战斗时总会遭殃。"

---

① 关于和米特里达梯的战争，请参见尤特罗庇乌斯，V，5—6。

② 关于此民族，请参见《安东尼努斯·卡拉卡卢斯传》，VI，4 及注脚。

IV. 1 巴克特里亚人 ①、伊比利亚人 ②、阿尔巴尼人 ③、陶罗斯基泰人 ④ 并未收下沙普尔的信，而是给罗马将领写了信，允诺为救瓦勒良解脱被俘之境而提供支援。**2** 然而，随着瓦勒良在波斯人那儿渐渐变老，帕尔米拉人欧达纳图斯集合起军队把罗马人的国家几乎恢复到了先前的状态。⑤**3** 他夺下了王的宝库，还俘虏了被帕提亚诸王视为珍贵赛过宝库的嫔妃。**4** 出于此，对罗马将领愈发感到害怕的沙普尔因畏惧巴利斯塔 ⑥ 和欧达纳图斯颇为迅速地退回了自己的王国。与波斯人的战争至此便这样落下了帷幕。

V. 1 以上便是大家有必要知道的瓦勒良的［事迹］。他度过了六十年 ⑦ 值得称赞的生命历程并达到了此般荣耀，以至于在担任过各种高官显职之后便当上了皇帝——［他能成为皇帝］并非如以往那般凭借临时召集起的人民集会，也没有借助士兵们的吼声，而是出于名正言顺的正当功绩，以及好似寰宇之内的一致意见。**2** 总之，对希望由谁来当皇帝，若所有人都得到做出判断的权力的话，［除他之外］就不会有其他人受到推选了。**3** 为了让您 ⑧ 知晓瓦勒良在对

---

① 关于此民族，请参见《哈德良传》，XXI，14 及注脚。
② 关于此民族，请参见《哈德良传》，XIII，9 之注脚。
③ 关于此民族，请参见《哈德良传》，XXI，13 及注脚。
④ 关于此民族，请参见《安东尼努斯·庇乌斯传》，IX，9。
⑤ 关于此事，请参见佐西莫斯，I，XXXIX，1—2："欧达纳图斯在领着多到不能再多的人与留守当地的军团汇合之后，便英勇无畏地向沙普尔发起了进攻。他攻占了多座被波斯人占下的城市，随后还夺回了曾被沙普尔占领的、并且又支持波斯人的尼西比斯，并将它夷为了平地。接着他一路追敌，两次（并非仅仅一次）进抵到了泰西封。"尤特罗庇乌斯，IX，10："在东方，欧达纳图斯战胜了波斯人。于是，叙利亚得到了防卫，美索不达米亚被光复，在那之后，这位欧达纳长驱直入，一直兵临泰西封城下。"
⑥ 皇帝瓦勒良手下的将领。
⑦ 根据拉丁网络图书馆版本此处作"七十年"。
⑧ 此处指的是立传人献文的对象，根据之前诸篇传记，显然应该为皇帝君士坦丁。

国家做出功绩方面的力量有多大，我将拿出元老院的决议，由此会让所有人都注意到，最显赫阶层之人曾对他做出过怎样的判断。**4** 在两位德西乌斯出任执政官的那年①的十月二十七日，奉皇帝之诏，元老院在双子神庙举行集会。对监察官之职该被授给谁，元老们被逐一询问了意见，因为这是德西乌斯［父子］给元老院的最大的权力。裁判官首先宣布道："元老们，在你们看来，对推选监察官一事有什么［想说的］？"并询问替不在场的瓦勒良（因为他那时正与德西乌斯一起进行备战）任首席元老②的那个人的意见，在那时大家打破了陈述意见时的习惯，全都异口同声说道："瓦勒良就是一个活生生的监察官。**5** 就让善良盖过所有人的他对一切做出裁断吧，就让未染一恶的他对元老院做出裁断吧，就让不会遭受任何非议的他对我们的生命进行宣判吧。**6** 瓦勒良自孩提时代起就已是监察官了。瓦勒良整个一生都是监察官。［他是］睿智的元老、守礼的元老、令人敬仰的元老。［他是］善者之友、僭主之敌、与诸罪作对之人、与诸恶为敌之人。**7** 我们全都接受这位监察官，我们全都希望以他为榜样。［他］出生显赫、血统高贵、生活上不染污点、学识上蜚声在外，［他］秉性无人可比，乃古风之典范。"**8** 上述这些被反复说了出来，随后他们补充道："全体［达成了一致］。"如此便散会而去。

　　VI. 1 德西乌斯收到元老院的上述决议后，就把廷臣统统叫到了一起，还命人去叫瓦勒良本人，并在那些头面人物齐聚的场合宣读了元老院的决定：**2** "瓦勒良，"他说，"在全体元老院的决议中，更确切地说在全世界人的灵魂与心目中，你是多么蒙受天佑啊。快接过监察官官职吧，罗马人的国家将此职位授给了你，只有你配得上它，［你］将对所有人的秉性做出裁决，将对朕的秉性做出裁决。**3** 你将

---

① 根据执政官列表，德西乌斯父子俩同时出任执政官应是在公元251年。

② 关于瓦勒良担任过首席元老，请参见《三戈尔狄安合传》，IX，7。

判断谁应当待在元老院议事堂，你将让骑士等级重返古时的地位，你将通过普查测定财富多寡，你将保障、分配、开征税收，你将对国家进行普查。**4** 起草法律的权力将被授给你，你该对士兵的等阶做出裁定。**5** 你将对武器进行监督。**6** 你将对我们的宫廷做出裁定，你将对法官做出裁定，你将对最出类拔萃的长官做出裁定。总而言之，除去罗马市长、当届执政官①、圣人之王②，及最高维斯塔贞女（只要她保持着处女之身）之外，你将对所有人都做出判断。此外，连那些你无法做出裁定的人也要力图得到你的赞同。"以上是德西乌斯说的。**7** 而瓦勒良的意见却是如此这般："最为神圣的皇帝啊，我祈求您别把这种对人民、对士兵、对元老院、对整个世界内的法官与保民官还有将领们做出裁决的必要之权授予我。**8** 这是因为您拥有奥古斯都的名衔。监察官职位就移交给您了，凡民一介不能履行该职务。**9** 因此，我请求免去这种与我的经历、我的勇气不相称的，以及与时代如此格格不入以至于人的天性都不愿领受的职位。"

VII. 1 若非大部分事情已为您所知，若非用颇为崇高的方式来赞颂那个被某种注定的厄运所制服的人会［令我］感到羞愧的话，我还可以给出许多其他和瓦勒良有关的元老院的法令和元首的裁定。现在，就让我转而［叙述］小瓦勒良吧。

VIII. 1 小瓦勒良乃伽利埃努斯的同父异母［兄弟］。他美貌出众，他为人低调而受人敬佩，他在同龄人里以学识渊博出名，他秉性招人喜爱，并与兄弟的腐坏倾颓截然对立，他被当时缺席到场的父亲冠上了恺撒之号，而正如切勒斯提努斯所说，他被兄弟冠上了奥古斯都之号。**2** 他一生当中除了出身颇为显赫、受到再优越不过的抚养，以及不幸惨遭杀害之外，并无任何值得一说的事迹。**3** 许多人在读到［小］瓦勒良墓碑上的皇帝名号时就认为那位被波斯人俘虏的瓦勒良的遗体已被送回，而我知道他们弄错了，所以为了不让任何错误混进来，我决定我该写下一笔，在梅迪奥朗诺附近落葬并依克劳狄乌斯之旨加上"瓦勒良皇帝"之名的乃是这位［小］瓦勒良。**4** 我不认为还有其他更多和老瓦勒良或小［瓦勒良］有关的事迹未被提到了。**5** 这么说是因为，如果我把瓦勒良之子伽利埃努斯（对于此人鄙人已讲了许多，或恐怕过于多的事）或者伽利埃努斯之子萨罗尼努斯（在他那个时代的历史书里，他既被叫作萨罗尼乌斯又被称作伽利埃努斯）加到他［瓦勒良］的传记里，我怕这卷书的长度会超出限度。现在，遵照指示，就让鄙人转入另一卷书吧。因为鄙人始终都让自己臣服于绝对无法抗拒的您以及命运。

两伽利埃努斯合传

特莱贝利乌斯·波利奥

I.1 若是不先从那件令其［瓦勒良］生平蒙受耻辱的不幸之事[①]开始的话，伽利埃努斯的传记该从哪儿打头呢？瓦勒良被俘后，当国家陷入摇摇欲坠的境地时，当欧达纳图斯已执掌起东方的大权、伽利埃努斯为获悉父亲被俘而感到高兴时，军队开始四处游走、各行省的将领们开始低声抱怨，所有人都在为罗马皇帝在波斯被俘为奴而痛心疾首。然而，让所有人更感伤心的是，伽利埃努斯在夺得大权后因自己的秉性把国家引向了覆灭，正如其父出于命运之故［把国家引向覆灭］一样。**2** 随后，在伽利埃努斯和沃鲁希安努斯出任执政官的那一年[②]，马克里安努斯和巴利斯塔[③]团结到了一起。他们召集起了剩余的部队，并开始寻找谁来当皇帝，因为罗马的大权在东方陷入了摇摇欲坠的境地。伽利埃努斯出于行事如此草率大意，以至于在军队当中他［的名］竟然都没被提到。**3** 最终，大家决定立马克里安努斯和他的［两个］儿子为帝，以主持保家卫国之事。

---

① 根据下文，此处显然指的是瓦勒良被波斯人俘虏。
② 根据执政官列表，该年是公元 261 年。
③ 关于此人，请参见《两瓦勒良合传》，IV，4。

于是，大权就这样被授给了马克里安努斯。**4** 马克里安努斯及其子能执掌大权，其原因如下：首先、那时大家认为将领之中无人［比马克里安努斯］更睿智、更适合统治国家；其次、再富裕不过的他仗着私人财富就能弥补国家的损失；**5** 此外，还加上他再勇敢不过的年轻的孩子们都全心全意地奔赴战争，以至于在一切与军事有关的事务上他们成了军团的楷模。

II. 1 于是，为了加强自己的权力，马克里安努斯在掌控了由自己组建起的同党之后，从各处找来了援军。他如此认真地进行了备战，以至于任何可以被想到的对抗他的手段他都应付得了。**2** 这位马克里安努斯还派了显贵之人及首席元老之一皮索前去亚该亚以推翻在那儿担任总督、行使统治大权的瓦伦斯。**3** 然而，瓦伦斯在获悉皮索前来对抗自己时便接过了大权。于是皮索就撤到了塞萨利亚，**4** 并在那儿与许多人一起遭瓦伦斯派出的士兵所杀。［皮索］本人也曾被冠上过皇帝之尊，尾名塞萨利库斯。**5** 而马克里安努斯待东方得以光复及战事平息下来之后，就留下一位儿子在东方，［自己则］首先来到了亚细亚，［随后再从那里］往伊利里亚进发。**6** 在伊利里亚，他随一位儿子一起率领三万士兵与图密奇安努斯展开了交战——［这位图密奇安努斯是］为对抗伽利埃努斯而夺取大权的皇帝奥列奥鲁斯麾下的将领。**7** 不过，马克里安努斯及其同名的儿子一起遭到战败，整支部队都向皇帝奥列奥鲁斯投了降。

III. 1 与此同时，就在国家上下骚动、寰宇之内陷入混乱之际，欧达纳图斯获悉马克里安努斯及其一个儿子遭到了杀害、奥列奥鲁斯已临朝称制，而伽利埃努斯对国事愈加表现出懈怠，［于是］他赶忙前去抓马克里安努斯的另一位儿子，假使运气好的话，还把军队给一并俘获。**2** 不过，与马克里安努斯那名叫奎埃图斯的儿子在一起的这些人倒向了欧达纳图斯那边，并在马克里安努斯的近卫军长官巴利斯塔的唆使下杀掉了那个年轻人。在把他的尸体从城墙上扔出去之后，所有人就立即向欧达纳图斯投降了。**3** 于是，欧达纳图斯被立为了几乎整个东方的皇帝，而奥罗奥鲁斯占有伊利里亚，伽利埃努斯占有罗马。**4** 就是那位巴利斯塔，连同奎埃图斯和宝库守卫在内，他还杀了许多埃米萨人①，因为马克里安努斯的士兵曾逃到他们那里，结果那座城市几乎就被毁灭了。**5** 在此期间，那位欧达纳图斯表现得就像伽利埃努斯一派的人一样，把一切事情都如实进行了禀报。**6** 但是，伽利埃努斯在获悉马克里安努斯和他的〔两个〕孩子已遭杀害之后，就好似国家已经太平、父亲已被送回一样让自己沉浸在了嬉戏和享乐之中。**7** 他举办过椭圆形竞技场内的比赛、戏剧演出、体操比赛，还有狩猎比赛和角斗士比赛，并要求人们像过庆祝胜利的节日那样欢笑鼓掌。**8** 那时，大部分人都在为他的父亲被俘而感到悲伤，在那种情况下他一面用荣耀进行粉饰（因为他父亲看似是出于自己的勇武劲头而遭俘的），一面尽情尽兴地寻欢作乐。**9** 此外，大家都知道，他无法忍受父亲的斥责，而且还渴望父亲的权势别再压迫到自己的脖子。

IV. 1 就在同时，埃米利阿努斯在埃及夺取了大权，他迫于饥荒，于是就在占下粮仓之后征服了多座城镇。**2** 不过伽利埃努斯的将领提奥多图斯经一场战斗就俘虏了他，并在剥下象征着帝王的饰物之后将他活着送到了伽利埃努斯那里。在那之后，埃及就交到了提奥多图斯手里，而埃米利阿努斯则被绞死在了狱中，底比斯的士兵们也被施以了酷刑，绝大多数都遭到了处决。**3** 正当伽利埃努斯在奢靡与放荡中不断让自己沉溺于寻欢作乐之时，当他就像一个男孩在玩执掌大权一样处理国家事务之际，高卢人出于本性就无法忍受既轻浮、奢靡，又背离罗马人的美德而走向堕落的那些元首，便

① 关于埃米萨城，请参见《奥庇利乌斯·马克利努斯传》，IX，1 之注脚。

把珀斯图姆斯 ① 推上了最高大权。军队也都全心全意地［支持他］，因为他们常抱怨皇帝投身在肉欲享乐上。**4**［于是，伽利埃努斯便］率领军队攻打他。在他开始包围珀斯图姆斯身处的城市之际，高卢人勇敢地进行了抵御，而伽利埃努斯在环绕城墙行走的时候被箭矢击中。**5** 珀斯图姆斯当权达七年之久 ②，［期间］他以再充沛不过的活力使高卢诸行省免遭从四周蜂拥而至的蛮族［的蹂躏］。**6** 伽利埃努斯受迫于糟糕的时局，因一心想着要对抗珀斯图姆斯，他便与奥列奥鲁斯缔结了和约。后来战争在各种各样的围困和战役中久拖无果，他时而取得胜利时而遭到失败。**7** 除此之外，糟糕的局势还加上了如下之事：斯基泰人入侵比提尼亚并摧毁了一些城市。③**8** 最后，他们疯狂劫掠了遭到焚毁的阿斯塔库斯——后来被称为尼科米底亚。**9** 最终，当寰宇之内各地都风起云涌，就好似整个世界都在掀起叛乱之时，西西里也出现了一场奴隶暴动，强盗们四处流窜，难以被镇压下去。

V. 1 所有这些都是出于对伽利埃努斯的蔑视而发生的，因为没有什么比一位让人胆颤的邪恶皇帝或遭人鄙视的放荡君主更快地促使恶人变得胆大，促使善者向往善物。**2** 在伽利埃努斯和福斯提安

① 关于此人，请参见尤特罗庇乌斯，IX，9："就在一切都已让人感到绝望、罗马帝国几乎陷于毁灭之际，出身极其卑微的珀斯图姆斯在高卢披上了紫袍。他称帝十载，以巨大的勇气与自我约束让诸多几被战火消耗殆尽的行省重新焕发出了生机。他死于士兵哗变，那估计是因为他不想把摩根提亚库姆城（Mogontiacum）交由他们进行洗劫的缘故：那座城市曾在莱利阿努斯（Laelianus）举行起义反对他的时候，也跟着一同叛变了。"
② 尤特罗庇乌斯说他"称帝十载"（尤特罗庇乌斯，IX，9）。
③ 关于此事，请比照佐西莫斯，I，XXXVII，1："正当东方的时局充斥着无穷无尽的混乱之时，斯基泰人团结到了一起来，他们从各处走到一块儿，成为一个整体。他们中的一部分军队洗劫了伊利里亚，并蹂躏了那里的城市，与此同时剩下的那些人则侵入了意大利，且兵抵罗马城下。"

努斯出任执政官的那一年 ①，包括诸多战乱引起的灾祸在内，还发生了再严重不过的地震和持续数日的黑暗。**3** 除此之外，还听到了犹如大地轰鸣一般的雷鸣，这声音并不像朱庇特打出的雷声。在地震中，许多建筑连带着居民都遭到了吞噬，很多人因惊吓而亡。此般糟糕的情况在亚细亚的城市当中尤为严重。**4** 地震甚至波及了罗马，波及了利比亚。许多地方的大地裂开了缺口，咸水出现在了沟渠里。**5** 还有许多城市被大海淹没了。于是，大家查看了《西比林预言书》以探寻众神的佑助，并依照指示向救星朱庇特敬献了祭品。另一方面，那时不是在罗马就是在亚该亚诸城出现了如此严重的瘟疫，以至于一天就有五千人因同样的疾病致死。②**6** 正当天命多舛、这边地震、那边土裂，正当瘟疫在各处蹂躏罗马人的世界，正当瓦勒良被俘、高卢诸行省有相当一部分遭到围困，正当欧达纳图斯发动了战争，正当奥列奥鲁斯压迫着伊利里亚，正当埃米利阿努斯占领了埃及之际，哥特人的一部〈……〉③（正如先前所说，这个族名被加给了哥特人）在占领了色雷斯诸行省之后蹂躏了马其顿，并包围了塞萨洛尼基，没有哪里出现丝毫灾祸平息的迹象。**7** 所有这一切，正如鄙人常说的，都是出于对伽利埃努斯的蔑视而发生的，因为此人再奢靡不过了，假如没有后顾之忧，他就会极其迫不及待地去做任何无耻行径。

VI. 1 在玛尔西亚努斯的统率下，一场抵御那些哥特人的战斗在

---

① 根据执政官列表，该年是公元 262 年。

② 关于这场瘟疫，请参见佐西莫斯，I，XXXVI，3 ："就在伊利里亚受到蛮族的侵袭而陷入万般险境，以及整个罗马帝国陷入这般绝境而濒临覆灭的时候，一场突如其来的瘟疫席卷了多座城市。与瘟疫相比，蛮族引起的灾祸似乎还算轻的，甚至还让那些被疾病击垮的人感到了幸运。就这样，先前被蛮族占领的城市那时都成了座座空城。"

③ 此处缺字。

亚该亚打响了，[但玛尔西亚努斯率领的军队] 战败之后便从那里穿过亚该亚诸地撤了回来。**2** 另外，斯基泰人（乃哥特人的一部）则蹂躏着亚细亚。在诸民族间都相当出名的建筑，以弗所的月亮神神庙亦遭洗劫和焚毁。**3** 要讲述在这段时期当发生上述那些事的时候，伽利埃努斯像在取笑人类的邪恶一样时常说了哪些话，这么做会令人感到可耻。**4** 因为当埃及发生暴乱的消息传达给他之后，据说他曾说道："什么？朕怎么能够没有埃及麻布呢？"**5** 此外，当他获悉亚细亚既出于自然元素的震动①，又因为斯基泰人入侵的缘故而遭到了破坏之后，他说道："什么？朕怎么能够没有硝石呢？"**6** 在失去了高卢之后，据称他曾大笑着说道："有了阿特列巴特外套② 国家也得不到安全，是吗？"**7** 因此，总之，当他失去世界上任何一处地方之后，就会拿它们开玩笑，看起来好像损失了一些无足轻重的部门一样。**8** 另外，为了让伽利埃努斯时代不少什么祸患之事，以海军著称的黑海大门拜占庭城被伽利埃努斯的士兵破坏到这般程度，以至于完全没有一个人幸存了下来。**9** 事实上，要不是有谁因身处他地或从军服役而逃过一劫，并昭示着他们血统的古老与高贵的话，在拜占庭人中就找不到一个年代久远的家族了。

VII. 1 因此，伽利埃努斯率奥列奥鲁斯和将领克劳狄乌斯（他后来取得了大权，也是我们的恺撒君士坦丁的先祖③）对珀斯图姆斯发动了战争。而珀斯图姆斯也带着大量的辅助部队在凯尔特人和法

---

① 指构成自然界物质的四大元素：土、水、火、气。"自然元素的震动"显然指的是地震。

② 阿特列巴特斯人（Atrebates）居于北高卢今阿拉斯（Arras）附近，后以其挂毯而闻名，不过在古代这种工艺的中心似乎曾经在图尔奈（Turnacum）。——英译者注

③ 关于克劳狄乌斯二世与君士坦丁的关系，请参见《安东尼努斯·埃利奥伽巴鲁斯传》，II, 4 及注脚。

兰克人支援下与和他共享大权的维克托里努斯一起奔赴战场。经过一系列结果不尽相同的战斗，伽利埃努斯一方取得了最后的胜利。**2** 伽利埃努斯身上确实存在一种突然冒出勇气的胆量，因为他曾几次出于冒犯而被激怒。最终，他跑去向拜占庭人复仇。虽然他不相信自己能够被接纳进城墙，可第二天仍被允许进到了［城里］，［拜占庭的］全体士兵卸下了武器装备被一圈武装起来的人团团围住，随后他违背了之前许下的［不杀］诺言，将他们全都杀死了。**3** 与此同时，在亚细亚，斯基泰人出于罗马将领的英勇领导而遭到溃败并撤回了自己的领土。**4** 而伽利埃努斯在杀死了拜占庭的士兵之后，就好像他已做出什么伟大事迹一样，以急行军飞奔回了罗马。他把元老们召集了起来，接着便举办起新式的庆典赛会，并使用新型的仪仗队和别出心裁的娱乐方式，以此来庆祝当政十周年①。

VIII. 1 伽利埃努斯首先前往朱庇特神庙，他带领身着托袈袍的元老和骑士等级，身着白衣的士兵，并由全体人民打头，由奴隶（差不多所有人都提供了自己的奴隶）②和妇女举着蜡烛与火炬先行出发。**2** 再往前，两侧都有一百头角上缠着金色绳子、背上盖着各色丝绸的白牛。**3** 在两边走在前面的还有两百头雪白的绵羊，以及十头那时在罗马城里的大象、一千两百名身披盛装的角斗士和身着金色衣服的妇女、两百头装饰得再亮丽不过的被驯服的各类野兽，以及载有仿剧演员、各类戏剧演员，和正在搏击的拳击手（并非实打实的搏斗，而是用了软带子）的马车。所有的小丑都在扮演独眼巨人，并显示出一番神奇和惊异的情景。**4** 每一条街上都充斥着因娱乐、叫喊，和鼓掌而发出声音。**5** ［伽利埃努斯］自己则置身中间，

① 当政十周年庆典于公元262年的秋天举办，那时正值伽利埃努斯与瓦勒良联合掌权之后的第十个年头的开始。——英译者注，有删减。
② 此处意译，原文直译是"差不多所有人属下的奴隶"。

身着绣花托袈袍和饰有棕榈叶图案的束腰上衣，在元老们以及（正如鄙人说过的）身穿紫边托袈袍的全体祭司的簇拥下，前往朱庇特神庙。**6**在［他的］两边都有随行［手持着］五百支金色长矛与旗帜——这些旗帜除去祭司团所有的［旗帜］、圣地所有的龙徽、每支军团所有的军旗之外还有一百面之多。**7**除此之外，走在队伍中的还有扮演诸如哥特人、萨尔玛提亚人、法兰克人、波斯人这类民族的人，其行进的人数每一批都不少于两百人。

IX.1凭借这种游行场面，蠢人［伽利埃努斯］相信自己蒙蔽了罗马人民，可是，正如罗马人开的玩笑那样：有人在支持珀斯图姆斯、有人在支持雷伽利安努斯①、有人在支持奥列奥鲁斯或者埃米利安努斯、有人在支持萨杜尔宁，这是因为据说［伽利埃努斯］开始亲掌大权了。**2**在这些事之中就有关于一位父亲的悲哀，因为有仇未报的他被儿子撇了下来，却在某种程度上由外邦人替他复了仇。②**3**虽然如此，可伽利埃努斯因纵欲而无心无力顾及他事，因而并未对这些感到触动，只是一直在问其身边的人："朕午饭吃些什么？有无备些好玩的东西？明天会有哪些表演和哪些比赛？"**4**就这样，在游行结束并举行完大祭之后，他返回了皇家的居所办了聚餐和宴会，然后又另外批准再进行几天公众娱乐。**5**不该漏掉这则绝非不为人知的笑话：说的是当一群波斯人就像俘虏一样（多么可笑的事啊）被领着穿过行进的队伍之时，有些小丑让自己混到波斯人中间万分仔细地查了个遍，张着嘴露出吃惊的表情查探起每一个人的面貌。**6**在被问及他们那般夸张的举动意欲何为时，他们回答道："我们在找元首的父亲。"**7**当［此事］被通报给伽利埃努斯之后，

---

① 拉丁网络图书馆版本此人作"雷吉利安努斯"（Regilianus）。

② 这里指的是，瓦勒良被波斯人俘虏后伽利埃努斯从同东方的战事脱身而退未替他复仇，反而帕尔米拉人欧达纳图斯向波斯人发起了进攻并攻入波斯境内。

他并未被羞辱、悲伤、孝心所触动，而是下令将这些小丑给活活烧死。**8** 这种做法令人民的悲愤超过了任何人的意料，而士兵们的心痛亦到了这般地步，以至于没过多久就实施了报复。

X. 1 在伽利埃努斯和萨杜尔宁出任执政官的那一年①，帕尔米拉人之王欧达纳图斯取得了整个东方的大权，之所以这样，主要是因为他以勇敢的行径而使自己配得上如此伟大的荣誉，同时伽利埃努斯则不是干出一些奢靡、愚蠢之事，就是什么事都没有做。**2** 最终，虽然瓦勒良之子忘记了替父亲报仇，可他［欧达纳图斯］为了替瓦勒良复仇便立刻对波斯人宣战了。**3** 他迅速占领了尼西比斯和卡雷，尼西比斯人和卡雷人一边痛斥伽利埃努斯一边向他投降。**4** 虽然如此，不过欧达纳图斯对伽利埃努斯并非没有敬畏之情，因为他给后者送去俘获的波斯总督，尽管几乎只是以羞辱对方、彰显自己为目的。**5** 当这些人被带到罗马之后，伽利埃努斯为欧达纳图斯的胜利举行了凯旋式，但却一点都不提［自己的］父亲，甚至在他听到［父亲］已死时，若不是受到逼迫的话，他都不将［父亲］列入众神的行列了——但事实上对方尚且在世，因为他的死讯是假的。**6** 此外，欧达纳图斯在泰西封包围了一群帕提亚人，随后他蹂躏四周各处并杀死了数不胜数的人。**7** 不过，当所有来自各地的总督为共同守卫那处地方都云集而来时，战斗变得漫长，战局走向了无常，虽然如此，可罗马人的胜利仍持续得更为长久。**8** 由于除去解救瓦勒良之外欧达纳图斯别无他事可为，因此他每天都在推进，不过在外邦的土地上这位数一数二的统帅却遭受着失去地利的痛苦。

XI. 1 正当上述同波斯人的战事正在进行之际，斯基泰人入侵了卡帕多细亚。他们占领了那里的一些城市，并在发动了旷日持久的战争及取得了各种各样的战果之后朝比提尼亚进发。**2** 因此，士兵

---

① 根据执政官列表，该年为公元 264 年。

们又一次考虑起了更立新君。由于伽利埃努斯无法满足他们并使他们重新支持自己,于是他便照着自己以往的做法一个不落地处死了这些士兵。**3** 虽然如此,不过当士兵们在为自己寻找够格的元首之时,伽利埃努斯却正在雅典,一边流露着当初渴望被录为市民并参与到一切祭祀仪式时曾表现出的那般虚荣,一边担任执政(即最高行政长官)。**4** 即使哈德良在蒙受极运时①、安东尼努斯在持久升平的情况下,即使他们怀着对希腊文学的极大热情接受了教育以至于依照一些伟大人物的判断他们几乎不比其他再博学不过的人逊色,他们都未曾做过这种事。**5** 除此之外,他一边对国事近乎加以了蔑视,一边还巴望着成为战神山议事会②的成员。**6** 伽利埃努斯的确在演讲、诗歌,以及一切艺术门类上都名声在外,此事不可不承认。**7** 他的那首喜歌在一百位诗人当中脱颖而出。这么说是因为当他参加侄子的婚礼的时候,所有拉丁、希腊的诗人们一连许多天都在朗诵喜歌,而他,据称正如一些人说的那样,握着新人的手不断朗诵这样的诗歌:

> **8** 哦,男孩们,加油,快在彼此的深情厚爱中一起燥热到流汗吧,
>
>   别让鸽子[的咕咕声]盖过你们的低喃,
>
>   让青藤间[的缠绕]比过你们的手臂,
>
>   让贝壳间[的吸附]赛过你们的亲吻。

9 他凭借自己的诗作和演讲在那个时代的诗人与演说家当中脱

---

① 但哈德良曾出任过雅典执政,关于此事请参见《哈德良传》,XIX,1。

② 希腊语 Ἄρειος Πάγος,战神山指雅典卫城西边的一座山丘,古代雅典人常在那里集会议事或召开法庭,审理涉及谋杀或渎神罪的诉讼。

颖而出，而将这些作品都搜集起来是一件费时之事。不过，对一位皇帝提出要求是一回事，对一位演说家或诗人提出要求是另一回事了。

XII. 1 伽利埃努斯最出色的事迹理当受到赞颂。那便是在其兄弟瓦勒良①和亲戚卢西路斯任执政官时②，当他获悉波斯人已被欧达纳图斯击溃，尼西比斯与卡雷也已被他光复并回到了罗马人的统治之下，[欧达纳图斯] 还把整个美索不达米亚变成了我们的领土，最终进抵到泰西封、驱逐他们的王、俘虏总督、屠戮极其众多的波斯人之时，他就为欧达纳图斯冠上了共享大权的奥古斯都之尊，还下令铸造印有他牵引被俘的波斯人图案的硬币。元老院、罗马城，以及男女老幼都满心欢喜地接受了这种做法。**2** 除此之外，伽利埃努斯同时还是个绝顶聪明的人，我很乐意展示一点显示其智慧的事迹：**3** 那时他把一头硕大的公牛送入了竞技场，随后一位猎手进入场内进行捕猎，却出击十次都未能猎杀成功，在这种场合他给了那位猎手桂冠。**4** 大家全都在想有什么事可以让那个蠢到不行的人被冠上桂冠，他命令传令官宣布道："那么多次都猎杀不掉公牛，此非易事。"**5** 同样是他，某人卖给他妻子玻璃的而非货真价实的宝石，当事情败露后她想要对那人施加惩处，他便命人将那位商人抓走，就像要送去喂狮子一样，却最终下令从兽笼里放出一只阉鸡。大家全都感到吃惊，他命令传令官宣布说："此人犯下欺诈，于是就以欺诈治之。"最后他放走了那名生意人。**6** 虽然如此，可当欧达纳图斯忙于应对与波斯人的战争，伽利埃努斯一如既往地沉浸在愚蠢至极的事物上时，斯基泰人已造完船只并进抵到了埃拉克里亚③，而后带着

---

① 乃伽利埃努斯同父异母的兄弟。关于此人，请参见《两瓦勒良合传》，VIII, 1。

② 根据执政官列表，该年为公元 265 年。

③ 指位于小亚细亚半岛黑海西南沿岸的一座重镇，今土耳其的卡拉邓尼茨埃雷利（Karadeniz Ereğli）。

劫掠到的战利品从那里返回了自己的领土，尽管他们有许多人死于船只失事抑或在海战中丧了命。

XIII. 1 就在那同时，欧达纳图斯在自己表兄弟①的阴谋策划下与孩子埃罗德斯一起遭到了杀害，而他曾为自己和这个孩子都冠上了皇帝之号。**2** 他的妻子泽诺庇娅，因其尚存于世的孩子埃莱尼安努斯和提莫佬斯年岁还小，便亲自继承了大权，统治了好一段时间，且既非如妇女一般又非按女人的方式。**3** 然而，她行事不仅比伽利埃努斯（任何一位姑娘都可以统治得比他好）还要勇敢和老练，而且还超过了［其他］多位皇帝。**4** 当欧达纳图斯遭到杀害的消息传到伽利埃努斯那儿时，他确实已着手发动一场与波斯人的战争以为父亲报一箭之仇，虽说这仇报的太晚了。他通过将领埃拉克利安努斯召集起士兵，随后以一位老练元首的作风发动了战争。**5** 虽然如此，可待埃拉克利安努斯启程与波斯人作战时，却被帕尔米拉人击败，并损失了全部征召起来的士兵，因为泽诺庇娅正以男子的气概统治着帕尔米拉人及东方的大部分民族。**6** 在那期间，斯基泰人坐船渡过黑海侵入伊斯特河②，并在罗马人的土地上大肆破坏。伽利埃努斯获悉此事之后就派拜占庭人克列奥达姆斯及阿提纳乌斯主持修复城池并加固城防。随后在黑海附近打了一仗，结果拜占庭的将领们打败了蛮族。**7** 哥特人同样在一场［对手］由维纳里安努斯任统帅的海战中遭到挫败——尽管维纳里安努斯本人如战士一样地身死覆灭。**8** ［哥特人］从那儿来到了齐兹库斯③和亚细亚，然后又蹂躏了亚该亚全境，并被由那个时代的作家德克西普斯④任统帅的雅典

---

① 原文指母亲一方的兄弟。

② 指多瑙河下游。

③ 关于该城，请参见《安东尼努斯·庇乌斯传》，III，4 及注脚。

④ 关于此人，请参见《亚历山大·塞维鲁传》，XLIX，3 及注脚。——英译者注

人所败。于是他们被赶出了亚该亚，一路败退着穿过了伊庇鲁斯、马其顿、默西亚。**9** 在那期间，好不容易才被国家的苦难给惊醒的伽利埃努斯与一路穿过伊利里亚溃逃而来的哥特人相遇了，还出人意料地杀死了许多人。斯基泰人获悉了此事，就在布下阻挡马车的障碍之后力图沿着杰萨切斯山奔逃而去。**10** 随后，玛尔西亚努斯向全体斯基泰人发动了战争，其中既有胜利也有失败，而这些战争也激起所有斯基泰人都走向了反叛。

XIV. 1 以上便是统帅埃拉克利安努斯对国家的贡献。可是，由于玛尔西亚努斯和埃拉克利安努斯无法容忍伽利埃努斯是那么的荒淫无耻，于是他们拟定了一个策略以让其中一人夺取大权。〈……〉[①]**2** 克劳狄乌斯，一切人当中的最杰出者，就受到了推选——鄙人会在恰当的地方进行叙述。此人未曾参与计划，却让所有人都感到如此敬畏，以至于看上去能配得上执掌最高大权了——在一定程度上，后来之事印证了这种说法。**3** 因为，克劳狄乌斯是再机警不过的恺撒君士坦提乌斯的祖上。[②]**4** 某位叫切洛尼乌斯（或者叫切克洛皮乌斯）的人是其谋求大权时的同伙，前者是达尔玛提亚人的将领，并以万般的谦恭与睿智给他们提供了支援。**5** 不过，鉴于他

---

① 此处缺字。关于此间的历史经过，另请比照佐西莫斯，I, XL, 1—2："正当东方的战事处于这般境地时，如下的消息传到了正投身于同斯基泰人作战的伽利埃努斯那里：为阻止珀斯图姆斯侵略意大利而被派驻梅迪奥郎诺的骑兵统帅奥列奥鲁斯已经举兵起义谋求大权。对此感到惶恐不安的伽利埃努斯连忙前去意大利，而把抗击斯基泰人的战事托付给了军事经验丰富的玛尔西亚努斯。可就在这人把战争推向胜利的时候，伽利埃努斯却在途中遭到了阴谋陷害。近卫军长官埃拉克利安努斯把自己刺杀伽利埃努斯的计划告诉给克劳狄乌斯听，而后者在统领国事方面的大权被视为仅次于皇帝。埃拉克利安努斯找到了一位达尔玛提亚人的骑兵指挥官，在见对方乐意完成上述任务之后，便让他放手大干去了。"

② 关于克劳狄乌斯［二世］乃君士坦提乌斯的关系，请参见《安东尼努斯·埃利奥伽巴鲁斯传》，II, 4 及注脚。

们无法在伽利埃努斯尚活于世时就夺取大权，又由于国家受到不幸之事所累，他们便想把那个再荒淫无耻不过的人驱离统治人类的权柄，以免国家因长年累月地沉醉于剧场和竞技场之故而在耽于靡靡之物间走向覆灭，所以就决定按如下的方式对他施展阴谋。6 他们的计谋是这样的：伽利埃努斯与曾占据过元首之位的奥列奥鲁斯之间一直存在不合，每天都巴望着那个僭夺帝位的皇帝能来到跟前。7 玛尔西亚努斯和切克洛皮乌斯得知此事后就命人立刻给伽利埃努斯送去消息说，奥列奥鲁斯已到。8 于是，他召集起士兵就像已决定好要奔赴沙场一样，随后便遭派来的刺客所弑。9 据说，伽利埃努斯是被达尔玛提亚人的将领切克洛皮乌斯的剑刺死的，而如某些人说的，遇害的地点是在梅迪奥郎诺附近，他的兄弟瓦勒良也在那个地方被立刻处死了——许多人说这个瓦勒良曾是奥古斯都，许多人又说他曾是恺撒，还有许多人说他既非奥古斯都也非恺撒。10 最后一种说法并不符实，因为即便在［老］瓦勒良被俘之后，鄙人也确实在年表上发现了如下记载："瓦勒良皇帝出任执政官的那一年"①。因此，除去伽利埃努斯的兄弟之外还会有谁能是这位瓦勒良呢？11 虽然论其出身血统是为大家所普遍接受的，但要说道其身份等级（或用别的一些人的话来说叫至尊威严），［众人的观点］却并不十分一致。

　　XV. 1 于是，在伽利埃努斯被杀之后，士兵们掀起了声势浩大的暴动，因为他们憧憬着战利品还巴望着对公众的财富进行掠夺，为了制造仇恨，他们说道，对他们既不可或缺又能带来益处的、勇敢而称职的皇帝遭人掳掠了。2 于是，首席元老们进行商议，讨论用以往惯用的安抚方式对伽利埃努斯的士兵进行抚慰。因此，他们通过玛尔西安努斯向每位士兵许下了给予二十枚金币的允诺，待上述

---

① 关于伽利埃努斯的兄弟瓦勒良担任执政官之事，请参见本卷 XII，1 及注脚。

承诺兑现之后（因为当时正好有一大笔钱到手），他们遵照士兵的决定在公众年表上为伽利埃努斯冠上了僭主之名。**3** 待士兵们如此这般被安抚下来之后，贤明的、理当受人敬仰的、珍爱一切善良者的、祖国之友、律法之友、受元老院欢迎的、在人民中拥有好口碑的克劳狄乌斯得到了大权。

XVI. 1 以上便是由我写成简短文字的伽利埃努斯的生平，他一生下就是饕餮之徒、享乐之辈，他没日没夜地在酒色淫欲中耗费自己的时光，他借助近二十位僭主把整个世界都蹂躏了一遍，以至于让妇女治国都会比他好。**2** 还有，为了不对他那令人可怜的技能略去不述，[我要说，]他曾在春天用玫瑰花搭建了卧室、他用苹果建造起了堡垒、他把葡萄保存了三年、他在隆冬季节提供过甜瓜。他教大家如何在整个一年中都能获得新鲜的葡萄酒，他总在不合时宜的季节提供新鲜的无花果和从树上新摘下的苹果。**3** 他总是用金光闪闪的布铺桌子、他制造镶嵌宝石的器皿和金制器皿。**4** 他往自己的头发上撒金粉、他时常戴着有放射状线条的桂冠①出入公众场合。在罗马他曾被人看见身穿紫色的希腊军用斗篷并佩戴镶嵌宝石的金搭扣，而在那里元首们在人们面前从来都是穿托袈袍的。他穿过紫色和金色的带袖管的男式束腰上衣。他使用镶嵌宝石的肩带②。他把宝石织进了编鞋的带子上，并管这种鞋子叫发网靴③。**5** 他曾在大庭广众下举办宴席、他凭借赏赐收买民心。**6** 他一边坐着一边给元老们分发禄粮。他曾召妇女前来参加自己的会议，还对吻自己手的人

---

① 指一种由凸起的线条状饰物环绕的桂冠。最初作为被奉为神明的皇帝的象征物，但显然三世纪的统治者都戴着这种桂冠，因为它通常出现在他们的钱币上。——英译者注

② 此处指一种用来挂佩剑的单肩斜背的肩带。

③ 指妇女及带女气的男子戴的网兜帽（参见《安东尼努斯·埃利奥伽巴鲁斯传》，XI，7）。——英译者注

赠与四枚铸有自己名字的金币。

XVII. 1 哲学家中最优秀的那一位为哀悼死去的儿子而说过："我始终明白，自己生下的孩子终有一死。"当伽利埃努斯获悉父亲瓦勒良被俘时，据称他也这样说道："我始终明白，自己的父亲终有一死。"**2** 不能略去一位叫安尼乌斯·科尔尼库拉的人，他发出自己的声音赞美伽利埃努斯像个始终如一的元首，虽然他说的是反话，但相信此话是真的人更为邪恶。**3** 他下令自己前往一地及从一地返回的时候需要奏乐，并时常在去时吹奏骨笛，返回时演奏风琴。**4** 他夏天白天洗六到七次澡，冬天洗两到三次。**5** 他总是用金杯喝东西，因为他看不起玻璃的，以至于还声称没有什么比那个更平常的了。**6** 他总是变换着酒喝，并且同一种酒他在一场宴会上从不喝两杯。**7** [进餐时] 嫔妃们时常躺在他的餐厅里陪侍，而他总是在一旁为小丑和戏子们摆出第二张餐桌。**8** 在他前往冠自己名字的花园的时候，总有宫廷全体官员跟随。同行的既有诸位长官又有所有部门的官员，这些人还受邀赴宴，并和元首一起在浴池里沐浴。**9** 时常也会有女人被送进来，其中漂亮的女孩留在了他的身边，又丑又老的妇女则留在了他们身边。他还常说，即使把世界各地都毁灭了，他仍会自顾自地尽情享乐。

XVIII. 1 然而，伽利埃努斯对待士兵却是万般残忍的，因为他一天要屠杀三千到四千名士兵。**2** 他下令为自己塑造一尊身穿太阳神装束的塑像，此塑像要比罗得岛的太阳神巨像都要大，但还未完工便遭摧毁了。实际上，它一开始就按如此巨大的规模修造，以至于看上去比得上太阳神巨像的两倍。**3** 他原本还想将这尊塑像摆到埃斯奎利山山顶，塑像里他手握长矛，孩童则能顺着矛柄爬上塑像的顶部。**4** 不过，对后来的克劳狄乌斯和奥勒利安来说此事看起来是愚蠢的，因为他还下令塑造与塑像大小相符的马匹和马车并将它们安放在高到不能再高的底座上。**5** 他曾打算修建直通米尔文桥的弗拉米尼亚柱廊，柱子有四排（有些人说是五排）之多，其中第一排柱子里有顶梁柱，在它们前面竖有顶着塑像的圆柱，第二排、第三排，及其余下的，共有四排之多。**6** 将他全部的事迹统统写成文字是件费时之事。若有谁想要了解这些事的话，就去读详细写下过其生平事迹的帕尔弗里乌斯·苏尔拉的书吧。现在，请让鄙人转而[叙述] 萨罗尼努斯吧。

萨罗尼努斯·伽利埃努斯

XIX. 1 此人乃伽利埃努斯之子，瓦勒良之孙。关于他，除了颇为高贵的出身，以帝王般的方式接受抚养，随后又因父亲之故而非自身的缘由遭到杀害之外，确实几乎再也没有什么是值得写成文字的了。**2** 关于他的族名，尚且是件存有巨大疑问的事。这么说是因为有许多人把他记成了伽利埃努斯，又有很多人则记作了萨罗尼努斯。**3** 那些给他冠上萨罗尼努斯尾名的人是因为他出生在萨罗奈①，而那些给他冠伽利埃努斯尾名的人则是出于其延用父亲和祖父伽利埃努斯（曾经乃国中首屈一指者）族名的缘故。**4** 实际上，在罗慕勒乌斯山②的山脚有一尊 [他的] 塑像一直留存至今，其位于福斯丁娜神庙和临近法比阿努斯拱门的维斯塔神庙之间，上面刻有铭文"献给小伽利埃努斯"，并补充道"萨罗尼努斯"，由此他的族名便为世人知晓了。**5** 伽利埃努斯的统治超过了十年，这是广为众人所知的。我之所以还要提及此事，那是因为许多人都说他死于当政的第九个年头。③**6** 此

----

① 今克罗地亚的斯普利特（Split）。
② 即帕拉丁山。
③ 关于此事，请参见尤特罗庇乌斯，IX，11。

外，在他的统治下还出现过一些其他的暴乱，对此鄙人将在适当的地方再进行讲述，因为鄙人乐于把二十位僭主归到一卷书^①里叙述，之所以这么做，那是由于他们这些人的事迹许多已经在伽利埃努斯的传记里讲过了，没有太多可以再说的了。7 与此同时，在这卷书里道出上述这些与伽利埃努斯有关的事迹确实足够了，因为在瓦勒良的传记里已经讲到过许多。[至于其他的事迹，] 鄙人则会放在应被取名"关于三十僭主"的那卷书里再作讲述，因为一而再、再而三地反复叙述显得毫无益处。8 在此还要补充道，为了不让他的后人因他的诸多事迹得以发表而受到伤害，我也有意略去了某些事情。

XX. 1 那是因为您本人明白，他们与那些用某种方式对他们的祖先进行记载的人之间存在什么样的冲突，而我也料定，您对马可·图利乌斯 [·西塞罗] 在模仿《劝勉篇》而作的《霍尔腾西乌斯》^② 中所写到的内容并不感到陌生。**2** 虽然如此，可我还要加入一件虽显俗套但却颇逗人开心的事情，而且此事还开创了一个新的习惯。**3** 那便是：当士兵们戴着自己的套剑带前来赴宴时，大部分人都在宴会开始后把套剑带放到一边。据称，那时还是男孩的萨罗尼努斯（或叫伽利埃努斯）就曾取走过镀金的和嵌有宝石的套剑带，而鉴于在宫殿里要找到失去的东西是件困难的事，于是男子汉们就对遭受损失不闻不问，后来再遇到受邀赴宴的场合，他们就佩着套剑带躺在桌子旁。**4** 当被人问起为何不解开套剑带之时，据说他们曾答道："我们带着这东西是为了萨罗尼努斯。"由此便有了这种习惯：此后当他们与皇帝一起进餐的时候，就可以佩上套剑带。**5** 我

---

① 显然指的是《三十僭主合传》。
② 《霍尔腾西乌斯》写于公元前 45 年，现已散佚；亚里士多德的《劝勉篇》乃是一本对哲学研究的劝勉之作，现已散佚。——英译者注

无法否认，许多人认为开此事之风者另有起因，他们说在士兵享用午餐时（此餐被他们称作备战餐[1]，因为士兵们用完餐就要赴战了）就是佩戴套剑带来吃饭的，此一说法的证据便是，与皇帝一起用餐时大家仍旧不佩套剑带。正由于这些事看起来值得被人提及和流传，所以我才把它们放了进来。

XXI. 1 现在，就让鄙人转而叙述伽利埃努斯时代那些因藐视邪恶元首而起的二十位僭主吧。对于这些人的事迹当说得简短精练。**2** 因为他们之中有许多人都不配使他们那样人的名字写入书里，虽然有些人在他们身上看起来并非一点美德都不具备，而且还曾对国家带来过益处。**3** 关于萨罗尼努斯的族名也有诸多各式各样的讲法，相信自己道出实情的人声称他得名于被［伽利埃努斯］爱得死去活来的［萨罗尼努斯的］母亲萨罗尼娜。［伽利埃努斯］还喜爱一个名叫皮帕拉的蛮族，她是一位王的女儿[2]。**4** 正因如此，伽利埃努斯和他手下的人总是把头发染成黄色。**5** 另外，关于伽利埃努斯和瓦勒良当权持续的年数，据说各种说法分歧颇大，以至于虽然大家都认同他们统治了十五年，即伽利埃努斯一直当政到了第十五年，而瓦勒良则在第六年遭到俘虏，可有一些人却写道伽利埃努斯统治了九

---

① 午餐的拉丁语为 "prandium"，准备作名词用的拉丁语为 "parandium"。

② 指皮帕（Pipa）。根据奥勒利乌斯·维克多的《诸恺撒传》，XXXIII，6："期间，他［伽利埃努斯］本人抛下了与萨罗尼娜的婚姻和对日耳曼人之王阿塔鲁斯（Attalus）之女（名叫皮帕）的无耻之爱，跑到廉价餐馆和小饭馆那儿，与妓院老板和制酒商们交好。"《诸王传略》，XXXIII，1："事实上，伽利埃努斯用另一个孩子萨罗尼努斯取代了自己的孩子科尔涅利乌斯（Cornelius）的位置，并渴求得到妻子萨罗尼娜和名叫皮帕的妃子的倾心独爱——当他与后者的父亲马科马尼人之王以割让上潘诺尼亚的一部分为条件缔结和约之后，就用婚姻的名誉迎娶了她。"她父亲是日耳曼人（马科马尼人）之王，伽利埃努斯以割让潘诺尼亚的一部分为条件和他缔结了和约，这么做也许是为他在日耳曼人入侵之际给予驰援所做的回报。——英译者注，引文为汉译者补充。

年，还有一些人写的是近十年，另一方面大家都知道在其当政十周年时他战胜了哥特人、和欧达纳图斯缔结了和约、与奥列奥鲁斯结成了同盟 ①，并向珀斯图姆斯、洛利安努斯发起了战争。他虽然也做出过许多彰显勇气的事迹，可大部分情况却还是在干不光彩的事。**6** 譬如，据说他总是在晚上赶去廉价餐馆和妓院老板、仿剧演员、小丑们待在一起共度时光。

---

① 关于此事，请参见本卷 IV，6。

三十僭主合传

特莱贝利乌斯·波利奥

I. 1 在既非像历史学家、又非像学者，而是如庸俗之辈那般写下了多卷书之后，鄙人来到了三十位僭主登场的年代——在那些岁月里，伽利埃努斯和瓦勒良执掌着国家，瓦勒良正全身心地投入于同波斯人的战争之急上，而伽利埃努斯不仅被男人们而且还遭到了妇女们的蔑视，这一点将会在适当的地方进行论述。**2** 不过，鉴于这些从世界各地来的帝国大权的执掌者是那么的默默无闻，以至于和他们有关的事要么没有太多可以被饱学之士道出，要么没有多少能够被他们问及，因此就这样有一些人被所有用希腊语和拉丁语进行书写的历史学家所忽略了，以至于连他们的名字都没有详述。最终由于在提到他们的诸多说法里好多都相差甚殊，所以我就把他们都归到了同一卷小书当中，而这卷书着实短小精炼，这主要是因为大家非常清楚，大部分和他们有关的史实或已在瓦勒良的或已在伽利埃努斯的传记里被提到过而无需重复。

奇里亚德斯

II. 1 此人富裕而高贵，当他出于自己的奢靡和颓废习性而连累

到父亲奇里亚德斯之时，便逃离了那个正派的老人，并在抢走大部
分黄金和难以计数的银子之后跑到了波斯。**2** 于是，在联合了［波
斯］王沙普尔并与其结盟之后，他鼓动对方向罗马人发动了战争。
他先是领着奥多玛斯特斯①，随后又带着沙普尔本人侵入了罗马人
的领土，还攻占了安条克城和恺撒利亚②并以此赢得了恺撒的名
衔。**3** 他随后被冠上了奥古斯都之号。在让整个东方或是出于他的
气概或是因其勇武而都害怕得发抖之际，在他杀死了自己的父亲之
后（一些历史学家不承认发生过这样的事），其本人却遭手下暗算被
杀身亡，那时瓦勒良已经奔赴与波斯人的战争了。**4** 关于此人，能
记录成文的只有那次著名的逃亡，和他的弑父之举、暴君之恶，及
极度的奢靡，［除此之外］已全然没有更多看起来值得记的事能当作
历史的了。

珀斯图姆斯③

III. 1 此人在战争时极其勇敢，在和平时极其稳重，他一生当中
都是个受人敬重之人，甚至那位伽利埃努斯都把已安置在高卢的自
己的儿子萨罗尼努斯托付给了他，就像［让他做萨罗尼努斯］生命
的保护者、习惯的培养者，及帝王治术的教导者一样。**2** 然而，正
如许多人声称的（尽管这不符合他的秉性），在后来他却背弃了忠
诚，并在杀死萨罗尼努斯后夺取了大权。**3** 而［其他］许多人的更

① 也许是沙普尔之子和继承人奥罗玛斯特斯（Oromastes［Hormizd］）的误
写。——英译者注
② 今土耳其中部的开塞利（Kayseri），恺撒利亚（Caesarea）城市得名于恺
撒（Caesar）一词。
③ 关于此人，请参见《两伽利埃努斯合传》，IV，3 及注脚。

为正确的说法便是，那时高卢人极其憎恨伽利埃努斯，他们无法忍受一个孩子加给自己的统治，于是就给那位受到托付而接过大权的统治者冠上了皇帝之号，随后就派出士兵杀死了那个年轻人。**4** 在［萨罗尼努斯］遭到杀害之后，被全体军队和全高卢诸行省满心欢喜地接受下来的珀斯图姆斯用七年之久成就了如此伟大的功绩，以至于当伽利埃努斯还在奢靡与酒席中度日，还在对蛮族妇女的爱欲中耗费生命的时候，他就已光复了高卢诸行省。**5** 虽然如此，可那时伽利埃努斯对他发起了战争，**6** 因为在全体高卢人的心目中，对珀斯图姆斯的爱到了无以复加的地步，那是由于他赶走了一切日耳曼民族，让罗马帝国恢复到了从前的安定状态。**7** 不过，在他表现出万般严厉之后，高卢人在洛利安努斯的鼓动下以他们一直以来渴望进行革命的传统杀死了他。**8** 如果有谁想要了解珀斯图姆斯到底有什么优点，可以从瓦勒良给高卢人发布的文告里获知对他的评价：**9** "朕让珀斯图姆斯（一个万般契合高卢人严厉秉性的人）出任莱茵河对岸边疆的兵团统帅和高卢的都统，有他在，营地里就不会没有士兵、广场上就不会没有公正、审判台上就不会没有诉讼、元老院议事堂里就不会没有尊严，他还为每一个人保全了属于他们自己的财产。我对此人产生的惊喜要超过其他人，他理应配得上元首之位，对此我希望你们向我致谢。**10** 因为假使我对他的评价弄错了，你们将明白在哪儿都找不到一位能够被大家完全认可的人。**11** 对于那位名字也叫珀斯图姆斯的他的儿子，作为无愧于其父亲品质的年轻人，我已把沃康蒂人 ① 的保民官职位交给了他。"

---

① 高卢人的一支，当时居于罗讷河东岸。

小珀斯图姆斯

IV. 1 关于此人，除了被父亲冠上恺撒之号，后来为了给他荣耀而冠上了奥古斯都之尊；接着，据说在洛利安努斯受高卢人的推选取代了珀斯图姆斯的位置并得到高卢人奉上的大权之后，又随父亲一起遭到杀害之外，就几乎没有什么可以说的了。**2** 此外，惟一值得记下的便是，他在演说方面技巧是如此娴熟，以至于他的辩论稿据说被添加进了昆提良 ① 的演说辞里——［而这些演说辞，］只读一章就能一眼发现他［昆提良］是罗马人中最雄辩的演说家。

洛利安努斯

V. 1 当高卢因伽利埃努斯的奢靡而陷于摇摇欲坠之际，由于此人在高卢发起叛乱，一切人中最勇敢者珀斯图姆斯却在把统治权恢复到罗马古时的状态之后遭到了杀害。**2** 此人确乎也属极勇敢之人，不过鉴于战乱四起，他凭借一己之力不足以支撑起对高卢人的统治。**3** 他被维特鲁维娅（或维克托利娅）之子维克托利努斯所杀，而［维克托利努斯的母亲］后来就被唤作营地之母 ② 并冠上了奥古斯塔的名衔，虽然她本人为躲避这种颇为沉重的负担，先把大权授给了马略，随后又授给了特提里库斯及其子。③ **4** 洛利安努斯的确在某种程度上为国家做出了贡献。这么说是因为，珀斯图姆斯当政的

---

① 马可·费边·昆提良（Marcus Fabius Quintilianus），公元一世纪后半叶著名的修辞学家，著有十二卷演说术的指导书《演说家的准则》（*Institutio Oratoria*）。此外还有一些署他名的演说辞流传至今。

② 关于此称号，请参见《哲学家马可·安东尼努斯传》，XXVI，7。

③ 关于此事，请参见尤特罗庇乌斯，IX，9—10。

七年里他把许多高卢的城市以及不少的兵营都建在了蛮族的土地上，前者遇害后，这些［城市与兵营］在日耳曼人的入侵下都遭到了洗劫和焚毁，是他［洛利安努斯］将它们恢复到了之前的状态。后来，他因过度使役劳力而被手下士兵所杀。**5** 当伽利埃努斯正在让国家走向覆灭之际，在高卢首先出现了珀斯图姆斯，随后又有了洛利安努斯，再后来是维克托利努斯，最后（因为对于马略鄙人没有什么可说的）是特提里库斯，他们成了罗马之名的捍卫者。**6** 我相信，在那头瘟神①身陷于闻所未闻的奢靡的丑恶行径之时，为了不给日耳曼人机会以占领罗马人的土地，他们所有人都从神明那儿获得了馈赠。**7** 假如那时［日耳曼人］真的采取与哥特人和波斯人一样的做法的话，带罗马之名的令人敬畏的大权早就被罗马人土地上那些齐心一致的民族给终结了。**8** 正如珀斯图姆斯一样，洛利安努斯的生平在许多方面也都不甚明了，不过那些都是与帝王无关的事情。因为他们活着的时候不是以身份尊贵而是凭借勇气赢得了名声。

维克托利努斯

VI. 1 当老珀斯图姆斯看到伽利埃努斯带了许多人来攻打自己，而他非但需要士兵的援助还需要其他元首的支援时，他就为拥有战士般活力的维克托利努斯冠上了共治元首之名，并和他一起与伽利埃努斯交锋。**2** 在召集起一支规模庞大的日耳曼人辅助部队之后，他们展开了旷日持久的战争，但却［最终］遭受到失败。**3** 当时，在洛利安努斯被杀之后，维克托利努斯独自一人执掌起了大权。而他本人，因为把心思都花在了勾引士兵和军人们的妻子之上，有一

---

① 显然指的是伽利埃努斯。

位书记员出于妻子被他奸污之故便以计谋将他杀害了，刺杀的地点在阿格里皮纳①。他的儿子维克托利努斯曾由被称为营地之母的母亲②维特鲁维娅（或维克托利娅）冠上了恺撒之号，当这位父亲在阿格里皮纳被杀时，还是孩子的他也随即遭到了杀害。4 关于［维克托利努斯］其人，许多事都已被很多人道出了，因为他是个再勇敢不过的人，而且除去好色之外算是个出类拔萃的皇帝。5 不过，鄙人相信有必要放上某个尤利乌斯·阿特里亚努斯著作的一部分，其中和维克托利努斯有关的话是这么说的：6 "至于在尤利乌斯·珀斯图姆斯之后统治高卢诸行省的维克托利努斯，我估计，应不会有人能排到他之前了：图拉真凭其勇气无法比得上、安东尼努斯凭其仁慈无法比得上、涅尔瓦凭其高尚无法比得上、维斯帕芗凭其对国库的经营无法比得上、佩蒂纳克斯和塞维鲁凭他们一生的严厉作风以及对军纪的严格奉行都无法比得上。7 但是，他的淫欲以及渴望从女性那儿得到快感使所有这一切都荡然无存了，以至于没有人敢把一位根据众人一致意见理应受到惩处之人的美德写成文字。"8 因此，既然作家们对维克托利努斯已给出了这样的意见，我觉得自己对他的秉性已谈得够多了。

小维克托利努斯

VII. 1 关于此人，除去是维克托利娅之孙、维克托利努斯之子，

---

① 今德国科隆。

② 原文未标指示人物的定语，因此这里既可表示作为父亲的维克托利努斯的母亲，也可表示作为儿子的小维克托利努斯的母亲。根据主句主语，译者倾向于前一种理解。

以及在维克托利努斯被杀的那一刻就被母亲①或祖母冠上恺撒之号，随后转瞬间即被士兵们在愤怒中杀害之外，记录成文的就没有更多的事了。**2** 最后，[他们的]坟墓[现在]仍在阿格里皮纳附近，墓碑所用大理石不多，特征简陋，其中所刻碑文为："此处安息着两位叫维克托利努斯的僭主。"

马略

VIII. 1 在维克托利努斯、洛利安努斯、珀斯图姆斯被杀之后，正如大家所说的，铁匠出身的马略踏上了最高大权，不过只持续了三天。**2** 关于此人，除了短到不能再短的统治让他位居名人之列以外，我不知道还有什么更多的事可以被大家问及的了。因为正如那位中午当了六个时辰接任执政官的人遭马可·图利乌斯此般嘲讽："我们有了一位如此正经、自律的执政官，以至于在他当政期间，没有一人用午餐，没有一人用晚餐，没有一人入睡。"②对于此人，似乎也可以这么来说，因为他在头一天被立为了皇帝、在第二天看起来执掌起了大权、到了第三天便遭到了弑杀。**3** 他是个充满活力的人，并一路经过诸多军阶终被提升至最高大权之位。出于他是铁匠

---

① 根据洛布版，此处为"父亲"。

② 指盖乌斯·卡尼尼乌斯·雷必鲁斯（Gaius Caninius Rebilus）。恺撒于公元前 45 年 12 月 31 日任命他接替因暴毙而离职的执政官昆图斯·费边·马克西姆斯（Quintus Fabius Maximus），出任那一年最后几个时辰的执政官。西塞罗对他的评论为："因此，你们明白了吧，为什么在卡尼尼乌斯出任执政官时不曾有人用过午餐，可在他执政期间也没有发生过任何坏事，因为在他任执政官时是那么的警觉，以至于看起来全然都未睡过一觉。"（西塞罗的《致家人》[*Ciceronis ad Familiares*]，VII，XXX，1。）

之故，许多人管他叫玛姆里乌斯，也有一些人叫他维图里乌斯。①**4**
对于此人，所谈之事已经够多了，不过，和他有关的事加上如下这
件会更好：没有人在击打或刺戳时手掌比他更加有力，因为在他的
手指上有的不是静脉，而是肌肉。**5**据说，他凭借手指就把飞驰而
来的马车给挡了回去，只用一根指头就把最厉害的人打得痛不欲生，
以至于他们痛得就像是遭到了木头或铁制钝器袭击一样。他用两根
手指击打就摧毁了许多东西。**6**他死于某位士兵之手，因为这位士
兵曾在他的铁匠铺里［做工］，［后来］在他出任将领或执掌大权之
后仍对其加以鄙视。**7**据说弑君之人曾道出了这样的话："这把剑是
你自己铸的。"**8**据说，他在众人面前的首篇演讲是这样的："战友们，
我知道，有你们所有人作见证，我过去的活计会成为我的绊脚石。
9但是，就让每一个人都说出自己想说的话吧。真希望我一直都干
着铁器活，而不是像那位配不上自己的父亲和自己高贵出生的伽利
埃努斯做的那样，正被美酒、鲜花、女人、小饭馆引入毁灭。**10**只
要外族从他们遭受的损失中明白是我在操纵铁②，就让铁器活成为
我的绊脚石吧。**11**总之，我会努力让所有阿勒曼尼人、日耳曼人，
以及周边其他的民族都相信罗马人身披铁甲，并且还会让他们在我
们中间对铁感到格外害怕。**12**虽然如此，可我仍希望你们相信，你
们立了一位除去铁之外永远不知如何操纵其他任何东西的元首。**13**
我之所以讲这个，那是因为我明白，除了我做过铸剑师和武器工匠
之外，那头最奢靡的禽兽③不会在任何事情上对我横加指责。"

---

① 玛姆里乌斯·维图里乌斯是传说中打造萨利祭司的神盾（ancilia）的工
　匠。——英译者注，有删减。
② 拉丁语中，铁和武器意思相通。
③ 显然指伽利埃努斯。

英杰努乌斯

IX. 1 在图斯库斯和巴苏斯出任执政官的那一年 ①，正当伽利埃
努斯在酒和小饭馆中耗费生命，与妓院老板、仿剧演员、妓女们一
起沉溺于纵欲之中，以不断的奢靡毁灭天赋善性之际，那时正执掌
着潘诺尼亚诸行省大权的英杰努乌斯受到默西亚军团拥戴而成了皇
帝，诸潘诺尼亚的其他人亦表示了同意。在萨尔玛提亚人发起侵袭
之际，除去拥立一位能凭借自己的勇气为陷入倾颓的国事带来解药
的皇帝之外，士兵们看起来已没有［其他］更好的［拯救］国家的
主意了。**2** 此外，他那时夺取了大权，要说其自身的原因则在于为
了不变成图谋皇位的怀疑对象，因为他既是极其勇敢之人，又是国
家不可或缺者，而且他还极受士兵们的拥戴——这［往往］极大鼓
舞了掌权之人。**3** 不过，腐化堕落的伽利埃努斯在危情所迫时他却
变得迅捷、勇猛、活力充沛，而又残忍暴虐，最终经一场战斗战胜
了英杰努乌斯，待英杰努乌斯被杀后，他便将怒火以再残暴不过的
方式施加到了全体默西亚人（不论士兵还是平民）的身上。他的残
暴没有留下丝毫的余地，野蛮残忍竟至此般地步，以至于他让好多
城市都没留下一个男人。**4** 据称，在城市被攻占之后，英杰努乌斯
为了不落入暴君的淫威之下，就让自己没入水中，如此这般结束了
生命。**5** 现在确实还存有一封伽利埃努斯写给契勒尔·维里安努斯的
信，这封信使伽利埃努斯的极度残暴昭然若揭。为了让所有的人都
能了解到这个挥霍无度之人在必需的场合下就会变成极其残暴之人，
因此我就插叙这封信：**6** "伽利埃努斯向维里安努斯［致以问候］。
如果你只杀死那些战争中一有机会就能杀死的佩带武器者，那么你
不能使我感到满意。**7** 若老人和未成年的孩子可以被杀死而不引起

---

① 根据执政官列表，该年为公元 258 年。

对朕的责备的话，每一个男人统统都要被消灭掉。**8** 每一位巴望我、瓦勒良之子，数位元首之父与兄弟倒霉的人统统要被杀掉，每一位说我、瓦勒良之子，数位元首之父与兄弟坏话的人统统要被杀掉。**9** 英杰努乌斯被立为了皇帝。因此，快把他斩灭、处死、扑杀，勿留活口。要明白［我的意图］，要和我内心［的愤怒一样］显露出你的愤怒。上述这些乃我亲手所写。"

雷伽利安努斯

X. 1 伽利埃努斯当政时，无论谁只要做得到的都跳出来夺取了大权，此乃国之命数。最后，正在伊利里亚执掌统帅权的雷伽利安努斯在先前与英杰努乌斯一同遭受失败的默西亚人的鼓动下（因为伽利埃努斯曾把盛怒施加到他们父母的身上）被立为了皇帝。**2** 他确实勇敢地向萨尔玛提亚人发动过多场战争，不过在罗克萨拉尼人①的鼓动、士兵们的赞许下，以及对伽利埃努斯再次干出更严重之事感到害怕的诸行省的赞许下，他遭到了杀害。**3** 如果要提到他的统治源自何处，这看似是件令人吃惊的事。这么说是因为他的统治出自一则著名的玩笑。**4** 即：当士兵们与他一起吃饭的时候，有位代理保民官说道："我们认为雷伽利安努斯这个族名是怎么来的？"另一位［代理保民官］立刻答道："我们相信这个族名得自王权一词。②" **5** 当时，一位在场的学者就像做语法变格一样开始说

---

① 关于该民族，请参见《哈德良传》，VI，6之注脚。——英译者注
② 拉丁语中雷伽利安努斯（regalianus）和"王权、王国"（regnum）同源。

道:"王、王的、给王,雷伽利安努斯。"①**6** 正如那类很快就把想到的事给说出来的人一样,士兵当中［有人说道］:"因此,他能够做王吗?"另一位士兵则说:"因此,他能够统治我们吗?"还有一位士兵说道:"神明把王的名衔给了你。"**7** 为什么要说那么多呢?［因为］说过上述话之后的第二天,他一早出现在外面犹如帝王一样接受前线士兵的欢呼。就这样,以胆量或是公正的裁决给予他人的东西,到了这个人身上凭借玩笑似的把戏就被给予了。**8** 但不可否认的是,此人在军事上总受到赞许,并且早些时候伽利埃努斯就不再信任他了,因为他看起来够得上当皇帝了,还有他是达契亚人,据称与德奇巴鲁斯②本人有亲属关系。**9** 现存有一封被奉为神的克劳狄乌斯(当时乃一介凡民)的信件,信里他为在伊利里亚担任将领的雷伽利安努斯光复伊利里亚而向其致以谢意——期间伽利埃努斯却因慵懒而毁掉了一切。我找到这封信的本来面目,并认为应在此进行叙述,因为它显得颇为正式。**10** "克劳狄乌斯向雷伽利安努斯致以热切的问候。国家多么幸运啊!军营之中拥有一位像你一样这么出色的人,国家值了。伽利埃努斯多么幸运啊!即便没有人告诉他有关好人与坏人的事实情况。**11** 我们元首的近侍波尼图斯和契尔苏斯给我带来了话,说你在斯科皮③附近的战斗是怎样的,以及你在一天里打了多少场战役,速度又是多么的迅捷。假如古风尚存的话,你就够资格举行一场凯旋式了。**12** 但

---

① 前三个词(rex、regis、regi)分别为名词"王"的单数主格、属格,和与格,而雷伽利安努斯则由"王"的形容词 regalis 派生而来。在初学拉丁语时,学生们一般都会首先记忆名词常见的六种格的变格形式,rex 一词常被用于第三变格法不等音变化的例词。

② 指一位令人敬畏的达契亚人之王,于公元 107 年经两场战争最终被图拉真所败。——英译者注

③ 位于今马其顿首都斯科普里(Skoplje)附近。

我为什么要说那么多呢？［因为］我希望你留心某人并在取胜时要
更加谨慎一些。我希望你给我送些萨尔玛提亚弓和两件军大衣，因
为我本人曾把属于手下的那些东西送［给过你］。"**13** 这封信显示出
克劳狄乌斯（毫无疑问，他所作的裁断在他自己的时代里是极有分
量的）对雷伽利安努斯持有何种态度。**14** 这位雷伽利安努斯不是从
伽利埃努斯那里取得晋升的，而是和克劳狄乌斯、马克里安努斯①、
英杰努乌斯、珀斯图姆斯，以及奥列奥鲁斯②这些在染指大权后就
全都遭到杀害的人一样（虽然论统治他们是够格的），从伽利埃努
斯之父瓦勒良那儿得到晋升的。**15** 此外，下面这件发生在元首瓦
勒良身上的事是令人称奇的：无论谁只要被他任命为将领的，到了
后来都在士兵们的赞许下踏上了最高大权，以至于假如天命允许国
家能继续受这位明君统治的话，这位上了年纪的皇帝在为国家挑选
将领方面当属罗马天命所归之人，这是显而易见之事。**16** 但愿那些
曾经夺取过大权的人真能够［长久地］统治下去，抑或他［瓦勒良］
儿子当权的时间真可以再短一些，以使我们的国家恢复到本来的状
态。**17** 然而，天道不仁，无法违抗，它带走了包括瓦勒良在内的诸
位贤明之君，又让伽利埃努斯尽可能长久地留在了国家。

奥列奥鲁斯

XI. 1 当此人正统率着伊利里亚军队的时候，在对伽利埃努斯的
蔑视下，如那个时代所有的人一样，他也在士兵们的强迫下夺取了
最高大权。**2** 而当马克里安努斯和他同名的儿子一起率大军前来征

---

① 关于此人，请参见《两伽利埃努斯合传》，I，2。
② 关于此人，请参见《两伽利埃努斯合传》，II，6 及 III，1。

讨伽利埃努斯之时，他俘获了对方的军队，有一些还是用贿赂的方式收买过来的。**3** 从此他成了强大的君主，而伽利埃努斯在尝试过征讨这位勇敢者并遭到失败后，鉴于将要和珀斯图姆斯开战，便与他［奥列奥鲁斯］缔结了和约。上述这些人的许多事迹既有已被述及的，亦有应被述及但未曾提到的。**4** 就是这个奥列奥鲁斯，待伽利埃努斯被杀之后，在那座现在被称作奥列奥鲁斯桥的附近克劳狄乌斯与他进行了一场遭遇战，并在战斗中杀死了他。［克劳狄乌斯］待他如僭主一般在那儿修了一座非常不起眼的坟墓。**5** 现在依然还流传着一首希腊语短诗，［翻译过来］是这样的：

> 在经过多场同僭主的战斗，天命所归的
> 克劳狄乌斯把坟墓作为礼物赠给了奥列奥鲁斯，
> 生者成全死者的荣耀，为自己缔造正义，
> 假如优秀的士兵出于爱而可以接受的话，
> 他真希望对方能够活下去，而他们曾以正义之名
> 剥夺了所有无足轻重之人的生命，更别说奥列奥鲁斯了。
> 虽然如此，可仁慈的克劳狄乌斯保全了他留下的尸体
> 还以奥列奥鲁斯之名为那座桥和墓地冠上名称。

6 我如此这般列出某位语法学家翻译的诗行，为的是保留它的真实性，虽然它们能以更加优美的方式译出，但为了让历史的真实性得以保留［我并没有这么做］，我认为保证真实性当高于其他一切，而不去顾及任何涉及修辞之类的东西。**7** 因为我的叙述并不单单只是告知你们词语，而更应告知你们在三十位僭主的生平中那些特别丰富的真实事迹。

马克里安努斯

XII. 1 瓦勒良长久以来都是国家再有名不过的元首、再勇敢不过的皇帝，到了最后又成了一切人中最不幸者——或是因为这个年迈的老者在波斯人那里度尽余生，又或是因为他留下的后代乃无用之辈。在他被俘之后，瓦勒良的近卫军长官巴利斯塔①和数一数二的将领马克里安努斯明白伽利埃努斯会受到蔑视，而士兵们正在物色元首的人选，于是［他们两位］就撤至同一处地方以考虑该做什么。**2** 当时他们一致认同，鉴于伽利埃努斯身处远方，奥列奥鲁斯篡夺了大权，那就应该另立他人为帝，此人当为数一数二之人，以免出现篡权夺位之辈。**3** 因此，巴利斯塔的话（抑或当时一起参与出谋划策的梅恩尼乌斯·阿斯替亚纳克斯所说的）是这样的：**4** "无论我的年纪、职位，还是期许，都离最高大权相去甚远，我无法否认，我正在物色一位贤明的元首。**5** 可是，除去像你②一样勇敢、坚毅、纯洁，而且还和你一样已在国家事务中得到了明证，并又拥有对掌握大权来说至关重要的财富以外，还有谁能成为填补瓦勒良之位的那个人呢？**6** 因此，快夺下那个理当与你的美德相匹配的位置吧。我这个近卫军长官听你使唤，至于能做多久，随你所愿。惟愿你为国家带来裨益，以让罗马人的世界都为你当上元首而感到欣喜。"**7** 对此，马克里安努斯［说道］："巴利斯塔，我承认对有智慧的人来说最高大权并非白得之物。我愿为国家带来裨益并将那头瘟疫般的禽兽从执掌律法的权位上驱离，但我已不是那个年纪的人了。我已上了岁数，无法身先士卒跨上马背了，对于我来说澡要洗得更勤快一些、吃的要更精致一点，财富早已令我不去染指挑起战

---

① 关于此人，请参见《两瓦勒良合传》，IV，4及注脚。

② 显然指的是马克里安努斯。

争这样的事了。**8** 大家要找的应该是另一些年轻人，他们不是一个，而是两个或三个再勇敢不过的人，他们来自人类世界各个不同的地方以复兴被瓦勒良和伽利埃努斯（前者出于命运之故，后者出于其［奢靡的］生活方式）毁灭的国家。"**9** 在那之后，巴利斯塔意识到他这么讲似乎是在考虑自己的［两个］儿子，便如此答复："我们把国家托付给你的智慧，**10** 而你就快把自己的孩子［小］马克里安努斯和奎埃图斯①托付给［我们］吧，因为这两位早就被瓦勒良任命为保民官的最勇敢的年轻人出于伽利埃努斯正执掌着大权之故，身为善良之人他们是无法做到安然无恙的。"**11** 当时，那个［马克里安努斯］发觉自己的想法已被人理解，便说道："我就从了吧。我会用自己的财产给军队发放双倍犒赏。你只要尽心尽力地做我的近卫军长官，并在急需的地方提供粮草。我会尽全力让比一切女人还要下贱的伽利埃努斯明白，他父亲的将领［是什么样的］。"**12** 因此，在全体士兵的赞同下，他与［小］马克里安努斯、奎埃图斯两个儿子一起被立为了皇帝，并即刻开拔前去同伽利埃努斯交战，而东方之事无论到了何种地步都被他弃之不顾。**13** 可当他率领四万五千士兵踏上征程之际，他在伊利里亚或是诸色雷斯的僻远之地与奥列奥鲁斯相遇，随后便和［一位］儿子一起遭到了杀害。**14** 最终三万士兵归降到了奥列奥鲁斯旗下。②打赢那场战斗的是奥列奥鲁斯麾下最勇敢、最有活力的将领，声称自己的血统是源自图密善和图密提拉③的［与皇帝

① 关于马克里安努斯的两位儿子及其中一个的名字，请参见《两伽利埃努斯合传》，III，1—2。
② 关于此事，请比照《两伽利埃努斯合传》，II，5—7。与马克里安努斯一同被杀的那个儿子和他同名。
③ 图密善是弗拉维王朝（公元69—96年）的君主，皇帝韦斯帕芗的幼子。图密提拉乃韦斯帕芗之妻、图密善之母。皇帝图密善和此处图密奇安努斯在拉丁语拼写上相同，为与皇帝名区分开来，汉译作不同译名。

图密善同名的]图密奇安努斯①。**15** 另外，瓦勒良曾在波斯境内向
元老院送去自己的演讲辞，在那篇演讲辞里他就提到了对马克里安
努斯的评判，若我对此避而不谈似乎会是种罪过。被奉为神的瓦勒
良的上述演讲辞中有一段是这样的：**16** "元老们，鉴于我正在进行
对波斯人的战争，我已把一切国事（甚至牵涉到军事的那部分）都
托付给了马克里安努斯。他对你们真诚可靠、对我忠心耿耿，士兵
对他又爱又怕，而无论情况如何他和[他的]军队总能根据要求加
以处置。**17** 元老们，对我们来说这些既非新鲜之事亦非无望之举，
因为在还是孩子时他的勇气就已在意大利得到了彰显——长大后是
在高卢，再大一些是在色雷斯和阿非利加，最后待步入老年则是在
伊利里亚和达尔玛提亚——这么说是由于他在诸多不同的战役里都
做到了身先士卒、英勇无畏。**18** 对此，还要补充一点：他育有[两个]
年轻的儿子，并够资格在罗马[同我们]合作，也够资格获得我们
的友谊。"如此等等。

小马克里安努斯

    XIII. 1 关于此人，许多事迹先前已在其父亲当政时作了陈述。
而要不是多亏了他父亲的智谋，他似乎真的就永远都当不上皇帝
了。**2** 的确有很多和他有关的涉及其年轻时英勇无畏之举的令人称
奇之事被人道了出来。然而，区区一个人的英勇对于厄运有多大裨
益，抑或对于战争有多大帮助呢？**3** 这么说是因为，此人虽精力充
沛且有再聪明不过的父亲相随（而他[小马克里安努斯]正是由于
他[老马克里安努斯]的美德才开始执掌起大权的），可还是被图密

---

① 关于此人，请参见《两伽利埃努斯合传》，II，6。

奇安努斯击败，并正如鄙人之前所说的，其手下的三万士兵皆被掳走。①他的高贵源自母亲，因为他的父亲只是胆大无畏、勇于赴战而已，是出色的表现让他从军中最底层的位置提升到了职级最高的将领之位。

奎埃图斯

XIV. 1 此人正如鄙人之前所说的，乃马克里安努斯之子，并与父亲和兄弟一起依照巴利斯塔的决定被立为了皇帝。②不过，当时已占据整个东方的欧达纳图斯获悉奎埃图斯的父亲及与父亲同名的兄弟马克里安努斯双双被奥列奥鲁斯击败，而士兵们已屈从于他 [奥列奥鲁斯] 的权威之下，就像他会为伽利埃努斯一派进行复仇一样，那时 [欧达纳图斯] 便伙同长期担任近卫军长官的巴利斯塔一起把这个年轻人杀死了。③**2** 同样是这个年轻人，要论执掌罗马大权他再合适不过了，以至于他起来的确就是马克里安努斯之子和马克里安努斯兄弟，而那两位 [马克里安努斯] 则能够在危难之际统治起国家来。**3** 在谈论至今仍延续着的马克里安努斯家族时，我似乎不该避而不谈他们始终保持着的一个特殊习惯。**4** 他们的男子总在戒指和银器上，妇女则在发套、手镯、戒指，及一切装饰物上雕有马其顿人亚历山大大帝的肖像，以至于即便到了今天，用各种颜色的织线编成的亚历山大的肖像仍出现在这个家族的束腰上衣、衣袍边沿，以及女式斗篷上。**5** 最近，鄙人见到那个家族的一员科尔涅利

① 关于此事，请参见《两伽利埃努斯合传》，II，8。
② 关于此事，请参见本卷 XII，9—12。
③ 关于此事经过，请参见《两伽利埃努斯合传》，III，2。

乌斯·马切尔在赫拉克勒斯神庙设宴并用金银合铸的酒碟向最高祭司祝酒时，那酒碟的中央就有亚历山大的头像，头像周围则用了细小的图像勾勒出其全部的历史，他还命人将这只酒碟在所有万分推崇那位英雄的人之间传递。**6** 我之所以讲述此事，是因为那些或是用金或是用银雕刻亚历山大肖像并时常将之戴在身边的人，据说他们会在做任何事时都得到庇佑。

欧达纳图斯

XV. 1 在瓦勒良被俘后，如果不是帕尔米拉人的首领欧达纳图斯在罗马人的国家国力疲敝之际夺过了最高大权，东方的国事真的就会陷入万劫不复的境地。**2** 于是，在首先取得王的名号之后，他便召集起了一支部队，偕妻子泽诺庇娅、长子埃罗德斯、小儿子埃莱尼安努斯和提莫佬斯① 一起启程征讨波斯人而去。**3** 他先是夺取了尼西比斯以及连同整个美索不达米亚在内的东方绝大部分土地，随后还击败了［波斯人的］王并迫使其奔逃而走。**4** 最后，他一路追逐沙普尔和他的孩子们直至泰西封，并在俘获王的嫔妃、夺取大量战利品之后返回了东方。就在那时，他希望能够镇压已开始执掌大权并与伽利埃努斯分庭抗礼的马克里安努斯，不过当时对方已经出征讨伐奥列奥鲁斯和伽利埃努斯去了，而待他［马克里安努斯］被杀之后，他［欧达纳图斯］便杀死了他的儿子奎埃图斯，又如许多人所说的，巴利斯塔为了不让自己被杀死就篡夺王权当上了僭主。**5** 于是，在使东方大部分地区的局势都安顿下来之后，他就被自己的表兄弟梅奥尼乌斯（此人自己也执掌了大权）杀死了，一起遇害

---

① 关于欧达纳图斯的妻儿，请参见《两伽利埃努斯合传》，XIII，1—2。

的还有他的儿子埃罗德斯——在他从波斯归来之后就与父亲一起被
冠上了皇帝之号。[①]6 我相信，那时众神对国家心怀怨恨，因为在瓦
勒良被杀之后他们并不想让欧达纳图斯活下去。7 而他的确和妻子
泽诺庇娅一起不仅光复了东方，并让它回到了古时的状态，而且还
光复了寰宇之内的所有地方。他作战勇猛，而正如许多作家所说，
自孩提时代起，作为男子汉的责任，他就把汗水耗费在了捕猎狮、
豹、熊，及其他丛林野兽上，并在森林和群山之中生活，还承受着
酷热、雨水，以及狩猎的喜悦所需的一切磨难，这种令人难忘的狩
猎经历总让他赢得名声。8 经过上述磨炼，他不但在与波斯人的战
争中承受住了烈日和尘沙，而且还让他的妻子也习惯了艰苦的环境，
甚至在很多人看来她要比丈夫更勇敢，乃一切东方女性中最高贵的
那个，而科尔涅利乌斯·卡庇托利努斯则声称，她是［一切东方女
性中］最漂亮的。

埃罗德斯

XVI. 1 生下埃罗德斯的不是作为其母亲的泽诺庇娅，而是［欧
达纳图斯的］前妻。他与父亲一起取得了最高大权——虽然他是一
切人中最柔弱者，且又完全具有东方人的特性及希腊人的奢华［秉
性］，这么说是因为他保有绣图案的帐篷、用金色布料搭建的亭子，
以及［其他］所有的波斯式样的东西。**2** 事实上，欧达纳图斯作为
父亲，在溺爱的激励下运用他的手段把夺下的每一位王妃、每一件
财宝、每一颗宝石全都交给了他［埃罗德斯］。**3** 泽诺庇娅如继母般
对待他，这样就使他愈加亲近父亲。没有更多与埃罗德斯有关的事

---

① 关于此事，请参见《两伽利埃努斯合传》，XIII，1。

迹可以道出了。

梅奥尼乌斯

XVII. 1 此人乃欧达纳图斯的表兄弟。他杀死了再优秀不过的皇帝，而引导他的除去不足挂齿的嫉恨之外就别无他物了，因为除了他的儿子埃罗德斯［生活奢靡］之外［梅奥尼乌斯］在他［欧达纳图斯］身上就找不到任何别的借口了。**2** 不过，据说，他起初是要与泽诺庇娅一起参与［阴谋］的，因为她无法容忍自己的养子也一并被唤作元首，且在地位上超过［两位］亲儿子埃莱尼安努斯和提莫佬斯。可此人［梅奥尼乌斯］也不是什么干净之人。**3** 因而，在被错误地冠上了皇帝之名后，他就很快就由于自己的奢靡而被士兵杀死了，他死得其所。

巴利斯塔

XVIII. 1 关于此人是否执掌过大权，作家们相互之间存在分歧。许多人都说，在奎埃图斯被欧达纳图斯杀死之后，巴利斯塔获得了赦免，但他却因为对伽利埃努斯、奥列奥鲁斯、欧达纳图斯都信任不过，便［亲自］接过了大权。**2** 另一些人则称，当他在达菲尼附近的为自己买下的土地上被杀时，仍是一介凡民。**3** 很多人还说，为了能按罗马人的方式进行统治，他拿来了紫袍，他领导军队并自己出资向他们许下了大量的［犒赏］，可他还是被奥列奥鲁斯派来抓捕奎埃图斯的那批人杀死了——那奎埃图斯乃马克里安努斯之子，［奥列奥鲁斯］总说他是自己的战利品。**4** 巴利斯塔声名在外，他精于治理国家，出谋划策时积极表现，在外征战时广得名声，在提供粮饷时尤为出众。他那么讨得瓦勒良的欢喜，以至于在某一封信里后者以如下的见证之辞对他进行了描述：5 "瓦勒良向伊利里亚及诸高卢的长官拉格尼乌斯·克拉鲁斯［致以问候］。如果你是善良可信之人（我清楚你是这样的人），克拉鲁斯、我的至亲者啊，那么你就遵照巴利斯塔的安排行事吧。快按照他的安排缔造国家吧。6 你看到没有，他未把负担加给行省居民？你看到没有，他把马匹放在了有粮草的地方，他在肥沃之地征集军粮？你看到没有，在那些不备有粮食或未能蓄养马匹的地方，他没有强迫行省居民、没有强迫土地占有者给予粮草或马匹？7 为了不让国家因运输或［其他］耗费而产生负担，在补给物生长的地方进行获取，没有哪种别的安排比这更好。8 加拉太盛产粮食、色雷斯储粮丰富、伊利里亚遍地是粮，所以该让步兵驻扎在那里，虽然骑兵也可以在色雷斯度过冬天并不对行省居民造成损害，因为那儿能从各处平坦之地收集到很多草料。9 致于酒、培根，及其他种类的食物，就在出产丰富的地方获得供给。10 所有这一切都是巴利斯塔决策的，因为他曾下令，一座行省只供给一样当地盛产的物资，而士兵不得接触到那些东西。这一法令被正式颁布了出来。"11 还有另一封他向巴利斯塔致以谢意的信，在信里他指出自己曾从他［巴利斯塔］那儿得到过执掌国家方面的教诲，并对他的阁僚里没有一个额外招募的（即没有具体职务的）保民官、对他的近侍里没有一个不干实事之人、对他的士兵当中没有一个不真正参加战斗的而感到高兴。12 于是，据说当此人在自己的营帐内休息时被某个想得到欧达纳图斯和伽利埃努斯好感的普通士兵给杀死了。13 对于他［巴利斯塔］，我本人没有找到足够多的真实事迹，之所以这样，是因为那个时代的作家对他担任长官之事讲述颇多，而对于执掌大权则几无所述。

瓦伦斯

XIX. 1 此人乃一介武夫，同时还在与市民相关的美德方面拥有荣耀而具备影响。他当时正执掌着由伽利埃努斯给予他的亚该亚的总督权。**2** 马克里安努斯一方面是因为知道他在为人处事之道上各方面①都盛名在外，另一方面他也明白，出于［自己］对美德的憎恶而让他成了自己的敌人，所以对［瓦伦斯］感到极其畏惧。于是他派了皮索（当时身属曾出过执政官的再高贵不过的家族一员），并下令将［瓦伦斯］杀死。②**3** 瓦伦斯万分谨言慎行、洞察未来，他认为［除此之外］不会再有别的途径能给自己带来帮助了，在这样的情况下他取得了大权，随即没多久便被士兵杀死了。

老瓦伦斯

XX. 1 当鄙人讲述［前面］这位瓦伦斯的时候，再提一下在更早前的元首的时代里遭到杀害的那个瓦伦斯③是有益处的。**2** 因为，据称他是伽利埃努斯当政时执掌大权的那个瓦伦斯的隔代远房长辈，另一些人则说是上一代的［而非隔代］④。**3** 但是两个人的命运却是相同的。因为，那个［老］瓦伦斯在伊利里亚统治了没几天就遭到了杀害。

---

① 原文直译为"在一切的生活方式上"。

② 关于此事，请参见《两伽利埃努斯合传》，II，2。

③ 可能指的是尤利乌斯·瓦伦斯·李锡尼安努斯（Iulius Valens Licinianus）。公元250年，他趁德西乌斯皇帝出征哥特人之际在罗马自立为帝，但转瞬间就被处死了。——英译者注，有删减。

④ 原文前者直译为"舅公或姑老爷"，后者为"母亲的兄弟或姐妹夫"。

皮索

XXI. 1 此人被马克里安努斯派去杀死瓦伦斯。当［皮索］获悉他［瓦伦斯］正一边展望未来一边执掌起帝统之际，就退入了塞萨利亚，并在那里凭借些许人对自己的拥护夺取了大权，还被冠上了塞萨利库斯之名，①遂遭到了杀害。他是个极其正派的人，并在他那个时代里被唤作了"弗鲁吉"②。他的祖上据说是出自当年西塞罗为跻身名流而联姻起来的那个皮索家族③。**2** 所有元首都对他万般喜爱。事实上，据称曾向他［皮索］派出过刺客的瓦伦斯本人曾经说道，虽然皮索是自己的敌人，可自己未尝在地狱诸神前给出缘由，要把他当成与罗马人的国家不相符的人而下令将其处死。**3** 为了彰显皮索的荣耀，我很乐意插叙一则和他有关的元老院的决议：六月二十五日，消息传来说皮索已被瓦伦斯所杀，而瓦伦斯本人亦被其手下所杀，在那种情况下，元老院里首先发表意见的与执政官等衔之人、曾接任过瓦勒良官位的阿勒利乌斯·福斯库斯说道："执政官，快给出建议吧。"**4** 在被问及提议后，他［执政官］便说道："元老们，我决定授给皮索被奉为神的荣耀，我确信我们的皇帝伽利埃努斯、瓦勒良、萨罗尼努斯会准予这么做。因为从未有人［比他］更好、更有毅力。"**5** 在他之后，其他人建议下令给皮索塑造一尊塑像并置于凯旋者的群像中间，此外还给他的塑像加上四匹马拉的马车。**6** 他的塑像现在仍可见到，可奉命塑立的四匹马拉的马车却被立在了别处（像是被挪过去的），至今没有返回原地。**7** 因为，它曾竖立的那

---

① 关于此事，请参见《两伽利埃努斯合传》，II, 2—3。
② 拉丁语 Frugi，意为"有价值的、诚实的、有德性的"。
③ 西塞罗之女图利娅（Tullia）嫁给了盖乌斯·卡尔普尼乌斯·皮索·弗鲁吉（Gaius Calpurnius Piso Frugi）。他们是在公元前 67 年于西塞罗被选为裁判官之后订了婚。——英译者注

个地方后来建起了名如神明般永存的戴克里先浴池。

埃米利阿努斯

XXII. 1 像疯子和傻瓜一样受到再轻鄙不过之徒的引导而成为国家最大的祸患，这是埃及人的惯常做法。**2** 因为，他们常常出于疏忽问候，或又因为浴室里的一处地方没有开放、肉类与蔬菜遭到克扣、奴隶用的鞋子及诸如此类的东西供给不周，就掀起一场叛乱，并给国家带来极大的危害，以至于为了对付他们，军队都武装了起来。**3** 统治亚历山大里亚的代理人①的奴隶扬言，自己的拖鞋比士兵的那双好而被士兵杀死，于是，就在他遭到杀害的那天，在他们习以为常的疯狂之中，一大群人聚在一起，来到将领埃米利阿努斯的家中，利用一切暴徒的手段和疯狂的行径对他进行攻击，如扔石头，用武器袭击，无论哪种兵器只要暴乱时用到的都用上了。**4** 受此逼迫，埃米利阿努斯便夺下了大权，因为他明白，对自己来说无论哪种情况都得死。**5** 埃及的军队主要出于对伽利埃努斯的憎恨便与他保持了一致。**6** 他在统治国家方面并非死气沉沉的，这么说是因为他曾巡行过底比斯乃至整个埃及，尽其所能以勇武之威驱逐了蛮族诸部。**7** 最终，他凭借着勇气顺理成章地被唤作了亚历山大（或者亚历山德里努斯）——因为大家认为究竟用的是哪个名号并不确定。**8** 就在他为远征印度人做着准备的时候，将领提奥多图斯依照伽利埃努斯之令被派去［同他作战］，他因此受到了惩罚，据称就如

---

① 国家代理人（curator rei publicae）在公元三世纪成了常设职位。该职位通过地方元老院推选并由皇帝批准，执掌城市一般性的行政事务，掌控财政，还有权对城镇的法规进行否决。——英译者注，有删减。

那些遭俘的老人所受到的惩处那样① 终究被勒死在了狱中。**9** 既然
说到了埃及，我认为不该不提古时的历史所讲过的事迹，同时也是
发生在伽利埃努斯身上的一件事。**10** 当他想要把总督大权授予提奥
多图斯的时候，却遭到了占卜师的阻止，他们说与执政官等衔之人
所用的法西斯不允许被带入亚历山大里亚。②**11** 我们清楚地知道，西
塞罗在反驳伽比尼乌斯的时候③ 曾提过这件事。事实上，对这件反
复发生之事的记忆至今仍然保持着。**12** 因此，当您的至亲艾伦尼乌
斯·契尔苏斯谋求执政官之职的时候，就应该明白他渴求之事是不
合体统的。**13** 因为，据称，在孟菲斯附近的一根金色柱子上有用埃
及的文字写下，假如罗马的法西斯与罗马人的紫边托袈袍被带入此
地，埃及就会获得自由。**14** 此事见于那个时代最博学之人、语法学
家普洛库卢斯的书里，在他谈及外邦之地的那处文字。

萨杜尔宁

XXIII. 1 在伽利埃努斯时代的诸位将领中萨杜尔宁乃数一数二
者，可是选拔他的人却是瓦勒良。**2** 由于无法忍受彻夜在外［享乐］
的伽利埃努斯的堕落，又宁可按自己的而非其皇帝的方式统领士兵，

---

① 如被勒死在罗马图利安努姆监狱（Tullianum）的朱古达和维钦格托列克
　　斯（Vercingetorix）。——英译者注

② 因此埃及归入罗马统治之后，统治那里的官员所领受的官衔是法官或陪
　　审官（iudex），而非通常所见的领有与执政官等衔或与裁判官等衔的总督
　　官职。关于此事，请参见尤特罗庇乌斯，VII，7。

③ 奥路斯·伽比尼乌斯（Aulus Gabinius），他曾把王位还给了托勒密·奥勒
　　特斯（Ptolemy Auletes）。当他于公元 54 年一回到罗马，西塞罗就发表了演
　　说对他进行攻击，该篇演说已失传。请参见狄奥·卡西乌斯，XXXIX，62，
　　2。——英译者注

于是这位聪慧绝伦、高尚无比、处事之道又讨人喜欢者，当他因胜利而在各地（甚至在蛮族中间）都名震于天下之时，就从军队那里取得了最高大权。**3** 就在士兵们为他黄袍加身的那一天，据说他曾在集会上说道："战友们，你们已失去一位好将领，又立了一个坏元首。"**4** 最终，在当政期间勤勤恳恳地干出许多事迹之后，出于他对待士兵是颇为严厉、颇为严格的，因此就被那些曾经拥立过他的人给杀死了。**5** 他曾下过命令，为了不露出下肢，士兵们在就餐落座时要穿上军大衣：冬天穿厚重的、夏天穿轻薄的。这是件发生在他身上的出名之事。

老特提里库斯

XXIV. 1 维克托利努斯和他的儿子被杀之后，他的母亲维克托利娅（或维特鲁维娅）鼓动正在高卢行使都统权的元老特提里库斯执掌最高大权，而正如许多人说的，这么做是因为他是［她的］亲戚。她为他冠上了奥古斯都之号，还为他的儿子冠上了恺撒之名。**2** 当特提里库斯成功干出许多事迹并统治了很长一段时间之后，就败在了奥勒利安手里。那是因为他无法忍受手下士兵的厚颜无耻与无礼放肆，便心甘情愿地向这位极其严格、极其严厉的元首投降了。**3** 实际上，据说，他此前曾秘密给奥勒利安写过这样的诗行："战无不胜的［英雄］啊，快救我脱离苦海吧。"①**4** 因此，当奥勒利安既未打算做什么有诚意的事情，又未考虑做任何仁慈的或关乎和平的之类事时，［虽然特提里库斯］身为国家元老和与执政官等衔

---

① 请见《埃涅阿斯记》，VI，365。——英译者注
　　关于此事，请参见尤特罗庇乌斯，IX，13："他甚至曾经通过密信哀求过奥勒利安，在这些恳求信里他引用了维吉尔的诗文：'战无不胜的英雄啊！快来救我脱离苦海吧！'"

之人，又曾以都统之权统治过整个高卢地区诸行省，[可奥勒利安仍] 在凯旋式上把他与欧达纳图斯之妻泽诺庇娅以及欧达纳图斯的 [两个] 年纪稍小的儿子埃莱尼安努斯和提莫佬斯一起同时引领了出来。[①]5 [奥勒利安] 虽是个极其严厉之人，却还是屈服于羞耻之心，而任命这位由他带上凯旋式的男人成为全意大利（指的是：坎帕尼亚、萨谟奈、卢卡尼亚、布鲁提乌姆、阿普利亚、卡拉布里亚、伊特鲁里亚，以及翁布里亚、皮切努姆、弗拉米尼亚，和所有供给粮食的地区）的司法官，[②]并允许他不但保全了性命而且还留住了极其崇高的身份，因为 [奥勒利安] 常常称呼他为共事者，有时又叫他战友，还有时竟叫他皇帝。

小特提里库斯

XXV. 1 在此人还是小孩时就被维克托利娅冠上了恺撒之号，而她则被军队冠上了营地之母的名号[③]。**2** 他与父亲一起在凯旋式上被引领了出来。那之后，他担任了所有与元老有关的职务，却未使继承到的遗产得以减少，而且正如著名的阿勒利乌斯·福斯库斯所说，还将之传给了自己的后人。**3** 我的祖父常说，这个人曾是他的好友，奥勒利安或者后来的其他元首从未给过任何人超越他的特权。**4** 特提里库斯的宅第今天仍坐落在西里欧山上的两片小树林之间，面对

---

① 关于此事，请参见尤特罗庇乌斯，IX，13："随后，奥勒利安回到了罗马，并以东西方的光复者的姿态举行了一场凯旋式，凯旋时他驾着战车跟随在特提里库斯和泽诺庇娅之后。"

② 关于此事，请比照尤特罗庇乌斯，IX，13："这位特提里库斯后来做了卢卡尼亚的长官，并如一介凡民一样活了很长时间。"

③ 关于此事，请参见本卷 V，3。

着梅特林努姆伊西丝神庙，那房子是［一切房子中］最漂亮的一幢，里面绘有奥勒利安赠予两位特提里库斯紫边托袈袍及元老的地位，同时又从他们那里取得权杖、桂冠、绣边束腰袍的画面。那幅绘画是由马赛克构成的，据说，是两位特提里库斯在宴请奥勒利安本人的时候奉献上的。

特莱贝利安努斯

XXVI. 1 在伽利埃努斯统治期间，因其奢靡无度，以至于有那么多人举起叛旗也属常理，因其残暴至极，以至于他令人感到害怕也属常理，而要我记述此间出于这头瘟神的罪恶出现过多少僭主，我对此都感到无地自容。**2** 这种残暴还针对已在伊苏里亚被立为元首的（因为伊苏里亚人要为他们自己找一位统帅）特贝利安努斯。虽然当时另有一些人管他叫大强盗，可他仍自封为了皇帝。他还下令铸造货币，并在伊苏里亚的一处要塞里建造了宫殿。**3** 那时，他来到伊苏里亚最靠内陆的地区，凭借崎岖的地形与巍峨的山势保全了自己，在这种情况下，他统治了奇里乞亚人好一段时间。**4** 不过，伽利埃努斯麾下的将领卡姆西索雷乌斯（民族属埃及人，乃俘虏了埃米利阿努斯的提奥多图斯 [1] 的兄弟）把他带入了平地，战胜并杀死了他。**5** 虽然如此，可在那之后因害怕伽利埃努斯迁怒于他们，伊苏里亚人再也无法被人说服而来到平坦地区，甚至是在元首给出善意之举的情况下。**6** 可最后，在特莱贝利安努斯的统治结束之后，他们就被当成了蛮族。虽然他们的地盘的确位于罗马人名下的土地之上，可他们的防御方式与坚壁清野的做法相比却是新颖独特的，

---

① 关于此事，请参见本卷 XXII, 8。

因为他们凭借的不是人，而是依托地形进行守备。**7** 他们身形并不出众，也不具勇气，亦没有武器之工艺与谋略之聪慧，却惟独身踞高地令人无法进抵而得以保全。被奉为神的克劳狄乌斯确实差一点就说服他们离开他们那僻远的地方到奇里乞亚定居，同时打算将伊苏里亚人的全部土地都交给一位最亲密的朋友，以防有朝一日那里会起什么乱子。

埃莱尼安努斯

XXVII. 1 欧达纳图斯去世时留有两个尚且年幼的男孩埃莱尼安努斯及其兄弟提莫佬斯，泽诺庇娅在亲掌大权之后便以他们的名义取得了国家，当政时间比一般女子所能维持的更久。她给 [这两位] 男孩穿上罗马皇帝的紫袍装束，在她（犹如男子汉一样）参加众人集会之际把他们带了出来，并把狄多、塞米勒米斯、克里奥帕特拉 ① 添入自己家族的先祖之列。**2** 可是，关于他们是如何过世的，却并不清楚。那是由于许多人说他们是被奥勒利安所杀，而又有许多人说他们的死与他杀无关，因为泽诺庇娅的后代至今依然以名门望族之身在罗马延续着。

提莫佬斯

XXVIII. 1 关于此人，鄙人以为值得一提的事迹已在论及其兄

---

① 狄多是《埃涅阿斯记》中所述的迦太基女王，迦太基城的建立者；塞米勒米斯是传说中的亚述女王，尼尼维城的建立者尼努斯（Ninus）王的妻子；克里奥帕特拉是埃及托勒密王朝的女王，并以使用政治手腕与恺撒和安东尼结盟而闻名。

弟的时候说到过了。**2** 虽然如此，可他仍有一事与其兄弟存在不同，那便是他对罗马人的学问是那么的热爱，以至于当一位语法学家说出能让他成为拉丁修辞学家中最出类拔萃的一个之后，据称他很快就将前者的表达理通顺了。

契尔苏斯

XXIX. 1 在高卢、东方的一些地方，以及本都、色雷斯、伊利里亚诸行省被他人占据之后，伽利埃努斯仍流连于饭馆酒肆，把生命耗费在浴池和斗兽带来的欢乐之上，在此之际，阿非人也在阿非利加总督维比乌斯·帕西埃努斯以及利比亚边区 ① 统帅费边·庞珀尼安努斯的主导下为契尔苏斯裹上天界女神 ② 的外袍并冠上了皇帝之号。**2** 此人当皇帝之前身为驻阿非利加的保民官中的一员，一直生活在属于自己的土地上，不过他是如此之公正、身躯又是那么的硕大，以至于执掌国家大权于他来说似乎都是名正言顺之事。**3** 就这样他受到了推举，可在他当权的第七天，伽利埃努斯的表姐妹、某位名叫伽利埃娜的妇女却杀死了他，于是即便在默默无闻的元首之列里他也只是很勉强地做到露名而已。**4** 在当时仍忠诚于伽利埃努斯的希伽人 ③ 的鼓动下，他的尸体让狗给吞食了。作为一种新的羞辱方式，他的塑像被送上了十字架，而平头百姓就像是在看契尔苏斯本人被固定在刑架上一样欢蹦乱跳。

---

① 边区一词原文为 "limes"，本意是边界线附近用于军事防御的未开垦地带。
② 关于该神祇，请参见《埃尔维乌斯·佩蒂纳克斯传》，IV，2 之注脚。——英译者注
③ 希伽城即今突尼斯的卡夫（El Kef）。——英译者注

泽诺庇娅

XXX. 1 鉴于国家衰败至此地步，以至于当伽利埃努斯极端无能地执掌国家的时候，连妇女都能极其出色地担负起统治来，所以羞耻心统统都被抛到了脑后。**2** 事实上，许多事迹都已被提及的这位名叫泽诺庇娅的外族女子一边以出自克里奥帕特拉和托勒密家族自诩，一边在丈夫欧达纳图斯去世后双肩披上皇袍，穿上狄多的装束，接过桂冠，以儿子埃莱尼安努斯和提莫佬斯之名执掌起了大权，统治时间比一位女性可被允许的持续得更久。**3** 因为当伽利埃努斯仍统治着国家，以及后来克劳狄乌斯投身于同哥特人的战争的时候，这位高傲的女子执掌起了帝王之责，直至最后奥勒利安好不容易才把她打败，使她屈服于罗马人的法律之下，并领着她举行了凯旋式。**4** 奥勒利安的一份文告一直流传至今，里面提到了与那位被俘女子有关的佐证。因为某些人对他进行责备，说他作为再勇敢不过的男子汉却带着一位女子举行凯旋式，就好像她是统帅一样，在这种情况下他给罗马元老院及人民发布文告并以如下理由为自己作辩护：**5** "元老们，我领着泽诺庇娅举行了凯旋式，并听闻出于上述缺乏男子气概的行径而遭到对我的指责。那些现在对我横加指责之人，假如他们知道她是哪种女子、她在出谋划策方面是多么有智慧、在制定计划方面是多么高瞻远瞩、对待士兵她是多么坚毅，而在需要付出的场合她就会变得那么慷慨大度、在需要严厉时她又会变得那么冷酷无情；[假如他们知道这些，] 他们就会对我大加赞赏了。**6** 我可以说，欧达纳图斯战胜波斯人，并让沙普尔奔逃而走之后进抵至泰西封，[①] 这归功于她。**7** 我还可以补充道，这位女子在东方人和埃及人中拥有如此之敬畏，以至于阿拉伯人、萨拉森人、亚美尼亚人都未对她发动过战争。**8** 她在为她自己或是为她

---

① 关于此事，请参见本卷 XV，3—4。——英译者注

的孩子而保有东方的大权期间曾为罗马人的国家带来过诸多益处，假如我不知道这些的话，我就不会留下她的性命了。9 因此，对于那些任何事物都不能愉悦到他们的人，他们舌头上的毒药就留给自己吧。10 因为，假如战胜一个女人，将她领来举行凯旋式不是一种美德的话，那他们该对伽利埃努斯说什么呢？她在对他的蔑视中执掌了大权并很好地进行了统治。11 他们该对神圣而令人敬畏的统帅、被奉为神的克劳狄乌斯说什么呢？他当时因为正投身在对哥特人的远征上，据说因此就对她执掌大权容忍了下来。他这么做是有意的而且是明智的，为的是在她守护帝国东方领土的时候他可以实现既定之事。"12 这篇讲话指出了奥勒利安对泽诺庇娅是怀着怎样的看法。据说，她守贞到了这般地步，以至于要不是出于让自己怀上孩子的话她竟连自己的丈夫都不会认识。因为，一旦她〔与丈夫〕睡在一起，她就会一直克制自己直到来月经，以便检查自己是否怀孕，如果没有怀上的话，为了获得孩子她便会再次给他〔行房的〕机会。13 她生活在王族的盛大排场中。她情愿按波斯人的方式接受膜拜，并以波斯诸王的方式举行宴会。14 她按照罗马皇帝的方式前赴聚会——即戴着头盔，身束以珠宝镶边、中间带有一枚海螺石 ① 的紫色带子（而非像妇女那般配以一副扣环），手臂常常裸露在外。15 她的脸肤色较深、有点黝黑，黑眼珠充满超越常人的力量；她的灵魂带着神性，散发出的魅力令人震惊。她的牙齿白到这般地步，以至于许多人都相信在她嘴里的是珍珠而非牙齿。16 她嗓音洪亮如男人一般。在需要严厉时，她就会变得如暴君一样；在善心需要她仁慈时，她就会变得如贤君一样。她慷慨大度，却不滥施犒赏，她保有的财富超过了一个女人保有的限度。17 她使用一般的马车作交通工具，很少用女式车，更多时候则

---

① 根据普林尼的《博物志》，XXXVII，194，这种外形硕大的宝石发现于阿拉伯，常被东方诸王用作马头前额的坠饰。——英译者注

是［亲自］骑马。此外，据说，她还经常随步兵一起走三至四里路程。**18** 她怀着西班牙人的热情进行狩猎。她常与将领们一起饮酒，虽然也有一些时候她不沾酒水。她还曾和波斯人与亚美尼亚人一起饮酒，不过为的是不输给他们。**19** 她在宴会上使用镶嵌宝石的金杯，还用上了曾属于克里奥帕特拉的杯子。在侍从当中，她保有的是年纪颇大的阉人，而年轻的女孩则少之又少。**20** 她曾指令孩子们说拉丁语，以便他们找不到机会说希腊语，或者让他们说起来变得吃力。**21** 她本人并不精通拉丁语，不过在克服了羞愧心后也会讲拉丁语，而埃及语她则说得非常好。**22** 她如此精于亚历山大里亚和东方的历史，以至于据说她曾写过那方面的简史，而拉丁人的历史她读的却是希腊语的著作。**23** 在奥勒利安抓住她并将她置于自己的掌控下时，他曾说过这样的话："泽诺庇娅啊，你敢于对抗罗马皇帝，这是为什么呢？"在那种情况下，据称她说道："我认你是皇帝，因为你打了胜仗，但我不曾承认过伽利埃努斯、奥列奥鲁斯，以及其他一些人为元首。假如有机会获得土地的话，怀着胜利女神与我不存在差别这一信念，我渴望能分享到王权。"**24** 于是，她被领到了凯旋式上，当时的阵容是如此盛大，以至于罗马人民都不曾见到过这般宏伟的队伍场面：她位列最靠前的位置，并饰以硕大的宝石，结果这些饰品沉得令她感到难受。**25** 因为，据称，这位再英勇不过的女人一而再、再而三地停下来，说她自己无法承受这些宝石的重量。**26** 除此之外，她的脚被用黄金缠缚着，手也是用金制镣铐绑着，脖子上还挂着一根由一位波斯人丑角在前面托着的金制锁链。**27** 奥勒利安准许她继续活着，据称她随后以罗马妇女的方式与孩子们一起生活在位于提布尔①的赠给她本人的领地上，那块地今天被称为了泽诺庇亚，距离哈德良的宫殿以及那处叫康卡的地方不远。

---

① 现位于罗马近郊的提沃利（Tivoli）。

维克托利娅

XXXI. 1 要不是伽利埃努斯的行事方式令女人都能名正言顺地名留史册的话，用文字给维特鲁维娅（或叫维克托利娅）记下其事迹就真的不算是非常正当之举了。**2** 因为，当维克托利娅见到自己的儿子和孙子被士兵杀死，[①] 在见到士兵们先推举珀斯图姆斯、洛利安努斯、马略为元首，随后又将他们杀死之后，正如她总会干出充满男子气概的举动一样，便鼓动起特提里库斯（关于他的事迹已在前面讲过了）踏上最高大权。[②] 除此之外，她还以如此名号而出名，说的是她曾自称营地之母[③]。**3** 她的名字被铸在了金币、银币，以及铜币上，这种样式的货币至今仍能在特雷维里[④] 附近见到。**4** 她没有活太久。因为她死时特提里库斯尚在掌权，而许多人说，她遭到杀害，一些人则称，她的死是寿终正寝[⑤]。**5** 以上便是看起来该被述及的三十位僭主的事迹。对他们逐一进行叙述会引起不必要的麻烦，为了避免这些令人厌恶之事并让读者也能摆脱掉，所以我把他们归入一卷书里。**6** 现在，我回到元首克劳狄乌斯身上吧。和他有关之事虽然不多，但我觉得仍该为他单独成册，因为他的生平事迹值得我这么做。我还要另外讲述他的弟弟、一位举世无双之人，以便这个如此神圣而又如此高贵的家族可以留下些许的事迹被传诵下去。**7** 为了取笑伽利埃努斯，我竭力把女性的传记加在中间，因为罗马人的国家未曾承受过像他一样的怪物。虽然这卷书已包含有三十位僭主的传记，可我现在仍打算额外再

---

① 关于她的儿子维克托利努斯和孙子小维克托利努斯遭士兵杀害之事，请参见本卷 VI，3 和 VII，1。

② 关于此事，请参见本卷 XXIV，1。

③ 关于此事，请参见本卷 V，3 和 VI，3。

④ 今德国特里尔（Trier）。

⑤ 此处原文直接翻译过来为"出于命运之故"。

补充两位僭主，那是由于他们都活在另一些时期：其中之一是在马克西米努斯时代，另一个则在克劳狄乌斯时代。**8** 我请求收下这卷已完成之作的您能以赞许审视我的做法，并同意把我原定应加在克劳狄乌斯和奥勒利安之后并与生活在塔西佗和戴克里先当政期间的人为列的这［两个］人物补充到给您的这卷书里，如我在这卷书里写上老瓦伦斯①一样的做法。**9** 不过，您凭借自己勤奋的学习而对历史保持着警醒，使您未犯下我这样的错乱。**10** 因此，我感谢您智慧的善性令我的头衔变得充盈。在和平神庙②里没有任何人会唠叨，说我把女人、女僭主，或者女独裁者放到了男僭主当中，即便他们已习惯在提及我时带着嘲讽与讥笑。**11** 现在他们数量已齐，并从历史不为人知的角落写进了我的书里。**12** 书中还补充了提图斯与契索里努斯，其中之一如我先前所说生活于马克西米努斯统治下，另一位则是在克劳狄乌斯当政期间，③ 他们双双都死于那些曾给他们披上紫袍的士兵之手。

提图斯

XXXII. 1 德克西普斯讲到过，赫罗提安也并非只字不提④，甚

---

① 关于此事，请参见本卷 XX。——英译者注
② 该神庙四周环以广场，位于罗马广场东北，由韦斯帕芗建造。与之毗邻的是和平神庙的图书馆，显然那是一处评论者聚集的场所。——英译者注
③ 请参见本卷 XXXI，7。
④ 请参见赫罗提安，VII，I，9："……这些部队因亚历山大驾崩而沉浸在悲伤中，当他们发现一个与执政官等衔的皇帝的朋友之时——一位已被马克西米努斯从军中打发走的名叫夸提努斯（Quartinus）的人——他们一把抓住了他，让他担任他们的领袖，虽然此举既有违他的意愿也不在其计划之内。于是，虽不情愿，可他仍被授予了紫袍、圣火，以及性命攸关的象征着权力的饰物，并被扶上了皇帝宝座。"——英译者注，引文为汉译者补充。

至所有为后代子孙留下过这些可资阅读的事迹的人［，他们都提到过］：曾被马克西米努斯降为一介凡民的摩尔人的保民官提图斯，因害怕死于暴力，便如他们所说，在士兵们的逼迫下，如许多人声称的那样，并不情愿地执掌起了大权；与执政官等衔者马尼乌斯领导的反抗马克西米努斯的暴乱①被镇压下去之后没过几天，他就被手下士兵杀死了；此外，据说，他当政六个月。**2** 对于国家，属于出类拔萃之人的他在国内和国外都获得了应有的赞誉，不过在其当政期间却鲜得天命襄助。**3** 另一些人则说，是马克西米努斯憎恨并加以攻击（就像他对待亚历山大里亚人一样）的亚美尼亚人弓箭手拥立他做元首的。**4** 您不必为在这么一个人身上存在如此不同的说法感到惊讶，因为他的名字都不怎么为人所知。**5** 他的妻子叫卡尔普尼娅，是一位既虔诚又令人敬仰的出自契松尼努斯家族（即皮索家族）②的女性，我们的先祖推崇她就好似已嫁人（且只从一而终）的最神圣女性中的女祭司，我们如今仍能在维纳斯神庙里看到她的塑像，这尊塑像的手足与头部是用大理石制成的，其余部分则是镀金的。**6** 据称，她曾拥有本属于克里奥帕特拉的大珍珠和重达一百磅的银盘子，许多诗人都提到过这件雕绘其祖上历史事迹的银盘子。**7** 我似乎比事情所需的往前走得更远。可我该做什么呢？［因为］就天性的偏向而言智慧是多言之物。**8** 因此，就转而回到契索里努斯身上吧——他虽为高贵之人，却据说只当了七天皇帝，于国家既无多少裨益又无多

---

① 关于此事，请参见《两马克西米努斯合传》，X。——英译者注
② 卢西乌斯·卡尔普尼乌斯·皮索·契松尼努斯（Lucius Calpurnius Piso Caesoninus），公元前 148 年执政官，他将自己的第二个尾名传给自己的后代，在他们中间就有因被西塞罗痛斥而出名的公元前 58 年的执政官，不过并无理由相信该家族到公元三世纪仍然存在，并且此卡尔普尼娅有可能是作者为了用伟人之名装点自己的著作而杜撰出来的。——英译者注

少害处。

契索里努斯

XXXIII. 1 此人实乃一名军人，并在元老院议事堂里保有古时的尊衔。他两度担任执政官和近卫军长官、三次任罗马市长、四次任［元老院行省的］总督、三次任与执政官等衔之职、两次任与裁判官等衔的副将①、四次任与市政官等衔之职、三次任与财务官等衔之职，还出任过赴波斯以及赴萨尔玛提亚的特使。**2** 虽然如此，可在经历过上述一切高官显职之后，上了年纪的他正在自己的庄园里安度余生，一只脚因在瓦勒良时代与波斯人的战争中负的伤而变瘸了，就在那时他被立为了皇帝，并被小丑们戏谑地唤作了克劳狄乌斯②。**3** 当他表现出万分严厉，以严格的军纪让士兵无法忍受之时，就被那些曾经扶立他的人杀死了。**4** 他的坟墓现在仍在博洛尼亚，墓上用硕大的字体刻下了他［所担任过的］所有官职，可在最末一行却加上了这样的句子："方方面面都有天助，却最缺帝王之福命。"**5** 他的家族至今仍流传于世，并以契索里努斯的族名被世人反复提及，他们中的一些出于对罗马人事物的憎恨而迁往了诸色雷斯，另一些则迁往了比提尼亚。**6** 他那幢再漂亮不过的屋子现在也尚存于世，并与弗拉维家族［的屋子］毗邻着，而据称，元首提图斯就是该家族的一员。**7** 三十位僭主如今您已有完整无缺的数字了。您以前常控诉那些［对我］不怀好意的人，虽然是用友善的态度。**8** 现在，就请把这卷写得与其说文辞优美不如说更忠于事实的小书给

---

① 即元首直辖行省的总督。

② 显然是双关，克劳狄乌斯（Claudius）即瘸脚之意。——英译者注

任何您乐意给的人吧。我似乎并不承诺自己做到文辞优美，但却保证做到忠于事实，因为我创作的这些关涉元首生平的小书并非是书写的，而是口述的，并且我口述［的过程］是那么的急迫——或是我自己许下过允诺，又或是你要求如此急迫——因为你一直在催促着，以至于我都没有喘息的机会。

被奉为神的克劳狄乌斯传

特莱贝利乌斯·波利奥

I. 1 现在已到元首克劳狄乌斯了。出于对恺撒君士坦提乌斯的敬意，对鄙人来说应该小心翼翼地用文字道出他［的事迹］。①之所以如此，那是因为我既已在那卷记下了三十位僭主（如今还包含有克里奥帕特拉②及维克托利娅的族人③）的书里用文字写下过其他篡权夺位之君（指的即是那些无足轻重的元首们）的传记，便无法拒不提及他。2 因为事情已至此地步，以至于为了与伽利埃努斯作对比，甚至连女人们的传记都被写了上去。3 确实，对那位元首避而不谈并不妥当——他传下了如此多的后裔，他凭自己的勇气就结束了与哥特人的战争，他以胜利者的姿态对国家的灾患施以了援手，他虽非阴谋的策划者，却把那头怪兽般的皇帝伽利埃努斯从国家掌权者的位置上赶了下来，并打算为人类中的善者亲自执掌起大权来，而假如他在这个国家能驻留更长时间的话，就可以凭借自己的勇气、

---

① 关于君士坦提乌斯同这位皇帝克劳狄乌斯［二世］之间的关系，请参见《安东尼努斯·埃利奥伽巴鲁斯传》，II，4 及注脚；XXXV，2 及注脚。

② 指泽诺庇娅。关于此事，请参见《三十僭主合传》，XXX，2。——英译者注

③ 关于此事，请参见《三十僭主合传》，XXXI，1—4。——英译者注

谋略，和远见为我们重新带来诸西庇阿、诸卡米勒斯，以及所有
[诸如此类的] 古代人物。

II. 1 我无法否认，克劳狄乌斯并未统治很长时间，但若是这
样的人能够统治得如人的寿命一般长久，他的统治时间仍 [让人觉
得] 是短暂的。**2** 因为在他身上有什么不是令人称奇的？有什么不
是卓著超群的？有什么不能超越那些再古老不过的凯旋者的？**3** 图
拉真的勇武、安东尼努斯的正派、奥古斯都的自律，以及诸位优秀
元首的善良品质都存在于他身上，以至于他不会以其他人为榜样，
而如若上述那些人不曾出现过的话，他真的就会为其他人留下榜样
了。**4** 那些最为博学的占星家认定，给予人类活在世上的时间应为
一百二十年，并断言无人得到过更长的时间。他们还补充道，惟
有上帝之友摩西如犹太人的书卷所说活了一百二十五个年头，[①] 当
他抱怨自己死时还很年轻的时候，据他们所说，不为人知的神明
便答复他道，无人会比他活得更久。**5** 即便克劳狄乌斯真的曾活了
一百二十五个年头，[鉴于] 他的生命展现于世人面前是伟大而又
神奇的，因此正如图利乌斯在谈到西庇阿时所说的，[②] 大家仍不忍巴
望他老死西去。**6** 因为，有哪种优秀品质是那个人在屋里屋外不曾

---

① 关于此事，请比照《旧约·申命记》（摘自和合本），34，7："摩西死的时
候年一百二十岁。眼目没有昏花，精神没有衰败。"

② 请参见西塞罗的《为米罗辩护》（*Ciceronis Pro Milone*），16："……再高
贵不过的人，为捍卫元老院而战的人，可以说那个时代的卫士，我们这位
法官、这位最无畏的马可·加图（Marcus Cato）的叔舅，平民的保民官马
可·德鲁苏斯（Marcus Drusus）在自己的屋子里遭到了杀害。对于他的死，
人民未做出任何回应，元老院也未曾颁令质询。当普布利乌斯·阿非利卡
努斯（Publius Africanus）夜晚在家熟睡时遇到了袭击，我们从父辈那里听
到，那时在这座城里充满了多么巨大的悲伤啊！那时有谁不哀号？人人都
希望他尽可能做到长生不死，却未等到老死西去就中途亡故了，有谁不在
这样的愤恨中受到煎熬？"说的是小西庇阿·阿非利卡努斯。——英译者注，
引文为汉译者补充。

表现过的呢？他爱父母。令人感叹的是什么？他还爱兄弟，这已够得上令人吃惊了；[此外] 他爱亲人，这在我们的时代已等同于奇迹了。他未嫉妒过任何人，但对坏人则施加了惩处。**7** 他公开审判犯下偷盗罪的法官，对于愚痴者他则采用一种看似宽大的方法对他们不加处置。他颁布了一些最为出色的法律。**8** 在国事方面，他是如此的杰出，以至于再优秀不过的元首想要推选他的族人来执掌大权，而革新后的元老院也渴望得到他的族人。

III. 1 某人也许会相信我这么说是为了取悦恺撒君士坦提乌斯，不过您的正义感连同我的经历证实我从未想过、说过、做过任何取悦人的事情。**2** 我只是在谈论元首克劳狄乌斯，他的生活方式、他的正直笃实，以及他在国家里所做的一切都给后人留下了如此巨大的声誉，以至于罗马元老院和人民在他去世后颁给了他史无前例的荣耀，如：**3** 依照全体元老院的意见，一面金圆盾（或正如语法学家们说的"圆盾牌"①）为他被安放在了罗马的元老院议事堂里，他的外貌现在仍可通过半身塑像被人目睹到。**4** 罗马人民自己出资在至高至善的朱庇特神庙前的卡庇托山上给他（之前从未给任何人）竖起了一尊十步高的金身塑像。**5** 依照寰宇之内一致的意见，一根顶部铸有一尊一千五百磅重、衣服边角饰着棕榈枝的银塑像的柱子为他被安放在了宣讲坛上。**6** 他就像能洞悉未来之事一样扩建了曾经韦斯帕芗还有提图斯（我不愿去讲图密善）所属的弗拉维家族 [的屋子]。② 他在很短的时间里就结束了与日耳曼人的战争。**7** 于是，元老院成了他的奉承者、罗马人民成了他的奉承者、外邦之族成了他的奉承者、行省成了他的奉承者，因为所有等级、所有年纪的人，

---

① 圆盾一词前者用的是阳性 clipeus，后者用的是通常表示非生命体的中性 clipeum。

② 之所以说他洞悉未来之事，也许是因为"弗拉维"的名号在君士坦丁大帝之父君士坦提乌斯之后总被帝王当作首名使用。

以及每一座城市都用塑像、旗帜、桂冠、圣地、拱门、祭坛、神庙让这位贤明的元首获得了荣耀。

IV. 1 那些以贤明之君为榜样的人，甚至扩及寰宇以内的人类，若想知道国家对于那位克劳狄乌斯持何种态度，都有必要了解元老院颁布的和他相关的法令会是怎样的。**2** 三月二十四日，流血之日 [①]，在西贝拉女神的神庙里，消息传至：克劳狄乌斯已被立为皇帝，而元老院出于正举行祭祀仪式之故无法召集起来，不过 [元老们] 还是披上托袈袍，来到了阿波罗神庙，待把克劳狄乌斯元首的信件宣读出来之后，针对克劳狄乌斯的如下言辞被 [众人] 道了出来：**3** "奥古斯都克劳狄乌斯啊，愿众神佑护您。"这句被说了六十遍。"克劳狄乌斯奥古斯都啊，我们一直希望您或像您那样的人成为元首。"这句说了四十遍。"克劳狄乌斯奥古斯都啊，国家需要您。"这句说了四十遍。"克劳狄乌斯奥古斯都啊，您是兄弟、您是父亲、您是朋友、您是善良的元老、您是元首，这是真真切切的。"这句说了八十遍。**4** "克劳狄乌斯奥古斯都啊，快让我们摆脱奥列奥鲁斯吧。"这句说了五遍。"克劳狄乌斯奥古斯都啊，快让我们摆脱帕尔米拉人吧。"这句说了五遍。"克劳狄乌斯奥古斯都啊，快把我们从泽诺庇娅、从维特鲁维娅之手解放出来吧。"这句说了七遍。"克劳狄乌斯奥古斯都啊，特提里库斯一事无成。"这句说了七遍。

V. 1 待克劳狄乌斯被立为皇帝之后就首先出征因万分取悦伽利埃努斯而对国家为害颇深的奥列奥鲁斯，[②] 并将他从执掌国家权柄的位置上驱赶了下来。随后他通过向人民颁布法令，同时还给元老院送去文告的方式，把 [奥列奥鲁斯] 判定为了僭主。**2** 此外还需

---

① 最初西贝拉女神的祭司需要在这一天去势（关于此事，请参见《埃利奥伽巴鲁斯》，VII，2），后来演变成了大祭司象征性地切开手臂并流出鲜血的一种仪式。——英译者注，有删减。

② 请参见《三十僭主合传》，XI。——英译者注

补充道：在奥列奥鲁斯提出恳请并谋求缔结和约之时，这位既严肃又认真的皇帝未予听从，而是以如下的答复进行了拒绝："这种东西本该去求伽利埃努斯的，因为他性情与你相近，可能也感到过害怕。"**3** 最终，奥列奥鲁斯在梅迪奥朗诺附近经其手下士兵的决定失去了性命，而据其生平与秉性有这种结局乃理所当然。虽然如此，可某些历史学家却试图赞美这个人，这么做确实是可笑的。**4** 如伽鲁斯·安提帕特，一位高尚的走狗、历史学家中的败类，以如下的言语作为奥列奥鲁斯［传记］的开场白："鄙人已［写］到那个人如其名的皇帝 ① 。" 显然，巨大的美德［让他］用黄金当作了族名。**5** 然而，我知道的是，在角斗士中这个名衔常被授给那些善于战斗的优秀者。最近，此名衔就出现在了包含选手名录的您的赛会布告上。

VI. 1 但就让鄙人回到克劳狄乌斯身上吧。因为，正如鄙人之前讲到的，在马克里安努斯向哥特人发起袭击令他们奔逃而散之际（克劳狄乌斯当初为了避免那件［随后］就会发生的事情曾不允许驱逐哥特人），哥特人曾鼓动属下全族为取得战利品而对罗马人［进行了劫掠］。**2** 最终，斯基泰人属下各部、陪乌契尼人、格鲁森尼人、东哥特人、特文吉人、维西人、杰佩德斯人、凯尔特人，还有埃鲁利人在渴求战利品的驱使下侵入了罗马人的领土，并蹂躏了许多地方，而就在那同时，克劳狄乌斯一边忙于应付其他事务，一边犹如统帅一样准备着这场由他终结的战争，结果罗马人的噩运在这位贤明之君的努力下似乎得到了缓解。**3** 不过，我相信，［事态如此这般发展］是为了让克劳狄乌斯的荣耀得以增加，并使他取得的胜利得以在寰宇之内令他成就更大的荣耀。**4** 那时，武装起来的部族实际上有三十二万人。**5** 现在，就让那个控诉鄙人在献媚的人去说克劳狄乌斯

---

① 奥列奥鲁斯的拉丁语原文为 Aureolus，意思是"金铸的"、"漂亮的"、"优秀的"。

不怎么惹人欢喜吧。那可是三十二万武装起来的人啊。薛西斯最后率领过那么多人吗？什么样的传说造出过如此的数字？哪个诗人诵出过这样的数字？那可是有三十二万武装起来的人啊。**6**外加奴隶、外加家属、外加车垒①。[据说，]河流被饮尽了、森林被烧光了，最后大地还要在数量如此之巨的潮水般的蛮族的承载下遭受磨难。

　　VII. 1现在仍流传有一份克劳狄乌斯本人写的交给元老院用来向人民宣读的文告，其中他就指出了蛮族的数量，其文字如下：**2**"元首克劳狄乌斯向罗马元老院和人民[致以敬意]。"据称，他亲自口述了这份文告，而我并不需要那机要秘书②[整理后]的文字。**3**"元老们，快带着惊奇听听真实情况吧。三十二万武装起来的蛮族来到了罗马人的领土内。如果我战胜他们，你们就对我的付出做出回报吧；如果我没打胜仗，你们该考虑到我是想在伽利埃努斯当政结束后再发起战斗。**4**整个国家已岌岌可危，瓦勒良当政结束之后、英杰努乌斯当政结束之后、雷伽利安努斯当政结束之后、洛利安努斯当政结束之后、珀斯图姆斯当政结束之后、契尔苏斯当政结束之后，以及其他出于对伽利埃努斯的蔑视而反叛国家的那千把个人当政结束之后，我们一直在战斗。**5**盾牌、战剑、投枪已无所剩。特提里库斯掌握了高卢诸行省、西班牙诸行省，以及国家的武装力量，而泽诺庇娅（我羞于说到此事）则掌控着所有的弓箭手。无论我们做什么，都足以成就一番伟业。"**6**于是，克劳狄乌斯以其天生的勇武征服了这些[蛮族]，并在很短的时间里就击溃了他们，还几乎没让什么人返回他们的故土。我现在问道，对如此伟大的胜利元老院议事堂内的金圆盾是算怎样的回报？一尊金塑像是算怎样的回报？**7**埃尼乌

---

① 原文为 carrago，意思是用数辆战车搭建起来的障碍物或堡垒。
② 关于该官职，请参见《佩西尼乌斯·尼杰尔传》，VII，4及注脚。——英译者注

斯提到西庇阿时说道："罗马人民要造怎样的塑像、怎样的柱子才能道出您的事迹？"**8** 鄙人可以说，弗拉维·克劳狄乌斯、大地上惟一的元首不是凭借柱子、凭借塑像，而是通过名声的力量获得美誉的。

VIII. 1 除此之外，他们［蛮族］还拥有两千艘船，其数量相当于当年整个希腊以及塞萨利亚试图征服亚细亚诸城时所偕船只数的两倍。不过，后者的数目乃是经诗人之笔虚构的，而前者则写在了真实历史当中。**2** 因此，如鄙人这样的作家们就说了克劳狄乌斯的好话：他击败、摧毁、歼灭了两千艘蛮族的舰只和三十二万武装起来的人，那大到要用此般数量的武装者才能布置和安装的车垒，一部分被他焚毁了，另一部分则随全部的族人一起被他交给罗马人进行奴役了，**3** 正如一封他写给当时镇守伊利里亚的尤尼乌斯·布罗库斯的信所表明的那样：**4** "克劳狄乌斯向布罗库斯［致以敬意］。我们已歼灭了三十二万哥特人，弄沉了两千艘舰只。**5** 河流被盾牌覆盖，岸上布满了战剑和投枪。地上尸骨遍布，没有一条路未受玷污，巨型车垒遭到了遗弃。**6** 我们俘虏了如此之多的妇女，以至于取胜的士兵一次就能为自己俘获两到三位女子。

IX. 1 "真希望国家不曾遭受过伽利埃努斯［的毒害］！真希望国家不曾遭受过六百位僭主［的毒害］！假如那些在诸多不同的战役中死去的士兵得以幸存，假如那些遭用卑鄙手段取胜的伽利埃努斯屠杀的军团得以幸存，国家能多得到多少实力啊！**2** 而现在，为了罗马人国家的福祉，我们付出的努力着实全集中到［挽救］已毁坏的国家之舟上了。"**3** 因为在默西亚附近曾发生过战斗，在马尔契亚诺波利斯①附近也进行了多场战役。**4** 许多人随舰船命丧波涛，

---

① 默西亚行省首府，今位于保加利亚东部德夫纳（Devna）附近的普雷斯拉夫（Preslav）。该城由图拉真修建，并以其姐妹马尔契亚娜（Marciana）之名命名。哥特人南侵之时并未成功攻打下这座城市。——英译者注

很多王遭到了俘虏，诸多部族中身份显赫的妇女遭到了俘虏，罗马诸省充斥着蛮族奴隶与斯基泰人农夫，哥特人已变成边境上的蛮族耕夫了，**5** 没有一处地方不拥有一个哥特人奴隶以供胜者奴役之用。**6** 我们的先祖见到过多少蛮族的牲畜？见到过多少［蛮族的］绵羊？见到过多少名声在外的凯尔特人的母马？这全都给克劳狄乌斯带来了荣耀。克劳狄乌斯为国家既带来了安定又送来了巨大的财富。**7** 除此之外，拜占庭附近也发生了战斗，因为留下来的拜占庭人进行了奋勇抗争。**8** 在塞萨洛尼基附近也有战斗，因为蛮族趁克劳狄乌斯不在便包围了塞萨洛尼基。**9** 战斗在不同的地方进行，克劳狄乌斯一方凭借鸟占者之助让哥特人在各地都遭到了失败，以致克劳狄乌斯似乎让国家摆脱了危亡并一直持续到其侄外孙恺撒君士坦提乌斯的时代。

X. 1 正好想到了下面这件事：据称克劳狄乌斯在科玛杰纳 ① 曾得到过神谕，为了让所有人都能理解克劳狄乌斯之族裔为国家带来福祉乃是天命注定之事，有必要将此神谕表述出来。**2** 那便是，在他被立为皇帝后曾问卜自己会统治多久，那时神谕答复如下：

> **3** 你现在正操执着父辈的权柄，
> 正统治着世界，作为诸神的仲裁者，
> 你凭自己的后生晚辈将胜过前人先辈，
> 因为你的后裔会以帝王之身行统治，
> 还会把他们自己的后裔变成帝王。

4 同样，当他在亚平宁山区问卜自己［的未来］的时候，便得到了如此这般的答复：

---

① 今奥地利多瑙河畔的图尔恩（Tulln an der Donau）。

直至夏天三次目睹到他统治着拉丁姆。①

5 同样，在他问卜自己的后代的时候［，便得到了这样的答复］：

我不为他们［的天命］设下时间和空间上的界限。②

6 同样，当他问卜想要将对方立为最高大权共享者的自己的弟弟昆提鲁斯之时，便得到这样的答复：

命运只让他显身于凡世。③

7 我之所以写出这些那是因为要使所有的人都清楚，君士坦提乌斯其人乃是神圣家族的一员、再高尚不过的恺撒、奥古斯都家族的血脉，从他那里将会传下许许多多位奥古斯都，而且是在奥古斯都戴克里先、马克西米安［·埃库利乌斯]，及其弟伽勒利乌斯［·马克西米安]④仍健在的时候。

XI. 1 正当被奉为神的克劳狄乌斯在处置上述事务之际，在将领萨巴和提玛杰尼斯的统率下，帕尔米拉人发起了反对埃及人的战争，

---

① 请参见《埃涅阿斯纪》，I，265。——英译者注
② 请参见《埃涅阿斯纪》，I，278。——英译者注
③ 请参见《埃涅阿斯纪》，VI，869。同样的诗文还出现在《埃利乌斯传》，IV，1 及《三戈尔狄安合传》，XX，5。——英译者注
④ 显然伽勒利乌斯和君士坦提乌斯没有血缘关系，但他的女儿嫁给了马克西姆斯·埃库利乌斯的儿子马克森提乌斯（Maxentius），此处所谓的兄弟关系大概是这层意思吧。关于此事，请参见拉克坦提乌斯的《论迫害者之死》（*Lactantii De Mortibus Persecutorum*），18，9：“马克西米安［·埃库利乌斯］的儿子叫马克森提乌斯，是马克西米安［·伽勒利乌斯］的女婿，此人用心险恶而又性行奸邪，自傲无比而又顽固不化，以至于经常都不向父亲和岳父行敬重礼，正因为如此，所以他被这两人所仇视。”

并在埃及人顽强不懈的抗争之下遭到了失败。①**2** 虽然如此，不过埃及人的统帅普罗巴图斯因提玛杰尼斯的阴谋设计而遭杀害。埃及人则在克劳狄乌斯不在场时宣下誓言，全体归附到罗马皇帝之下了。**3** 在安条克亚努斯和奥菲图斯出任执政官的那一年，② 来自神明的佑护为克劳狄乌斯卜到的天命带来了裨助。这么说是因为，当一大群幸存下来的蛮族聚集到埃米蒙图斯③ 的时候，在那里遭受到如此程度的饥荒和瘟疫，以至于克劳狄乌斯现在都不屑再去战胜他们了。**4** 最终，那场再激烈不过的战争被终结了，罗马民族摆脱了恐慌。**5** 虔心迫使事实得以道出，同时也为了让那些巴望鄙人被当成谄媚者的人明白，历史中该被述及的那件事鄙人未有隐瞒：**6** 正当胜利已完满实现之际，克劳狄乌斯手下的许多士兵，由于受到那种"令智者的心智都会迷失的"④ 顺境的诱惑，转而抢夺起战利品至此地步，以至于在他们全身心地沉浸于获取战利品之际，竟未想到会被少到不能再少的一撮人打得溃败而逃。**7** 最后，就在取得胜利的情况下，有近两千人被那些为数不多且已奔逃而窜的蛮族给杀死了。**8** 不过，当克劳狄乌斯获悉此事后，就把军队召集了起来，逮捕了所有心怀不轨之人，并用锁链将他们绑缚着押至罗马以备公共庆典赛会之用。就这样，无论天命所为的抑或士兵所做的，凭借这位贤明元首的美

---

① 　关于此事，请比照佐西莫斯，I，XLIV，1："这时，泽诺庇娅开始狂妄自大起来，她派扎布达斯（Zabdas）前去埃及，那是因为有个叫提玛杰尼斯的埃及人图谋将埃及置于帕尔米拉人的统治下，于是就以一支由帕尔米拉人、叙利亚人，及蛮族组成的人数达七万的军队发起了武装起义，埃及军队随即以五万之众与之交战。一场激烈的战斗便在他们之间展开了，在战斗中帕尔米拉人取得了决定性的胜利，随后他留下了五万守军便离去了。"

② 　根据执政官列表，该年是公元 270 年。

③ 　埃米蒙图斯为罗马帝国晚期的行省名，位于黑海西岸，默西亚东部，该行省实际上在戴克里先改革之后才被设立。

④ 　出自撒路斯特的《喀提林阴谋》（*Sallustii Coniuratio Catilinae*），XI，7。——英译者注

德后来都逢凶化吉了。非但从敌人那里取得了胜利，而且还完成了报仇。**9** 在这场克劳狄乌斯进行的战争中，达尔玛提亚人的骑兵表现出极大的勇武，因为克劳狄乌斯似乎表明了自己的祖上是出自那座行省^① 的，即便另有一些人声称，他乃是达达尼亚人，血统源自特洛伊人之王伊洛斯乃至达达努斯^② 本人。

XII. 1 与此同时，斯基泰人企图在克里特和塞浦路斯进行劫掠，但部队却受疾病^③ 所累而遭到了失败。**2** 与哥特人的战争确乎结束了，接着一场再严重不过的疫病又流行了起来，就在那时连克劳狄乌斯也受疾病所累而辞世去了天国——这是符合他的美德的［归宿］。**3** 在去往众神和群星之界后，一位正派之人、他的弟弟（正如我实实在在在说的，并非他惟一的兄弟^④）昆提鲁斯经全体一致裁决获得了授予他的最高大权，这大权并非由继承而来的，而是与其美德相匹配的，因为即便他不是克劳狄乌斯元首的弟弟，仍旧会被大家立为皇帝的。**4** 在他统治下，原本幸免于难的蛮族企图蹂躏安基阿卢斯^⑤ 并占领尼科波利斯^⑥。**5** 可昆提鲁斯却因［当权］时间短暂而无法做出任何与最高大权相称的事情，这么说是因为在［行使统治之后的］第十七天，他就出于对士兵们表现出的认真与严厉以及其许下的当一位名副其实的元首的承诺而遭到了杀害，此番遭遇同伽尔巴和佩蒂纳克斯一模一样^⑦。**6** 德克西普斯确实未曾讲过克劳狄乌斯是遭弑

---

① 显然指的是达尔玛提亚行省。

② 希腊神话中的人物，乃宙斯和阿特拉斯（Atlas）之女伊拉克特拉（Electra）的儿子，达达尼亚城的缔造者，亦是伊洛斯的父亲。

③ 此处拉丁网络图书馆版本有"和饥饿"之词。

④ 此处原文直译为："乃是他［另一位］兄弟的兄弟"。

⑤ 位于黑海西岸的城市，今保加利亚的波摩莱（Pomorie）。

⑥ 位于今保加利亚南部伽门（Garmen）附近的古代城市。

⑦ 伽尔巴和佩蒂纳克斯两位皇帝都是出于对军队态度严厉而在称帝后没多久便遭到了弑杀。

而亡的，但也只说了死亡，却连"因病"一词都未加上，这是为了
[表明在他] 看来此事心觉可疑。

XIII. 1 鉴于鄙人已讲过战争之事，关于克劳狄乌斯，那至少还
该说一点他的族系和家族之事，以免鄙人看起来遗漏掉一些该让大
家知道的事情。**2** 克劳狄乌斯、昆提鲁斯、克里斯普斯是兄弟。克
里斯普斯的女儿叫克劳狄娅，恺撒君士坦提乌斯便是由她及达达尼
亚族中最为高贵的尤特罗庇乌斯所生的。**3** 他们还有姐妹，其中之一
名叫君士坦丁娜，她嫁给了一位亚述人的保民官，但年纪很轻时就
去世了。**4** 关于他的祖父母 ①，鄙人所知不多。因为大部分人称述的
事迹都各有差异。**5** 克劳狄乌斯本人以秉性正派闻名，[此外] 还以
卓越无双的生活和独一无二的纯洁而出众。他饮酒有度、却热衷于
食物，他身材高大、眼睛闪着光芒，他脸蛋宽大肥满，手指上的力
量大到如此程度，以至于常常一拳打去就击碎马匹或骡子的牙齿。**6**
作为正在服兵役的年轻人，他甚至做到了在战神平原上参加为马尔
斯举行的庆典赛会时就同最勇武的那些 [选手] 进行搏斗。**7** 有个
人在搏斗中拽住了他的私处而非腰带，出于对那个人感到愤怒，他
一击就把对方的牙齿全都打碎了。此举令他名正言顺地配上了捍卫
清白之躯的赞誉。**8** 因为，此事发生时正置身现场的德西乌斯皇帝
曾公开赞扬了他的勇气和正派，还在赠予了臂环和项圈后命令他离
开士兵们的集会，以免他做出什么比搏斗比赛所需的更为激烈的事。
9 克劳狄乌斯自己没有任何孩子，昆提鲁斯留下两个，克里斯普斯
如鄙人所说留有一个女儿。

XIV. 1 现在，让鄙人进而讲述诸位不同的元首对克劳狄乌斯
所做的评价——他们竟将他说成这般模样了，以至于有朝一日当
上皇帝都是显而易见的事。**2** 一封瓦勒良寄给叙利亚的代理人佐西

---

① 也可以是外祖父母。

米奥的信是这样写的："我已任命伊利里亚族之人克劳狄乌斯为最勇武、最忠诚的第五马尔斯军团 ① 的军事保民官，因为此人胜过任何最为忠诚、最为勇武的老臣。**3** 你将每年从朕的私库里给他拨出这些作为军饷：小麦三千摩第、大麦六千摩第、培根两千磅、陈年酒三千五百塞塔里、上等油一百五十塞塔里、次等油六百塞塔里、盐二十摩第、蜡一百五十磅，干草、谷糠、浓味酒醋、蔬菜、草药之类按其所需供至足够，搭帐篷用的兽皮三百张。此外，每年还要供应六头公骡、三匹马、十头骆驼、九头母骡、五十磅银器、一百五十枚铸有朕肖像的腓力佩乌 ②，以及作为新年礼物的四十七枚 [完整的] 腓力佩乌和一百六十枚三分之一重的腓力佩乌。**4** 同样，还要供给十一磅重的大小杯子与厨具。**5** 每年还要提供两件红色束腰上衣、两件红色的希腊军用斗篷、两枚镀金的银制扣环、一枚佩了铜扣针的金制扣环、一根镀银的套剑带、一枚镶有两颗宝石且重一盎司 ③ 的戒指、一个七盎司重的臂环、一个一磅重的项圈、一顶镀金的头盔、两块镶金的盾牌、一副将来要送还的盔甲。**6** 另外还要供给两柄赫拉克勒斯式短矛、两柄短枪、两把镰刀、四把割草刀。**7** 还有一位将来要送还的厨子、一名将来要送还的赶骡人、两名从俘房中选出的美貌妇女。**8** 还有一件带杰尔巴特紫 ④ 的部分丝织衣服 ⑤、一件带毛里塔尼亚紫的短内衣。**9** 还有一位将来要送还的书记

---

① 当时的第五军团的绰号应该叫马其顿人（Macedonica）而非马尔斯，驻地在默西亚。罗马历史上以马尔斯为绰号军团可能是第四军团，不过它应该出现于比克劳狄乌斯更晚一些的时代。

② 此名最初用来表示马其顿人腓力二世发行的著名金币，偶尔也被用以表示罗马的金币。——英译者注，有删减。

③ 一盎司为十二分之一罗磅，合 27.4 克。

④ 杰尔巴特乃今天位于突尼斯南部海岸外的杰尔巴岛（Djerba），是罗马帝国一处紫色染坊的所在地。

⑤ 关于部分丝织衣物，请参见《埃利奥伽巴鲁斯传》，XXVI，1 及注脚。

员、一位将来要送还的负责切肉的侍者。**10** 还有两件一模一样的塞浦路斯椅榻套、两件干净的内衣、两根男式绑脚、一件将来要送还的托袈袍、一件将来要送还的宽紫纹短袖袍。**11** 还有两名作为侍从的猎手、一名造车匠、一名主将营帐的管事、一名送水侍从、一名渔夫、一名制蜜匠。**12** 外加每天一千磅的木料——那是在供给充沛的情况下，但若没那么多木料可供给的话，无论在哪儿，就尽可能多地加以供应——以及每天四盆木炭。**13** 还有一名沐浴侍从及一些洗浴所需的木料，但若没那么多木料可供给的话，就让他去公共浴池沐浴吧。**14** 至于那些出于本就匮乏而没能在这里写下的事物，你就适当加以供应，但绝不让任何物品折换成钱币，假如在哪里缺少哪样东西，那就不要供应，也不要以钱币支付。**15** 另外，因为他是一位如此优秀之人，以至于应该获得更多的供给，所以我不是把他当成军事保民官而是当作统帅一样把所有上述这些单独进行了授予。"

XV. **1** 同样，在另一封由同一位［瓦勒良］寄给近卫军长官阿布拉维乌斯·穆莱纳的信里则是这么写的："那就快停止你的抱怨吧，你不要总是发表言论说，元老院和人民在抱怨克劳狄乌斯仍是一个军事保民官，并未以统帅之位掌控军队。**2** 他已被任命为统帅了，而且是全伊利里亚的统帅。在他掌控下的有在色雷斯、默西亚、达尔玛提亚、潘诺尼亚、达契亚的部队。**3** 此杰出之人据朕的判断也想要得到执政官之位，如果这符合他心意的话，只要他愿意，任何时候都可取得近卫军长官之职。**4** 要你确实明白的是，朕拨给他的军饷和埃及地方长官①得到的一样多，朕供给他的衣裳和供给阿非利加总督的一样多，白银和伊利里亚矿业专员获得的一样多，侍从

_____

① 该职位相当于埃及总督。关于此官职，请参见《哈德良传》，VII，3 及注脚。

数量和朕在任何一座城市为自己任命的一样多，这么做是为了让所有的人都清楚，朕对这般优秀的人所持的态度。"

XVI. 1 同样，有一封德西乌斯写的有关同一位克劳狄乌斯的信，内容是这样的："德西乌斯向亚该亚的都统梅萨拉致以问候。"其余内容有："而朕的军事保民官克劳狄乌斯，作为一位数一数二的青年、再勇敢不过的战士、再忠贞不过的公民，以及营地、元老院，和国家的不可或缺之人，朕命令他前赴温泉关，并将伯罗奔尼撒的安危托付于他，因为朕知道在完成朕下达的一切指令方面没有人表现得比他还好。**2** 你要从达达尼亚地区给他调去［普通］士兵两百、甲胄兵一百、骑兵六十、克里特的弓箭手六十，以及装备良好的新兵一千。**3** 因为，鉴于并未发现有谁比他更忠诚、更勇敢、更正派，把那些新兵部队托付［给他］就是件好事。"

XVII. 1 同样，当伽利埃努斯通过情报员① 获知克劳狄乌斯因其生活安逸而感到愤怒之时，便［给情报员］写了这样的一封信："**2** 你在自己写的文件里提到说，朕的亲属与朋友克劳狄乌斯因亲闻诸多不真实的消息而心生万般怒意，对我来说没有哪件事比这件更令我沮丧的了。**3** 因此，我的维努斯图斯，如果你忠于我，趁尚在气头上的达契亚的士兵们还不知道这件事之际，我要求你让格拉图斯和埃莱尼安努斯去安抚他，以免事态变得严重。**4** 我亲自给他送去了礼物，你要让他心满意足地收下它们。除此之外，应注意的是，不要让他知道我晓得这件事，而令他料定［我］在冲他发火，以致因濒临绝境就选择铤而走险之策。**5** 我还给他送去了两件镶嵌宝石的三磅重的酒碟、两件镶嵌宝石的三磅重的金酒杯、一件带青藤图案的二十磅重的银盘子、一件带葡萄藤图案的三十磅重的银碟子、一件带青藤图案的二十三磅重的银酒碟、一件二十磅重的银鱼

---

① 关于这类人，请参见《哈德良传》，XI，4 及注脚。——英译者注

缸、两件六磅重的饰金银罐、若干小的银瓶子共计重量达到二十五磅、十件带埃及的或带其他不同种类工艺的杯子、**6** 两件光鲜亮丽的带紫边的希腊军用斗篷、十六件各式各样的衣物、一件白色的部分丝织衣服、一件三盎司重的带金色和紫色饰边的衣服①、三双帕提亚软鞋（从朕的物品里获取）、十件达尔玛提亚束腰袍②、一件达达尼亚斗篷、一件伊利里亚斗篷、**7** 一件巴尔达奇外袍③、两顶带绒毛的帽子、四条萨拉布德④方巾、一百五十枚铸有瓦勒良头像的金币、三百三十枚铸有萨罗尼努斯头像的三分之一重的金币。"

　　XVIII. 1 在克劳狄乌斯踏上最高大权之前，他还获得了元老院的热切赞许，这么说是因为，当有消息传来说，他与玛尔西亚努斯⑤一起勇敢地同伊利里亚的诸族作战的时候，元老院发出了欢呼：**2** "祝福您，最勇武的统帅克劳狄乌斯！为您的勇气、为您的忠诚［祝福］！我们全体一致颁令为克劳狄乌斯铸造一尊塑像。我们全体一致希望克劳狄乌斯担任执政官。**3** 爱国家的人就是这么做的，爱元首的人就是这么做的，古代的战士们就是这么做的。克劳狄乌斯，依元首之令，天命助您，出于您的勇武，天命助您，您是执政官，您是主政的高官。瓦勒利乌斯［·克劳狄乌斯］万岁，愿您受到元首垂爱。"**4** 把此人应得的那些赞誉之词全都写下是件颇费时间的

---

① 该词原文 Paragaudes（希腊语 παραγῶδης），指的是一种绣有金色希腊字母 Γ 作为花边（花边底色为紫色）图案的衣服。后来演变成一种由上等丝绸做成的带袖长袍（上述花边式样未变），并作为皇帝对有突出贡献官员的赏赐物。

② 关于这种服饰，请参见《康茂德·安东尼努斯传》，VIII，8 及注脚。——英译者注

③ 关于这种服饰，请参见《埃尔维乌斯·佩蒂纳克斯传》，VIII，3 及注脚。——英译者注

④ 今黎巴嫩的萨勒普塔（Sarepta）。
　位于腓尼基的西顿（Sidon）附近，以其紫色闻名。——英译者注

⑤ 关于此人，请参见《两伽利埃努斯合传》，VI，1。——英译者注

事情，虽然如此，我仍绝不该惟独对如下之事闭口不提：无论在当权之前、当权之时，还是当权之后，无论元老院还是人民都如此的喜爱他，以至于大家普遍都认同，无论图拉真还是诸安东尼努斯抑或其他哪位元首都得不到这般程度的爱戴。

被奉为神的奥勒利安传

弗拉维乌斯·沃庇斯库斯·叙拉库西乌斯 [①]

I. 1 在举行西贝拉女神祭 [②] 期间——我们知道，逢此节日，一切所做所言所行当以节庆为重——待祭祀仪式完成之后，名声显赫之人、头顶令人敬畏之名者、罗马市长尤尼乌斯·提比里安努斯 [③] 将我请上了自己的马车，也就是他的官车。**2** 车上，他的内心在摆脱了诉讼与国事之后变得闲暇起来，于是从帕拉丁山至瓦里亚花园的一路上聊了很多话，且谈话的内容大都和诸位元首的生平有关。**3** 当我们抵达了由奥勒利乌斯奉献的太阳神神庙之后，[尤尼乌斯·提比里安努斯] 问起我，有谁用文字记下过那位 [奥勒利乌斯] 的生平，

[①] 该尾名的意思是"叙拉古人"，叙拉古城位于西西里。

[②] 人们在三月二十五日为对西贝拉女神表达虔心而举行庆祝。——英译者注

[③] 尤尼乌斯·提比里安努斯乃公元 281 年和 291 年的执政官。根据公元 354 年的年表所列，此人公元 291 年 2 月 18 日至 292 年 8 月 3 日，以及公元 303 年 9 月 12 日至 304 年 1 月 4 日出任罗马市长。鉴于这批传记连同那些署特莱贝利乌斯·波利奥名的都不会在公元 292 年之前写成的，因此这里指的一定是其第二次担任市长的任期。不过，上述任期并不包括西贝拉女神祭的时间，有人不得不得出结论说，如果这里所指不是十一月三日的伊西丝女神祭（有时也可以用 Hilaria 来表示）的话，那写在这里的插叙就仅仅是一种文学修辞。——英译者注

因为他［尤尼乌斯·提比里安努斯］本人的血统或多或少出自前者之族系。**4** 我答道，在自己读过的［作家著作］里，没有一位拉丁［作家写过他的传记］，倒是有一些希腊［作家］，当时那位敬畏之人在一阵叹息之后道出了下文以表达自己的遗憾：**5**"忒尔西忒斯[①]、西农[②]，以及其他一些古代的奇人奇才我们都知道得一清二楚，并且还将在后世子孙中不断传诵。被奉为神的奥勒利安、最为著名的元首、最为严厉的皇帝，借他之力整个世界都归复到了罗马人的名下，后世子孙将要对他不知不识吗？愿神明免除这样的愚昧。**6** 虽然如此，若我没记错的话，我们仍保有着那个人的书面实录以及以历史手法呈现的战争详记，我希望你获取这些材料，并在补充一些与其生平相关的事迹之后将它们梳理成文。**7** 你用心的话就会从亚麻书卷里对上述所有事迹有个全面的了解，因为［奥勒利乌斯］曾亲自下令把他每天的所作所为写进那些书里。另外，我会关照大家从乌尔庇亚图书馆把亚麻书卷取来给你。**8** 我希望你尽己所能将奥勒利安［的生平］如实地写成文字。"**9** 我的乌尔庇安努斯[③]，遵照吩咐，我已拿到那些希腊语书卷，并把我需要的一切材料都掌握在了手里，我将这些素材中那些值得被人记住的都整理到一起写成了一本小册子。**10** 我希望您能从好的方面为我的这份礼物着想，如果它未能令您感到满意的话，您可以去研读希腊作家［的著作］，也可以去找一下亚麻书卷，只要您想要，乌尔庇亚图书馆就会把那书提供给您的。

II. 1 由于我们在那辆车上谈到了特莱贝利乌斯·波利奥（他把从两位腓力开始直至被奉为神的克劳狄乌斯及其兄弟昆提鲁斯为止的诸位帝王，不论名声在外还是默默无闻，都写成了历史），当时提

---

① 辱骂阿伽门农的人（《伊利亚特》，II，212）。——英译者注

② 说服特洛伊人将木马带回城的人（《埃涅阿斯记》，II，67）。——英译者注

③ 拉丁网络图书馆版本此处人名作"皮尼安努斯"（Pinianus）；另有其他版本作"提比里安努斯"［彼得（Peter）］。

比里安努斯说，波利奥的［作品］有许多写得漫不经心，还有许多写得简单粗糙；我则回答道，至少在历史写作方面，对不符真相之事全然避而不谈的作家是根本没有的，并进而举出了以确凿证据为证李维在哪个地方被证明是失实的、撒路斯特在哪个地方是失实的、科尔涅利乌斯·塔西佗在哪个地方是失实的、特罗古斯①在哪个地方是失实的。［提比里安努斯］转而对这个观点表示赞同，还同时一边伸出一只手一边开玩笑地说了另一番话，**2** 他说："那就随你喜好去写吧。你想说什么就安心地说吧，［你］将成为吹牛者的同伙，我们赞叹这些作家在书写历史时的能言善辩。"

III. 1 就别让已疲惫意乱的我在文章的开头再絮叨这些既冗长又琐碎的事了吧。被奉为神的奥勒利安，如大多数人说的，出生于西尔米翁②一个默默无闻的家族，有的人则说［他出生于］多瑙河畔达契亚③。**2** 另外，我记得曾读到过一位作家，他声称他［奥勒利安］出生于默西亚。人们对那些出生颇为卑微者的出生地一无所知，而这些人往往自顾自地编造自己的出生地，以便把出生地的崇高光辉传给后世子孙，这种事确实常有。**3** 虽然如此，不过在伟大元首的事迹中该被人知道的首先不应当是他出生于何地，而是他在国家之中有多么伟大。**4** 难道人们对柏拉图做出更高的评价，他生于雅典这一点要更甚于他以智慧的赠礼脱颖而出？**5** 或者，大家会因为生在小到不能再小的村寨而把斯塔基拉的亚里士多德、埃利亚的芝诺④，抑或斯基

---

① 奥古斯都时代的庞培·特罗古斯（Pompeius Trogus），曾写过《腓力史》（*Historiae Philippicae*），只有尤斯丁努斯（［Marcus Iunianus］Iustinus）的简写本流传了下来。——英译者注
② 关于该城，请参见《两马克西米努斯合传》，XIII，3 及注脚。
③ 由奥勒利安本人设立的新行省，因此显而易见，不应认作他的出生地。——英译者注
④ 古希腊埃利亚学派的著名哲学家巴门尼德（Parmenides）的学生和朋友，出生在意大利南部的希腊城邦埃利亚（Elea）。

泰人阿纳喀尔西斯①当成微不足道之人，即便一切哲学的美德已将他们提升到了天上？

IV. 1 接下来，就让我回到主题吧。奥勒利安虽由卑微父母所生，但自最初的孩提时代起他就是一个天资再聪颖不过的人，他以勇武闻名，且在操练投枪、射箭，还有其他一些武器的时候从未落下过一天，即便那是在节日或不该进行训练的休息天。**2** 长久以来最博学的希腊人作家提尔②的卡利克拉特斯确乎说道，他的母亲曾是她父母所住镇上的当地人［崇拜的那个］③太阳神神庙的祭司，**3** 甚至还有某种程度的预言神力，以至于一次当她与丈夫吵架，埋怨他愚蠢而又低贱的时候，对他吼道："瞧呀，真是皇帝他爸啊！"由此大家便对这位妇女知晓命数心知肚明。**4** 同样这个作家还说，曾出现过如下的征兆预示着奥勒利安会执掌最高大权：首先，在他还是孩子的时候，有条蛇经常围住他的浴缸，而没有人能够杀死它；最后，他母亲看到此事，便让人别把这条蛇杀死，就好像它是家里的一员一样。**5** 另外，据称，这位女祭司把当时皇帝献给太阳神的一件紫色希腊短袍做成了给儿子裹身的襁褓。**6** 还有一则，一只老鹰将襁褓包裹着的奥勒利安从摇篮里叼了起来，然后放到了神龛边上恰巧未燃着火的祭坛上，期间并未对他造成伤害。**7** 同样这位作家还说，在他母亲的家乡有一头体型硕大的牛犊降生了下来，这牛犊是白色的但又夹杂着紫色图纹，以致在身体一侧形成了"AVE"④的图

---

① 斯基泰人王子，曾旅行至希腊。据信他在公元前六世纪时作为梭伦（Solon）的朋友居于雅典，并为一系列格言集的作者。参见第欧根尼·拉尔修的《明哲言行录》（*Diogenis Laertii De Vitis Dogmatis et Apophthegmatis Eorum qui in Philosophia Claruerunt*），I，8，101。——英译者注

② 位于地中海东岸今黎巴嫩南部的海滨城市。

③ 拉丁网络图书馆版本此处作"不可战胜的"。

④ 拉丁语"祝好"、"向您致敬"的意思。

案，另一侧是一顶桂冠的形状。

V. 1 我记得自己在上述作者的书里还读到过许多［其他］无关紧要之事。那位作家还声称道，在奥勒利安出生的时候，那名妇女屋子的庭院里曾长出带玫瑰芳香并开出金色花心的紫色玫瑰。**2** 在那之后，他参军服役时也出现了许多征兆预示他（正如事实发生的那样）将要执掌最高大权。**3** 譬如：当他坐着马车（因为那时他受了伤而无法骑马）进入安条克城时，一件为彰显其荣耀而铺在外面的紫色裹袍落了下来，并正好遮住了他的手臂。**4** 当他想要换骑马匹时（因为那时在城里使用马车是招人憎恶的事），给他牵来的是皇帝的马，而他出于急着赶路的缘故就骑上了那匹马。不过当他发觉［这马是谁的］之后便换上了自己的马。**5** 此外，在他作为使节前往波斯的时候，一只雕有太阳神的酒碟被赠给了他，该神像衣着与其母亲任祭司的那座神庙里受人膜拜的太阳神一模一样，该神像刻在酒碟上就如波斯人之王通常赠予［罗马］皇帝的那样。**6** 同样是他，还获赠了一头身躯异常庞大的大象，而这种［礼物］那位［波斯人之王］是赠送给［罗马］皇帝的，在一切拥有大象的人之间，只有奥勒利安是一介凡民。

VI. 1 但就让鄙人略去凡此种种之事吧。奥勒利安英俊貌美，那是因为他英气十足、充满男子气概，他身材颇为高大、筋骨极其强健。他虽对饮酒和吃东西有些许嗜好，却几乎不沉溺其中。他万分严厉，恪守纪律到了无人可及的程度，还时刻都准备着拔剑［赴战］。**2** 由于当时军中有两位军事保民官都叫奥勒利安：上述这位和与瓦勒良一同被俘的那一位。于是军队为前者冠上了"手握武器"作为代号，以便在被一时问起是哪个奥勒利安干了某件事或做出了某件功业时就可以答复道"手握武器的奥勒利安"，由此便能指出是他。**3** 在他还是凡民时就做出了许多著名之事。譬如，他单凭三百名守兵就歼灭了侵略伊利里亚的萨尔玛提亚人。**4** 对诸位恺撒当政

时代［的历史进行书写］的作家提奥克利乌斯称道，在与萨尔玛提
亚人的战争中，奥勒利安在一天时间里亲手杀死了四十八个人，并
在数天之内杀死了九百五十多人，以至于男孩们对奥勒利安编了如
下的短歌和小曲，以供节日上扮作士兵合拍而蹈：

> **5** 千人、千人、千人，我们干了千人斩。
>
> 单单一人！我们就干了千人斩。
>
> 让杀千人者饮千［杯酒］吧。
>
> 这些血都灌上的话，"酒"会多到无人能有的程度。

6 在我看来，这些小曲价值不高，但鉴于上述作家如此这般地
用拉丁文写入了自己的作品中，我认为就不该对此默不作声。

VII. 1 同样是这个奥勒利安，他在摩根提亚库姆[1] 附近以第六
高卢人军团[2] 军事保民官的身份击溃了当时正于高卢全境四处流窜
的法兰克人，结果杀死了七百人，俘虏三百，并把他们当作战俘卖
为了奴隶。**2** 由此关于他便又有人编了这样的小曲：

> 一千萨尔玛提亚人、一千法兰克人，我们杀了一遍又一遍，
>
> 现在我们要找一千波斯人啦。

3 此外，正如鄙人说过的，奥勒利安令士兵们感到如此畏惧，
以至于在他统治下，有一次，待其万分严厉地纠正营地内的罪恶行
径之后，便不再有人做出错事了。**4** 实际上，所有人当中惟独他，

---

① 今德国美因兹（Meinz）。

② 帝国时代只出现过第六铁舰军团（Legio Sexta Ferrata）、第六胜利者军团
（Legio Sexta Victrix），两者都未驻扎过摩根提亚库姆。叫"高卢人"的军
团乃第三军团，驻扎在叙利亚。

因强奸了提供住宿的屋主的妻子而对一位士兵施以如此这般惩处：他弄弯两棵树的树梢，将之［分别］绑在士兵的两条腿上，随后又［松开手］让它们猛地向上弹去，以使这位士兵在被撕成两半之余残躯还挂在树梢上，此举令所有人都感到了莫大的恐惧。**5** 有一封在他服役时寄给自己助手的信，内容是这样的："如果你想当军事保民官，或更准确地说如果你想活下去的话，那就得管住士兵的手。谁都不得偷他人的鸡、摸他人的羊；谁都不准摘走葡萄、打下谷物；谁都不许索要油、盐和柴禾。人人都该满足于自己的薪俸。［其他的一切］就让他们从敌人手里抢来的战利品中获得，而不是从行省居民的眼泪中取得。**6** 武器该被擦亮、铁具该被磨光、鞋子该被加固、该用新衣服换下旧衣服。让［士兵们的］犒赏留在口袋里而不是落到餐馆里。**7** 让士兵戴上项圈、臂环，和戒指，让士兵梳理自己的马匹和牲畜，莫让士兵出售喂牲口的饲料，要使他们一起照顾属于百人队的骡子。**8** 要让人像士兵一样服从他人，而勿使谁如奴隶一般听命他人。让他们接收医师的免费治疗，切勿给占卜师什么东西。让他们寄宿在别人那儿时要举止得当，若有谁起了争执就得对其施以责打。"

VIII. 1 我不久前在乌尔庇亚图书馆从亚麻书卷里找到这么一封被奉为神的瓦勒良写的信，里面谈到了元首奥勒利安。我理当逐词逐句在此插叙：**2** "奥古斯都瓦勒良向执政官安东尼努斯·伽鲁斯①［致以问候］。由于我把自己儿子伽利埃努斯托付给了珀斯图姆斯而非奥勒利安，你便以无论孩子还是军队显然当被交付于更为严厉之人为由以私人信件对我发起指责。要是你清楚了解奥勒利安有多么严厉的话，确实会坚持这种想法的：**3** 他太过虔敬、太过勤勉、太过庄

---

① 所知执政官里无此人名。——英译者注

严，我们的时代已不会再有人这么做了。**4** 不过，我让一切神明^①都来作证，我甚至害怕他对我儿子做出什么更为严厉的事来，因为[后者]常把轻浮之事放在心上，正如其天性倾向于玩闹那样。"**5** 这封信表明，他有多么严厉，以至于连瓦勒良都称自己害怕他。

IX. 1 同样是这位瓦勒良，还写过另外一封含有对奥勒利安赞美之辞的信件，[写这封信]是因为在他来到罗马时颁授给他的薪俸只相当于其衔级所得的数量，我从罗马市长的文件盒里取出了此信，抄写如下：**2** "奥古斯都瓦勒良向罗马市长契尼乌斯·阿尔比努斯[致以问候]。朕确乎希望给每一位对国家再忠诚不过的人颁授比其官衔所得更多的报酬，尤其当生平事迹使他得到荣耀的时候（因为除去官衔之外对其功绩的回报还有其他东西），不过国家律制规定，无人能够从行省的收入中分得多过其所属衔级级别的数字。**3** 朕任命最勇敢之人奥勒利安负责一切营地的巡查和监督之事，有了全体军队的一致认可，朕乃至整个国家都亏欠他那么多，以至于能够配得上他的回报几乎没有，又或说是太过巨大了。**4** 因为在他身上有哪一点不算闻名在外的？有哪一点比不上诸科维努斯^②、比不上诸西庇阿的？他是伊利里亚的解放者、他是高卢诸行省的光复者，而作为统帅他是伟大且又完美的榜样。**5** 虽然如此，可除了上述报酬之外，对这般优秀之人的称职尽责加以回报我却别无他法了，**6** 因为明智与向善的治国之术不允许。所以，我最亲的亲人啊，正直的

---

① 洛布版此处没有"神明"一词，因此意思变为"一切的人"。

② 根据尤特罗庇乌斯的记载（参见：尤特罗庇乌斯，II，6），在罗马人出征高卢人时，军事保民官马可·瓦勒利乌斯（Marcus Valerius）主动请缨，迎战前来挑战的高卢人。就在他出击与敌人搏斗时一只渡鸦落在了他的肩头，还在随后战斗中用翅膀和利爪与他一同作战，由此马可·瓦勒利乌斯便得到了科维努斯的尾名，因为科维努斯（Corvinus）一词出自拉丁文渡鸦（corvus）。

您要对上文提及之人提供供给，无论多长时间只要他在罗马就要供
应十六块上等品质的军用面包、四十块供营地内食用的军用面包、
四十塞塔里的佐餐酒、半只猪、两只家禽、三十磅猪肉、四十磅牛
肉、一塞塔里油，同样的还有一塞塔里鱼酱、一塞塔里盐，蔬菜药
草之类要充分供应。7 鉴于只要他在罗马待着，定额之外的东西就
当确乎颁授给他，因此你要供应他超乎规格的生计品，此外对于其
自身的花销，每天要供给两枚安东尼尼安大金币①、五十枚腓力小银
币、一百枚德纳里乌斯铜币②。"

X. 1 对某些人来说这些事迹看起来未免琐碎而且太过无足轻重
了，可求知之欲未丝毫埋没掉它们。**2** 因此，奥勒利安多次执掌统
帅大权，担任军事保民官官职的次数就更多了，在不同场合出任
统帅或军事保民官的副官近四十次，甚至还担任了自称出自图拉
真家族的乌尔皮乌斯·克里尼图斯的副官——前者事实上是个再勇
敢不过的人，和图拉真像极了，在太阳神神庙里他与这位奥勒利安
画在了一起，瓦勒良曾决定给他恺撒之尊——他［奥勒利安］统帅
部队、恢复边境失地，他给士兵分发战利品、用俘获的牛马和俘虏
让色雷斯诸行省变得富庶，他把掠得的钱物送到了帕拉丁山上的宫
殿里，还把五百名奴隶、两千头母牛、一千匹母马、一万头绵羊、
一万五千头山羊一起送到了瓦勒良的私人庄园。**3** 那时，乌尔皮乌
斯·克里尼图斯郑重地向正坐在拜占庭附近公共浴池的瓦勒良致以
了谢意，并说道，［瓦勒良］给他送来奥勒利安当副官，这对他本人

---

① 原文为 aureus Antoninianus，虽然带金币之名，但指的却是始于卡拉卡卢
斯皇帝通行于帝国晚期至戴克里先改革之前的一种大银币，重量约为六克，
币值相当于两枚帝国时代的基准银币德纳里乌斯。

② 德纳里乌斯在戴克里先皇帝当政之前是罗马人的基准银币单位，似乎从
未作为铜币单位；而腓力在当时应该指的是金币（参见《被奉为神的克劳
狄乌斯传》，XIV，3）。

真是个好的决定，因此他心意已决要接纳对方为家族成员。

XI. 1 对提及奥勒利安的信以及接纳成为［乌尔皮乌斯·克里尼图斯］家族成员本身进行了解是件有意思的事情。瓦勒良写给奥勒利安的信如下："我最为意气相投的奥勒利安啊，假如有其他人能够填补乌尔皮乌斯·克里尼图斯之职的话，我会向你请教这人［是否具备］勇气与勤勉，由于我未能找到更合适的人①，现在［你］快担负起尼科波利斯附近的战争②吧，以使克里尼图斯生病之后不为我们带来麻烦。**2** 你能做的就去做吧，我不再多言。作战统率权将归你掌握。**3** 你将拥有三百名伊图利弓箭手③、六百名亚美尼亚人、一百五十名阿拉伯人、两百名萨拉森人、四百名美索不达米亚辅助军团士兵。**4** 你将拥有第三幸运者军团④和八百甲胄骑兵。哈里奥蒙杜斯、哈尔达格特斯、希尔多蒙杜斯、卡里奥维斯库斯⑤将会随你左右。**5** 各处营地所必需的补给品都已由地方长官安排到位了。**6** 你要做的便是，以你的勇气与见识，在不缺补给的地方扎下冬营和夏营，此外再找到敌人的车垒在哪里，并确切掌握敌人有多少兵力、战斗力如何，以使粮草不白白耗费、投枪不白白掷出，因为战事胜败取决于此。**7** 在神明的庇佑下，我从你身上得到的希望如同国家从图拉真（假如他活着的话）身上能获得的一样巨大。我选你任那个人的副官，事实上他也并非一位如何逊色的人。**8** 希望到了明年，你和这位乌尔皮乌斯·克里尼图斯携手，从五月二十一日起接替伽

① 此处采用拉丁网络图书馆版本，洛布版作"其他人"。
② 关于这场战争，请参见《被奉为神的克劳狄乌斯传》，XII，4 及注脚。——英译者注
③ 伊图利乃地区名，大致位于今巴勒斯坦北部。
④ 罗马帝国时代叫"幸运者"的军团乃第四弗拉维亚幸运者（Flavia Felix）军团。
⑤ 显然指的是为罗马人服务的日耳曼人首领。——英译者注

利埃努斯和瓦勒良①的位置出任执政官，任职花销由国家承担，有此期待是合乎常理的。**9** [而之所以让国家承担花销] 那是因为，对那些因长期投身国事而变贫穷的人（别无更多了），应当再不让他们为穷困所累。"**10** 此信也指明了，奥勒利安是个多么伟大的人，而事实就是如此，因为任何人若非从最初的孩提时代起便登上荣耀的阶梯，就没有谁达到此般再崇高不过的地位了。

XII. 1 提及任执政官的信如下："奥古斯都瓦勒良向国库长官埃利乌斯·克西菲狄乌斯 [致以问候]。你要向奥勒利安提供三百枚安东尼尼安大金币、三千枚腓力小银币、五百万塞斯退斯铜币、十件男式精织束腰上衣、二十件用埃及亚麻织成的 [束腰上衣]、两对塞浦路斯桌布、十块阿非利加小毯、十块毛里塔尼亚椅榻套、一百头猪、一百头绵羊，以举办竞技比赛之用。因为朕已提名他任执政官之职，而他却身陷贫困——他因贫困而伟大，并且比其他人更加伟大。**2** 另外，你还要下令由国家出资为罗马的元老和骑士举办宴会，宴席要奉上两头较大的祭品和四头较小的②。"**3** 由于我曾说过，我会列一些与他被接纳成为 [乌尔皮乌斯·克里尼图斯] 家族成员有关的相当重要的事迹，③**4** 因此，出于忠于原文之故，我认为应当从曾为元首瓦勒良司礼官的阿库利乌斯④的著作里摘录下文之事插述在此，我请求大家不要在这事上认为我有些单调乏味、有些唠唠叨叨。上述作者的第九卷书如下：

---

①　原文如此。显然皇帝瓦勒良在自己的信里不太可能直称自己为瓦勒良，所以此处惟一可能的理解为是他的儿子小瓦勒良。

②　较大的祭品（hostiae maiores）指献给神明的已完全成年的动物（如猪、牛、羊等），较小的祭品（hostiae minores 或称 hostiae lactantes）则表示那些未长成的动物（如猪崽、牛犊、羔羊之类）。

③　关于此事，请参见本卷 XI，1。

④　关于此人，请参见《亚历山大·塞维鲁传》，XIV，6 及注脚。——英译者注

XIII. 1 奥古斯都瓦勒良坐在拜占庭附近的公共浴池，在场的有军队以及宫廷官员：坐在他身旁的是当届执政官[①]努米乌斯·图斯库斯[②]、近卫军长官贝比乌斯·马切尔、东方都统昆图斯·安卡里乌斯；坐在左边的是斯基泰边区的统帅阿沃尔尼乌斯·萨杜尔宁、被派往埃及任职的穆莱提乌斯·毛里奇乌斯、东方边区的统帅尤利乌斯·特里福、东方的调粮官梅奇乌斯·布伦迪西努斯、伊利里亚和色雷斯边区的统帅乌尔皮乌斯·克里尼图斯、雷蒂安边区的统帅弗尔维乌斯·波尤斯，那时奥古斯都瓦勒良说道：**2** "奥勒利安，国家向你致谢，因为你已让它免于受到哥特人的统治。你令我们收获到丰富的战利品、收获到丰硕的荣耀、收获到一切有助于增加罗马人福祉的事物。**3** 因此，为你所做的事迹，快给自己戴上四顶城冠[③]、五顶垒冠、两顶舰冠、两顶市民桂冠[④]吧，快接过十柄无头长矛[⑤]、四面双色旗帜、四件将领用的红色上衣、两件总督用的裹袍、一件紫边托袈袍、一件绣有棕榈叶的束腰上衣、一件金边紫托袈袍[⑥]、一件穿在里面的无袖长上衣、一把象牙制的座椅吧。**4** 因为今天我推选你任执政官了，我会给元老院写信，让他们授予你祭杖[⑦]，也一并授予你

---

① 关于该官职，请参见《安东尼努斯·卡拉卡卢斯传》，IV，8 之注脚。——英译者注
② 关于此人，请参见《三十僭主合传》，IX，9。该年应是公元 258 年。
③ 指一种带城垛状装饰图案的金冠，罗马人用它来奖励首个爬上敌军城池的城墙并顺利插上己方军旗的士兵。类似的，下文垒冠和舰冠则是带堡垒和帆船图案的金冠，分别奖励给那些首个爬上敌军堡垒和首个登上敌舰的士兵。
④ 关于市民桂冠，请参见《哲学家马可·安东尼努斯传》，XII，8 及注脚。——英译者注
⑤ 指一种除去了尖头的长矛，罗马人用它来奖励在战斗中奋勇杀敌的士兵。
⑥ 关于这种服饰，请参见《三戈尔狄安合传》，IV，4 及注脚。
⑦ 该权杖最初由凯旋者在举行凯旋式的那天使用，自公元二世纪之后，正如此处提及的其他象征职位的标志物一样，该权杖可由执政官在带领神圣的仪仗队前往朱庇特神庙时使用。——英译者注

法西斯，因为按例皇帝不颁授这［两样］东西，而是当［某人］成为执政官时从元老院获得。"

XIV. 1 在瓦勒良道出上述口谕之后，奥勒利安站起身，来到［瓦勒良］近旁朝他的手[1]俯下身去，并用战士般的言辞表达了谢意。我料定在此引述上述谢辞是合适的。奥勒利安说道：**2** "奥古斯都瓦勒良皇帝陛下，出于此我做了这一切，出于此我忍受了伤痛，出于此我驾驭马匹、使役一同宣誓过的战友，如此以使国家能赞同于我、我的良心能赞同于我。**3** 可您［为我］做了那么多。我对您的恩惠表示感谢，并接收您授予的执政官官职。愿神明，那值得信仰的神明，[2] 让元老院对我做出的决议得以实现。"**4** 于是，当周围的人全都站立致谢的时候，乌尔皮乌斯·克里尼图斯起身发表了如下的演讲：**5** "奥古斯都瓦勒良啊，在我们的先祖之中，我的家族尤其坚守的一点便是，始终从首屈一指之人里挑选那些最为勇敢者作自己的儿子，由此凭借被过继者的朝气使那些走向衰亡或已失去婚生后代的家族得以兴旺。**6** 因此，科克奇尤斯·涅尔瓦过继了图拉真、[3] 乌尔皮乌斯·图拉真过继了哈德良、[4] 哈德良过继了安东尼努斯，[5] 其他后来的［元首也是］依据前人定下的建议来确定的，而对于接纳奥勒利安成为家族成员之事，鉴于您以旨令之威让他成为我的副官，我已决定应将上述做法重新用于此事。**7** 因此，为了让它通过法律得以生效，请下令，让奥勒利安成为祭仪、族名、财富，还有其他属于与执政官等衔之人乌尔皮乌斯·克里尼图斯的一切权利的继承

---

① 拉丁语里的"手"（manus）这个词也可表示"军队"，象征着权力。
② 此处采用洛布版，拉丁网络图书馆版本作"愿诸神，尤其那战无不胜的太阳神"。
③ 关于此事，请参见《哈德良传》，II，5。
④ 关于此事，请参见《哈德良传》，IV，6。
⑤ 关于此事，请参见《哈德良传》，XXIV，1。

者吧，而通过您的法令他就一下获得了与执政官相当的权力。"

XV. 1 把所有大小事迹全部写下是件费时之事。譬如，瓦勒良向克里尼图斯致以谢意，随后过继按惯例完成了。**2** 我记得我曾在一卷希腊文的书里读到过一件自认为不该不提的事，瓦勒良对克里尼图斯下令，须接纳奥勒利安为家族成员，之所以这么做，主要因为［奥勒利安］生活贫困，但我想此事就让它去吧。**3** 关于提供奥勒利安执政官供职所需的花费，鉴于我已在上文列过那封信了，[①]我认为该谈谈为何列举这种琐碎小事。**4** 鄙人近日目睹到为祝贺弗里乌斯·普拉奇杜斯任执政官[②]而在竞技场里举行了如此规模的赛车比赛，以至于发给赛车手的似乎不是［一般的］奖品而是传家之物，因为发给他们的是部分丝织的束腰上衣、带金色和紫色饰边的麻织衣服，甚至还有马匹，即便善良之人发出了抱怨。**5** 因为，现在的情况是，执政官官职已成财富之物而非人的，而如果它被人们当作荣誉的话，显然就不应该劫掠身在其位的人。**6** 那段纯洁无瑕的时光已逝去了，而且在人们普遍的物欲之下还将消失得更加彻底。且按鄙人之前的做法，此事还是随它去吧。

XVI. 1 于是，借着这些数量如此之多的赞许和奖赏，奥勒利安在克劳狄乌斯当政时成就了如此巨大的声望，以至于在后者离世之后，因其兄弟昆提鲁斯遭到了杀害，[③]而曾与伽利埃努斯缔结过和约的奥列奥鲁斯[④]亦被杀死，于是［奥勒利安］独自一人取得了大

---

① 关于此事，请参见本卷 XIII，3。

② 根据执政官列表，弗里乌斯·普拉奇杜斯担任执政官的那一年是公元343 年。

③ 关于此事，请参见《被奉为神的克劳狄乌斯传》，XII，2—6。——英译者注

④ 关于奥列奥鲁斯与伽利埃努斯之间缔结和约之事，请参见《三十僭主合传》，XI，3。

权。**2** 关于这一点，历史学家之间，甚至在希腊的历史学家之间就存在着如此巨大的分歧，以至于有一些人会说，奥列奥鲁斯是被奥勒利安杀死的，而克劳狄乌斯并不愿这么做；另一些人会说，这是遵从了 [克劳狄乌斯的] 意愿和指令；另一些人会说，奥勒利安杀死那人的时候已经是皇帝了；可另一些人则会说，当时 [奥勒利安] 还是一介凡民。①**3** 不过这些事鄙人还是随它们去吧，就让大家从把它们记录成文的那些人 [的著作里] 寻找相关内容吧。**4** 虽然如此，可大家都认同的是，被奉为神的克劳狄乌斯曾把抵抗亚速人②的战争完全交付给了奥勒利安，且除他之外不再考虑任何人。

    XVII. 1 有一封信传世至今，而为了忠实原文，正如我习惯做的（或者正如我见到的其他写年代记的作家们做过的）那样，我认为应该将这封信插叙于此：**2** "弗拉维·克劳狄乌斯向他的瓦勒利乌斯·奥勒利安致以问候。我们的国家要求你一如既往地尽责效力。因此快担负起职责吧。你还耽搁什么呢？我希望士兵能在你的调教下、军事保民官能在你的领导下获得裨益。哥特人应当被击溃、哥特人应当被赶出色雷斯诸行省。因为他们曾成群结队地横行于埃米蒙图斯③和欧罗巴④，在你的打击下他们已奔逃而走。**3** 我决定把色雷斯、伊利里亚，以及整个边境一带的一切军队都交由你指挥。那么，快

---

① 奥列奥鲁斯是在与克劳狄乌斯作战时被杀死的。关于此事，请参见《三十僭主合传》，XI，4。

② 即埃鲁利人（请参见《被奉为神的克劳狄乌斯传》，VI，2），之所以这么称呼是因为这些人来自亚速海之滨，关于他们的入侵，请参见《被奉为神的克劳狄乌斯传》，VI—XI。——英译者注，有删减。

③ 关于该地名，请参见《被奉为神的克劳狄乌斯传》，XI，3及注脚。——英译者注

④ 原文为 Europa，原指今土耳其海峡以西的陆地。根据上文，此处应该是与埃米蒙图斯并列的帝国晚期的行省名，位于色雷斯的东端，大致相当于今土耳其的欧洲部分，不过该省直至公元 314 年才由戴克里先皇帝设立。

把你一直以来的勇气展现给朕看吧。我兄弟昆提鲁斯若是到了你那儿，也将会伴随你左右。**4** 由于我忙于其他事务无法抽身，就把那场战争一切要务都托付给你了。我还给你送去了十匹马、两件铠甲，以及其他奔赴战场所必须配备的装备。"**5** 于是，凭借克劳狄乌斯的支持，经过几场胜仗，他让国家恢复到了战乱之前的状态，而正如鄙人上文所说的，其本人则即刻在所有军团的一致拥戴下被立为了皇帝。

XVIII. 1 奥勒利安在执掌大权之前的克劳狄乌斯当政时期，就确已指挥起全部的骑兵了，[之所以让他指挥是] 因为此前骑兵长官在克劳狄乌斯未下命令的情况下就鲁莽地进行了战斗，因而招致指责。**2** 就在同时，同样这位奥勒利安，他投身到了与苏维汇人和萨尔玛提亚人的战斗中，他作战极其勇猛并取得了最光辉灿烂的胜利。**3** 在奥勒利安统治时，因其失策，着实让马科马尼人酿成了一场灾祸。这么说是因为，对于这群突如其来的侵略者，他没想着要和他们正面交锋，而是打算尾随其后进行追击，就在那会儿他们在梅迪奥郎诺附近把所有东西都洗劫一空了。虽然如此，可到了后来马科马尼人还是被 [他] 打败了。**4** 另外，马科马尼人在大片地区肆意劫掠，在这般恐惧中，罗马掀起了声势浩大的暴乱，因为所有人都害怕伽利埃努斯当政时发生过的事会重现。**5** 于是，大家查阅了以给国家带来益处而闻名在外的《西比林预言书》，发现其中提到，要在某些蛮族无法逾越之地举行献祭。**6** 最后，在完成了各类不同的仪式所规定的事项之后，蛮族由此受到了控制，[后来] 奥勒利安便将这些小股分散的流窜之徒全部歼灭了。**7** 元老院以最具名望阶层的权威颁令查阅这些书卷，我乐意列出这一决议的全文：

XIX. 1 一月十一日，罗马市长弗尔维乌斯·萨宾努斯说道："元老们，鄙人向你们提出大祭司的人选，并呈递元首奥勒利安命令大家查阅命运之书的信件，因为那些书卷内容包含了凭借众神的神谕结束战争的希望。**2** 而你们是知道的，无论何时只要一出现任何颇为严重的骚乱，这些书卷就总会被人查询，而且直至依据该书颁下令来举行献祭，国家的不幸才得以终结。"3 当时，首先发表意见的乌尔皮乌斯·西拉努斯站起身，并做了如下讲话："元老们，关于国家安危现在咨询我们未免太晚了，我们现在查阅命运之书未免太晚了，这做法就和体弱者不到最绝望的关头不会派人去请最好的医生一样，恰好比颇具经验之人必能治疗更厉害的病，因为见识过一切种类的疾病会是件颇有益处的事情。4 元老们，你们记得，当时马科马尼人入侵的消息一开始被送来的时候，我就常在元老院里讲，应该查询西比林的律条、应该利用阿波罗的恩泽、应该遵从永生众神的谕令，可有些人却加以拒绝，而且纯粹用的是诡辩之术，他们阿谀奉承道，元首奥勒利安有何等的美德，以至于都无须膜拜众神，这恰好比伟大之人自己不必膜拜众神，不必从永生的众神那儿求得心愿一样。5 还有什么可说的呢？我们听到了他寻求诸神之力的信件——这种神力从未让任何一人感到耻辱。那就让最勇敢的人得到帮助吧。6 因此，纯洁、净洁、圣洁的大祭司们，快披上法袍、心怀虔诚，快登上神庙，快在宝座上铺上月桂枝，快用戴着手套的双手解开书卷，快探求国家那永恒不变的命数吧，快吩咐那些父母都健在的男孩们 ① 吟唱圣歌吧。我们将颁令为神圣仪式提供经费、为献祭提供祭器、为播种祭 ② 谋求设置祭坛的圣地。"

---

① 在古罗马参与祭祀仪式的童男童女都必须是父母健在的。关于这一点请参见佐西莫斯，II，V，5："到了第三天，二十七名父母都健在的不同性别的出类拔萃的孩子在位于帕拉丁山上的阿波罗神庙内用希腊语和拉丁语唱起颂歌，以祝福罗马帝国万古长存。"以及 II，VI，1："与此同时，在神庙里，男孩女孩们一起合唱拉丁语的颂歌。但须把他们分开，女孩站在一边歌颂，男孩就要在另一边，所有这些孩子的父母都须健在。"

② 原文为 Ambarvalia，指罗马人每年五月底为祈求土地肥沃而为丰收女神色瑞斯（Ceres）举行的祭祀仪式，在祭祀仪式上需献上公牛、母猪、绵羊各一头。

XX. 1 在这之后，有许多元老遭到询问并发表了意见，而罗列这些则是件费时的事情。**2** 总之，一些人伸出双手 [表达意见]，另一些人用双脚走过去发表观点，还有许多人用言词表示赞同，就这样元老院的决议便生效了。**3** 最后，大家前往神庙、查阅书卷、公布预言的章句，大家为罗马城举行避邪仪式、颂唱圣歌、举行绕城祭 ①、公布播种祭，按律令执行的宗教仪式由此完成。**4** 奥勒利安有一封信提及了《西比林预言书》。为了证明此事属实，我列出这封信的内容：**5** "神圣的父 ② 啊，你们耽搁了那么久才翻开《西比林预言书》，这洽好比你们一直都在基督徒的教堂里寻找对策而不是在拥有一切众神的神庙中，你们让我感到惊讶。**6** 因此，快快借着圣洁的大祭司与庄严的仪式给正承受国家陷入困境之苦的元首带去襄助吧。**7** 该去查阅书卷。任何该做的都当付诸实施：花费无论多少、俘虏无论哪个种族、动物无论是否归宫廷所有，[如有需求] 我一概不予拒绝，反倒乐意予以提供，因为在众神的庇佑下取得胜利并没有什么不光彩的。正如此，在我们祖先的时代，许多战争得以结束，许多又得以开始。**8** 无论需要多少花费，我都已给掌管国库的长官写了信，命令他们进行拨付。除此之外，我发现国家金库里存的钱要比我预期的多，但还是归你们来掌管吧。"

XXI. 1 然而，由于奥勒利安想要集合起自己的部队与一切敌人展开一次交锋，便在普拉切奇亚 ③ 附近遭到了如此巨大的失利，以至于罗马人的统治几近覆灭。**2** 导致这场危局的原因实在是出于蛮

---

① 原文 amburbium，是拉丁语动词 ambio（绕着走）和 urbs（大城市）的合成词。指古罗马时代的一种罗马城的避邪仪式，每年（极大可能是在二月）都会举行。

② 拉丁语 pater（父亲）一词也可以是一种对社会地位崇高的男子的尊称。

③ 今意大利北部的皮亚琴察（Piacenza）。

族以偷偷摸摸的狡诈方式采取行动。**3** 这么说是因为他们无法在露天的战场上进行交锋，于是就回到再茂密不过的丛林里，以此趁夜幕降临时侵扰我们的人。**4** 最后，要不是在查阅过书卷并举行完献祭后借助神明之力通过展示一些怪象神迹给蛮族造成了混乱，否则胜利就真的不属于罗马人了。**5** 与马科马尼人的战斗结束之后，奥勒利安（正如其天性颇为暴躁）怀着满腔的怒火朝罗马进发，以期为暴乱的苦痛进行复仇。他在某些时候算是一位出类拔萃之人，实际上却颇为粗暴地热衷于享受大权，因为他对待暴乱的发动者是那么残暴，以至于应该从宽处理的也不从宽了。**6** 比如不少身份显赫的元老都遭到了杀害，虽然针对他们的控告却是轻微的，若在一位宽仁元首的手里这都本可以被无视掉，虽然摆在面前的证据要么是孤证，要么是微不足道的，要么是不足为信的。**7** 还有什么可说的呢？在遭到令其声名狼藉的颇为沉重的打击之下，那个曾经辉煌过的、而且未尝毫无缘由就让人充满希望的最高大权就被他给毁坏了。**8** 这位数一数二的元首开始令人害怕、开始不再受人喜爱。而有些人声称，这样的元首应该遭人憎恶而非期待；另一些人则说，他着实是个好医生，不过却用了糟糕的方法进行治疗。**9** 由于所做之事看起来有可能会让伽利埃努斯统治下发生过的那类事再次重现，于是在征求了元老院的意见之后他便另砌了一道城墙，使罗马城得以拓展。虽然如此，不过当时他并未扩大城市的结界范围①，那是到了后来才扩大的。**10** 另一方面，元首当中除了将蛮族的一部分土地并入罗马人的国家以外，其余之人都不允许增加结界范围。**11** 奥古斯都增加过、图拉真增加过、尼禄增加过，因为在他［尼禄］统

---

① 原文 pomerium，指的是在罗马人居住的城市靠近城墙两侧的空地，这些地区需经过祭祀仪式的净化，并禁止任何人在其中搭建建筑，近似于一座城市在宗教范畴的边界。

治时波勒蒙尼阿库斯—本都和阿尔卑斯—科提亚①归入了罗马人的名下。

XXII. 1 于是乎，在加固城防并处理完城市事务及内政之后，奥勒利安便转而出征帕尔米拉人去了——就是征讨以［两位］儿子之名把持着东方大权的那个泽诺庇娅。**2** 在征途中，他结束了多场各式各样的战争。因为在色雷斯诸行省和伊利里亚他打败了出现的蛮族，甚至还越过多瑙河杀死了哥特人的首领卡纳巴斯（抑或称作卡纳鲍德斯）及其所率的五千人。**3** 从那儿他经过拜占庭进入了比提尼亚，随后未经任何战斗就占领了那个地方。**4** 他的许多事迹就和大家所说的那样既伟大又光荣，不过鄙人为了避免书的内容过多过杂却没有办法也没有心意将所有这一切都纳入这卷书里，而是为了让大家理解其秉性和美德之故，会拣选出极少的一点内容。**5** 譬如，当他来到提亚纳②，发现那里城门紧闭之后，据称他在愤怒中说道："这座城我一条狗都不会放过的。"**6** 那时，士兵们憧憬着获得战利品便发起了更为猛烈的进攻，而某个叫埃拉克拉蒙的人，出于害怕自己与其他人一起遭到杀害，就背弃了自己的祖国，于是城池就被攻占下来了。

XXIII. 1 然而，奥勒利安以皇帝的意志一下就做出了两件特别之事：一件显示了他的严厉、另一件则彰显了宽仁。**2** 这么说是因为，作为一位有智慧的胜利者，他处死了背弃自己祖国的埃拉克拉蒙，而在说出自己不会给提亚纳人留下一条狗的话之后，士兵们开始要求毁掉那座城市，在那种情形下他回复他们："我说过在这座城

---

① 关于此事，请参见尤特罗庇乌斯，VII, 14："尽管如此，仍有两处地方在他［尼禄］当政期间变成了行省：由波勒蒙尼（Polemon）王献土得到的波勒蒙尼阿库斯—本都；以及科提乌斯（Cottius）王去世后得到的阿尔卑斯—科提亚。"

② 今土耳其中部的克梅尔希萨尔（Kemerhisar）。

里不会放过一条狗的。"他［接着］说，"那么快把所有的狗都杀掉吧。"**3** 元首的这番话是出色的，而士兵们的所作所为则更加出色，因为整支部队遵从了元首的玩笑话，以此方式就好像财富到手了一样，［实际上］劫掠战利品的行动既被他拒绝了，城市也得以保全了下来。**4** 提及埃拉克拉蒙的信内容如下："奥古斯都奥勒利安向玛利乌斯·科洛［致以问候］。可以说，蒙其［埃拉克拉蒙］之助我得到了提亚纳，处死他我于心不忍。不过，喜欢一个变节者我做不到，士兵将他处死令我感到高兴，因为对祖国不仁不义者本来就不能对我保持忠诚。**5** 事实上，这片战场上与我作对的只有他一个人。我不能否认他是个富人，但其财富我已还给了他的孩子们，以免有人控告我是为了钱财的缘故而处死一个富人。"

XXIV. 1 此外，那座城市是以一种令人称奇的方式被占下的。这么说是因为埃拉克拉蒙曾向奥勒利安指明一处形如人工堆造［用以攻城］的可让后者着盛装攀登的天然土丘，随后他［奥勒利安］便登上土丘，高举紫袍，当着城内市民和城外士兵的面展示自己，以此方式城池被占了下来，效果就好比奥勒利安手下的整支部队都进到了城墙里面。**2** 不该不提一件给德高望重之人带来名声的事迹。**3** 据说，奥勒利安确实讲过而且也的确考虑过要摧毁提亚纳城，不过当他撤至营地时，声名极盛、威望齐天的智者，古时的哲学家，众神的真正朋友，其本人甚至都被当成神物来对待的提亚纳的阿波罗尼乌斯①突然间就以经常显现的身形来到了他面前，为了让那个潘诺尼亚人可以听懂，他用拉丁语说了如下的话：**4** "奥勒利安，如果你想取胜，就没有任何原因想着杀死我的市民同胞。奥勒利安，如果你想执掌大权，就要远离无辜之人的鲜血。奥勒利安，如果你想活下去，就要行仁慈之举。"**5** 奥勒利安认出了这位德高望重的哲

---

① 　关于此人，请参见《亚历山大·塞维鲁传》，XXIX，2及注脚。——英译者注

学家的面孔，而在之前他就已经在多座神庙里看到过对方的肖像了。
6 最终，在猛然的惊吓之下，他答应为对方献上肖像、塑像，和神
庙，由此才安下了心来。**7** 此事我是从那些正派之人处了解到的，
并且在乌尔庇亚图书馆的书里也读到过，而鉴于阿波罗尼乌斯的崇
高我对此更是相信不过。**8** 因为人类之中还有哪一位比他更虔敬、
更尊贵、更久负盛名、更圣若神明呢? 他把生命带回给死者，他做
了也说了许多超越人类的事迹。有谁想要了解这些，那就去读用希
腊文写的与其生平有关的书籍吧。**9** 另外，如果生命够长且能给一
个人持续带来裨益的话，我本人就会把一个如此伟大之人的事迹写
成文字，即使写的内容不长，这并非因为那个人的所作所为要我以
叙述作为献礼，而是为了让这些令人称奇的事能被所有人加以传诵。

    XXV. 1 在提亚纳光复之后，经过达菲尼附近的一场短暂交锋，
奥勒利安就占领了安条克城，并饶恕了城里的每一个人。由此，他
遵从了德高望重之人阿波罗尼乌斯的指示，变得更有人情味，也更
加仁慈了。**2** 在这之后，经过一场埃米萨附近的与泽诺庇娅和她的
同盟者扎巴的激烈战斗，[①] 整个战役的大势已定。**3** 当奥勒利安的骑

---

① 佐西莫斯详细记载了埃米萨城附近的那场战役。请参见，佐西莫斯，I，
    LIII，1—3 :"战斗一开始，帕尔米拉人的骑兵在数量上多过罗马人的，为了
    防止对方出其不意地将罗马人的部队包围起来，罗马骑兵便决定放弃某些阵
    地。然而，帕尔米拉人的骑兵即便自己的队形已乱，却仍紧追不舍，结果形
    势完全出乎了罗马人的预料。由于他们的实力远逊于敌人，而且许多人都阵
    亡了，于是步兵不得不承受整场战役的压力。鉴于帕尔米拉人的骑兵忙于追
    击，对方的阵型已乱，罗马人便调转了方向，趁对方被迫分散开来而陷入混
    乱之际发起了进攻。有许多人遭到屠杀，那是由于在对方用通常的装备进行
    厮杀的时候，那些巴勒斯坦人却在用锤矛对抗铁制或铜制的护甲。在某种程
    度上，罗马人之所以取胜，主要就是因为敌人见到这种怪异的锤矛朝自己袭
    来感到了慌乱。帕尔米拉人抱头逃窜，在奔逃中他们相互践踏着把自己人踩
    死，就好像敌人带给他们的杀戮还不够多一样。于是，战场上尸横遍野，人
    的尸体与马匹的倒在一起，而那些能够逃脱的人，则躲进了埃米萨。"

兵因疲敝而几近转身撤退之际，如事后所知，凭借神力，一个像神明一样的形体突然在一边为步兵激励士气，一边还使骑兵重新振奋了起来。泽诺庇娅随扎巴一起被赶走了，一场再彻底不过的胜利实现了。**4** 于是，待东方的形势恢复之后，奥勒利安以胜利者的身份踏入了埃米萨，并立刻朝埃利奥伽巴鲁斯神庙进发，就像在做常人都应该做的准备去还愿一样。**5** 他的确在那里找到了那个曾在战争中目睹到的并给他带去帮助的神明一般的形体。**6** 于是，他不但在那个地方献上大量祭品之后建造了几座 [新的] 神庙，而且还在罗马盖起了太阳神神庙，并以颇为盛大的场面举行了献祭仪式，鄙人将在适当的地方对此加以讲述。

XXVI. 1 在这之后，奥勒利安转而往帕尔米拉进发，以便对那座城市发起攻击，以此来结束自己的辛劳。可是，在征途上，由于军队时常遭到叙利亚流寇的不友善对待，他遇到了许多 [困境]，甚至在受到包围的时候都陷入了被箭矢击中的巨大危险之中。**2** 他本人寄给穆卡普的一封信流传至今，信里除去帝王的荣誉感之外，他还坦承了这场战争的艰辛：**3** "罗马人在说，我不过是跟一个女人打仗，这就好比只有泽诺庇娅一人连同她手下的人在同我作战一样，敌人的数量是如此之多，就好像我应该要跟一个 [能够统率得了那么多人的] 男人进行战斗，而她出于心存良知与恐惧是个远为无能的人。**4** 这里有多少箭矢、有多么厉害的战争器械、有多少投枪、多少石弹，这都是难以道清的。城墙上没有一处地方未架设两三只弩机①，而这些机械甚至还能射出火焰。**5** 还有什么可说的呢？她就像妇女一样感到害怕，战斗时则好似一个畏惧惩罚的人。不过我相信，众神将会佑助罗马人的国家，因为他们还不曾让我们的努力落空过。"**6** 最后，他在逆境之中变得精疲力竭，于是就给泽诺庇娅送

---

① 原文 ballista，指的是一种即可抛射石头又可发射大型弩矢的器械。

去信件，要她投降，同时还许下了不杀的承诺，我在此插叙这封信的内容：**7** "罗马人宇内的皇帝及东方的光复者奥勒利安向泽诺庇娅和其他与其缔结军事同盟的人［致以问候］。**8** 我信里下令做的事你们应当自愿付诸实施。鉴于我命令你们投降，并许诺饶恕性命，因此，泽诺庇娅，你们要跟自己的人一起到我依据最为高贵的元老院的意见所指定的任何地方［继续］生活。**9** 你们要将宝石、金子、银子、丝绸、马匹、骆驼都上交给罗马国库。至于帕尔米拉人，则仍保有自己的权利。"

XXVII. 1 收到上述信件之后，泽诺庇娅并未听凭命运，而是以更为高傲侮谩的态度作了答复，我相信这么做是为了让对方感到恐惧。在此我也插叙这封回信的内容：**2** "东方女王泽诺庇娅向奥古斯都奥勒利安［致以问候］。至今除您之外尚无人以书面形式提出过您要求的事。无论什么，该在战争中实现的，就应当凭借勇武去实现它。**3** 您要我投降，就好像您不知道克里奥帕特拉宁可以女王之身赴死，也不愿顶着多么高贵的荣誉活下去。**4** 期待中的波斯人的援军朕并不缺少。萨拉森人支持朕，亚美尼亚人支持朕。**5** 奥勒利安，叙利亚的流寇打败了您的部队。还有什么可说的呢？因此，期待中的部队无论来自任何一方，一旦他们抵达，即便您现在借着嚣张的气焰摆出一副大获全胜的样子喝令我投降，您也一定会放下这股傲慢劲儿的。"**6** 尼科马库斯说，他本人曾把这封由泽诺庇娅本人口授的信从叙利亚人的语言①翻译成了希腊语。因为先前奥勒利安的那封信是用希腊语写的。

XXVIII. 1 奥勒利安在收到上述信件之后并未感到害臊，而是变得恼怒起来。他随即集合部队及手下的将领，把帕尔米拉围得水泄

---

① 原文 lingua Syrorum，指的是属于叙利亚人的语言，有可能是古典时代通行于叙利亚地区的阿拉米语（Aramaic language），也叫亚兰语。

不通，而这位勇敢之人还不遗漏任何一处看起来或是不周全或是疏忽掉的地方。**2** 因为，他阻截了波斯人派出的援军，还收买了萨拉森人和亚美尼亚人的侧翼骑兵，并或通过强逼或利用诡计让他们加入了自己一方。最终，他在耗费大量力气之后战胜了这位再强大不过的女子。**3** 于是，被击败的泽诺庇娅骑着骆驼（他们唤之为德罗梅达斯）奔逃而去。她企图逃往波斯人那儿，却被奥勒利安派出的骑兵抓住，落入了他的手里。①**4** 就这样，胜利者奥勒利安现在拥有了整个东方。既然他用锁链捆住了泽诺庇娅，他就以越发高傲侮谩的态度处理波斯人、亚美尼亚人、萨拉森人那边的时局所迫之事。**5** 我们在太阳神神庙里看到的那些饰有宝石的衣服就是当时被带回的，波斯人的龙旗②和冠冕③也是那个时候，还有一种紫袍也是的——那种紫袍后来没有那个民族再送来过，寰宇之内的罗马人也不再见过。

XXIX. 1 关于这一点，至少应该再多讲一些。因为你们记得，在卡庇托山上至高至善的朱庇特神庙里曾有过一件紫色的羊毛短袍，与这件犹如神物一般的鲜亮短袍相比，由妇女们和奥勒利安本人带来的其他紫袍看起来颜色却褪尽得犹如灰尘一样。**2** 据称，波斯人之王从颇为遥远的印度取得了它，并作为礼物送给了奥勒利安，当

---

① 关于此事，请参见佐西莫斯，I，LV，2—3："如此议定完毕，他们让泽诺庇娅骑上了一头同类里跑得最快的母骆驼——甚至比马都要快，并把她送出了城。奥勒利安对放跑了泽诺庇娅感到气恼，因而立马派出骑兵动用全力对她进行追捕。就在泽诺庇娅登上一艘船正准备渡过幼发拉底河之际，他们抓住了她并将其带到了奥勒利安那里。"

② 如图拉真和马可·奥勒利乌斯的记功柱所示，绘有一条龙的旗帜曾被东方民族和北方蛮族所用。后来这种旗帜也被罗马人采用，并由执龙旗者（draconarius）携举。——英译者注

③ 原文 tiara，指的是一种带圆柱形状、顶端狭窄的布织或皮质的冠冕，装饰华丽，常由安纳托利亚和美索不达米亚一带民族的君王使用。

时前者还写了如下文字："收下这件紫袍吧，其式样就如朕所用的一样。"**3** 但此事并不属实。因为在这之后，无论奥勒利安、普罗布斯，还是最近的戴克里先，他们都派出了再勤勉不过的办事员万分努力地寻找这种紫色，可仍旧没能找到。事实上，据说，如果准备充分，印度红料就会变成这种紫色。

XXX. 1 不过就让鄙人回到最初的叙述吧：虽然如此，可士兵们全体发出了巨大的吼声要对泽诺庇娅施加惩处。**2** 但是，奥勒利安认为处死一个女人是不名誉的事，于是在杀掉许多策动她准备战争、发动战争、继续战争的人之后，就留着这个女人以便在凯旋式上将她展示在罗马人民的眼前。**3** 在那些被杀的人中间据称就有哲学家朗吉努斯，这是令人伤心的事。① 据说，他曾担任过她的希腊语文学的老师，由于她的那封颇为傲慢的信② 据说是听从他的意见写下的（虽然信件是用叙利亚人的话写成的），正因如此据说奥勒利安才处死了他。**4** 于是，奥勒利安收复东方之后就以胜利者的姿态返回了欧罗巴，并在那里击败了卡皮人的军队。当元老院在他缺席的情况下为其冠上卡皮库斯之名时，据称他玩笑似的说道："元老们，你们只差再给我冠上卡皮斯克鲁斯之名了。"**5** 因为，众所周知，卡皮斯克鲁斯是一种鞋子。[卡皮库斯] 这个尾名看起来是低下的，原因在于他当时已被唤作了哥提库斯、萨尔玛提库斯、帕提库斯、阿狄亚贝尼库斯。

XXXI. 1 要叙利亚人保持忠诚，此乃稀罕之事——或更确切说是件难事。因为，此前因战败而被征服的帕尔米拉人出于奥勒利安

---

① 　关于此事，请参见佐西莫斯，I, LVI, 2—3 : "泽诺庇娅来到法庭为自己进行辩护，她揭露了许多人，说他们把自己当作单纯的妇女加以诱惑。在这份名单中，就提到了其著作让所有喜爱学问之人都得到益处的朗吉努斯。由于裁定他受到指控的罪行成立，皇帝立即批准了他的死刑。朗吉努斯毫无畏惧地赴刑领死，反过来还要去安慰那些挂念自己不幸遭遇的朋友们。"

② 　关于这封信，请参见本卷 XXVII, 2—5。

忙于欧罗巴的战事就掀起了规不小的叛乱。**2** [说规模不小] 那是因为他们杀死了奥勒利安派驻在那里担任都统的桑达里奥和六百名弓箭手，并接受起泽诺庇娅的父亲阿基里乌斯的统治。**3** 但奥勒利安准备完毕即从罗得岛回到了那里，并摧毁了那座城市，因为这么做是名正言顺的。**4** 事实上，奥勒利安的残忍，或正如某些人说的他的严厉，是那么的广为人知，以至于为了证实他那极其惊人的怒意，他写的一封信被引述了出来，信的内容是这样的：**5** "奥古斯都奥勒利安向切罗尼乌斯·巴苏斯 [致以问候]。士兵们的剑不应该再继续向前挥动了。帕尔米拉人杀得已经够多了。我们连妇女都没放过、连婴儿都杀、连老人都宰、连农夫都灭。**6** 照此下去，这片土地、这座城市我们将留给谁呢？那些幸存下来的人应该得以宽恕。因为我们相信，通过对数量众多之人加以惩处，为数不多者就改过自新了。**7** 被第三军团的执鹰旗者、执军旗者、执龙旗者、长号手、弯号手洗劫的帕尔米拉附近的太阳神神庙，我确实想要把它恢复成从前的样子。**8** 你从泽诺庇娅的钱柜拿三百磅金子，从帕尔米拉人的财产中拿一千八百磅银子，再拿来王室用的宝石。**9** 把上述一切都用来装饰那座神庙，这对于我和永生的众神来说你是做了一件再讨人欢喜不过的事。我会给元老院写一封信，请求他们派一位大祭司来主持那座神庙。"**10** 此信正如我们所见，表明了一个铁石心肠的元首是十足的野蛮成性。

　　XXXII. 1 最终，奥勒利安再次回到了欧罗巴，并在那里凭借其出了名的勇武，把四处流窜的敌人全都击溃了。**2** 在此期间，当奥勒利安在色雷斯诸行省和欧罗巴全境激战正酣之际，出现了某个叫菲尔姆斯的人，他没有体现大权的饰物，却宣称对埃及拥有统治权，就像那里要变成自由的邦国一样。**3** 奥勒利安马不停蹄地转而朝他奔袭过去，而天命在那里也一如既往地没有舍弃他。因为他立刻就夺回了埃及，并正如他以往就有的凶残之心所表现的那样，对 [上述不轨]企图进行了报复。他对特提里库斯直到那时仍掌握着高卢诸行省而感到无比愤怒，于是他赶往西方，并掌控了向他投降过来的军团，因为特提里库斯无法忍受他们的罪行，便径自背弃了自己的军团。[①]**4** 于是，寰宇以内的元首奥勒利安在征服了东方、高卢诸行省，以及大地之上的任何地方之后，就以胜利者的姿态踏上了回罗马的路途，以便为战胜泽诺庇娅和特提里库斯（一个是对东方的征服、一个是对西方的）而在罗马人眼前展示一场凯旋式。

XXXIII. 1 了解奥勒利安的凯旋式是怎样情况，这并非没有用处，因为那场景再宏伟不过了。**2** 现场有三辆御用马车：其中一辆做工精制并饰以金银宝石的是欧达纳图斯的车；另一辆由波斯人之王当礼物送给奥勒利安的车做工也一样[精制、华丽]；第三辆车是泽诺庇娅给自己造的，以期自己有朝一日乘坐它浏览罗马城景——此事并未落空，因为她在战败之后，确实在胜利者的凯旋式上乘着这辆马车进入了罗马城。**3** 另外还有一辆据说曾属于哥特人之王的马车由四匹雄鹿拉动着。正如许多人写入历史的那样，奥勒利安就是坐着这辆马车行进到了朱庇特神庙，以便在那里对和这辆马车一起被俘的雄鹿进行宰杀，然后据称再向至高至善的朱庇特进献祭品。**4** 走在前面的是二十头大象，以及两百头来自利比亚和巴勒斯坦的种类各异的已驯服的野兽，奥勒利安一下就向平民奉上了这些野兽，以免帝王私库负担不起它们的饲料。按顺序被牵出的还有四只老虎，以及长颈鹿、麋鹿，和其他诸如此类的动物；被带出的除去蛮族部族的俘虏之外，还有八百对角斗士；还有布勒梅耶人[②]、阿克苏米特人[③]、埃

---

① 关于此事，请参见《三十僭主合传》，XXIV，2。

② 指古罗马时代生活在阿非利加及尼罗河上游努比亚（Nubia）地区的努比亚人游牧部落。

③ 指历史上的阿克苏姆王国（约公元 100 年—940 年，首都在今埃塞俄比亚北部的阿克苏姆［Axum］）的臣民。

乌德蒙尼斯人（阿拉伯人）、印度人、巴克特里亚人、伊比利亚人、萨拉森人、波斯人，他们各自都带着自己的贡品；另外还有哥特人、阿兰人、罗克萨拉尼人、萨尔玛提亚人、法兰克人、苏维汇人、汪达尔人、日耳曼人，他们都是俘虏且双手绑缚着。**5** 在这些人中，走在前头的还有幸存下来的国中最为显赫的帕尔米拉人，以及因为反叛〔而遭俘〕的埃及人。

XXXIV. 1 领出来的还有随哥特人一起被俘的十位女子——虽然有许多女人都遭到了杀害——她们身穿男子装束、摆出正在战斗的样子，还打出标志宣称她们是亚马逊民族，因为带有民族名称的标志摆在她们周围展示在大家面前。**2** 在队伍中间还有特提里库斯，他身穿绛色军用斗篷、亮黄色束腰上衣，及高卢人的裤子，曾在高卢被他立为皇帝的儿子也和他在一起。**3** 走来的还有泽诺庇娅，她饰有宝石，身戴由其他人托着的金色锁链①。举在头上的还有各座城市送来的带有一目了然的标志的金桂冠。**4** 接着是罗马人民，以及诸行会、营地的旗帜，还有佩戴铠甲的战士、王族的财宝、整支部队、全体元老——虽然这有点颇为伤心，因为大家看到元老们被带到了胜利者的凯旋式——这些在很大程度上增加了凯旋仪式〔的宏伟〕。**5** 最终，大家差点儿没能在第九个时辰②抵达朱庇特神庙，而到帕拉丁山时也已经晚了。**6** 随后几天，人民得到了娱乐活动：有戏剧表演、竞技比赛、狩猎比赛、角斗士比赛，以及模拟海战③。

XXXV. 1 下列既让人民铭记又让已成历史的事实不断流传的事迹似乎不该被忽略：奥勒利安在启程前往东方的时候曾对人民许下诺言，假如他得胜归来，就会每人奉上一顶重达两磅的桂冠，人民

---

① 关于此事，请参见《三十僭主合传》，XXX，26。

② 相当于现在的下午两点到三点钟。

③ 原文 naumachia，指的是古罗马时代在注满水的竞技场或剧场里上演的观赏性的海战竞技赛。

期待的是金桂冠，而奥勒利安既没有办法也不愿意奉上金的，于是他就用面包（现在叫作小麦包）做了桂冠，逐一分给每个人，如此这般以致每个人在整个一生当中每天都能得到属于自己的小麦包，还能将［这项权利］传给自己的后人。**2** 同样是这位奥勒利安，他还给罗马人民分发至今仍在分发的猪肉。**3** 他颁行了许许多多确有益处的法律。他整顿了神官职位，建起了太阳神神庙，设立了大祭司团，还拨付款项以翻修建筑物及供养侍从。**4** 在做出上述事迹之后，他便启程奔赴高卢诸行省，解救了被蛮族围困的温德利奇人①。随后他返回伊利里亚，并在集合起一支规模庞大但又不过于巨大的军队之后，向波斯人发起了战争，虽然在征服泽诺庇娅时他就已经极为光彩地战胜过他们了。**5** 可是，正当人在征途的时候，他出于手下书记员的邪念被一个叫穆卡普的人亲手所杀，地点就在埃拉克里亚和拜占庭之间的切诺弗鲁利翁驿站附近。②

---

① 指古罗马时代居住于今瑞士北部靠近多瑙河沿岸的边界一带的居民。

② 关于奥勒利安被杀之事，请参见尤特罗庇乌斯，IX, 15："他［奥勒利安］死于一位奴隶对他的背叛，这位奴隶伪造奥勒利安的字迹写下了一份名单，他将这份名单送到某些列名在上的与奥勒利安交好的军人手里，这就如同在说皇帝正准备处死他们一样。就这样，为了先发制人，这些人在位于现在的君士坦丁堡和埃拉克里亚间的古道上将他杀死了，那地方名叫切诺弗鲁利翁。"以及佐西莫斯，I, LXII, 1—3："就在奥勒利安于佩林图斯——也就是现在的埃拉克里亚——逗留的时候，有人策划了一场针对他的阴谋。在朝廷里有一个名叫埃罗斯（Eros）的人，专事负责发布皇帝的圣旨。就是这个人因做了某件错事而受到皇帝的恫吓，因此陷入了巨大的恐惧之中。于是，诚惶诚恐的他害怕皇帝会将对自己的恫吓付诸行动，他来到一些非常胆大的近卫军士兵那里，并向他们展示了一些虽带皇帝手迹实则出自其自己之手的信件，因为他很早开始就学着模仿了。他先是用那些信劝说这些人相信他们会被处死，随后又说服了他们去行刺皇帝。就在这群人注意到奥勒利安只带着一小队随从出城而去，那时，他们携着剑冲了上去将他杀死了。军队考虑到他曾做出过的丰功伟绩，以及为国家的利益而经历过的磨难，便将他按很高的规格就地安葬了。"

XXXVI. 1 至于弑杀奥勒利安的原因以及他遭到弑杀的方式，以免这样的事迹不被世人知晓，我会简短加以阐述。**2** 无法否认的是，奥勒利安是个严厉、残暴、嗜血的元首。**3** 当他发展到在没有重大的状况也没有足够确定的原因就处死了自己的外甥女①时，首先引来的是手下人对他的憎恨。**4** 另外，正如事物是由命运操纵的那般，曾被他任命为机要书记员的某位叫姆内斯特乌斯的（按照某些人的说法）他的被释奴，因这样或那样的原因而遭到怀疑，于是［奥勒利安］威胁他，这令他感到愤怒。**5** 姆内斯特乌斯明白，按以往做法奥勒利安既不会白白对人施加威胁，也不会在施加威胁后再进行宽恕，于是他就写下一份名单，把确令奥勒利安感到愤怒的人连同他并未怀有敌意的那些人一起都列了下来，另外还加上了自己的名字，由此以便更有信心激起众人的不安。他向名列其间的每一个人都宣读了这份名单，并且还声称，奥勒利安已派人将他们全都处决掉，假如他们还算男子汉的话，就应该拯救自己的性命。**6** 这些人的怒火被点燃了——理当让他［奥勒利安］感到不悦的人是出于恐惧，无辜之人则是出于悲愤，因为奥勒利安看起来并未对他们的尽职尽责表现出感激——便趁元首尚在征途时就在上文提到的地方发动突然袭击并杀死了他。

XXXVII. 1 以上便是与其说贤明的倒不如说是［那个时代］不可或缺的元首奥勒利安的结局。在他遭弑之后，实情得以揭晓，那些杀死他的人给他奉上了一处巨大的陵墓和一座神庙。**2** 在这之后，姆内斯特乌斯则被人送上刑桩并扔在了野兽面前。为了对被奉为神的奥勒利安表示崇敬，柱廊里立起了塑像，而展现上述场景的大理石塑像也竖立在那个地方，且两边各有一尊。**3** 元老院沉痛哀悼了他的离世，而罗马人民却陷入愈加的悲痛之中，因为人民之中普遍

---

① 原文是姐姐或妹妹的女儿。

流传的说法是，奥勒利安是元老们的教导者。**4** 他统治了六年多几天，并且出于做出的伟大事迹，他被列入了众神的行列。**5** 因为牵涉到奥勒利安，史书里提到的一件事我不该避而不谈。因为许多人声称，当克劳狄乌斯的弟弟昆提鲁斯担任意大利的都统之时，闻听克劳狄乌斯的死讯就接过了最高大权。**6** 可到了后来，当大家意识到奥勒利安执掌起大权的时候，整支部队都抛弃了他。他当众发表演讲抨击对方，而士兵们却拒不聆听，在这种情况下他割断了自己的血管，他自尽的那一天是当政之后的第二十天。①**7** 无论什么罪行、无论什么邪恶手段或狡猾行径，最后无论什么阴谋诡计，奥勒利安都把它们清除出了整个世界。

XXXVIII. 1 我判断此事也涉及［本书的］题旨：泽诺庇娅是以名叫瓦巴拉图斯的儿子的名义执掌大权的，而不是提莫佬斯和埃莱尼安努斯的名义，虽然大权实际上是由她［自己］掌握的。②**2** 在奥勒利安统治时，铸币匠在度支官菲利奇西莫斯的带领下也掀起了一场战争。他则以万般的活力极其无情地镇压了这场暴动，虽然如此，可其手下仍有七千士兵被杀，正如一封寄给此前曾过继他的三次出任执政官的乌尔皮乌斯·克里尼图斯的信里所提到的：**3** "奥古斯都奥勒利安向继父乌尔皮乌斯［致以问候］。对我来说某件事就好像是命运注定的，正如我进行过的所有战争一样，所有暴动都变得更严重了，因此城墙内的这场暴乱对我来说已演变成一场再严重不过

---

① 关于此事，请比照尤特罗庇乌斯，IX，12："可在元老院给他［昆提鲁斯］冠上奥古斯都之名后的第 17 天，他就遇害身亡了。"佐西莫斯，I，XLVII，1："随后，克劳狄乌斯的弟弟昆提鲁斯被宣布为皇帝。他只统治了几个月的时间，其所作所为没有什么值得记载的，接着奥勒利安登上了皇帝宝座。有一些历史学家告诉我们，昆提鲁斯的朋友曾建议他说，只要一听到奥勒利安被推举为皇帝，就要他自尽，并把皇位主动让给那位更具美德的人。据说他真这么做了：他唤来医生割断了自己的血管，最终失血致死。"

② 关于此事，请比照《三十僭主合传》，XXX，2。

的战争。在最为卑贱的奴隶、我委任的帝王私库代理人菲利奇西莫斯的带领下，铸币匠们显露出了叛意。**4** 在损失了快艇兵、巡岸兵、驻守兵，以及达契亚人共七千人之后，他们被镇压了下去。由此可见，永生之众神在我未经磨难的情况下是不会授予我胜利的。"

XXXIX. 1 在凯旋式上被展示露脸的特提里库斯，奥勒利安让他出任卢卡尼亚的司法官，而他的儿子则留在了元老院。**2** 他建起了再宏伟不过的太阳神庙。① 他另砌了一道城墙，使罗马城得以拓展，② 以至于城墙的周长达到了近五十里。**3** 同样是他，对告密者和诬告之人施以万分严厉的惩处。为了让凡民得以安心，他下令在图拉真广场焚烧一次记有赊欠国家债务的欠条。**4** 在他统治时，还以雅典人为榜样（图利乌斯在《反腓力辞》③ 里追忆过此事④）对那些冒犯国家之人颁布了赦免。**5** 行省官员有犯下偷盗、勒索、侵吞公款罪行的，他就会用比军法更严厉的方式惩处他们，以至于对他们施加了极其残酷的酷刑。**6** 他给太阳神神庙奉献了许多金子和宝石。**7** 在目睹伊利里亚遭受劫掠、默西亚陷于毁灭的时候，他放弃了由图拉真设立的多瑙河外达契亚行省，并撤回了军队和行省居民，舍弃了可以保留那座行省的希望。他让从那里迁出的人定居在了默西亚，并仍管他们待的地方叫达契亚——现在那地方把默西亚分成了

① 关于此事，请参见本卷 XXV，6，和 XXXV，3。

② 关于此事，请参见本卷 XXI，9。

③ 指西塞罗著名的十四篇用以抨击马可·安东尼的演说辞，因其体例模仿雅典雄辩家德摩斯梯尼（Demosthenes）用以抨击马其顿王腓力的演说辞，故而得名。

④ 关于此事，请参见西塞罗的《反腓力辞》，I，1："……在那座神庙里，我尽己所能为和平铺垫基础，并追忆起了雅典人的古老先例。我甚至用上了希腊人的说法，而他们曾借此平息了那座城邦的混乱，而我认为应该以永远遗忘的方式抹除一切充满不和的记忆。"西塞罗说的是元老院给所有卷入刺杀恺撒的人授予赦免的决议（公元前 44 年 3 月 17 日）。——英译者注，引文为汉译者所加。

两部分。^①**8** 除此之外，据说他的残忍到了这般地步，以至于为了能轻而易举就把多名元老处死，他控告他们疑似在策划阴谋以夺取大权。**9** 一些人还声称，被他杀死的是他的外甥而非外甥女，^② 而大部分人则说，[除了杀死外甥女之外，] 他也杀死了外甥。

XL. 1 位列神圣等级的元老院的法统尊严，以及老练聪慧的军队所施加的权势威慑，两者都表明了选一位皇帝以取代贤明的元首是件多么困难的事。**2** 因为当这位再严厉不过的元首被弑之后，军队通知元老院推选一位皇帝，之所以这么做是因为，据信，在这伙曾经杀死如此贤明的元首的人中间不应该有谁被立为皇帝。**3** 但是，元老院明白，他们选出的那些皇帝，军队不会长时间地乐意拥戴的，于是就把这种推选之事抛回了军队。**4** 最终，直至第三次，推举的人选才被拥立，以致六个月之久罗马人的领域内没有一个皇帝，而那些或是由元老院或是由奥勒利安推举的官员们，除去受到推选接替阿勒利乌斯·福斯库斯^③ 任亚细亚总督的法尔托尼乌斯·普罗布斯之外，其余全都留在了 [原来的] 职位上。

XLI. 1 插叙军队寄给元老院的信件原文并非是一件令人不快之事："天命所助及勇敢无畏的军队向罗马元老院和人民 [致以问候]。我们的皇帝奥勒利安因一个人的狡猾手段以及善人和恶人的疏忽大意而遭到弑杀。**2** 元老们，神圣的主人，快把他列入众神的行列，

---

① 关于此事，请参见尤特罗庇乌斯，IX，15："在整个伊利里亚和默西亚遭到洗劫之后，对能够夺回达契亚感到绝望的他 [奥勒利安] 彻底放弃了那个由图拉真建立的位于多瑙河对岸的行省。他将那些从达契亚的城市与乡村撤离的罗马人安置在了默西亚中部，随后还把那个地方称作达契亚——它位于奔流入海的多瑙河的右岸，而此前的达契亚则在左岸，现在那里把默西亚分成了两部分。"

② 关于此事，请比照本卷 XXXVI，3。

③ 关于此人，也许是《三十僭主合传》，XXI，3 中提到的那位与执政官等衔之人。

快从你们当中派一个符合你们裁断的人来充当元首。因为，我们不允许那些不是犯下过错就是做过恶事的人中间有谁来统治我们。"3 元老院以决议做出回复。二月三日，至高无上的元老院在庞皮利安议事堂集会，那个时候，执政官奥勒利乌斯·戈尔狄安说道："元老们，鄙人交付给你们最蒙天命之助的军队的信件。"4 在这封信件被宣读之后，首先发表意见的元老奥勒利乌斯·塔西佗（此人就是依据所有人的意见在奥勒利安之后被立为皇帝的那位）作了如下陈述：5 "元老们，假如贤明的元首裹上铁甲变成不坏之身，以至于他们能拥有更长久的生命，让那些心怀极度悲痛而策划起臭名昭著的谋杀行径的人没有力量同他们作对，那么永生之众神就真的按正确的方式做出了安排。6 ［假如果真如此，］那么比任何人都更勇敢、更泽及世人的元首奥勒利安就能活下去了。7 在瓦勒良遭遇不幸以及伽利埃努斯犯下邪恶行径之后，我们的国家在克劳狄乌斯的统治下确实开始了复苏。不过，使国家回到原来的状态同时又彻底征服整个世界的人则是奥勒利安。8 他给我们送来了高卢诸行省、他解放了意大利、他让温德利奇人摆脱了遭受蛮族奴役的枷锁。他的胜利使伊利里亚得以光复、使色雷斯诸行省回到了罗马人的律法之中。9 他在让东方挣脱了女性的（羞耻之事啊）枷锁之后，重新回到我们的统治之中；他击溃、驱逐，并制服了因瓦勒良被杀而直到那时仍侵扰不断的波斯人。10 他近若神明般地受到萨拉森人、布勒梅耶人、阿克苏米特人、巴克特里亚人、汉人 ①、伊比利亚人、阿尔巴尼人、亚美尼亚人，还有印度人的敬仰，就好像他也置身在那些地方一样。11 他把从蛮族部族那儿得来的礼物都送入了朱庇特神庙。出于他的慷慨大度，仅一座神庙就拥有一万五千磅黄金，有了他的馈

---

① 原文为 Seres，本意与"丝"有关，显然指的是产丝地方的民族，应为当时居于中原地区的汉人。

赠，罗马城内所有的圣地全都是金光闪闪的。**12** 元老们，因此我理当向众神本身提起诉讼，因为他们容许如此一位伟大的元首身死覆灭——若不是恰恰更愿让他列入他们的行列的话。**13** 于是，我决定颁授［给他］被奉为神的荣耀，我估计你们所有人都会这么做的。另一方面，推选皇帝一事我认为应该交付给［提出请求的］这支军队。**14** 因为，在给出这类意见的时候，除非是按人家说的去做，否则受到推选的人会有危险，而进行推选的人也会遭人憎恨。"**15** 大家赞同塔西佗的意见。虽然如此，可是［推选皇帝的请求］被一而再再而三地送了过来，塔西佗就以元老院的决议成了皇帝，此事鄙人将在塔西佗的传记里进行讲述。

　　XLII. 1 奥勒利安只留有一个女儿，她的后代至今仍在罗马。**2** 因为奇里乞亚总督、最出类拔萃的元老、确乎因其自身的权利及生平而受人敬仰的奥勒利安就是她的孙子①，前者现在正生活在奇里乞亚。**3** 既然那么多的元首拥有恺撒之尊名，为何他们之中鲜有贤明之君呢？我要说一下对此的看法。因为自奥古斯都至戴克里先和马克西米安元首，身披紫袍之人［的名字］都列在了国家记录里。**4** 不过他们中间最出类拔萃者有奥古斯都本人、弗拉维·韦斯帕芗、弗拉维·提图斯、科克奇尤斯·涅尔瓦、被奉为神的图拉真、被奉为神的哈德良、安东尼努斯·庇乌斯、马可·安东尼努斯、阿非人塞维鲁、玛美娅之子亚历山大、被奉为神的克劳狄乌斯，以及被奉为神的奥勒利安。的确，瓦勒良虽属出类拔萃者，厄运却令他未进入上述所有的人之中。**5** 我恳请您看看，贤明的元首多么稀少啊，以至于在那个克劳狄乌斯时代某个仿剧演员曾赞美道，贤明元首［的名字和肖像］都可以镌刻在单独一枚戒指上。**6** 不过，相对应的那些暴君都有些谁呢？如果让鄙人略去维特利乌斯之流、卡里古拉之流、

---

① 或外孙。

尼禄之流不提，有谁忍受得了马克西米努斯之流、腓力之流，以及那位身属无规无矩之众的人渣①呢？然而，我应该把德西乌斯之辈排除在外，因为他们的生与死当和古人有得一比。

XLIII. 1 大家确实常问道，是什么让元首成为暴君的。首先，我的朋友，是桀骜不羁；其次是纸醉金迷；除此之外，再是那些无德无义的朋友、卑鄙无耻的侍卫、极其贪得无厌的阉人、既愚蠢又奸邪的廷臣，以及（无法否认）国家 [大众] 的愚昧无知。**2** 然而，我从我父亲那儿听说，当初元首戴克里先还是一介凡民的时候曾说过，没有什么比当一位贤明的统治者更难的了。**3** 四五个人聚在一起得出一个计谋以欺骗皇帝，他们说任何 [皇帝] 应该会同意的事情。**4** 把自己关在宫内的皇帝不晓得实情。他所获悉的只能是那些人所讲的，他任命不该任命的官员，理应留任的他却把他们从国家的职位上解职了。还有什么可说的呢？正如戴克里先本人常说的，贤明、谨慎、杰出的皇帝 [的旨意也] 常被人贩卖。**5** 此乃戴克里先之语，我之所以插叙于此，那是因为正如聪慧的您知道的，没有什么比当一位贤明的元首更难的了。

XLIV. 1 而奥勒利安确乎既不位列贤明元首，也不位列暴君之列，之所以这样那是因为他缺乏皇帝第一重要的品质——仁慈。**2** 戴克里先的近卫军长官维科尼乌斯·埃莱尼安努斯经常说（有阿斯克莱皮奥多图斯作证），戴克里先为了指责马克西安的严厉曾常常讲道，奥勒利安与其说应该当一位元首还不如说当一位将领。这么说是因为他对奥勒利安的极度凶狠感到了不悦。**3** 下面这件被戴克里先得知的事情看起来也许令人惊奇，据称阿斯克莱皮奥多图斯曾对自己的助理官②契尔希努斯说过此事，不过对它的判断却要留待后

---

① 指的是伽利埃努斯。——英译者注，有删减。
② 关于此官职，请参见《佩希尼乌斯·尼杰尔传》，VII，3 及其注脚。

世之人来做了。**4** 因为［阿斯克莱皮奥多图斯］常说，奥勒利安在某个时候求教过高卢的德鲁伊，询问大权是否会留在他的后人手里，他说，当时他们答复道，将来国内没有谁的名字比克劳狄乌斯后人的更为光辉耀眼。**5** 于是，体内流淌着［克劳狄乌斯的］鲜血的人、君士坦提乌斯的确当了皇帝，我想他的后代会保有德鲁伊所预言的那种荣耀的。我之所以将这件事写在奥勒利乌斯的传记里，那是因为当奥勒利安亲自问卜时上述答复给了他本人。

XLV. 1 奥勒利安把从埃及征来的税赋拨给了罗马城，其中有菘蓝、莎纸、亚麻、粗麻，以及需要课征永久税①的那类物品。**2** 奥勒利安曾准备在台伯河对岸的地区修建冬季浴池，因为那里没有太多冰凉的水。他开始在奥斯提亚的海边建造一处以自己名字命名的广场，后来在那广场上建起了国家长官的府衙。**3** 为了让自己的好友摆脱贫困的悲惨境地，并且也为了不使他们因遗产过多而引起富人的羡慕，他以适度和得体的方式分给他们财富。**4** 他既不在自己的衣柜里保有纯丝织的衣服，也不将之赠给他人穿戴。**5** 当他的妻子请求他穿上一件紫色的丝织裹袍时，他回答说："用金子来称重线料，这天理不容。"因为当时丝绸有多少磅重就是金子有多少磅重。

XLVI. 1 奥勒利安有意不在屋顶、束腰上衣、皮毛、白银上面添加黄金，因为他讲道，自然界里的黄金比白银多，可黄金却由于用到各种各样的金叶子、金丝线，以及熔铸物上而被耗费掉了，而白银则一直被用在了恰当的地方。**2** 同样是他，曾给想要使用金盘子和金杯的人颁发过使用许可。**3** 除此之外，他还授给普通凡民保有银制四轮车的权力，而在从前他们允许拥有的是铜制的和象牙造

---

① 这类税赋被提到的时候常常是纸莎草纸，似乎是一种针对国家有垄断生产权的物品（尤其是在这里列举的）所征收的实物税。——英译者注，有删减。

的车子。**4** 还是这个人，他允许妇女拥有红紫的束腰上衣和其他衣服，而从前她们有的衣服颜色则是彩色的，以及更常见的淡粉红色。**5** 还是他，史无前例地准许普通士兵保有金扣环，而在之前他们有的是银制的。**6** 他还破天荒地给士兵们发带金色和紫色饰边的衣服，而从前他们只领带紫色直线条的衣服，他给其中一些人的衣服是带一条饰边的、另一些人是带两条、再有一些人是带三条，直至带五条饰边的，样式就和今天亚麻布做的 [士兵的衣服] 一样。

XLVII. 1 给罗马城发放的面包，奥勒利安把供应量增加了一盎司，并由埃及征收的税赋中拨出。正如一封寄给罗马调粮官的信里他本人自夸时说的那样：**2** "奥古斯都奥勒利安向调粮官弗拉维·阿拉比亚努斯 [致以问候]。朕在众神的佑助下为罗马人的国家带去了裨益，在这些事迹当中与我在每种谷物的供应量上都给罗马城增加一盎司相比，没有哪件比它更令我倍感自豪的了。**3** 此事会一直执行下去，我已在埃及另外安排了更多的尼罗河的船夫、在罗马也布置了新的舟夫，我已修造了台伯河的河岸、疏通了水浅的河道，我已向众神和丰饶女神许下了愿望、并在色瑞斯[①]的祭坛前进行了祭拜。**4** 现在，最称我心的阿拉比亚努斯，要努力勿使我安排下来的事无果而终，这是你的职责。因为，对于罗马人民来说没有什么比喂饱饭更能让他们感到开心了。"

XLVIII. 1 奥勒利安曾决定给罗马人民供应免费的酒，以便就和获得免费的橄榄油、面包、猪肉那样，也让他们得到免费的酒，他曾打算按照如下的安排将上述事业永久持续下去。**2** 沿奥勒利安大道一直到海岸附近的阿尔卑斯山，伊特鲁里亚地区的那大片土地都是生长着植被的肥沃土壤。因此他做出决定，虽然有未开垦的土地，但只要地主同意，他就把这些地从他们那儿买下，然后再把当自家

---

① 古罗马人信仰的司掌谷物丰收的女神。

奴隶用的战俘派到那边，让他们在山上种植葡萄，由此生产出酒，这些酒帝王私库得不到任何回报，而是悉数供给罗马人民。他准备了水缸、圆桶、船只，及各种设施。**3** 不过，许多人说奥勒利安还未将上述事业付诸实施就辞世了，另一些人则说他是被自己的近卫军长官制止住了，因为据称后者曾说过："如果我们给罗马人民送去酒的话，那么我们接下来要做的就会是送上鸡肉和鹅肉了。"**4** 的确有证据表明奥勒利安曾考虑过上述事业，更确切地说他已准备付诸实施或多多少少已做了一些了，因为属于帝王私库的酒被摆在了太阳神神庙的柱廊里，不过这些并非免费发给人民的，而是需要付出价钱。**5** 虽然如此，可要知道的是他曾经三次向人民发放犒赏，还赏赐给他们从不同行省得来的带袖的白色束腰上衣、阿非利加的和埃及的纯亚麻上衣，他还史无前例地赠予罗马人民方巾用来让人民拿在手上挥动以示支持。

XLIX. 1 奥勒利安在罗马的时候并不喜欢待在皇宫里，而是宁愿生活在撒路斯特园或是图密提娅园。**2** 他确实在撒路斯特园里修建了长达一千尺的柱廊，即便他的身体不怎么健康，可仍时常在那段柱廊下进行锻炼和操练马匹。**3** 他常命人在自己面前处死犯下罪过的奴隶和侍从，正如许多人说的，这么做是为了保持严厉，而另一些人则说，这是出于嗜好残忍。**4** 他的一位女奴因和她侍奉同一主子的男奴犯下通奸，他对其处以极刑。**5** 许多他家的犯下过罪行的奴隶，他就把他们送交国家法庭依法审理。**6** 他曾有意让妇女回到元老院或附属元老院，[①] 由此那些在元老院的批准下名正言顺地获得祭司职的女人在那里便成了地位最显赫的人物。**7** 他不让所有的男人穿深红色、淡黄色、白色、藤绿色的鞋子，而留给女人穿。他

---

① 请参见《安东尼努斯·埃利奥伽巴鲁斯传》，IV，3 及其注脚。——英译者注

允许给元老跑腿的人穿和元老本人一样的衣服。**8** 他禁止出身自由的女子被纳为妾。他为元老等级者限定阉人的占有数量，之所以这么做是因为这些阉人的价格涨势尤甚。**9** 他拥有的银盘子从来不曾超过三十磅。他宴会上大部分食物都是烤肉。他尤为喜爱红色的酒。

L. 1 奥勒利安生病时从不唤医生过来，而是主要通过禁食的方式让自己痊愈。**2** 在每年农神节的最后一天，他就如同凡民一样为妻子和女儿举行庆祝。**3** 当上皇帝后，他给自己奴隶的衣服就和其尚为凡民时的一样——除去两位上了年纪的奴隶安提斯奇乌斯和吉洛，他待他们就像被释奴一样，赠给了许许多多赏赐，等他去世之后他们通过元老院的决议得到了释放。**4** 他真的很少热衷于娱乐，但却极其喜爱仿剧演员，此外他还狂热地喜爱一位饕餮之徒，此人能吃到了这般地步，以至于一天时间就在他［奥勒利安］的餐桌上吃掉了一整只野猪、一百块面包、一头阉羊、一头乳猪，并且他还把漏斗放在嘴上，就着坛子喝下了超过一坛的酒。**5** 除了有某些国内的暴乱之外，他统治的时代是极其繁荣昌盛的。罗马人民爱戴他，而元老院则对他感到了畏惧。

塔西佗传

弗拉维乌斯·沃庇斯库斯·叙拉库西乌斯

　　I. 1 当罗慕路斯隐身于世①之后，在罗马城奠立最高统治权的初创时期某项实施的举措被握有书写历史权力的大祭司们录成了文字，那便是给政权交替设一段过渡期——在一位贤明元首驾崩之后而另一位贤明元首正在受到推选［而尚未登基］之时——奥勒利安离世之后这一举措就被施行了整整六个月，②因为元老院和罗马军队之间起了争执，那争执不是出于嫉恨和不悦，而是因善意和虔心而起的。**2** 虽然如此，不过［现在］这件事在诸多方面都与［先前］那档事有所不同。这么说是因为最初在罗慕路斯离世之后出现了过渡期，当时摄政者被推选了出来，整个一年被按三天、四天、五天分割开来，并在一百位元老之间进行分配，如此一来至少那些想要［摄政的元老］就会逐一上台摄政了。③**3** 因此，出现了如下之事，摄

---

① 关于罗马城的建立者罗慕路斯最后从世间消失之事，请参见《康茂德·安东尼努斯传》，II，2 之注脚。

② 关于此事，请参见《被奉为神的奥勒利安传》，XL，4。

③ 关于此事，请参见尤特罗庇乌斯，I，2："在罗慕路斯当政的第三十七年，在一场突如其来的风暴过后就没有人再看到过他了，据信他去了众神那里，成了神灵。随后，元老们以五天为期轮流当政，如此的统治持续了一年。"

政持续了一年有余，以免这些等级相当之人有谁没能执掌罗马大权。**4**需要补充的还有：在执政官以及与掌握执政官大权的军事保民官①的统治期间，只要出现了摄政统治，就会有摄政者，罗马人的国家也从未空缺这种官衔到了这般地步，以至于有两三天之久未推举出一位摄政者。**5**我意识到自己会面对［如下困惑］，在我们的祖辈时代国内有四年之久未曾出现过长官的马车，②可平民的保民官却拥有与王权中最重要的部分相当的保民官的权力。**6**虽然如此，不过并没有人声称那时不曾出现过摄政者，而且根据颇为可靠的历史学家所称，后来的执政官是由摄政者为了掌控其他长官的选举而推选出来的。

II. 1于是，罗马元老院和人民经历了罕见而又艰难的境况，以至于整整六个月国家都在寻找贤者而没有一位皇帝。**2**［那时，］士兵们多么的安分守己啊！人民多么的和谐安宁啊！元老院的权威多么高贵威严啊！没有一处地方出现僭主，寰宇之内都受制于罗马元老院、士兵，以及人民的裁决，他们并非由于害怕什么元首、害怕保民官的权职，才行事妥当公正，而是因为畏惧自己，而这乃是人生之中最为出色的事。**3**虽然如此，可为了让那些谋求王权之人学会以德御国而非［单单］做到大权在握，［我］应该述说如此幸运的天命之助一再延续的原因，以及那种应当在国家档案中大书特书并

---

① 原文为复数形式: tribuni militares praediti imperio consulari，也可以写成 tribunus militum [consulari potestate]，即表示：具有执政官权的士兵的保民官。根据尤特罗庇乌斯，II，1，该官职最初设立于建城以来的第365年（约公元前390年或前389年），初为3人（后为6人）出任，并在此后的80年间一直代替两位执政官执掌权力。

② 关于此事，请参见尤特罗庇乌斯，II，3："可是，军事保民官的当政并未持久。因为在一段时间之后大家决定不再推选这样的人了，于是有四年之久罗马城里并无权贵执掌大权。虽然如此，军事保民官再度握有了执政官的权力并延续了三年，此后执政官重新被推选了出来。"

为后世人类［铭记］的令人叹为观止的无私。**4** 正如上一卷书里所写的，奥勒利安出于再邪恶不过的奴隶的狡诈和士兵的愚钝（正是有了这些，就趁他们陷入了愤怒，多半是喝醉了酒，反正几乎总会在未经商讨之时且又听到什么风声的情况下，任何谎言都会被人相信的），在遭人背叛而遇害之后，① 当所有人的精神都恢复正常，军队又毅然决然地平定了他们的时候，他们当中是否有人应该成为皇帝，这个问题开始被提了出来。**5** 那时，已习惯在匆忙间拥立皇帝的军队因憎恶眼前的那些人而给元老院送去信件（此信已在上一卷书里提及了 ②），要求他们从自己的等级中推选元首。**6** 然而，元老院知道由他们选出的元首士兵是不会感到满意的，便将此事退回给了士兵。就在反复来回之际，六个月过去了。

III. 1 虽然如此，可仍有必要让大家了解塔西佗是按何种方式被推举为皇帝的：**2** 九月二十五日，当至高无上等级者来到庞皮利安议事堂集会的时候，执政官维利乌斯·科尼菲奇乌斯·戈尔狄安说道：**3** "元老们，鄙人把反复呈递过的东西［再］呈上给你们：皇帝必须被推选出来，因为没有元首军队就无法更长久地保持稳妥无事，另外作为非做不可之事也迫使着［你们做出推选］。**4** 因为，据说，日耳曼人已侵入了莱茵河对岸的边境，已占领了繁荣、富庶、强大的著名城市。**5** 就算对波斯人的行动一无所闻，［你们也该］想想，叙利亚人的心思是多么肤浅啊，以至于他们宁可期待女人来统治，也不顺从于我们的正统之权。**6** 阿非利加那边情况如何呢？伊利里亚那边如何呢？埃及乃至各处地方又如何呢？鄙人揣测，在没有元首的情况下［他们的］忠诚能够维持多久呢？**7** 因此，元老们，来吧，快宣布元首吧。因为军队要么接受你们推选出的人，要么做出拒绝

---

① 关于此事，请参见《被奉为神的奥勒利安传》，XXXVI。——英译者注

② 关于此事，请参见《被奉为神的奥勒利安传》，XLI，1—2。——英译者注

而再拥立他人。"

IV. 1 在那之后，作为首先发表意见的与执政官等衔之人，塔西佗开始陈述某种已无从考证的观点，在这种情况下全体元老发出了欢呼：**2** "奥古斯都塔西佗，愿神明庇佑您。我们推选您，我们立您做元首，我们把国家和世界都托付给您照料。**3** 快依据元老院的权威接过最高大权吧，因为这是符合您的等级、您的生活、您的心智的。首席元老被立为奥古斯都是合乎体统的，[元老院里] 首先发表意见之人被立为皇帝是合乎体统的。**4** 有谁比一位庄严之人统治得更好？有谁比一位拥有学识的人统治得更好？希望此乃仁善之举、天佑之举、泽及天下之举。您很长时间都是一介凡民。您明白自己该如何统治，因为您曾经就听命于其他元首之下；您明白自己该如何统治，因为您曾经对其他元首做出过评判。"**5** 可他却 [说道]："元老们，对于你们希望拥立一位老人当元首以接替再勇武不过的皇帝奥勒利安的位置，我感到惊奇。**6** 看看这些胳膊和这些腿，它们应该强健到可以扔出投枪、可以折弯矛柄、可以击打盾牌、可以作为指导士兵的榜样而时常骑在马上。鄙人已几乎履行不了元老院的职责，几乎道不出限于鄙人职位的意见了。**7** 再仔细看看吧，都这么一大把年纪了，你们还要把他带出卧室的荫蔽，送入寒冷与酷热之中。你们相信士兵打算认同一位上了年纪的皇帝？**8** 盯着点吧，以免你们给国家送上一位自己并不希望拥立的元首，也以防有人会仅凭你们在推选我时未出现异议就开始向我发起反对。"

V. 1 在这之后，元老院发出了如下的呼喊："图拉真也是上了年纪才登上皇位的。"他们说了十遍。"哈德良也是上了年纪才登上皇位的。"他们说了十遍。"安东尼努斯也是上了年纪才登上皇位的。"他们说了十遍。"而您也曾读到过：'罗马人之王的灰白胡须'① [一

---

① 请参见《埃涅阿斯纪》，VI，809—810；《哈德良传》，II，8。——英译者注

语]。"他们说了十遍。"有哪一位比上了年纪者更善于统治呢？"他们说了十遍。"我们拥立您当皇帝，而非当士兵。"他们说了二十遍。**2** "您快下令让士兵们作战吧。"他们说了三十遍。"您有一位既聪慧又贤明的兄弟。"他们说了十遍。"塞维鲁说过，执掌大权的是脑袋而不是脚。"① 他们说了三十遍。"我们选出的是您的精神而非肉体。"他们说了二十遍。"奥古斯都塔西佗，愿众神庇佑您！"他们说了十遍。**3** 接着，所有人都被问到了各自意见。除此之外，坐在塔西佗身后拥有执政官衔级的元老梅奇乌斯·法尔托尼乌斯·尼科马库斯以如下言辞发表了观点：

VI. 1 "元老们，这个优秀的等级着实总是为国家做出既正确又明智的举措，比之更完美的智慧在寰宇之内还不曾有哪个民族期盼过，但是，在这处神圣之地未曾有人道出过比之更有分量、更有智慧的观点。**2** 我们已拥立了一位如父亲般照顾着所有人的年岁颇大之人做元首。从他那里，人们不该害怕出现什么不成熟之事、不该害怕出现什么太过仓促之事、不该害怕出现什么残暴之事。可以预见，[发生在他身上的] 一切都正经得体、里外上下都受人敬重，可以说 [他所做的] 就是国家本身规定的。**3** 因为他知道怎样的元首是他自己一直期盼的，而除了他本人追求的、希望的之外，他无法在我们面前展示出其他的样子。**4** 可事实上，假如你们有意去想一下古时的那些奇葩们（我说的是尼禄之辈、埃利奥伽巴鲁斯之辈、康茂德之辈，抑或总是更有可能是些"小康茂德"之辈②），他们犯下那些罪行与其说是出于人 [本身]，还着实不如说由于年纪 [尚幼]。**5** 愿众神勿把元首之名冠在孩子的头上，勿把国父之名冠在乳

---

① 关于此事，请参见《塞维鲁传》，XVIII, 10。——英译者注

② 原文是 Incommodos，乃 Incommodus 一词的复数宾格，单词原意为"讨厌的"、"烦人的"、"害人的"。康茂德拉丁语拼作 Commodus，与 Incommodus 拼写相近。

臭未干者的头上：对于他们来说，签名都得要文学老师把着手写下来，用糖果、小玩意儿，以及男孩喜爱的任何东西对他们加以诱惑就可被授予执政官之职。6 不知如何爱惜名声的人、不知道国家为何物的人、害怕保护者的人、寻求抚养人帮助的人、屈服于老师教鞭威力或为之而感到畏惧的人，以及任命那些在生平、品德、年龄、家庭、事迹方面的不明不白者出任执政官、将领、法官的人，让这些人成为皇帝，这是哪门子的明智之举啊。7 不过，元老们，现在我为什么还要继续说下去呢？就让我们为拥有一位上了年纪的元首而庆祝吧，而不是重现那些令承受者无力哀嚎的痛苦之事。8 因此，我现在代表整个国家，向永生的众神致以谢意。奥古斯都塔西佗啊，我向您疾呼，请求、恳请，并无所顾忌地替共同的祖国、替法律要求您，假如厄运更为迅速地追上您的话，别让您的毛头小孩们继承罗马人的大权，也别把国家、元老、罗马人民如您的庄园、隶农、奴隶一样留给他们继承。9 因此，看看您的周围，快仿效涅尔瓦之辈、图拉真之辈、哈德良之辈的做法①。一位濒死元首的莫大荣耀在于爱［自己的］国家，而非爱［自己的］孩子。"

　　VII. 1 上述演讲既令塔西佗本人受到极大鼓动，也让整个元老等级都受到了感召，便立刻呼喊道："［我们］全都［这么想的］，全都［这么想的］。"**2** 于是，他们行进到战神平原，那儿［塔西佗］登上了集会用的高台，罗马市长埃利乌斯·契塞提亚努斯发表了如下讲话：**3** "令人极其敬仰的士兵们、令人极其敬畏的公民们，你们拥立了元老院根据军队全体一致意见而推选出的这位元首，我说的便是再威严不过之人塔西佗，正如他以往那般用自己的计策佑助过国家，现在他将用律令和裁断来佑助国家。"**4** 人民呼喊道："最受天命襄助的奥古斯都塔西佗啊，愿众神庇佑您。"其余所说内容便和往

---

① 指的是过继接替者。——英译者注

常的一样。**5** 在此，不该被落下不提的是，许多人都曾写下过，塔西佗被冠上元首之名时并未到场，而是置身于坎帕尼亚。**6** 这是事实，我无法加以掩饰。因为，当有流言传出，说他将被立为皇帝的时候，他已离开［罗马］并在巴耶的房子里待了两个月。**7** 但在从那里被带离之后，他参加了元老院的决议［讨论］，就好像他确乎是凡民一介而且着实会拒不接受最高大权一样。

VIII. 1 在此，为防止有谁觉得我草率地相信了某个希腊人中的或拉丁人中的［作家］，在乌尔庇亚图书馆的第六只匣子里有一本象牙制的书，书里记录了带有塔西佗本人亲手签名的元老院的这份决议。**2** 因为，这些牵涉到元首的元老院的决议长久以来都刻在了象牙制的书里。**3** 塔西佗随后出发前往军队那里。在那儿他一登上高台，近卫军长官梅西乌斯·伽利卡努斯发表了如下的讲话：**4** "最神圣的战友们，你们寻找的元首元老院已给了，那个再高贵不过的等级已经颁下了法令并给出了军营所希望的人。由于皇帝已在你们面前，就不允许我再多说什么了。因此，快洗耳恭听他的讲话吧，因为他的职责就在于看护我们。"**5** 在那之后，奥古斯都塔西佗说道："图拉真也是到了老年才登上最高大权的，不过他是被单独一个人推选出来的，而我呢，最神圣的战友啊，你们明白如何确定元首，所以以此名衔获得荣耀的话，首先通过你们裁断，其次再交由最为荣耀的元老院裁决。我将尽心、尽力、尽责地使你们不缺少——如果谈不上勇敢的事迹的话，那至少是配得上你们、配得上皇帝的决策。"

IX. 1 在那之后，塔西佗许下承诺会按例颁发赏金和犒劳品，然后他向元老院发表了第一篇演讲，内容如下："元老们，显而易见我受到了你们推选，一切事情我下决定做的时候都依照你们的意见并受你们主导，对我来说按这种方式执掌最高大权是合乎体统的。因此，你们［要做］的就是颁令并推行那些看起来与你们、与严守军纪的部队、与罗马人民相称的事。"**2** 就在这次演讲中，他决定在朱庇特神庙内为奥勒利安竖立一尊金塑像，同样还在元老院议事堂、太阳神神庙，以及被奉为神的图拉真广场各竖立一尊银塑像。不过金塑像没有被立起来，而只有银塑像被奉献了出来。**3** 就在这次演讲中，他颁下了法令，规定如有谁无论公开还是私下把铜熔化进银里，或是把银熔化进金，或是把铅熔化进铜里，都要处以极刑并罚没财产。**4** 就在这次演讲中，他颁下了法令，规定奴隶不得在威胁主子生命的案件中受到质询，即便在犯上罪的案子里 [也应如此]。**5** 他还颁布了法令，规定所有人都要持有奥勒利安的画像。他下令给被奉为神者建造一座神庙，并在里面竖立贤明元首的塑像，以此在他们的诞辰日、牧神节①、一月一日，和 [举行] 祈福式②的时候，会给他们献上贡品。**6** 就在这次演讲中，他请求让自己的兄弟弗洛里阿努斯出任执政官职位，却未能成功，之所以如此是因为元老院已经把全部的任期都安排给了接任的执政官。此外，据说元老院保持自由令他很是高兴，因为他们否决了他提出的由其兄弟出任执政官的请求。据称，他确实说过：“元老院清楚拥立哪种人当元首。”

　　X. 1 塔西佗把自己投资得来的遗产献给了国家，价值有两亿八千万塞斯退斯。他在家里积累起来的钱财则用以支付士兵们的犒赏。他使用身为凡民时一样的托袈袍和束腰上衣。**2** 他禁止在罗马城内开设妓院，这一做法显然无法持续长久。他下令一切浴池都要在点灯时间之前关闭，以避免在夜晚引起什么骚动。**3** 他下令把皇史作家科尔涅利乌斯·塔西佗③ [的塑像] 摆放在所有的图书馆里，因为他说对方是自己的至亲；为了不让 [他的书] 因读者的疏忽大

---

① 四月二十一日，该节日起初用来纪念古代牧人的保护神帕勒斯（Pales），后来则变成了罗马建城周年的节庆日。——英译者注

② 指一月三日的祈福仪式（Votorum Nuncupatio），在该仪式上官员及祭司会为皇帝的健康许愿。——英译者注

③ 关于著名历史学家塔西佗，请参见《被奉为神的奥勒利安传》，II，1。

意而失传，他颁令，以官方名义抄书部门每年都把他的书抄写十遍
并摆放在图书馆里。**4** 他禁止所有人穿全丝织的衣服。他下令把自
己的房子夷为平地，并自掏腰包在原地建起公共浴池。**5** 他从自己
的财产里拨出钱来，为奥斯提亚人 ① 奉上了一百根高达二十三尺的
努米底亚大理石柱子。他批准把自己在毛里塔尼亚保有的财产拨付
于朱庇特神庙的维修上。**6** 在他称帝前就保有的银制桌子被他贡献
了出来用以神庙开餐宴之用。**7** 城里所有［他的］奴隶无论什么性
别他全都加以了释放，虽然如此，可人数仍在一百以内，这么做似
乎是为了不超过《卡尼牛斯法》② ［所规定的释放人数］。

XI. 1 塔西佗本人生活极为节俭，以至于一整天都喝不了一塞塔
里的酒，常常还不到半塞塔里。**2** 即使在宴会上，他也只摆出单只
鸡，外加半个熏猪头和一些蛋。与其他蔬菜相比，他无限制地让自
己沉醉于被大量供给的莴苣之中，因为他常说，自己花费那么多开
销来购买睡眠。他偏好于较为苦涩的食物。**3** 他很少沐浴，且上了
年纪后着实变得更为健壮。他特别喜爱种类各异、做工精巧的玻璃
器物。除非是干的，否则他从不吃面包，且吃时还用盐和别的佐料
进行调味。**4** 他对手艺活极其在行，他喜爱大理石，他优雅如［老
派的］元老，并热衷于狩猎。**5** 若非乡野田间之物，他的餐桌真的
从未上过别的东西了。如果不是在他自己或家人的生日以及再重要
不过的节日的话，他从不摆出野鸡。他总是把自己献上的祭品带回

---

① 关于奥斯提亚城，请参见《安东尼努斯·庇乌斯传》，II, 1。

② 《福菲尤斯·卡尼牛斯法》（Lex Fufia caninia）颁布于公元前 2 年，它规定
　奴隶主通过遗嘱解放奴隶时需遵守一定的比例限制：有奴隶 1 人的，可解
　放之；有奴隶 2—3 人的，最多可解放 2 名；有奴隶 3—10 人的，不可超过
　1／2；有 11—30 人的，可解放 1／3；有 31—100 人的，可解放 1／4；
　有 101—500 人的，可解放 1／5；有 500 人以上的，解放不可超过 100 人。
　（具体法律条文，请参见盖乌斯的《法学阶梯》，I, 43。上述引文出自上引
　书黄风译本，中国政法大学出版社，1996 年，第 14—16 页）。

家并吩咐自家人食用。**6** 他不允许妻子使用宝石，也禁止她穿有金色条纹的衣服。因为据称他就是迫使奥勒利安不在衣服、屋顶、皮毛上使用黄金①的鼓动者。**7** 他［还有］许多事迹被大家讲述着，不过把这些写成文字是件冗长之事。如果有谁希望了解这个人的全部事迹，就去读详细写下其生平的苏埃托尼乌斯·奥普塔奇安努斯［的书］吧。**8** 即便上了年纪，他仍读细小到让人发晕的字母，而且除了每个月第一天之后的［那个夜晚］以外，他从未有一个晚上不写些什么或读些什么。

XII. 1 不该避而不谈、应当大说特说的是，最高贵的等级重新为推选元首而操起心，这令元老院感到如此高兴，以至于他们既决定举行公众祈祷式②又许下诺言进行大祭③，最终每一位元老都向自家人写去了信件——不仅只写给自家人，而且还有那些外人，除此之外信还送到了诸行省［，信的内容是］："让所有同盟者及一切民族都知道，国家已回到古时的状态了，并且元老院开始推选元首了，而不再是元首任命元老院［的元老］，法律必由元老院所出，蛮族之王将会向元老院表达恳求，战和之事必由元老院的权威来定夺。"**2** 事实上，为了不至于有什么不让大家了解到，我已在本卷末尾列出许多诸如此般的信件，并如我估计的那样，会令大家读得愉快，而非遭来苛责。

XIII. 1 即便奥勒利安之仇已有人报了，可塔西佗被立为皇帝之后心里摆在首位的仍是处死所有［参与］弑君的人，无论他们是善是恶。**2** 大批蛮族从亚速海奔袭而下，于是他以谋略和勇气将他们制服了。**3** 当时，那些亚速人如此这般地聚集到了一起，就好像

---

① 关于奥勒利安不在这些东西上使用黄金，请参见《被奉为神的奥勒利安传》，XLVI，1。

② 关于公众祈祷式，请参见《哈德良传》，XII，7 及注脚。

③ 关于这种大祭仪式，请参见《两马克西米努斯合传》，XXIV，7。

他们在响应奥勒利安的号召一起奔赴与波斯人的战争，以便在必要时为我们的人提供支援。**4** 马可·图利乌斯 [·西塞罗] 说过，说怎样取得了执政官之职，还不如说怎样履行执政官之职更令人值得称道。[①] 不过，[塔西佗] 以如此荣耀取得了最高大权，在他这个人身上是值得称道的，可却又由于时间短促而并未做出任何丰功伟业。**5** 因为，在六个月之后，如一些人所说他遭军队暗算而遇害，另一些人则说他死于疾病。虽然如此，但大家都认同的是，他在阴谋诡计的打击下心智遭到了摧残。**6** 同样是这个人，他颁令把九月冠上塔西佗之名，之所以如此，那是因为他既出生在那个月，又在那个月被立为了皇帝。

塔西佗的兄弟弗洛里阿努斯接替他执掌了大权，关于这个人应该没有多少东西可以提的。

XIV. 1 此人乃塔西佗的亲兄弟，在其兄弟 [塔西佗] 之后未经元老院的授权而是凭借自己的意志就取得了大权，好像大权是一份遗产一样，虽然他知道，塔西佗曾在元老院起誓说，在临终时，他不会立自己的孩子，而会立某个出类拔萃之人为元首。**2** 最后，在执掌最高大权差不多两个月时，他 [弗洛里阿努斯] 在塔尔苏斯被士兵们杀死了，因为他们听说了，普罗布斯已受到全体军队的推选执掌大权。**3** 另外，普罗布斯在军事方面是那么厉害，以至于元老院希望他 [称帝]，士兵推选他 [称帝]，连罗马人民都欢呼着恳请他 [称帝]。**4** 弗洛里阿努斯模仿了兄弟的做法，不过却并非事事皆如此。因为他那节俭的兄弟曾责备他铺张浪费，而他对执掌大权有着十足的欲望，这令他在秉性上表现起来与其兄弟存在不同。**5** 于是，同一个家庭出了两位元首，其中一位统治了六个月，另一位统治了两个月不到，他们就像是奥勒利安和普罗布斯之间的过渡期的摄

---

① 请参见西塞罗的《驳皮索》(*Ciceronis In Pison*)，3。——英译者注

政者并在过渡期之后冠上了元首之名一样。

XV. 1 他们的大理石塑像高三十步，立在双川城 ①，因为在那里属于他们自己的土地上建有他们的衣冠冢，不过［塑像后来］却被闪电击毁了，碎落成这般程度，以至于身体断裂，散落一地。**2** 那时，占卜师答复道，在某个时候从他们的家族（或是自男性一脉或是自女性一脉）将会出现一位罗马皇帝，他会制裁帕提亚人和波斯人，他会把法兰克人和阿勒曼尼人纳入罗马人的法律之下，他会把蛮族从整个阿非利加赶出去，他会委派锡兰的都统，他会向尤文纳岛 ② 派遣总督，他会对所有的萨尔玛提亚人做出裁决，他会凭借对一切部族的征服而把与大洋毗邻的全部陆地都收入囊中，虽然如此，他随后仍会把最高大权返还给元老院，他仍会遵循古代的律法生活，他本人将活到一百二十岁 ③，死时未留一个继承人。**3** 他们还说，他将在闪电落下并击碎塑像那天之后的一千年出现。**4** 那些占卜师说在一千年以后将出现这么一位元首，其手法并不特别高明，因为他们做出的保证几乎无法在那么长的历史中流传下去，而如果他们一开始预言的是一百年后的话，那他们的谎言就有可能被揭穿。**5** 虽然如此，可我还是相信应该在这卷书里插叙这些内容，之所以这么做，那是为了不让有谁在读我［的书］时认为我没读过这些。

XVI. 1 塔西佗在六个月内几乎都没给罗马人民发过赏赐。**2** 他的肖像被摆在了昆提利乌斯家族的房子里，是按五种方式［刻画］在同一块书写板上的：那上面有身穿托袈袍的、身穿希腊军用斗篷

---

① 拉丁语原文为 Interamna，意思即是"位于两条河川之间的地方"。今意大利的特尔尼（Terni），位于罗马东北 104 公里处。——英译者注，汉译者有补充与修订。

② 今爱尔兰岛。——英译者注。

③ 关于一百二十岁的人类生命，请参见《被奉为神的克劳狄乌斯传》，II，4。——英译者注。

的、身穿甲胄的、身穿裹袍的，以及身穿猎人服的。**3** 对于这肖像，
有位写讽刺诗的作家是那样嘲讽的，他说："我不认识那个身穿甲胄
的老人，也不认识身穿希腊军用斗篷的，"还有，"但我认得那个穿
托袈袍的。"**4** 弗洛里阿努斯和塔西佗有许多子嗣流传了下来，我相
信，他们的后裔在等待第一千年的到来。有许多讽刺诗是针对他们
而写的，以嘲笑那些对帝国大权做出许诺的占卜师。**5** 以上便是我
记得自己找到的值得被记住的塔西佗和弗洛里阿努斯的生平之事。
6 现在鄙人应该继而讲述名扬四海之人，那个更胜于奥勒利安、图
拉真、哈德良、诸安东尼努斯、亚历山大 [·塞维鲁]，以及克劳狄
乌斯的普罗布斯了，因为在那些人身上的各类 [美德] 在他的身上
全都非凡地融为了一体。塔西佗 [遇害] 之后，经过全体贤明之人
的裁决他被立为了皇帝，并待消灭了蛮族诸部以及他当政期间出现
的多如牛毛的僭主之后，在宇内大定之际执掌起了寰宇的权柄。据
说，他即便不曾叫过这个族名，可仍名正言顺地被大家称作了普罗
布斯 ①。许多人也确实提到，他就是《西比林预言书》许诺过的那个
人，而假如他能够活得更久的话，寰宇之内将不再有蛮族存在。**7** 我
相信这些关于普罗布斯的事迹应当提前出现在他人的传记里，以免
天时之类会向我发起复仇，而在我阳寿耗尽之际却未提及普罗布斯。
8 由于我已暂时满足了我的热情，并断定已对我的热忱与欲望做出
了足够的表述，现在就要结束这卷书了。

　　XVII. 1 预示塔西佗取得最高大权的征兆有以下这些：有个疯子
在希尔瓦努斯神庙伸直四肢呼喊道："有未被道出的紫色 ②，有未被道
出的紫色……"如此这般，喊了七遍。此事随后被当成了征兆。**2** 塔

---

① 　原文 Probus，拉丁文中的意思是"正直的、诚实的"。

② 　原文 tacita purpura，其中 tacita（未被道出的）一词寓意塔西佗（Tacitus）
　　之名，而紫色应该象征着罗马皇帝的紫袍。

西佗本打算在丰迪①的赫拉克勒斯神庙里用来祭神的酒突然之间就变成了紫色。**3** 曾经结阿米尼亚白葡萄的葡萄藤就在他取得大权的那一年结出了紫色葡萄。许多东西都变成了紫色。**4** 他死亡的征兆有以下这些：他父亲坟墓的墓门裂为数块而自行敞了开来。他母亲的鬼魂就像活在塔西佗和弗洛里阿努斯身边一样，整个白天都可见到，[之所以还提到弗洛里阿努斯，] 那是因为据称他们的亲生父亲不同。私家神庙里的神像不是因为地震就是出于某种灾祸而全都倒了下来。**5** 他们常膜拜的阿波罗神像在没有任何人用手去动的情况下，被从最顶端的位置摆到了 [下面的] 凳子上。可鄙人到底要继续聊到哪里呢？来聊这些东西的人是有的，就请把鄙人留到普罗布斯及其显赫事迹上吧。

XVIII. 1 由于我曾许下承诺②会列出一些元老院在塔西佗被立为元首后流露出喜悦的信件，就让我把信附在这里并就此搁笔吧。**2** 官方信件："至高无上的元老院向迦太基的元老院议事堂致以问候。颁授最高大权、任命元首、冠名奥古斯都的权利重回我们手中了，希望对国家与罗马世界来说这是件好事、乐事、幸事、益事。**3** 因此，请 [你们] 把要事都提交给我们吧。一切诉求都将归罗马市长 [管辖]，不过应由总督和普通法官进行呈递。**4** 在此，我们相信，你们的威望也已恢复到了古时的状态。因为 [元老] 这个等级成了最重要的等级，而他们在恢复自己权力的时候也为他人保住了权利。"**5** 另外还有一封信："至高无上的元老院向特雷维里③元老院议事堂 [致以问候]。我们相信，你们为自己现在是自由的且始终都是自由的而感到高兴。推选元首的裁定权重归元老院了，同时宇内

---

① 位于意大利中南部罗马与那不勒斯中间的城镇。

② 关于此事，请参见本卷 XII，2。——英译者注

③ 关于该城，请参见《三十僭主合传》XXXI，3 及注脚。——英译者注

的诉求也都由罗马市长进行裁决了。"**6** 相同形式［的信件还］写给
了安条克人、阿奎莱亚人、梅迪奥朗诺人、亚历山大里亚人、塞萨
洛尼基人、科林斯人，以及雅典人。

XIX. 1 另外，以下是个人的信件："奥特罗尼乌斯·提比里安努
斯向父亲奥特罗尼乌斯·尤斯图斯致以问候。神圣的父亲啊，您现
在终于置身于至高无上的元老院并发表观点，这么做是合适的，因
为至高无上的等级的权威增加到了那般程度，以至于国家恢复到了
古时的状态，而让我们推举元首、拥立皇帝，并最终为奥古斯都冠
上尊名。**2** 因此，留意啦，当您康复后，要再度置身于古老的元老
院议事堂。我们已收回了总督的权利，来自一切权力部门和一切高
官显职的诉求都已归到了罗马市长。"**3** 同样的，另外有一封信写道：
"克劳狄乌斯·萨皮利安努斯向叔伯切勒尤斯·梅契阿努斯致以问候。
神圣的大人啊，我们得到了我们一直渴望的：元老院已回到了古时
的状态。我们拥立元首，权力属于我们等级。**4** 向罗马人的军队致
以谢意，是的，就是罗马人的：他们已把我们始终拥有的权力还给
了我们。**5** 快别再隐退到巴耶和普泰奥利去了；快把自己送到罗马
城、送到元老院议事堂；罗马是繁荣的，整个国家是昌盛的；我们
拥戴皇帝，我们拥立元首；我们开始了拥立，也能够加以罢黜。对
有智慧的人来说，这么说就够了。"**6** 将我发现的、读到的所有信件
统统收录起来是一件冗长之事。我只说这一件事：所有的元老都开
心坏了，以至于他们全在自己的屋子里宰杀了白色的牺牲，他们到
处揭开［先祖的］塑像，并身穿白色衣服站成一排，举行奢华的餐
宴，他们相信古时的传统已重新回到了自己身边。

普罗布斯传

弗拉维乌斯·沃庇斯库斯·叙拉库西乌斯

I. 1 历史学家撒路斯特·克里斯普斯，以及马可·加图 ① 和 [奥路斯·] 杰利乌斯 ② 曾以格言的形式把以下内容写成文字：一切人的全部美德多到如此程度，以至于需要凭借记下他们事迹的那些人的个人天赋才让大家看到。这是确凿之事。**2** 于是便有了如下之事，当马其顿人亚历山大大帝心情沉痛地来到阿基里斯的墓地时，他哀嚎道："年轻人，你多幸运啊，因为你找到了这样的一个使者来传播你的美德。"他想让人联想到荷马，后者把阿基里斯当成了一位如此热衷于美德的人，就如同他自己天赋卓越一样。**3** 我的契尔希努斯，也许你会问，[我提] 这些事意在何处。元首普罗布斯，在他的统治下东方、西方、南方、北方，以及寰宇之内一切地方都得以恢复安定太平，却因为鲜有作家 [替他祝颂立传]，我们仍很少知道他 [的生平事迹]。**4** 如此一位伟人的历史被湮没消逝了，真是耻辱啊，他是那么伟大，以至于在布匿战争中都找不到这样的人，面对高卢人

---

① 指"老加图"，关于此人，请参见《哈德良传》，XVI，6 之注脚。

② 公元二世纪中叶著名的古罗马文艺评论家、修辞学家、作家，他有二十卷内容包罗万象的读书笔记传世至今，书名为《阿提卡之夜》（*Noctes Atticae*）。

的恐怖 ① 都找不到这样的人，在本都人掀起暴乱 ② 时都找不到这样
的人，面对西班牙人的阴谋诡计都找不到这样的人。**5** 可是，作为
不久前刚尽己所能追溯过奥勒利安一人的生平事迹的那一位，在又
写下了塔西佗和弗洛里阿努斯之后，我不允许自己对普罗布斯的事
迹不予提及，而且假如生命许可的话，还打算一直讲述到马克西米
安和戴克里先之前的所有［元首的事迹］。**6** 我现在许诺不了文笔的
流畅和言辞的优美，但却保证写下的是些不该被磨灭的真实事迹。

　　II. 1 此外，为了绝对不欺骗我最在意的亲爱的您，我主要使用
了来自乌尔庇亚图书馆 ③（我的时代它就位于戴克里先浴池）以及同
样地来自提比里安纳屋 ④ 的书卷，我还用到了紫衣柱廊 ⑤ 的书记员
们的记录，以及元老院和人民的法令。**2** 由于我在收集这位伟大人
物的事迹时主要借助了图尔杜鲁斯·伽利卡努斯（一个极其令人尊
敬又极为可靠的人）的日志，所以我不应该对这位上了年纪的朋友
的好意闭口不提。**3** 格涅乌斯·庞培，因在与海盗的战争、与塞多
留的战争 ⑥、与米特里达梯的战争取得胜利而赢得了三次凯旋式的殊

① 应该指的是公元前 390 年罗马城被高卢人攻陷。
② 应该指公元前一世纪前期罗马人与本都人之间的米特里达梯战争。
③ 关于乌尔庇亚图书馆里的亚麻书卷，请参见《被奉为神的奥勒利安传》，
　　I，7—10。
④ 参见《安东尼努斯·庇乌斯传》，X，4。那里的图书馆也在奥卢斯·杰利
　　乌斯的著作（*Auli Gelli Noctes Atticae*，XIII，20，1）和弗隆托的《书信集》
　　（*Frontonis Epistulae Ad Marcum Caesarem*），IV，5 被提到过。——英译者注
⑤ 根据一处铭文所示，该柱廊乃图拉真广场的一部分。——英译者注，有
　　删减。
⑥ 关于这场战争，请参见尤特罗庇乌斯，VI，1："属于马略派一员的塞
　　多留（Sertorius）对他人被杀的下场感到惧怕，便鼓动起西班牙诸行省
　　发动了战争。昆图斯·切奇利乌斯·梅特路斯（Quintus Caecilius Metellus
　　[Pius]）——就是那位战胜过朱古达王的梅特路斯的儿子——和裁判官卢西
　　乌斯·多米奇乌斯（Lucius Domitius）作为将领被派去镇压他。多米奇乌斯
　　被塞多留属下的一位名叫伊图勒尤斯（Hirtuleius）的将领所杀。（转下页）

荣，也因许多杰出事迹而成就了光彩，可要不是马可·图利乌斯和提图斯·李维将其［生平］记录成文的话，最终谁会知道这个人呢？**4**普布利乌斯·西庇阿·阿非利卡努斯，更确切地说，是所有或叫卢西乌斯或纳西卡的以西庇阿为名的人，要不是那些有名无名的历史学家把他们的事迹歌颂了出来，他们就会隐没在黑暗中，难道不是吗？**5**要举出一切应被用来充当此类事物的事例，即便我是安静之人，那也是件漫长之事。**6**我只想来给它作证，我已亲自写下了这件事，而任何人如果愿意，都能用更为出色的文辞以更加匹配的方式把它展现出来。**7**至于我，心意的确在于：在叙述诸位元首的生平与时代时并非模仿撒路斯特、李维、塔西佗、特罗古斯[①]之辈及一切善于言辞之人，而是模仿马略·马克西姆斯[②]、苏埃托尼乌斯·塔奎卢斯、费边·马契林努斯[③]、伽吉利乌斯·马尔提阿利斯[④]、尤利乌斯·卡庇托利努斯、埃利乌斯·拉普里狄乌斯[⑤]，以及其他把这些事迹如实地（而非文辞华丽地）写成历史的人。**8**因为我是调查员之一（我无法否认这一点），并受到虽已知道许多可还希望了解更多的您的鼓励。**9**现在就让我快捡起这位伟大而杰出的元首（像他那么优秀的从我们的历史中还未曾知晓过），以免我在关系自己意图的内

（接上页）梅特路斯则同塞多留作战，他既有胜利也有失败，之后，由于梅特路斯一人应战对于战斗来说是不公平的，于是科奈乌斯·庞培被派到了西班牙诸行省。塞多留与这两位将领为敌，他在战斗中既有胜利也有失败，最终，直到第八年而被自己的属下所杀。"

① 关于这位历史学家，请参见《被奉为神的奥勒利安传》，II，1 及注脚。——英译者注

② 关于这位历史学家，请参见《哈德良传》，II，10 及注脚。——英译者注

③ 关于这位传记作家，请参见《亚历山大·塞维鲁传》，XLVIII，6。——英译者注

④ 关于这位作家，请参见《亚历山大·塞维鲁传》，XXXVII，9 及注脚。——英译者注

⑤ 这两位都是本书的作者。

容上一再唠叨下去。

III. 1 出生于潘诺尼亚西尔米瓮城的普罗布斯，母亲比父亲更为高贵，所获的遗产不多也不少，亲戚并非伟大人物，无论身为凡民还是称帝之后，他都以美德成了再杰出不过的人而扬名在外。**2** 正如某些人写成文字的那样，普罗布斯父亲名叫马克西姆斯，在极为光荣地统帅过队伍之后得到了军事保民官的职位，并撇下了妻子和一对儿女，在埃及撒手人寰了。**3** 许多人说，普罗布斯曾是首屈一指且最受敬仰的元首克劳狄乌斯的亲戚，由于此事希腊人里只有一位提到，就让鄙人撇下不谈了吧。**4** 虽然如此，可我只说一件记得自己曾在日志上读到的事情，普罗布斯是由一位叫克劳狄娅①的姐妹给埋葬的。**5** 普罗布斯年轻的时候就以英雄般的体魄成就了此般声名，以至于在瓦勒良的赞同下，连胡子都还没长的他便得到了军事保民官之职。**6** 瓦勒良写给伽利埃努斯的一封信保存至今，信里他赞扬了那时尚且年轻的普罗布斯，并将他当作所有人的榜样提了出来。**7** 由此，显而易见的是，若非这位男孩在颇为高贵的美德的学校中加以熏陶而表现得出类拔萃的话，就不会有人正值壮年之际达到过美德的巅峰了。

IV. 1 瓦勒良的信如下："父亲奥古斯都瓦勒良向儿子奥古斯都伽利埃努斯［致以问候］。遵照我一直以来从普罗布斯非常年轻的时候起就对他做出的判断，以及一切说他是名副其实之人②的贤明人士做出的判断，我已任命他为军事保民官，六支萨拉森人大队已交给了他，并且还把高卢人的辅助部队连同那支随阿塔巴希斯·叙鲁斯③投

---

① 克劳狄娅（Claudia）一词乃克劳狄乌斯（Claudius）一词的阴性形势，显然作者的意思是，如果普罗布斯有一位叫克劳狄娅的亲姐妹的话，他很有可能就是克劳狄乌斯的亲戚了。
② 关于普罗布斯之名的含义，请参见《塔西佗传》，XVI，6之注脚。
③ 叙鲁斯（Syrus）的意思即叙利亚人。

靠到我们这边来的波斯人的部队一起托付给了他。**2** 我请求你，最亲爱的儿子啊，为了不亏欠他内心的荣光，把这位我希望所有孩子都来仿效的年轻人放到与其美德和付出相符的那般崇高的地位。"**3** 另一封和此人有关的信是随一道拨付军饷［的命令］一起寄给近卫军长官的，内容如下："瓦勒良奥古斯都向近卫军长官穆尔维乌斯·伽利卡努斯［致以问候］。你也许会感到吃惊，因为我违背了被奉为神的哈德良的旨意，将一位未长胡子的人任命为了军事保民官，[①]可是如果你考虑到普罗布斯的话，你就不会感到太过惊讶了。**4** 他的确是个正直的年轻人，因为当我在想他的时候，从来都不是除了他族名之外就再想不起什么了，而他即便不叫这个族名，仍能够用它来做尾名。**5** 由于他的财产并不多，他的地位因犒赏而得以提高，因此你要下令颁予他两件红色束腰上衣、两件带扣环的高卢外袍、两件带金色和紫色饰边的内衣[②]、一个十磅重的被抛过光的银盘子、一百枚安东尼尼安大金币[③]、一千枚奥勒利安银币、一万枚腓力铜币。**6** 同样，在每天的俸禄中要有〈……〉[④]磅牛肉、六磅猪肉、十磅羊肉，每隔一天一只家禽、每隔一天一塞塔里的橄榄油、每天十塞塔里的陈年酒，以及足够数量的培根、饲料、醋酒、盐、蔬菜、木材。**7** 除此之外，你要下令，按照给军团保民官的一样供给他住宿。"

　　V. 1 上述事情是由信件而为人知晓的。现在我能够从日志中收集来的有如下这些：在与萨尔玛提亚人的战争中，当普罗布斯担任

---

① 关于哈德良任命长出胡须的人出任保民官，请参见《哈德良传》，X，6。——英译者注
② 关于这种带饰边的衣服，请参见《被奉为神的克劳狄乌斯传》，XVII，6及脚注。——英译者注
③ 关于这种金币，请参见《被奉为神的奥勒利安传》，IX，7及脚注。——英译者注
④ 此处原文显示缺字。

军事保民官时，他越过多瑙河，做出了许多勇敢之举，还在集会上被正式授予了四柄无头长矛①、两顶垒冠②、一顶市民冠③、四面白旗、两件金臂环、一件金项圈、一只五磅重的酒碟。**2** 就在当时，他从夸迪人手里解救出了瓦勒良的父亲、年轻的贵族瓦勒利乌斯·弗拉库斯。因此瓦勒良授给了他市民冠。**3** 瓦勒良在集会上当着众人说的话是这样的："普罗布斯啊，快收下代表国家［颁给你的］奖赏吧，快收下代表父亲［颁给你的］市民冠吧。"**4** 就在同时，他以如下这般的证词把第三军团也一并交给了这个人。**5** 谈及第三军团的信如下："最亲爱的普罗布斯啊，我把更精锐的部队委任于你，而你的事迹让我这么做显得有些晚了，虽然如此但我仍要尽快［把那支部队］交付于你。**6** 快把第三幸运者军团④揽入你的忠诚之下吧。迄今为止，我只把它们托付于上了年纪之人，除此之外别无他人，它们被交给我时也是在那位当初交付我的人一边带着祝贺一边看到我头发花白的时候。**7** 不过，对你，我不会等到上了年纪，因为你既勇气过人又秉性卓著。**8** 我已下令送你三倍数量的衣服，颁予你双倍俸禄，并委派了一位执军旗者。"

VI. 1 要是我把如此伟大之人普罗布斯在瓦勒良统治下、在伽利埃努斯统治下、在奥勒利安以及克劳狄乌斯统治下，身为一介凡民时所做的事迹全都罗列下来，诸如他几次登上城墙，几次摧毁防御工事，几次通过肉搏杀死敌人，几次荣获元首的奖赏，几次凭借自

---

① 关于无头长矛，请参见《被奉为神的奥勒利安传》，XIII，3 及注脚。——英译者注

② 关于垒冠，请参见《被奉为神的奥勒利安传》，XIII，3 及注脚。

③ 关于市民冠，请参见《哲学家马可·安东尼努斯传》，XII，8 及注脚。——英译者注

④ 关于这支军团，请参见《被奉为神的奥勒利安传》，XI，4 及注脚。——英译者注

己的勇气将国家恢复到古时的状态，那是一件冗长之事。**2** 伽利埃
努斯寄给军事保民官们的下面这封信表明了普罗布斯是怎样的人：
"奥古斯都伽利埃努斯向伊利里亚诸行省部队的军事保民官们 [致
以问候]。即便在与波斯人的战争中，注定的结局无法让我 [亲生]
父亲逃脱，① 我还是有奥勒利乌斯·普罗布斯作为父亲，在后者的努
力下我可以摆脱烦扰。假如他当时在场的话，那个连名字都不该被
提到的僭主就永远不敢篡夺大权了。②**3** 因此，我希望你们所有人
都服从他的意见，因为他既被父亲的旨意又被元老院的法令所认
可。"**4** 作为一位颇为柔弱的元首，伽利埃努斯的评判看起来并不重
要，不过不可否认的是，若非相信他的美德能给自己带来好处的话，
没有人会把自己托付于对某人的信赖之中，即便他是一个懦弱的人。
5 但就这样吧，把伽利埃努斯的信抛到一边，奥勒利安的评判是怎
样的？因为他以如下的证词把自己的军队中最勇敢的第十 [军团]
交付给了普罗布斯，有了这批部队，其本人干出了一番伟大的事
业：**6** "奥古斯都奥勒利安向普罗布斯致以问候。为了让你知道，我
把你当作多么伟大的人物，快接过克劳狄乌斯托付给我的第十 [军
团] 吧。因为凭借某种天命的预兆，除了将会成为元首的人以外他
们就不认其他人当领导了，他们都是这路人。"**7** 由此，奥勒利安产
生了这种想法，假如有什么事在已有所觉悟的自己的身上发生了，
就立普罗布斯为元首，这么做是为大家所理解的。

VII.1 现在，要举出克劳狄乌斯、塔西佗对普罗布斯的评判是
一件冗长之事，不过，据说，当最高大权被颁授给塔西佗的时候，
他曾在元老院说过，普罗布斯应该被立为元首。但是，我却没有找

---

① 关于瓦勒良被波斯人俘虏一事，请参见《两瓦勒良合传》，I，1 之注脚。——
英译者注
② 在伽利埃努斯当政时曾出现过多位僭主，不清楚这里指的是哪位。

到元老院当初的法令。**2** 塔西佗当上皇帝后还亲自给普罗布斯送去了这样的第一封信：**3** "奥古斯都塔西佗向普罗布斯 [致以问候]。元老院确然出于睿智的军队的意愿而把我立为了元首。然而，你要知道，国家的重担越来越多地加在了你的肩上，你是什么人，你有多厉害，朕都知道，元老院也清楚。因此，满足朕的急需吧，如你惯常的那样快对你的家国施以援助吧。**4** 朕把整个东方的统率权颁授给了你，朕给了五倍的俸禄，朕提供了双倍的军饷，朕决定由你和朕一起出任下一年的执政官①，因为有你的美德在，绣有棕榈叶的束腰上衣②在卡庇托山等待着你。"**5** 某些人声称，普罗布斯曾将此当作了执掌大权的征兆，因为塔西佗写过"绣有棕榈叶的束腰上衣在卡庇托山等待着你"。不过，这句话一直以来都是被写给所有的执政官的。

VIII. 1 士兵们对普罗布斯的爱一向都是强烈的。他的确从不允许任何士兵犯错误。此外，他还经常阻止奥勒利安做出相当残暴之事。**2** 他逐一走访了各个分队③，检查了 [士兵的] 衣服和鞋子。只要有战利品，他就这么来分配，以至于除了投枪及武器装备之外，他不会把 [其他] 任何东西留给自己。**3** 此外，有一次在从阿兰人或者其他什么民族那里获得的战利品当中发现了一匹既不好看又不壮硕的马，俘虏们讲道，据称它一天能奔驰一百里，而且能一连坚持八天十天，虽然所有人都相信，普罗布斯将会把这么一头牲畜留给自己，可他首先说道："比起给勇敢的兵，这匹马更适合给逃兵用。"**4** 然后他命令士兵把自己的族名放到一只罐子里，以便让抽中

---

① 根据执政官列表，塔西佗和普罗布斯并未一同出任过执政官。
② 关于这种服饰，请参见《三戈尔狄安合传》，IV，4 及注脚。——英译者注
③ 原文为 manipulus，指的是古罗马军团编制里最小的战术单位。一个分队由两个百人队组成，三个分队组成一个大队（cohors），十个大队组成一个军团。

签的那个人获得它。**5** 而那时部队里另有四个士兵也叫普罗布斯这个族名，碰巧的是，第一次抓出的就是普罗布斯这个族名，尽管统帅普罗布斯的族名并没有被扔进去。**6** 不过当那四个士兵相互间起了争执，并各自都坚称是自己中到签的时候，他下令再次晃动罐子，可后来抽出的族名却还是普罗布斯，于是又重复抽了第三次和第四次签，而第四次出现的族名仍是普罗布斯。**7** 在那个时候，整支部队便把那匹马让给了统帅普罗布斯，尽管那几个被抽中族名的士兵依然希望能得到它。

IX. 1 普罗布斯还极其勇敢地在阿非利加与迈尔迈里卡人 ① 进行了战斗，并取得了胜利，随后再从利比亚来到了迦太基，并保护了它免受暴乱之灾。**2** 他还在阿非利加单独与某个叫阿拉狄奥的人展开战斗，并将对手击败，而出于见到对方是一位再勇敢不过、再刚毅不过的人，于是他就用一座巨大的陵墓来使其获得荣耀，那座墓现在仍矗立在高达两百尺的小山丘上，当时他一刻不停地不许士兵偷懒才把这座山用土垒了起来。**3** 在埃及全境的很多城市里至今都保有他让士兵建造的建筑。另外，他在尼罗河上也做出过如此多的事迹，以至于单凭他一人之力就增加了谷物税的收入。**4** 他让士兵们劳作，建起了桥梁、神庙、柱廊、礼堂，他疏浚了多条河流的河口 ②，抽干了大部分的沼泽，并在这些土地上播种庄家，使之变为良田。**5** 他还与保有埃及的同欧达纳图斯和克里奥帕特拉 ③ 为伍的帕

---

① 指在埃及和昔兰尼加之间迈尔迈里卡（Marmarica）地区的居民，他们在公元前 20 年左右被普布利乌斯·苏尔庇奇乌斯·昆里尼乌斯（Publius Sulpicius Quirinius）征服。——英译者注
② 原文的本意是：让河口的河道敞露出来。
③ 指的是泽诺庇娅，这场战役在《被奉为神的克劳狄乌斯传》，XI，1—2 里已有描述，文中的罗马将领被称为普罗巴图斯。没有理由认为普罗布斯在埃及的时候曾身处克劳乌斯手下。——英译者注

尔米拉人作战，他先是取得了胜利，随后战事变得吃紧起来，以至
于他差点儿就被俘了，可再后来待实力恢复之后他把埃及和东方的
绝大部分土地又再一次归入了奥勒利安的统治之下。

    X. 1 因此，当塔西佗被命运舍弃，而弗洛里阿努斯取得最高大
权之际，普罗布斯以这么多的优秀美德而荣耀于世，整个东方的部
队便拥立他成了皇帝。**2** 了解普罗布斯以何种方式取得最高大权，
这并不是一则既愚昧又无聊的故事：**3** 当消息传到部队之后，那时士
兵们首先想到的是，如何赶在意大利的军队之前，以免元老院再次
改立元首。**4** 不过当时对于应该立谁，士兵之间有过讨论，在开阔
地上军事保民官们按照分队对大家说道，应该找个勇敢、正派、可
敬、仁慈、正直的人①出任元首，随后正如惯常的做法，到处都在
重复说着下面的话，所有的人都说了数遍，就好像出自神明之意一
样："奥古斯都普罗布斯啊，愿众神庇佑您！"**5** 接着，大家跑到了
一起，并用草皮搭建了高台。他被冠上了皇帝之名，还被人披上了
一件从神庙的神像上取下的紫色裹袍，然后再从那里被带到了宫殿，
这并非他的意愿，期间他想要放弃，还常把下面的话挂在嘴上："士
兵们，这不是你们想要的，有了我你们不会好的。因为我无法迎合
你们的胃口。"**6** 他寄给近卫军长官卡庇托的第一封信是这个样子的：
"我从未渴求过最高大权，现得到了它并非己愿。我不允许拒不接
受惹我厌的事。**7** 我必须扮演士兵们交给我扮演的角色。我请求你，
卡庇托，正如你乐意与我一起安享国家太平一样，请求你满足各地
士兵粮草、物资，以及其他任何所需品。只要我能力所及，如果你
把所有一切都操控好了，我就不会再任命其他近卫军长官了。"**8** 于
是，在知道普罗布斯当了皇帝之后，士兵们杀死了就像继承遗产一

---

① 拉丁语里"正直的、诚实的"一词即是普罗布斯之名。

样夺取了大权的弗洛里阿努斯，^①因为他们明白没有人能比普罗布斯更配得上执掌最高大权。**9** 就这样，在未遇困难的情况下，整个世界的统治大权就在士兵和元老院的共同裁决下被颁授给了他。

XI. 1 既然鄙人已提到了元老院，现在应当让大家知道的是，普罗布斯本人给元老院写了什么，以及那个再崇高不过的等级给他回复了什么。**2** 普罗布斯给元老院的首篇演说辞是这样的："元老们，当仁慈的你们为寰宇以内送来了一位元首，当这位元首的确从你们（现在、过去，以及将来在你们子孙后代的年代里始终是世界的领袖）当中选出的时候，上一年做的这件事^②公正而又合乎规矩。**3** 真希望弗洛里阿努斯也愿意等到这个，而不是像继承遗产一样自己接过了大权，或者真希望阁下你们能够对他或别的什么人进行拥立。**4** 现在，由于他夺取了最高大权，士兵们便把奥古斯都的名衔授给了朕，士兵们还因那个人的篡权夺位而颇为明智地对他施加了惩处。我请求你们就我的美德做出判断，[因为] 仁慈的你们下达的任何命令我都会去执行的。"**5** 同样的，元老院的决议是这样的：二月五日在和谐神庙，执政官埃利乌斯·斯科皮安努斯在其演讲里说道："元老们，你们听到奥勒利乌斯·瓦勒利乌斯·普罗布斯的信，对此你们觉得怎么样？"当时他们呼喊道：**6** "奥古斯都普罗布斯啊，愿众神庇佑您。曾经可敬、勇敢、正义的英明领导者，英明司令官，军事的楷模，统率的楷模，愿众神庇佑您。**7** 国家的佑护者，愿您在天命下执掌大权，军事之师愿您在天命下执掌大权，愿众神佑护您连同属于您的^③。**8** 在这之前元老院就选择了您。在塔西佗 [称帝] 前的时候就胜过了其他人。出于您接过了最高大权，我们 [向您] 致

---

① 关于此事，请参见《塔西佗传》，XIV，2。——英译者注，有删减。

② 显然这位元首指的是塔西佗。

③ 此处原文为 cum tuis，乃拉丁语人称形容词名词化的复数夺格，可以表示属于你的人和物。

以谢意。快保护我们、保护国家吧。我们把之前您庇护过的人托付给您是正确的。**9** 您是法兰奇库斯①、您是哥提库斯、您是萨尔玛提库斯、您是帕提库斯、您是一切万物。您早先就已经配得上最高大权、配得上凯旋式了。愿您过得顺利，愿您的统治有天命相助。"

　　XII. 1 在这之后，当时首先发表意见的曼利乌斯·斯塔奇安努斯如此陈述道："元老们，感谢永生之众神，以及超越其他的至高至善的朱庇特，感谢他们给了我们这样一位我们一直都盼着得到的元首。**2** 假如我们想的是对的，我们寻找的应该不是奥勒利安、不是亚历山大、不是诸安东尼努斯、不是图拉真，或者克劳狄乌斯。[因为这些元首的]一切[品质]都集中在了一位元首身上，他通晓韬略、心地仁慈、生活正派，是为政治国的榜样和一切美德的保障者。**3** 因为世界上有哪块地方不是他凭借征服而被认识到的？迈尔迈里卡人见证了他们在阿非利加土地上遭遇战败，法兰克人见证了他们在不通道路的沼泽中遭遇倾覆，日耳曼人和阿勒曼尼人则见证了他们被驱逐到离莱茵河岸很远的地方。**4** 而我现在何必还要谈及萨尔玛提亚人、哥特人、帕提亚人、波斯人，以及本都全境[的民族]呢？在任何地方都充斥了普罗布斯勇气的标记。**5** 要说出有多少位出身高贵的王遭其驱逐，有多少个将领被其亲手杀死，在尚未称帝时独自一人就俘获了多少武器，那是件冗长之事。**6** 之前的元首向他表达了怎样的谢意，那些被收入国家档案的致谢之信便是证据。美善的众神啊，他多少次获赠军事嘉奖！他名正言顺地博得了士兵们的多大的赞誉！他年纪轻轻就当上了军事保民官，在成年后不久就获得了掌控军团[的权力]。**7** 至高至善的朱庇特、女主神朱诺，以及您、美德的守护者密涅瓦，您、寰宇的和谐女神，还有您、罗马的胜利女神，快给罗马元老院和人民送去这个信息，快给士兵

---

① 　显然这个名号表示对法兰克人的征服。。

们送去，快给同盟者以及外邦的民族送去：愿他像在军中服役时那样进行统治！ **8** 因此，元老们，在全体一致的祈愿下，我决定给他冠上皇帝的名衔、恺撒的名衔、奥古斯都的名衔，我还加授给他总督的大权、令人敬仰的国父之尊、最高祭司之尊、在元老院中提第三份议案的权利①、保民官的权力。"在那之后，大家呼喊道："全体都赞同。全体都赞同。"

XIII. 1 随后，普罗布斯在收到元老院的上述法令后就在接下来的演说辞里授予元老们如下权力：允许他们裁定大法官提交的上诉、任命行省总督、给总督派去副将、给予都统裁判官的权利，通过元老院特有的决议批准普罗布斯先前颁布的法律。**2** 接着，对于谋害奥勒利安的杀手，只要还存活于世的，他都立刻以不同的方式施加了惩处，虽然如此，可仍轻过军队先前以及塔西佗后来施加的惩处。②**3** 后来他还对那些设计谋害塔西佗的人进行了惩处，并宽恕了弗洛里阿努斯的同伙，因为他们似乎追随的并不是某个僭主，而是元首本人的兄弟。**4** 所有在欧洲的曾经拥立过弗洛里阿努斯称帝并

---

① 关于这项权利，请参见《哲学家马可·安东尼努斯传》，VI，6 及注脚。——英译者注

② 关于军队和塔西佗施行的惩处，请分别参见《被奉为神的奥勒利安传》，XXXVII，2 和《塔西佗传》，XIII，1。关于普罗布斯施行的惩处，根据佐西莫斯，I，LXV，1—2，他设计了一个计谋邀请他们赴宴，然后再把他们杀死："就这样，普罗布斯夺取了国家大权。他继续往前进军，并决定惩处那些弑杀了奥勒利安和塔西佗的凶手，这种大快人心的做法就好像为其仁慈的统治揭开了序幕一样。由于害怕会引起一场暴乱，他并没有将自己的意图公开付诸实施，而是在邀请那帮凶手出席宴会后，将自己的人安插到了某个位置。这些人怀着能与皇帝同桌进餐的希望前来赴宴了。普罗布斯登上了能俯瞰下面一举一动的楼座。就在那时，他给等候的士兵发出了行动信号，他们一收到信号就对那些毫无防备的凶手们发起了袭击，结果除去一人之外，其余都被杀死了。而即便这惟一的活口，鉴于他对他们造成的危害，随即在遭到逮捕之后也被活活烧死了。"——英译者注，引文为汉译者补充。

又杀死了他的部队,他把他们都收编了过来。**5** 做完上述这些,他便带着大军往高卢诸行省赶去,这些行省在珀斯图姆斯被杀之后就全都陷入了混乱,并在奥勒利安遇害之后被日耳曼人占据着。**6** 而他在那儿的战斗取得了如此巨大的胜利,以至于从蛮族手里夺回了高卢全境最负盛名的六十座城市,以及除去财富以外令他们引以为傲的全部的战利品。**7** 当他们〔蛮族〕在我们这边的河岸上(更确切地说在高卢全境)毫无顾忌地游荡的时候,他杀死了近四十万侵占罗马人土地的〔蛮族〕,又把余下的人赶到了内卡河的对岸,赶出了阿尔巴地区^①。**8** 他从蛮族那里取得了如此多的战利品,就如同他们自己从罗马人那儿夺来的一样多。他在罗马人的城市对岸,蛮族的土地上面建立起营地并在营地里派驻士兵。

XIV. 1 普罗布斯还为所有被他安置在防区的莱茵河对岸的人设置田地、建造谷仓、修建房屋、供给口粮。**2** 即便蛮族的脑袋每天都被送到他的面前,而且现价已至每颗脑袋一枚金币,可他从未停止过战斗,一直到九个不同部族的酋长来到他跟前,匍匐在他的脚下。**3** 普罗布斯首先命令他们立刻交出一些人质,接着再交出粮食,最后则是牛羊。**4** 据说,他颇为严厉地责令他们不要动刀动剑,因为一旦他们需要抵御某些人的时候,还得指望罗马人来保护他们。**5** 不过,除非罗马人的疆域得以拓展并把整个日耳曼尼亚变成行省,否则这看起来似是无法做到的。**6** 虽然如此,可在这些酋长本人的同意之下,他还是对那些并未如实归还战利品之人施加了严厉的惩处。**7** 除此之外,他〔从这些蛮族中〕招募了一万六千名新兵,并把他们全部分派到不同的行省,结果以五六十人为一组安插进了戍守边境的队伍或士兵当中。因为他说,罗马人得自蛮族辅助部队的支援应被感受到而不应被看到。

---

① 今德国施瓦本阿尔比(Swabian Alb)地区。

XV. 1 因此，在处理完高卢的事情之后，普罗布斯便向元老院送去了如下的信件："元老们，我向永生之众神致以谢意，因为他们接受了你们对我的裁决。**2** 整个日耳曼尼亚疆土所达之地皆被降服，不同部族之九王匍匐于我足下，或说你们的足下，乞表臣服。现在，所有的蛮族都在替你们犁地、都在替你们做牛做马①、都在为对抗更靠近内陆的部族而参军打仗。**3** 于是乎，按照你们的习惯，快颁令举行公众祈祷式吧。因为有三十万敌人被杀死，有一万六千名甲胄兵供你们使唤，有七十座再出名不过的城市被从敌人手中解救了出来，高卢全境的行省都得到了解放。**4** 元老们，高卢所有的行省颁授给我的金桂冠，我已献给了仁慈的你们，[你们] 快把它们亲手奉献给至高至善的朱庇特及其他永生之众神吧。**5** 战利品被统统收了回来，甚至还有比之前夺来的更多的其他战利品。**6** 蛮族的公牛现在正在高卢的乡野耕作，日耳曼尼亚的公牛被俘之后，把曾经套过牛轭的脖子交给了我们的耕耘者。不同部族的牲口都在为成为我们手下的食物而得到饲养，马匹都在为效力于我们的骑兵而得到驯养，粮仓里堆满了来自蛮族的粮食。还多说什么呢？我们留给他们的只有土地而已，他们的一切我们都占领了。**7** 元老们，我们曾希望为日耳曼尼亚任命新的都统，可此事我们却拖延了下来直至心愿更为圆满之时。我们确实相信，在神明之意完全眷顾我们军队的时候，这就会实现。"

XVI. 1 在那之后，普罗布斯赶赴伊利里亚而去。在到达那里之前，他把一派祥和留给了雷蒂安诸行省，以至于那地方连一点恐慌的苗子都不存在。**2** 在伊利里亚，他如此这般征服了萨尔玛提亚人及其他的部族，以至于几乎没有经历战争他就把他们曾经抢走的一

---

① 此处采用拉丁网络图书馆版本，动词为 serviunt，意思是"给……做奴隶"。洛布版的动词为 serunt，意思变成了"播种"。

切都夺了回来。**3** 接着，他继续其征途，并穿过了色雷斯。盖塔人出于畏惧其因事迹而有的名声，又屈从于其自古以来的威望，他们或是通过投诚或是凭借友谊全都被他接纳了下来。**4** 在做完上述这些之后，他前往东方而去，就在途中他俘虏并处死了再厉害不过的土匪帕尔弗埃里乌斯，并解放了整个伊苏里亚，让罗马的法律重新回到了人民和城市之中。**5** 他或以令人惊恐的方式或以彬彬有礼的方式踏入了居于伊苏里亚人中间的蛮族的土地。在他通过了那片地域之后，便说了下面的话："把土匪阻拦在这片土地之外比把他们赶出去要更容易。"**6** 那些难以踏足的地方，他全都作为私人土地赏给了老兵，同时附带［这样的条件］：他们的孩子只要是男孩从十七岁开始就要被送去服兵役，为的是不让他们沾染到土匪之气。

XVII. 1 最后，在与潘菲利亚以及毗邻伊苏里亚的其他行省的各处地方都实现了和平之后，普罗布斯便转向东方而去。**2** 他还征服了布勒梅耶人 ①，并把从他们那里俘虏来的人送到了罗马，而这批俘虏给惊异中的罗马人民带去了啧啧称奇的景象。**3** 除此之外，他使科普特城和托勒密城 ② 从蛮族的奴役当中拯救了出来，并让它们重新恢复了罗马人的法律。**4** 由此他取得了如此的声望，以至于帕提亚人 ③ 给他派来了使节，坦白他们的畏惧之心，并恳请得到和平。他以傲慢待之，再把变得更加恐惧的他们送回了故乡。**5** 据称，为

----

① 关于该民族，请参见《被奉为神的奥勒利安传》，XXXIII，4 及注脚。

② 科普特城（Coptos）是位于上埃及中部尼罗河东岸的一座城市。历史上有多座城市以托勒密（Ptolemais）为名，根据上文这里的托勒密城可能是上埃及中部尼罗河西岸的一座城市。

③ 原文如此，其实在亚历山大·塞维鲁当政时期波斯萨珊王朝就已经取代了帕提亚王朝，关于此事，请参见《亚历山大·塞维鲁传》，LV，1 及注脚。

表拒绝对方之礼，他还给［波斯］纳塞赫①王送去了信，内容是这样的："你送来了那么少的东西（而所有这些都终究会变成我们的），我对此感到诧异。就现在，留住所有那些令你感到高兴的东西吧！只要朕希望保有它们，朕就知道自己该怎么去得到。"**6**收到上述信件之后，纳塞赫吓破了胆，并且还因为了解到科普特城和托勒密城已从曾经占领它们的布勒梅耶人手里被解放了出来，以及早前令诸族心生畏惧的那些人都遭到了处决，而变得愈加害怕起来。

XVIII. 1 因此，在同波斯人缔结完和约之后，普罗布斯返回了色雷斯诸行省，并让信守忠诚的全部十万巴斯塔奈人②都留在罗马人的土地上定居了下来。**2** 可当他同样让别的部族（他们有杰佩德斯人③、格鲁森尼人、汪达尔人）中的许多人定居过来之后，那些人统统都背弃了盟约，并趁普罗布斯忙于应对与僭主们的战争之际用双脚和舰船几乎横扫了整个世界，这对罗马人的荣耀造成了不小的损害。**3** 而他则三番五次地以一场又一场的胜利将他们制服了，带着荣耀回到故乡的人没有几个，因为他们可是从普罗布斯的手掌里逃了出来。以上是普罗布斯对蛮族所做的事迹。**4** 可他还要对付并不容易应对的僭主的暴乱。因为他通过诸多不同战役以及声名在外的勇武就战胜了已夺取东方大权的萨杜尔宁。在后者战败之后，东方沉静在一派祥和之中，以至于正如坊间谈论的那样，连一只叛乱的老鼠都听不到。**5** 随后，当普洛库卢斯和博诺苏斯在高卢的阿格里皮纳夺取大权，并声称对不列颠、西班牙、外北高卢诸行省行使统治之时，他在蛮族的支援下战胜了他们。**6** 为了不让您对萨杜尔宁或是普洛库卢斯或是博诺苏斯产生过多的疑问，我将在［另］一

① 根据波斯萨珊王朝国王世袭表，纳塞赫王在位时间为公元293年—302年，而普罗布斯在位时间却是公元276年—282年。
② 关于该民族，请参见《哲学家马可·安东尼努斯传》，XXII. 1之注脚。
③ 关于该民族，请参见《被奉为神的克劳狄乌斯传》，VI，2。

卷书里再列出［他们的事迹，不过却］不准备说得太多，以合适为宜，或确切地说以必要为宜。**7** 当然，该为大家所知的一事是，当普洛库卢斯提出需要援助的时候，所有日耳曼人全都宁愿效力于普罗布斯，而不是与博诺苏斯和普洛库卢斯一起共享大权。**8** 他于是便准许所有高卢人、西班牙人、不列颠人种植葡萄并酿造酒。①他自己则在伊利里亚西尔米瓮附近的阿尔玛山上，待士兵们动手挖完土之后，种下了精选的葡萄藤。

XIX. 1 普罗布斯给罗马人送去了娱乐，而且是盛大的娱乐活动，他还给予了赏赐。**2** 他因征服了日耳曼人和布勒梅耶人而举行了凯旋式，凯旋仪式之前他领出了由所有部族组成的队伍，每个部族各五十人。他在竞技场举办了一场规模极大的狩猎赛，结果全部猎物都归了人民。**3** 那场赛会的举行方式是这样的：被士兵们连根拔起的硕壮大树被安置在了有宽大梁椽固定的平台上，再在上面铺上泥土，多亏了这些新的植物，整个竞技场的样子就像森林一样充满了绿色的枝叶。**4** 接着，一千只鸵鸟、一千头鹿、一千头野猪，还有麋鹿、野山羊、野绵羊，以及其他食草的动物被从各处入口放了进来，数量多到只要饲养得起或者猎捕得到。接着，群众被请了进来，每个人都抓到了自己想要的猎物。**5** 改日，他在圆形大剧场里一次表演就放出了一百头长鬃毛的狮子，它们吼叫起来可以撼动天雷。**6** 这群狮子在从门里出来之后就被统统杀死了，并且被杀的场面毫无盛大可言。因为这群野兽在离开兽笼后并未按常理那样发起攻击，而且许多狮子不愿冲锋就这样被箭射死了。**7** 接着，一百头来自利

---

① 关于此事，请参见尤特罗庇乌斯，IX，17："他［普罗布斯］允许高卢人和潘诺尼亚人保有葡萄园，他还让服役的士兵在西尔米瓮附近的阿尔玛山以及位于上默西亚的奥勒乌斯山上开辟出葡萄园，接着再把这些果园分给行省的居民去经营。"因担心过度种植葡萄会影响到粮食产量，古罗马帝国时期帝王一般不会特意颁令鼓励开垦葡萄园。

比亚的豹子被带了出来，再后来是一百头来自叙利亚的［豹子］，随后是同时［放出的］一百头母狮子和三百只熊。显而易见的是，所有这些野兽与其说给赛会带来了愉悦，还不如说带来了盛大的场面。**8** 除此之外，他还拉出了三百对角斗士，并让之前在凯旋式上领出的人数众多的布勒梅耶人同他们战斗，此外还有许多日耳曼人、萨尔玛提亚人，以及一些伊苏里亚土匪。

XX. 1 在举行完上述庆典赛会之后，普罗布斯准备与波斯人开战。就在途中穿过伊利里亚之际，他被手下的士兵设计杀死了。**2** 招致他遇害的缘由有以下这些：首先他从不允许任何士兵得闲，因为他一边借着士兵们的手完成了多项工程，一边说道士兵不该吃白食。**3** 在此基础上，他还加上了让他们感到压力的话——若果真实现了，得益的是国家——［那话是说：］很快士兵将不再是非要不可的了。①**4** 他在说这句话的时候心里的想法是什么？难道他不曾把一切蛮族部族都制服于足下，不曾把整个世界都变成了罗马人的世界吗？**5** "很快，"他说，"朕将不再非要士兵不可了。"说出这句话背后另有什么含义：将不再有罗马士兵了，安定祥和的国家将很快统治各处、很快执掌一切，**6** 寰宇之内不再铸造武器、不再供给口粮，公牛将用来犁地、饲养马匹将用以和平用途，不再有战争、不再有俘虏，海内尽享太平、四方皆守罗马人的律法、各地皆尊我们的法官。

XXI. 1 出于我对最为优秀的君主的爱戴，我将把文章继续下去，［而下面的内容］不再需要平淡无奇的叙述了。对于那位伟人注定以身死告终，我只特别补充一件加速其覆灭的事件。**2** 说的是，当普罗布斯来到西尔米瓮并希望增加其故乡②的财富和地盘的时候，他

---

① 关于此事，请参见尤特罗庇乌斯，IX，17："就在他［普罗布斯］结束了那数之不尽的战争并缔结了和约之后，他说道，过不了多久，士兵们就要失去用武之地了。"

② 关于普罗布斯出生在西尔米瓮，请参见本卷 III，1。

一次集合起了数千名士兵，以便排干某片沼泽，他准备挖掘一条流入萨瓦河①的运河，排干那片地方，以供西尔米翁人使用。3 此事让士兵走向了哗变，他们迫使他逃入一座铁皮包裹的哨塔（他本人为了瞭望之故而把那座塔建得极高），并杀害了他，那一年是他统治的第五年。4 虽然如此，可在那之后，全体士兵仍一同为他在高耸的山丘上建起了一座规模宏大的陵墓，大理石［墓碑］上刻有这样的铭文："名副其实的正直之人，一切蛮族部族的征服者，亦是诸僭主的征服者，皇帝普罗布斯长眠于此。"

XXII. 1 对于我来说，当我拿元首普罗布斯与其他皇帝（近乎所有无论以何种方式表现出勇敢、仁慈、睿智、非凡的罗马人的领袖）相比时，我意识到，此人不是［和他们］别无二样，就是［比他们］更加优秀——如果没有令人癫狂的嫉妒从中作梗的话。**2** 因为，在其统治的五年时间，他在寰宇各处发动了那么多场战争，而且都是孤军作战，以至于他如何应对所有战役这成了件令人惊奇之事。**3** 他亲自做了许多事情，还培养出了再著名不过的将领。因为由他训练出的有：卡路斯、戴克里先、君士坦提乌斯、阿斯克莱皮奥多图斯②、汉尼拔利安努斯、利奥尼德、切克洛皮乌斯、皮索尼安努斯、埃莱尼安努斯③、高迪奥苏斯、乌尔西尼安努斯，以及我们父辈所推崇的、其中还出过几位贤明元首的其他人。**4** 现在，就让他（如果他乐意的话）和图拉真及哈德良［在位］的二十年④相比吧，就让

---

① 多瑙河的支流，发源于阿尔卑斯山脉东部，流经巴尔干半岛西部，最后于今塞尔维亚的贝尔格莱德注入多瑙河。

② 关于此人，请参见《被奉为神的奥勒利安传》，XLIV，2。

③ 有可能是戴克里先的近卫军长官维科尼乌斯·埃莱尼安努斯，关于此人，请参见《被奉为神的奥勒利安传》，XLIV，2。

④ 关于图拉真和哈德良的当政时间，根据尤特罗庇乌斯的说法分别为：十八年五个月又十四天和二十年九个月又二十八天。请参见尤特罗庇乌斯，VIII，5；VIII，7。

他与诸安东尼努斯近乎相同的［在位时间］^①相比吧。因为，对于享国年岁几乎直至其寿终的奥古斯都我要说什么呢？另外，对于邪恶的元首我闭口不谈。普罗布斯那句最著名的话本身就揭示了他希望付诸实现的是什么，因为他说过，很快士兵将不再是非要不可的了。

XXIII. 1 对自己［的实力］确有所了解的普罗布斯既不怕蛮族也不怕僭主。**2** 假如在这位元首的统治下真的没有士兵的话，那本该是一种怎样的幸福啊！行省居民不再供给口粮、不再为军饷耗费任何［给公众的］赏赐、罗马人的国家将永远保有国库、元首不再支付任何花费、土地拥有者不再缴纳［税赋］：这的的确确就是他许诺的黄金时代。**3** 不会再有任何营地了，各地都不会再听到军号的声音了，不会再有任何武器被打造出来了。现在正掀起内战并侵扰着国家的那撮暴徒将耕田犁地、将投身学习、将专研技艺、将驾船航行。还得加上一条，没有人再会在战争里遭到杀害。**4** 善良的众神啊，罗马人的国家究竟冒犯到你们什么了，以至于从这个国家带走了如此优秀的元首？**5** 现在，那些让士兵们准备内战的人、让兄弟们的右手拿起武器去屠杀亲生兄弟的人、让孩子们弄伤父亲的人，即便我们的皇帝通过膜拜肖像、通过修建神庙、通过在竞技场举办庆典赛会，明智地裁定普罗布斯为神，可仍拒不承认其神性的人，让他们走开吧！

XXIV. 1 普罗布斯的后代或是出于憎恨或是出于对嫉妒的畏惧逃离了罗马的公共事务，并在意大利靠近维罗纳、贝纳库斯湖、拉里乌斯湖^②，以及上述这些地区安家落户^③。**2** 我确实不能遗漏掉这件

① 根据上文，此处指的应该是安东尼努斯·庇乌斯和马可·安东尼努斯，根据尤特罗庇乌斯的说法，两位的在位时间分别为二十三年和十八年。请参见尤特罗庇乌斯，VIII，8；VIII，14。

② 今意大利的嘎达湖和科莫湖（Lakes Garda and Como）。——英译者注

③ 此处原文直译为"安置家神"。

事：立在维罗纳的一尊普罗布斯的肖像被闪电击中，结果塑像上的紫边托袈袍的颜色起了变化，在那种情况下，占卜师答复道，他家族的后代将在元老院里声名显赫到这般地步，以至于所有的人都会成就最高的官职。**3** 不过在我们看来，至今尚无一人［应验］，另外后代一说似乎并无时间限定，亦无数量限定。**4** 元老院以再沉重不过的心情获悉了普罗布斯的死亡，人民也是如此。而当消息传来，秉性与普罗布斯迥异的善良者卡路斯成了皇帝之时，由于其子卡里努斯总是过着极其邪恶的生活，无论元老院还是人民都感到了战栗。**5** 因为，虽然人人都害怕一位颇为严厉的元首，可对于无道的继位者却更觉害怕。**6** 这些便是鄙人所知的或鄙人觉得值得流传下去的普罗布斯的生平。**7** 现在，鄙人开始在另一卷书里简短地叙述菲尔姆斯①、萨杜尔宁、博诺苏斯、普洛库卢斯的事迹。**8** 因为，把四位僭主同一位贤明元首混一起并述这么做是不合适的。在那之后，如果生命够长的话，鄙人随后将着手［叙述］卡路斯和他的孩子。

---

① 关于此人，请参见《被奉为神的奥勒利安传》，XXXII，2。

四僭主合传①

弗拉维乌斯·沃庇斯库斯·叙拉库西乌斯

I. 1 我意识到许多名不见经传的僭主或不为人提及或只是草草叙述而过。因为再忠实可靠不过的作家苏埃托尼乌斯·塔奎卢斯对安东尼努斯和温德克斯②缄默不言,仅满足于对他们一笔带过。马略·马克西姆斯并未把马可当政时的阿维迪乌斯以及塞维鲁当政时的阿尔比努斯和尼杰尔单独成册,而是把他们与其他人混在一起[进行叙述]。**2** 我们对苏埃托尼乌斯未感到吃惊,因为喜爱简短洗练是他的习性,而令自己与虚构书之类③纠缠不清的、一切人中最啰嗦的马略·马克西姆斯又如何呢?他是否向这般细致的叙述屈尊了呢?④**3** 相反,特莱贝利乌斯·波利奥在写下贤君与暴君的生平时是这样的勤勉和用心,以至于把瓦勒良和伽利埃努斯当政时代(连同在他们之前或之后不久的诸位元首的时代)的三十位僭主[的事

---

① 标题原文为"菲尔姆斯、萨杜尔宁、博诺苏斯、普洛库卢斯合传"。

② 关于此人,请参见《佩希尼乌斯·尼杰尔传》,IX,2 及注脚。——英译者注
此处人名部分拉丁网络图书馆版本写成了"安东尼努斯·温德克斯"。

③ 原文为"mythistorica volumina",意思是"融合进神话传说的历史书卷"。

④ 原文是以 num 引导的问句,一种表达否定含义的反问句。

迹] 简明扼要地归在了一卷书里。**4** 因此，即便鄙人做不到像他一样勤勉，可在谈论完奥勒利安、塔西佗和弗洛里阿努斯，以及伟大而独一无二的元首普罗布斯之后，该继而叙述卡路斯、卡里努斯，和努莫利安之际，鄙人仍一点儿都没少费心思，以免奥勒利安统治下的萨杜尔宁、博诺苏斯、普洛库卢斯、菲尔姆斯的事迹不被提及。

II. 1 我的巴苏斯啊，因为您知道，不久前我们同马可·弗特尤斯的争论有多么激烈：当时，历史的爱好者马可·弗特尤斯说道，菲尔姆斯曾在奥勒利安当政的时代占据过埃及，他并非元首而是土匪，我连同鲁菲乌斯·契尔苏斯、契尤尼乌斯·尤利安，以及费边·索西安努斯一起进行了反驳，说道对方既身披过紫袍又在铸币时印上了奥古斯都之称，阿尔科提乌斯·塞维鲁还拿出了几枚他的硬币，此外他还通过希腊和埃及人写的书证明了，对方曾在自己颁布的法令里被称作了寡人①。**2** 而那人针对我们进行了反驳，竟只提出了一个论据，即是说：奥勒利安在他颁布的一道法令里并没有写他杀死了僭主，写的却是为国家除去了土匪——说得好像这么有声望的元首就应该名正言顺地把此等卑贱之人称作僭主，抑或伟大的元首们不总是把那帮已被杀死的紫袍加身之徒称作土匪一样。**3** 我本人在对菲尔姆斯的全部事迹进行了解之前，在奥勒利安的传记里并未将他当作身披紫袍之人，而是当成了犹如土匪一般的人。② 我之所以在此说这件事，为的是不让有谁把我当成一个反复无常的人。**4** 现在就让鄙人来到菲尔姆斯这边吧，以免我许诺过的这卷再简短不过的书会加进太多的内容。

III. 1 菲尔姆斯的故乡在塞琉西亚③，虽然许多希腊人 [把他的

---

① 原为为希腊语"αὐτοκράτορα"，直译为"独揽大权者"。
② 关于此事，请参见《被奉为神的奥勒利安传》，XXXII，2。——英译者注
③ 关于历史上的塞琉西亚城，请参见《维鲁斯传》，VIII，3之注脚。

故乡］挪到了别的地方，而他们并未意识到当时有三个菲尔姆斯：其中一位是埃及的地方长官，另一位是阿非利加边区的统帅兼行省总督，第三位就是泽诺庇娅的那位朋友及同伙——他受到埃及人疯狂的激励而攻入了亚历山大里亚，随后奥勒利安凭借通常伴随其勇气的天命之佑将他镇压了下去。**2** 关于他的财富，提到的内容有许多。譬如，据称，他曾用掺入沥青和其他材料的方形玻璃建造屋子，他曾拥有如此数量的书籍，以至于他常当众声称自己用莎纸和浆糊就能支撑起一支部队了。**3** 同样是这个人，他还和布勒梅耶人以及萨拉森人保持了极为友好的关系。他还常派出商船前往印度人那边。**4** 据说，他本人还曾拥有两根十尺长的象牙，奥勒利安有想过用它们（外加另两根象牙）来打造一个宝座以安放镶嵌宝石、身穿紫边托袈袍的朱庇特的黄金塑像，这尊塑像将会摆在太阳神神庙里，他还在问卜过亚平宁山的神谕①之后，希望为这尊朱庇特神像冠上执政官或咨政者之号。**5** 不过，在那以后，卡里努斯将这些象牙当作礼物送给了某位妇女，而根据记述这位妇女把它们做成了一件床榻，至于她是谁，由于现在已为大家所知了，并且让后代知道她并无丝毫益处，所以我就闭口不提了。**6** 就这样，这件供奉给至高至善的朱庇特的印度礼品经一位再卑鄙不过的元首的手似乎变成了欲望之具和欲望之酬。

IV. 1 虽然如此，可菲尔姆斯却体形硕大，两眼鼓出，头发卷曲，前额带着疤痕，他脸上的肤色黝黑，而身体的其他部位则是白晳的，不过表面粗糙且覆盖着毛发，以至于许多人把他叫作独眼巨人。**2** 他常吃好多肉，据称一天就能吃掉一只鸵鸟。他喝酒不多，却喝很多水。他内心极其刚毅、肌肉极其健壮，以至于赛过了瓦罗

---

① 关于该神谕，请参见《被奉为神的克劳狄乌斯传》，X，4。

提到过的特里塔努斯①。**3** 这么说是因为，他一边仰面背朝下，同时身体保持弯曲，双手着地，悬停在那里而非躺着，一边把铁砧放在他胸口任由他人击打，这他都安然地承受了下来。虽然如此，可饮酒方面只要奥勒利安的将领们想要劝他喝，他就能与他们比个高低。**4** 如某个名叫布卜鲁斯的执军旗者是再出名不过的酒鬼，当他与这个人拼喝酒的时候，[菲尔姆斯] 干了满满两大杯未兑水的酒，随后整场宴会还保持着清醒，那时候布卜鲁斯对他说："你为什么不把沉底的渣都喝了呢？"他则回答道："笨蛋，固体怎么喝呢。"虽然要说的应该是大事要事，可鄙人还在追述琐碎之事。

  V. 1 为了保护幸存下来的泽诺庇娅的党羽，这位菲尔姆斯于是便与奥勒利安为敌夺取了大权，然而，待奥勒利安从色雷斯诸行省返回之后，他即遭到了战败。②**2** 很多人说他是用一根绞绳结束自己的生命的，而奥勒利安在自己的法令里则表示了不一样的说法，因为当 [奥勒利安] 战胜他之后，在罗马颁布了如下法令：**3** "奥古斯都奥勒利安向其再忠诚不过的罗马人民致以问候。在与辽阔之寰宇可至的各地诸族缔结和约之后，朕驱离、围困、折磨，并处死了埃及人的土匪、蛮族暴乱的鼓动者、无耻女人余孽的召集者（无需讲太多）菲尔姆斯。**4** 罗慕路斯的子民们，现在没有什么能让你们感到害怕了。来自埃及的粮食供给曾被这位臭名昭著的土匪所阻断，现在埃及的粮食将毫无减损地抵达 [罗马]。**5** 你们该和元老院保持和睦、该与骑士等级保持友谊、该爱戴近卫军。我不会再让罗马有其他顾虑。**6** 闲下来办庆典赛会吧，闲下来在竞技场里举行比赛吧。让朕投身于国家所需，让你们投身于娱乐吧。因此，令人再敬畏不

---

① 乃两位著名健壮者的名字，他们是父子，父亲是角斗士，儿子是庞培手下的士兵。他们的肌肉和力气普林尼（《博物志》，VII，81）借瓦罗之威名进行了描述。——英译者注

② 关于此事，请参见《被奉为神的奥勒利安传》，XXXII，2—3。

过的公民们……"如此等等。

VI. 1 这些便是鄙人所知的您应该了解又值得流传下去的菲尔姆斯的事迹。**2** 因为奥勒利安的被释奴奥勒利乌斯·菲斯提弗斯曾详细记述过他，如果您希望了解［详情］的话，就去读这个人的书吧，其中大部分篇幅都在叙述这位菲尔姆斯曾如何抹上鳄鱼油之后与鳄鱼一起游泳，如何驾驭大象，如何骑在河马上，以及如何骑上巨大的鸵鸟如飞翔般到处奔跑。**3** 可是，知道这些有什么用呢？无论李维还是撒路斯特，他们都闭口不提所记之人的琐事，即便这些事占据了他们的生平。**4** ［说他们没提到，是］因为我们并不知道克洛狄乌斯拥有的是怎样的公骡，也不知道提图斯·安尼乌斯·米罗①有怎样的母骡，或者喀提林骑的马是托斯卡纳的还是撒丁岛的，抑或庞培②在其希腊军用斗篷上用的是哪种紫色。**5** 因此，鄙人将结束有关菲尔姆斯的事迹，来到与普罗布斯为敌并在东方地区径自宣布拥有最高大权的萨杜尔宁这边。

VII. 1 萨杜尔宁论出身是个高卢人，出自一个极其不安分又总是巴望着拥立元首或裂土为王的人类部族。**2** 由于此人确属首屈一指之人，此事似乎不假，于是奥勒利安便在其他将领当中把东方边区的统帅职位交给了他，同时明智地命令他永远不要窥伺埃及。**3** 因为，如我们所见，这位再睿智不过的人考虑到了高卢人的天性，而害怕他一旦把目光投向那座陷入骚乱的城市，就会在与［当地］人的同盟下被引向其天性引导的方向。**4** 因为，正如您清楚知道的，

---

① 普布利乌斯·克洛狄乌斯·普尔克（Publius Clodius Pulcher），公元前58年的保民官，并在实施流放西塞罗时发挥了作用，他在公元前52年的一次与敌人的争执中被杀。提图斯·安尼乌斯·米罗，当时西塞罗在其《为米罗辩护》的演说辞中为他进行了辩护。——英译者注
② 所例举的都是罗马历史里的著名人物，也是出现在李维和撒路斯特的历史书中的人物。

埃及人自负、狂暴、虚夸、不守法，而且确实不可靠，还自由散漫，他们渴望新鲜事物（即便在民间小曲这类），他们是诗歌创作者、铭辞作家、占星家、占卜师、医生。**5** 在这些人当中有基督徒、撒马利亚人，以及那些虽享尽万般自由却仍对现今时代心存不满的那些人。**6** 为了不让有埃及人对我感到愤怒，想到先前写成文字的都是我自己写的内容，现在就让我拿出哈德良的信，这封信出自其被释奴裴拉根①的书，信里深刻揭露出了埃及人的秉性：

VIII. 1 "奥古斯都哈德良向执政官塞维安努斯②致以问候。最亲爱的塞维安努斯啊，你时常对我称赞起的埃及，我却发现那里 [的人] 统统都是轻浮之辈、不可靠之徒、一切流言蜚语的散布之人。**2** 那边，膜拜塞拉匹斯③的人同时是基督徒，那些自称属于基督的主教的人同时信奉着塞拉匹斯。**3** 那里，没有哪位犹太教祭司、哪位撒马利亚人、哪位基督教的长老不是占星家、不是占卜师、不是涂油人④。**4** 而当那位大主教⑤本人来到埃及时，他受一些人逼迫而膜拜塞拉匹斯，又受另一些人逼迫而膜拜基督。**5** 他们是一群极其叛逆、极其虚夸、极不守法的人类种族。[他们的] 城市繁华、富

---

① 关于此人，请参见《哈德良传》，XVI，1；《塞维鲁传》，XX，1。——英译者注

② 此人应该是哈德良的姐夫，曾三次出任执政官（请参见《哈德良传》，VIII，11）。根据哈德良的在位时间及执政官列表，可以确定这一年为公元134年。

③ 关于这位神祇，请参见《哲学家马可·安东尼努斯传》，XXIII，8及注脚。

④ 原文为 aliptes，本意是"进行涂油的人"。在古罗马时代，罗马人在沐浴之后，或者角斗士和摔跤手在进行比赛前，都需要往身体上抹橄榄油，因此这个词就演变成服侍罗马人沐浴的侍从，或者角斗士和摔跤手的拥有者。

⑤ 原文为 patriarcha，在早期基督教会中通常为特定五座主要城市（罗马、君士坦丁堡、安条克城、耶路撒冷、亚历山大里亚）主教的称号，其地位比一般主教高，也被翻译成"宗主教"或"牧首"。显然此处应指亚历山大里亚大主教，所述城市即指亚历山大里亚。

庶、物产丰富，城里没有人过着闲散的生活。**6** 一些人在吹玻璃，另一些人在造纸 ①，所有人真的都是亚麻布的编织者，或者看起来像懂某项手艺活的人，痛风者有他们的活干、阉人有他们的活干、盲人有他们的活干，即便手残之人都不过着空闲的生活。**7** 他们只有一个神明，即金钱。基督徒崇拜它、犹太人崇拜它、所有民族都崇拜它。但愿这座城市有更好的样子，因为它的富庶和它的广阔令它名正言顺地夺得了全埃及第一之都之位。**8** 我授予了它一切，恢复了它旧时的特权，并且还增加了新的权利，以至于当我现身时〔当地人〕就会向我致以谢意，而最后等我一离开，他们就说了很多针对我继子维鲁斯的坏话，我相信你也已经知道了他们是怎么说安提诺乌斯 ② 的。**9** 除去依靠那些用耻于启齿的方式喂养的小鸡 ③ 过活以外，别的我什么都不指望他们。**10** 我给你送去一些会变幻色彩的变光杯，这些杯子是由神庙祭司赠予我的，现在就特意赐给你和我的姐姐。我希望你能在举办宴会的节日里使用它们。虽然如此，可还得注意了，不要放任我们的阿非利卡努斯沉溺在这些杯子的使用之中。"

IX. 1 于是，奥勒利安怀着对埃及人的上述想法颁下了法令，让萨杜尔宁不要窥伺埃及，这确乎出自神圣的心智。因为，当埃及人一见到那个位高权重者来到他们那里就立刻呼喊道："奥古斯都萨杜尔宁，愿众神庇佑您！"**2** 而那个人，不可否认他聪明，竟然很快逃离了亚历山大里亚城返回了巴勒斯坦。**3** 虽然如此，可他在那里开始思索起来，假如自己仍身为一介凡民，将不再有安全，于是他

---

① 指埃及的莎草纸，罗马时代埃及最重要的出产品。

② 哈德良皇帝的同性伴侣，关于此人，请参见《哈德良传》，XIV，5 及注脚。

③ 关于此事，请参见亚里士多德的《动物志》（*Aristotelis Historia Animalium*），VI，2（选自本引书汉译本，商务印书馆，1979 年 5 月，第 256 页，吴寿彭译）："在埃及有些实例，卵被置于粪堆下，就在地上自行孵化。"他们把蛋埋在粪便下进行孵化。——英译者注，引文为汉译者补充。

便从维纳斯塑像上解下紫色衣服，当着立于四周的士兵穿上了这件女式外袍并接受大家膜拜。**4** 我听说，我的祖父常说当那个人接受膜拜时他本人就在现场。**5** 他说："[萨杜尔宁] 当时边哭边说：'我可以不自夸地说，国家失去了一位不可或缺之人。我的确光复了高卢诸行省、我恢复了摩尔人占据的阿非利加、我让西班牙诸行省实现了和平。但那有什么益处呢？一旦那种尊荣①被宣布了出来，这一切都会化作泡影。'"

X. 1 那些为萨杜尔宁披上紫袍的人开始激励他，要么说为了保全性命，要么就说为了掌握大权，在那种情况下他道出了如下言辞：**2** "朋友们，你们知道，执掌大权是件多么坏的事啊。发丝悬剑，锋芒指项，枪矛四出，八方飞矢。护卫们十足令人胆颤，侍从们十足令人忧心。饭食而无悦，巡出而无威，战举而无义，兵操而无势。**3** 再加之，在位之人无论长幼几何，皆会遭到指责：若年长者，则视为难以胜任之辈，若年少者，则转而言其轻狂之徒。现在，我有必要再提普罗布斯是受所有人爱戴的吗？我乐于服从他并希望做他麾下的将领，而你们希望我成为他的对手，你们正把我拉入不可避免的死亡之中。面对死亡，我聊以慰藉的便是我将不会孤独赴死。"**4** 马可·萨尔维迪埃努斯说这篇演说辞的确是 [萨杜尔宁] 自己的，他其实不是文盲，因为他曾在阿非利加拜于一位修辞学家门下学习过，还在罗马上过教师开办的学校。

XI. 1 为了不让我越写越长，与此人有关的这件事应当被特别提到，一些人错误地以为在伽利埃努斯当政时代夺取大权的就是这个萨杜尔宁②，可实际却另有其人，而这位萨杜尔宁是在普罗布斯当政

---

① 根据文意，指称帝。

② 关于在伽利埃努斯时代的僭主萨杜尔宁，请参见《三十僭主合传》，XXIII。——英译者注

时遭到杀害的，尽管普罗布斯不太愿意①。**2** 此外，据称，普罗布斯还常给他送去信件，既施予了仁慈又许下了宽恕，可是和他在一起的士兵们并不信这些。**3** 最终，他被普罗布斯派来的人包围在了一处堡垒中，并遭到了割喉，虽然普罗布斯并不愿意。**4** 将一切琐碎之事都囊括进来会是件冗长之事，而说他有多高、体型怎样、相貌如何、喝过什么、吃过什么则是件无聊之事。那些对于充当例子来说近乎无用的东西就让别人说吧。还是让鄙人回到该说的内容上来。

XII. 1 普洛库卢斯的故乡是位于海岸阿尔卑斯山的阿尔宾高尼②，他在当地属贵族，但祖上却是土匪、牲畜、奴隶，以及之前被他们夺取的东西他应有尽有。**2** 据称，在他取得大权的时候，他真就武装起了自己的两千奴隶。**3** 驱使他到这般疯狂境地的他的妻子是位名叫萨姆索的具有男子气概的女人——萨姆索这个族名是她后来才叫的，因为在那之前她名叫维图里佳。**4** 他的儿子叫埃莱尼安努斯，按他的说法，在他结束五年的统治之后，就把最高大权交给这位儿子。**5** 无法否认的是，人〈……〉③同时最为勇敢。[普洛库卢斯]本人虽也习惯于土匪之身，不过却一直在军中度过了一生，这么说是因为他以军事保民官的身份指挥过多支军团，并做出过勇敢之举。**6** 现在，由于任何琐碎之事在被道出时都会引起人们兴趣并带来乐子，所以这件在某封他的信中被其自夸的事不该闭口不提，而把这封信直接罗列出来比详尽地谈论它更好：**7** "普洛库卢斯向亲人梅契阿努斯致以问候。我从萨尔玛提亚俘虏了一百位处女。一个

---

① 此处采信拉丁网络图书馆版本，根据洛布版，这句变为："尽管普罗布斯并不想要施加惩处。"

② 今位于意大利西部海岸（Riviera di Ponente）的阿尔本加（Albenga），热那亚西南约五十英里。——英译者注

③ 此处缺字。

晚上我就进犯了她们中的十个，虽然如此，她们仍统统在十五天之内都被我变成了妇女——这在我的［能力］范围内。"**8** 如您所见，他对这件愚蠢而又放荡至极的事进行了吹嘘，并相信假如通过重复施罪来让自己变得铁石心肠的话，他就会被始作俑者。

XIII. 1 虽然普洛库卢斯也取得了军功，可就在那之后他却在鲁格杜努姆人（他们似乎曾遭到了奥勒利安的残酷镇压，并一直极度惧怕普罗布斯）的鼓动下荒淫无耻但又英勇无畏地夺取了大权。正如奥奈西姆斯所说，他差不多是通过游戏和玩笑取得大权的，而我知道自己也没在其他任何人的著作里找到这种说法。**2** 即当他们在一次宴会上玩土匪游戏①而他本人十次胜出为皇帝的时候，某个有名的小丑就说道："万岁，奥古斯都。"随后他取来了羊毛做的紫袍，缠在了对方的臂膀上，并对其进行了膜拜。自那时起同伙们感到了害怕，由此便开始争取部队并谋取大权。**3** 虽然如此，不过他却并非未给高卢人带去丝毫益处。因为他无不出色地打败了当时仍被叫作日耳曼人的阿勒曼尼人，尽管在战斗时他的表现与土匪无异。**4** 虽然如此，可普罗布斯仍迫使他逃到了偏远之地，当后者因为时常声称自己的祖上发源于法兰克人而希望能前去支援他们的时候，习惯用嘲笑粉碎忠诚的法兰克人背弃了他，于是［普罗布斯］就战胜并处死了他。**5** 他的后代至今仍生活在阿尔宾高尼，他们习惯开玩笑地说，无论元首还是土匪他们现在都没心思当。**6** 以上便是我所记得的值得流传下去的与普洛库卢斯有关的事迹。下面就让鄙人来到博诺苏斯这边吧，关于他的事迹我极少写到过。

XIV. 1 博诺苏斯老家在西班牙，祖上是不列颠人，而母亲却是

---

① 一种类似国际象棋的游戏，但显然每一方各有三十个棋子。它常被古代作家提及，详尽的记录可在作者不可考的诗歌《皮索赞》（*Laus Pisonis*），II，192—208 中见到。——英译者注

高卢人。他自己常说，他是修辞学家的儿子，而根据我从别人那里打听到的，他是识字老师的儿子。他在孩提时代便失去了父亲，是母亲极其勇敢地将他哺育大的，他未上过任何学。**2** 他在军中服役时最初当过百人队队长，接着参加了骑兵，做过首席百人队队长、军事保民官、雷蒂安边区统帅，他饮酒多到无人可及的地步。**3** 奥勒利安经常说这个人："他生下来不是为了活而是为了喝。"并出于从军作战的原因而长期给予其荣耀。**4** 因为，无论何时只要蛮族部族的使者从各地到来之后，他们就会被送去饮酒，以便把他们灌醉后他能从这群沉醉酒中的人身上打听到一切消息。他自己无论怎么喝都始终保持着清醒如故，正如普罗布斯的传记作者奥奈西姆斯所说，他在酒中更有智慧。**5** 除此之外，他还有一个神奇的本领，他再怎么喝都能统统排出体外^①，而且胸部、腹部、膀胱从未感到过不适。

XV. 1 正当日耳曼人在莱茵河烧毁了罗马人的军舰的时候，这个博诺苏斯出于害怕受到惩罚，便夺取了大权。他保有权力的时间要比他应有的更长。**2** 这么说是因为，他进行了一场漫长而顽强的抵抗才被普罗布斯打败，并以一根绞绳结束了生命，由此才有了这么一则笑话，说吊在上面的不是人而是酒罐。**3** 他留有两个儿子，普罗布斯宽恕了他们俩，而他的妻子也获得了荣耀，且直到死前都一直享受着俸禄。**4** 据说，她其实（如我祖父常说的）是独一无二的女子典范，并出身贵族家族，但却属哥特人的部族。正因如此，所以奥勒利安把她赐给了那个［博诺苏斯］为妻，为的是以后能够通过他打听到哥特人那里的一切，因为她是出身王族的未婚少女。**5** 有封写给色雷斯诸行省总督的信提到了那场婚礼以及奥勒利安下令该送给博诺苏斯的婚礼礼品，我在此插述这封流传至今的信件：

① 原文直译为"尿出体外"。

6 "奥古斯都奥勒利安向伽洛尼乌斯·阿维都斯致以问候。在前一封信里我曾写道，要你把哥特贵族女子安排到佩林图斯定居，并恩准提供俸禄，不是每个人领各自的，而是七个人共享一份盛宴。因为当她们各领各的时候，一方面她们领到的东西不多，另一方面也给国家造成许多损失。**7** 虽然如此，但现在既然博诺苏斯对迎娶乌尼拉感到了满意，那你就把朕在简短附录里所吩咐的东西全都给他送去吧，你也要拿着国家的钱为婚礼做出庆贺。"**8** 礼单为："几套部分丝织的带兜帽的蓝紫色束腰上衣、一套部分丝织的重达一磅的金边束腰上衣、两套带金色和紫色饰边的内衣，以及适合这位妇人的其他东西。对 [博诺苏斯] 本人你要送上一百枚腓力金币、一千枚安东尼尼安银币 ①、铜币一万塞斯退斯。"**9** 以上是我记得自己读到过的与博诺苏斯有关的事迹。我确也可能略去了那些无人问津之人的传记，不过为了不让文章缺少准确性，我也有意讲述我所知道的与他们有关的事迹。**10** 我还剩下卡路斯、卡里努斯，和努莫利安没有叙述了，因为 [再后来的] 戴克里先及其之后的 [帝王] 当以更为出色的文笔加以讲述。

---

① 关于当时的腓力金币和安东尼尼安银币，请参见《被奉为神的奥勒利安传》，IX，7 之注脚。

卡路斯、卡里努斯、努莫利安合传

弗拉维乌斯·沃庇斯库斯·叙拉库西乌斯

I. 1 国家受制于天命，时而被提升至巅峰，时而又被推入万劫，此事经普罗布斯之死而被清晰地揭示了出来。**2** 因为，它在时代的进程中或因诸乱而兴，或因诸乱而亡；时而遭遇风浪，时而出现天佑，此番无常而令其经历了人类个体所忍受的几乎全部的病痛。现在，待诸恶退散之后，在充满活力的元首奥勒利安之后，当法律和权柄根据元老院和人民的决定归由普罗布斯掌控之时，天佑之助看似将会长久延续而无有变故了。**3** 然而，当士兵被命运之火点燃，把这位伟大的元首从我们中间赶了出去之时，一场如船只失事又或像大火燃烧之类的巨大灾难让国运重回此般绝望之境，以至于所有的人都害怕 [会出现] 图密善、维特利乌斯、尼禄之流。**4** 因为，出于元首让人琢磨不透的路数，令人感到的畏惧要多过于希望，尤其是在这么个承受着新伤之痛并沉浸在瓦勒良遭俘、伽利埃努斯奢靡，以及有近三十位僭主裂土割据、自立为王的痛苦之中的国家。

II. 1 另一方面，假如我们想要从罗马建城之初开始追溯罗马人的国家经历了哪些变化，我们会发现没有哪个国家比它享受到更多的福分，也没有哪个国家比它承受了更多的凶恶。**2** 让我从真正的国之父及国之缔造者罗慕路斯开始吧，他受到了何等的天命之助，以至于创立、缔造，并巩固了这个国家，所有的缔造者中惟独他留下了一座完美的城市！ **3** 接下去，对于努玛我要谈什么呢？他通过战争让国家扬威、通过凯旋让国家繁荣、通过宗教让国家安定。**4** 于是，我们的国家直至塔克文·苏佩布时代为止都保持着兴旺，而到了塔克文·苏佩布时则出于王的秉性遭遇了风暴，并以严重的毁灭[对他]施加了报复。[①]**5** 再后来，我们的国家直至高卢战争时期为止都在累积实力，而到了高卢战争时又如同经历一场海难一般崩塌覆灭，以致除去卡庇托山之外罗马城都被占领了，与让它繁荣的美善之物相比它感受到了近乎更多的凶恶之物。**6** 再后来，我们的国家又回到了完好如初的状态，可布匿战争以及对皮洛士[②]的惧怕令它受尽折磨，以至于触动心灵的恐惧让它感受了众生之苦。

　　III. 1 随后，当迦太基被征服之后，我们的国家把统治大权拓展到了海的那一边，由此走向了扩张，可是随着与同盟者之间陷入

---

① 　关于塔克文·苏佩布遭到驱逐，请参见尤特罗庇乌斯，I，8："卢西乌斯·塔克文·苏佩布，第七位也是最后一任王，他战胜了沃尔西人，当时这个民族正向坎帕尼亚前行而离罗马城不远。他夺取了加比城（Gabii）和苏埃萨·庞梅契亚（Suessa Pometia），也就在那时他与托斯卡纳人（Tusci）缔结了和约，又在卡庇托山上建成了朱庇特神庙。在这之后，当他正在攻打距离罗马达第十八里程碑的阿德拉城（Ardea）时，他的统治被推翻了。那是因为他的儿子小塔克文（Tarquinius iunior）把科拉提努斯（[Tarquinius] Collatinus）的妻子——那最为尊贵也最为纯洁的卢克雷西娅（Lucretia）——给玷污了，后来在向自己的丈夫、父亲，及朋友申诉上述的不幸遭遇之后，她便当着众人的面自杀了。由于这个原因，塔克文的一位亲戚布鲁图（[Lucius Iunius] Brutus）径自鼓动起人民，将塔克文的统治推翻了。原本追随王一同征战阿德拉城的军队也立即弃他而去，回到罗马的王见到城门紧闭，就这样他被驱逐了。当塔克文统治了二十五年后，便携妻儿离开了罗马。"

② 　公元前三世纪初希腊伊庇鲁斯王，曾率领希腊军队同罗马人交战，史称"皮洛士战争"。

不和，一切幸福之感荡然无存，直到奥古斯都［的时代］为止它都遭受着内战的折磨而变得衰败。再后来，它通过奥古斯都得以复兴——如果可以说是丧失自由而得到复兴的话。**2** 虽然当时域内一派悲凉，可我们的国家或多或少仍在域外诸族间享有盛名。接着，在领教过多位尼禄之徒以后，韦斯帕芗抬起了它的脑袋。**3** 而我们的国家对提图斯的一切天佑之幸都不觉意满，图密善的暴虐又使其受到了伤害，从涅尔瓦、图拉真一直到马可［·安东尼努斯的时代］它的状况与以往相比有所改善，而康茂德的狂暴与残忍又将之推向了毁灭。**4** 在那以后，除去塞维鲁的勤勉以外，直至玛美娅之子亚历山大［的时代］为止就全然感受不到丝毫的美好。**5** 再接下去所发生的若全部讲述出来会是件冗长之事，譬如它没能好好接受元首瓦勒良，又容忍了伽利埃努斯十五年。**6** 几乎始终与公正为敌的命运喜欢出现变化，因而嫉妒克劳狄乌斯长久的统治。**7** 于是，奥勒利安就这样遇害了，塔西佗就这样丢了性命，普罗布斯就这样被杀了，以至于显而易见的是，除去通过诸多不同事件来对国家发生之事做出改变之外，不再有什么会让命运感到高兴。**8** 可诸如此般的悲痛与时代的悲剧我们要持续到何种地步才是尽头啊？就让鄙人来到卡路斯这边吧，正如我要说的那样，他乃一位平常之人，与其将他列入暴君，还不如把他归于贤君之列应该更好一些，而假如没有留下卡里努斯作为继承人的话，他会做得更加优秀。

IV. 1 关于卡路斯的故乡，有许多人提出了相互矛盾的说法，鉴于各类说法差异极大，我无法说出真相如何。**2** 例如，以再勤恳不过的态度写下普罗布斯生平的奥奈西姆斯声称他生在罗马、长在罗马，虽然父母亲是伊利里亚人。**3** 而以再熟练不过的笔法记述过卡路斯、卡里努斯、努莫利安时代的费边·奇里利安努斯则声称，他并非生于罗马而是伊利里亚，父母不是潘诺尼亚人而是布匿人。**4** 我记得自己曾在某本日志里读到过卡路斯是梅迪奥朗诺人，不过却又在阿奎莱亚城元老院的名册里列有其名。**5** 不可否认的是，正如他在一封以总督之名写给手下使节以激励对方好好履行职责的信里所显示的，他希望自己看起来像个罗马人。**6** 卡路斯的信："奇里乞亚总督马可·奥勒利乌斯·卡路斯向自己的使节尤尼乌斯［致以问候］。我们的祖上，那些出类拔萃的罗马人，他们在挑选使节这件事上遵循过如下做法，即他们时常把国家之事交付给一些人，并通过这些人表现出具有自己特性的模样。**7** 即便当初不是这样的，我也真会这么做，而我现在真的这么做了——在你的帮助下我若是没犯下错误的话。所以，要做的是：我们不应与自己的祖上（即罗马人）有不同之处。"**8** 您看，这整封信他都希望自己能被理解成祖上是罗马人。

V. 1 卡路斯在元老院发表的演说更指明了这种出身的特权。因为当他一被立为皇帝，就给元老等级写了这样的信。**2** 其中的部分内容为："元老们，你们应该感到高兴，因为所立皇帝是你们等级中的一位，而且还出身你们的民族。因此朕将尽己所能，不让外邦人看上去比你们更出色。"**3** 这里也十分清楚，他曾希望自己被理解成罗马人，即在罗马出生的人。**4** 因此，当他［爬上］政治和军事的阶梯之后，正如在其塑像上所表明的，就被普罗布斯任命为了近卫军长官。他在士兵中间受到的爱戴是如此之多，以至于在伟大的元首普罗布斯被杀之后，似乎惟有他最有资格执掌最高大权。

VI. 1 我不能不提的是，有许多人怀疑普罗布斯是因为卡路斯的阴谋设计而遭杀害的，并且他们还把此事记在了日历上。然而，无论是普罗布斯对卡路斯的善意还是卡路斯的秉性，同时又鉴于［卡路斯］极其严厉、极其坚定地为普罗布斯的死进行了复仇，这些都让人相信不了会有此等事。**2** 而普罗布斯对他怀有什么态度则在送给元老院的谈及其荣耀的信里有所指明："奥古斯都普罗布斯向其最为忠诚的元老院致以问候。"信里还说，"要是在国事上我真有更多人像卡路斯或你们中的许多人那样的话，我们的国家该有多幸运啊。3 所以，我建议，如果你们乐意的话，应给这位作风古朴的人立一尊骑马像，外加通过国家拨款给他建造一座房子，造房子的大理石由我提供。因为我们报答如此优秀之人的正直心，这么做是应该的。"其他云云。

VII. 1 为了不把什么无关紧要之事以及在别人的书里也能找到的内容放进来，我［接下去要说的是］，卡路斯一接过最高大权，就给自己的孩子冠上了恺撒之名，并在所有士兵的赞同下发动了普罗布斯一直在准备着的与波斯人的战争。他还决定让卡里努斯带一些严格挑选出来的人去统治高卢，而他自己则领着再优秀不过的、极能言善辩的努莫利安一起上路。2 据说，他曾时常讲道，把卡里努斯派到高卢诸行省当元首，而努莫利安则未到可以把诸高卢的统治大权托付给他的年纪（因为那里尤其需要一位坚定的元首），对此他感到了伤心。3 可是，在别的时候又有这般事。譬如，现在还流传有卡路斯的这封信，信里他向自己的长官抱怨卡里努斯的秉性，以至于奥奈西姆斯说，卡路斯曾有意要剥夺卡里努斯恺撒的大权，显然这是事实。4 不过，正如鄙人说过的，这些应当在卡里努斯自己的传记里另外再作讲述。现在就让鄙人回到正文吧。

VIII. 1 卡路斯在基本结束了他一直进行着的与萨尔玛提亚人的战争之后，便率领普罗布斯手下的全体部队及数量庞大的装备器械启程出征波斯人而去。他未遇到任何阻力就夺下了美索不达米亚，并一路进抵到泰西封，而就在波斯人忙于应付国内暴乱之际，他名正言顺地得到了波斯之帝的名衔。2 可当他在荣耀的驱使下，特别是在手下那位谋求卡路斯及其儿子身死覆灭同时还渴望执掌大权的长官的鼓励下，又继续向更远的地方进军，结果［不幸身亡］——

有些人说他因病而亡，更多的人则说他死于闪电①。3不可否认的是，在他行将去世之际，曾突然响起了巨大的雷声，以至于据说许多人仅出于惊恐就没了气息。那时他生着病，躺在帐篷里，在那种情况下一场带着曜曜闪电以及（正如鄙人说过的）隆隆响雷的巨大风暴生成了，他也就没了气息。4官至机要秘书的尤利乌斯·卡尔普尼乌斯曾给罗马市长寄过这么一封涉及卡路斯之死的信件。5信里的部分内容是："我们的元首卡路斯果真是个受人牵挂者②，在他生病时突然间就生成了一场如此巨大的风暴，以至于一切都陷入了黑暗之中，谁都无法认出谁，接着串串闪电夹杂着翻滚的雷声从燃烧的星辰上不断奔驰而下，让我们所有人都认不清真实的情况。6因为就在一阵尤为猛烈并让一切都陷入惊恐的雷声过后，喊声骤起，皇帝驾崩了。7此外还发生了一件事，就寝侍从们怀着对元首驾崩的悲痛焚烧了他帐篷。由此便有了他死于闪电的谣传，而据我们所能了解到的，事实是他死于疾病。"

IX. 1 我之所以列出上述信件，那是因为许多人都在说，有某种命运之力让罗马元首无法越过泰西封，所以卡路斯就殒命于闪电，因为他巴望着要越过那道命运设下的界限。2不过，就让被勇气踩在脚下的懦弱对自己耍出它自己的把戏吧。3显而易见的是，正如再令人敬仰不过的恺撒马克西米安③所证明的那样，战胜波斯人并越过了他们的国土现在做得到，将来也做得到。我认为只要上天应许的佑助未舍弃我们的人，这定然会实现。4许多事实显示出卡路

---

① 关于此事，请参见尤特罗庇乌斯，IX，18："可正当他［卡路斯］在底格里斯河畔安营扎寨的时候，却被闪电的神力击中而殒命。"

② 卡路斯之名拉丁语原文为 Carus，含义为"受人牵挂的"、"被爱的"、"亲爱的"。

③ 即伽勒利乌斯·马克西米安。关于他出征波斯的事迹，请参见尤特罗庇乌斯，IX，24。

斯是个贤明的元首，特别是这么一件事：他一取得最高大权就彻底
征服了萨尔玛提亚人，而后者受到普罗布斯驾崩的极大鼓舞，以至
于威胁要入侵伊利里亚，还有色雷斯诸行省甚至意大利。他在粉碎
战争方面表现出了如此的本领，以至于极短的几天时间就以杀死萨
尔玛提亚人一万六千、俘虏不同性别者两万而让潘诺尼亚诸行省摆
脱了安全之忧。

X. 1 我相信和卡路斯有关之事上述这些已足矣。就让鄙人来到
努莫利安那边吧。他的历史事迹似乎和他的父亲有着颇为紧密的联
系，而出于其岳父之故他的历史看起来就显得更加地令人赞叹。虽然
论年龄卡里努斯更为年长，且也先于他被冠上了恺撒之名，可鄙人先
讲述紧随父亲去世的努莫利安，接着再讲述国家不可或缺的奥古斯都
戴克里先与之作战并将之杀死的卡里努斯，这么做仍是有必要的。

XI. 1 卡路斯之子努莫利安秉性卓越也确实够资格执掌大权，他
口才同样出众到了如此地步，以至于还是孩子时他就在公众面前发
表过演讲，他的文章虽名气在外，不过与图利乌斯［·西塞罗］的风
格相比却更适合用来演讲。**2** 此外，在诗歌方面据说他是那么优秀，
以至于都胜过了同时代的所有诗人。譬如，他同写过《捕鱼》、《狩
猎》、《航海》并在一切殖民地都享有光辉美名的奥林匹乌斯·奈梅
希安努斯有过比试，至于对于把他父亲的事迹写成文字的抑扬格诗
歌作家奥勒利乌斯·阿波利纳里斯，当［努莫利安］朗诵的内容发
表之后，［努莫利安］就像太阳的光芒一样让他相形见绌。**3** 据称，
他送到元老院的演说辞是如此有理有据，以至于一尊塑像被颁授给
了他，不过不是作为恺撒而是作为修辞学家的样子，那尊塑像安置
在了乌尔庇亚图书馆里，下面题有"献给恺撒努莫利安、当时最有
能力的修辞学家"之文。

XII. 1 这位努莫利安在与波斯人的战争中是父亲的随从。父亲
去世后，他就开始罹患眼痛之疾，因为那种病在他那样的备受失眠

折磨者身上是极为常见的。当他被肩舆①抬着走时，他的岳父阿贝尔出于篡权夺位的企图便杀死了他。2 可是，当时士兵仍一连数天都在询问皇帝的健康状况，阿贝尔就在大家面前说，他之所以无法现身，是因为要让他患病的眼睛避开风和太阳。虽然如此，可尸体散发出的恶臭败露了实情，阿贝尔无法再隐瞒自己的阴谋诡计了，于是所有人都向他袭了过去，并把他拖到了主将营帐前的军旗处。当时一场人数极多的集会被召集了起来，高台也搭建好了。

XIII. 1 接着，该由谁来当努莫利安最合法的复仇者，以及谁该作为贤明的元首接过国家，当这些问题被提出之后，所有人都在神明的一致赞同下（据说许多征兆已经显现了出来表明他会取得大权）把戴克里先称为了奥古斯都。[戴克里先]声名显赫，而且既聪明又热爱国家、热爱自己的人。当时他正统领着私家亲兵，已准备好去面对一切形势所需。他总是心怀长远之计，虽然如此，可有时仍显冒失，不过睿智和万般的坚定令他躁动的心跳得以舒缓下来。2 那时，他登上高台并被称为了奥古斯都，而在被问到努莫利安是怎么被杀死的情况下，他拔剑指向了近卫军长官阿贝尔，一边向他击去，一边用自己的话说道："此人即杀害努莫利安的谋划者。"就这样，活在龌龊之中而又满腹阴谋诡计的阿贝尔以其应得的方式丢了性命。3 我的祖父曾提到过，戴克里先亲手杀死阿贝尔时他就在集会的人群中。他还常说，戴克里先击杀阿贝尔时曾说过："阿贝尔，自豪去吧，'你殒命于伟大的埃涅阿斯的右手。'②"4 虽然我清楚得很，许多当兵之人都会引用希腊或拉丁喜剧作家或优秀诗人说过的话，可我还是对这位武夫感到吃惊。5 实际上，喜剧作家他们经常按这种

---

① 古罗马时代的肩舆指一种前后都有人肩抬的宽大的轿子，车厢上一般都有床榻以供车主依躺在上面。

② 请见《埃涅阿斯记》，X，830。——英译者注

方式引出士兵的，即让他们用一些古老的说辞——譬如李维·安德罗尼库斯 [1] 所讲的："你就是只野兔，还要寻觅肉食吗？"其他还有许多是引自普劳图斯或契奇利乌斯 [2] 的。

XIV. 1 有一件与奥古斯都戴克里先有关并被其当作执掌大权征兆的故事，我不认为在此放上这件适合出现在这里的故事是大惊小怪或不够实在之举，而这则故事是我的祖父从戴克里先本人那里听到后再讲给我听的。**2** [祖父] 说道："当时尚担任军中微职的戴克里先正待在高卢的通古里人 [3] 土地上的一座客栈里，每天都与某位德鲁伊妇人讨论所想所思，一次那位妇人说道：'戴克里先啊，你太过贪婪、太过吝啬了。'据称，那时戴克里先以开玩笑的而非严肃的口吻答复道：'要是我当上皇帝的话，到时我会是个慷慨之人。'**3** 在道出上述话之后，据称这位德鲁伊妇人说道：'戴克里先啊，不要说笑了，因为你会在杀了头野猪 [4] 之后再当上皇帝。'"

XV. 1 据马克西米安及我祖父所知（因为德鲁伊妇人说出的话是由戴克里先亲口讲给我祖父的），戴克里先心里始终都存有执掌大权的欲望。最终，如他习惯的那样，他大笑了起来并缄默不语。**2** 虽然如此，可只要一有机会，他都会在狩猎时亲手杀死野猪。**3** 实际上，当奥勒利安取得大权之后，以及普罗布斯、塔西佗、卡路斯本人取得大权之后，戴克里先都曾说过："我一直在杀野猪，而他人却在享用烹肉。"**4** 这件事在平民大众之间广为人知：当他杀了近卫军长官阿贝尔之后，据称他说道："我终于杀了命中注定的那头野猪

---

[1] 古罗马早期的戏剧作家、诗人，公元前 240 年他第一部戏剧作品的问世标志了罗马真正的舞台戏剧演出的开始。

[2] 指的应该是斯塔奇乌斯·契奇利乌斯（Statius Caecilius），公元前二世纪早期的古罗马喜剧作家、诗人。

[3] 关于该民族请参见《埃尔维乌斯·佩蒂纳克斯传》，XI，9 及注脚。

[4] 拉丁语"野猪"、"公猪"一词与阿贝尔之名一致。

[阿贝尔]。" **5** 我的祖父也时常说道，戴克里先亲口说过，他之所以亲手做出挥杀，除了为实现德鲁伊妇人所说的话并确保自己执掌大权之外，别无其他原因了。**6** 因为假使不是不可违抗［的天命］牵引着他做出这般残忍的屠杀的话，他本不希望自己犯下如此残暴的罪行，尤其是在当政的头几天里。**7** 卡路斯的事迹已讲了，努莫利安的事迹也已讲了，鄙人尚余卡里努斯未述。

XVI. 1 卡里努斯是一切人中最肮脏龌龊的，他淫荡无道并时常让年轻人陷入腐败堕落之中（把奥奈西姆斯所写的给讲述出来，这是件羞耻之事），他本人还滥用自己的性欲之欢。**2** 他父亲把此人留了下来，还把高卢诸行省、意大利、伊利里亚、西班牙诸行省、不列颠诸行省、阿非利加授给了他，由他以恺撒之名执掌那些地区的统治大权，但依律令却可行属于奥古斯都的一切职事。他以非同寻常的罪行及巨大的耻辱玷污了自己。**3** 他把所有优秀至极的朋友都摒弃了，继而把所有卑鄙至极的给拣择了出来或保留了下来。他让自己的一位守门人担任罗马市长，比之更卑劣的行径还不曾有谁想过、说过。**4** 他杀死了在任的近卫军长官，**5** 并让自己的一个书记员、上了年纪的代理人玛特罗尼安努斯取代了他的职位，因为［卡里努斯］总把后者当作纵欲淫乱的帮手和同伙。**6** 他有违父亲之意以执政官的身份抛头露面，还以傲慢的态度给元老院发去信件。他把元老院的财产许给了罗马城的平头百姓，就好像许给了罗马人民一样 ①。**7** 通过迎娶和休弃，他曾娶过九位妻子，许多还是在怀孕时遭到离弃的。他令皇宫充斥着各种仿剧演员、妓女、歌手，和妓院老板。**8** 他对签署文件感到如此厌恶，以至于把签署文件的工作交

---

① 此句"平头百姓"一词的拉丁语为"vulgus"，本意是社会身份或等级不确定的人群，后来往往表示社会底层的贫苦大众；而罗马人民（populus Romanus）一词则是享有罗马公民权的人。

给了某位中午总和他在一起说笑话的奸邪之徒，还经常因对方把自己的笔迹模仿得很像而辱骂他。

XVII. 1 卡里努斯的鞋子上饰有宝石，他只用饰有宝石的扣环，还时常佩戴饰有宝石的腰带。在伊利里亚许多人的确都管他叫王。**2** 他从未主动见过长官、见过执政官。他把绝大部分的荣誉都颁给了奸邪之人，还总是叫他们前来赴宴。**3** 他时常在自己的宴会上一次就摆出一百磅鸟、一百磅鱼、一千磅各类肉。他大肆挥霍酒水。他在苹果和其他水果中间游泳，他用梅迪奥朗诺的玫瑰撒在了餐厅和卧室里。**4** 他享用的浴室是那么的冷，以至于和地下室的温度相当。他总是用雪给冷水浴室降温。**5** 从前他在冬天时来到某处冒出冷暖适宜的泉水的地方（它在整个冬季就自然而然地保持这种水温），并在那池子里享用［沐浴］，在那种情况下据称他曾对侍奉沐浴的侍从说道："你们为我备好了女人般的水。"据称，这一句成了他最出名的话。**6** 他的父亲闻听他所做的上述事情之后便大呼道："他不是我的［孩子］。"最终，他决定用后来被任命为恺撒而当时正担任着达尔玛提亚都统之职的君士坦提乌斯来接替他的位置，因为当时似乎没有更优秀的人选了，甚至正如奥奈西姆斯所说，他真的打算要处死那位［卡里努斯］。**7** 如若我想再多讲一些和他的奢靡相关的事迹，那是件冗长之事。无论谁若是希望了解详情的话，就去读弗尔维乌斯·阿斯普里安努斯［的著作］吧，后者讲述了其全部的事迹以致到了令人厌倦的地步。

XVIII. 1 当这位卡里努斯获悉父亲死于闪电，弟弟被其岳父杀害，戴克里先被冠上了奥古斯都之尊后，便犯下了更大的罪恶行径，就好像自家人的过世已让他摆脱家族责任的约束而获得了自由一样。**2** 虽然如此，可他并非没有争夺最高大权的心意。因为他与戴克里先进行过多场战役，不过最终却在玛尔古斯①附近展开的战斗中兵

---

① 今塞尔维亚北部的波扎雷瓦茨（Požarevac）。

败身亡。**3** 卡路斯、努莫利安，及卡里努斯三位元首就此终结了。
他们之后众神就把元首戴克里先和马克西米安以及与他们联合在一
起的伟大之人伽勒利乌斯和君士坦提乌斯（两者中的一个生来就抹
除了因瓦勒良被俘而得到的耻辱，另一个则在高卢诸行省恢复了罗
马人的法律①）给了大家。**4** 世界的这四位元首的确勇敢、智慧、友
善，且十足地慷慨大度，他们齐心协力对待国家之事，他们万分敬重
罗马的元老院，他们行事有度、友爱人民、受人敬仰、正经严肃、虔
诚敬信，这么优秀的元首是我们一直都在祈求的。**5** 戴克里先的御用
秘书克劳狄乌斯·尤斯特尼乌斯以一人一卷的方式分别写下了他们的
生平——我提到了这件事，为的是以免有谁对我［的书］提出太高的
要求，尤其是在讲述在世元首的生平不免会引起责备的场合下。

XIX. 1 卡路斯、卡里努斯、努莫利安统治时期有过这么一件特
别值得注意的事，即他们给罗马人民奉上了场面新奇的庆典赛会，
我们现今仍可在皇宫内的畜栏柱廊附近看到绘出的赛会景象。**2** 比
如有穿着舞蹈靴像在踏风而行的走钢丝者，有爬上墙壁以逃避熊
［的袭击］的攀岩者，有表演模仿戏的熊，同样还有一百名同时吹出
一声号响的吹号手，一百名吹角手，一百名吹排箫手，以及一百名
吹笛手，一千名戴面具的仿剧演员和体操运动员，除此之外还有一
座活动平台，可它却着了火而把舞台给焚毁了，虽然戴克里先后来
又以更宏伟的规模进行了重建。除此之外，仿剧演员也被从各地召
集了过来。**3** 乐趣胜过任何事物的萨尔玛提亚庆典②也被呈献了出来，

---

① 前者指的是伽勒利乌斯讨伐波斯，后者指的是君士坦提乌斯经营高卢。
② 也许是为了卡路斯战胜萨尔玛提亚人（请见本卷 VIII，1；本卷 IX，4）
　 而举行的庆祝，但作者似乎想要说的是复数词"萨尔玛提亚庆典赛会"（而
　 非此处的单数），根据公元 354 年的《菲罗卡鲁斯年历》该庆典赛会通常在
　 十一月二十五日至十二月一日间举行，显然是为了纪念君士坦丁一世或君
　 士坦提乌斯二世的胜利。——英译者注

还有扮演独眼巨人的演出。他们把金子银子赠给了希腊的艺术家、体操运动员、演员、乐师，还赏赐了丝织的衣服。

XX. 1 虽然所有这些在人民中间博得了一定的好感，可在贤明元首那儿却不算什么至关重要之事。**2** 事实上，当戴克里先手下的某位金库度支官向他赞美起卡路斯所展现出的场面时讲道，那几位元首因为戏剧演出和竞技赛会之故而博得了许多益处，据称，那时戴克里先最后说了这样的话，他说："于是，卡路斯在其当政时得到了一片笑声。"**3** 最终，当戴克里先召来了所有民族并呈献上庆典赛会的时候，他没有大操大办而是极其节俭，因为他说道，鉴于有监察官盯着，庆典赛会应当办得更朴实无华一些。**4** 尤尼乌斯·梅萨拉应该读读这段内容，我敢于直言不讳地指出其错误。因为他把自己的遗产送给了演员，而拒不传给继承人：他把母亲的束腰上衣送给了女仿剧演员，把父亲的短披风送给了男仿剧演员，假如祖母有金色和紫色的裹袍的话，无疑悲剧演员就会用来做戏袍。**5** 梅萨拉妻子的族名至今仍绣在一位吹排箫手的亮紫色①裹袍上，后者把它当成了从贵族那儿得来的战利品而欣喜若狂。现在，还要我说来自埃及的亚麻织物吗？还要我说来自以刺绣精美而闻名的提尔和西顿②的素丽、清澈的鲜紫色织物吗？**6**〔那些演员们〕还获赠了从阿特列巴特人处得来的毛披肩③以及卡努西翁的、阿非利加的毛披肩，这些美物此前在舞台上还不曾被目睹过。

XXI. 1 我之所以把上述所有这些写成文字，那是因为未来的赛会呈献者会心生耻辱，而不会摒弃他们的合法继承人，把遗产颁给仿剧演员和滑稽小丑。**2** 我的朋友啊，快收下这份礼物吧。如我常

---

① 此处原文为"tyrianthinus"，乃希腊语"τυριάνθινος"。本意是"提尔的紫色染料"，其色谱介于紫红色和蓝紫色之间。

② 这两座城市都位于今黎巴嫩南部，濒临地中海。

③ 关于这种服饰，请参见《两伽利埃努斯合传》，VI，6。——英译者注

说的，我将它公诸天下，这并非出于辞藻华丽而是出于对知识的渴
求，特别是在于假如有哪个能言善辩之人希望把元首的所作所为公
布出来，他就不会缺少材料，并愿把我的小书当作其口才的帮手。
3 我恳请您能心满意足，也恳请您就鄙人曾力图尽己所能把它写得
更好而做出声明。

专有名词译名对照表

（按专有名词在书中首次出现的先后顺序排列，标注为首次出现的章句号）

哈德良传

Caesar XXIII.11

阿里乌斯·安东尼努斯（·庇乌斯） Arrius Antoninus（Pius）XXIV.1

安尼乌斯·维鲁斯 Annius Verus XXIV.1

马可·安东尼努斯 Marcus Antoninus XXIV.1

普泰奥利 Puteoli XXV.7

西塞罗庄园 villa Ciceroniana XXV.7

吕西翁 Lyceum XXVI.5

阿卡德米亚 Academia XXVI.5

普律塔尼昂 Prytaneum XXVI.5

坎诺帕斯 Canopus XXVI.5

贝奇勒 Poecile XXVI.5

潭蓓谷 Tempe XXVI.5

紫边托袈袍（toga）praetexta XXVI.6

祭司团 sodales XXVII.3

埃利乌斯传

戴克里先 Dioclectianus.Praefactio

马克西米安 Maximianus II.2

君士坦提乌斯 Constantius II.2

卢西乌斯·奥勒利乌斯·维鲁斯 Lucius Aurelius Verus II.6

埃利乌斯家族 Aeliorum familia II.6

契尤尼乌斯·康茂德［Lucius］Ceionius Commodus II，7

卢西乌斯·奥勒利乌斯·契尤尼乌斯·康茂德·维鲁斯·安东尼努斯 Lucius Aurelius Ceionius Commodus Verus Antoninus II.9

阿庇西乌斯·奇利乌斯 Apicius Caelius

V.9

奥维德 Ovidius V.9

《恋歌》Libri Amorum V.9

马尔提阿利斯 Martialis V.9

丘比特 Cupido V.10

博莱阿斯 Boreas V.10

诺图斯 Notus V.10

阿奎隆 Aquilon V.10

契奇乌斯 Circius V.10

安东尼努斯·维鲁斯 Antoninus Verus V.12

执政官年表 fasti consulares V.13

尤利乌斯 Iulius VII.5

安东尼努斯·庇乌斯传

提图斯·奥勒利乌斯·福维斯·波约尼乌斯·安东尼努斯·庇乌斯 Titus

Aurelius Fulvus Boionius Antoninus Pius I.1

安条克城 Antiochense oppidum IX.2

帕库鲁斯 Pacorus IX.6

当拉齐人 Lazi IX.6

阿伯伽鲁斯 Abgarus IX.6

莱蒙塔奇斯 Rhoemetalces IX.8

特派专员 Curator IX.8

博斯普鲁斯王国 regnum Bosphoranum IX.8

奥尔比奥波利斯 Olbiopolis IX.9

陶罗斯基泰人 Tauroscythae IX.9

卡尔基斯 Chalcis IX.4

阿波罗尼乌斯 Apollonius IX.4

提比里安纳屋 Tiberiana domus IX.4

帕拉丁山（宫殿）Palatium IX.4

克罗柯塔兽 Corocotta X.9

（瓦勒利乌斯·）奥慕鲁斯（Valerius）Homullus XI.8

温迪乌斯·维鲁斯 Vindius Verus XII.1

萨尔维乌斯·瓦伦斯 Salvius Valens XII.1

（卢西乌斯·）沃卢西乌斯·梅契阿努斯（Lucius）Volusius Maecianus XII.1

乌尔皮乌斯·马尔契洛 Ulpius Marcellus XII.1

迪亚波莱努斯 Diabolenus XII.1

命运女神 Fortuna XII.5

哲学家马可·安东尼努斯传

安尼乌斯·李波 Annius Libo I.3

伽勒利亚·福斯丁娜·奥古斯塔 Galeria Faustina Augusta I.3

图密提娅·卢西拉 Domitia Lucilla I.3

卡尔维西乌斯·图卢斯 Calvisius Tullus I.3

苏库比塔城 Succubitanum municipium I.4

鲁庇利娅·福斯丁娜 Rupilia Faustina I.4

鲁庇利乌斯·波努斯 Rupilius Bonus I.4

奥古尔 Augur I.5

西里欧山 mons Caelius I.5

萨连汀人之王 rex Sallentinus I.6

玛伦尼乌斯 Malemnius I.6

卢庇埃 Lupiae I.6

拉特兰努斯家产 aedes Laterani I.7

安尼娅·科尔尼菲奇娅 Annia Cornificia I.8

安尼娅·福斯丁娜［女］Annia Faustina I.8

安尼乌斯·维里西姆斯 Annius Verissimus I.10

尤弗里昂 Euforion II.2

杰米努斯 Geminus II.2

安德罗 Andron II.2

柯奇埃翁的亚历山大 Alexander Cotiaensi II.3

特罗西乌斯·阿贝尔 Trosius Aper II.3

市民桂冠 corona civica XII.8

日耳曼尼库斯 Germanicus XII.9

与马科马尼人的战争（bellum）Marcomannicum XII.13

神宴 lectisternia XIII.2

维克图阿利人 Victuali XIV.1

马科马尼人 Marcomanni XIV.1

阿奎莱亚 Aquileia XIV.2

夸迪人 Quadi XIV.3

杰米纳斯 Geminas XV.2

阿格克利图斯 Agaclytus XV.2

安东尼努斯祭司团 Antoniniani sodales XV.4

珀西迪普斯 Posidippus XV.6

卡西乌斯 Cassius XV.6

汪达尔人 Vandali XVII.3

康茂德·安东尼努斯 Commodus Antoninus XIX.1

迦勒底人 Chaldaei XIX.3

盖耶塔 Caieta XIX.7

克劳狄乌斯·庞培安努斯［父］Claudius Pompeianus XX.6

博克利希人 Bucolici XXI.2

阿维迪乌斯·卡西乌斯 Avidius Cassius XXI.2

普莱奈斯特 Praeneste XXI.3

达尔玛提亚 Dalmatia XXI.7

瓦里斯塔人 Varistae XXII.1

厄尔门杜累人 Hermunduri XXII.1

苏维汇人 Suevi［或 Suebi］XXII.1

拉克林杰人 Lacringes XXII.1

布雷人 Burei XXII.1

维克图阿利人 Victuali XXII.1

奥西人 Osi XXII.1

贝西人 Bessi XXII.1

柯博特斯人 Cobotes XXII.1

巴斯塔奈人 Bastarnae XXII.1

陪乌契尼人 Peucini XXII.1

柯斯托波奇人 Costoboci XXII.1

塞夸尼人 Sequani XXII.10

卢西塔尼亚 Lusitania XXII.11

塞拉匹斯 Serapis XXIII.8

佩鲁西亚祭祀仪式 vulgaritas Pelusiasca XXIII.8

马科马尼亚 Marcomannia XXIV.5

萨尔玛提亚 Sarmatia XXIV.5

梅契阿努斯 Maecianus XXV.4

赛若斯 Cyrrhus XXV.12

亚历山大里亚人 Alexandrini XXVI.3

陶鲁斯山 mons Taurus XXVI.4

阿拉拉 Halala XXVI.4

埃利奥伽巴鲁斯 Heliogabalus XXVI.9

埃利奥多鲁斯 Heliodorus XXVI.11

亚历山大里娅 Alexandria XXVI.12

德隆卡尼乌斯 Druncanius XXVI.12

拉维尼翁 Lavinium XXVII.4

布鲁提乌斯·普莱森斯 Bruttius Praesens XXVII.8

卡里古拉 Caligula XXVIII.10

特图卢斯 Tertullus XXIX.1

图提留斯 Tutilius XXIX.1

奥菲图斯 Orfitus XXIX.1

莫德拉图斯 Moderatus XXIX.1

法比娅 Fabia XXIX.10

维鲁斯传

阿维迪乌斯·卡西乌斯传

Parthenianus V.1

契松尼乌斯·维克提利安努斯 Caesonius Vectilianus V.5

奥托 Otho VIII.4

伽尔巴 Galba VIII.5

德鲁埃奇安努斯 Druencianus IX.3

阿尔巴农 Albanum IX.8

契尔苏斯 Celsus X.1

法迪拉［马可之女］Fadilla X.6

弗米亚庄园 Formianum X.6

弗米亚 Formia X.7

索特里达斯 Soteridas X.8

皮西特乌斯 Pisitheus X.8

卡尔普尼乌斯 Calpurnius X.9

契奇利乌斯 Caecilius X.9

卢西乌斯·卡西乌斯 Lucius Cassius XIV.4

康茂德·安东尼努斯传

安东尼努斯［康茂德之孪生兄弟］ Antoninus I.1

拉努维乌姆 Lanuvium.I.2

奥奈西克拉特斯 Onesicrates I.6

卡培拉·安提斯奇乌斯 Capella Antistius I.6

阿特尤斯·桑克图斯 Ateius Sanctus I.6

百窖 Centumcellae.I.9

图拉真礼堂 basilica Traiani II.1

罗慕路斯 Romulus II.2

波利奥［执政官］Pollio II.4

阿贝尔［执政官］Aper II.4

萨尔维乌斯·尤利安［Publius］ Salvius Iulianus III.2

萨奥特鲁斯 Saoterus III.6

夸得拉图斯［子］Quadratus IV.1

塔鲁特尼乌斯·帕特努斯 Tarrutenius Paternus IV.1

克劳狄乌斯·庞培安努斯［子］

Claudius Pompeianus IV.2

诺巴娜 Norbana IV.4

诺巴努斯 Norbanus IV.4

帕拉利乌斯 Paralius IV.4

提吉迪乌斯（·佩勒尼斯）Tigidius （Perenis）IV.7

宽紫纹短袖袍 latus clavius IV.7

维特鲁维乌斯·塞库都斯 Vitruvius Secundus IV.8

昆提利乌斯家族 domus Quintiliorum IV.9

康迪亚努斯 Condianus IV.9

塞克斯图 Sextus［Condianus］IV.9

维特拉西娅·福斯丁娜 Vitrasia Faustina IV.10

维利乌斯·卢弗斯 Velius Rufus IV.10

因尼亚奇乌斯·卡庇托 Egnatius Capito IV.10

埃米利乌斯·尤恩库斯 Aemilius

马克西姆斯［执政官］Maximus XI.14

奥菲图斯［执政官］［Ser. Calpurnius Scipio］Orfitus XI.14

皮索 Piso XII.1

尤利安［执政官］Iulianus XII.1

奥菲图斯［执政官］［Ser. Cornelius Scipio Salvidienus］Orfitus XII.6

持网斗士 retiarius XII.11

角斗士桂冠 palma gladiatoria XII.11

罗马邸报 acta urbis XV.4

康茂德亚努斯之民 Commodianus populus XV.5

（昆图斯·埃米利乌斯·）莱图斯（Quintus Aemilius）Laetus XV.7

剑盾斗士 secutor XV.8

维克提利安奈屋 Vectilianae aedes XVI.3

双生雅努斯 Ianus geminus XVI.4

米努西亚柱廊 Minucia XVI.5

利比提娜门 Porta Libitinensis XVI.7

佩蒂纳克斯 Pertinax XVII.4

康茂德亚纳赫拉克勒斯［舰队］Commodiana Herculea XVII.8

康茂德亚纳亚历山大里亚 Alexandria Commodiana XVII.8

塞普提米乌斯·塞维鲁 Septimius Severus XVII.11

赫拉克勒斯·康茂德亚努斯 Herculaneus Commodianus XVII.11

斯佩拉图斯 Speratus XVIII.10

李维·劳伦希斯 Livius Laurensis XX.1

费边·奇洛 Fabius Cilo XX.1

辛奇乌斯·塞维鲁 Cincius Severus XX.3

埃尔维乌斯·佩蒂纳克斯传

普布利库斯·埃尔维乌斯·佩蒂纳克斯 Publicus Helvius Pertinax I.1

埃尔维乌斯·苏克奇苏斯 Helvius Successus I.1

亚平宁山区 Appenninus I.2

苏尔庇奇乌斯·阿波利纳里乌斯 Sulpicius Apollinarius I.4

洛利安努斯·阿维都斯 Lollianus Avitus I.5

埃米利亚大道 via Aemilia II.2

诺里库姆 Noricum II.6

利古里亚 Liguria III.3

天神庙 templum Caelestis IV.2

和谐神庙 templum Concordiae IV.9

法尔库 Falco V.2

弗拉维娅·提奇亚娜 Flavia Titiana V.4

特里亚里乌斯·马特努斯·拉希维乌斯 Triarius Maternus Lascivius VI.3

洛利安努斯·杰奇安努斯 Lollianus Gentianus VII.7

迪丢斯·尤利安传

塞维鲁传

Egnatuleius Honoratus XIII.5

小佩特罗尼乌斯 Petronius Iunior XIII.6

费斯图斯〔Pescennius〕Festus XIII.6

维拉奇亚努斯〔Pescennius〕Veratianus XIII.6

奥勒利安〔Pescennius〕Aurelianus XIII.6

玛特里安努斯〔Pescennius〕Materianus XIII.6

尤利安〔Pescennius〕Iulianus XIII.6

阿尔比努斯〔Pescennius〕Albinus XIII.6

马克利努斯〔Cerellius〕Macrinus XIII.6

弗斯丁尼安努斯〔Cerellius〕Faustinianus XIII.6

尤利安〔Cerellius〕Iulianus XIII.6

艾伦尼乌斯·奈波斯 Herennius Nepos XIII.7

苏尔庇西安努斯·卡努斯 Sulpicius Canus XIII.7

诺维乌斯·卢弗斯 Novius Rufus XIII.7

克劳狄乌斯·阿拉比亚努斯 Claudius Arabianus XIII.7

马尔西乌斯·阿塞利奥 Marcius Asellio XIII.7

纳奇苏斯 Narcissus XIV.1

巴勒斯坦人 Palaestini XIV.6

泰西封 Ctesiphon XVI.1

孟菲斯 Memphis XVII.4

门农巨像 Memnon XVII.4

大迷宫 labyrinthus XVII.4

阿伯伽鲁斯〔波斯人之王〕Abgarus XVIII.1

埃伯拉库姆 Eboracum XIX.1

七曜宫 Septizonium XIX.5

塞维里安浴池 thermae severianae XIX.5

埃利乌斯·毛鲁斯 Aelius Maurus XX.1

卡米勒斯 Camillus XXI.1

德摩斯梯尼 Demosthenes XXI.2

克里斯普斯〔Sallustius〕Crispus XXI.2

泰伦提乌斯 Terentius XXI.2

普劳图斯 Plautus XXI.2

图利乌斯〔Marcus〕Tullius〔Cicero〕XXI.2

帕皮尼安努斯〔Aemilianus〕Papinianus XXI.8

米奇普撒 Micipsa XXI.10

塞维鲁柱廊 Severi porticus XXI.12

卢古瓦伦 Luguvallum XXII.4

（塞维鲁·）亚历山大（Severus）Alexander.XXIV.5

佩希尼乌斯·尼杰尔传

安尼乌斯·福斯库斯 Annius Fuscus I.3

朗普里狄娅 Lampridia I.3

克洛狄乌斯·阿尔比努斯传

《农事诗》Georgica XI.7

《米利都故事集》Milesiae XI.8

鲁格杜努姆 Lugdunum XII.3

斯塔提利乌斯·科尔弗伦努斯
　　Statilius Corfulenus XII.11

老妇之谈 neniae aniles XII.12

《布匿人的米利都故事集》Milesiae
　　Punicae XII.12

尤尼乌斯·塞维鲁 Iunius Severus
　　XIV.1

安东尼努斯·卡拉卡卢斯传

阿尔巴 Alba II.7

莱图斯［Maecius］Laetus III.4

庞培安努斯［Tiberius Claudius］
　　Pompeianus III.8

帕特鲁伊努斯 Patruinus IV.2

萨莫尼库斯·塞伦努斯 Sammonicus
　　Serenus IV.4

接任执政官 suffectus consul V.5

埃尔维乌斯·佩蒂纳克斯［子］
　　Helvius Pertinax V.5

日耳曼努斯 Germanus V.6

卢卡尼亚人 Lucanus V.6

卢卡尼库斯 Lucanicus V.6

托勒密·攸埃吉特斯 Ptolomaeus
　　Euergetes VI.3

卡度斯人 Cadusii VI.4

埃德萨 Edessa VI.6

卡雷 Carrhae VI.6

［闪米特人的］男月神 Luni deus VI.6

西贝拉女神庆典 Megalenses［ludi］
　　VI.6

马克利努斯［Marcus Opilius］Macrinus
　　VI.6

奈梅希安努斯 Nemesianus VI.6

阿波利纳里斯 Apollinaris VI.6

特里克奇亚努斯 Triccianus VI.6

第二帕提亚人军团 legio secunda
　　Parthica VI.6

编外骑兵 equites extra ordinariis VI.6

马尔西乌斯·阿格里帕 Marcius
　　Agrippa VI.6

马尔提阿利斯［Iulius］Martialis VI.6

迪亚多姆努斯 Diadumenus VIII.10

马可·安东尼努斯·埃利奥伽巴鲁斯
　　Marcus Antoninus Heliogabalus IX.2

王座宫 cella soliaris IX.4

阿勒曼尼库斯 Alamannicus X.6

阿勒曼尼人 Alamanni X.6

杰提库斯·马克西姆斯 Geticus
　　Maximus X.6

安东尼努斯·杰塔传

奥庇利乌斯·马克利努斯传

迪亚多姆努斯·安东尼努斯传

洛利乌斯·乌尔比库斯 Lollius Urbicus IX.2

《当代史》historia sui temporis IX.2

安东尼努斯·埃利奥伽巴鲁斯传

奥尔库斯神庙 aedes Orci I.6

君士坦乌斯 Constantius II.4

克劳狄乌斯 Claudius II.4

西贝拉女神 Mater［Magna］III.4

维斯塔女神 Vesta III.4

雅典娜神像 Palladium III.4

撒马利亚人 Samaritani III.5

奎利那雷山 collis Quirinalis IV.3

附属元老院 senaculum IV.3

妇女集会 conventus matronalis IV.3

尼科米底亚 Nicomedia V.1

帕里斯［神话人物］Paris V.4

普罗托杰尼斯 Protogenes VI.3

科尔迪乌斯 Cordius VI.3

耶罗克勒斯 Hierocles VI.5

花神祭 Floralia sacra VI.5

维斯塔最高贞女 virgo maxima VI.8

陶洛伯利祭祀的信奉者 tauroboliatus VII.1

萨兰波女神 Salambo VII.3

俄瑞斯忒斯 Orestes VII.6

劳狄西亚 Laodicea VII.6

赫布伦 Hebrum VII.7

俄瑞斯塔城 Oresta civitas VII.7

普劳奇亚努斯浴池 Plautiani Lavacrum VIII.6

佐提库斯 Zoticus X.2

玛盖洛斯 Magirus X.5

葡萄收获节 vindemia XI.2

值夜长官 praefectus vigilum XII.1

克劳狄乌斯［理发师］Claudius XII.1

调粮官 praefectus annonae XII.1

古愿园 horti Spei veteris XIII.5

安条克亚努斯 Antiochianus XIV.8

阿里斯托马库斯 Aristomachus XIV.8

米里斯姆斯 Mirissimus XV.2

萨宾努斯 Sabinus XVI.2

希尔维努斯 Silvinus XVI.4

埃米利乌斯桥 pons Aemilius XVII.2

台伯河君 Tiberinus XVII.5

拖拽君 Tractatitius XVII.5

苏尔庇奇乌斯街区 vicus Sulpicius XVII.8

廷臣 Magister Officiorum XX.2

［罗马］城区 urbis region XX.3

阿帕美亚的葡萄 uvae Apamenae XXI.2

环绕竞技场的沟渠 euripi XXIII.1

玛尔西卡部族 Marsica gens XXIII.2

自然园 vivarium XXIV.4

伊克西翁 Ixion XXIV.5

蛇纹石 Saxa Lacedaemonia XXIV.6

亚历山大·塞维鲁传

两马克西米努斯合传

尤尼乌斯·西拉努斯 Iunius Silanus XVI.1

卡佩利安努斯 Capelianus XIX.1

马克西姆斯［皇帝］Maximus XX.1

巴尔比努斯 Balbinus XX.1

加利卡努斯 Gallicanus XX.6

梅切纳斯 Maecenas XX.6

埃莫纳 Emona XXI.1

梅诺菲卢斯 Menophilus XXI.6

克里斯皮努斯 Crispinus XXI.6

贝勒努斯神 Deus Belenus XXII.1

阿尔巴尼山 Albanus mons XXIII.6

普比恩 Puppienus XXIV.5

大祭 hecatombe XXIV.7

库斯庇狄乌斯·契勒里努斯 Cuspidius Celerinus XXVI.5

法比卢斯 Fabillus XXVII.3

菲勒门 Philemon XXVII.5

莫德斯提努斯 Modestinus XXVII.5

老提奇安努斯 Tatianus Senior XXVII.5

提奇安努斯 Tatianus XXVII.5

尤伽米乌斯 Eugamius XXVII.5

尤尼娅·法迪拉 Iunia Fadilla XXVII.6

托克索奇乌斯 Toxotius XXVII.6

阿尔西亚 Arcia XXVIII.8

亚历山大·奥勒利乌斯 Alexander Aurelius XXIX.1

提奥克利娅 Theoclia XXIX.1

梅萨拉 Messalla XXIX.4

诸托勒密 Ptolomaei XXIX.8

阿基美亚 Archimea XXXI.3

埃利乌斯·萨宾努斯 Aelius Sabinus XXXII.1

阿奎莱亚人 Aquileienses XXXIII.1

光头的维纳斯 Venus Calva XXXIII.2

阿里安 Arrianus XXXIII.3

三戈尔狄安合传

梅奇乌斯·玛鲁卢斯 Maecius Marullus II.2

乌尔庇娅·戈尔狄安娜 Ulpia Gordiana II.2

格拉古家族 Gracchorum genus II.2

庞培屋 Pompeiana domus II.3

阿拉图斯 Aratus III.2

诸阿尔基奥纳 Alcyonae III.2

乌克索里乌斯 Uxorius III.2

尼鲁斯 Nilus III.2

斯塔奇乌斯［Publius Papinius］Statius III.3

《阿基里斯纪》Achilleid III.3

《亚历山大纪》Alexandrid III.3

《安东尼努斯纪》Antoniniad III.3

格涅乌斯·庞培 Gnaeus Pompeius III.6

鸟喙屋 domus rostrata III.6

梅奇娅·福斯丁娜 Maecia Faustina IV.3

尤尼乌斯·巴尔布斯 Iunius Balbus IV.3

弗拉米尼亚 Flaminia IV.6

马克西姆斯与巴尔比努斯合传

II.1

皮纳里乌斯·瓦伦斯 Pinarius Valens IV.4

瓦勒利乌斯·马契林努斯 Valerius Marcellinus IV.5

库里乌斯·福图纳奇亚努斯 Curius Fortunatianus IV.5

普莱斯特斯朱庇特 Iuppiter Praestes V.3

巴尔布斯·科尔涅利乌斯·提奥法尼 斯 Balbus Cornelius Theophanes

VII.3

奈梅希斯 Nemesis VIII.6

加里奈 Carinae XVI.1

卡皮人 Carpi XVI.3

伊斯特里亚 Histria XVI.3

伊斯特里卡城 Histrica civitas XVI.3

克劳狄乌斯·尤利安 Claudius Iulianus XVII.2

契尔苏斯·埃利安努斯 Celsus Aelianus XVII.2

两瓦勒良合传

米特里达梯 Mithridates I.5

维勒努斯 Velenus II.1

阿塔瓦斯德斯 Artavasdes III.1

帕尔米拉人欧达纳图斯 Odaenathus Palmyrenus IV.2

巴利斯塔 Ballista IV.4

德西乌斯 Decius V.1

当届执政官 consules ordinarii VI.6

圣人之王 sacrorum rex VI.6

小瓦勒良 Valerianus minor VII.1

切勒斯提努斯 Caelestinus VIII.1

萨罗尼努斯 Saloninus VIII.5

两伽利埃努斯合传

沃鲁希安努斯 Volusianus I.2

马克里安努斯 Macrianus I.2

皮索 Piso II.2

瓦伦斯 Valens II.2

塞萨利亚 Thessalia II.2

塞萨利库斯 Thessalicus II.4

图密奇安努斯 Domitianus II.6

奎埃图斯 Quietus III.2

埃米萨人 Emiseni III.4

埃米利阿努斯 Aemilianus IV.1

提奥多图斯 Theodotus IV.2

（尤利乌斯·）珀斯图姆斯（Iulius） Postumus IV.3

阿斯塔库斯 Astacus IV.8

三十僭主合传

维克托利娅 Victoria V.3

维克托利努斯 Victorinus V.3

马略［僭主］Marius V.4

特提里库斯 Tetricus V.4

阿格里皮纳 Agrippina VI.3

维克托利努斯［子］Victorinus VI.3

尤利乌斯·阿特里亚努斯 Iulius Atherianus VI.5

玛姆里乌斯 Marmurius VIII.3

维图里乌斯 Veturius VIII.3

（努米乌斯·）图斯库斯（Marcus Nummius）Tuscus IX.1

巴苏斯［Nummius］Bassus IX.1

英杰努乌斯 Ingenuus IX.1

契勒尔·维里安努斯 Celer Verianus IX.5

德奇巴鲁斯 Decibalus X.8

波尼图斯 Bonitus X.11

契尔苏斯 Celsus X.11

斯科皮 Scupi X.11

军大衣 saga X.12

梅恩尼乌斯·阿斯替亚纳克斯 Maeonius Astyanax XII.3

［小］马克里安努斯 Macrianus XII.10

图密提拉 Domitilla XII.14

科尔涅利乌斯·马切尔 Cornelius Macer XIV.5

梅奥尼乌斯 Maeonius XV.5

科尔涅利乌斯·卡庇托利努斯 Cornelius Capitolinus XV.8

拉格尼乌斯·克拉鲁斯 Ragonius Clarus XVIII.5

老瓦伦斯 Valens Superior XX.1

阿勒利乌斯·福斯库斯 Arellius Fuscus XXI.3

亚历山大 Alexander XXII.7

亚历山德里努斯 Alexandrinus XXII.7

伽比尼乌斯 Gabinius XXII.11

艾伦尼乌斯·契尔苏斯 Herennius Celsus XXII.12

普洛库卢斯［语法学家］Proculus XXII.14

司法官 corrector XXIV.5

萨谟奈 Samnium XXIV.5

布鲁提乌姆 Bruttium XXIV.5

卡拉布里亚 Calabria XXIV.5

梅特林努姆伊西丝神庙 Iseum Metellinum XXV.4

特莱贝利安努斯 Trebellianus XXVI.2

卡姆西索雷乌斯 Camsisoleus XXVI.4

狄多 Dido XXVII.1

塞米勒米斯 Samiramis XXVII.1

克里奥帕特拉 Cleopatra XXVII.1

维比乌斯·帕西埃努斯 Vibius Passienus XXIX.1

利比亚边区 limes Libycus XXIX.1

费边·庞珀尼安努斯 Fabius Pomponianus XXIX.1

天界女神 dea Caelestis XXIX.1

伽利埃娜 Galliena XXIX.3

希伽人 Siccenses XXIX.4

提布尔 Tibur XXX.27

康卡 Concha XXX.27

特雷维里 Treviri XXXI.3

被奉为神的克劳狄乌斯传

带金色和紫色饰边的衣服 Paragaudes
　　XVII.6
帕提亚软鞋 zanchae Parthicae XVII.6
达达尼亚斗篷 chlamydis Dardanica
　　mantuelis XVII.6

伊利里亚斗篷 paenula Illyriciana
　　XVII.6
巴尔达奇外袍 bardocucullum XVII.7
萨拉布德方巾 orarium Sarabdenum
　　XVII.7

被奉为神的奥勒利安传

西贝拉女神祭 Hilaria I.1
尤尼乌斯·提比里安努斯 Iunius
　　Tiberianus I.1
忒尔西忒斯 Thersites I.5
西农 Sinon I.5
亚麻书卷 Libri Lintei I.7
乌尔庇亚图书馆 Ulpia bibliotheca I.7
乌尔庇安努斯 Ulpianus I.9
李维［历史学家］Livius II.1
科尔涅利乌斯·塔西佗［历史学家］
　　Cornelius Tacitus II.1
［庞培·］特罗古斯［Pompeius］
　　Trogus II.1
多瑙河畔达契亚 Dacia Ripensis III.1
斯塔基拉的亚里士多德 Aristoteles
　　Stragirites III.5
埃利亚的芝诺 Eleates Zenon III.5
斯基泰人阿纳喀尔西斯 Anacharsis
　　Scytha III.5
提尔的卡利克拉特斯 Callicrates
　　Tyrius IV.2
提奥克利乌斯 Theoclius VI.4
摩根提亚库姆 Mogontiacum VII.1

第六高卢人军团 Legio Sexta Gallicana
　　VII.1
安东尼努斯·伽鲁斯 Antoninus Gallus
　　VIII.2
契尤尼乌斯·阿尔比努斯 Ceionius
　　Albinus IX.1
诸科维努斯 Corvini IX.4
安东尼尼安大金币 aureus Antoninianus
　　IX.7
德纳里乌斯 denarius IX.7
乌尔皮乌斯·克里尼图斯 Ulpius
　　Crinitus X.2
伊图利伊图利弓箭手 Ituraei sagittarii
　　X.3
第三幸运者军团 legion tertia Felix
　　XI.4
哈里奥蒙杜斯 Hariomundus XI.4
哈尔达格特斯 Haldagates XI.4
希尔多蒙杜斯 Hildomundus XI.4
卡里奥维斯库斯 Carioviscus XI.4
埃利乌斯·克西菲狄乌斯 Aelius
　　Xiphidius XII.1
司礼官 Magister Admissionum XII.4

塔西佗传

普罗布斯传

萨瓦河 Savus XXI.2

（马可·奥勒利乌斯·）卡路斯（Marcus Aurelius）Carus XXII.3

汉尼拔利安努斯 Hannibalianus XXII.3

利奥尼德 Leonides XXII.3

切克洛皮乌斯［普罗布斯将领］Cecropius XXII.3

皮索尼安努斯 Pisonianus XXII.3

高迪奥苏斯 Gaudiosus XXII.3

乌尔西尼安努斯 Ursinianus XXII.3

维罗纳 Verona XXIV.1

贝纳库斯湖 Benacus XXIV.1

拉里乌斯湖 Larius XXIV.1

卡里努斯 Carinus XXIV.4

四僭主合传

努莫利安 Numerianus I.4

巴苏斯 Bassus II.1

马可·弗特尤斯 Marcus Fonteius II.1

鲁菲乌斯·契尔苏斯 Rufius Celsus II.1

契尤尼乌斯·尤利安 Ceionius Iulianus II.1

费边·索西安努斯 Fabius Sossianus II.1

阿尔科提乌斯·塞维鲁 Archontius Severus II.1

亚平宁山的神谕 Appenninis sortes II.4

特里塔努斯 Tritannus IV.2

布卜鲁斯 Burburus IV.4

奥勒利乌斯·菲斯提弗斯 Aurelius Festivus V.2

克洛狄乌斯［Publius］Clodius［Pulcher］VI.4

提图斯·安尼乌斯·米罗 Titus Annius Milo VI.4

托斯卡纳的 Tuscus VI.4

撒丁岛的 Sardus VI.4

女式外袍 cyclas uxoria IX.3

马可·萨尔维迪埃努斯 Marcus Salvidienus X.4

阿尔宾高尼 Albingauni XII.1

海岸阿尔卑斯山 Alpes Maritimae XII.1

萨姆索 Samso XII.3

维图里佳 Vituriga XII.3

埃莱尼安努斯 Herennianus XII.4

梅契阿努斯［普洛库卢斯亲人］Maecianus XII.7

奥奈西姆斯 Onesimus XIII.1

伽洛尼乌斯·阿维都斯 Gallonius Avitus XV.6

乌尼拉 Hunila XV.7

卡路斯、卡里努斯、努莫利安合传

译后记

　　《罗马君王传》(*Historia Augusta*) 是一本由三十篇罗马帝国中后期的皇帝传记组成的拉丁文著作，这些罗马君王不仅有经元老院正式确认的冠奥古斯都或恺撒称号的正统帝王，而且还包括了那些自立为王的或仅凭军队拥立就坐上王位的僭主。作者署名为生活在戴克里先至君士坦丁时代（公元三世纪末至四世纪中叶）的六位历史学家，因此也有学者根据这六位不同作者而称呼这本书为《皇史六家》(*Scriptores Historiae Augustae VI*)。

　　正如在一开始的版本说明里所说的，该书现存最早的抄本据信可追溯至公元九世纪的加洛林时代，即现存于梵蒂冈图书馆的题名为《自被奉为神的哈德良至努莫利安诸位元首及僭主之传记：出自诸位不同作家之手》[1] 的所谓帕拉丁抄本，后世传世各版本皆源自该抄本。现在通行的"罗马君王传"书名是根据 1603 年发表的伊萨克·卡萨波版命名的。

---

[1] 原名为：Vitae Diversorum Principum et Tyrannorum a Divo Hadriano usque ad Numerianum diversis compositae。参见 *The Roman Historians* by Ronald Mellor, Routledge, 1999, p.157。

本书所述帝王上起哈德良下至戴克里先之前的卡路斯父子三人，起止年代为公元 76 年至 284 年，所记帝王（不算《三十僭主合传》中所列的）共计三十八人。其中皇帝阿拉伯人腓力、德西乌斯、特里波尼安努斯·伽鲁斯、埃米利阿努斯等人，即公元 244 年至 253 年间在位的诸位帝王的传记缺失，两位瓦勒良的传记则缺少前半部分。传记的内容体例大体模仿苏埃托尼乌斯的《十二帝王传》，即开头追溯帝王父母祖辈，随后顺次讲述其出生、少年时光、参军服役、担任官职、登上皇位、执政政绩、死亡、体貌特征、传世建筑或作品。出自古罗马作家之手的这类帝王传记往往通篇侧重于人物秉性的刻画与描写，因而通常会在开头为传主的人物特征定下一个主基调，然后所选史料都会为表现上述特征而服务，与之无关的则会被作者舍弃。正如作者自己所言："鄙人为了避免书的内容过多过杂却没有办法也没有心意将所有这一切都纳入这卷书里，而是为了让大家理解其秉性和美德之故，会拣选出极少的一点内容。"[①]

在内容方面有两个地方需要读者注意。首先，作者声称："我的目的在于，要把所有从独裁官恺撒（就是那位被奉为神的尤利乌斯）之后的，或叫恺撒的、或叫奥古斯都的、或叫元首的人，连同那些受到过继而被尊为恺撒的人（不论他们成了帝王之子还是亲人），都以分卷成册的方式叙述出来。"[②] 由此可以推断出，作者的写作计划其实应当开始于尤利乌斯·恺撒（公元前 102 年—前 44 年）。即便考虑从恺撒到图密善（公元 51 年—96 年）之间的君主已有前人苏埃托尼乌斯的辉煌经典可资参考，这本书作为一本续写《十二帝王传》的作品，[③] 那也应当是从图密善之后的涅尔瓦皇帝（公元 35

① 参见《被奉为神的奥勒利安传》，XXII，4。
② 参见《埃利乌斯传》，VII，5。
③ 参见王焕生：《古罗马文学史》，中央编译出版社，2008 年，第 491 页。

年—98 年）开始写起。但为何现存的版本未见涅尔瓦的传记和图拉
真（公元 53 年—117 年）的传记，却是从他们之后继位的哈德良开
始的呢？由此更引申出另一个最根本的问题，他们为何要写这样一
部看起来有些"古怪"的作品。除去表面的因素，即把以往帝王的
贤明之举或丑恶行径记载下来之外，是否还有更深刻的原因呢？这
是本书的诸多待解谜团之一。

其次，不得不说的是，本书作者论文笔和修辞显然都无法与以
文风华丽细腻著称的苏埃托尼乌斯同时代（即所谓白银时代）的作
家媲美。在我读来，本书多篇传记从内容上来讲虽不乏令人眼前一
亮之处，但叙述风格总体上颇为平实，文风非常简朴洗练，个别史
实甚至还有自相矛盾之处。作者虽在多处地方都曾提到，其写作所
遵循的准则并非是华丽的辞藻，而是历史事实本身。比如："我现在
许诺不了文笔的流畅和言辞的优美，但却保证写下的是些不该被磨
灭的真实事迹。"① 又如："我认为保证真实性当高于其他一切，而不
去顾及任何涉及修辞之类的东西。"② 与其说作者在这里是表露了自
己忠于事实的心声，还不如说更像是自知文风平实而寻求托辞罢了。
此外，我们还了解到，作者似乎是通过"口述"③，然后再由其他执
笔人写作这些书的，这或许可以解释本书为何缺乏修辞。但无论其
写作风格是否华丽抑或平实，在提到罗马帝国中后期的历史时，几
乎不太有可能绕开这部著作。因为，但凡对罗马史有兴趣的人都清
楚，涉及公元二世纪后期到四世纪初期这段历史的第一手史料留存
于世的并不太多，而成系列地讲述那个时代帝王生平的传记作品可
以说更是凤毛麟角。以至于爱德华·吉本（Edward Gibbon）在写作

---

① 参见《普罗布斯传》，I，6。
② 参见《三十僭主合传》，XI，6。
③ 参见《三十僭主合传》，XXXIII，8。

他那部辉煌巨作《罗马帝国衰亡史》的时候，虽然似对这本著作的行文有所不满，但最后仍不得不反复加以引用。这便是这部著作最为重要的意义，也可以说即是它的传世价值所在。

关于本书的成书年代和作者身份（这两个问题在很大程度上可以归并到一起），学术界目前仍尚无定论。我们很容易发现，作品虽署名六位差不多同时代的人，而且显然他们在当时都属罗马的身份显贵之人 ①，信仰非基督教，并且彼此似乎还有过交流，但他们当中有四位在各自的作品里留下了献词，其中大部分都是献给皇帝戴克里先以及君士坦丁，由此可以推断这部作品的成书年代不会早于君士坦丁称帝，即公元 306 年。但同时我们也发现作者提到了与他同时代的执政官弗里乌斯·普拉奇杜斯 ②，而根据执政官列表，这位执政官任职时间却是公元 343 年，离君士坦丁大帝驾崩相隔了六年。因此，这部作品的成书年代自当晚于君士坦丁驾崩，这应是确定之事。

另外，这些传记无论从用词句式还是从写作风格，甚至从犯下的与史实不符的细节错误来看，它们相互之间都存在着相似性，这不由得让大家怀疑整部作品实为一人所作。德国历史学家赫尔曼·德绍（Hermann Dessau）在 1889 年正式提出这部作品成书年代应当在提奥多西（Theodosius）时代，即公元四世纪末，而且出自一人之手。他将作品的成书时间推迟了近半个世纪，从此便有越来越多的学者开始顺着这个方向研究这部作品的成书年代和作者身份。③ 比如

---

① 从文中表述可以看到，他们有的接触过高官，有的直接冠有"显贵"的头衔。

② 参见《被奉为神的奥勒利安传》，XV，4。

③ 关于成书年代这一点可以从文中暗示出的历史事件（如发生于公元 378 年的亚得里亚那堡之战），以及作者所采用的度量衡或货币单位推断出来。另外，也有学者将这部著作同成书于公元四世纪晚期的其他历史著作（如尤特罗庇乌斯的《罗马国史大纲》，以及奥勒利乌斯·维克托 [Aurelius Victor] 的著作）相比较，也得出了类似的结论。

另一位德国著名古典史学家奥托·西克（Otto Seeck）则更是将成书年代推迟到了公元五世纪中叶。在二十世纪六七十年代，随着西方古典学和罗马史研究的进一步发展以及计算机的广泛应用，许多学者针对《罗马君王传》的成书年代和作者身份，尤其对作品是由一位无名之人所作还是出自六位署名者之手做了深入的研究，并且也发表了多篇专业论文。其中需要在此提到的有新西兰罗马历史学家罗纳德·塞姆爵士（Sir Ronald Syme）对赫尔曼·德绍观点的继承和发展。他认为这部作品成书于提奥多西皇帝禁止非基督教举行宗教仪式（公元 391 年）之后，即公元 392 年至 395 年间，实出自一人之手。[①] 此文发表之后，因其观点与赫尔曼·德绍的几乎一致，学术界开始以德绍—塞姆论（the Dessau-Syme theory）称之。另外，皮特·怀特（Peter White）也在 1967 年发表了论文[②]，对前人做过的研究进行了一番梳理，并从文本方面提出了十点论据以证明赫尔曼·德绍的观点。特别需要提到的是伊恩·玛里奥特（Ian Marriott）发表于 1979 年的一篇学术论文[③]。他用电脑软件对本书文本的词句进行了数理化的分析与比较，最后得出结论，这部著作乃出自一人之手。自此本书由一位作者完成于公元四世纪末期逐渐成了学术界的主流观点。虽然如此，可也有部分学者[④]提出了自己的不同主张，从而使这一问题成为至今尚无定论的另一大待解疑团。

　　此次借《罗马君王传》一书汉语译本发表之际，译者还希望能

[①]　参见 *Ammianus and the Historia Augusta* by Sir Ronald Syme, Oxford University Press, 1967。

[②]　*The Authorship of the Historia Augusta* by Peter White：发表于 T*he Journal of Roman Studies*, Vol. 57. No. 1/2, 1967, pp. 115-133。

[③]　*The Authorship of the Historia Augusta: Two Computer Studies* by Ian Marriott：发表于 *Journal of Roman Studies*, Vol. 69., 1979, pp. 65-77。

[④]　其中就有意大利的文献学家和历史学家阿尔纳多·莫米利阿诺（Arnaldo Momigliano）和英国历史学家琼斯（A. H. M. Jones）。

让国人切实感受到精彩程度不亚于华夏文明的罗马文明甚至西方古典文明的魅力所在，而我在翻译过程中就真切感受到了。比如我们时常挂在嘴边的名哲之言"己所不欲勿施于人"，在这本书里的《亚历山大·塞维鲁传》中居然就有完全一模一样的表述："Quod tibi fieri non vis, alteri ne feceris."[1] 而且皇帝亚历山大·塞维鲁还将这句话刻在了建筑上。而作者（不论是一个还是多个）作为生活在四世纪帝国后期的罗马人，他们在文中也曾多次感叹帝国盛世时代的辉煌之景。比如文中就曾提到过一些罗马城内的宏伟建筑，其中有一些在作者生活的年代就已经没有工匠能够按原样重建出来了。[2] 诸如此类的地方比比皆是，相信除去帝王生平与暗涌不断的政治军事本身，这些带有别样风味的文明景象或许也会让我们产生兴趣。

为便于读者查对原文，译者在译文中完整保留了原文的章句编号，其中的人名、地名、族名，以及其他特别重要的专有名词在其首次出现在作品中时，我也一律以拉丁语主格的形式列于书后，并同时标注作品中首次出现的章句编号。另外，为便于中国读者更好地理解书中蕴含的历史文化背景，译者在翻译时也尽可能多地添加了注释，以便简单介绍罗马历史的知识及文本背后所隐藏的信息。希望我的上述工作能为大家带去帮助。

作为罗马史（特别是帝国中后期）领域最重要的历史文献之一，把它分享给更广大的读者，这一直是我真实的想法，也是一直不变的初衷。译者从六年前开始动笔翻译，期间无论是世界的政治经济形势还是我个人的工作和生活都发生了一些变化，但我自始至终都

---

[1] 翻译过来是："不愿在你自己身上发生的事，不要对他人做。"参见《亚历山大·塞维鲁传》，LI，8。

[2] 参见《安东尼努斯·卡拉卡卢斯传》，IX，4："他在罗马留下的建筑有以其名字命名的宏伟的浴池，现在的建筑师都说，他们都不能够一模一样地按原先的做法把浴池里的王座宫给仿造出来。"

没有放下对拉丁语、罗马历史文献的热爱，也没有放下这本书的翻译。面对如此一部内容浩繁的著作，我付出了也失去了很多，但与期间所获得的帮助与鼓励相比，上述这些几乎算不上什么。

我首先需要感谢促使我有勇气翻译这本书的林国华先生。我找出六年之间和他的通信往来，看到此书的翻译一步步走向成型，喜悦与感激油然而生。其次我要感谢我的拉丁语老师意大利人白思凡博士（Stefano Benedetti, Ph.D），他给过我许多无私的帮助，在我遇到问题时也总能尽其所能给予解答。我还要感谢我的大学同学，现任职于上海图书馆历史文献中心的王继雄先生，是他无私地帮助我找到了所需的版本。此外，我还要特别感谢我的父母亲友和朋友同事，尤其是张超先生、薛弘先生、秦川先生，感谢他们曾给予我的关心和鼓励。最后需要感谢的是为出版这部著作而付出努力的刘训练先生和王军先生。当然，鉴于译者资历尚浅而且也非该领域的专业学者，译文肯定还会有一些不尽人意的地方甚至错误，如有读者发现其中的问题，还望能及时提出批评，以便让我能有更正的机会，在此我也先一并谢过。

谢品巍

2017 年 2 月

图书在版编目（CIP）数据

罗马君王传 / (古罗马) 埃利乌斯·斯巴提亚努斯等
著；谢品巍译. —杭州：浙江大学出版社，2017.12
书名原文：Historia Augusta
ISBN 978-7-308-17631-6

I.①罗… II.①埃… ②谢… III.①帝王-列传-
古罗马 IV.①K835.467=2

中国版本图书馆CIP数据核字（2017）第274899号

罗马君王传

[古罗马] 埃利乌斯·斯巴提亚努斯等 著　谢品巍 译

责任编辑	王志毅	
装帧设计	王小阳	
出版发行	浙江大学出版社	
	（杭州天目山路148号 邮政编码310007）	
	（网址：http://www.zjupress.com）	
制　　作	北京大观世纪文化传媒有限公司	
印　　刷	北京市松源印刷有限公司	
开　　本	635mm×965mm　1/16	
印　　张	42	
字　　数	470千	
版 印 次	2017年12月第1版　2017年12月第1次印刷	
书　　号	ISBN 978-7-308-17631-6	
定　　价	98.00元	

版权所有　翻印必究　印装差错　负责调换
浙江大学出版社发行中心联系方式：(0571) 88925591；http://zjdxcbs.tmall.com

本书译自

The Scriptores Historiae Augustae, with an English translation by David Magie, Ph. D.

in three volumes, Harvard University Press, 1979, 1980, 1982